海丰年鉴

2018

中共海丰县委
海丰县人民政府 主办

海丰县人民政府地方志办公室 编

方志出版社
Publishing House of Local Records

图书在版编目（CIP）数据

海丰年鉴. 2018 / 海丰县人民政府地方志办公室主编.
-- 北京 : 方志出版社，2019.1

ISBN 978-7-5144-3644-0

Ⅰ. ①海… Ⅱ. ①海… Ⅲ. ①海丰县—2018—年鉴
Ⅳ. ①Z526.54

中国版本图书馆CIP数据核字（2019）第027588号

海丰年鉴·2018

编　　者： 海丰县人民政府地方志办公室
责任编辑： 罗　滔

出 版 人： 冀祥德
出 版 者： 方志出版社
地址　北京市朝阳区潘家园东里9号（国家方志馆4层）
邮编　100021
网址　http://www.fzph.org
发　　行： 方志出版社图书经销中心
电话　（010）67110500
经　　销： 各地新华书店
印　　刷： 广州市中天彩色印刷有限公司

开　　本： 889×1194　1/16
印　　张： 38
字　　数： 948千字
版　　次： 2019年1月第1版　2019年1月第1次印刷
印　　数： 0001~2500册

ISBN 978-7-5144-3644-0　　**定价：** 268.00元

编辑说明

一、《海丰年鉴》是依照国务院《地方志工作条例》《广东省地方志工作条例》，由中共海丰县委、海丰县人民政府组织实施，海丰年鉴编辑部主编，海丰县人民政府地方志办公室承编的地方综合性年刊。是全面系统记述海丰县行政区域自然、政治、经济、文化和社会等方面情况的年度资料文献，是集权威性、史料性、实用性为一体的地情百科全书。

二、《海丰年鉴》的编纂始终坚持以马克思列宁主义、毛泽东思想、邓小平理论、“三个代表”重要思想、科学发展观、习近平新时代中国特色社会主义思想为指导，坚持辩证唯物主义和历史唯物主义的立场、观点和方法。贯彻中国共产党的各项方针政策，按照“实事求是，严谨办鉴”的要求，力求全面客观反映海丰县各族人民在党领导下建设中国特色社会主义和谐社会的伟大实践。

三、《海丰年鉴》严格执行《广东省地方综合年鉴编纂规范（试行）》和中国地方志指导小组《地方综合年鉴编纂出版规定》的有关规定，自 2012 年创刊后，每年出版一卷。2018 年卷全面、系统记录 2017 年海丰县经济和社会发展的基本情况、重大成就和深刻变化，旨在为社会各界了解和研究海丰县提供权威的基本资料。

四、2018 年卷年鉴基础框架基本保持稳定。其基本内容分为综合情况、动态信息、辅助资料三大部分。综合情况部分设特载、县情概况 2 个专栏。动态信息部分设党委政府、群众团体、法治、农林水利・水产畜牧业、工业、商贸物流业、对外经贸与口岸监管、旅游业、金融、交通运输、邮政・电信、财政・税收、综合经济管理、城镇建设与管理、教育・科技、文化・医疗卫生・体育、社会生活、镇（场）概况等专栏。辅助资料部分有大事记、统计资料、附录。概貌及动态信息各部类的内容均作条目化处理，以方面读者检索。采用分类编辑法，按部类、分目、条目三个层次的体例编辑，以不同字体、字号及版式设计区分不同层次，条目标题加【 】表示。内容层次的安排，完全为便于读者分类系统阅读和检索，并表示部类与条目之间的层次关系，但不反映严格的科学分类体系，机构、企事业单位等排序和层次一般不表示其地位和规模。

五、本年鉴涉及的历史纪年，清及清以前使用朝代帝王纪年，括注公元纪年；民国纪年使用阿拉伯数字，括注公元纪年。数字、计量、面积用法按国家法定规定书写；数据一般保留小数点后两位。涉及海丰县国民经济和社会发展全局性数据以海丰县统计局提供的为准（特载类目中各工作报告中数据为快报数据）；其他数据以供稿部门提供的为准。

六、本年鉴所载资料主要由海丰县党政机构、人民团体、开发区、各镇驻辖区各企事业单位提供并核实。

七、本年鉴图片专辑、特载、海丰县概貌、附录所记述的内容不受 2017 年度限制，为保持内容的连贯性和完整性，个别条目记述的时间适当上溯或下延。

八、本年鉴配备双重检索系统：书前刊有详细目录，书后备有索引。索引采用内容分析法，款目按汉语拼音字母顺序（同单字按声调排列，索引范围详及条目、文献、图片、表格等）。

广东省地图院 编制　　2015年11月

海丰县行政区划图

参考比例尺 1:250 000

本图取自本院编制的《汕尾市地图》，审图号：粤S（2014）007号

海丰年鉴编纂委员会

2017 年 5 月 15 日海委办〔2017〕47 号文调整

编委会下设海丰年鉴编辑部，由卓凛波任主编、蔡忠任执行主编，负责海丰年鉴编纂工作。

海丰年鉴编辑部

2017 年 5 月 8 日海府办函〔2017〕119 号文调整

《海丰年鉴·2018》撰稿人名单

（按姓名笔画排序）

马家川	马俊鸿	马伟飏	马泽葵	马泽民	方楚华	方荣茂	方武会
龙信荣	卢佳沿	叶玉坤	叶奋权	叶宇华	孙本彬	刘瑞玉	刘德新
刘嘉惠	刘俊雄	刘小明	刘小舟	刘晓健	庄东华	庄多思	庄卫楚
朱秋岸	朱思惠	吕晓义	吕珠满	吕晓武	许竟跃	李　艺	李碧良
李立文	李林杰	李向东	李智荣	苏宇欣	巫志锋	杜少明	余德胜
余海洋	余晓杰	余云景	余振明	吴楚端	吴丹娜	吴国平	吴瑞立
吴生林	吴庭松	吴贤圳	吴远峰	吴子群	吴家海	陈楚文	陈冬妮
陈广真	陈建东	陈静玲	陈俊超	陈佩诗	陈秋博	陈秋荣	陈瑞仪
陈寿浩	陈维肖	陈贤彬	陈小明	陈小真	陈晓彬	陈晓萍	陈新明
陈学荣	陈瑶琪	张梅春	张思婷	张玉玲	张运福	张志刚	张增祥
杨德枝	杨柳趣	杨明森	杨善炯	杨伟雄	郑建程	郑江利	郑伟杰
郑颖杰	林巧惠	林　琳	林　望	林德权	林光意	林海榕	林汉利
林少炜	林维贤	林雅棠	林映青	林远辉	林泽程	林振奕	罗佳舟
罗挺中	罗小雄	罗远辉	欧远俊	周宇琼	郭大生	郭丽生	郭少光
施胜坚	施养雄	柯明文	柯映芬	洪茜娜	姚海双	姚汉斌	黄大毅
黄群彬	黄　蕻	黄俊敏	黄俊荣	黄群英	黄文雨	黄武海	黄永泰
黄宇婷	彭成托	彭舒津	程招焕	曾佳霖	曾俊业	曾晓华	赖思缙
赖小雷	詹敬云	蔡　忠	蔡炯明	蔡丽燕	蔡素芬	蔡小健	蔡晓平
廖婷婷	黎春生	潘锦循	戴东辉	戴晓震			

海丰年鉴

《海丰年鉴·2018》目录

政 治

经 济

教科文卫体

社会生活

镇区概况

附　录

索　引

2017 年 1 月 11、12 日晚，著名男低音歌唱家、中央音乐学院声歌系教授彭康亮在海丰影剧院举办 2017 年新年独唱音乐会

纪念中国音乐教育一代宗师陈洪诞辰 110 周年图片展现场图

2017年3月6日上午，海丰县召开全县领导干部大会，大会宣读省委、市委关于海丰县委主要领导调整任命的决定，邱晋雄任中共海丰县委委员、常委、书记

2017年3月10日，县委书记邱晋雄（左图左一）、县长郑俊雄（右图左一）等县领导带头开展义务植树活动

2017年6月16日上午，广州好迪集团海丰项目投资框架协议签约仪式在县委会议室举行。县长郑俊雄，县委常委、常务副县长卓凛波，县委常委林建新，副县长陈凯婵出席会议。卓凛波主持签约仪式

2017年6月29日上午，纪念中国共产党成立96周年座谈会在县迎宾楼召开。县委书记邱晋雄作讲话

2017 年 11 月 3 日上午，海丰县学习宣传贯彻党的十九大精神大会在海丰影剧院召开

2017 年 11 月 21 日，汕尾市委、市政府与省委党史研究室联合在海丰县举行纪念海陆丰苏维埃政权建立 90 周年座谈会

2017年12月15日，海丰县消防安全隐患大排查大整治现场图

2017年12月29日，县委常委、县委宣传部部长余德聪（左三），海丰县副县长陈凯婵（右四）参加海丰县书画院成立揭牌仪式

全国首批重点文物保护单位——红场

全国首批重点文物保护单位——红宫

海丰县城一角

彭湃故居

汕尾市文物保护单位——陈炯明都督府旧址

数字海丰·2017

总面积：1783 平方千米
常住人口：82.9 万人
户籍人口：85.5 万人
本地生产总值：267.1 亿元
其中：第一产业 30.3 亿元
第二产业：118.5 亿元
第三产业：118.4 亿元
第一、第二、第三产业构成：11.3 ∶ 44.4 ∶ 44.3
人均地区生产总值：35483 元
规模以上工业总产值：319.1 亿元
地方一般预算收入：7.7 亿元
税收收入：6.0 亿元
地方财政一般预算支出：52.6 亿元
全社会固定资产投资：289.6 亿元
社会商品零售总额：203.1 亿元
商品出口总额：43200 万美元
商品进口总额：24786 万美元
实际使用外商直接投资金额：18414 万美元
本外币各项存款余额：232.3 亿元
各项贷款余额：107.4 亿元
城镇居民可支配收入：26470 元
农村居民人均可支配收入：14510.5 元
医院、卫生院床位：3179 张
卫生技术人员：3777 人
全县总用水量：4.5 亿立方米
全社会用电量：17.8 亿千瓦时

（海丰县统计局）

海丰县城龙津河

海丰

HAIFENG YEARBOOK

特载

广东省第十三届人民代表大会常务委员会
公 告

（第6号）

《广东省地方志工作条例》已由广东省第十三届人民代表大会常务委员会第三次会议于2018年5月31日通过，现予公布，自2018年7月1日起施行。

广东省人民代表大会常务委员会
2018年5月31日

广东省地方志工作条例

（2018年5月31日广东省第十三届人民代表大会常务委员会第三次会议通过）

第一条 为了传承发展中华优秀传统文化，弘扬社会主义核心价值观，加强对地方志工作的组织、管理，发挥地方志在促进经济社会发展中的作用，根据国务院《地方志工作条例》及有关法律、法规，结合本省实际，制定本条例。

第二条 广东省行政区域内志书、年鉴及地方史的组织编纂、管理与开发利用工作，适用本条例。

本条例所称志书包括地方志书、部门志、行业志、专题志等。

本条例所称年鉴包括地方综合年鉴、部门年鉴、行业年鉴等。

第三条 地方志工作应当坚持依法治志、存真求实、确保质量的原则。

第四条 县级以上人民政府应当加强对本行政区域地方志工作的领导，将地方志工作纳入本级国民经济和社会发展规划，地方志工作所需经费列入本级财政预算。

县级以上人民政府制定本行政区域的地方志工作规划，并报上一级人民政府地方志工作机构备案。

第五条 县级以上人民政府地方志工作机构主管本行政区域的地方志工作，履行以下职责：

（一）组织、指导、检查和督促地方志工作；

（二）拟订地方志工作规划和编纂方案；

（三）组织编纂志书、年鉴、地方史和其他相关地方志文献；

（四）征集、整理、保存志书、年鉴、地方史及其他相关地方志文献和资料，组织开展资料年报工作，组织整理旧志；

（五）组织开展地情调查研究和资源开发利用，开展地方志信息化建设，为社会提供服务；

（六）组织开展地方志业务培训、理论研究、宣传教育和对外交流；

（七）法律、法规规定的其他职责。

乡镇人民政府、街道办事处应当由专人负责地方志工作，有条件的可以指定机构负责地方志工作。

第六条 承担地方志工作任务的国家机关、社会团体、企业事业组织，应当按照所在地人民政府地方志工作规划开展地方志工作，确定机构和人员，接受地方志工作机构的业务指导和监督检查，并对其管理单位的地方志工作进行组织协调与督促检查。

第七条 县级以上人民政府地方志工作机构应当加强地方志宣传教育，增强全社会读志用志意识。

鼓励国家机关、社会团体、企业事业组织开展地方志文化活动。

第八条 县级以上人民政府地方志工作机构应当建立地方志专家库、人才库，吸收专家学者和熟悉地情的社会公众参与地方志工作。

鼓励公民、法人和其他组织参与地方志工作，所在地人民政府地方志工作机构应当给予指导。

第九条 以县级以上行政区域名称冠名的地方志书、地方综合年鉴，由本级人民政府地方志工作机构组织编纂；以乡镇、街道名称冠名的地方志书、地方综合年鉴，由所在乡镇人民政府、街道办事处组织编纂。其他组织和个人不得自行编纂。

从事村志、部门志、行业志、专题志等志书，以及部门年鉴、行业年鉴等年鉴和地方史编纂活动的，应当接受所在地人民政府地方志工作机构的指导。

第十条 编纂地方志应当加强调查研究，全面、客观地记述本行政区域自然、政治、经济、文化和社会的历史与现状，做到观点正确、资料可靠、体例严谨。

第十一条 地方志编纂人员应当恪尽职守，忠于史实，保守秘密，具备相应的专业知识。

编纂志书、年鉴、地方史应当根据需要吸收有关方面的专家、学者参加。

地方志编纂工作涉及少数民族内容的，应当吸收该少数民族人员或者从事该少数民族工作的人员参加。

第十二条 以县级以上行政区域名称冠名的地方志书每二十年左右编修一次，公开出版。

以县级以上行政区域名称冠名的地方综合年鉴实行一年一鉴，公开出版。

第十三条 由县级以上人民政府地方志工作机构或者乡镇人民政府、街道办事处组织编纂的志书、年鉴、地方史，其内容和编纂过程应当公开听取公民、法人或者其他组织的意见、建议,并及时反馈采纳情况。

第十四条 县级以上人民政府地方志工作机构应当建立志书、年鉴、地方史编纂评议制度，组织有关部门、专家、学者参与评议。

第十五条 以县级以上行政区域名称冠名、列入规划的地方志书经审查验收，方可以公开出版。

以乡镇、街道名称冠名的地方志书，以及列入地方志工作规划的其他志书和地方史的审查验收，参照前款执行。

县级以上人民政府组织的志书、地方史审查验收机构应当对志书、地方史的内容进行审查。编纂单位应当按照审查验收机构提出的关系志书、地方史重大质量问题的意见组织修改。

审查验收的主体、程序等由省人民政府另行制定。

第十六条 以县级以上行政区域名称冠名的地方综合年鉴经同级人民政府或者其确定的地方志工作机构批准，方可以公开出版。

以乡镇、街道名称冠名的地方综合年鉴的出版，参照前款执行。

第十七条 志书、地方史、年鉴通过审查验收或者经过批准后，不得擅自修改。确有差错需要修改的，应当向编纂单位提出，经审查验收机构或者批准单位批准后方可实行，修改内容应当经审查验收机构或者批准单位审定。

第十八条 以乡镇、街道以上行政区域名称冠名的地方志书、地方综合年鉴，以及列入地方志工作规划的志书、年鉴、地方史，应当在出版后三个月内，由组织编纂单位将公开出版物和电子文本分别报送同级和上一级人民政府地方志工作机构备案。

通过审查验收或者经过批准公开出版的志书、地方史、年鉴，对于在其编纂过程中收集到的文字资料、图表、照片、音像资料、实物等以及形成的文稿，本级人民政府地方志工作机构应当依法移交本级国家档案馆或者方志馆保存、管理，不得损毁，个人不得据为己有或者出租、出让、转借。

第十九条 县级以上人民政府地方志工作机构可以向国家机关、社会团体、企业事业组织以及个人征集有关地方志资料，有关单位和个人应当提供支持，但涉及国家秘密、商业秘密和个人隐私以及不符合档案开放规定的除外。地方志资料所有人或者持有人不得故意提供虚假资料。

县级以上人民政府地方志工作机构应当建立本行政区域地方志资料年报制度。承担地方志工作任务的国家机关、社会团体、企业事业组织应当按照资料年报制度报送资料，不得无故拖延。

第二十条 县级以上人民政府地方志工作机构应当组织开展本行政区域内的地情调查，摸清基础地情。

地情调查应当吸收有关专家学者和高等院校、科研机构参与，确保地情调查成果的专业性和权威性。

鼓励公民、法人和其他组织参与调查研究，挖掘、整理相关文献资料，传播地方历史文化。

第二十一条 县级以上人民政府应当将地方志信息化建设纳入本级人民政府信息化建设规划，建立地方志全文数据库，完善地方志资源公共数据共享平台，应用现代信息技术进行分析研究和开发利用，为社会提供服务。

第二十二条 省、地级以上市人民政府应当建立方志馆，县级人民政府按照国家和省的规定建立方志馆。鼓励乡镇人民政府、街道办事处建立方志馆。

鼓励通过多元化的渠道筹集资金建立方志馆。

方志馆建设坚持以人为本、立足地情、突出特色、服务社会的原则，具备收藏保护、展览展示、编纂研究、专业咨询、信息服务、开发利用、宣传教育、业务培训、文化交流等功能。各级方志馆在建设实体方志馆的同时，应当建设数字方志馆。

方志馆应当建立服务公示制度，完善服务条件，健全服务规范，免费向公众开放。

鼓励公民、法人或者其他组织向方志馆捐赠文献、音像资料、实物等。

第二十三条 县级以上人民政府地方志工作机构应当组织和推动地方志资源开发利用，为培育和践行社会主义核心价值观提供丰富、优秀的精神文化产品，服务经济社会发展。

县级以上人民政府地方志工作机构应当积极开拓社会用志途径，依法保护志书、年鉴及地方史的著作权，将已出版的志书、年鉴及地方史在政府网站公布，定期汇总、公开本行政区域的方志馆目录，并通过电视、广播、报刊等向社会推广。

县级以上人民政府地方志工作机构应当建立地方志资源开发利用项目申报制度，公民、法人和其他组织可以依照有关规定申报项目。

鼓励和支持公民、法人和其他组织以影视作品及其他文学艺术创作形式，依法对公开的地方志资源进行开发利用。

第二十四条 县级以上人民政府地方志工作机构应当加强与香港、澳门和台湾地区以及国外的高等院校、科研机构、档案馆、博物馆、图书馆等单位的学术交流与合作，增强方志文化影响力。

鼓励高等院校、科研机构与县级以上人民政府地方志工作机构合作，开展地方志实务和理论研究，鼓励高等院校开设地方志专业或者课程。

第二十五条 县级以上人民政府及其地方志工作机构应当建立和完善地方志人才引进、培训、激励等制度，可以采取聘用、购买服务、项目合作、志愿服务等方式，建设专兼职相结合的地方志人才队伍。

从事地方志工作的专业技术人员可以依照国家规定参加专业技术职称评定。

第二十六条 县级以上人民政府地方志工作机构可以依照国家有关规定，对提供有关地方志资料的公民、法人或者其他组织给予报酬。

参与志书、年鉴、地方史编纂的人员依法享有署名权，并可以依照国家有关规定获得稿酬或者报酬。

第二十七条 县级以上人民政府可以按照国家有关规定，对在地方志工作中做出突出成绩和贡献的单位和个人，给予表彰和奖励。

第二十八条 单位和个人违反本条例第九条规定，擅自编纂出版以县级以上行政区域名称冠名和以乡镇、街道名称冠名的地方志书、地方综合年鉴的，由县级以上人民政府地方志工作机构提请本级人民政府出版行政主管部门依法查处。

地方志资料所有人或者持有人违反本条例第十九条规定，故意提供虚假资料的，由县级以上人民政府地方志工作机构提请本级人民政府或者有关部门责令纠正，并视情节追究有关责任。

第二十九条 地方志工作机构、承担地方志工作任务的单位及其工作人员有下列行为之一的，对直接负责的主管人员和其他直接责任人员依法给予处分：

（一）违反本条例第十五条第三款规定，拒不按照审查验收机构提出的关系志书、地方史重大质量问题意见组织修改的；

（二）违反本条例第十七条规定，志书、地方史、年鉴经审查验收或者批准后，擅自修改其内容的；

（三）违反本条例第十八条第二款规定，未将志书、年鉴、地方史编纂过程中收集的有关资料、实物及形成的文稿依法移交的，或者损毁的，或者个人据为己有、出租、出让、转借的。

（四）违反本条例第十九条第二款规定，无故拖延地方志资料报送的。

第三十条 违反本条例规定，未经审查验收、批准将志书、年鉴、地方史文稿交付出版，或者志书、年鉴、地方史存在违反宪法、法律、法规规定内容的，由上级人民政府或本级人民政府责令采取相应措施予以纠正，并视情节追究有关单位和个人的责任；构成犯罪的，依法追究刑事责任。

第三十一条 本省行政区域内志书、年鉴、地方史数字出版物的编纂、管理与开发利用，参照本条例执行。

第三十二条 本条例自2018年7月1日起施行。

在县委十一届五次全会上的报告

（2018年1月14日）

中共海丰县委书记 邱晋雄

现在，我代表县委常委会向全会作报告，请予以审议。

一、2017年全县经济社会取得新突破、新进步、新发展

刚刚过去的2017年，在以习近平为核心的党中央坚强领导下，在省委、省政府和市委、市政府的正确领导下，县委认真贯彻落实党的十八大和十八届历次全会精神，深入学习宣传贯彻习近平新时代中国特色社会主义思想和党的十九大精神，以及习近平总书记对广东工作的重要批示精神，紧紧抓住省促进粤东西北地区振兴发展和深圳市龙岗区全面对口帮扶的重大机遇，围绕市第七次党代会“三三四四”和县第十一次党代会“三三五”工作部署，团结带领全县各级党政和广大干部群众，奋发作为、开拓创新、真抓实干，推动了海丰经济社会的新突破、新进步、新发展。主要体现在“掀起一个热潮”和“六个进一步”上：

一是掀起学习宣传贯彻十九大精神热潮。县委坚持把学习宣传贯彻十九大精神作为首要政治任务，按照习近平总书记关于“在学懂弄通做实上下功夫”的要求，带头学、带头讲、带头抓落实，通过召开县委常委会、常委（扩大）会议、全县学习宣传贯彻大会，组织县委常委班子到红宫红场举行“瞻仰革命旧址 传承红色基因”活动，县四套班子成员进基层督导宣讲，以及举办全县科级干部专题研讨班等形式，推动全县上下深入扎实学习宣传贯彻十九大精神。在此基础上，先后制定印发《学习宣传贯彻党的十九大精神总体工作方案》和大学习大培训、学习宣传、县领导调研督导等工作方案；召开县委第十一届四次会议进行再研究、再动员、再部署，审议通过《关于持续深入学习宣传贯彻党的十九大精神推动习近平新时代中国特色社会主义思想在海丰落地生根结出丰硕成果的决定》；积极开展党的十九大精神宣传报道和文艺创作活动，利用电视台、《海丰报》和网络、微信、微博等载体，采取群众喜闻乐见的形式，用生动事例、典型事迹、鲜活语言把十九大精神带到群众身边，让十九大精神家喻户晓、深入人心。通过一系列的学习宣传贯彻活动，引领、动员、组织全县各级党政和广大干部群众掀起了学习宣传贯彻十九大精神热潮，使学习贯彻落实十九大精神、再创新时代海丰老区新辉煌迅速成为全县上下的共同意志、共同目标、共同行动。

二是县域经济实力进一步壮大。据预计，2017年，全县实现GDP273.5亿元，比增8.5%；固定资产投资295.1亿元，比增20%；一般公共预算收入7.7亿元，比增10.7%，其他经济主要指标也实现了不同程度的增长。工业、农业、商贸物流、旅游等产业规模有了新的扩大，水平有了新的提升。新型工业化加速发展。以生态科技城为依托，15个进园入区工业项目已有东维亚国际珠宝工贸城、星际动漫2个项目投产运营，其他13个项目预计将在今年上半年全面建成投产、发挥效益，2017年新引进的威翔航空、佳宝食品、双全农牧等11个高科技、高效益项目正在陆续供地、加快建设之中；传统产业企业加快技术革新、工艺改造、装备换代，全年向省争取技术改造资金达4000万元，企业自筹投入工业技改资金达53亿元；全年预计完成规上工业总产值356.6亿元、增加值88亿元，分别比增18.9%和14%。农业基地化、生态化、现代化水平不断提高。创建形成了以黄江两岸10万亩连片优质稻及联安镇有机稻、梅陇农场优质稻为主体的省级现代粮食示范区；初步形成北部片区茶叶生产加工、东部片区休闲观光农业、南部片区优质稻生产示范等三大新型农业组团；全县拥有农业龙头企业68家，其中市级、省级龙头企业21家；新增农民专业合作社94家，总数达到714家；全年农业总产值预计达到59.3亿元，比增5%。商贸物流、旅游等第三产业呈现兴旺繁荣强劲态势。县城地区及可塘、梅陇等镇一批高端商贸市场日趋专业化、规范化、现代化，全县社会商品零售总额预计达到212.6亿元，比增8.3%。分别计划投资80亿元和30亿元的华耀城、赤坑生态食品交易中心两大现代商贸物流“航母”项目，正在加紧推进供地、征地等前期工作。电子商务经济紧跟发展潮流，全县新增53个“农村淘宝”村级服务站点，累计达到80个，成为全省22个“亿元淘宝县”之一；

新增网店510家，累计达到4322家；全年实现网上销售达25亿元，同比增长150%。特色休闲旅游业进一步发展壮大，莲花山度假村被评为国家4A旅游景区，红宫红场旧址及彭湃故居被列入全国红色旅游经典景区名录，红宫红场景区基础设施改造、苏维埃政府旧址复建、陈炯明都督府维修等工程项目即将竣工；2017年全县旅游总收入18.57亿元，比增23.8%。

三是发展基础进一步夯实。“一城三园”产业园区载体加快开发建设。县生态科技城累计投入征地和基础设施建设资金7.2亿元，征地2.6平方公里，首期综合服务区和二期工业用地市政基础设施工程基本完成，新建园区道路19条18公里，近两年进园入区的15个项目和2017年新引进的11个项目陆续建成、在建、投建，一个初具开发规模、初现集聚效益、初显园区雏形的“产城融合”现代生态新城正逐步崛起在县城东北部；梅陇首饰产业环保集聚园一期工程全面动工建设，公平产业园、可塘珠宝产业集聚园加快推进首期征地工作。县城地区加快扩容提质。南部新城、北部新区加大开发建设力度，市民中心全民健身广场将在春节前后向广大市民开放，华耀城一期工程即将上马建设，碧桂园二期项目的规划、立项、征地等前期工作正在加紧推进之中。交通基础设施加快建设完善。潮惠高速公路、梅陇西环路建成通车；兴汕高速公路海丰段、广汕铁路客运专线、珠东快速海丰支线等公路项目加快征地、建设和规划设计进度；全县投入1.6亿元，完成县乡公路路基工程21公里、路面工程19公里，完成通村公路硬底化55公里。同时，全县57个重点项目实现52个项目开工建设，完成投资49.6亿元，其中2个省重点项目和39个市重点项目分别完成年度投资计划的105%和108%。尤其是莲花大道、海丽大道一期工程、海紫公路城东段改造升级、南门湖整治、福临坑道路改造等市政、民生项目加紧推进，预计将在春节前实现基础工程或主体工程竣工；全力加快土地收储工作,全县共完成收储土地9000亩，为重点项目的引进、建设提供充裕的土地保障。

四是民生社会短板进一步补齐。教育“创均”工作先后顺利通过“省检”“国检”“创强”工作加快完成扫尾工程，“创现”工作全面铺开，教学质量明显提高，特别在市委、市政府的大力支持下，聘任山西省实验中学副校长樊玉仙为彭湃中学校长，设立彭湃中学教育发展基金，全面启动彭湃中学提质升级工程项目的规划建设。乡镇卫生院标准化建设全面铺开，标准化率达90%以上；彭湃纪念医院新院区规划征地工作和县妇幼保健院、中医院、疾控中心新改扩建工程，以及梅陇中心卫生院升级改造项目加快推进。加大产业扶贫、就业扶贫和贫困户分类施策、精准帮扶力度，基本完成2017年1.1万贫困人口的脱贫任务；全力推进贫困村创建社会主义新农村示范村工作，全面完成42条贫困村、189个自然村的“三清理三拆除”工作，集中力量打造梅陇永红、附城新山、联安坡平、可塘仓前、陶河下边、平东大塘等6个创建先行点，启动雨污分流排水管网、生态三级净化处理池、村道硬底化、公共服务设施等项目建设，使贫困村生产生活环境大为改善，村容村貌焕然一新。莲花山省级新农村示范片区一期各主体建设村，经省政府核查组实地考核，达到了“两年基本实现目标”的建设标准和水平。此外，文化、科技、就业、社保等社会事业协调发展，成功举办了纪念海陆丰苏维埃政权建立九十周年活动、新年音乐会等各类文化活动；西秦戏原创剧目《马援伏波》喜获第十三届广东省文化艺术节剧目二等奖；红宫红场旧址纪念馆荣获“第五届全国文明单位”称号。

五是城乡发展环境进一步优化。建立健全信访维稳层级责任机制和排查化解常态化工作机制，及时妥善化解社会矛盾纠纷，尤其在党的十九大、全国“两会”、省第十二次党代会等特别防护期间，没有发生群众进京非访、滋事闹事以及到省、到市大规模上访事件。紧紧围绕“摘掉全市社会治安重点整治地区‘帽子’、毒品犯罪蔓延势头得到根本遏制”的“两大工作目标”，大打社会治安重点整治和禁毒斗争攻坚战，全方位整治了各类影响社会稳定的治安突出问题，基本遏制住了毒品犯罪蔓延发展势头，治安及禁毒形势明显好转，人民群众安全感、满意度不断提高。深刻吸取公平镇“12·9”火灾事故的惨痛教训，以零容忍态度，对安全生产尤其是消防安全隐患场所开展地毯式、拉网式大排查大整治，全力保障群众生命财产安全。以“创文”“创卫”为总抓手，开展常态化“脏乱差”综合整治，完善卫生保洁长效性机制，顺利获得“广东省县级文明城市提名城市”称号。持续开展政务整治、正风肃纪提升活动，大力整治机关单位及基层干部“中梗阻”、为官不为、庸政懒政怠政等突出问题，给予党纪政纪处分89人，其他形式处理99人。深入推进生态文明建设，加快健全资源节约、生态保护和责任追究体系，坚决守住生态环保底线。

六是全面深化改革成效进一步显现。供给侧结构性改革有效推进，扎实开展“三去一降一补”工作，完成对14家停产企业的关停工作和5家特困企业的清退工作。行政审批事项进一步精简，县政务服务中心办事大厅建成运作，16个镇、279个村（社区）公共服务站标准化建设全面完成。推进农村土地承包经营权确权登记颁证工作，提前完成市下达的工作任务。大力开展民主法治村（社区）创建活动，创建市级“民主法治村（社区）”192个、省级“民主法治村（社区）”7个，梅陇镇梅陇村委被授予“全国民主法治示范村”荣誉称号。县委巡察工作全面铺开并完成第一轮常规巡察，迅速启动县监察体制改革试点工作。

七是全面从严治党进一步向纵深发展。扎实推进“两学一做”常态化制度化，不断增强广大党员干部的党性观念。圆满完成村级换届选举，全县279个村（社区）共选出“两委”干部1729名，其中支部书记、主任“一肩挑”227人，交叉任职785人。进一步排查开展软弱涣散村整治，同步推进贫困村“两个示范”创建活动，基本完成17个镇级党校规范化建设。全面落实党风廉政建设“两个责任”，坚持把党的政治纪律和政治规矩挺在前面，制定落实领导干部党风廉政建设岗位责任清单，聚焦监督、执纪、问责，推动全面从严治党向基层延伸，进一步形成风清气正的政治生态。

一年来，县委总揽全局、协调各方，县人大充分发挥监督职能作用，县政协切实履行政治协商、民主监督和参政议政职能，工青妇等群团组织的桥梁纽带作用日益彰显，民族、宗教、外事、侨务，以及党管武装、全民国防教育等工作全面加强，全县上下、社会各界进一步形成了同心同德谋发展、齐心协力促发展的良好氛围和大好局面。

回顾一年来的工作实践和成效，我们深深体会到：只有坚决维护以习近平为核心的党中央权威和集中统一领导，任何时候都忠诚核心、拥戴核心、维护核心、捍卫核心，做到政治上清醒坚定，思想上高度统一，行动上坚决有力，才能使海丰始终保持正确的发展方向，确保中央及省委、市委各项决策部署在海丰全面贯彻落到实处；只有始终坚持以习近平新时代中国特色社会主义经济思想为指引，认真贯彻落实新发展理念，主动适应经济发展新常态，认清经济社会欠发达的基本县情，找准发展不平衡不充分的各种问题，矢志不渝抓经济、谋发展、促民生，才能一步一步把县域经济实力做大做强，一项一项把民生短板弱项补足补强，为全面决胜小康社会打好经济基础和民生基础；只有正确处理好发展与稳定的关系，坚持扬正气、走正道，敢于出重拳、下猛药，切实整治解决好各种影响社会安定、治安稳定的突出问题，才能为经济社会持续健康发展创造良好社会环境；只有坚持不懈抓党风促政风带民风，持之以恒严肃吏治、正风肃纪，久久为功抓基层、打基础，才能营造山清水秀政治生态，为再创新时代海丰老区新辉煌提供强有力的政治保证和组织保证。

在总结成绩的同时，我们必须清醒地看到发展中存在的一些突出问题和薄弱环节：一是发展不平衡不充分的问题十分突出。经济总量还不大，人均GDP未及全省的一半；产业结构不优，传统特色产业转型升级步伐缓慢，新兴产业和先进制造业项目不多，尤其缺乏高科技、高效益、高税利重大项目的支撑；城乡及各区域经济发展不够平衡、协调,经济落后仍是海丰发展最根本的问题。二是民生社会短板多、欠账大。对标全面决胜建成小康社会的各项目标要求，我县在多个指标上还较为落后，特别是在教育、医疗卫生、农村基础设施等方面短板突出、弱项较多，扶贫领域任务艰巨，与人民群众对美好生活的向往仍存在很大差距。三是维护社会稳定压力较大。信访维稳案件仍然居高不下，闹访缠访、规模越级上访时有发生；治安突出问题、涉毒犯罪和农村黑恶势力等社会不稳定因素依然突出；安全生产尤其是消防安全隐患整治不彻底，都在不同程度上影响、阻碍着经济社会的健康发展、可持续发展。四是城乡建设管理水平较低。各中心镇规划建设滞后，市政基础设施配套建设不完善，广大农村尤其是贫困村生产生活环境仍然落后，“脏乱差”问题仍未根治。五是全面从严治党仍待进一步加强。基层党组织领导力、组织力亟待提高，农村党员干部队伍素质不高，个别基层党组织弱化、虚化、边缘化；政务服务环境仍不够优化，一些职能窗口部门、中层干部服务意识淡薄，“吃拿卡要”“中梗阻”现象严重；反腐败斗争形势仍十分严峻，群众身边腐败问题依然突出，等等。对于这些问题，我们一定要高度重视，采取强有力的措施加以解决。

二、持续推动党的十九大精神学习宣传贯彻往深里走、往实里抓，把握处理好关系发展全局的重大问题

学习宣传贯彻党的十九大精神是一项长期政治任务，是一个逐步深化的过程，我们必须坚持在学懂弄通做实上下功夫,持续推动党的十九大精神学习宣传贯彻往深里走、往实里抓，切实把思想和行动统一到党的十九大精神上来，把智慧和力量凝聚到贯彻落实十九大作出的重大决策部署上来，用习近平新时代中国特色社会主义思想统领、指导海丰经济建设和社会发展。

（一）始终把学习宣传贯彻党的十九大精神作为首要政治任务抓紧抓实

要持续深入开展学习宣传贯彻工作，做到真学真懂真信真用，推动十九大精神在海丰落地生根、开花结果。一要扎实组织开展“不忘初心、牢记使命”主题教育。按照中央和省委、市委的统一部署，筹备好、谋划好、开展好“不忘初心、牢记使命”主题教育，坚持以学习贯彻习近平新时代中国特色社会主义思想和党的十九大精神为主题主线，以党的创新理论武装广大党员干部头脑，指导工作实践，推动工作落实。要把开展主题教育活动与推动工作落实结合起来，坚持做到以学促干、以干促学，学思践悟、知行合一，力戒形式主义。要结合纪念改革开放40周年，弘扬海陆丰革命精神，进一步挖掘利用红色资源，积极争取省级干部学院落户海丰，激励广大党员干部传承红色基因、继承革命传统，始终做到不忘初心、牢记使命，在新时代现代化建设新征程中奋发进取、砥砺前行、再创辉煌。二要充分发挥领导干部以上率下作用。各级领导干部坚持要把学习贯彻党的十九大精神作为政治必修课，带头学、带头讲，带头抓督学、抓落实，当好表率、树起标杆，带动全县各级党组织和广大党员干部学深学透、融会贯通十九大精神，坚持旗帜鲜明讲政治，牢固树立“四个意识”，坚定“四个自信”，坚决忠诚核心、拥戴核心、维护核心、捍卫核心，坚决维护以习近平为核心的党中央权威和集中统一领导，始终同中央和省委、市委保持高度一致、步调一致，确保中央和省委、市委各项决策部署在海丰落地见效，不折不扣落到实处。各级领导干部尤其是县党政领导成员要带头开展“大学习、深调研、真落实”活动，以习近平新时代中国特色社会主义思想为指引，按照县委十一届四次全会的部署要求，围绕决胜全面建成小康社会，聚焦解决发展不平衡不充分、乡村振兴战略、建设美丽海丰等8个方面重大课题，深入组织开展调研活动，研究、解决事关海丰改革发展稳定全局的重大问题和社会热点难点问题。三要着力推动学习宣传贯彻向基层延伸。要继续组织形式多样、各具特色、内容丰富的宣传宣讲活动，用干部群众听得懂、易接受的方式，把党的十九大精神宣传好、讲明白，把党的理论创新成果送到基层一线，凝聚党心民心，扩大社会共识；要充分发挥镇级党校阵地作用，推动党的十九大精神学习培训向广大基层党员拓展，开展多形式、分层次、全覆盖的学习培训，提升基层党员的学习频率，真正让广大基层党员对十九大精神、党章党规入心入脑，进一步坚定理想信念，唤醒宗旨意识、责任意识、担当意识。

（二）始终以习近平新时代中国特色社会主义经济思想引领海丰发展

习近平新时代中国特色社会主义经济思想，是习近平新时代中国特色社会主义思想的重要组成部分，是中国特色社会主义政治经济学的最新成果，标志着党对经济发展规律的认识达到了新高度。海丰要在新时代、新征程中，推进新一轮大发展，开创发展新局面，就必须把这一思想作为长期坚持的科学理论指导和行动指南，贯彻落实到经济社会的全过程各方面，尤其要深刻掌握其核心要义，结合海丰县情和发展实际，重点把握处理好以下几方面的关系：一是把握处理好加快发展与高质量发展的关系。海丰作为欠发达地区，县域经济实力不强，发展不平衡不充分是基本县情。进入新时代，迈进新征程，加快发展仍是海丰“头等大事”。我们必须按照十九大提出的“建设现代化经济体系”的新理念新要求，既坚持在发展步伐、速度上迎头追赶，又注重在发展质量、效益上不断提升，力促经济社会又好又快发展。一方面，必须坚持发展“第一要务”，咬住经济建设不放松，扭住发展实体经济不动摇，加快壮大产业经济发展规模，持续增强县域综合实力；另一方面，必须明确推动高质量发展的努力方向，坚持以供给侧结构性改革作为工作主线，把创新驱动发展融入产业发展之中，推进新型工业化进程，推动传统特色产业转型升级，不断提高发展质量和效益。二是把握处理好推进发展与环境保护的关系。海丰有山、有海、有平原、有湿地，自然资源丰富，生态环境优美。我们在推进发展的进程中，既要立足资源禀赋，挖掘资源潜力，加大土地资源、农业资源、旅游资源的开发利用力度，加快经济发展步伐；又要牢固树立绿色发展理念，坚持“青山绿水就是金山银山”，坚持在保护中发展、在发展中保护，坚决摒弃以牺牲环境为代价的发展模式，实现自然资源与社会经济发展的良性循环。如在承接产业转移、开展招商引资中，必须严格项目准入制度，优化配置和集约利用土地，依法批地、用地、管地，使土地资源使用有序可控。又如在推进传统产业转型升级中，要加大产业园区建设力度，引导中小微企业进园入区，实现集中治污、集聚发展，切实解决公平服装、梅陇金银首饰、可塘珠宝等特色行业的污染问题。三是把握处理好促进发展与防范风险的关系。坚决打好防范化解重大风险攻坚战，是党的十九大提出的决胜全面建成小康社会三大攻坚战之一。市委石奇珠书记在市委全会上，着重强调“防范风险要把握好警惕‘黑天鹅’和预应‘灰犀牛’的关系”，阐述了所谓“黑天鹅”事件，指的是我们没有遇见或认为极不可能发生而实际上却又发生了的事情。而“灰犀牛”现象，指的则是那些潜在的极有可能发生而且影响巨大的危机。特别是再次强调公平“12·9”火灾事故的惨痛教训，指出“很多人都认为这是个偶然性的‘黑天鹅’事件”，但通过事后全市的安全生产隐患大排查、大清理、大整治行动，说明“发生事故是正常的，不发生事故是侥幸的，这是一个典型的‘灰犀牛’现象”。对此，我们必须进一步从讲政治和维护稳定发展大局的高度，充分认识防风险的极端重要性。着力加强地方债务管理工作，妥善解决农合农信机构不良贷款率过高的问题；始终绷紧维护社会稳定和安全生产这根弦，保持对安全稳定风险的忧患意识、危机意识、责任意识。但是，我们也不能因为防风险而畏难退缩、束手束脚，该干的事不干，该发展的也不发展了，必须要有敢于担当、敢于负责的精神，不回避矛盾，不掩盖问题，坚持底线思维，凡事从坏处准备，努力争取最好结果，牢牢掌握工作主动权。

三、以习近平新时代中国特色社会主义思想统领海丰工作全局，打牢全面建成小康社会坚实基础

2018年是贯彻党的十九大精神的开局之年，是改革开放40周年，是决胜全面建成小康社会、实施“十三五”规划承上启下的关键一年，也是我市建市30周年，做好全年各项工作意义重大。

深入分析、科学研判发展环境和形势，是谋划好新一年发展的前提。党的十九大胜利召开，吹响了全面决胜建成小康社会的号角，也为海丰老区发展带来新的历史机遇。十九大报告强调要“加大力度支持革命老区、民族地区、边疆地区、贫困地区加快发展”，必将为欠发达地区、革命老区推进全面建成小康社会带来难以估量的政策红利。省委大力实施全省一体化发展战略，尤其是这次省委全会，提出“进一步明晰珠三角、东西两翼和粤北山区发展定位，明确协调发展的努力方向”，“要把东西两翼沿海地区打造成新的增长极，改善发展条件，培育壮大优势产业，与珠三角城市串珠成链建设沿海经济带”，相信在促进全省区域协调发展，特别是加强对东西两翼和粤北地区的差异性发展定位和政策、资金扶持上，将会有新的动作和举措。近两年来，汕尾市通过大抓产业园区开发、重大项目引进和环境整治、民生攻坚，“许多难事攻克了，实事办妥了，要事办成了，喜事办好了”，海陆大地生机勃发，城乡面貌焕然一新，社会各界纷纷唱好汕尾，点赞“汕尾效率”“汕尾速度”。与全市同样，当前我县也已形成空前强劲的发展态势和团结奋进的大好局面，全县城乡正在掀起新一轮大开发、大建设、大发展热潮，尤其是“一城三园”产业园区开发及项目引进投建步伐加快，莲花大道和海丽大道、海紫公路城东段改造升级及市民中心、南门湖整治等市政基础设施、民生工程全面铺开、即将建成，到处呈现出一派热火朝天、大兴土木的“大工地”建设场面。同时，先后完成县、镇、村三级换届选举，深入持续开展正风肃纪活动，社会治安重点整治和禁毒斗争取得阶段性成效，使全县党员干部队伍的凝聚力、战斗力、执行力进一步提高，讲担当、抓落实、干实事的创业氛围空前高涨，为推进新一轮大发展营造了正气上升、安定和谐、团结奋进的良好政治、社会环境。但是，我们要做好新一年的各项工作，也面临着经济新常态和供给侧结构性改革新形势下的各种新情况新问题，面临着来自全省、全市各地的发展竞争压力，面临着县内产业结构调整、重大项目引进及教育“创现”、卫生“创强”、扶贫攻坚等经济社会发展中的各种困难和挑战。新的一年，我们必须坚持以习近平新时代中国特色社会主义思想为统揽，既要坚定信心、锐意进取，又要充分估计困难，积极应对，牢牢把握工作主动权，全力推进全县经济社会的新一轮发展。

今年全县工作的总体要求是：全面贯彻落实党的十九大和中央经济工作会议、中央农村工作会议精神，以及省委十二届二次、三次全会，市委七届四次、五次全会精神，以习近平新时代中国特色社会主义思想为指引，坚持新发展理念，紧扣社会主要矛盾变化，贯彻高质量发展的要求，统筹推进“五位一体”总体布局和协调推进“四个全面”战略布局，牢牢把握稳中求进工作总基调，坚定不移地发展实体经济，致力补齐补强民生社会短板弱项，持续加强“平安海丰”“法治海丰”建设，推进全面从严治党，为决胜全面建成小康社会打下坚实基础。

围绕省委、市委的部署，县委考虑，今年我县经济增长的预期目标为8.5%，实际执行时只要经济运行在合理区间，也可以低一些；一般公共预算收入增长11%；固定资产投资增长21%。这些指标是结合海丰发展实际，充分考虑全县稳增长、促改革、调结构、惠民生、防风险的需要，综合研究确定的。同时，县委、县政府初步确定了新一年重点建设项目51个，总投资267.3亿元，年度计划投资55.7亿元，涉及交通、重大发展平台、现代产业体系、农林水利、市政建设、社会事业、环保民生保障等七大领域。全县各地各部门一定要围绕新一年的经济发展主要指标和重点项目建设任务，真抓实干，全力以赴，确保这些目标任务如期实现。

今年全县改革发展任务十分繁重。俊雄将对今年经济工作作具体部署，大家一定要认真抓好落实。这里，我重点强调以下六个方面的工作。

（一）坚持推进全面深化改革，激发新时代发展强大动力。全面深化改革已经到了全面抓落实的关键阶段。要准确把握、认真贯彻中央和省委、市委有关全面深化改革的各项部署要求，坚定改革定力，勇于攻坚克难，加快推进重点领域和关键环节改革任务，推动全面深化改革落地生效。要继续深化供给侧结构性改革，按照“1+5”供给侧结构性改革总体方案和行动计划，坚持“破”“立”“降”并举，着力破除无效供给，对全县剩余的“僵尸企业”，采取破产退出、兼并重组、扶持转型发展等不同方式分类处置；着力实施创新驱动发展战略，加快传统特色产业转型升级，积极推进新型工业化，大力培育新动能；着力降低企业成本和负担，全面落实降成本政策措施，全力支持企业降本增效。要继续深化行政管理体制改革，进一步精简行政审批事项，充分发挥县政务服务管理中心和16个镇、279个村（社区）公共服务站的作用，提升行政服务效能。要继续深化社会管理体制改革，不断完善社会保障体系，深化教育、卫生、科技、文化等社会事业体制改革。要继续深化生态文明体制改革，加快健全资源节约、生态环境保护和责任追究体系，推动人与自然和谐发展。

（二）坚持高质量发展方向，着力做大做强做优实体经济。党的十九大作出了“我国经济已由高速增长阶段转向高质量发展阶段”的重大判断，同时强调“必须把发展经济的着力点放在实体经济上”。我们必须围绕十九大关于“贯彻新发展理念，建设现代化经济体系”的部署要求，始终坚持高质量发展的努力方向，把发展经济的着力点放在壮大实体经济上，扎扎实实抓项目、建产业、兴实业，夯实全面建成小康社会的县域经济基础。

一要加快构筑“一城三园”产业园区格局。坚持以县为主导，以经济开发区及梅陇、公平、可塘等三镇为主体，加大资金投入力度，加快园区规划、设计、立项、征地、建设进度,加大项目引进、落地、投建力度，确保在今年内构筑形成“一城三园”产业园区格局，发挥产能效益和集聚效能。县生态科技城要在今年第一季度全面完成一期综合服务区、二期工业用地市政基础设施建设，以及三期1500亩、四期2000亩的土地征用、拆迁和清表工作。要围绕市委全会关于大力实施“产业建设投产年”行动的工作部署，尤其是关于“今年4个重点产业园区计划新动工产业项目40个”，其中“海丰生态科技城10个”的任务安排，落实“投产企业抓增资、在建项目抓进度、签约项目抓落地”的要求，通过进一步完善园区优惠政策、领导联系包干服务企业制度，实施全方位、一站式、“一条龙”优质服务，加大招引乡贤回乡投资和联合深圳龙岗招商力度，确保实现直线电机、龙兴自动化机械、裸眼3D液晶显示等13个在建工业项目全面建成投产；威翔航空、佳宝食品、双全农牧等去年引进的11个项目全面动工建设；新引进、动工项目达到10个以上。梅陇金银首饰环保产业集聚园要对标省内、国内同类型产业集聚园区，坚持高标准、高水平规划建设，确保首期9栋厂房和首饰展厅、电镀生产、废水废渣处理等基础设施建成投入使用，同步推进二期34万平方米、三期30万平方米的征地供地工作，引导、招引一批当地金银首饰企业进园入区，初步实现产业集聚、环保生产、规模效益。公平产业园、可塘珠宝产业集聚园要分别完成首期3平方公里核心区和长桥区域17万平方米的征地，迅速启动建设，并坚持依托服装、珠宝传统特色产业，立足当前、着眼长远，进一步编制完善园区规划设计，分期征地建设，逐步扩大规模，不断完善路、水、电、通信、治污排污及研发、销售等配套设施，努力建设成为科技创新、生态环保、配套齐备的特色产业集聚新型园区。

二要加快构建新型工业化产业体系。紧紧围绕发展先进制造业和战略性新兴产业，在力促威翔航空项目尽快落地建设的同时，进一步联合深圳龙岗，积极承接产业转移，致力招引一批高科技、高税利的新型工业化项目。尤其要瞄准国内外500强企业、行业龙头企业，积极实施“龙岗总部—海丰基地”模式，力争在新一年，引进若干个高附加值、带动性强的重大项目，打造纳税超千万、超亿元的“航母企业”，加速我县新型工业化产业体系发展。

三要加快提升传统特色产业发展质量效益。加紧研究、出台推进传统产业转型升级的政策措施，建立产业帮扶补偿基金，实施中小微企业贷款风险补偿机制，积极帮助企业向省有关部门争取技术改造资金，支持服装、珠宝、金银首饰等传统产业企业扩大生产规模，改进技术装备，增强创新动力；要建立健全领导、部门联系服务企业机制，实施“一企一策”精准解困“暖企行动”，切切实实为企业解决生产经营问题和困难；要引导支持服装、珠宝、金银首饰等行业协会加强与先进地区相关行业的学习、交流、合作，带动产业技术、产品质量、核心竞争力不断提高，从而逐步走上品牌化、规模化、高端化可持续发展道路。

四要加快推进商贸旅游业大繁荣大发展。全力加快华耀城和赤坑生态食品交易中心两大商贸物流“航母”项目动工建设进度，继续引进培育现代商贸物流龙头企业，扶持规范现有商贸市场、物流企业，力促我县形成大市场、大商贸、大流通产业格局。要积极实施“互联网+”战略，加强与阿里巴巴的农村淘宝项目合作，支持海丰各类专业市场通过线上线下融合发展“网络实体店”，推动珠宝、金银首饰、服装等传统特色产业融入电子商务发展大潮，拓展电商市场，增强发展活力。要大力发展生态休闲旅游业，进一步整合“红蓝绿古金”旅游资源，不断完善景区基础设施，加快好迪集团五星级酒店项目等旅游配套设施建设，提升旅游接待能力和档次。尤其要创新“旅游+绿色生态”模式，全力推进莲花山省级新农村示范片建设，开辟乡村旅游新线路，积极发展农家乐、乡村游；创新“旅游+红色经典”模式，精心实施红宫红场景区改造升级、苏维埃政府旧址复建等项目建设，加大对革命旧址的保护开发利用力度，打造一批新的红色旅游景点，进一步向外界展现海丰“红色之都”的魅力。

（三）坚持致力民生攻坚，补齐补强全面建成小康社会的短板弱项。从现在到2020年仅剩3年时间，但对标全面建成小康社会，我们在脱贫攻坚、教育、医疗卫生等方面仍有较大差距。县委、县政府已决定把今年定为“补齐民生短板攻坚年”。各地各单位要坚持以人民为中心的发展思想，积极争取国家和省相关部门进一步从广度和深度上落实海陆丰革命老区扶持优惠政策，加大对各项民生事业的投入建设力度，持续补齐短板、补强弱项，努力夯实我县决胜全面建成小康社会民生基础。

一要全力完成精准扶贫精准脱贫三年攻坚任务。要坚持把脱贫攻坚作为当前的重大政治任务、第一民生工程，进一步压实县、镇、村“三级书记抓扶贫”工作责任，抓好产业扶贫、就业扶贫、兜底扶贫，落实人盯人、人盯户帮扶机制，确保帮扶更加精准有效；要把扶贫和扶志、扶智结合起来，加强贫困户农技培训、转移就业培训，确保贫困人口稳定脱贫；要对新产生的贫困人口和返贫人口，及时纳入精准帮扶范围，高标准高质量完成精准扶贫精准脱贫三年攻坚任务。尤其要按照市委把今年作为“扶贫领域作风建设年”的工作部署，全面落实省、市对我县扶贫领域专项督导巡察的反馈意见建议整改工作，以更加扎实深入的工作作风，抓真干实、精准施策，突出加强对扶贫领域的监督执纪问责，从严查处扶贫领域违纪违法问题，坚决打好打赢脱贫攻坚战，实现真扶贫、扶真贫、真脱贫。

二要全力补齐民生社会短板。紧紧抓住关系群众根本利益的教育、医疗卫生、住房、就业、社会保障等重点民生问题，全力打好民生领域攻坚战，让人民群众的获得感、幸福感更加充实、更有保障、更可持续。教育方面，加大教育资金投入，不断完善城乡教育基础设施环境，尤其要确保城东、附城两镇中心小学新校址在上半年建成，实现秋季招生，进一步解决县城“大班额”问题；要加快彭湃中学提质升级各主体项目建设，完善学校教学和学生生活设施配套，力争用1—2年时间，使彭湃中学的学校建设和教学质量走在全市公立学校前列，重振“百年名校”声誉；继续开展师德师风整治行动，着力提高教师队伍整体素质；全面推进教育信息化、智能化、网络化，促进优质教育资源普及共享，确保今年通过“教育现代化先进县”的督导验收。医疗卫生方面，大力推进县镇两级公立医院升级建设项目，实现今年内彭湃医院新院区动工建设，县妇幼保健院新院区、中医院改扩建工程、疾控中心大楼主体工程全面完工，梅陇中心卫生院升级改造项目按省统一计划安排如期完成建设；推动医疗资源向基层倾斜，确保年底前全县乡镇卫生院标准化、村卫生站公建民营规范化建设全面完成，为2020年创建“卫生强县”打牢基础。住房方面，建立多主体供给、多渠道保障、租购并举的住房制度，加强监管规范楼盘销售行为，打击非法中介和投机炒房，预防房地产市场过热、房价虚高，努力实现广大人民群众住有所居。就业方面，积极实施“劳动力回归”工程，大力发展职业教育、技能培训和创业就业培训，提高劳动者就业能力，更好满足经济社会发展需要和企业用工需求。社会保障方面，深化企业职工养老保险制度改革，全面落实六项底线民生政策，健全社会救助体系，完善养老服务体系，提高社会保障水平。公共文化方面，健全完善县镇村三级公共文化设施网络，着力加快县文化馆、博物馆、图书馆、体育馆，以及革命斗争史纪念馆、青少年宫、文天祥公园等改造升级，为广大人民群众提供优质公共文化服务。

三要全力推进污染防治等生态环境建设。牢固树立社会主义生态文明观，强化“党政同责”“一岗双责”，实行最严格的生态环境保护制度。建立健全绿色低碳循环发展体系，加快生态保护红线、永久基本农田、城镇开发边界三条控制线划定工作，不断优化生产、生活、生态空间。着力打好大气、水、土壤污染防治“三大战役”，提高城市空气质量监测管理水平，确保空气优良率继续保持100%；全面落实河长制，突出抓好公平水库、青年水库、红花地水库和镇级集中式饮用水水源地保护，大力整治严重污染河流，消除城乡黑臭水体，同步启动县城第二个污水处理厂和镇村污水处理设施项目，抓紧建成公平、可塘、梅陇三个中心镇污水处理厂，形成覆盖城乡的水资源保护设施；严格实行土壤环境分级分类管控，优先保护耕地土壤环境。加强绿色发展理念宣传教育，不断提高公众环保意识，严厉打击破坏生态环境的违法行为，推动形成全社会共同参与生态保护的良好氛围。

（四）坚持实施乡村振兴战略，展现新时代“三农”工作新面貌。农业强不强、农村美不美、农民富不富，决定着全面建成小康社会的成色和社会主义现代化的质量。我们要以产业兴旺为重点、生态宜居为关键、乡风文明为保障、治理有效为基础、生活富裕为根本，推进农业全面升级、农村全面进步、农民全面发展。

一要进一步提升现代农业发展水平。充分发挥黄江两岸及联安、梅陇农场“省级现代粮食示范区”引领作用，带动广大农民积极参与种植优质稻、有机稻，打造海丰优质米品牌，解决部分地区农田丢荒弃耕问题，推动传统农业向现代农业转型；积极培育发展家庭农场、专业合作社等新型农业经营主体，发挥海亮、海纳等现代农业龙头企业的带动辐射作用，支持专业合作社和种养大户抱团合作，创建新的规模化生态农业基地，着力构建现代农业生产体系和经营体系；结合“一村一品、一镇一业”发展模式，加快农村一二三产业融合发展，推动形成生态农业、休闲农业、乡村旅游、农村电商等新业态。

二要进一步打造新农村发展优美环境。深入开展乡村人居环境整治工作，规范和引导提升村庄建设，着力抓好“四好农村路”建设和集中供水、垃圾污水处理、“厕所革命”等工作，打造美丽宜居乡村；提升莲花山省级新农村示范片建设水平，引领、带动全县铺开新农村建设，尤其要坚持以贫困村创建社会主义新农村示范村工作为抓手，扎实有效开展“三整治”工作，确保年底前42条贫困村达到省的整治标准；坚持“两个示范”创建同步推进、互为促进，推动42条贫困村由“后队”变“前队”。

三要进一步维护农民合法权益。加快推进农村承包土地确权登记发证工作，确保6月底前全面完成确权颁证任务；完善“三资”管理平台建设，规范农村集体资产管理，维护好农民群众财产权益；积极探索集体经济新的实现形式和运行机制，盘活农村农业资源，让农民真正成为集体资产的所有者、管理者和受益者。

四要进一步培育农村文明新风尚。大力推进农村精神文明建设，积极开展社会公德、职业道德、家庭美德教育；用先进文化和健康文化占领农村思想文化阵地，加强镇村文化娱乐中心、村图书室、农家书屋、阅报栏等教育阵地建设；全面开展移风易俗活动，着力解决农村婚丧嫁娶大操大办、铺张浪费问题，切实营造移旧俗、除陋习、尚文明、倡新风的良好社会氛围。

（五）坚持以“创文”为总抓手，不断提升城镇建设管理和文明水平。紧紧围绕建设粤东现代中等城市的目标，按照市委大力实施“城市建设提质年”行动的工作部署，以创建“省级文明县城”为总抓手，着力推进县城扩容提质和各中心镇规划建设，提升城镇综合管理水平，树立海丰现代文明新形象。

一要加大中心城区扩容提质力度，推进市县同城化进程。按照“东接西连、南扩北拓”的思路和布局，推进以华耀城、市民中心为龙头的南部新城和以生态科技城、碧桂园二期为核心的北部新区开发建设，完成莲花大道和海丽大道、海紫公路城东段改造升级工程，精心建设打造好市民中心、南门湖两大市民休憩健身娱乐场所，抓紧规划上马北四环路，提升县城承载功能、城市品位。继续推进县城各主干道改造扩建，并通过“三旧”改造和PPP等模式，在县城各重点区域及聚居区择址、规划、建设多层公共停车场，切实解决日益凸现的县城交通拥堵和“停车难”等问题；加大城市管理治理力度，坚持铁腕控违拆违，维护公平公正、健康有序的城市建设发展环境；加快推进市县同城化进程，通过高质量、高标准建设好海丽大道，上马建设珠东快速干线海丰支线工程，实现与市城区联结融合、协同发展。

二要加大各中心镇规划建设力度，加快区域协调发展步伐。按照党的十九大关于区域协调发展的决策部署，在打造以海城、附城、城东、开发区为组团的“大海城”核心经济圈的同时，围绕构筑“1+3大海城”发展格局，依托传统特色产业基础和区位资源优势，坚持新型城镇化发展方向，加快可塘、梅陇、公平等中心镇规划建设。尤其要高起点、高标准编制、完善中心镇、专业镇建设规划，加强交通、市政、文体等设施配套，提升城镇功能和承载能力；实施城镇综合管理、精细管理，深入开展环境卫生、交通秩序、市容环境等专项整治活动，加强镇区主干道绿化、亮化、美化和河流整治净化，加大控违拆违力度，从而形成与县城相适应、相匹配的城镇建设规模和管理水平，成为县城发展的“卫星镇”、附属中心，辐射带动周边各镇（场）及广大农村的规划建设，促进全县区域协调发展、城乡一体化发展。

三要加大创建“省级文明县城”工作力度，树立城乡文明形象。根据市“创文”“创国卫”的统一部署，突出重点，合力攻坚，确保如期实现今年创建“省级文明县城”的目标任务。按照“创文先创卫”的要求，发挥县创卫办的统筹协调组织作用，全面推进我县“创卫”工作；对照去年省测评组提出的整改意见，进一步抓好城市综合管理整治，加强绿化管护、清理占道经营、规范交通秩序，推进精细化、品质化、常态化管理；要大力培育践行社会主义核心价值观，持续开展群众性精神文明创建活动，加强文明创建常态化宣传，全面提升城市文明程度和市民文明素质。

（六）坚持推进“平安海丰”“法治海丰”建设，营造安定和谐、公平公正发展环境。按照党的十九大关于全面依法治国、加强和创新社会治理的部署要求，进一步强化各级党委对平安、法治建设的领导，坚持一手抓“平安海丰”建设，一手抓“法治海丰”建设，努力使我县与全市一起，“打造成为全省最平安最和谐最稳定的地区”。

一要深入推进平安海丰建设。紧紧围绕市委全会关于大力实施“社会建设平安年”行动的工作部署，压实县镇村属地责任和职能部门管理责任，完善党委领导、政府负责、社会协同、公众参与、法治保障的社会治理体制，打造共建共治共享的社会治理格局；牢牢守住稳定底线，保持严打高压态势，坚持不懈开展社会治安重点整治和全民禁毒工程，强化立体化信息化社会治安防控体系建设和环海丰缉毒卡口建设，全力维护社会平安稳定，不断提升广大群众的安全感、满意度。要深刻吸取公平“12·9”火灾事故惨痛教训，把对人民生命财产安全高度负责作为第一政治责任，牢固树立安全生产红线意识、底线意识，严格落实安全生产“一岗双责”，持续开展拉网式、地毯式的安全生产隐患专项整治行动，扎扎实实抓好安全生产这一“人命关天”的工作，防范遏制安全事故发生，维护广大人民群众的生命财产安全。

二要深入推进信访维稳工作。压实县、镇、村“三级主体责任”，强化党政一把手维稳第一责任，落实各级领导信访积案包干化解责任制。坚持问题导向，实施源头治理、防治结合，建立健全预防预警机制，加强信访和社会矛盾的滚动排查化解工作，依法解决群众反映强烈的问题，从严查处打击缠访闹访行为。充分发挥信访工作联席会议的作用，建立协调顺畅、便捷高效的工作机制，形成信访维稳强大合力。推动信访制度改革，建立健全行政调解、司法调解衔接工作机制，把矛盾和问题化解在基层、化解在萌芽状态。

三要深入推进民主法治建设。加强和改善党对人大、政协工作的领导，更加注重和发挥法治在社会治理中的重要作用。支持和保障人大充分发挥职能作用、增强监督实效，着力推进镇级人大各项工作制度化、常态化，更好地发挥人大代表主体作用，推动各项工作有效落实；支持政协全面履行政治协商、民主监督和参政议政职能，组织政协委员围绕海丰经济发展、社会和谐、民生改善，积极建言献策；切实做好民族、宗教、双拥工作，推进工青妇等群团组织改革，充分发挥统一战线凝聚人心、汇聚力量的重大作用。扎实推进全面依法治县，健全政府部门权责清单制度，推进“七五”普法和法治建设“四级同创”，落实重大行政决策风险评估机制、合法性审查和集体讨论决定制度，规范行政执法行为，加快法治政府建设步伐。

四、贯彻落实新时代党的建设总要求，推动全面从严治党向纵深发展

办好海丰的事情，关键在党，关键在党要管党、全面从严治党。要认真落实新时代党的建设总要求，以党的政治建设为统领，强化管党治党政治责任，推动全面从严治党向基层延伸、向纵深发展。

（一）抓好党的政治建设。党的政治建设是党的根本性建设。要始终坚持把党的政治建设摆在首位，牢固树立“四个意识”，坚定“四个自信”，坚决维护以习近平为核心的党中央权威和集中统一领导，始终在思想上政治上行动上与党中央保持高度一致。要按照中央和省委、市委统一部署，深入开展“不忘初心、牢记使命”主题教育，以习近平新时代中国特色社会主义思想武装头脑，加强党性锻炼、坚定理想信念。要严格遵守政治纪律和政治规矩，党员干部尤其是领导干部必须牢记“五个必须”，坚决反对“七个有之”，营造风清气正的良好政治生态。要严格落实管党治党主体责任，各级党委（党组）书记要切实履行管党治党的职责，把管党治党作为“天职”，带头增强党的意识、党章意识。要着重抓好各级领导班子政治建设，认真执行新形势下党内政治生活若干准则，落实民主集中制，坚决抵制“一言堂”和“个人主义”。

（二）牢牢把握意识形态工作领导权。要坚持以习近平新时代中国特色社会主义思想为指引，加大宣传宣讲力度，牢牢把握正确的前进方向，筑牢中国特色社会主义共同思想，巩固全县干部群众团结奋斗的共同思想基础。要培育和弘扬社会主义核心价值观，不断壮大主流舆论，坚持正确的舆论导向。要严格落实意识形态工作责任制，牢牢掌握意识形态工作的领导权、管理权、主动权，切实加强各类意识形态阵地建设和管理，敢于发声，敢于“亮剑”，旗帜鲜明反对和抵制网络各种错误观点，全方位筑牢意识形态安全的“护城河”和“防火墙”。

（三）不断加强干部队伍建设。要坚持党管干部原则，坚持正确用人导向，突出政治标准，把好干部标准落到实处，提拔重用政治过硬、本领高强和忠诚干净担当的干部。要加强领导班子建设，精准科学选配各级领导班子，确保班子专业素养整体适应发展和业务的需要。要完善干部考核评价机制，建立激励机制和容错纠错机制，旗帜鲜明为敢于担当负责、勇于攻坚克难的干部撑腰鼓劲，充分调动干部队伍的积极性、主动性、创造性。要加强干部教育培训，注重实践锻炼，着力提高干部政治素能，全面增强“八项本领”。尤其要增强各级干部狠抓落实本领，教育引导各级干部把雷厉风行与久久为功结合起来，做到既坚决贯彻、立马实施，又谋长远、虑全局、求长效，以钉钉子精神做实做细做好各项工作，推动海丰各项事业持续快速发展。

（四）大力抓好基层党组织建设。按照十九大关于加强基层组织建设的决策部署，围绕市委实施“农村基层治理年”行动的目标要求，以提升组织力为重点，突出政治功能，致力建设服务型党组织。全面推动工作重心下移，人往基层走、钱往基层投、政策往基层倾斜，把基层党组织的“主心骨”作用充分发挥出来。进一步优化基层党组织设置，坚持“两个示范”创建同步推进，精准排查整顿软弱涣散基层党组织，深入实施“领头雁工程”，不断壮大基层党组织带头人队伍，着力解决基层党组织弱化、虚化、边缘化的问题。加大农村基层治理力度，开展基层党员干部违纪违法、涉农职务犯罪等专项治理，严厉打击农村涉毒、涉枪和黑恶势力，加强法治宣传教育，促进广大农村不断形成文明法治、健康和谐的良好风气。

（五）坚持不懈正风反腐。深入学习贯彻习近平总书记关于进一步纠正“四风”、加强作风建设重要批示和省委书记李希批示精神，从县委常委会做起，从各级领导党员干部抓起，认真查找“四风”突出问题特别是形式主义、官僚主义的新表现，对准焦距、找准穴位、抓住要害，坚决加以整改，不断巩固和扩大落实中央八项规定精神的成果。发挥党纪政纪的正面引导和惩戒警示作用，运用好监督执纪问责“四种形态”，抓早抓小抓苗头，让“红脸出汗”“咬耳扯袖”成为常态。大力整治各级干部尤其是县直单位中层干部“中梗阻”“为官不为”“庸懒散拖”“吃拿卡要”等突出问题，营造良好政务环境。要持续加大反腐败惩治力度，推动全面从严治党向基层延伸，坚持无禁区、全覆盖、零容忍，受贿行贿一起查，减少腐败存量，全力遏制增量。要加大重点领域违法违纪线索排查力度，大力排除农村基层“下梗阻”，打通政策落地“最后一公里”。要深化政治巡察，加强专项巡察，坚决完成好监察体制改革试点工作任务。

使命重在担当，实干铸就辉煌。让我们更加紧密地团结在以习近平为核心的党中央周围，高举习近平新时代中国特色社会主义思想伟大旗帜，持续深入学习宣传贯彻党的十九大精神，把思想和行动统一、凝聚到十九大的重大决策部署上来，不忘初心、牢记使命，奋发作为、开拓进取，为推进新时代海丰新一轮大发展、决胜全面建成小康社会而努力奋斗！

政府工作报告

——2018 年 1 月 22 日在海丰县第十五届人民代表大会第三次会议上

海丰县人民政府县长 郑俊雄

现在，我代表县人民政府，向大会作政府工作报告，请予审议，并请县政协委员和其他列席人员提出意见。

2017 年工作回顾

过去一年，在市委、市政府及县委的正确领导下，在县人大及其常委会和县政协的监督支持下，县政府全面贯彻党的十八大和十八届历次全会精神，深入学习宣传贯彻党的十九大精神，坚持以习近平新时代中国特色社会主义思想为指引，以习近平总书记对广东工作重要批示精神为统领，按照省第十二次党代会、市第七次党代会和县第十一次党代会的部署要求，围绕市委“三三四四”及县委“三三五”发展战略，全面深化创新驱动，聚力振兴实体经济，切实增进民生福祉，全力维护社会稳定，推动全县经济社会持续快速发展。

（一）综合实力显著增强。坚持稳中向好、稳中求进、稳中提质，主要经济指标继续走在全市前列。预计全县地区生产总值273.5亿元，比增8.5%；规上工业总产值356.6亿元，比增18.9%；规上工业增加值88亿元，比增14%；农业总产值59.3亿元，比增5%；固定资产投资295亿元，增长20%；一般公共预算收入7.7亿元，比增10.7%。始终把扩大有效投资作为稳增长的关键，全县新上续建重点项目57个，总投资409亿元，完成投资49.6亿元，新增“四上”企业27家、“个转企”企业37家，规上工业企业质量效益大幅提升，利润总额增长9.4%；有效释放消费潜力，完成社会商品零售总额212.6亿元，比增8.3%；积极扩大外向型经济规模，实际利用外资1270万美元，比增129.7%；居民人均可支配收入达到21959元，比增7.5%；深入实施创新驱动发展战略，共组织实施科技项目15项，5家企业申报高新技术企业认定及培育入库，全县专利申请量共240件，专利授权量116件。

（二）“一城三园”初具雏形。全力推进“一城三园”载体建设，打造海丰加快向西融珠、推动振兴发展的重大引擎。生态科技城已征地3.5平方公里，累计投入征地和基础设施建设资金7.2亿元，完成一期综合服务区、二期工业用地“七通一平”基础设施建设，新建园区道路19条18公里。投资2亿元、日处理量5万吨的园区污水处理厂正在开展征地等前期工作，预计上半年动工建设。三个中心镇工业园区建设全力推进，海丰首饰产业环保集聚区完成征地16万平方米，园区道路、排水等配套设施及6栋工业厂房正在加紧建设；可塘珠宝产业园完成征地17万平方米，正在开展“三通一平”工作；公平产业园正在开展中心启动区20万平方米的征地，将着手进行基础设施建设。

（三）中心城区扩容提质。县城总体规划新一轮修编已通过专家评审、启动实施。加速城区扩容步伐，全年共投入10多亿元，加快建设市民中心全民健身广场及配套设施，将于春节前后对外开放；全面铺开海丽大道和海紫公路升级改造工程，以及福临坑和南门湖整治工程等重点市政项目，将于春节前陆续完成主体工程；加紧推进莲花大道建设，完成路基7公里、路面3公里及部分设施配套；完成育英路、南北桥路建设，推进小路陂行政小区基础设施建设和烈士陵园、文天祥公园、铜钱山公园、红宫红场周边环境等改造升级项目。县城建成区达到33平方公里，城镇化率达到63%，中心城区承载、辐射能力持续增强。

（四）基础设施日臻完善。广汕铁路、兴汕高速、深汕高速改扩建、国道324县城至梅陇段、6.4公里的城陶公路等道路项目建设加快推进；全县投入1.6亿元，完成县乡公路路基工程21公里，路面工程19公里，新建通村公路55公里；大力发展绿色交通，全县新增投入100台新能源汽车。提升城乡电网建设水平，附城110千伏室内输变电站、赤坑协鑫光伏已并网发电，海丽大道、海紫公路、莲花大道正在全线实施地下电力管网改造。注重信息化建设，新增光纤接入用户3.8万户,新建4G基站1092座；加快新时代融媒体深度发展，推进数字广电、智慧广电建设。城乡基础设施的不断完善，为加快发展奠定了坚实基础。

（五）实体经济巩固壮大。制定实施促进传统产业转型升级的贴息贷款、科技创新基金等扶持政策，支持我县服装、珠宝、金银首饰等行业成立协会，加快技术革新、工艺改造、装备换代。全县珠宝金银首饰加工企业达3100家，珠宝年加工达2.5万吨，黄金首饰年加工200吨，银首饰年加工780吨，加工产值129亿元。同时，加快工业园区引进项目的投建投产，生态科技城引进的26个工业项目，有东维亚国际珠宝工贸城、星际动漫2个项目投产运营；冠龙生物科技、高端直线电机、裸眼3D液晶、新型纸品、采味轩花生制品、一开电气、龙兴自动化机械、金源丰首饰、同翔新型纸制品等10个项目即将投产出效益；威翔航空、佳宝食品、双全农牧、时代名都、海龙投资大厦、名仕度服饰、朋腾金属制品、众恒机器手、春天地毯、星际动漫大厦、丽堡路手套帽业、鸿骏首饰、华雅化妆用具、吉安包装容器、旅游公寓等14个项目也在加紧建设之中。这些项目建成投产后，将有力壮大我县实体经济规模。

（六）三农工作稳步发展。坚持以农业供给侧结构性改革为主线，着力加快现代农业建设,完善农业支持保护政策体系,推进农业结构调整和绿色发展。加大投入开展水利大建设，全县有40宗中小河流治理工程项目，被列入省“十三五”水利规划；上马总投资4.2亿元的西溪、大液河水闸重建和龙津河水系生态环境整治3宗大型水利工程；推进大湖南北堤、小漠海堤达标加固，14宗村村通自来水工程、5宗高效节水灌溉项目，以及黄山洞、青年、赤沙3宗水库抢险加固，黄江河等4宗小河流治理等重点水利工程，进一步改善全县农业生产条件。在确保粮食生产安全的基础上，蔬菜、水果、畜禽、水产等优质农产品供给能力稳定增加。全县新增农业龙头企业6家，总数达到68家，新增农民专业合作社94家，总数达到714家，带动农户达到3.4万户，涌现陆港、海亮、中荣、冠龙等9家省级农业龙头企业和39家省级示范专业合作社。突出发展加工农业、休闲农业，初步形成北部片区的茶叶生产加工、东部片区的悠闲观光农业、南部片区的优质稻生产示范等三大新型农业组团，农业新业态初具雏形，被确定为全省一、二、三产业融合发展五个示范县之一。深化农村土地制度改革，扎实推进农村承包土地确权登记颁证，全县213个村全面铺开确权工作，完成外业指界户数7.5万户、面积45万亩，实测率101%；已颁发证书7万份，颁证率88%。累计投入1亿多元，全面铺开总面积52平方公里的莲花山省级新农村示范片建设，启动建设项目85项，路、电、水、排污等基础设施建设基本完成，顺利通过省级验收。

（七）生态环境持续改善。坚守生态安全红线、环境保护底线，坚决落实节能减排责任，责令改正环境违法行为125宗，查封非法场所9家，涉嫌污染环境罪移送公安追究刑事责任3宗。落实中央环保督查整改任务，投入3000万元整治县城垃圾焚烧处理厂；依法推进大湖高位养殖场清退工作，同步清退养殖面积44亩。推进全县城乡人居环境改造、升级，落实水污染防治计划，加强饮用水源管理保护，城市集中饮用水源水质达标率100%；全面落实“河长制”，投入1300多万元，对黄江、龙津、大液、横河、东溪5条81公里的河道进行清障治理，并每年投入500万元购买社会化服务，实行常态化保洁管理，确保水清、河畅、堤固、岸绿、景美。铁腕治污、科学治水，重拳整治、打击水源头污染和水库、河道违法采砂活动；实施桉树改种行动计划，莲花山、公平水库库区、县城北部等区域水源环境得到有力整治、有效保护；推进公平、可塘、梅陇三个中心镇污水处理厂建设和全县农村环境综合治理，计划投资6.5亿元的镇村生活污水处理设施整县捆绑PPP项目建设进展顺利，已动工建设村级污水处理站6个。林业生态工程建设和大气、土壤污染防治取得实效，全县建设镇级森林公园11个，森林蓄积量289万立方米、覆盖率达58.3%，空气环境质量保持在国家二级标准以内，排名稳居全省前列。

（八）民生攻坚成效凸显。扎实推进教育“创强”“创现”“创文”“创卫”和精准扶贫精准脱贫三大攻坚。投入10多亿元，上马建设县实验小学和城东中心小学、附城中心小学、陆安高级中学等一批“创强”项目，陆续建成、投入使用；华中师大海丰附属学校三期42万平方米已完成供地，正在推进建设；彭湃中学提质升级项目建设进展顺利，正在推进前期工作。海城、附城、城东三镇已基本通过省教育强镇验收。投入近16亿元，上马建设第二人民医院、县中医院、疾控中心、妇幼保健院建设项目，都已完成主体工程；彭湃纪念医院新院区已完成征地，即将开工建设；全面推进14个镇级卫生院及57个农村卫生站室标准化建设，将全面完成改造任务；推进泰林、东泰、黄江、中医馆等民营医院加快建设，为实现今年“卫生强县”创建目标打牢基础。深入推进“创文”“创卫”工作，实施县城环境卫生“网格化”管理，县财政每年投入1700万元，聘请550名保洁员，落实机械清扫和人工保洁有机结合措施，对农村生活垃圾实行常态化收集，全面提高城乡道路保洁水平。专项整治交通秩序，设置治安和红绿灯视频卡口36个。大力清理违法广告和违法建筑，共拆除主次干道的大型龙门架广告牌25座，清理违章广告牌1200多处，没收占道移动式招牌2800多块，拆除违法搭建物400多处，实施围蔽工程160多处2万多平方米；先后查处违法建筑50多宗，总建筑面积6万多平方米，立案查处案件33宗，强制爆破2宗，面积5000多平方米，确保县城内违法建筑零增长。全县城乡面貌焕然一新，获得全省文明县城提名。扎实开展精准扶贫精准脱贫，强化贫困人口动态管理，全县实时贫困人口有劳动能力贫困户为6177户25318人、无劳动能力的贫困户为4941户7154人，预脱贫人口共计1.1万人。由深圳龙岗帮扶的33条贫困村，每村投入资金200万元入股，上马建设海丰-龙岗投资大厦，建成后每村每年将享受固定收益;由具有劳动能力的6214户贫困户，每户投资2万元，入股建设红色旅游项目，每年户将可享受固定分红1400元以上。迅速掀起42条省定贫困村“三清理三拆除三整治”等新农村示范村建设热潮，推进189个20户以上自然村人居环境综合整治，并以梅陇永红、附城新山、联安坡平、平东大塘、陶河下边、可塘仓前等6个村为先行点，启动管线落地、雨污分流、三级生物处理池、村路道硬底化等基础设施项目建设，使贫困村的生产生活环境大为优化，村容村貌焕然一新，加快贫困村“后队”变“前队”的步伐。

（九）文化事业硕果累累。红宫红场旧址纪念馆获得“第五届全国文明单位”称号，罗晓梅被评为“全国未成年人思想道德教育先进工作者”，受到习近平总书记的亲切接见。西秦戏《马援伏波》获得第十三届广东省文化艺术节优秀剧目二等奖；音协、舞协、摄协、书画院相继成立、全面繁荣；“平安海丰·文明家园”文艺晚会、中秋晚会、纪念海陆丰苏维埃政权建立90周年文艺晚会、彭康亮独唱音乐会、陈洪纪念音乐会等一系列大型主题纪念活动，以及“奔向海陆丰”建军90周年大型美术作品展、“百名书法家书写新党章百米长卷活动”等一系列文化创新活动，引发强烈反响。加大投入旅游基础设施建设，积极推广旅游资源，开拓省内外旅游市场，扩大海丰旅游知名度。稳步推进以红宫红场、彭湃故居等为组合的“红色”经典旅游景区建设；突出“红蓝绿古金”五色旅游主题，莲花山度假村及红宫红场旧址纪念馆被评定和正在申报国家4A旅游景区，旅游产业发展提质增效。全县共接待游客321.7万人次，比增19%；总收入18.6亿元，比增24%。

（十）社会治理成效显著。全面开展消防和安全生产隐患大排查、大整治行动，全县投入专项经费6000万元，共出动排查整治队伍7304个、12万人次，排查小档口、“三合一”场所、群租房、建设施工现场、学校、幼儿园等7.3万个，排查出消防隐患2.3万处，完成整改2万处，关闭封停2297处，拘留83人。扎实推进执法规范化，加快新时代法治公安建设，以“飓风2017”专项行动为抓手，全面开展社会治安重点整治，重拳打击“两抢一盗”和涉黄赌涉黑恶等违法犯罪，决胜禁毒缉枪攻坚战，全县没有出现制毒窝点、没有成为毒品中转集散地，实现了有效遏制毒情蔓延势头的目标，治安和禁毒形势明显好转，确保了全县政治安全、社会持续稳定，人民群众安全感、满意度大幅提升。

过去一年，政府效能不断增强。自觉接受县人大、政协监督，广泛听取各民主党派、工商联、工青妇等人民团体和社会各界的意见建议。认真办理县人大议案建议、政协提案，主办人大议案建议45件、政协提案62件，办复率99%。建立健全重大决策征求意见、专家评估、合法性审查、集体决策和责任追究、政府法律顾问等制度，深入实施村（居）民主自治制度。全面加强监察、审计工作，行政效能明显提升。深入开展“两学一做”专题学习教育，严格执行中央“八项规定”“两条例一准则”，廉政建设取得新成效。深入推进政务公开和各领域办事公开，自觉接受社会监督和舆论监督，坚持倾听民声、收集民情。进一步转变政府职能，简政放权、放管结合、优化服务协同推进，强化法治建设，着力建设效能政府、法治政府、廉洁政府。县政务服务中心进驻单位33个，办理事项692项，共接待群众3万多人次，受理业务1万多件，办结率100%，各进驻单位积极转变职能，改进作风，优质服务，有效克服了“门难进、脸难看、事难办”问题，大大提升了政府形象。

过去一年，全县统计、审计、人事、武装、人防、打私、科技、气象、供电、供水、通信、物价、殡改和港澳、台务、老龄、残联、民族宗教、外事侨务、档案修志、妇女儿童、工会青年、工商联以及老促、关工等各项工作都取得了新进展、新成效，为推进海丰经济社会发展发挥了重大作用、提供了重要保障。

各位代表，过去一年取得的成绩是市委、市政府和县委正确领导的成果，是全县80多万干部群众勤劳智慧的结晶。在此，我谨代表县人民政府，向广大工人、农民、知识分子、干部职工，向驻海人民解放军、武警官兵和各民主党派、人民团体、外出乡贤、社会各界人士，向长期关心支持我县经济社会发展的港澳同胞、台湾同胞、海外侨胞，表示崇高的敬意和诚挚的感谢！

过去一年，我县经济社会取得了显著成效，

但是，我们也清醒地看到，我县经济社会发展还存在不少问题和困难：一是发展不平衡不充分突出。财政收支不平衡，外贸进出口等指标仍未能扭转下滑态势；产业聚集度不高，创新能力弱，实体经济规模小，珠宝、金银首饰、服装等传统产业发展呈现下滑势头，缺乏“月亮型”项目和支柱型产业支撑，创新能力不足，发展动能亟待提升。二是全面建成小康社会任务艰巨。去年全县人均GDP3.6万元，低于全国平均水平的40%；人均可支配收入20427元，占全国平均水平的85.8%。服务贸易占对外贸易比重、每千人口执业医生数、每万人口拥有律师数、社会组织数等指标与全面建成小康社会目标要求存在较大的差距。三是民生事业短板突出。文化、教育、医疗、社会保障等短板多、欠账大；城镇建设、市政管理水平滞后，“两违”现象还相当严重。四是政务服务环境还不够优化。一些干部干事创业担当意识、责任意识不够，落实力和执行力不强，不善为、慢作为、乱作为、无作为等问题不同程度存在。五是社会治理任务重、压力大。社会治理与社会主要矛盾的转化不相适应，打击电信网络诈骗等侵财性犯罪亟须创新和加强；禁毒形势依然严峻，毒情渗透压力依然存在，“社会治安重点整治地区”摘帽仍须努力；公平“12·9”火灾事故折射出我县消防安全生产隐患整治还未全覆盖。六是部分群众文明素质还需进一步提升。城市管理缺乏长效性、难点问题久治不愈，全县城乡“脏乱差”顽疾尚未彻底根除，距离文明县城的目标还有一定的距离。这些问题和挑战，我们必须保持清醒头脑，增强忧患意识，坚持以问题为导向，采取有力措施，认真加以解决。

2018 年工作安排

2018年是贯彻党的十九大精神的开局之年，是改革开放40周年、汕尾建市30周年，是决胜全面建成小康社会、实施“十三五”规划承上启下的关键一年。做好今年政府工作，意义重大。当前，我县经济社会发展迎来新时代，党的十九大确立了习近平新时代中国特色社会主义思想，为我们在新的历史起点上实现快速崛起、同步小康提供了根本遵循；广东大力打造沿海经济带，赋予汕尾作为珠三角辐射粤东的战略支点地位，为我县革命老区加快振兴发展提供了重大机遇。特别是深汕特别合作区由深圳全面主导，打造“先富帮后富”示范区，深圳龙岗继续加大对口帮扶、加快产业共建，为我县发展注入强大动力。同时，我县经济社会发展面临着新矛盾，存在县域经济基础薄弱、城乡市政建设滞后、民生保障水平较低等发展不平衡不充分的问题。因此，我们必须适应新时代、紧扣新矛盾，瞄准新目标，把握新变化，调整新思路、找准新路径，锐意进取、攻坚克难，带领全县人民努力实现对美好生活的向往，奋力开创新时代海丰经济社会发展新局面。

2018年政府工作的总体要求是：全面贯彻党的十九大精神和中央经济工作会议精神，坚持以习近平新时代中国特色社会主义思想为指导，坚持以习近平总书记重要指示批示精神为统领，贯彻落实省第十二次党代会、省委十二届二次、三次全会，市第七次党代会、市委七届四次、五次全会，县第十一次党代会和县委十一届五次全会精神，坚持稳中求进工作总基调，坚持新发展理念，紧扣我国社会主要矛盾新变化，按照高质量发展的要求，统筹推进“五位一体”总体布局和协调推进“四个全面”战略布局，以供给侧结构性改革为主线，深入实施创新驱动发展战略，大力推进改革开放，坚定向西融珠，推进海丰龙岗产业共建，积极融入广东沿海经济带振兴发展；加强民生保障和社会治理，加快补齐全面建成小康社会指标短板，坚决打赢防范化解重大风险、精准脱贫、污染防治三大攻坚战，为把海丰建成为宜居宜业宜游现代中等城市，为全面建成小康社会、开启全面建设社会主义现代化新征程打下坚实基础。

2018年经济社会发展主要预期目标是：全县地区生产总值增长8.5%，人均生产总值增长7.9%，工业增加值增长12%，规模以上工业增加值增长14%，农业产值增长4.5%，固定资产投资增长21%，社会消费品零售总额增长9.5%，进出口总额增长8%，实际利用外商直接投资增长8%，一般公共预算收入增长11%，城乡居民人均可支配收入增长8%；城镇登记失业率控制在3%以内；人口自然增长率控制在8.8‰以内；节能减排约束性指标完成市下达的年度任务。

围绕以上奋斗目标，要着力抓好八个方面的工作。

一、全力加快深化改革新步伐，汇聚振兴发展磅礴力量

——继续推进全面深化改革。深化农业农村、国资国企、行政审批、商事制度等重点领域和关键环节改革，推动各项改革任务落地见效。重点推进供给侧结构性改革，设立国有企业改革发展基金，稳妥推进“僵尸企业”出清重组。启动地方金融监管机构改革，支持农村信用社改制组建农商行工作。不断深化政府“放管服”改革，完善“一门式一网式”政务服务，推广“互联网+政务服务”模

式。继续深化机构改革，推进公路管理体制改革，稳妥实施城市管理领域综合执法改革，全面深化供销合作社综合改革，加快承担行政职能事业单位改革，稳妥推进财政事权和支出责任划分改革，深化预算管理制度改革，实施绩效管理，规范政府运行，提高行政效能。

——大力实施创新驱动发展战略。优化科技创新环境，继续推进高新技术企业培育，力争新增国家高新技术企业5家。县政府设立5000万元扶持基金，大力引导企业加大科技研发、成果转化力度，提升自主知识产权竞争力，新增专利180件以上。扶持引导国际青年创客城加快投资建设，引进高层次科技人才团队，发展孵化器、众创空间，推动大众创业、万众创新，使科技创新成为引领全县经济社会发展新常态和决胜全面建成小康社会的重要支撑。

二、全力培育县域崛起新动能，推动经济高质量发展

——加快“一城三园”开发建设。全力推进生态科技城开发、建设，积极筹措、投入基础设施建设资金3亿元，全面提升一二期基础设施配套水平，完成三四期约2.3平方公里工业用地的征地任务和“七通一平”基础设施建设；加快园区污水处理厂和110千伏变电站等配套设施建设，优化美化园区市政环境；加快海龙投资大厦的投入使用；投入30亿元实施时代名都、星际动漫大厦、红色旅游等配套项目，建设综合服务中心；坚持高效开发建设与运营管理，打造产城融合示范区。全力以赴推动海丰首饰产业环保集聚区的建设和投入使用，推进可塘珠宝产业园、公平产业园加快开发建设，致力打造金银首饰、珠宝、服装等传统产业环保聚集标准化、示范性园区。

——加快重点项目建设。坚持大投资带动大发展，进一步优化投资结构，做大项目投资总量，拉动县域经济有效增长。今年全县新上续建重点项目51个，计划总投资267亿元，年度计划投资55.7亿元，涵盖重大发展平台、现代产业体系、交通公路、农林水利、市政建设、社会事业、环保民生等领域。积极拓展融资渠道，大力推广政府和社会资本合作（PPP）模式，鼓励社会资本参与基础设施和社会事业等重点领域；利用创投引导、股权投资等方式，充分发挥财政资金杠杆作用，进一步强化政府投资带动放大效应。全面加快项目施工进度，既要追求项目建设的速度和规模，更要注重项目建设的质量和效益，为推动全县经济高质量发展奠定基础。

——加快交通基础设施建设。统筹推进现代交通网络建设，加快构建“内联外拓”交通路网。重点推进广汕铁路和兴汕高速海丰段征地以及深汕高速海丰段建设，积极开展龙汕铁路海丰段、国道236线海丰高潭岭至公平段前期工作，实施国道324线海丰县城至梅陇段改建工程，上马建设省道335线双墩至陆丰西南公路海丰段、省道242线黄羌至陆河新田海丰段、黄羌林场环场公路、大湖镇北堤至南堤公路、海城镇万中石湖至梅陇镇水口公路等县域道路项目。加快完善公共交通网络，计划投入150辆新能源汽车，新增优化7条公交线路，新（改）建公共候车亭192个，进一步优化调整公交线网布局；扎实推进全县“四好农村路”建设，完成通村公路硬底化60公里，更好满足农村群众基本公共出行需求，逐步实现全县行政村“村村通班车”目标。

三、全力打造现代产业新业态，提高实体经济发展水平

——大力发展战略性新兴产业。实施“产业强县”战略，紧紧围绕高质量发展要求，着力发展新型能源、电子信息、智能制造等战略性新兴产业，切实提升现代产业创新力、竞争力，力争全年完成工业投资150亿元以上。重点推进重大工业项目建设，加快中嘉纸业、协鑫光伏、渔光互补电站等环保、节能新型工业项目的建设、投产。尤其要以“一城三园”为载体，落实在建项目倒逼推进机制，促使威翔航空进入大动工、大建设阶段，确保高端直线电机、一开电气、龙兴自动化机械、裸眼3D、金源丰首饰、海龙投资大厦、冠龙生物科技、采味轩花生制品、同翔新型纸品等9个项目在今年初全面建成投产、发挥效益，威翔航空、众恒机器手、佳宝食品、双全农牧、春天地毯、名仕度服饰、朋腾金属、星际动漫大厦、丽堡路手套帽业、鸿骏首饰、华雅化妆用具、吉安包装容器、时代名都、旅游公寓等14个项目在年底前建成并投产运营，使生态科技城年产值达200亿元以上。积极探索、构建产业发展新体系，致力形成以威翔航空为龙头的新兴制造产业、以裸眼3D为引领的电子信息产业、以星际动漫为引擎的文化创意产业，打造园区工业项目重大支撑，引领带动全县加快新型工业化发展。

——大力发展先进制造业。坚持量质并举，做大做强主导产业，培育壮大、改造提升传统产业，推动先进制造业引领产业升级、加快结构调整优化。尤其要根据“一城三园”的产业规划及特色，有重点、针对性地引进10个以上、投资额超5亿元的高科技、高效益、低能耗等产业项目。依托县生态科技城，着力引进5个以上规模大、带动性强、技术水平高、影响长远的关键项目，推动更多处于产业链、价值链高端的龙头企业落户建设；依托可塘、梅陇、公平三个园区，引导、鼓励我县珠宝、首饰、服装等传统制造企业进园入区、集聚发展，培育、扶持一批具备自主创新能力和核心竞争力的龙头企业，积极发展上下游配套企业，加快形成具有自身特色的企业集群与产业基地。主动、全面对接深汕特别合作区的开发、建设，实现优势互补、错位发展的产业建设新格局。

——*大力发展商贸物流业*。充分发挥县城南部新区明显交通优势和赤坑镇紧靠汕尾中央商务区明显地缘优势，加快推进华耀城项目的征地、开发、建设，打造集商贸、仓储、物流和居住于一体的城市综合体；推进计划总投资30亿元、总用地面积35万平方米的国际青年创客城启动规划、开发、建设，打造集创业、商贸、物流、服务、休闲、住宅于一体的综合性产业园区。加强规划、调控、盘活市场资源，培育和建设1~2个现代化大型专业批发市场，辐射周边镇区，扩大地方消费、促旺商贸市场。加大和阿里集团深度合作，全面扩展80个以上村级服务点，打通物流至农村的“最后一公里”瓶颈。全面推进全县57个农贸市场升级改造，确保管理规范化、常态化和消防安全、环境卫生标准化。落实国家鼓励“双创”扶持政策，推动“双创”与发展特色产业结合纵深发展，促使中小企业开展大众创新、万众创业。

——*大力发展特色旅游业*。稳步推进旅游景区基础设施建设，全面开展革命旧址、红色资源普查工作，重点抓好海丰红宫红场红色经典旅游景区基础设施改造工程、海丰县第一区苏维埃政府旧址复建工程、陈炯明都督府二期维修和布展工作，以及海丰红宫红场旧址纪念馆和彭湃故居等景区联合申报国家AAAA旅游景区等红色旅游项目提质升档工作。充分挖掘和发挥乡村文化功能，发展地域文化、人文历史、山水美景、田园风光、农家情趣和绿色食品等具有浓厚乡村特色的休闲旅游资源。重点开发观光、休闲、养生、度假等产业产品，加强旅游交通、景区景点建设，规范旅游市场秩序，融入正在兴起的大众旅游时代。全县今年实现接待游客200万人次以上、增长16%以上，实现旅游总收入10亿元以上、增长12%以上。

——*力促招商引资取得新突破*。树立“招大商、招好商”意识，对标海陆丰革命老区振兴发展规划、广东沿海经济带规划等扶持政策，制定落实招商引资优惠扶持措施。要提高专业化招商水平，紧盯行业内知名企业、龙头企业，突出产业链招商，提高招商引资质量。要打好“乡贤牌”，用好乡贤人脉资源，加强对外形象宣传，让乡贤感到诚意、看到变化、发现商机、增强信心，积极回乡投资创业、反哺家乡，掀起新一轮招商引资热潮，确保全年引进10个以上产业项目落地建设，实际利用外资1270万美元以上，同比增长8%以上。

四、全力开拓城乡建设新格局，创建宜居宜业现代城市

——*推进县城扩容提质*。按照“东接西连、南扩北拓”的发展思路，充分发挥交通先行引领作用，以重大市政项目建设为支撑，有序拓展县城建成区规模。着力推进以生态科技城为核心的北部片区建设，加快县城北四环道路建设和海紫公路升级改造，实现与公平产业园连接，打造海丰北部经济长廊；扎实推进以好迪星级酒店、华耀城、市民中心为龙头的南部新城建设，加快珠东快速通道海丰段建设前期工作，启动推进海丽大道升级改造二期工程，科学规划建设现代新型城市群；全面对接深汕合作区发展，高标准、高起点抓好梅陇镇镇区主干道升级改造工程，规划启动国道324线梅陇至鲘门路段建设前期工作，塑造海丰西大门形象，努力将梅陇镇打造成为海丰第二县城。大力推进县城市政设施配套，全力以赴抓好莲花大道和市民中心健身广场及其配套设施建设，优化自来水管网，加快公平水库“引水入城”、青年水厂三期项目建设，力争2018年底竣工投产；全面整治城市黑臭水体，抓紧完成龙津河三期整治、南门湖整治；有序开展综合管廊建设，解决“马路拉链”问题，全面提升县城承载能力和宜居度。

——*提升城市管理水平*。以提升城市品位为目标，加快推进文明城市创建工作，确保2018年成功创建省级文明县城。组建城市管理综合执法局，深入推进网格化管理，有效提升监管效能，推动城市管理精细化，实现城市管理长效化。全面整治市容秩序乱象，持续开展占道经营、乱停乱放、违规广告等专项整治。规范整治县城地区营运三轮车，逐步实现退出营运市场；加强公共停车场规划建设，切实解决“停车难”问题。实施违法建设治理三年行动计划，坚决遏制违法建设行为，确保违法建设“零增量”，存量违法建设逐年消化。全力补齐城市功能短板，推进县边防大队路口拆建及营区置换改造项目、加快县城二环路与国道324线铜马路段连接线建设，破解县城主干道交通瓶颈；实施城市垃圾收运处理工程，在县城生活区、住宅小区配套建设环保型垃圾收集点，择址新建3座垃圾压缩中转站和1座垃圾分类减量处理厂，破解垃圾运量运能瓶颈，实现生活垃圾“减量化、资源化、无害化”处理；狠抓污水处理设施及其配套管网建设，加快县城第二污水处理厂规划建设和三个中心镇污水处理厂竣工运行，切实提升城乡污水处理能力。推进“智慧海丰”建设进程，加快“百米生活”平台建设，实现县城地区WIFI全覆盖。大力推进城市景观亮化提升工程，将红色文化元素融入亮化建设，对红宫红场、烈士陵园、文天祥公园以及周边道路进行景观升级改造，把红色资源利用好、把红色传统发扬好、把红色基因传承好，全力打造擦亮红色名片，提升海丰城市形象和知名度。

五、全力实施乡村振兴新战略，引领三农工作转型升级

——推动现代农业发展。农业产业振兴，是乡村振兴的关键，是农民增收和农村富裕的基础。要以农业供给侧结构性改革为主线，立足海丰优势资源，进一步调整优化农业产业结构，突出调整种植业品种结构、粮经结构，发展优质高效特色产品。大力培育岭南地区特色农产品，进一步做大海丰莲花山茶、赤坑荔枝、联安有机米、黄羌金针菜等特色农产品，形成特色优势产业带和优势产区。培育壮大新型农业经营主体，发展壮大海亮生态农业公司、协兴无公害蔬菜、合利无公害蔬菜、冠龙甜叶菊生产加工、莲花茶业、五指嶂茶业等现代农业企业，打造新增市级以上农业重点龙头企业10家，农民专业合作社和家庭农场60家，“三品一标”农产品认证10个。大力发展茶叶加工、果蔬加工、休闲农业建设，推进一、二、三产业融合发展，形成农业农村经济发展新动能。加强农产品质量监管体系建设，确保农产品食用安全。

——推动农业基础设施建设。加强耕地保护和提质改造，加快23万亩粮食生产功能区划定，保障农产品供给能力。进一步完善农田水利设施建设，计划投资9.5亿元，实施11宗中小河流治理、8宗中型病险水闸拆除重建、2宗小型水库除险加固、3宗高效节水灌溉设施及40多宗水利维修养护等工程建设，重点抓好西溪、大液河2宗大型水闸重建、龙津河生态环境整治续建以及大湖南北堤、小漠海堤达标加固工程扫尾工作。着力开展1.2万亩高标准基本农田建设，提升农业生产条件。加快推广先进适用的农业机械设备，加强农机社会化服务，积极推广特色农业、畜牧业和水产养殖业生产机械化。加快农业科技推广尤其是基层农技推广体系建设，发挥县镇农技推广机构的整体功能。引导鼓励专业合作社等社会力量开展农技推广，提高农业社会化服务水平。

——推动农村综合改革。全面完成农村承包土地确权登记发证工作，确保3月底前完成土地确权数据交汇，6月底前全面完成农村土地承包经营权确权颁证工作。进一步完善“三资”管理平台建设，加大力度推广集体资产网上平台交易，规范农村集体资产管理，实现农村集体资产保值增值，维护好农民群众财产权益，实现县、镇、村三级互通。探索开展农村集体资产产权制度改革，探索集体经济新的实现形式和运行机制，不断解放和发展农村社会生产力，为推进城乡协调发展、巩固党在农村的执政基础提供重要支撑和保障。

——推动美丽乡村建设。统筹城乡发展，深入推进农村人居环境综合整治，改造村容村貌、基础设施，加快农村污水处理设施整县捆绑PPP项目开工建设，提升集中治污能力，营造良好居住环境；分期稳步实施村镇规划建设，继续投入6.5亿元，全力以赴推进42个省定贫困村创建新农村示范村规划建设，打造省级示范村，推动贫困村从“后队”变“前队”、从后进变先进，为全县面上新农村建设提供样板；继续开展莲花山省级新农村示范片建设，使之成为新农村建设典范。加快推进大湖生态滨海休闲小镇、黄羌林场运动小镇建设，打造一批产业特而强、功能聚而合、形态精而美的特色小镇。把新农村建设与海丰革命根据地史迹发掘保护紧密结合起来，修复和点亮联安亚前、附城新山等一批革命红色村庄“名牌”。

六、全力推进民生保障新提升，满足人民美好生活向往

——办好人民满意教育。统筹教育协调均衡发展，确保年底前通过省教育现代化先进县督导验收。投入3亿元，全面实施彭湃中学提质升级工程，2018年秋季恢复初中招生、实行封闭式全寄宿制管理。继续完善陆安高级中学新校区建设，加快附城、城东两镇新中心小学和华师附中小学部建设，着力解决大班额问题。统筹发展学前教育、义务教育、高中教育，加大投入奋力补齐学前教育短板，重点清理整顿无牌无证民办幼儿园，扶持加强职业技术教育。推动陆安高级中学创建省一级学校、县实验中学创建市一级学校，培育一批镇内有影响、县内有名气、市内有知名度的“学科带头人”和“名师”。实行教师“县管校聘”管理体制改革和教师教学岗位退出机制，大力整顿师德师风问题，切实提升教学整体水平和质量。

——满足群众文化需求。着力加强公共文体服务体系建设，稳步推进“三馆”扩容提质，免费开放乡镇综合文化服务中心，努力实现全县城乡居民基本公共文化服务均等化。着力传承和弘扬优秀传统文化，推进第一区苏维埃政府旧址复建、陈炯明都督府旧址修缮和红宫红场旧址纪念馆维修等工作；研究和推广文物展示利用项目，做好我县红色史料和革命遗址普查；加强非遗保护，从“人、财、物”等方面给予大力扶持，加快启动白字戏、西秦戏两个艺术传承中心的选址、建设。着力推动文化市场和文化产业发展，规范文化市场行政审批，加快全国文化市场技术监管与服务平台的推广应用；继续强化文化市场整治和执法办案，重点开展网吧、文化娱乐场所、营业性演出和中小学周边文化市场安全生产、消防安全等专项整治；支持特色文化产业发展，鼓励企业、个人等社会力量兴办珠宝首饰业等具有文化艺术类特色的文化产业，为我县文化事业转型升级发展奠定基础。

——强化居民社会保障。按照兜底线、织密网、建机制的要求，抓好企业职工基本养老保险扩面征缴工作，全面完成市下达的各项任务；稳妥推进机关事业单位养老保险制度改革和全民参保登记计划，加快养老服务基础设施建设，做好城镇居民基本医疗保险参保、待遇支付、领取养老金等工作；落实社会保险惠民利民政策，按时足额发放基本养老金，及时准确给付社会保险待遇，确保各项基金支付率达100%；依法依规完善医疗监管，加强医保基金监管和定点医药机构管理；利用省人社厅扶持政策，加快建设社保业务经办大厅，促进公共服务均等化；完成50户棚户区改造任务，力争建设300套公租房，使人民群众共享发展成果。

——决胜精准脱贫攻坚。切实把全县各级党政、各部门和广大党员干部的思想和行动统一到习近平总书记在2018年新年献辞中关于“让我们一起来完成这项对中华民族、对整个人类都具有重大意义的伟业”的号召上来，坚持把脱贫攻坚作为重大政治任务、第一民生工程，按照习近平总书记提出的“扶贫开发贵在精准、重在精准、成败之举在于精准”的要求，坚决打赢脱贫攻坚战。围绕实现“两不愁三保障一相当”目标，因村、因户采取不同的帮扶策略和措施，加快县级创办的红色旅游产业扶贫项目建设，确保完成全县11170户贫困户、32644名贫困人口全面脱贫任务。

——提升医疗卫生水平。积极推进强基创优项目建设，动工建设计划总投资11亿元的彭湃纪念医院新院区工程；按照二级甲等标准设计要求，全力加快县妇幼保健院新院区项目建设和县中医院改扩建工程建设，加快县疾控中心业务检验综合楼投入使用；全面推进乡镇卫生院标准化，加紧城东镇卫生院规划、建设，确保2018年上半年完工。加快推进泰林、东泰、黄江、正骨等民营医院建设，补齐医疗卫生短板。强化医疗人才培养和能力建设，促使卫技人才和基层医疗机构能力建设有新的突破。探索落实以医联（共）体建设为主要内容的深化医改各项工作，推进以3家县级公立医院为龙头、镇卫生院为枢纽、村卫生室为基础的县镇一体化管理，形成县镇村三级医疗卫生机构分工协作机制，确保如期实现创建“卫生强县”的目标。

七、全力完善社会治理新格局，营造平安稳定和谐环境

——加强生态环境建设。全面推行河涌治污“河（库）长制”工作，落实县、镇（场）、村（社区）三级河长主体责任，严控县域河涌水体污染源，开展生活废水直排、企业偷排偷放、城市黑臭水体、畜禽无序养殖等污染源整治工作，确保省考断面水质达标任务完成。引导污染行业进园入区与产业结构、城市更新、社会治理等紧密结合，采取强有力措施对梅陇、可塘、公平等镇小作坊进行污染整治，倒逼传统产业提升治污能力、加快转型升级。持续推进莲花山、公平水库库区等饮用水保护区规范化建设，依法拆除水源保护区范围内的养猪场，加强饮用水源水质保护；依托公平水库实施“引水入城”，加快青年水厂三期工程建设；统筹推进梅陇、公平及可塘污水处理设施建设，启动县城第二污水处理厂及配套管网工程；优化升级龙津河岸、南门湖等水系景观。实施“绿化海丰”战略，继续推进林业生态工程建设，严厉打击盗取国家资源、破坏生态环境等违法犯罪行为，不断完善生态红线管控、资源和环境监管，依法依规推进大湖高位养殖的强制退出、全面取缔；进一步深化大气污染防治，强化水污染防治，做细做实土壤污染管控，为海丰实现绿色发展奠定基础。

——整治安全生产隐患。坚持底线思维，一以贯之增强忧患意识、防范风险挑战。建立健全“党政同责、一岗双责、失职追责”的安全生产责任体系,深刻吸取公平“12·9”火灾事故的教训，充分发挥县消安委成员单位职能作用，持续深入开展消防安全隐患大排查、大整治，铁腕推进消防安全工作向纵深开展。建立健全安全生产、消防安全监管网络，全面排查治理城市风险点、危险源，深入推进建筑施工、危险化学品、道路交通、生产经营、消防安全等重点行业领域专项整治及“打非治违”专项行动，实现重点企业执法全覆盖，强化出租房屋消防安全管理，坚决遏制重特大安全事故发生。进一步完善消防救援体系，加快消防基础信息数据库、社会消防管理平台和灭火救援指挥平台“一库两平台”建设，实现县镇专职消防队和村（社区）微型消防站全覆盖，进一步提升消防安全风险防范能力，切实保护人民生命财产安全。

——维护社会和谐稳定。按照省委书记李希关于“在广东任何一寸土地上，都不允许出现制贩毒、黑恶势力以及违法犯罪”的指示要求，以建设法治海丰、平安海丰为主线，强化立体化、信息化社会治安防控体系建设，推进“中心+网格化+信息”“雪亮工程”和环海缉毒卡口建设，开展“粤警2018”专项行动，打击惩治黄赌毒黑拐骗等突出违法犯罪；全面启动全民禁毒工程，推动“平安细胞”创建工作，构建全方位全要素的禁毒防控格局；加强社会面管控，继续开展对治安突出问题、治安薄弱区域和重点行业领域的清查整治行动；加大全民普法力度，扩大法律援助服务和法制宣传教育覆盖面，提高全民法治素养；突出海防基础建设，加强打击走私预警防控，扎实开展专项联合缉私行动。加快救灾应急避难场所建设，提高重大突发公共事件应对能力。推动信访制度改革，建立健全行政调解、司法调解衔接工作机制，化解基层矛盾纠纷，提升社工服务水平。

八、全力提升政务服务新形象，打造法治廉洁高效政府

——坚守依法行政底线，进一步增强法治意识。全面落实行政执法责任制和责任追究制度，加强政府部门综合执法能力建设，规范行政执法行为。积极推行政府法律顾问制度，切实增强依法决策、依法行政能力,不断提高政府执行力和公信力。

——强化干事创业担当，进一步凝聚发展合力。强化为官必为的意识，坚持以上率下，全面实施“一线工作法”，以踏石留印、抓铁有痕的作风，致力破解瓶颈制约，带动活跃发展全局。增强为官敢为的担当，努力破解招商引资、项目建设、体制机制创新等发展难题。进一步健全激励机制和容错纠错机制，给改革创新者撑腰鼓劲，营造支持改革、鼓励创新、宽容失败的良好环境，打造一支忠诚干事、敢于担当、勤政廉洁的干部队伍。

——保持清正廉洁本色，进一步提升服务效能。深入推进“两学一做”学习教育常态化制度化，扎实开展“不忘初心、牢记使命”主题教育，牢固树立“四个意识”，坚定“四个自信”，坚持把政治纪律和政治规矩挺在前面，全力营造风清气正的政治生态。严格落实中央八项规定及其实施细则，驰而不息纠正“四风”问题。发挥巡察“利剑”作用，重点整治“中梗阻”“为官不为”“庸懒散拖”“吃拿卡要”等突出问题，聚焦重点领域，严肃查处发生在群众身边的不正之风和腐败行为，致力打造清正廉洁政府。

新时代开启新征程，新时代呼唤新作为。让我们更加紧密地团结在以习近平同志为核心的党中央周围，高举习近平新时代中国特色社会主义思想伟大旗帜，深入贯彻落实党的十九大精神，在市委、市政府和县委的正确领导下，凝聚全县人民的智慧和力量，不忘初心、牢记使命，为开创改革发展新局面、再铸新时代海丰老区新辉煌、实现海丰人民对美好生活的向往而努力奋斗！

海丰年鉴

大事记

2017年大事记

1月

1日　爱国华商投资促进机构美中经贸投资总商会、世界品牌组织、世界城市世界企业研究会、欧美亚工商界投资开发联盟、亚投世界基金管理联盟、全球战略经济发展委员会等机构，在纽约向世界公布联合推选的2016中国最具投资潜力特色魅力示范县200强全名单，海丰县榜上有名。

3日晚　由海丰县白字戏艺术传承中心、西秦戏艺术传承中心、市城区汕尾渔歌传承基地主办的“不忘初心、放飞梦想”2017年汕尾市戏剧工作者迎春文艺晚会在海丰县举行。

6日下午　县委在迎宾楼召开经济工作会议，传达贯彻中央和省、市委经济工作会议精神，研究部署2017年全县经济工作。

是日　县委书记林少文主持召开县委经济工作会议，部署2017年全县经济工作。县长郑俊雄传达省、市委经济工作会议主要精神。

7日　由省司法厅党委委员、省监狱局政委陈建率队的省禁毒督导组到海丰检查禁毒工作。

11日晚　著名男低音歌唱家彭康亮独唱音乐会在海丰影剧院举行。

11、12日晚　著名男低音歌唱家、声乐教育家、中央音乐学院声歌系教授彭康亮在海丰影剧院举办2017年新年独唱音乐会，为观众呈上一场充满家乡情怀的视听盛宴。县委副书记、县政法委书记林建隆致辞。

12日　中共海丰县委书记林少文在汕尾市第七届人民代表大会第一次会议上当选为汕尾市人民政府副市长。

13~14日　副市长、县委书记林少文，县长郑俊雄，县人大常委会主任刘剑平，县政协主席刘英剑，县委副书记、政法委书记林建隆等县领导到香港、深圳、广州拜访海丰籍在穗深港各界人士和企业，代表县委、县政府以及80多万家乡人民向各界人士致以亲切的问候和新春祝愿。

16日上午　汕尾市海丰华耀城项目合作协议书签订仪式在市政府举行。石奇珠、杨绪松、林少文、杨双标、郑俊雄、卓凛波、叶胜勇、林建新、许信咏、吴光群、罗恒等市、县领导，华耀城集团董事长、总裁林贤富以及市、县国土、发改、经促、住建等部门负责人参加仪式。市长杨绪松主持仪式并作讲话。

17日中午　市长杨绪松带队检查海丰县安全生产工作，着力排查市场和道路交通等重点领域安全生产隐患。

是日　副市长、县委书记林少文，县长郑俊雄深入莲花山片区调研省级新农村示范片建设工作。

18日　中白工业园—中国（广东）光电科技产业园暨中国（广东）—白俄罗斯（明斯克）国际灯光文化节全球启动仪式在广州举行。

19日16时20分　潮惠高速海丰西出口连接线与国道G324线交接处发生一起一辆大客车与一辆小车碰撞的交通事故，现场造成小车3名驾乘人员死亡，8人轻微伤。

19日晚18时　县委、县政府召开紧急会议，就“1·19”特大交通事故进行分析，研究部署节前交通安全工作。副市长、市公安局局长李世华，副市长、县委书记林少文，县长郑俊雄，县委副书记、政法委书记林建隆等领导出席会议。

23日下午　2017年海丰县党政军及社会各界人士迎春座谈会在县迎宾楼举行。副市长、县委书记林少文致辞，县长郑俊雄主持会议。县四套班子领导以及老领导、老同志、社会各界人士等出席座谈会。

31日　市长杨绪松到海丰县调研兴汕高速（海丰段）建设情况。

是月　据县统计数据，2016年全县实现GDP245.1亿元，比增7.6%；规模以上工业总产值353.8亿元，比增10.3%；规模以上工业增加值71.5亿元，比增10.2%；农业总产值52.5亿元，比增4.2%；社会商品零售总额187.1亿元，比增10.1%；全社会固定资产投资237.8亿元，比增22%；财政一般预算收入7.34亿元，比增12.7%。

是月　海丰县圆满完成2017年春节安保工作，实现“四个坚决防止发生”目标。春节期间，共出动警力4500多人次、警车1200多辆次。同比总刑事发案数下降70.4%，抢劫发案数下降100%，盗窃发案数下降63.4%，抢夺发案数下降68.9%；无发生较大案事件以及交通、火灾事故和治安灾害事故。

2月

7日上午 中共海丰县第十一届委员会第三次全体会议在县委会议室召开。会议强调，要深入学习、深刻领会习近平总书记重要讲话精神及中央和省、市纪委会议精神，认真把握从严治党形势和任务，推动全面从严治党向纵深发展。

11日 市委书记、市人大常委会主任石奇珠在海丰县调研镇村“创文”工作。

13日 副市长、县委书记林少文深入基层调研村级换届选举工作。

20日 根据汕组干〔2017〕55号文通知，市委批准：余德聪任中共海丰县委委员、常委；卓江广不再担任中共海丰县委常委、委员职务。

是日 市委批准，余德聪任中共海丰县委委员、常委；卓江广不再担任中共海丰县委常委、委员职务。

是日 根据汕组干〔2017〕55号文通知，市委批准：余德聪任中共海丰县委委员、常委；卓江广不再担任中共海丰县委常委、委员职务。

是日上午 彭湃中学举行科技大楼落成揭牌仪式，县长郑俊雄，县委常委、常务副县长卓凛波以及县教育局负责人、彭湃中学校友等出席仪式。

24日上午 汕尾（全球）生态食品交易中心专案战略合作框架协议签约仪式在海丰县委会议室举行。中央人民政府驻港联络办港岛工作部副部长彭秋云，中港青年创业联盟大中华主席王克，县长郑俊雄，县委常委、常务副县长卓凛波，副县长陈凯婵等出席签约仪式。

28日上午 省经信委副主任何荣等一行到海丰县调研产业共建工作。

是日 县委决定：余德聪兼任中共海丰县委宣传部部长；卓江广不再担任中共海丰县宣传部部长职务。

是月 2017年海丰县重点建设项目有57项，其中计划新开工项目37项、续建项目20项，计划总投资409亿元，2017年计划投资61亿元。重点预备项目4项，计划总投资13.5亿元。建设项目39个，计划总投资265亿元，年度计划投资43亿元；列入省重点建设项目2项，计划总投资162亿元，年度计划投资3.9亿元。

3月

6日上午 海丰县召开全县领导干部大会。市委副书记、政法委书记陈少荣作重要讲话。市委常委、组织部部长苏茂荣宣读省委、市委关于海丰县委主要领导调整任命的决定，邱晋雄任中共海丰县委委员、常委、书记，林少文不再担任中共海丰县委书记、常委、委员职务。

7日 由市人大常委会副主任李汉流带领的市精准扶贫督查组到海丰县检查指导精准扶贫工作。

8日 《海丰年鉴·2015》获2015~2016年度全国年鉴编校质量检查评比一等奖。

是日 市委书记、市人大常委会主任石奇珠率队到深汕特别合作区和海丰县生态科技城调研。

9日上午 海丰县在迎宾楼召开创建广东省县级文明城市和卫生城市冲刺动员大会。

12日 海丰县召开市场改造升级加温工作会议，部署全县农贸市场改造升级推进工作。

14~15日 由省农业厅副厅长顾幸伟带领的省扶贫开发成效考核组到海丰县考核精准扶贫工作。

15日上午 海丰县举办意识形态工作专题学习辅导报告会，邀请省委宣传部讲师团团长杜新山作专题辅导。

是日 计划投资4.8亿元，占地2.15万平方米，提供就业岗位2000多个，预计年生产总值3亿元的星际动漫科技发展有限公司开工试业，标志着海丰县生态科技城迎来首家企业投产运营。

20日 县政府在迎宾楼召开全县农村土地承包经营权登记颁证工作推进会。

21日上午 省卫生计生委副巡视员王国红率督导组到海丰县梅陇镇人民医院就中心卫生院升级改造项目建设进行督导。

22日 海丰县召开全县项目建设融资工作会议，全面部署全县项目建设融资工作。

23日 市委书记、市人大常委会主任石奇珠率队到海丰县生态科技城和社会福利中心调研。要求海丰县全力推进园区配套设施建设，确保已进入园区的项目2017年全面建成投产。

24日 央视第7频道《聚焦三农》栏目报道海丰可塘玛瑙加工小作坊环境污染问题。25日上午，县政府主要领导带领县有关部门人员到可塘镇溪头村现场督办整治，依法查封关停4家不符合环保标准的加工作坊，责令41家加工作坊立即落实整改措施，对县环保局9名有关人员、可塘镇5名有关人员实施问责。

25日 市长杨绪松到海丰县检查指导产业转移工业园建设推进工作。

26日 县委书记邱晋雄深入基层检查指导森林防火工作。

27日上午 省委、省政府召开全省村（社区）“两委”换届选举工作电视电话会议，动员和部署村（社区）换届选举工作。县委书记邱晋雄，县长郑俊雄以及县领导林建隆、林建新、黄小流、卓雄峰等在海丰县分会场参加会议。

28日上午 2017年全国医改工作电视电话会议在北京召开，中共中央政治局委员、国务院副总理、国务院医改领导小组组长刘延东出席会议并讲话。县委书记邱晋雄，县长郑俊雄，副县长陈凯婵等县领导在海丰县分会场参加会议。

29~30日 中国人民政治协商会议海丰县第九届委员会第二次会议在县迎宾楼会议召开。会议听取和审议政协常委会工作报告和提案工作情况报告，深入讨论政府工作报告和其他报告，补选1名政协常委。

30~31日 海丰县第十五届人民代表大会第二次会议在海丰影剧院隆重开幕。会议听取和审议通过《海丰县人民政府工作报告》等六个报告。通过代表联名提出的议案处理决定；选举何秀山、张翰文、黄坚如、曾俊锋为县第十五届人大常委会委员。

4月

3日 市委书记、市人大常委会主任石奇珠到海丰县督查森林防火工作，强调各地各单位要严守市委市政府“禁火令”，筑牢全市森林“防火墙”，保护汕尾青山绿水。县长郑俊雄陪同督查。

5~12日 海丰县西秦戏艺术传承中心选送的《秦香莲．杀庙》《凤鸣岐山．返西岐》两个折子戏，经中国民间文艺家协会戏曲艺术委员会研究，推荐入选中央电视台戏曲频道《一鸣惊人》栏目，赴京参加《一鸣惊人》栏目“梦想微剧场”第二季的节目录播。

6~7日 中共中央政治局委员、省委书记胡春华深入海丰生态科技城、星际动漫科技发展有限公司、深汕特别合作区等地调研。强调要扎实推进精准脱贫攻坚，狠抓社会稳定和产业项目建设，努力打造良好的发展环境。副省长许瑞生，副省长、省公安厅厅长李春生等参加调研。

9日 市委书记、市人大常委会主任石奇珠到海丰县调研莲花山旅游文化项目建设工作，研究探讨莲花山度假村“莲峰索道”“莲峰景区”配套项目建设。

10日下午 市委常委、纪委书记曹小华到海丰县政务服务中心调研。

12日 省老促会会长陈开枝率调研组到海丰县调研关于落实国家贫困革命老区扶持政策相关工作。

14日下午 按照市委统一部署要求，市长杨绪松到海丰县参加县委常委（扩大）会议，指导学习宣传贯彻习近平总书记重要批示精神，并作重要讲话。

27日晚 海丰县公安局举行社会治安重点整治统一行动誓师大会。会后共出动警力1300人次，警车260辆次，清查KTV、网吧、出租屋、宾馆旅业等重点场所425处；盘查可疑人员430人次，检查可疑车辆180辆次；抓获涉毒、赌等违法犯罪嫌疑人员23人；查扣无牌无证机动车147辆，查处各类交通违章23起。

5月

1日下午 海丰县召开消防安全生产紧急会议。县长郑俊雄要求各地及相关部门坚决贯彻落实全市“5·01”火灾事故处置现场会上石奇珠书记的讲话精神。

2日 县委、县政府在迎宾楼召开全县经济分析暨重点项目建设推进会。县委书记邱晋雄主持会议并作重要讲话，县长郑俊雄对下一阶段全县经济指标增长、重点项目推进等工作作部署。

3日下午 市长杨绪松到海丰县附城镇新山村调研社会主义新农村示范村建设工作。

6日晚 五月的鲜花——“平安海丰·文明家园”主题晚会在海丰影剧院举行。

9日下午 市宣讲团到海丰县作学习习近平总书记重要批示精神宣讲报告。县委书记邱晋雄主持报告会，市宣讲团成员杨敏文做宣讲报告。

11日 中国工农红军第六军第十七师四十九团团部旧址揭牌仪式在黄羌林场朝面山举行。

15日下午 由省委村级换届风气专项巡视组副组长易森率队的省委村级换届风气专项巡视组，到海丰县开展村级换届风气巡视工作。

16日 市长杨绪松到海丰县调研防汛备汛工作。

17日 市长杨绪松率队到海丰县督导落实中央环保督察整改工作进展情况。

19日下午 深圳龙岗区区长戴斌到海丰县调研精准扶贫工作。县委书记邱晋雄，县长郑俊雄等领导陪同调研，现场察看该村社会主义新农村规划建设以及袁隆平超级水稻帮扶种植基地等工作情况，走访慰问当地吕蛰、吕任、吕兴等贫困户。

是日 威翔通用航空产业基地合作协议签订仪式在海丰县举行。县委书记邱晋雄、深圳龙岗区区长戴斌、县长郑俊雄等领导出席签约仪式。

21日 市委常委、常务副市长邹广率队到海丰县调研教育工作。

29日 由省文联原主席刘斯奋带队的省书画家

采风团到莲花山开展书画创作采风活动。

31日下午 海丰县在政府迎宾楼召开全县学习贯彻省第十二次党代会精神大会。

是月 广东省档案局档案科研项目成果《海陆丰正字戏传承手抄提纲本研究·岳飞传》出版。

是月 全国红色旅游经典景区第三批名录出炉，海丰县彭湃烈士故居景区榜上有名，成为该县继红宫红场旧址之后第2处全国红色旅游经典景区。

6月

1日 “六一”国际儿童节，县委书记邱晋雄、县长郑俊雄、县人大常委会主任刘剑平、县政协主席刘英剑等一行先后深入老区残疾儿童康复中心、公平镇中心幼儿园、西山小学，看望慰问少年儿童。

2日 副市长、市公安局局长李世华率队到海丰县调研指导公安工作。

6日 由省人社厅副巡视员陈进新率领的省脱贫攻坚巡查工作组到海丰县开展脱贫攻坚巡查工作。据悉2016年全县在完成6573户、14666人兜底脱贫的基础上，2017年计划通过产业扶贫和就业扶贫，打造“一镇一业、一村一品”的扶贫工程，发挥带动脱贫示范作用，实现贫困村、贫困户持续性收益，完成1.3万人的脱贫任务。

是日上午 市长杨绪松到深汕特别合作区调研督导查违等九项限令落实情况，强调坚决落实控违拆违工作，建立网络化巡查机制，全面实现控停目标。

7日下午 海丰县召开农村土地经营权确权工作汇报会，总结、部署农村土地经营权确权登记颁证工作。

是日 省体育局局长王禹平率领省调研组到海丰县赤石镇古驿道进行现场考察调研。

10日上午 总投资30亿元、规划占地面积80万平方米的海丰首饰产业环保集聚区奠基仪式在梅陇镇隆重举行。杨绪松、邱晋雄、杨双标、郑俊雄、刘剑平、刘英剑等市县领导，市县相关部门、梅陇镇党政负责人以及60多家著名企业、行业商会的代表出席活动。县长郑俊雄主持奠基仪式。

是日 国务院发展研究中心副主任张军扩率领调研组到海丰县调研。

12日 县长郑俊雄先后到西闸、大液河水闸、附城等地检查指导台风“苗柏”防御工作，实地了解各地防御台风准备工作。

是日下午 县委书记邱晋雄深入鲘门镇渔船避风港和小漠堤围、码头等地检查指导台风“苗柏”防御工作，实地了解各地防御台风准备工作以渔船回港、人员撤离等情况。

是日上午 县长郑俊雄以及罗恒、施流德等县领导参加城东拆除违章建筑爆破现场会。现场会后，全县清理整治违法用地和违法建设工作会议在县迎宾楼召开，会议贯彻落实上级会议精神，分析当前存在问题，部署清理整治“两违”工作，动员全县力量，结合当前“创文”活动，掀起清理整治“两违”热潮。

13日 全国推进简政放权放管结合优化服务改革电视电话会议召开。中共中央政治局常委、国务院总理李克强发表重要讲话。郑俊雄、卓凛波、马小玲、陈凯婵、罗恒、张武位等县领导在海丰县分会场参加会议。

13日08时至14日08时 受“苗柏”登陆后西南季风爆发影响，鲘门镇雨量达279毫米，为鲘门镇有降雨记录以来的最高纪录。

15日 汕尾（赤坑）生态食品交易中心概念规划征求意见会在海丰县县委会议室召开。中央人民政府驻港联络办港岛工作部副部长彭秋云、浙江省建筑科学设计研究院建筑设计院院长陈安华等专家应邀出席会议，受到县委书记邱晋雄、县长郑俊雄的热烈欢迎。

16日上午 中共海丰县委巡察机构举行揭牌仪式，标志着县委巡察工作正式启动。

是日 县长郑俊雄代表海丰县人民政府与广州好迪集团签订投资框架协议，标志着广州好迪集团海丰项目落户该县。卓凛波、林建新、陈凯婵等县领导出席签约仪式。

17日 县委书记邱晋雄深入平安洞水库、公平水库、黄江大堤等地检查指导防汛工作，要求各地各单位强化忧患意识，层层落实责任，全力做好防汛工作，确保安全度汛。县委常委、县委办主任叶胜勇陪同。

20日下午至22日 海丰县7722名考生迎来2017年中考。海丰县共设立彭湃中学、红城中学、海城镇第三中学、陆安中学、海丰中学、梅陇中学、公平中学7个考场。

24日上午 海丰县公安机关在县交警大队广场举行交通秩序重点整治统一行动誓师大会。深入推进全县交通秩序整治，打造一个安全稳定的社会环境。副县长、县公安局局长卓雄峰以及市公安局交警支队、县交通、公用、县交警大队全体民警参加誓师大会。

26日 第30个国际禁毒日。县委、县政府在县体育场开展以“无毒青春健康生活”为主题的“6·26”国际禁毒日宣传活动。县委书记邱晋雄作重要讲话，县长郑俊雄主持仪式，县四套班子领导成员参加活动。

是日 县委在迎宾楼召开传达贯彻省纪委主要领导到汕尾调研时讲话精神会议，研究部署全县学习贯彻工作。县委书记邱晋雄作讲话，县长郑俊雄主持会议，刘剑平、刘英剑、林建隆等县领导参加会议。

27日 县政府在文天祥公园举行“文天祥忠孝碑”原碑拓片翻刻碑揭彩仪式。刘英剑、余德聪、叶胜勇、黄岱芬、陈凯婵等县领导出席揭彩仪式。副县长陈凯婵主持仪式。

是日 由省委宣传部调研员陈英闻带队的“南粤星火路”采访报道团到海丰县开展采访报道活动，受到县长郑俊雄，县委常委、宣传部部长余德聪等的热烈欢迎。

28日下午 市委常委、宣传部部长曾晓佳带队到海丰县可塘镇罗南村慰问老党员、困难党员和特困群众，向他们送上党组织的关怀和节日问候。县委常委、宣传部部长余德聪参加慰问活动。

29日 市长杨绪松到海丰县慰问老党员和困难党员。市政府秘书长杨双标，县长郑俊雄，县委常委、组织部部长陈紫光参加慰问活动。市长杨绪松等领导先后到城东镇新江村看望慰问老党员和贫困户，与困难老党员莫妈家和陈增进及贫困户王琴莲等亲切交谈。

29日上午 县委在迎宾楼召开纪念建党96周年座谈会，县委书记邱晋雄作讲话，刘剑平、刘英剑、陈紫光、李绪、叶胜勇等县领导出席座谈会。

是月 由省质监局组织的《地理标志产品虎噉金针菜》通过省地方标准审定。

7月

1日 全县农村土地承包经营权确权登记工作加温会议在县迎宾楼召开，贯彻落实省警示约谈会和市农村土地确权约谈及攻坚推进会精神，部署海丰县下一步农村土地承包经营权确权登记工作。

5日 连接广州与粤东地区最快速的陆上通道广汕铁路正式动工建设。项目开工活动在广州设主会场，汕尾、惠州同时设分会场。市委常委、常务副市长邹广，市委常委、副市长、深圳对口帮扶汕尾指挥部总指挥、深汕特别合作区管委会主任产耀东，广铁（集团）广州指挥部党委书记陈瑞星，县长郑俊雄等领导在汕尾分会场参加开工活动。

是日 省经信委主任涂高坤率调研组到海丰县调研产业园区产业项目建设工作。市长杨绪松，副市长林军，县委书记邱晋雄，县长郑俊雄等市县领导参加调研。

7日下午 海丰县人武部党委第一书记任职大会在县迎宾楼召开，任命县委书记邱晋雄为县人武部党委第一书记。汕尾军分区司令员李义林以及邱晋雄、郑俊雄、刘剑平、林建隆等县领导出席会议。

11日 市人大常委会常务副主任杨扬、副主任吴友深率领汕尾市部分全国、省人大代表到海丰县开展专题调研，深入了解海丰产业园区建设、县城扩容提质、“创文创卫”等工作情况。县长郑俊雄，县人大常委会主任刘剑平等县领导参加调研。

18日下午 县委在县迎宾楼召开十一届县委第一轮巡察工作动员部署会。

29日 国际青年创客城海丰基地〔汕尾（全球）生态食品交易中心〕奠基仪式在赤坑镇举行。

8月

1日 海丰县举行“全国双拥模范县”揭牌仪式。县委书记邱晋雄出席仪式并为“全国双拥模范县”牌匾揭牌，县长郑俊雄作讲话。

是日上午 为纪念海陆丰苏维埃政权建立90周年，海丰县举办以“奔向海陆丰”为主题的大型美术展。

2日 海丰县召开创建“广东省推进教育现代化先进县”工作动员会，明确力争在2019年底前创建“广东省推进教育现代化先进县”的目标。

3日 由省经济和信息化委党组成员、省中小企业局局长姚德洪率领的省有关行业协会及企业家考察团到海丰县考察投资环境。

4日 全县上半年经济运行分析会召开，总结全县2017年上半年经济运行情况，分析研判当前形势，部署下半年重点工作。

22日 汕尾市总工会、工商联合各县市（区）总工会、工商联在海丰县举行2017年“金秋助学”活动，海丰县350名困难职工子女获资助。

25日 海丰县在政府迎宾楼召开全县领导干部大会，专题传达学习21日省委、省政府在汕尾召开的粤东西北协调发展暨产业共建工作现场会议精神，以及23日全市领导干部大会精神，部署海丰县贯彻落实工作。

是日 海丰县在县政府会议室召开彭湃纪念医院新园区建设项目概念性设计方案评选会，通过专家评审，筛选最适合的建设发展方案。

是日 市政协在海丰县举行金秋助学金颁发仪式，海丰县73名品学兼优的贫困大学新生每人获助学金4000元。

27日晚 海丰县舞蹈家协会在海丰影剧院举办“舞动海丰共创文明”专场文艺晚会，吹响海丰县创文迎检冲刺号角。

28日 市委常委、统战部部长余锡群率督查组到海丰县督查安全生产工作。

是月 由省社科联、广州日报报业集团、市委宣传部、市社科联主办的“广东省社科专家话城市文化名片”第十二场活动在汕尾市举行。来自省、市的社科专家们对汕尾市红宫红场、碣石玄武山、四大稀有剧种（正字戏、西秦戏、白字戏、皮影戏）等16张候选文化名片进行盘点和探讨评选出12张汕尾文化名片。

9月

1日 县委书记邱晋雄，县长郑俊雄，县人大常委会主任刘剑平，县政协主席刘英剑，县委副书记、政法委书记林建隆等县领导带头注册成为志愿者，带动更多的人加入到志愿者队伍，为“创文”助力添彩。

是日 海丰县在迎宾楼举办全县领导干部党规党纪知识测试暨“三纪”教育培训班，邀请老一辈无产阶级革命家、农民运动大王彭湃烈士的孙女彭伊娜作题为《信仰的力量——海归富三代壮烈农民王彭湃的事迹》的辅导报告。县委书记邱晋雄主持培训班，县长郑俊雄等县四套班子领导到场聆听报告。

是日 海丰县开展县城三镇“大扫除”活动。县委书记邱晋雄，县长郑俊雄，县人大常委会主任刘剑平，县政协主席刘英剑，县委副书记、政法委书记林建隆等县四套班子领导成员以及海城、附城、城东三镇及县直（含驻海）各单位工作人员、志愿者一起参加“大扫除”活动。

4日下午 市长杨绪松带队到海丰县调研“创文”工作，强调要以“创文”为抓手，提升城市管理水平，不断提高人民群众的获得感和幸福感。

6日 省委宣传部巡视员、省文明办主任顾作义到海丰县检查指导创文工作。

7日上午 全国人大常委会委员、省人大常委会副主任周天鸿率省人大调研组到海丰县调研基层医疗卫生工作。

9日 深圳市政协主席戴北方带领深圳市企业家到海丰县参观红宫红场，缅怀革命先烈。受到市长杨绪松、县长郑俊雄、县政协主席刘英剑等市县领导的热烈欢迎。

13日 省公安消防总队总队长曹奇到海丰县调研指导消防工作，县委书记邱晋雄，副县长、公安局局长卓雄峰以及市、县公安、消防相关领导陪同调研。

22日 海丰县与广东海迪发展有限公司签订项目用地协议，标志着广东海迪发展有限公司项目进入实质性建设阶段。

24日 广州市人大常委会主任陈建华、省委党史办相关负责人到海丰县考察革命老区和苏维埃旧址保护工作。

30日 根据汕组干〔2017〕284号文通知，市委组织部同意，吴城池任中共海丰县委组织部部长。

是日 根据汕组干〔2017〕257号文通知，市委同意，王少平挂任海丰县人民政府副县长，时间2年6个月。

是日 第四个国家烈士纪念日。为弘扬烈士精神，缅怀烈士功绩，汕尾烈士公祭仪式在海丰县烈士陵园举行。

10月

3日晚 “红城花开月正圆——2017海丰县中秋晚会”在海丰影剧院隆重举办。市委常委、宣传部部长曾晓佳，市人大常委会副主任李汉流，县长郑俊雄，县政协主席刘英剑，县委副书记林建隆等市、县领导出席活动，县委常委、宣传部部长余德聪代表县委、县政府致辞。

5日 市委书记、市人大常委会主任石奇珠到海丰县调研新农村示范村创建工作。

10日上午 市人大常委会副主任、总工会主席李惠文，市政协副主席、县委书记邱晋雄到梅陇镇石南村调研贫困村“软弱涣散党组织”整顿工作。

11日 南门湖环境整治工程正式动工，力争春节前完工。

12日 共青团海丰县第十五次代表大会召开。欧斌权当选为团县委书记。

是日 市政协副主席、县委书记邱晋雄带队到省公安厅汇报海丰县禁毒工作。

17日 市长杨绪松在县长郑俊雄的陪同下，深入海丰县陶河、附城、联安等地调研社会主义新农村示范村建设工作。

19日下午 市长杨绪松率市政府秘书长杨双标和市直相关部门负责人等到海丰县调研指导工作。

25日 市人大常委会在海丰县可塘镇组织召开全市县乡人大工作和建设现场会。

26日 海丰县在县委五楼会议室召开红色史料及革命遗址普查工作会议，传达贯彻全市红色史料和革命遗址普查工作会议精神。

是日晚 由县委组织部、县委宣传部和县委老干部局主办的“最美夕阳红”庆祝党的十九大胜利召开暨海丰县老干部（老年）大学文艺汇演在海丰影剧院进行。

11月

1日 市委书记、市人大常委会主任石奇珠率队到海丰县调研新农村示范村创建工作，强调要加大力度，加快推进新农村示范村建设。市委常委、统战部部长余锡群，副市长林军，市政协副主席、海丰县委书记邱晋雄以及市委秘书长施立晖等参加调研。

2日 由省民政厅副巡视员刘平波带领的省脱贫攻坚专项督查组到海丰县检查指导精准扶贫工作，副市长林军，县委书记邱晋雄，县委常委、组织部部长吴城池等市县领导陪同检查。

3日 县委在海丰影剧院召开全县学习宣传贯彻党的十九大精神大会。县委书记邱晋雄，县人大常委会主任刘剑平，县政协主席刘英剑，县委副书记、政法委书记林建隆等县四套班子成员参加会议。县委副书记、政法委书记林建隆主持会议并传达省委、市委学习宣传贯彻党的十九大精神。

6日上午 海丰县工会第十二次代表大会在迎宾楼隆重召开。县委书记邱晋雄，市总工会常务副主席赖建利出席大会并作讲话。郑俊雄、刘剑平、刘英剑、余德聪、吴城池、叶森、郑永城等县领导出席会议。县总工会副主席刘永贺主持会议。

7日 市委副书记、政法委书记陈少荣到海丰县调研社会主义新农村示范村建设工作。

8日 县委书记邱晋雄深入梅陇、联安等地检查指导社会主义新农村示范村创建工作，要求加大力度，加快推进新农村示范村建设。县领导施流德陪同检查。

是日上午 从全省精神文明建设工作表彰大会传来喜讯，海丰县获得“广东省县级文明城市提名城市”荣誉称号。海丰县广播电视台、黄羌林场获得“广东省文明单位”荣誉称号。

16日 市委书记、市人大常委会主任石奇珠一行先后来到附城镇新山村和梅陇镇永红村委三山村，实地察看两村“三清理、三拆除、三整治”工作成效，与县、镇、村干部和群众深入交谈，就如何加快推进新农村示范村建设工作提出意见。市委副书记、政法委书记陈少荣，市委常委、统战部部长余锡群以及市委秘书长施立晖、县长郑俊雄等市县领导参加调研。

17日 市委副书记、政法委书记陈少荣到海丰县调研社会主义新农村示范村建设工作。

是日 全国精神文明建设表彰大会在北京举行。红宫红场讲解员罗晓梅出席表彰大会，荣获“全国未成年人思想道德建设先进工作者”称号，受到习近平总书记等党和国家领导人的亲切会见。

20~21日 徐向前元帅之子徐小岩将军，周恩来总理侄孙女周小瑾，袁国平将军之子袁振威，彭湃烈士后人陈平、彭伊娜等革命后代探访赤石大安峒、黄羌林场朝面山等革命遗址，看望慰问老区革命群众。县政协主席刘英剑，县委常委、纪委书记李绪，县委常委余振光陪同走访。

20日 不忘初心，牢记使命，共铸新时代革命老区新辉煌——纪念海陆丰苏维埃政权建立90周年系列活动之学术研讨会在海丰县召开，来自全国各地的20多名专家学者就海陆丰光辉的革命历史及其深远影响进行学术研讨和交流。中国老促会副会长兼秘书长李广文，中国扶贫基金会副会长、广东省老促会会长陈开枝等出席研讨会，县委常委、宣传部部长余德聪主持研讨会。

是日下午 《为理想奋斗的彭湃一家》一书首发暨赠书仪式在县城金鹏国际酒店举行，中国老促会副会长兼秘书长李广文，中国扶贫基金会副会长、广东省老促会会长陈开枝，中国老促会宣传部长何会，人民出版社图典分社社长侯俊智，彭湃烈士三儿媳、原华南农业大学统战部部长陈平，以及全国各地党史界专家学者，县领导林建隆、余德聪等100多人出席首发式。县老促会会长叶向冲主持仪式。

是日晚 纪念海陆丰苏维埃政权建立90周年，“红色坐标·海陆丰1927”主题文艺晚会在海丰县影剧院隆重举行。

21日 经省委、省政府同意，汕尾市委、市政府与省委党史研究室联合在海丰县举行纪念海陆丰苏维埃政权建立90周年座谈会，徐向前元帅之子徐小岩将军，中国老促会副会长兼秘书长李广文将军，中国扶贫基金会副会长、广东省老促会会长陈开枝，黄旦群将军，中央党史研究室一部主任、研究员蒋建农，省委党史研究室主任杨建伟，省民政厅厅长卓志强，省公安厅党委副书记、常务副厅长李庆雄，省委组织部副部长武延军，公安部对外联络办广东办事处主任马小奇，以及全国各地专家、学者、彭湃烈士后人代表、市县领导等200多人出席座谈会，市长杨绪松主持座谈会。

是日 省委组织部副部长武延军到海丰县调研新农村示范村和基层党建“两个示范”创建工作。市委常委、组织部部长苏茂荣，县长郑俊雄，县委副书记、政法委书记林建隆及县领导林建新、吴城池等陪同调研。

25日 原东江纵队司令员曾生之子曾德平带领东纵后代100多人到海陆丰革命根据地中心区黄羌老区寻找父辈足迹，慰问群众。受到黄羌镇党政班子和石山村群众的热烈欢迎。

29日上午 市委宣讲团党的十九大精神宣讲报告会在海丰县举行。市委宣讲团成员、市委政研室主任、市委改革办主任黄璘泰作题为《迈进新时代，开启新征程》的宣讲报告。县长郑俊雄主持宣讲报告会。刘英剑、林建隆等县领导聆听报告会。

是日 海丰县西秦戏艺术传承中心传来喜讯，海丰县选送的西秦戏《马援伏波》在第十三届广东省艺术节上喜获优秀剧目二等奖，主演吕维平获优秀表演奖。

30日 市长杨绪松到海丰县调研督导学习宣传贯彻党的十九大精神工作，与海丰县领导干部交流学习十九大精神心得体会。

是月 县城海丽大道改造工程动工，计划总投入资金4.52亿元，分二期进行。项目施工方围绕时间节点，科学施工，增加施工力量，全速推进工程建设进度。

12月

1日 市委书记、市人大常委会主任石奇珠到海丰县调研督导学习宣传贯彻党的十九大精神。

5日晚 县教育局组织班子成员、各股室负责人及在城中小学校校长集中收看汕尾电视台新闻节目播出的《海丰县就师德师风建设情况向全市公开承诺》，彰显海丰县师德师风整治工作决心。

9日凌晨3时38分 海丰县公平镇日兴社区一小档口发生火灾，造成8人死亡。

是日下午 县长郑俊雄主持召开全县消防和安全生产紧急工作会议，通报9日凌晨公平镇发生的火灾事故，传达贯彻市委、市政府主要领导在公平火灾事故现场紧急会议上的讲话精神，分析研判海丰县当前消防和安全生产的严峻形势，紧急部署下一步消防和安全生产工作，确保全县安全生产形势稳定。县人大常委会主任刘剑平，县政协主席刘英剑，县委副书记、政法委书记林建隆等领导参加会议。

是日晚 海丰县连夜召开四套班子工作会议，传达贯彻市委书记石奇珠的指示精神，部署县安全生产大排查大整治工作。县长郑俊雄主持会议并作讲话，县人大常委会主任刘剑平，县政协主席刘英剑，县委副书记、政法委书记林建隆等领导出席会议。

11日上午 受县委书记邱晋雄委托，县长郑俊雄在迎宾楼主持召开县委常委（扩大）会议，传达贯彻中央、省、市领导对公平镇“12·9”火灾事故的批示及全省消防安全工作紧急视频会议精神，对全县安全生产工作进行再动员再部署。县人大常委会主任刘剑平，县政协主席刘英剑，县委副书记、政法委书记林建隆等县领导出席会议。

13日 深圳市汉京集团董事长吴远港率队到彭湃中学考察。县长郑俊雄，县委常委、常务副县长卓凛波，副县长吴光群等陪同考察。

14日上午 市委书记石奇珠深入公平镇检查督导安全生产隐患大排查大整治工作。强调各级党政要以对党和人民高度负责的政治责任感，树立安全发展理念，下定决心，压实责任，以铁手腕、铁措施、铁纪律全面开展安全生产大检查大整治，坚决维护好人民群众生命财产安全。

16日 全市消防安全专项整治现场会在鹅埠镇召开。市委书记、市人大常委会主任石奇珠出席会议并作讲话，市委常委李庆新、市委常委邬郁敏参加会议，市委常委、常务副市长邹广主持现场会，李世华、施立晖、郑俊雄等市、县领导及各县（市、区）党政主要负责人、消防安全委员会主任、公安局分管消防工作负责人、各镇（街道）党委书记、镇长（主任）、派出所所长等参加会议。

17日 中国共产党海丰县第十一届委员会第四次全体会议召开。全会深入学习宣传贯彻党的十九大精神。

是日 由省交通厅党组成员、总工程师黄成造率队的省安委会第三考核组到海丰县开展2017年度安全生产责任制考核工作。

海丰年鉴

海丰

HAIFENG YEARBOOK

县情概况

基本概况

建置区划

【建置沿革】 早在新石器时代，海丰已有先民在其沿海聚居生息。东晋咸和六年（331年）置县（一说汉代置县），以“临海物丰”取名海丰。1949年10月11日，海丰解放，属东江专员公署。1955年后，先后属惠阳、汕头、惠阳专署。1988年1月设立汕尾市，海丰县隶属汕尾市。至2017年年底没变化。海丰物华天宝，人杰地灵。海丰县是广东省历史文化名城，是全国第一个苏维埃政权诞生地，全国13个红色革命根据地之一，海丰古“八景”脍炙人口。

【行政区划】 2017年，海丰县设有海城、城东、附城、联安、可塘、陶河、赤坑、大湖、梅陇、鲘门、小漠、赤石、鹅埠、公平、平东、黄羌等16个镇，以及梅陇农场、黄羌林场和1个经济开发区。全县共设有240个村、42个居民社区、1630个村民小组、383个居民小组。

自然地理

【位置面积】 海丰县位于广东省东南部沿海，汕尾市北部；东邻陆丰市，东北与陆河县接壤，西南与汕尾市城区相连，西、北与惠东县交界；南临南海，北倚莲花山脉。地理坐标在北纬22°37′~23°14′、东经114°55′~115°37′之间。毗邻港澳，西距广州290千米，东距汕头177千米，西南距深圳197千米，水路至香港81千米，广汕公路、深汕高速公路和厦深铁路贯穿其中。海丰县东西距72.2千米，南北距59.8千米，海岸线长124.95千米，总面积1782.70平方千米。

【地形地貌】 海丰县背山面海，海域辽阔。西北山地、丘陵广布，东南沿海海岸线长，海湾、滩涂众多。县境西北部山脉高亢，中部平原宽阔，东南部丘岗异突，濒临大海，地势自西北向东南倾斜。北部和西北部属山地高丘地带，山多且坡陡，海拔500米以上的高峰多集于此。东南部，地势较中部稍高，属台地、丘陵地带，坡度在15°~25°之间。东南濒临南海，海岸线蜿蜒曲折，环抱县境之半，沿岸滩涂广阔，自西北至东南整个地貌状似马鞍形。

2017年，全县山地面积1.17万公顷，占全县总面积的5.46%，集中分布在北部、西北部的黄羌、西坑、莲花山乡、赤石、鹅埠、圆墩等地区，多为砂页岩、火山岩、花岗岩构成。东北—西南走向。土壤以山地草甸土、黄壤、红壤为主。山腰、山脚都有缓坡地，有茅草、灌木等自然植被。县境内海拔500~1000米的山峰有20座，海拔1000米以上的有9座，即莲花山、禾镰石、卡子岽、水底山、禾镰牙、石人嶂、陈摇肚顶、犁仔耳。

丘陵与山地紧密相连，走向与山脉相同，多集于县境北部、西部、西南部及南部、东南部的黄羌、西坑、公平、莲花山、赤石、鹅埠、平东、赤坑、大湖等地。丘体由砂页岩、火山岩、花岗岩等构成。丘面风化层厚，面积7.06万公顷，占全县总面积的32.84%，按其高程不同分为高丘和低丘。海拔50~250米之间的低丘，切割深度在50米以下的山体，面积5.30万公顷，占全县总面积24.63%，面积较广但较分散，多为砂页岩构成，丘体低平，堆积物厚，坡度10°~15°，各类丘陵表土深度厚30~60厘米，其风化层厚达数米，植物易生长。

台地面积5.60万公顷，占全县土地总面积的26%，其中耕地面积1.48万公顷。地貌开阔，土地连片。主要分布在东北部的平东、公平、城东、黄羌和东南部的赤坑等地区。土层深厚疏松，属沙质壤土，适宜机耕垦殖，作物适种性广。土壤有自然土、水稻土、旱地土三类。

全县平原属冲积平原和海积平原。成土母质为滨海沉积物、河流冲积物和人工堆积物。面积6.60万公顷，占全县土地总面积的30.7%，以东北向西南方向展布于县境中部的海城、联安、梅陇、梅陇农场等地，黄江、大液河、丽江等大河小溪成网状分布，形似“猪肚”的长沙湾位于平原南部，汇集黄江河流域河水，注入红海湾，南缘界于后澳港与马宫港之间。

【气候特征】 海丰县地处中国大陆东南部沿海，属南亚热带季风气候区，海洋性气候明显，光、热、水资源丰富。其主要气候特点是：气候温暖，雨量丰沛，干湿明显，光照充足；冬不寒冷，夏不酷热，夏长冬短，春早秋迟；秋冬春旱，常有发生，夏涝风灾，危害较重。

2017年，海丰县年平均气温22.8℃，比常年偏高0.2℃，高温（≥35℃）日数12天，比常年偏多6.9天，全年极端最高气温37.6℃。冬季异常偏暖，平均气温16.9℃，偏暖0.9℃，全年无低温（≤5℃）日数。

4月12日偏晚6天入汛，全县降雨量2327.7毫米，偏少7%。期间较强的降水过程有：龙舟水强降水集中期（6月12日到6月21日）、季风低压和季风槽连续降水过程（7月1到9日、7月15到19日）和几次台风过程。全年的强对流天气发生接近2016年，种类主要包括雷暴、雷雨大风、短时强降水、暴雨等。

6月12~21日，先后受台风"苗柏"和强西南季风的连续影响，海丰县大部连日出现暴雨到大暴雨，局部特大暴雨的强降水天气。此次过程中，海丰陶河镇10天累积雨量达1023毫米。

2017年共有9个热带气旋影响海丰县，较常年大幅偏多，影响最大的台风为1702号台风"苗柏"。8月22日至9月4日，海丰县遭受罕见的"台风三连击"，受"天鸽""帕卡"和"玛娃"3个台风相继袭击，其中"玛娃"于9月3日21：30在陆丰市甲西镇沿海登陆。

2017年，海丰县天气气候呈现"冬大暖、夏酷热、雨不匀、台风多"特征，灾害性天气年景重，属于较差气候年景。这与近年来厄尔尼诺和拉尼娜现象的转换有密切关系。

资源物产

【土地资源】 海丰县地势背山面海，北高南低，由西北向东南倾斜，呈马鞍形。自然、地理条件优越，山地、丘陵、平原、河流、滩涂和海洋等各种地形地类兼备。2017年，全县土地总面积17.83万公顷。其中：农用地15.23万公顷，占全县土地总面积的85%（包括：耕地3.45万公顷，占全县土地总面积的19%；园地8048.95公顷，占全县土地总面积的4.5%，以果园为主，面积7879.01公顷，占园地的98%；林地9.8万公顷，占全县土地总面积的55%；牧草地0公顷，占全县土地总面积的0%；水面1.07万公顷，占全县土地总面积的6%）；建设用地1.9万公顷，占全县土地总面积的11%（包括居民点及独产工矿用地1.03万公顷，占全县土地总面积的6%。其中：农村居民点用地5822公顷，占居民点及独立工矿用地的93%；独立工矿用地436.28公顷，占居民点及独立工矿用地的7%；特殊用地406.85公顷，占建设用地总面积的2%；水利设施用地5072.28公顷，占全县土地总面积的2.8%）；未利用地8120.31公顷，占全县土地总面积的4.5%（其中荒草地2776.84公顷，占未能利用地的34%）。

【矿产资源】 海丰境内矿产资源有金属矿产和非金属矿产2类。

金属矿产 已知矿藏有6类17种。其中金属矿产主要有锡矿，已探明的精锡储藏量为42.6万吨，主要分布在县境内的长埔、赤水门、银瓶山、杨柳埔、陈厝陂、大塘角、青塘窿等地；钨矿为0.82万吨，主要分布在莲花山、银瓶山一带；还有铁储量16万吨，以及少量的铋、铜、铝、锌、金等。

非金属矿产 县内非金属矿产主要有硫铁矿，已探明储量为90万吨，主要分布在长埔、平东等地；玻璃沙储量为200万吨，主要分布在县内沿海一带。还有花岗岩、高岭土、黏土等散见各地。其中花岗岩、玻璃沙、高岭土等量多质优。还有温泉热水、优质矿泉水等。

【水资源】 海丰县背山面海，莲花山脉贯串其中，是全省三大暴雨中心之一。全县境内水资源主要有地表水、土壤水和地下水，主体补给来源于大气降雨，全县多年平均降雨量2498毫米左右；全县河流主要分为黄江、赤石河两大河系，流域面积在20平方千米以上的河流有31条，多年平均河川径流量为25.4亿立方米，地下水约4.02亿立方米。由于受历来天气变幻和特殊地理位置等客观因素的长期困扰，形成海丰县水资源特征：一是降雨量年际不均，枯水年与丰水年悬殊过大；二是降雨量年内分配不均，每年降雨量集中在6~9月份，占全年降雨量80%左右；三是降雨量区域分布不均，西北山区降雨较多，中部平原次之，南部沿海较少。至2017年年底，全县已建成的蓄水工程有大型水库1座、中型水库10座、小型水库82座，总库容量为7.11亿立方米，可利用库容4.53亿立方米。

【海洋资源】 海丰县地处粤东沿海，海岸线长124.95公里，历史上以"南海物丰"而得名，渔业资源丰富。全县200米等深线内海域面积达6000平方千米，是粤东地区重要的海洋捕捞作业渔场，自然海区盛产鱼、虾、蟹、贝、藻等海鲜产品，海产品资源共有14类104科189种。内陆有黄江、丽江等河流，江河渠道纵横，山塘水库星罗棋布，淡水水产品种类众多，主要有：青鱼、草鱼、鲢鱼、鳙鱼、鲤鱼、鲮鱼、鲫鱼、罗非鱼等品种。主要海水养殖种类有：鲷科鱼类、鲻鱼、石斑鱼、鲈鱼、对虾、青蟹、生蚝、贻贝等；淡水养殖品种主要以罗非鱼、草鱼、鲢鱼和鳙鱼等为主。

【森林资源】 2017年，海丰县林业用地绿化率95.45%，森林覆盖率58%，森林活立木蓄积量277.28万立方米。海丰县植被分布为南亚热带季风常绿阔叶林植物群落，植物群落类型丰富，多为单层林，林下灌、草滋生，呈自然状态，生机勃勃。森林终年常绿，物种较多，常见的木本植物，乔木树种：鸭脚木、黄桐、重阳木、山乌桕、潺槁树、山苍子、黄樟、桢楠、假苹婆、白木香等。灌木树种：黄牛木、盐肤木、桃金娘、野牡丹、岗松、三桠苦、土蜜树、算盘子、银柴和杜鹃花等。草本植物：铁芒箕、鹧鸪草、纤毛鸭嘴草、鸭嘴草、大芒、乌毛厥、海金沙、沿海沙滩的自然植被以茅草、厚藤、绢毛飘拂草、露兜勒较常见。引入品种有大叶相思、母生、盆架子、湿地松、加勒比松。其中国家保护树种有：野茶树，长叶竹柏，土沉香和巴戟天等。

【野生动物】 海丰县境内野生动物主要有三类：兽类、爬行类和鸟类。

兽类 穿山甲（国家II级保护动物）、水獭（国家II级保护动物）、果子狸、芒花狸、苏门羚（国家II级保护动物）、山羊、野猪、野兔、豪猪、鼷鼠、松鼠、大足鼠、银星竹鼠、花鼠、白腹巨鼠、社鼠等。

爬行类 金钱龟、蛇龟、草龟、黑颈水龟、鳖、大壁虎、巨蜥（国家I级保护动物）、蟒蛇（国家I级保护动物）、眼镜蛇、银环蛇、金环蛇、泥蛇、三索线蛇、竹叶青、灰鼠蛇、过山乌、渔游蛇、刺胸蛙、沼蛙、虎纹蛙（国家II级保护动物）、泽蛙等。

鸟类 现有鸟类物种大约有16目、46科、196种。其中：国家I级保护物种：东方白鹳、黑鹳；国家II级保护物种：海鸬鹚、卷羽鹈鹕、白琵鹭、黑脸琵鹭、岩鹭、鸳鸯、鹗、黑翅鸢黑耳鸢、栗鸢、白头鹞、白尾鹞、白腹鹞、鹊鹞、苍鹰、普通鵟、毛脚鵟、乌鵰、白腹隼鵰、蛇鵰、赤腹鹰、游隼、红隼、灰背隼、白鹇、小青脚鹬、褐翅鸦鹃、小鸦鹃、草鸮、短耳鸮、领鸺鹠、鹰鸮。省级保护物种：凤头鸊鷉、白鹭、苍鹭、草鹭、大白鹭、中白鹭、牛背鹭、池鹭、绿鹭、夜鹭、黄苇鳽、栗苇鳽、黑鳽、大麻鳽、豆雁、灰雁、董鸡、紫水鸡、黑水鸡、中杓鹬、黑翅长脚鹬、反嘴鹬、黑尾鸥、银鸥、红嘴鸥、黑嘴鸥、鸥嘴噪鸥、红嘴巨鸥、小凤头燕鸥、大凤头燕鸥、黑枕燕鸥、白额燕鸥、须浮鸥、白翅浮鸥、粉红燕鸥、普通燕鸥、黄胸鹀。其他鸟类：小鸊鷉、普通鸬鹚、白斑军舰鸟、赤膀鸭、罗纹鸭、赤颈鸭、绿头鸭、斑嘴鸭、琵嘴鸭、针尾鸭、白眉鸭、花脸鸭、绿翅鸭、凤头潜鸭、斑背潜鸭、石鸡、中华鹧鸪、鹌鹑、灰胸竹鸡、雉鸡、白喉斑秧鸡、蓝胸秧鸡、普通秧鸡、红脚苦恶鸟、白胸苦恶鸟、骨顶鸡、金斑鸻、灰斑鸻、金眶鸻、环颈鸻、蒙古沙鸻、铁嘴沙鸻、凤头麦鸡、灰头麦鸡、水雉、丘鹬、黑尾塍鹬、扇尾沙锥、白腰杓鹬、大杓鹬、鹤鹬、红脚鹬、泽鹬、青脚鹬、林鹬、矶鹬、白腰草鹬、灰尾漂鹬、翻石鹬、小滨鹬、红颈滨鹬、青脚滨鹬、黑腹滨鹬、弯嘴滨鹬、三趾鹬、阔嘴鹬、彩鹬、普通燕鸻、褐翅燕鸥、斑海雀、山斑鸠、珠颈斑鸠、火斑鸠、鹰鹃、噪鹃、白腰雨燕、小白腰雨燕、普通翠鸟、白胸翡翠、蓝翡翠、斑鱼狗、戴胜、蚁䴕、家燕、金腰燕、白腹毛脚燕、白鹡鸰、灰鹡鸰、理氏鹨、树鹨、灰喉山椒鸟、红耳鹎、白头鹎、白喉红臀鹎、棕背伯劳、红尾伯劳、楔尾伯劳、黑枕黄鹂、黑卷尾、丝光椋鸟、灰背椋鸟、灰椋鸟、斑椋鸟、黑领椋鸟、八哥、红嘴蓝鹊、喜鹊、大嘴乌鸦、鹪鹩、乌鸫、红喉歌鸲、红胁蓝尾鸲、鹊鸲、北红尾鸲、黑喉石䳭、棕扇尾莺、黄腹鹪莺、褐头鹪莺、远东树莺、长尾缝叶莺、褐柳莺、黑脸噪鹛、画眉、暗绿绣眼鸟、树麻雀、白腰文鸟、斑文鸟、金翅雀、小鹀、黑头鹀、灰头鹀、苇鹀、黄腹山雀、大山雀、叉尾太阳鸟等。

【水产资源】 海丰水产资源丰富，品种繁多。20世纪进行两次较为系统、全面的鱼类资源调查。第一次是1972年汕头专署水产处成立“汕头地区海洋鱼类资源调查组”，深入粤东沿海渔区进行为期一年的调查，编制《汕头地区海洋鱼类资源调查》；第二次是1983~1984年，海丰县水产局成立“海丰县渔业资源区划组”，编制《海丰县渔业资源调查和区划报告》。根据上述2次调查及其他有关资料综合，海丰境内各种鱼类主要有：海水鱼类14类107科189种；淡水鱼类7类23科41种，珍稀淡水鱼类35种。海水鱼类品种中，年产200吨以上的有：银牙、带鱼、乌贼、马面鲀、鲅鱼、海鳗、蓝圆鲹、金色小沙丁、鲐鱼、鲳鱼、金线鱼、二长棘鲷、龙头鱼、条尾鲱鲤、蛇鲻、牡蛎和对虾等。淡水鱼类品种中，年产超过100吨的有：鲢鱼、草鱼、丽鲷、鲤鱼、鲫鱼等。

【物产】 海丰县主要特色农产品有：莲花茶叶、梅李，平东九龙姜、坑口芋，赤坑荔枝、龙眼，平东西瓜、木薯，梅陇莲藕、茨菇、荷兰豆，联安西兰花，附城、梅陇蔬菜，赤石西番莲、沙葛，公平、大湖花生，赤石柑橘、蜜柚，梅陇、附城、城东、联安、梅陇农场、可塘、陶河等地优质稻，黄羌虎瞰金针菜。主要水产品有：小漠、梅农、联安、大湖、附城等地咸淡水鱼虾养殖，梅农、附城、公平、城东、鹅埠、赤石等地禽畜养殖等。

人文风俗

【人口】 改革开放后，海丰县人口总量增长快，同时外出务工人员增多。人口的分布呈两大趋势：一是从乡村向城镇流动，二是向经济活跃地区外流。据计生部门统计，2017年12月，全县常住人口769479人，已婚育龄妇女人数151289人，出生10064人，出生率13.08‰，自然增长率7.48‰，政策生育率97.87%。据公安部门统计，2017年，海丰县年末户籍人口85.53万人。其中，城镇人口为40.26万人，男性44.60万人，女性40.93万人。全县常住人口约85万人，自然增长率6.5‰，机械增长率-3.4‰，城镇化率为47.1%。

【民族】 2017年，海丰县常住人口分属于29个民族，其中畲族、壮族、苗族、回族、蒙古族等28个少数民族总人口有2930人，占全县人口总数的0.35%。全县少数民族除鹅埠镇上北红罗村有畲族属聚居外，其余的属散居人口，都是由婚嫁和务工、经商迁入的。在各少数民族中，人口超过100人的依次有壮族、土家族、苗族、畲族和瑶族。其中海丰县鹅埠镇上北畲族是民族聚居村，全村52户、人口378人。畲族村原是一个老少边穷的民族村，改革开放后，为改变畲族群众的居住条件，发展经济改变民族村的落后面貌，县政府建设畲族新村，户户有电视、自来水，民族村并建门楼、公共厕所、铺设水泥路。美化绿化村容村貌，民族村的村民生活质量逐步改善。

【宗教】 2017年，海丰县有佛教、道教、天主教、基督教，依法登记的宗教活动场所66处，其中佛教场所28处、道教场所3处、天主教堂点25处、基督教场点10处，新增设赤石镇大安寺、梅陇镇妙觉寺、附城镇佛教禅修中心3处佛教活动场所。全县宗教信众人数约4.2万人，同比增长7.7%，其中：佛教有比丘101名、比丘尼19人、信众2.2万人；教职人员131人，道教有道士3人、信众0.2万人；天主教有神甫1人、修女1人、信众1.1万人；基督教有牧师1人、长老2人，传道员8人，信众0.7万人。县域内设立有海丰县佛教协会、海丰县佛教慈善会、海丰县基督教“三自”爱国会、海丰县基督教协会、海丰县天主教爱国会筹备组、海丰县道教协会筹备组4个宗教团体、2个筹备组。

【语言】 海丰是粤东地区方言比较复杂的一个县，处于闽南话（俗称“福佬话”）、客家话、粤语（俗称“白话”）等方言交汇地。全县有18个镇场的75.94万居民使用着福佬话、客家话和尖米话3种汉语方言。此外，还有分属于以上4种方言但来源不同各具特色的几种小方言，即疍家福佬话、白话、潮汕话、龙吟塘军话。汉语方言之外，在海丰西部的鹅埠镇红罗村，还有约300人的畲族保留原有的民族语言——畲语，是世界濒危语言之一。

福佬话是海丰的第一大方言，主要分布在中部广汕公路两侧及南部沿海地区。包括海城、附城、城东、陶河、可塘、联安、赤坑、大湖、梅陇、梅陇农场、鲘门、莲花山、圆墩、公平、小漠、鹅埠、赤石的大部分村落。福佬话使用人口约66万人，约占总人口86.9%。

客家话主要分布在县境北部的山区和半山区，包括黄羌全镇、公平镇东北部山区、黄羌林场、平东大部分、莲花山、梅陇、鹅埠、赤石、小漠部分。海丰的客家话与陆丰相同，都是7个声调（去声分阴阳）；都有两套塞擦音和擦音声母，与梅县的客话有较大差异。使用人口约9万人，占总人口12%。

尖米话是一种既像“白话”，又像“客家话”的混合型方言，“白话”成分多于“客家话”，主要分布在赤石、鹅埠部分村落和梅陇南山等村。使用人口约1万人，占总人口1%左右。

白话只分布在赤石镇大享里、排沙墩、三角坑等自然村，1949年前后从省内信宜县移来，使用人口约500人。

潮汕话分布在赤石四季村、新兴、企岭和可塘铁道营等自然村，1949年前后从省内潮州移来，使用人口约300人。

海丰现代的军话是数百年来官话与当地闽客方言混合的结果。所以军话既有官话特点又有当地方言特色。海丰讲军话的主要分布在平东镇龙吟塘村，约300人。

全县90%以上居民讲福佬话，成为共同交际语言和中小学校的校园用语。平常人们提到“海丰话”时，即指海丰福佬话。海丰是著名侨乡，约40万人在香港，出于交流需要，特别是20世纪80年代后，与珠三角城市交流频繁，年轻人基本都能讲白话。海丰渐渐成为福佬话和白话双方言地区，而客家话、尖米话等弱势方言使用人日渐减少。

此外，境内还保留着一种属于中州音韵系统

的官话，即“正字”。海陆丰的“正字戏”和“西秦戏”流传几百年，其唱念至今仍使用“正字”音（有越来越多的字已改为方言中的“读册音”）。在民间道坛做法事和祭祀唱礼时，也常常用到“正字”音。

20世纪80年代后，随着改革开放和人口流动，普通话渐渐兴起。进入21世纪，全县通行普通话。

【民风民俗】 海丰县南临大海，北倚莲花山脉，构成一个相对独立的地域格局，是粤闽传统商路必经之地。福佬文化和客家文化在此交流、融合，并长期受到广府文化影响，以及继承和掺和先民土著畲、疍、瑶的百越文化遗风。复杂的地理环境，丰富的方言语汇，多元的文化积淀，形成既保守又开放、既神秘又独特的人文风貌。同时，经过长期融化整合后，又形成大同小异、难分彼此的民俗风情。

糕粿是海丰饮食一大特色。粿料用米粉（糯米、黏米）和面粉，有咸甜两味，可分为岁时节日粿和平时小点粿。公平有一种独特的客家艾茸粿，即用田艾做成的印粿。正月三十做九舌仔（又名双头尖）；清明节做薄饼，蒸发包仔；四月初八做粉条；端午节蒸糯粽、角粽、凉粉粽；七月半蒸重糕粿（有咸、甜两种）；冬节蒸菜包粿、冬节蛤，做冬节汤圆；除夕日做冬节蛤、汤圆。平时粿点有猪肠粉、饺子、小米（薯粉饺）等。常见的小吃还有油麻糊、豆花、狗毛糕、草粿、猪脚粉、牛腩粉、牛肉丸等。

传统小吃另一特色是咸茶，也叫擂茶。吃咸茶之风，由来已久，简易吃法是把茶叶放于内壁有粗纹的牙钵内，用番石榴枝制成的茶槌稍擂几下，放几粒盐，将开水冲下即可。作为日常饮料，消暑解渴。日常待客，即在此基础上加入炒油麻、炒米花、炒花生等，称为“炒米茶”“油麻茶”。吃“菜茶”旧时一般在正月才有，尤以元宵节前后为盛，至今犹然。20世纪80年代后，人们闲时也吃“菜茶”，也有的在乔迁、娶亲之时炒菜茶代酒宴以为时尚。

海丰县村落布局以梳式、围寨式为主，一般是村中心位置为祠堂，前为晒町、明塘，后靠山或种植风水林，左侧为社头神庙，宅基力求坐北朝南。传统民居以土木结构居多，为适应海丰多台风的特点，多数马背式硬山顶，山墙称为“陂头”，并以形状不同分为“金、木、水、火、土”五行，称“五星陂”。改革开放后，民居大多为西方建筑形式，兴建钢筋混凝土框架结构平房或楼房。现代民居建有厕所、厨房，告别了传统的烧柴草的炉灶，用上煤气炉和抽油烟机、热水器等设备。

民间传统节日主要有：春节、元宵节、清明节、端午节、中元节、中秋节、重阳节、冬至。清明节是海丰民间最为隆重的拜祭祖先的节日，有“清明无回（家）无祖”之说。因此，清明拜祖扫墓，男女老少必须到齐，即使远在外地或在港澳，都不远千里回来拜祖，以示孝敬祖宗。

海丰民间极其重视祭祖，祭祀时间多在正月初十开灯节、春分或冬至。族祭由族中长老主持，合族在祠堂前置八仙桌摆放祭品，向着祖宗龛举行祭礼，点燃香烛纸钱行三跪九叩首，祈祷祖灵庇佑。祭后在祠堂前请戏班演戏，燃放炮仗焰火。

海丰民间对传承香火、养儿防老的观念极其深厚。每当年节或神诞日，人们要到神庙极其虔诚地拈香求签祈祷观音娘、金花娘等赐送丁嗣。每年元宵节是民间求嗣“出丁”的开灯节。

海丰民间广泛信奉祖灵和神佛，建置很多寺庙庵观和祠堂等民俗活动场所，拜神祭祖驱鬼成为日常生活中一项重要的内容。妈祖、观音、玄天上帝是海丰民间三大崇拜风俗。海丰民间存在着浓厚的自然物神的崇拜，举凡天地日月风云雷电动植物山川河海等自然物，多数被人格化为神。海丰较常奉祀的自然物神有三山国王、城隍等。

位于海丰县鹅埠镇北部7千米处的红罗村，是海丰县唯一的畲族村庄，也是全县唯一的少数民族村落。20世纪50年代末从惠阳山区迁来。随着现代生产和生活方式的发展，畲族的生活习俗发生很大变化，居住和服饰等同汉人无异，但仍保留其图腾祭祖、婚娶、狩猎、丧葬、年节等文化习俗。

【历史名人】 海丰人杰地灵，英才辈出，彪炳千古。有无产阶级革命家、中国共产党初期领导人、杰出的农民领袖、海陆丰苏维埃政权创建者彭湃，辛亥革命元勋、粤军首领、中国致公党创始人陈炯明，陆丰县苏维埃政府县长、印度尼西亚棉兰惠州会馆会长刘廷波，中国致公党原中央主席陈其尤及其继任者政治活动家黄鼎臣，辛亥革命先驱马育航，中央音乐学院首任院长、世界乐坛大师、小提琴演奏家马思聪，中国战地文学的开拓者、著名革命作家丘东平，一代医学名贤、地下党员柯麟，中国民间文艺家协会主席、著名民俗学家钟敬文，中国现代民族学、人类学、民俗学的早期开拓者杨成志，中国著名美学家、哲学家、翻译家马采，著名音乐教育家陈洪，中国第一位女飞行员李霞卿，当代著名核动力专家、中国工程院院士、中国核潜艇第一任总设计师彭士禄，中国科学院院士、数学家彭实戈，中国科学院院士、著名船舶专家、核潜艇研究设计专家黄旭华，中国工程院院士、造纸专家陈克复，著名导演徐克，中央音乐学院声歌系教授、著名男低音歌唱家彭康亮，等等。

环境保护

【机构人员】 根据中共海丰县委、海丰县人民政府《关于印发〈海丰县党政机构改革方案实施意见〉的通知》（海委〔2011〕30号）文件，设立海丰县环境保护局，为海丰县人民政府工作部门。至2017年底，全局有干部职工63人（在岗54人，退休干部4人、退休职工5人）；全局行政编制19名（其中：局机关行政编制10名、环境监察分局行政执法专项编制9名），后勤服务人员2名，设局长1名、副局长2名，非领导职务正科级干部1名。2017年底，1名执法专项编制公务员和2名编制职工自动辞职，实有在职公务员18名（其中：局机关10名、环境监察分局7名）、实有在岗职工36名。设人秘股、生态保护与监测科技股、环境影响评价管理股、污染物排放总量控制股（挂“核应急与辐射环境管理股”牌子）4个内设机构；并设直属正股级行政机构：海丰县环境保护局环境监察分局，下属事业单位：海丰县环境监测站。

【环境质量】 根据县环境监测站、海丰中学、县城东自来水厂3个县城城市空气质量监测点位全年52周，每周3次对SO_2、NO_2、PM_{10}三项污染物的监测，监测数据1407个。按《环境空气质量标准》（GB3095-1996）、《环境空气质量指数（AQI）技术规定（试行）》（HJ633-2012），海丰县环境监测站空气自动站全年监测数据优良天数100%；对三大水库和全县湖库型水饮用水源水库坚持按月采样送市检测，每年获取水环境监测数据1610个，其中地表水监测数据1002个、饮用水源监测数据608个。从地表水水质断面的监测分析状况看，均能符合地表水功能要求；公平水库、青年水库、红花地水库饮用水源地水质均为良好。其中青年水库和红花地水库饮用水源取水口和库中心各2个点位饮用水源全年共监测12次，监测数据608个，两库水质均达到或优于《地表水环境质量标准》（GB3838-2002）Ⅲ类标准，饮用水源水质达标率100%。

【生态保护】 按照《国务院关于印发水污染防治行动计划的通知》（国发〔2015〕17号，以下简称《水十条》）和《广东省人民政府关于印发广东省水污染防治行动计划实施方案的通知》（粤府〔2015〕131号，以下简称《粤十条》）以及《汕尾市水环境保护条例》，切实推进海丰县水污染防治工作，编制完成《2017年海丰县南粤水更清行动计划实施方案》，同时根据《集中式饮用水水源地规范化建设环境保护技术要求》（HJ773-2013），编制完成《集中式饮用水水源地规范化建设环境保护技术要求方案》，印发至各集中式饮用水水源地所在镇贯彻落实。开展对2016年度环境统计及污染源普查动态更新，对全县的工业源、农业源、集中式等进行调查摸底，进一步明确污染源的分类，上报工业源46家、农业源7家、集中式2家，有利于做好水环境污染防治工作，加大对水污染的综合整治，强化饮用水源保护。对集中式饮用水源地保护区禁止排入污水，禁止从事餐饮、游泳、设置排污口和其他污染水体的活动；认真落实公平水库上游建设污水处理示范村建设。按照市人大常委会的工作部署和《汕尾市人民政府办公室关于在公平水库上游和螺河流域周边建设污水整治试点示范村的通知》（汕府办〔2016〕205号）精神，确定黄羌镇、平东镇人民政府为责任单位，落实黄羌镇9条自然村和平东镇5条自然村的污水整治试点示范村建设。2镇14条自然村共建设7套污水治理设施，其中平东镇已全面完成双墩村和连塘村（合建）、新塘围村、大塘村、大溪头村4套污水处理设施主体工程和污水收集管道建设，铺设收集管道1200多米，工程造价为146万元；黄羌镇已完成东岭6条自然村合并建设和东坑自然村处理设施主体工程及污水收集管网2500米的建设，东升圳寨村污水处理设施建设在推进中，工程总造价为365万元。把好莲花大道建设环境影响评价关，促进两侧污水收集管网建设齐驱并进，同步施工，将莲花山地区生活污水、餐饮业污水纳入管网收集处理；同时，督促三大水库入库主要流域和河流落实“河长制”，涉库区域镇政府实现“河长制”全覆盖，全面建立区域与流域相结合，以县、镇、村三级河（库）长为主体责任和分管责任的河（库）长制组织体系，全面梳理确定《海丰县、镇、村三级责任河长名录》，确定县级河（库）长14名，镇级河（库）长124名，村级河长227名，范围覆盖全县75条河流、92座水库的上下游、左右岸（其中：县级河长管理的河流9条、镇级管理的河流66条、河流总长960公里，县级库长管理的11座，镇级库长管理的81座），形成县、镇、村三级河（库）长责任体系。督导水库周边行政村履行职责，落实属地管理和网格化管理职责，协调处理流域保护管理，河道综合整治的重大问题，协调上下游之间的纠纷，组织整改包干河道突出问题。

积极协同各地向省争取环保专项资金用于本地环境综合整治。完成2017年省级环保专项资金网上申报和申报材料的递交。海丰县2017年申报的省级环保专项资金项目包括农村环保专项资金和水质环保专项资金两大类，分别是：汕尾市海丰县公平水库水源地环境综合整治项目，海丰县可塘镇水环境综合整治工程，海丰县东溪出海口生态环境综合整治工程，海丰县公平镇环境综合整治工程，汕尾市海丰县梅陇镇月池村农村环境综合整治工程，海丰县可塘镇埔陇村农村环境综合整治工程，海丰县黄羌镇东坑、坑联、东升、东岭村委农村环境连片综合整治工程，海丰县黄羌镇虎噉、石山、松林、下寨村委农村环境连片综合整治工程，海丰县大湖镇山脚村农村环境综合整治工程，海丰县县城空气自动监测站项目，海丰县陶河镇下边村委上边村农村环境综合整治工程等11个项目进行网上申报，全部通过省环保厅的专家初评为2017年有效申报项目。积极推进农村环境综合整治，涉及黄羌林场、可塘、陶河、大湖等“一场三镇”共12个建制村，受益人口约14000人。其中：可塘镇可新村污水处理系统，采用氧化塘+人工湿地工艺，铺设截污管、全封闭排污管道，建设垃圾池3个和添置垃圾存放、运输收集设备一批，对排水沟清淤350立方米，并对大排水沟两侧修砌毛石护坡，小沟底部及两侧用混凝土铺设为三面不见土硬底化，每隔50米设一处雨水口，共设20个雨水口；陶河镇陶南、桐埔、金锡片区铺设全封闭排污管道、建设硬底化格栅井、污水处理站、购置垃圾转运车等；黄羌林场农村环境综合整治工程项目共铺设30厘米径至100厘米径各类型号的混凝土排水管道5230米，砌筑沉渣井50座等；大湖镇做好高螺村排水管道工程、山脚村和石牌村清淤及新建明渠工程、湿地生态浮床工程等。

依据《海丰县环境保护规划（2008~2020年）》《青年水库水资源保护规划》《红花地水库水资源保护规划》《海丰县畜禽养殖功能区划分方案》，全面推进规划环评，完善规划环境影响评价与项目环境影响评价的联动机制，促进重点产业合理布局。严格实施总量前置审核制度，严格控制“两高一资”项目，做到不越权审批，不降低等级审批。主动适应环保法治新常态，认真贯彻实施新《环境保护法》，牢固树立绿色发展新理念，竭力保护生态红线，对涉及水源保护区、生态严控区、自然保护区等环境敏感区域的项目一律予以否决。自觉接受县人大监督，依靠各个部门共同努力，形成全面协调、齐抓共管工作格局，全县环境影响评价工作执行情况总体良好。环评执行率逐年提高，按照2017版建设项目环境保护管理条例和建设项目分类管理名录的规范，充分发挥行政许可和公共服务职能，分门别类做好建设项目环境管理工作：一是对环境影响很小的登记表类项目，由项目单位按照建设项目环境影响登记表网上备案制度申报备案，为业主节约办理时间和费用；二是对可能造成轻度环境影响的报告表类项目，符合受理条件的，按照政府服务中心办理时限要求，及时在县政府网站公开项目受理内容和拟批准公示。审批工作做到公开、透明；三是对可能造成重大环境影响的报告书类建设项目，潜心征求业内专家意见，确保污染防治措施可行、高效。2017年，共审批建设项目环境影响评价文件46个（其中报告书项目4个、报告表项目42个），登记表备案项目62个。涉及社会事业与服务业类的34个，城镇基础设施及房地产类的34个，农、林、牧、渔、海洋类8个，轻工类10个，机械、电子类3个，非金属矿采造及制品制造类4个，金属制品类1个，城市交通设施类2个，电力类1个，公路类2个，水利类1个，纺织化纤类5个，石化化工类1个，核与辐射类2个。组织对企业项目建设过程是否按照审批意见落实环境保护“三同时”的执行情况进行验收，对符合项目竣工环境保护验收条件的海丰县鸿发服装防皱洗涤有限公司等33家企业进行项目竣工环境保护验收。

【污染控制】 2017年，县环保局围绕海丰县减排目标的实现，扎实做好年度减排工作。一是督促县城生活污水处理厂完善管网配套建设，扩大管网覆盖面，提高处理量。二是推进县城东部生态科技城污水处理厂选址、规划、建设工作的可行性研究。三是加大督导力度，把确保公平、梅陇、可塘三个中心镇污水处理厂建设竣工运行作为落实南粤水更清行动计划和污染减排工作的有力举措抓落实，加强对县城污水处理厂和龙津河提水泵站运行情况的跟踪监督和管理，县城污水处理厂年处理水量达到2423万吨，削减化学需氧量3618.86吨，氨氮411.79吨。对污染严重，又没法落实污染防治措施的企业坚决采取关停措施。四是开展对2016年度环境统计及污染源普查动态更新，对全县工业源、农业源、集中式等进行调查摸底，进一步明确污染源分类，上报工业源46家、农业源7家、集中式2家，有利于做好水环境污染防治工作；对于蓄意触犯生态红线，任意开发破坏生态环境的行为及时予以制止和依法查处。五是强化对华润海丰电厂“超低排放”的环境监管。促其连续、稳定保持“超洁净排放”；推进机动车污染防治，按照《海丰县淘汰黄标车、老旧车辆实施方案（2014—2017年）》，联合交警部门强化黄标车限行措施，加大汽车环保标志办理力度，全年办理环保标志绿标2101份。五是开展海洋督察、禁养区畜禽养殖业污染清理专项整治、危险化学品安全环境综合治理、饮用水源保护区环境监管执法工作，全县主干道两侧专项环境执法检查、火电、造纸行业排污许可证执法检查、安全生产隐患大排查等，引导、督促危险废物产生企业严格按照危险废物转移的规定转移危险废物，全县11家危险废物产生企业共转移危险废物86.884吨，并及时、准确地在“广东省固体废物管理信息平台”上落实各项相关内容填报工作;对4家已发证特殊行业企业排污情况包括自行监测，确保达标排放。六是推进海丰县镇村生活污水处理设施整县捆绑PPP项目建设。制定出《海丰县生活污水处理设施整县捆绑PPP项目调研工作方案》，依据国家财政部《政府和社会资本合作模式操作指南（试行）》相关规定，采取政府与社会资本合作的PPP模式，将14个镇（场）污水处理设施项目捆绑打包，安排专人跟踪负责，配合设计单位人员深入各镇场和相关村开展为期20天的专项调研活动，全面掌握全县14个镇（场）污水产生量、供水现状及建设需求。经调查论证，全县拟新增污水处理设施规模为5500吨/天，配套管网总长约34公里，建设农村污水处理设施621个。形成《海丰县污水处理设施整县捆绑PPP项目可行性研究报告》，并相应形成《项目初步实施方案》《物有所值评估、财政承受能力论证评估》《项目具体实施方案》，经征求各方面意见，召开专家评审会，2个论证报告在上报审批中。实施该项目将实现海丰县乡镇一级污水处理设施全覆盖，80%以上农村生活污水得到有效处理，有效控制环境污染。

【环境监测】 ①按照省、市环境监测要求，做好污染源监测，完善监测档案，及时上报各类监测数据。一是加强重点行业监督监测，每季度对电镀、线路板、漂染、皮革等行业，以及珠啤海丰分装厂、莲花山度假村等重点污染源监督监测废水34个、废气10个，废水监测数据920个、废气监测数据80个；开展群众投诉、排污收费环境监察执法监测50个、监测数据约300个；开展电镀行业环境监测数据认可2个；完成项目竣工环境保护监测报告25个。二是做好县城城市空气质量3个点位环境空气质量监测，监测数据1407个。按《环境空气质量标准》（GB3095-1996）、《环境空气质量指数（AQI）技术规定（试行）》（HJ633-2012），海丰县县城全年52周，每周三次，开展SO_2、NO_2、PM_{10}三项污染物监测。海丰县环境监测站空气自动站全年监测数据优良天数100%。三是加强水源环境监测。完成青年水库和红花地水库饮用水源取水口和库中心各2个点位饮用水源监测数据608个，两库饮用水源水质达标率100%；全年共监测12次，水质均达到或优于《地表水环境质量标准》（GB3838-2002）Ⅲ类标准；完成县城龙津河拦河坝、笃厝围、灵爷宫、准提阁左右垂线4个监测断面监测，地表水数据288个，水质均达到或优于标准《农田灌溉水质标准》（GB5084-2005）水作标准。完成赤石河1个监测断面（小漠桥左中右垂线），地表水数据276个。地表水水质达标率100%；水质均达到或优于《地表水环境质量标准》（GB3838-2002）Ⅲ类标准；开展吊贡水（吊贡村）、大液河（联安桥）、竹仔坑（取水口）环境监测。监测项目26个，监测数据312个。吊贡水（吊贡村）、大液河（联安桥）水质均达到或优于《地表水环境质量标准》（GB3838-2002）Ⅲ类标准；竹仔坑（取水口）水质达不到《地表水环境质量标准》（GB3838-2002）Ⅲ类标准。开展公平水库及入库黄羌断面、平东断面和平东水、南门水、松林水、西坑水入库河流4个监测点位采样；青年水库和红花地水库入库河流断面、中型水库平龙水库、红阳水库和平安洞水库、乡镇饮用水源地石牛山、朝面山、南门、下径、窑坡、泗马岭、小漠、南城水库采样，全年共采样360个，按时送市环境监测站检测，确保水环境质量安全稳定。②加强县环境监测站能力建设。2017年2月，开展检验检测机构资质认定工作。由于规范工作程序，按照新计量认定监测项目水和废水36项、空气和废气13项、噪声4项，合计53项的检测标准和要求，各个监测项目全部通过省质量技术监督局的资质认定。③进一步提高县环境监测站管理水平。2017年4月，汕尾市质量技术监督局对县监测站进行检验检测机构资质认定专项监督检查，发现不符合项1个，监测站及时进行整改，获汕尾市质量技术监督局认可。按照计量认证有关要求，站20项设备送汕尾市质量监督所检定，获计量检定证书及标签。

【环境监察】 2017年，县环保局以环境监察分局为监管主体，加大环境执法力度，强化环境督查，提高环境监察水平。全年共出动执法人员3035人次，检查企业1299家，责令改正环境违法行为125宗，查封非法场所9家，涉嫌污染环境罪移送公安追究刑事责任3宗。出动280人次对水源一级保护区的违法建设项目开展专项检查，对被检查70家企业中的6家违法违规企业予以立案查处。并强化日常巡查和后督察，严禁违法违规建设项目新建，防止已停产的项目复产，严防已清理违法项目反弹，确保整改取得实效。一是以群众环境信访问题为线索，及时查处违法违规行为。全年共收理群众反映的各类环保信访案件509宗（其中来信367宗，来电459宗，来访16宗，处理458宗，处理率达90%），受理信访投诉案件比2016年同期202宗增长2.5倍。监察分局对信访投诉案件分别缓急大小逐一分类认真调查处理，对环境影响不大的一般信访案件，采取灵活办法协助协商解决；对环境影响较大且强烈投诉的信访案件，坚持原则，依法依规进行处理。尤其对历史遗留导致矛盾纠纷激烈，解决难度较大的案件，集中精力加大力度化解。同时，尊重公民合法权益，让受处罚的法人有话语权，对被处罚的提出听证要求的17家企业专场举行4场听证会，还案件办理的公正、公平和合理性，增强案件办理的透明度，为维护环境安全向群众交出满意答卷。二是落实省委巡视组反馈整改意见，全力推进污染防治工作。对中央环保督察组反馈意见进行深入传达学习，坚决执行中央环保督察组和省委指示要求，主动认领中央环保督察组反馈的存在问题，认真制定环境保护督察整改工作方案。按照反馈的13个问题清单，跟踪跟进、追根溯源、见物见人、精准发力、综合施治，采取一系列强有力措施，逐一落实整改，根治好存在的突出问题。县政府于2017年8月30日制定和印发《海丰县全面推行河（库）长制实施方案》，确保治水工作的政府领导负责制和部门分工负责相结合，将责任细化落实到具体部门和个人；根据市环保局《关于填报入海排污口信息核实情况统计表的通知》精神，完成入海排污口信息核实情况工作，对18家有入海排污口的违法企业立案查处；全面清理全县禁养区内畜禽养殖场户131家。按照上级有关畜禽养殖污染源综合整治的要求，对规模化畜禽养殖场和散养密集区制订方案进行综合治理，发出《关于印发海丰县畜禽养殖业污染清理整治工作方案的通知》，并每月填报《水污染防治行动计划》实施情况；落实可塘镇等9个镇乡镇集中式饮用水水源地规范化建设工作，编制《海丰县集中式饮用水水源地环境管理办法》《海丰县公平水库上游流域桉树林改造三年行动计划》；划定公平水库、青年水库、红花地水库、赤沙水库及9个镇级集中式供水共13个饮用水源保护区，推进平东镇桉树种植退出工作，改种生态经济林300亩；制定《海丰县镇级农村生活垃圾填埋场核查工作方案》，组织人员对公平镇龙岗垃圾填埋场、平东镇谷兜垃圾填埋场、梅陇镇垃圾填埋场、鹅埠镇垃圾填埋场、赤坑镇摩山垃圾场、大湖镇石牌垃圾填埋场、公平镇桔仔园垃圾填埋场、黄羌林场垃圾填埋场、黄羌镇上头洋垃圾填埋场、小漠镇垃圾填埋场、赤石镇半岭垭垃圾填埋场等11个镇级垃圾填埋场进行实地勘查、关闭，禁止垃圾进场。加强陆源入海排污口整治，严厉打击超标排放污染物行为。制定《海丰县产业转移工业园污水处理厂工程项目建设工作方案》，海丰首饰产业环保集聚区已于2017年6月10日上午开工建设；全县范围内取缔"小散乱污"企业34家，取缔关闭非法电镀厂3家；对海丰鸟类省级自然保护区大湖分区高位养殖落实整改查处，并制定《海丰县鸟类省级自然保护区大湖镇核心区和缓冲内养殖整改（退出）工作方案》，拆除高位养殖设施；对位于保护区试验区开展饮食业经营活动的三江湿地渔村发放停业通知书；落实广东海丰鸟类省级自然保护区巡护机制。三是征管并重，加强排污许可管理。依照国家《排污费征收使用管理条例》《排污费资金收缴使用办法》及《广东省环境保护条例》，认真实施排污申报登记，指导全县企业排污申报核定以及排污费征收管理工作并进行稽查；依法拟定全县排污许可证制度并组织实施，强化排污费的征收工作，进一步规范排污收费申报、核定、计算、公示、征收等程序，全年依规办理、核定发放企业排污许可证57份。通过监管促征费，实现征费与监督管理并重，努力使排污费依规应收尽收，全年共征收排污费人民币440.68万元。四是完善"网格化"管理机制，发挥环境监管网格体系的重要作用。在县政府的领导下，县环保局负责牵头全县环境监管网格体系建设和运行，开展网格化环境监管体系实施工作，在环保执法中发挥重大作用。坚持"属地管理、分级负责、重心下移、全面覆盖、责任到人"的原则，按照"定区域、定职责、定人员、定任务、定考核"的要求，与县、镇（场、经济开发区）属地政府和主管单位，建立二级网格，其中一级网格1个、二级网格18个，特殊网格6个，明确各相关部门环境监管职能，建立形成"各级政府统一组织、环境保护部门统一协调、相关部门各司其职、社会各界广泛参与"的环境监管格局。五是服务大局，积极参与执法交流，提高执法水平。全年派出执法人员80多人次参加省、市举办的业务培训，并组织到外地参观学习执法经验，提高执法人员业务能力和执法水平。在2017年广东省大气和水污染专项督察中，分局派出6人次前往中山、佛山、深圳、东莞等地参加督察，环境监测站派出1人参加国家环保部组织的京津冀大气污染督查，既加强与兄弟环保单位之间的交流，又学习督察、监测经验，扩大执法视野，促进执法水平提升。

【环保宣教】 2017年，县环保局把加强环境保护法规宣传作为提高公民环保意识，增强公民环保自觉的常态化工作来抓，把经常性宣传工作与开展"6·5"世界环境日和广东省环境保护宣传月活动紧密结合起来，促进环保宣传工作深入开展。以开展"6·5"世界环境日和全省环境保护宣传月活动为契机，大力宣传习近平总书记“绿水青山就是金山银山”新时代生态文明建设思想，围绕协调推进“五位一体”总体布局和“四个全面”战略布局，牢固树立创新、协调、绿色、开放、共享的发展理念和国家环保部确定的“改善环境质量，推动绿色发展”以及广东省第20个环境保护宣传月活动“努力改善环境质量，全面建成小康社会”等主题，认真做好新闻宣传、社会活动、环境文化、环境教育和公众参与等各项工作。派员参加省举办的2017年“六五”环境日汕尾分会场“百鸟翔跑”活动，举办重点企业负责人环保法制讲座、联合县广播电视台制作环保专题报道、在《海丰》报出版环保专刊、发放倡议书、制作环境保护展板，在县城主要路口LED屏幕播放环保公益广告、在全县范围内悬挂宣传横幅。突出重点宣传新修订的《环境保护法》，通过多形式的环境保护宣传教育活动，进一步提高公众的环保意识和环保自觉。

（戴晓震　林少炜）

附：2017年海丰县环境保护局领导名录

局　长：陈坤宝

副局长：王尔勇　陈继明

经济社会发展概况

【简述】 2017年，在汕尾市委、市政府及海丰县委的正确领导下，在县人大及其常委会和县政协的监督支持下，县政府全面贯彻党的十八大和十八届历次全会精神，深入学习宣传贯彻党的十九大精神，坚持以习近平新时代中国特色社会主义思想为指引，以习近平总书记对广东工作重要批示精神为统领，按照省第十二次党代会、市第七次党代会和县第十一次党代会部署要求，围绕市委“三三四四”及县委“三三五”发展战略，全面深化创新驱动，聚力振兴实体经济，切实增进民生福祉，全力维护社会稳定，推动全县经济社会持续快速发展。

【综合实力显著增强】 2017年全县地区生产总值269.9亿元，比增8.3%；规上工业总产值356.6亿元，比增18.9%；规上工业增加值72.9亿元，比增13.8%；农业总产值56亿元，比增4.8%；固定资产投资289.6亿元，增长20.1%；一般公共预算收入7.7亿元，比增10.7%。始终把扩大有效投资作为稳增长关键，全县新上续建重点项目57个，总投资409亿元，完成投资49.6亿元，新增“四上”企业27家、“个转企”企业37家，规上工业企业质量效益大幅提升，利润总额增长9.4%；有效释放消费潜力，完成社会消费品零售总额227.6亿元，比增8%；积极扩大外向型经济规模，实际利用外资1270万美元，比增129.7%；居民人均可支配收入达到22028.78元，比增7.8%；深入实施创新驱动发展战略，共组织实施科技项目15项，5家企业申报高新技术企业认定及培育入库，全县专利申请量共240件，专利授权量116件。

【“一城三园”初具雏形】 全力推进“一城三园”载体建设，打造海丰加快向西融珠、推动振兴发展的重大引擎。生态科技城已征地3.5平方千米，累计投入征地和基础设施建设资金7.2亿元，完成一期综合服务区、二期工业用地“七通一平”基础设施建设，新建园区道路19条18公里。投资2亿元、日处理量5万吨的园区污水处理厂正在开展征地等前期工作，预计上半年动工建设。三个中心镇工业园区建设全力推进，海丰首饰产业环保集聚区完成征地16万平方米，园区道路、排水等配套设施及6栋工业厂房正在加紧建设；可塘珠宝产业园完成征地17万平方米，正在开展“三通一平”工作；公平产业园正在开展中心启动区20万平方米的征地，将着手进行基础设施建设。

【中心城区扩容提质】 县城总体规划新一轮修编已通过专家评审、启动实施。加速城区扩容步伐，全年共投入10多亿元，加快建设市民中心全民健身广场及配套设施，将于春节前后对外开放；全面铺开海丽大道和海紫公路升级改造工程，以及福临坑和南门湖整治工程等重点市政项目，将于春节前陆续完成主体工程；加紧推进莲花大道建设，完成路基7公里、路面3公里及部分设施配套；完成育英路、南北桥路建设，推进小路陂行政小区基础设施建设和烈士陵园、文天祥公园、铜钱山公园、红宫红场周边环境等改造升级项目。县城建成区达到33平方千米，城镇化率达到63%，中心城区承载、辐射能力持续增强。

【基础设施日臻完善】 广汕铁路、兴汕高速、深汕高速改扩建、国道G324线县城至梅陇段、6.4公里的城陶公路等道路项目建设加快推进；全县投入1.6亿元，完成县乡公路路基工程21公里，路面工程19公里，新建通村公路55公里；大力发展绿色交通，全县新增投入100台新能源汽车。提升城乡电网建设水平，附城110千伏室内输变电站、赤坑协鑫光伏已并网发电，海丽大道、海紫公路、莲花大道正在全线实施地下电力管网改造。注重信息化建设，新增光纤接入用户3.8万户，新建4G基站1092座；加快新时代融媒体深度发展，推进数字广电、智慧广电建设。城乡基础设施不断完善，为加快发展奠定坚实基础。

【实体经济巩固壮大】 制定实施促进传统产业转型升级的贴息贷款、科技创新基金等扶持政策，支持海丰县服装、珠宝、金银首饰等行业成立协会，加快技术革新、工艺改造、装备换代。全县珠宝金银首饰加工企业达3100家，珠宝年加工达2.5万吨，黄金首饰年加工200吨，银首饰年加工780吨，加工产值129亿元。同时，加快工业园区引进项目的投建投产，生态科技城引进26个工业项目，有东维亚国际珠宝工贸城、星际动漫2个项目投产运营；冠龙生物科技、高端直线电机、裸眼3D液晶、新型纸品、采味轩花生制品、一开电气、龙兴自动化机械、金源丰首饰、同翔新型纸制品等10个项目即将投产出效益；威翔航空、佳宝食品、双全农牧、时代名都、海龙投资大厦、名仕度服饰、朋腾金属制品、众恒机器手、春天地毯、星际动漫大厦、丽堡路手套帽业、鸿骏首饰、华雅化妆用具、吉安包装容器、旅游公寓等14个项目也在加紧建设之中。这些项目建成投产后，将有力壮大海丰县实体经济规模。

【三农工作稳步发展】 坚持以农业供给侧结构性改革为主线，着力加快现代农业建设，完善农业支持保护政策体系，推进农业结构调整和绿色发展。加大投入开展水利大建设，全县有40宗中小河流治理工程项目，列入省十三五水利规划；上马总投资4.2亿元的西溪、大液河水闸重建和龙津河水系生态环境整治3宗大型水利工程；推进大湖南北堤、小漠海堤达标加固，14宗村村通自来水工程、5宗高效节水灌溉项目，以及黄山洞、青年、赤沙3宗水库抢险加固，黄江河等4宗小河流治理等重点水利工程，进一步改善全县农业生产条件。在确保粮食生产安全的基础上，蔬菜、水果、畜禽、水产等优质农产品供给能力稳定增加。2017年，全县新增农业龙头企业6家，总数达到68家，新增农民专业合作社94家，总数达到714家，带动农户达到3.4万户，涌现陆港、海亮、中荣、冠龙等9家省级农业龙头企业和39家省级示范专业合作社。突出发展加工农业、休闲农业，初步形成北部片区的茶叶生产加工、东部片区的悠闲观光农业、南部片区的优质稻生产示范等三大新型农业组团，农业新业态初具雏形，被确定为全省一、二、三产业融合发展五个示范县之一。深化农村土地制度改革，扎实推进农村承包土地确权登记颁证，全县213个村全面铺开确权工作，完成外业指界户数7.5万户、面积3万公顷，实测率101%；已颁发证书7万份，颁证率88%。累计投入1亿多元，全面铺开总面积52平方千米的莲花山省级新农村示范片建设，启动建设项目85项，路、电、水、排污等基础设施建设基本完成，顺利通过省级验收。

【生态环境持续改善】 坚守生态安全红线、环境保护底线，坚决落实节能减排责任，全年责令改正环境违法行为125宗，查封非法场所9家，涉嫌污染环境罪移送公安追究刑事责任3宗。落实中央环保督查整改任务，投入3000万元整治县城垃圾焚烧处理厂；依法推进大湖高位养殖场清退工作，同步清退养殖面积2.93公顷。推进全县城乡人居环境改造、升级，落实水污染防治计划，加强饮用水源管理保护，城市集中饮用水源水质达标率100%；全面落实“河长制”，投入1300多万元，对黄江、龙津、大液、横河、东溪5条81千米的河道进行清障治理，并每年投入500万元购买社会化服务，实行常态化保洁管理，确保水清、河畅、堤固、岸绿、景美。铁腕治污、科学治水，重拳整治、打击水源头污染和水库、河道违法采砂活动；实施桉树改种行动计划，莲花山、公平水库库区、县城北部等区域水源环境得到有力整治、有效保护；推进公平、可塘、梅陇三个中心镇污水处理厂建设和全县农村环境综合治理，计划投资6.5亿元的镇村生活污水处理设施整县捆绑PPP项目建设进展顺利，已动工建设村级污水处理站6个。林业生态工程建设和大气、土壤污染防治取得实效，全县建设镇级森林公园11个，森林蓄积量289万立方米、覆盖率达58.3%，空气环境质量保持在国家二级标准以内，排名稳居全省前列。

【民生攻坚成效凸显】 扎实推进教育“创强”“创现”“创文”“创卫”和精准扶贫精准脱贫三大攻坚。投入10多亿元，上马建设县实验小学和城东中心小学、附城中心小学、陆安高级中学等一批“创强”项目，陆续建成、投入使用；华中师大海丰附属学校三期42万平方米已完成供地，正在推进建设；彭湃中学提质升级项目建设进展顺利，正在推进前期工作。海城、附城、城东三镇已基本通过省教育强镇验收。投入近16亿元，上马建设第二人民医院、县中医院、疾控中心、妇幼保健院建设项目，都已完成主体工程；彭湃纪念医院新院区已完成征地，即将开工建设；全面推进14个镇级卫生院及57个农村卫生站室标准化建设，将全面完成改造任务；推进泰林、东泰、黄江、中医馆等民营医院加快建设，为实现2017年“卫生强县”创建目标打牢基础。深入推进“创文”“创卫”工作，实施县城环境卫生“网格化”管理，县财政每年投入1700万元，聘请550名保洁员，落实机械清扫和人工保洁有机结合措施，对农村生活垃圾实行常态化收集，全面提高城乡道路保洁水平。专项整治交通秩序，设置治安和红绿灯视频卡口36个。大力清理违法广告和违法建筑，共拆除主次干道的大型龙门架广告牌25座，清理违章广告牌1200多处，没收占道移动式招牌2800多块，拆除违法搭建物400多处，实施围蔽工程160多处2万多平方米；先后查处违法建筑50多宗，总建筑面积6万多平方米，立案查处案件33宗，强制爆破2宗，面积5000多平方米，确保县城内违法建筑零增长。全县城乡面貌焕然一新，获得全省文明县城提名。扎实开展精准扶贫精准脱贫，强化贫困人口动态管理，全县实时贫困人口有劳动能力贫困户为6177户25318人、无劳动能力的贫困户为4941户7154人，预脱贫人口共计1.1万人。由深圳龙岗帮扶的33条贫困村，每村投入资金200万元入股，上马建设海丰—龙岗投资大厦，建成后每村每年将享受固定收益;由具有劳动能力的6214户贫困户，每户投资2万元，入股建设红色旅游项目，每年户将可享受固定分红1400元以上。迅速掀起42条省定贫困村“三清理三拆除三整治”等新农村示范村建设热潮，推进189个20户以上自然村人居环境综合整治，并以梅陇永红、附城新山、联安坡平、平东大塘、陶河下边、可塘仓前等6个村为先行点，启动管线落地、雨污分流、三级生物处理池、村路道硬底化等基础设施项目建设，使贫困村的生产生活环境大为优化，村容村貌焕然一新，加快贫困村“后队”变“前队”步伐。

【文化事业硕果累累】 红宫红场旧址纪念馆获得“第五届全国文明单位”称号，罗晓梅被评为“全国未成年人思想道德教育先进工作者”，受到习近平总书记亲切接见。西秦戏《马援伏波》获得第十三届广东省文化艺术节优秀剧目二等奖；音协、舞协、摄协、书画院相继成立、全面繁荣；“平安海丰·文明家园”文艺晚会、中秋晚会、纪念海陆丰苏维埃政权建立90周年文艺晚会、彭康亮独唱音乐会、陈洪纪念音乐会等一系列大型主题纪念活动，以及“奔向海陆丰”建军90周年大型美术作品展、“百名书法家书写新党章百米长卷活动”等一系列文化创新活动，引发强烈反响。加大投入旅游基础设施建设，积极推广旅游资源，开拓省内外旅游市场，扩大海丰旅游知名度。稳步推进以红宫红场、彭湃故居等为组合的“红色”经典旅游景区建设；突出“红蓝绿古金”五色旅游主题，莲花山度假村及红宫红场旧址纪念馆被评定和正在申报国家AAAA旅游景区，旅游产业发展提质增效。全县共接待游客321.7万人次，比增19%；总收入18.6亿元，比增24%。

【社会治理成效显著】 2017年，全面开展消防和安全生产隐患大排查、大整治行动，全县投入专项经费6000万元，共出动排查整治队伍7304个、12万人次，排查小档口、“三合一”场所、群租房、建设施工现场、学校、幼儿园等7.3万个，排查出消防隐患2.3万处，完成整改2万处，关闭封停2297处，拘留83人。扎实推进执法规范化，加快新时代法治公安建设，以“飓风2017”专项行动为抓手，全面开展社会治安重点整治，重拳打击“两抢一盗”和涉黄赌涉黑恶等违法犯罪，决胜禁毒缉枪攻坚战，全县没有出现制毒窝点、没有成为毒品中转集散地，实现有效遏制毒情蔓延势头的目标，治安和禁毒形势明显好转，确保全县政治安全、社会持续稳定，人民群众安全感、满意度大幅提升。

（刘小明）

紅宮

海丰

HAIFENG YEARBOOK

政治

中共海丰县委员会

县委领导成员

【2017年中共海丰县委正、副书记及常委名录】

县委书记：林少文（任至3月）
　　　　　邱晋雄（3月起任）
县委副书记：郑俊雄
　　　　　　林建隆
常　委：林少文（任至3月）
　　　　邱晋雄（3月起任）
　　　　郑俊雄
　　　　林健隆
　　　　陈紫光（任至9月）
　　　　卓江广（任至2月）
　　　　卓凛波
　　　　余德聪（2月起任）
　　　　李绪
　　　　叶胜勇
　　　　林建新
　　　　黄岱芬
　　　　吴城池（9月起任）
　　　　余振光（挂任）
　　　　王少平（10月起挂任）
　　　　吕海茵（任至7月）

县委工作机构

【2017年中共海丰县委工作机构设置】 2017年，中共海丰县委工作机构有：中共海丰县纪律检查委员会、中共海丰县委办公室、中共海丰县委组织部、中共海丰县委宣传部、中共海丰县委政法委员会、中共海丰县委统一战线工作部、海丰县机构编制委员会办公室。

重要会议

【县党政联席会议】 2017年2月15日上午，汕尾市副市长、海丰县委书记林少文主持召开县党政领导班子成员汇报新一年度工作会议。郑俊雄、刘剑平、刘英剑、卓江广、卓凛波、李绪、叶胜勇、林建新、黄岱芬、吕海茵、罗恒等县领导参加会议。会上，县党政成员结合各自分工，分别汇报2017年的重点工作谋划。

8月3日上午，副市长、县委书记邱晋雄在县委会议室主持召开县党政联席会议，讨论研究《海紫路改造升级设计方案》和《县纪委关于2017年全县开展纪律教育学习月活动的意见的请示》《关于海丰县革命烈士纪念馆展览大纲终稿定稿的请示》等。郑俊雄、刘剑平、林建隆等县四套班子领导成员以及县委办、县政府办、县财政局、县发改局、县住建局等单位负责人参加会议。

【县委全委会议】 2月27日上午，中共海丰县第十一届委员会第三次全体会议在县委会议室召开，副市长、县委书记林少文主持会议并作讲话；郑俊雄、林建隆、陈紫光、卓江广、卓凛波、李绪、叶胜勇、林建新、黄岱芬、余振光等县委领导出席会议。会议表决通过海丰县推荐市出席省第十二次党代会代表候选人人选。

12月17日，中国共产党海丰县第十一届委员会第四次全体会议在县迎宾楼召开。全会深入学习宣传贯彻党的十九大精神，审议通过《中共海丰县委关于持续深入学习宣传贯彻党的十九大精神推动习近平新时代中国特色社会主义思想在海丰落地生根结出丰硕成果的决定》和《中国共产党海丰县第十一届委员会第四次全体会议决议》。

【县委理论学习中心组（扩大）学习会】 5月9日下午，学习贯彻习近平总书记重要批示精神宣讲报告会在县迎宾楼会议厅举办，进一步引导全县党员干部深入学习和领悟习近平总书记重要批示的重大意义和精神实质。县委书记邱晋雄主持报告会；市委宣讲团成员杨敏文作宣讲报告；刘英剑、林建隆等县领导出席宣讲报告会。

5月25日下午，省委宣讲团到海丰县海城镇举办习近平总书记重要批示精神宣讲报告会，来自中山大学、华南理工大学、暨南大学的3位专家教授讲授宣讲报告。海城镇干部职工、村（社区）干部、教师学生和部分群众代表共300多人参与听讲。

7月20日，海丰县举办学习贯彻省第二次党代会精神宣讲报告会，邀请市委宣讲团成员、市科技局副局长杨敏文作题为“学报告、谋发展、如期建成全面小康社会”的宣讲报告，县委书记邱晋雄主持宣讲会。

11月29日上午，市委宣讲团党的十九大精神宣讲报告会暨海丰县领导干部学习贯彻党的十九大精神专题研讨班在海丰影剧院举行。县委副书记、县长郑俊雄出席开班仪式并作动员讲话。县委副书记、政法委书记林建隆主持会议。县四套班子领导、县处级干部、县纪委副书记、县直（含驻海）副科级以上单位正股职以上干部参加专题研讨班并认真聆听报告。

【全县领导干部会议】 3月6日上午，海丰县召开全县领导干部大会。市委副书记、政法委书记陈少荣作讲话。市委常委、组织部部长苏茂荣宣读省委、市委关于海丰县委主要领导调整任命的决定，邱晋雄任中共海丰县委书记、常委、委员职务。副市长林少文主持大会并发表离职感言。

8月25日，海丰县召开全县领导干部大会。大会专题传达学习8月21日省委、省政府在汕尾召开的粤东西北协调发展暨产业共建工作现场会议精神以及8月23日全市领导干部大会精神，部署海丰县贯彻落实工作。

【县委常委扩大会议】 3月17上午，县委书记邱晋雄主持召开县委常委（扩大）会议。郑俊雄、刘剑平、刘英剑、林建隆等县四套班子成员以及县委办、县人大办、县政府办、县政协办正副主任以及县直相关部门负责人参加会议。会议调整县委常委分工、县领导挂驻镇（场、经济开发区）工作安排、审议县政府有关报告事项等。

4月8日上午，县委书记邱晋雄在县委五楼会议室主持召开县委常委（扩大）会议。县人大常委会主任刘剑平，县政协主席刘英剑，县委副书记、政法委书记林建隆等领导出席会议。会议讨论研究《2017年全县村（社区）“两委”换届选举工作实施意见》《关于成立全县村（社区）“两委”换届选举工作领导小组》；讨论研究召开全县社会治安重点整治暨禁毒斗争攻坚誓师大会相关问题；讨论审议《县禁毒工作责任追究暂行办法》《县打击非法枪支专项行动问责办法（办法）》《县禁赌工作责任追究实施办法》等。

4月10日晚，县委书记邱晋雄主持召开县委常委（扩大）会议，传达贯彻学习中央政治局委员、省委书记胡春华到汕尾调研时的重要讲话精神和市委常委（扩大）会议精神，研究贯彻落实意见。郑俊雄、刘剑平、刘英剑、林建隆等县四套班子成员以及县委办、县政府办正副主任、各镇（场）党委书记，县直相关单位负责人等参加会议。

4月14日下午，县委书记邱晋雄主持召开县委常委（扩大）会议，专题学习《中共广东省委关于认真学习宣传贯彻习近平总书记重要批示精神的通知》和市委常委（扩大）会议精神，研究部署贯彻落实意见。强调要深入学习贯彻习近平总书记重要批示精神，以此为总纲，奋力把海丰各项建设和事业推上新台阶。

5月31日，县委书记邱晋雄主持召开县委常委（扩大）会议，学习贯彻省十二次党代会精神。郑俊雄、刘剑平、刘英剑、林建隆等县四套班子成员以及县委办、县政府办负责人等参加会议。

7月17日上午，县委书记邱晋雄在县委会议室主持召开常委（扩大）会议，传达贯彻市委书记石奇珠在海丰调研时的讲话精神，强调全县各地以调研讲话精神为动力，采取超常规措施，全力加快推进经济发展。郑俊雄、刘剑平、林建隆等县领导出席会议。

9月8日下午，县委书记邱晋雄主持召开县委常委（扩大）会，学习《中国共产党巡视工作条例》《关于市县党委建立巡察制度的意见》《被巡视党组织配合中央巡视工作规定》、胡春华在省委十二届第9次常委会议上关于巡视工作的有关讲话精神等。郑俊雄、刘剑平、刘英剑、林建隆等县四套班子成员以及县委办、县政府办、县纪委等相关部门负责人参加会议。

9月21日，县委书记邱晋雄在县委会议室主持召开县委常委（扩大）会议，讨论研究县生态科技产业园扶贫项目旅游公寓设计方案；传达省委组织部主要领导在海丰县调研时的讲话精神；组织学习省委第十二次党代会关于依法治县工作的精神等。郑俊雄、刘剑平、林建隆等县领导以及县委办、县政府办正副主任和县直相关部门负责人参加会议。

11月9日上午，县委书记邱晋雄主持召开县委常委（扩大）会议，传达学习贯彻胡春华、李希、马兴瑞在广东省领导干部会议上的讲话精神。县长郑俊雄、县人大常委会主任刘剑平、县政协主席刘英剑、县委副书记林建隆等出席会议。

12月7日上午，受县委书记邱晋雄委托，县长郑俊雄主持召开县委常委（扩大）会议，传达学习省委十二届二次全会精神和市委七届四次全会精神。会议要求各级各部门要按照省委、市委全会的工作部署，坚持再动员、再学习、再加温、再部署、再推动，全力确保党的十九大精神在海丰落地生根、结出丰硕成果。县人大常委会主任刘剑平、县政协主席刘英剑、县委副书记、政法委书记林建隆等出席会议。

12月11日上午，受县委书记邱晋雄委托，县长郑俊雄主持召开县委常委（扩大）会议，传达中央、省、市领导对公平镇“12·9”火灾事故的批示及全省消防安全生产工作进行再动员再部署。县人大常委会主任刘剑平，县政协主席刘英剑，县委副书记、政法委书记林建隆等领导参加会议。

12月18日晚，县委书记邱晋雄主持召开县委常委（扩大）会议。县委副书记、县长郑俊雄，县人大常委会主任刘剑平，县政协主席刘英剑，县委副书记、县委政法委书记林建隆等县四套班子成员以及相关部门负责人出席会议。

重大决策

【推进改革创新】 一是深入推进供给侧结构性改革。围绕“三去一降一补”行动方案，继续稳妥出清“僵尸企业”，全面清理取缔地下电镀、漂染等环保违法企业，加快淘汰落后产能；落实房地产调控政策，促进房地产市场健康发展；加强金融监管，积极防范地方债务风险；落实各项税费减免政策，推进电力、流通等领域改革，降低企业交易、财务、物流等成本，促进企业降本增效。二是深入推进基础性关键性改革。深化行政审批制度改革，全面完成行政许可标准化建设。继续推广“一门式一网式”政府服务模式，充分发挥县政务服务中心效能。继续推进商事制度改革，推进企业“多证合一”。全面深化社会管理体制改革，完善社会保障体系，深化教育、卫生、科技、文化等社会事业改革。继续推进营改增改革和国资国企、产权保护、价格财税金融、养老保险等重要改革。三是深入推进创新驱动发展。继续深化与深圳龙岗的区域协同创新，主动承接深汕特别合作区创新资源的辐射带动和产业链条延伸，争取引进承接10家以上、投资超10亿元以上的企业和项目在海丰县落户。县政府安排科技创新扶持奖励资金2000万元，扶持发展科技企业孵化器、创客空间等，鼓励和引导企业加强科技研发；支持企业申报创新平台20家以上；大力引进高端科技人才和项目，争取发展5家市级以上高新技术企业。通过搭建创新创业与本地资本对接的平台，引导众多根植海丰的社会资本、民营企业走创新创业双重转型之路，构建全县创新型经济格局。

【加快产业共建】 一是狠抓“一城三园”建设。加快生态科技城开发、建设，全面完善一二期基础设施配套，同步推进、完成三期100公顷和四期133.33公顷工业用地的征地、清表、平整；加快建设投资1亿元的海龙投资大厦，打造园区综合服务中心；启动投资2亿元的园区污水处理厂、投资1.2亿元的110千伏变电站等配套设施建设，改造升级海紫公路生态科技城3.5千米路段，打造成为县城又一样板路；进一步优化美化园区环境，力争建设成为省级产业转移工业园示范区。加快三个中心镇产业园区建设，推进总面积3平方千米、首期40万平方米的海丰首饰产业环保集聚园总体规划、征地清表，开展各功能区基础设施建设；启动总面积9平方千米的公平产业园区规划设计，实施首期核心区3平方千米用地的征用、建设；拓展扩大总面积3平方千米的可塘珠宝产业园总体规模，推进首期40万平方米建设用地的规划、征地，同步建设标准化厂房、原材料市场、彩宝博物馆、生活区配套及污水处理等设施，积极引导传统特色产业企业进园入区、集聚发展，打造珠宝首饰产业环保聚集标准化、示范性园区。二是狠抓招商引资工作。全年计划引进利用外资0.43亿美元，比2016年增长10%，力争扭转海丰县利用外资下滑被动局面。继续完善园区投资发展环境，针对该县缺乏“月亮型”项目的短板，加大招商引资力度，通过各种招商方式和渠道，争取到年底引入或承接3个以上、投资10亿元以上的重大项目，以及一批千万元、亿元以上的项目落户园区。对投资1亿元以上、创税500万元以上项目，列入重点项目管理，实行一个项目一名县领导挂钩、一套人马跟踪，包办一切手续，切实做好精准周到服务，确保引一个建一个、建一个成一个，提高引进项目的开工率，拉动全县经济加快振兴发展。三是狠抓园区项目投建投产。落实项目建设领导责任制，全面推行“一条龙、保姆式”服务，制定实施激励奖励办法，力促裸眼3D、直线电机、源丰首饰、龙兴机械等项目于上半年投产出效益，采味轩、同翔纸业、冠龙生物科技、一开电气、和合锂电池等项目于年底前竣工投产，提高战略性新兴产业、先进制造业产值占全县GDP的比重。坚持以招引大项目带动产业大集聚为强有力抓手，加强洽谈、跟踪，推动计划投资48亿元的照明电器产业园顺利引进落户；同步围绕重大项目谋划、布局、上马配套项目，充分发挥项目集群对产业集聚的带动作用，加速新型工业化发展。

【发展现代农业　引领三农工作转型升级】 一是力促农业提质增效。以农业供给侧结构性改革为主线，把增加绿色优质农产品放在突出位置，推动质量兴农；以海丰县沿海、平原、山区农业资源为依托，致力提升优质水稻、优质水果、绿色蔬菜、良种畜禽、健康水产品等五大生产基地发展水平；以标准化、规模化、品牌化产业基地建设为着力点，推进海亮、陆港、中荣、莲苑等特色现代农业产业基地持续发展，打造平东、公平、黄羌等镇现代农业和特色农业标准化示范区，推动完善梅陇、联安省级现代粮食示范区及黄江两岸连片6666.67公顷优质稻示范基地建设，全县粮食种植面积保持在34666.67公顷，全年粮食总产量达到18万吨，力保全县粮食供应和安全。以黄羌虎噉金针菜、联安有机米、莲花山云雾茶等特色农产品为基础，推进农产品深加工、精加工，积极培育一批名牌农产品和“三品一标”产品，不断增强农产品市场竞争力，促进农业经济壮大发展。二是加强农田水利设施建设。进一步完善农田水利设施，全面推进中小河流清障、清违、清淤“三清”工程。加大资金投入和建设力度，在年底前全面完成东关联安围和丽江水闸重建、罗斜河首期治理工程，加快推进投资1.2亿元的西溪水闸、1.5亿元的大液河水闸、2亿元的龙津河水系生态环境整治等重大工程，以及中小河流综合治理工程建设；推进公平、梅陇、青年、红花地“四大灌区”改造配套工程，提升农业及城乡防灾减灾能力。三是深化农业农村改革。深入推进农村集体产权制度改革，全面开展农村土地承包经营权确权登记颁证工作，确保年底前完成70%确权任务。完善农村集体“三资”管理服务平台建设，实现县、镇、村三级互联互通。全面推进供销社综合改革，加快农村金融改革创新，继续实施“一事一议”村级公益事业财政奖补，鼓励社会资本投向农村兴办各类事业，提升农村普惠金融“村村通”水平。依法推进村级自治，顺利完成村“两委”换届选举。四是推进特色小镇建设。以加快大湖生态滨海休闲小镇、黄羌林场运动小镇建设为重点，打造一批产业特而强、功能聚而合、形态精而美的特色小镇。以传统特色优势产业为依托，精心谋划、加强引导，打造公平服装、可塘珠宝特色产业镇。以莲花山省级新农村示范片为龙头，挖掘示范片自身特色，打造“生态旅游型”新农村建设典范，辐射带动全县新农村建设；全面推进农村人居环境综合整治，实施63个村庄的乡村美化绿化示范点工程，推动农村生态文明建设，形成一批天蓝、地绿、水净，安居、乐业、增收的“美丽乡村”。

县委办主要工作

【机构人员】 2017年，中共海丰县委内设机构有：秘书股、会务股、综合股、信息股、调研股、督办股、改革股、协调股。直属机构有：县委机要局、县国家保密局。下属机构有县委总值班室。

【综合工作】 2017年，县委办综合股圆满完成县委领导交办的各项工作任务。一是致力于提高服务水平，发挥助手作用。坚持服务于县委大型会议，参与起草领导讲话。认真搜集整理全县经济社会发展情况，积极思考，努力创新，撰写县委十一届四次全会、学习宣传贯彻党的十九大精神大会、纪念海陆丰苏维埃政权建立90周年活动等近117个重要会议和活动上的讲话材料。坚持服务于县委日常活动，收集各方面材料。注重平时搜集各方面的资料，并加强与县直各职能部门联系，掌握全县经济建设、社会发展和重大事件等方面情况，为写材料积累素材。随时为领导收集、整理各种所需资料，为领导决策提供可靠依据。坚持围绕县委办各项任务，切实提高文字水平。认真履行完成县委工作报告、会议材料及领导交办的其他文字工作的工作职责，强化文字基本功训练，不断提高综合材料的准确性、全面性和针对性。二是致力于深入联系实际，发挥参谋作用。深入基层，积极参与县委、县政府的重大决策的落实，为领导出台政策提供重要依据。积极参与相关工作现场会，摸清全县工业、农业、旅游业、服务业等发展现状、外部环境及与发达地区的差距，为县委出台加快产业发展、招商引资政策、农产品种植政策和旅游业发展政策提供参考。同时，围绕全县经济工作大局，及时掌握和发现经济和社会发展中的新情况、新事物、新经验，总结推广对经济建设做出重要贡献的先进典型和先进经验。三是致力于服从全局需要，发挥协同作战。服从大局需要，积极参与县委布置的其他工作。服从县委办统一安排，充分发挥协同作战，和其他股室、部门一起完成各项任务。

【督查督办】 2017年，督办部门在县委和办公室的领导及市委督查主管部门的指导下，围绕上级及本级党委决策部署、县委主要领导重要批示指示要求，充分发挥检查督促、抓落实的职能作用，对重大决策部署重点督查、领导批示要求高效督查、目标任务安排分解督查、重点工作项目跟踪督查、阶段工作事项专项督查，取得成效。一是围绕中心，高标准督促决策部署落实。先后对贯彻学习党的十八届历次全会特别是党的十九大和市委全会等会议精神、中央八项规定、“创文”“创卫”、安全生产、森林防火等中心任务，以及上级领导对海丰县的批示精神落实情况进行专项跟踪督查，向上级领导专报督查情况超过30期，如：《清明节期间森林防火工作督查情况》《海丰县非法机砖厂专项整治工作情况报告》《海丰县贯彻落实全市教育工作会议精神的情况报告》等。从办理、跟踪、督查都坚持程序、确保质量、及时办结、按时上报，做到件件有回音，事事有落实。紧紧围绕本级党委工作大事抓督查、促落实。围绕县委全会、县委常委会议和县“两会”安排部署的各项目标任务和中心工作，及时制定专项督查任务分解方案，下发专项督查和跟踪督查的督促办理通知，对涉及有关的县直部门和乡镇进行任务量化、工作细化、立项分解、分项督办、重点督促、全面督查，认真整理和归纳责任单位反馈的落实进展情况，针对存在的困难问题等提出具体督查建议和整改措施，形成《督查专报》。2017年，共开展各类督查超过200场次，发出《督办通知》《督办通知书》及相关工作督查通知8期，并向上级和本级党委及主要领导专报相关督查情况超过40期。围绕县委主要领导批示指示要求抓督查、促落实。对县委主要领导亲自抓的各项工作，真正做到件件有督查、事事出结果；对领导要求落实的事项，通过狠抓决策督查和专项查办力求出结果、出效果。如围绕县委中心工作部署及县委主要领导的指示，通过实地察看、召开座谈会听取汇报等形式，对梅陇镇中心卫生院升级、县妇幼保健院新院建设、县中医医院改扩建、县疾病预防控制中心业务检验楼建设等医疗卫生重点项目建设情况进行专项督查，并下发《海丰县部分重点建设项目（医疗卫生）督查情况通报》等专项督查通报8期。二是服务大局，高质量完成各项中心任务。进一步树立起整体观念和团结协作、密切配合、共同前进的团队精神，协助做好全县各项中心工作。2017年，牵头或参与贯彻落实党的十九大精神、“创文”“创卫”、森林防火、禁毒、安全生产等中心工作的督查行动超100场次。如12月，公平镇发生“12·9”火灾事件后，督办部门全程参与落实全县各地安全生产督查工作，对各责任单位、各商户落实消防安全进行逐条逐项督查，并形成督查情况报告报县领导。同时，多次参与材料撰写，全年共撰写领导讲话等材料150多篇。三是心系群众，高效率协调回应网络问政事项。针对许多群众通过网络问政的平台参与问政议政，但有很多网络舆论热点仅因为基层单位回复不及时而引发的情况，不断总结吸取经验，在处理网络舆情工作上与时俱进，把握网络舆情的时效性，做到接到领导批示后，立即转发到相关职能部门进行调查处理（一般5个工作日内）。对没有及时回复的部门及时电话督促；对敏感性强、涉及面广的舆情，开展实地调查，了解事件真实情况，及时上报县委主要领导审定后由县网信中心在网上回复网友。

【调查研究】 2017年，县委办调研股坚持围绕中心、服务大局开展调研工作，围绕县委领导关注的重大事项和热点问题，深入农村基层和企业调查研究，全面了解海丰经济社会发展动态，掌握第一手素材，着力提高决策参谋和政策咨询水平，发挥较好的参谋助手作用。同时，高度重视省、市安排的调研、联系点工作任务，协调配合，顺利完成领导安排的各项工作任务。一是抓紧协调配合上级调研活动工作。积极做好上级领导和有关部门到海丰开展调研工作的协调配合以及其他相关筹备工作。协调配合省、市及其他地级市（县、区）分别开展传统优势产业转型升级、农村普惠“村村通”试点督察评估、特色农业产业、省委政研室赴海丰县开展体验式教育活动、革命老区建设、乡村振兴战略下的农村基层治理问题等为专题的调研活动共计10余次，组织召开专题调研座谈会8场次。在开展实地走访调研过程中，通过实地调研、发放调查问卷、发放征求意见表、召开座谈会以及与干部、群众、企业代表深入交流、访谈等形式，做到在一线了解情况、在一线收集材料，在一线发现问题，为有关专家和上级部门替海丰工作把脉、开方，为海丰各项事业在发展中如何推进转型升级、实现新一轮发展提出具有前瞻性、科学性和可操作性的建议和思路。二是抓牢起草、撰写县委主要领导重要会议材料工作。在配合省市有关部门以及县委领导充分开展调查研究工作的基础上，积极主动承担县委中心工作、县决策性文稿和重大会议上县委主要领导讲话材料的起草工作。特别是认真参与起草县委第十一届四次全会一系列材料的起草工作，努力服务推进全会顺利召开。三是抓好学习提高理论素质和业务能力。坚持贯彻“工作学习化、学习工作化”理念，真正落实在工作中得学习提高，在学习中推动工作实践，更好地推进学与干的有机统一。认真学习《广东调研》《汕尾调研》等书籍材料，从中学习了解各地调研工作开展中好的经验做法和有关调研报告的写作素材，进一步提高调研部门工作人员业务水平，更好地服务县委工作。

【信息报送】 2017年，县委办信息股在县委办领导和上级信息部门的领导和指导下，深入学习贯彻习近平新时代中国特色社会主义思想和党的十九大精神、习近平总书记重要讲话精神，加强党委信息工作，及时、准确、全面地为领导和上级党委提供情况和决策依据，发挥信息工作的参谋助手作用。全年向市委办信息科报送信息60条，其中2条紧急信息（较大交通安全事故），向省委办公厅信息综合室报送信息36条，全年信息工作取得较好成效。一是着力加大报送力度，报送瓶颈有所突破。通过电视、新闻、微信、报纸多渠道关注本地时事热点挖掘、获取信息点，加强与综合、调研以及其他材料撰写部门的联动收集基础材料，筛选加工，整合报送，坚持多报信息、报好信息。全年报送数量在全市排名靠前，报送质量也有所提高。二是着力延伸信息触点，信息畅通有所突破。通过勤联系、常提醒、压任务等方式，有效推动基层各单位信息报送，全县6个市委办信息直报点都积极向上级报送信息；三是着力拓宽报送维度，报送内容有所突破。除了报送海丰本地信息之外，还尝试报送具有辅政性、全局性的信息，如海丰县报送的《基层反映农村淘宝存在问题及对策建议》就是立足海丰实际，放眼全局提出有针对性的对策建议。

（林望）

附：2017年中共海丰县委办公室领导名录

主　任：叶胜勇

副主任：黄宽铭（7月起任）

彭轶翔

陈智钥（1月起任）

刘锦琪（10月起任）

陈建东（任至7月）

陈若龙（任至3月）

组织工作

【概况】 2017年，海丰县委组织部全面深入贯彻党的十九大精神和习近平总书记系列重要讲话精神，深入贯彻落实全国和省市组织部长会议精神，以习近平新时代中国特色社会主义思想为统领，以坚持党要管党、从严治党为主线，以推进领导班子和干部队伍、基层组织、人才队伍、组织部门自身四项建设为抓手，对全县组织工作认真谋划、精心部署、狠抓落实，不断开创海丰组织工作新局面，为海丰经济社会振兴发展提供坚强的组织保证。

【机构人员】 2017年，县委组织部内设秘书股、组织股、干部一股、干部二股、干部监督股、调查研究室、人才股、党代表联络室、电化教育股9个股室。有机关编制27名，在编公务员23人。

【党组织和党员情况】 2017年，全县共有基层党组织937个，其中党委23个，党总支34个，党支部880个。全县共有党员28668名，其中女党员5924名，45岁以下党员12258名，高中（中专）以上学历党员19172名，农村党员12168名。

【新农村示范村和基层党建“两个示范”创建工作】 2017年，以附城镇新山村和联安镇坡平村2个“红色村”为试点，依托各自独特的红色资源，把红色因素纳入新农村建设规划，分别对革命遗址旧址进行维护、修缮，并把红色元素连线成片、科学规划、精细打造，推动红色文化和新农村示范村创建融合发展。在确定附城镇新山村、联安镇坡平村等2个红色村的基础上，通过筛选，把可塘镇仓前村、平东镇大塘村、陶河镇下边村、梅陇镇永红村等4条贫困村，共6条贫困村作为创建新农村示范村先行点，坚持以示范先行，以点带面，全面启动、铺开贫困村“三清三拆”及项目设计、建设工作。截至2017年底，全县42条贫困村、189个自然村已清理村巷道、公共场所、房前屋后杂物10.95万吨，清理沟渠约2.3万米，拆除危旧房4794间，拆除露天厕所、禽舍6000多间，清除垃圾点、污水点200多处，清理违章建筑553间，全面完成贫困村面上的清拆任务，为圆满完成贫困村“两个示范”创建各项任务，打下坚实基础。

【开展“两学一做”学习教育工作】 制定、出台《关于推进“两学一做”学习教育常态化制度化的实施方案》《关于进一步规范农村基层党组织生活的意见》等一系列方案制度，并通过召开“两学一做”学习教育常态化、制度化工作推进会、座谈会，对全县学习教育进行再安排、再部署、再推进；坚持以上率下，制定《县委常委带头参加学习教育安排意见》《学习教育计划安排表》，实行领导干部带头进支部、讲党课，带头下基层、抓党建，分别到所在支部和农村等基层联系点讲党课。2017年，各级党组织书记讲党课合计714场次，参加党员合计14300多名；立足海丰作为革命老区独具特色的“红色”资源，创新“两学一做”学习教育载体和形式，通过开展主题党日活动，组织县四套班子成员、各地各单位主要负责人，以及全县900多个基层党组织2.8万名基层党员，到红宫红场过党日，接受主题党性教育。积极参与由省委组织部组织的全省党员考学工作，全县2.8万名党员参加党章党规知识测试。

【推行基层党组织书记“双述双评”】 2017年11月22日，县委组织部下发《关于做好2017年度基层党建述职评议考核工作的通知》（海组通〔2017〕140号），明确述职内容，要求述职对象在起草述职报告前，深入基层、深入群众，通过座谈走访、发放征求意见函等形式，征求党员群众的意见和建议，认真梳理存在的问题。县委组织部对“双述双评”

的每个环节都明确要求，把好述职过程“五关”（即把好述职关、把好点评关、把好评议关、把好整改关、把好反馈关），使述评工作有条不紊地推进，确保让党员群众满意。

【加强党建引领扶贫攻坚工作】 坚持把基层党建与民生发展紧密结合起来，以精准扶贫、精准脱贫为重点，做到以党建工作助推民生发展，以民生实效检验党建成果。不断加大对党建促脱贫工作的指导力度，由市派出42名扶贫“第一书记”挂驻海丰县各贫困村，各地各单位选派678名驻村党员干部和5000多名挂钩党员干部，配合市委组织部开展42个省定贫困村“两委”干部培训工作，同时开展省定贫困村2000多名普通党员的培训工作，使省定贫困村党员干部熟知政策、上下一心，投入脱贫攻坚战中。以附城镇新山村、联安镇坡平村为示范点，推行省定贫困村红色村建设。围绕省委主要领导提出的“让贫困村由‘后队’变‘前队’”的指示精神，全县42个贫困村、202个自然村的“三清三拆三整治”工作迅速铺开、形成热潮，通过以点带面、示范带动，全力助推精准扶贫、精准脱贫工作。

【举办全县村（社区）党组织书记、村（居）委会主任培训】 5月底，县委组织部印发《关于印发〈海丰县2017年村（社区）“两委”干部培训工作方案〉的通知》（海组通〔2017〕42号），由县委组织部联合县检察院、县财政局、县民政局、县司法局等部门开展村（社区）“两委”正职培训班，全县279个村（社区）党组织书记、村（居）会主任，各镇党委抓党建工作副书记和组织委员共350多人参加培训。该次培训突出党建理论与实务培训、课堂教学与基地教育相结合，邀请律师事务所、检察院、财政局等单位专业人员或部门负责人分别就农村涉土法律、职务犯罪和财务管理等专题进行授课，极大地丰富和充实支部书记、主任的理论和实践水平。同时，将培训课堂搬到红色教育基地、新农村建设示范村，组织新一届村（社区）党支部书记到红宫红场彭湃烈士的雕像前进行集体重温入党誓词，进一步加强党性教育，强化党的宗旨意识，有效提升村（社区）党支部书记、主任队伍的能力素质。

【干部管理与监督工作】 2017年，县委组织部以贯彻执行《党政领导干部选拔任用工作条例》为抓手，积极配合县委做好县管干部调整工作，调优配强领导班子和干部队伍。严格遵守干部选拔任用工作程序和要求，严格落实“凡提四必”，认真把好动议关、推荐关、考察关、讨论关、任职关，继续抓好各项干部管理措施的贯彻落实，健全和完善科级的选拔任用程序。根据不同职位的特点要求，从身份、年龄、学历、政治面貌、工作时间、工作经历、专业特长等方面确定具体条件，力求选拔的干部适应岗位要求。不断抓好各项干部管理措施的贯彻落实，健全和完善科级的选拔任用程序，注重对女干部、党外干部、专业化干部的选拔培养，全年共调整使用干部192人次，其中提拔使用115人，不断优化各级领导班子的素质结构。

从严监督管理干部，积极落实领导干部个人重大事项报告制度和抓好全县干部个人有关事项档案整理工作，协助市委组织部顺利完成全县39位处级干部领导干部个人有关事项填报工作，并将全县正股级以上约1223名干部个人有关事项材料进行整理归档；进一步加强和规范干部因私出国（境）管理工作，对3位出境后超时间不及时报告出国（境）情况和没有及时将证件统一归组织部门管理的科级干部进行谈话提醒；进一步加强对干部选拔任用工作的管理监督，认真贯彻落实中央《党委（党组）讨论决定干部任免事项守则》和省委办公厅《关于防止干部“带病提拔”的实施意见》等文件精神；不断完善信件、电话、网络、短信“四位一体”的综合举报平台，利用“12380”举报平台，及时受理各种举报受理平台的信息，2017年共收到各类信件15件，已调查落实12件，受理“12380”来电21次。

【干部培训与人才队伍建设】 坚持把党的十八大、十九大精神和习近平总书记系列重要讲话精神作为干部教育培训的指导思想和办学导向，结合全县实际制定《海丰县2017年干部培训计划》，分层次分批次对全县干部进行理论和业务培训。除在县委党校主办主体培训班次以外，还充分利用红宫红场、彭湃故居、革命烈士纪念馆等红色教育基地开展现场教育活动。2017年，在县委党校举办主体培训班次4期200多人次，其他培训班次15期培训4000多人次；完成中央、省、市调训任务12人期次，有131人次参加中央、省、市有关培训学习；联合县人社局举办全县公务员全员培训班10期共2600多人参加。

坚持党管人才工作原则，充分发挥组织部门牵头抓总的作用，继续完善实施《海丰县珠宝首饰产业人才引进培养计划》，通过整合教育资源、建设人才实训基地、开设特色培训班和吸引高端人才进驻“传帮带”等有效措施，广泛凝聚行业人才，切实提升产业人才整体素质，为珠宝首饰产业转型升级储备数量充足、素质过硬的专业人才。针对海丰县珠宝首饰行业发展现状及生产加工领域的实际需求，多渠道、多层次、多形式地开展技能普及培训、岗位技能提升培训和创业技能培训，分别依托汕尾珠宝实验室开展“国内流行玉石鉴赏”“可塘市场常见宝石的鉴定”等内容专业培训，依托隆信培训中心开展“好花件（翡翠）的标准”“如何购买翡翠石料”等内容专业培训。至年底，培训人员已超过300人次。依托人才驿站建设，深化引才育才平台，人才驿站积极开展决策咨询、学术交流、和人才培训等活动，其中海丰县医疗卫生人才驿站组织医疗人员外出学习100多人次，开展下乡义诊、联合会诊、学术讲座等活动30余场次；海丰县农业科技人才驿站聘请多名农业专家为常年顾问、客座教授或培训讲师，组织开展农村实用技术培训等。

（吴庭松）

附：2017年中共海丰县委组织部领导名录

部　长：陈紫光（任至9月）

吴城池（9月起任）

副部长：吕　娜（女）　罗木群　张文亮

周军裕（7月起任）

宣传工作

【概况】 2017年，海丰县委宣传部认真学习贯彻习近平新时代中国特色社会主义思想和党的十九大精神，自觉增强政治意识、大局意识、责任意识和阵地意识，紧紧围绕市委、县委的工作部署，紧抓中心任务、服务工作大局，牢牢把握正确的舆论导向，突出正面宣传，在理论学习、文明创建、舆情监控、举办文化活动、丰富群众文化生活、加强干部队伍建设等方面有新的更大成效，开创了全县宣传思想文化工作新局。

【机构人员】 中共海丰县委宣传部为党委工作部门。根据工作职责，县委宣传部内设4个机构：秘书股、理论股、宣传股（加挂互联网信息管理股）、干部股。挂县社会主义精神文明建设委员会办公室牌子为县文明委的办事机构。县委宣传部机关行政编制10名，其中部长1名、副部长3名、股长5名。机关使用事业编制3名，其中县社会主义精神文明建设委员会办公室定机关事业编制3名、后勤服务人员2名、离退休人员11名。属下有机关事业单位2个，分别是海丰县互联网信息中心（正股级，事业编制4名），海丰县海丰报社（正股级，事业编制9名）。

【理论武装】 2017年，县委理论学习中心组召开党的十九大精神集中学习会和扩大学习会8场次；全县乡镇及各单位党委（党组）召开中心组学习会200多场次。印发《中共海丰县委宣传部关于全县科级以上党委（党组）中心组2017年理论学习的意见》，并制定《2017年（3~12月）海丰县委中心组理论学习计划安排表》。按照部署，县委理论学习中心组全年共召开学习会20场次。县委常委、宣传部部长为十九大精神宣讲团团长赴全县各地各单位各村（社区），到田间地头、厂房教室等地方进行宣讲。组织宣讲团到全县各地各单位进行党的十九大精神理论宣讲38场次。组织全县各地各单位订阅《党的十九大报告学习辅导百问》《习近平谈治国理政》等学习辅导书籍3万多册。

【舆论宣传】 通过“短平快”准确快速应对重大突发网络舆情事件，成功处理多起突发事件。如在应对12月9日公平镇日兴社区重大火灾突发事件时，县网信中心迅速反应，采取“短平快”方式，安排专人不间断关注相关网络舆情动态，并快速在海丰县人民政府网站、官方微信公众平台“海丰宣传”和“平安海丰”等发布相关通报，及时释疑解惑，有效控制并正确引导该起重大突发事件的舆情走向，避免广大不明真相的网友以讹传讹，影响社会稳定和谐。还有“赤石乡赤石村森林火灾”“抗洪抢险网络谣言”等网络舆情。以“短平快”的处理方式，将涉海舆论、网络舆情遏制在萌芽阶段，有效阻止负面舆情的发酵和扩散。“海丰宣传”微信公众号以电子形式上报的网络舆情计1400多条；舆情周报共计48期，舆情月报共计11期；“广播电视台”微信公众号推出信息1800多条，制作播出宣传标语87条。“海丰报道”微信公众号共发送300多篇图文信息，累计阅读量9万多人次。县广电台共播出各类电视新闻报道4398条，制作专题节目144期。2017年，海丰报社共编辑出版《海丰》报46期，刊载新闻稿件、副刊作品1000余篇120余万字，刊载各类新闻图片180余幅，加大向中央、省市级媒体的投稿力度，在市级以上媒体刊登稿件300余篇。配合中央、省市主流媒体到海丰县开展采访报道活动，包括省电视台开展的“南粤星火路”采访活动，以及《国家地理杂志》、海南三沙卫视到海丰县的采风活动，推介海丰县“红、蓝、绿、古、金”旅游资源，展现海丰稳定、和谐、美丽的社会发展画卷。

【文化艺术】 2017年，海丰县委宣传部成功举办大型美术展《奔向海陆丰》、西秦大戏《马援伏波》、舞蹈专场《舞动海丰·共创文明》以及《平安海丰·文明家园》《庆祝苏维埃政权建立90周年》《新年音乐汇演》等主题晚会，还首次举办大型中秋晚会《红城花开月正圆》及“春节民间艺术活动”、纪念中国共产党成立96周年海丰县直属机关书画展等一系列大型主题纪念活动。组织举办中国音乐教育一代宗师陈洪诞辰110周年纪念活动，邀请中央音乐学院、广东音乐学研究所、星海音乐学院等国内众多专家学者和陈洪的亲属到海丰参观陈洪图片展并出席学术研讨会，追述陈洪音乐事业所取得的成就，共叙爱国爱乐爱乡之情。先后成立县音乐家协会、县舞蹈家协会、县摄影家协会等协会，打造一批诸如画作《支援苏维埃》、歌曲《海丰请你来》《印象海丰》《擂咸茶》等优秀作品，培育一批优秀本土创作人才。西秦戏原创剧目《马援伏波》作为全市唯一进入第十三届广东省文化艺术节决赛剧目，在省文化节大幅度压缩奖项的情况下依然获得剧目二等奖，主演吕维平获得优秀表演奖。

【文化体制改革】 县文改领导小组按照上级部署要求，积极采取有效措施，大力推进各项工作进度，取得较好成效。在全市率先完成县新华书店改制重组任务，成功转制为广东新华发行集团海丰新华书店有限公司。已完成县广电台改革重组工作。完成县西秦、白字2个剧团的改制工作，分别成立艺术传承中心，加挂剧团牌子。全面理顺各乡镇文化站、广电站人员的归属问题。完成县影剧院总体建设，正常投入使用。

【思想道德建设】 举办多场次高规格、高质量的“道德讲堂”现场会，参加现场观摩单位近100个，参加活动人数超3000人次，邀请海丰道德模范、学雷锋标兵、广东好人等身边人“讲身边事”，促进市民文明素质的提升；红宫红场解说员罗晓梅荣获2017年度全国“未成年人思想道德建设工作先进工作者”荣誉称号，先后受到习近平总书记和省委书记李希亲切接见；海丰县广播电视台、汕尾市国有黄羌林场荣获2017年度广东省文明单位；海丰红宫红场旧址纪念馆荣获第五届全国文明单位；梅陇籍健身俱乐部经营者叶国义见义勇为，荣获“广东好人”称号。

【全县宣传思想文化工作会议】 2月16日下午，全县宣传思想文化工作会议在县政府迎宾楼召开，会议传达学习省、市宣传部长工作会议主要精神，总结2016年全县宣传思想文化工作，部署2017年工作。会议要求全县宣传思想文化战线要认真贯彻落实中央和省委、市委、县委的决策部署，以坚定的政治信念，正确的纪律意识，良好的工作作风和精湛的业务水平，为推动全县新一轮大发展、全面建成小康社会作出新的更大贡献。会议强调，全县宣传思想文化战线要全面落实意识形态工作，加强舆情分析研判处置和阵地管理，牢牢掌握意识形态工作主导权。要主动作为敢于担当，大力宣传全县经济社会发展各领域的好经验好做法，传播时代强音，传递社会正能量。要全力做好宣传思想文化工作，坚持党管意识形态、党管干部、党管人才，加快建设一支政治坚定、眼界宽广、业务精湛、纪律严明、作风过硬的宣传人才队伍。

【“两学一做”学习教育宣传】 2017年，县委宣传部组织人员参加县纪委组织的“廉洁火炬杯”知识竞赛活动，通过参加比赛加强部人员对党员干部《廉洁自律准则》的学习。派员参加以“讲政治、强党性、严纪律、守规矩”为主题纪律教育学习月活动演讲比赛。结合“两学一做”专题，持续推进部党建工作，夯实基础，加强党员教育管理服务，在新时代以新气象新作为提升组织力。

【文明创建】 2017年，海丰县获得“广东省县级文明城市提名城市”称号。以县委书记任组长，县长、副书记任副组长，县党政班子成员为成员的领导小组。县创文办负起责任，协调组织全县城乡环境整治测评组、曝光暗访组、工作督导组，以“评、曝、促”推进创文工作，共开展测评排名、暗访曝光、督导活动28轮次，城乡环境测评最落后的镇（场）在县电视台作公开检讨38人次，县纪委强化创文工作问责，全年共问责139人。在全市24轮测评排名中，海丰排名靠前，其中8次镇（场）排名中，进入前十名的占一半以上。拆除违章建筑1800多处，其中成功爆破拆除1处违建8层建筑，查封2处18层违章建筑，拆除鹅埠镇30多座在建建筑物，有效震慑违建歪风，开创全市拆违先河；开展户外广告整治行动，彻底拆除县城24个存在近20年、饱受群众诟病的大型龙门广告架；强力取缔非法红砖厂18家，总面积近2万平方米，厂址实现全面复绿；投入1500多万元升级改造农贸市场57家；开展主干道周边环境整治，取缔无照经营土、沙、石场及废品站、石材厂39家；坚持教育、引导、惩戒措施相结合，开展交通整治近200场次，交通秩序明显好转；持续开展城市牛皮癣整治、校园周边环境整治、“三线”整治等400多场（次），干净、整洁、有序的城乡环境逐步形成。全县51支志愿服务队伍3万多名志愿者，足迹遍布城乡的大街小巷，全年参与卫生清理、礼仪宣传、宣誓签名、巡回宣讲、帮扶孤寡、交通协管等82个活动，总服务时长1.2万多个小时。以核心价值观、传统文化、文明礼仪等为主题，利用临街墙体制作图文并茂的墙体宣传广告近25万平方米。

【纪念海陆丰苏维埃政权建立90周年系列活动】 11月21日，经省委、省政府同意，汕尾市委、市政府与省委党史研究室联合在海丰县举行纪念海陆丰苏维埃政权建立90周年座谈会，深切缅怀彭湃等老一辈革命先烈的丰功伟绩，重温海陆丰革命斗争的光辉历程，激励全市干部群众不忘初心，牢记使命，共铸新时代革命老区新辉煌，以实际行动践行习近平新时代中国特色社会主义思想，将革命先辈奋斗追求的中华民族复兴大业不断推向前进。举行“红色坐标·海陆丰1927”文艺晚会、《为理想奋斗的彭湃一家》首发暨赠书仪式以及“红土地·新风采”推介会和摄影开幕式等系列纪念活动，并邀请《南方日报》《香港商报》、省电视台、新华网等省内外、本地20多家媒体网站到海丰采访报道，其中《南方日报》作整版专题报道，全面深入宣传、挖掘海陆丰苏维埃政权建立对全国革命重大贡献和海陆丰人民在革命中作出的巨大牺牲，提升彭湃故里——海陆丰革命老区的知名度，并唤起全社会共同关注、支持、帮助革命老区振兴发展。

（黄武海）

附：2017年中共海丰县委宣传部领导名录

部　长：卓江广（任至2月）
　　　　余德聪（2月起任）
副部长：谢立群
　　　　罗晓华
　　　　赖新怀（任至4月）
　　　　余作明（4月起任）
文联主席：黄雄飞
文联副主席：吴华义

县直工委工作

【组织建设】 2017年，海丰县直机关党总支部33个，党支部234个（其中“两新”组织6个），党员5900多人。全年吸收积极分子54人，确定党员对象57人，吸收预备党员44人，预备党员转正46人。因工作变动、期到届满等因素进行换届选举的党支部有82个，党支部到期换届，是党章的基本要求，更是做好基层工作的组织保障。2017年度县直“两新”组织党建专项经费发放到6个党组织，其中党组织书记补贴21600元，党员活动经费9000元。

【党务检查】 2017年，县直工委对全县部分党总支、党支部进行党务检查，主要是检查贯彻落实中央组织部、省委组织部和市委组织部有关党费收缴、使用和管理文件的情况；发展党员工作情况（主要包括发展党员计划、流程、质量，发展党员工作进展等）；党代表工作室运行情况等；开展党组织和党员基本信息采集工作进展情况；成立党员志愿服务队伍，开展志愿服务活动情况。其中对县地税局的检查情况看，该局在落实“三会一课”制度、会议记录、党费缴交、组织生活等方面都比较满意。

【党务培训】 2017年7月，县直工委联合县委组织部、县委党校举办“全县组织工作业务骨干培训示范班”。组织所属党（总）支部正副书记、组织委员、组织干事100人参加。参加培训人员对新时期党建工作有新的认识，指导所在党组织的工作效率和开展业务的能力也得到提高。10月，为提高党员对象的素质，牢记党的宗旨，增强新党员的使命感和责任感，县直工委组织40名县直机关党员发展对象参加全县新党员培训班。

【举办书画展纪念建党96周年】 7月1日，县直工委在县文化馆一楼举办“不忘初心·树立新风”纪念中国共产党成立96周年海丰县直属机关书画展，共展出作品150幅。参展作者有县直机关干部职工爱好者、省市书画协会会员，还有国家书协、国家美协的高手，是一次规格高、质量好、影响大的书画集会。参展者以高度负责的态度，创作出不少精品力作，出版作品集《不忘初心·树立新风》。该书画展对推动海丰创建“文明”城市产生积极影响。

（柯明文）

附：2017年中共海丰县直属机关工作委员会领导名录

书　记：陈耀平（任至7月）
　　　　陈建东（7月起任）
副书记：谢健民

统战工作

【机构人员】 中共海丰县委统一战线工作部（以下简称县委统战部，挂海丰县外事侨务局牌子）为党委工作部门。中共海丰县委台湾工作办公室（海丰县人民政府台湾事务办公室）、海丰县民族宗教事务局与其合署办公。2017年，县委统战部机关行政编制10名，机关使用事业编制3名（含台湾工作办公室行政编制2名、台湾同胞联谊会行政编制1名、县民族宗教事务局机关使用事业编制3名）。其中部长1名（兼任台办主任），副部长2名（其中1名兼任工商联党组书记、1名兼民族宗教事务局局长），台办副主任1名，股长4名，后勤服务人员数1名。统战部下设人秘股（挂港澳社团工作股牌子）、党派党外知识分子股、经济联络股、民族宗教工作股4个股室。中共海丰县委台湾工作办公室（挂海丰县人民政府台湾事务办公室、海丰县台湾同胞联谊会牌子），负责全县对台工作。海丰县民族宗教事务局负责全县民族宗教工作。县统战部机关有工作人员15名，18个镇（场）党委配有兼职统战委员，海城、鲘门、鹅埠3镇明确专职统战委员。2015年1月，经县编委会同意，中共海丰县委台办属下海丰县台湾渔民事务工作站被列入公益一类事业单位，核定事业编制3人。

【侨务工作】 全面加强对外联谊交流。重点加强与香港海丰商会、澳门海丰商会、马来西亚海陆会馆、香港工联会及其惠州服务中心等社团组织，史丹利等外资企业，惠州、揭阳、潮州和周边县市区外侨部门等兄弟单位的全方位联谊联络沟通，准确了解和掌握外事工作及港澳地区重大经济信息，建立良好关系，有效实现信息互通、资源共享、合作共赢。2016~2017年，举办汕尾市海外华裔青少年（印尼）夏令营活动。通过活动，使东南亚华人后裔加深对祖国的了解，增进对祖国的感情，充分展示祖国博大精深的历史文化和经济社会发展的美好前景。2017年7月，香港国际青年创客城海丰基地正式落户海丰县。该项目前期主要为粤港澳大湾区青年就业创业提供平台和其他服务，项目占地133.33公顷，前期投资约60亿元，计划打造成集电力能源、电子信息、食品加工、纺织服装、金银首饰和海洋水产等产业为一体的产业集群和特色小镇。在继该项目奠基之后的慈善专场晚会上，香港创业青年共捐款108万元用于支持海丰县扶贫济困活动。

【港澳事务】 2017年，县委统战部以“了解情况，广交朋友，宣传政策，协调关系，化解矛盾，争取人心”为主要工作任务，按照“一国两制”方针，香港、澳门《基本法》和党对港澳工作的方针政策，支持、配合香港、澳门特别行政区政府依法施政，为实践“一国两制”服务，保障“一国两制”顺利实施，顺利完成省、市下达的目标任务。2017年1月，协助县委在香港举行乡情通报会，走访在港知名的乡贤、企业家、社团骨干，拜访香港汕尾市同乡总会、香港海丰同乡会、香港海丰商会等爱国同乡社团，与社团领袖促膝谈心，了解社团发展情况，同时对社团工作提出建议。2017年7月，派员赴港参加庆祝香港回归20周年的庆祝活动。2017年，海丰县接待由香港荟志动力协会组织的探索汕尾历史文化暨青年交流团、香港新界离岛八区汕尾参观访问团、香港新界粉岭潮州会馆参观访问团和澳门粤协之友联谊会考察团、香港陆丰同乡会等港澳爱国同乡社团等参访团的观光考察，接待近1000人次。

【台湾事务】 2017年，县委统战部充分利用春节慰问的时机，在走访慰问台胞台商台属的同时，积极宣传党的对台方针政策，并主动深入台资企业了解其生产生活情况，和台属进一步交流沟通，并做好重点台胞台属的联系工作，激发其爱国爱乡热情。6月27日，海丰县接待知名台湾收藏家、中华文化艺术基金会主席许伯夷。据悉，在海丰出生长大的原广州天河区政协副主席徐春平在台湾一次考察途中，偶然发现文天祥《忠孝碑》原碑拓片，并认识拓片主人许伯夷，正是彼此对中华传统文化的共同认知，最终使拓片落户到海丰文天祥公园，成为连接海峡两岸同根同源的文化纽带。11月，接待回乡参加宗亲活动的台湾姜氏宗亲会代表人士，向其详细介绍近年来海丰县的经济社会发展情况。11月中旬，应台湾高雄市潮汕同乡会邀请，县委常委、统战部部长黄岱芬随市台办访问团到台湾开展乡情联谊交流活动，宣传推介家乡的投资环境。在日常的工作中，县委台办还主动关心台商在海丰的经营和生活，助其解决实际困难，及时向台商宣传海丰的投资政策，主动协助政府解决台商的投诉和纠纷。

【民族宗教】 2017年，海丰县有佛教、道教、天主教、基督教四大教，依法批准登记和正在筹备的宗教活动场所67处，全县宗教信众人数约7.8万人。海丰县宗教工作以维护稳定为中心任务，开展四大行动。一是持续深入开展消防安全、施工安全、道路交通安全、食品安全等检查行动；二是开展打击非法宗教行动；三是开展境外宗教渗透整治专项行动；四是开展食品安全监督专项行动。2017年上半年，成功解决公平镇基督教、天主教2宗遗留数十年的教产历史问题，维护宗教领域的稳定。2017年，继续通过开展“同心·助学”等慈善活动，发动全县各宗教团体、宗教活动场所、宗教界热心人士踊跃捐助50多万元，资助家庭经济困难的高中生和新入学大学生，同时积极开展扶贫济困活动，对孤儿、五保户、残疾人员、单亲家庭等弱势群体进行帮扶。海丰县鹅埠镇畲族村是汕尾市唯一的少数民族聚居村。截至2017年11月，红罗畲族村全村有52

户376人。2017年继续争取省级资金支持42万元，用于民族村民俗文化馆建设。2013~2017年共争取中央和省级资金272万元，为特色少数民族村寨建设不断添砖加瓦。

（陈瑞仪）

附：2017年中共海丰县委统一战线工作部领导名录

部　长：黄岱芬

副部长：黄荣鑫

　　　　张锦程

2017年海丰县民族宗教事务局领导名录

局　长：黄荣鑫

2017年中共海丰县委台湾工作办公室（海丰县人民政府台湾事务办公室）领导名录

副主任：马小兰（女）

老干部工作

【机构人员】 中共海丰县委老干部局设人秘股、业务股。局属下事业单位设海丰县老干部活动中心、海丰县县直企业离休干部管理服务中心。2017年，县委老干部局（含下属事业单位）工作人员共15人，其中：行政在职干部7人，参照公务员法管理单位工作人员2人，事业干部3人，机关后勤人员1人，政府雇员2人。

【落实老干部政治待遇】 2017年，县委老干部局牢固树立“四个意识”，在全面从严治党新要求下，加强离退休干部思想政治建设和党组织建设，确保广大老干部始终与党中央保持高度一致。一是深化离退休干部“两学一做”学习教育，不断加强离退休干部“两项建设”。创新离退休干部党支部组织学习和开展活动的方式，完善和落实离退休党员组织生活和党员管理的各项制度，大力支持和鼓励离退休党员在居住地积极参加社区党组织生活和发挥老党员作用。二是组织开展政治理论学习。利用交流谈心、集中学习、送学上门等形式，组织开展政治理论学习，及时向老干部传达学习党的十九大精神，通报中央及省、市有关老干部工作的重要决策部署和海丰县经济社会发展、党的建设等情况。2017年，为全县离退休干部征订《秋光》杂志、《老年报》《退休生活》《养生保健》等学习资料，征订各类报刊共计3000多份。三是规范走访慰问活动。春节、元旦、五一、国庆期间，县委老干部局成立4个慰问小组实行分片包干落实责任，上门走访慰问全县老干部，了解掌握老干部的身体状况和生活情况，认真听取老干部对服务管理工作的意见和建议，帮助解决问题。四是及时探望重病住院老干部。随着老干部进入“双高期”，县委老干部局把探望、慰问重病住院老干部纳入日常化工作，及时把县委、县政府对老干部的关心送到病房和送到老干部家中。2017年到市、县定点医院及老干部家中慰问、探望老干部达100多人次。

【落实老干部生活待遇】 全面落实生活待遇，推动老干部共享改革发展成果。一是及时调整离退休干

2017年10月26日晚，在海丰影剧院举办庆祝党的十九大胜利召开暨海丰县老干部（老年）大学“最美夕阳红”文艺汇演

部离休费待遇。根据国办发〔2016〕62号文件精神，及时增加海丰县离休干部基本离休费，根据组通字〔2017〕37号文件精神，及时提高海丰县离休干部生活不能自理护理费标准，按照粤组通〔2016〕28号文件精神，及时调整海丰县新中国建立前参队参保部分退休干部养老金，及时发放医疗补助。二是不断健全和完善健康医疗保障机制。组织海丰县离休干部和老五套退休领导进行身体检查。对生活不能自理离休干部设立家庭病床，开通绿色医疗通道，由专门医疗团队上门服务。把参加医保的县直企业离休干部和新中国成立前参队退休干部纳入县卫生保健办统一管理，取消门诊包干，对就医的离休干部、新中国成立前退休干部实行实报实销，并根据实际情况，逐年增加离休干部医疗预算。三是不断完善离退休干部困难帮扶机制。注重特困帮扶机制建设，加大特殊困难离退休干部帮扶力度，对家庭困难、身患重病、独居、困难党员等老干部群体进行重点走访慰问，助其解决生活上的实际问题，着重为老干部办实事、解难事方面积累新经验，服务管理水平进一步提升。

【离退休干部活动学习阵地建设】 2017年，县委老干部局认真落实加快建设老干部活动学习阵地的要求，严格用好省财政补助专项资金，在整合资源，设点布局，加强离退休干部活动阵地建设上取得新成效。一是抓好老干部阵地基础设施建设。进一步完善老干部学习场所建设，完成县老干部（老年）大学教学楼建设工作。县老干部（老年）大学教学楼工程为二层框架结构，占地面积289.72平方米，建筑面积593.16平方米；一层为两间标准课室和一间办公室，二层为能容纳250多名学员观看文艺表演的多功能会议厅。教学楼及配套建设等总投资近210万元，其中省专项资金投入150万元，不足部分资金由县财政进行配套。该教学楼于2016年11月动工建设，2017年8月完成竣工，9月正式投入使用。海丰县老干部活动中心、老年大学已成为一个初具规模、功能齐全、环境优美的老干部开展活动和学习的理想场所，在基层党建、文化教育、组织活动等各项工作的开展中发挥阵地作用。二是抓好老干部文化阵地提质建设。加大老干部活动中心探索创新力度。从单纯活动场所向文化活动展示平台、业务骨干培训基地和文化养老示范中心转型，不断改进活动方式，丰富活动内容，规范服务管理，加强活动指导，做到教、学、乐、为融为一体。加强老干部活动中心工作交流，多次举办县老干部活动中心文体展示活动，注重与市老干部活动中心、市老干部大学及其他地区老干部活动中心、老干部大学交流学习。抓好老干部（老年）社团组织建设。指导、协助县老年体协、“两纵”等团体开展活动，发挥好骨干队伍的生力军作用，不断丰富离退休干部精神文化生活。

【老干部（老年）大学】 县老干部（老年）大学创办2年来，在县委、县政府的正确领导和社会各界的支持帮助下，学校以“老有所学，老有所为，增长知识，充实生活，自愿量力，延年益寿”为办学宗旨，做到教育规范化，管理民主化，服务优质化，努力提高教学质量，增强办学吸引力。学校有书法、音乐、舞蹈、交谊舞、戏曲等5个专业11个教学班，在学学员人数达300多人（350多人次），对比办学初期学员人数翻两番。学校影响力日渐扩大，已成为老年人向往的重要学习场所。老干部（老年）大学将继续更好地为海丰县老干部、老年人服务，积极为党和人民事业增添正能量。

【“畅谈”和“展望”主题活动】 把深入开展“畅谈”和“展望”活动列入2017年工作重点，把握为党和人民事业增添正能量的价值取向，依托各有关活动主体，精心设计活动载体，组织开展一系列主题活动。一是组织一系列座谈会。邀请老五套离退休老干部代表、“两纵”老战士代表参加座谈会，谈出广度、谈出深度、谈出主旋律、谈出正能量。二是组建一个宣讲团。从老干部（老年）大学选拔优秀学员，组建一个老年人正能量宣讲团，收集海丰县老干部的正能量事迹，到学校、乡镇村（社区）等进行宣讲，把离退休干部所闻所见所感所悟，传递生活中的爱与感动，将他们爱党为民的高尚情怀，离岗不离党、退休不褪色的精神品格传递给年轻一代，唱响爱党爱国爱社会主义的主旋律。三是组织1场专题讨论。组织离退休干部开展“我看十八大以来发展变化、我为十九大建言献策”专题讨论，形成一批学习成果。四是组办1场书画展。联合县老年书画家协会、老干部（老年）大学在县老干部活动中心举办“喜迎十九大”专题书画展览，展现党的十八大以来老干部精神风貌，多角度呈现党的十八大以来海丰县各项事业取得的成就，讴歌党的十八大以来，海丰经济社会各项事业取得的优异成绩，为党的十九大胜利召开营造良好氛围。五是组织1次参观学习活动。组织海丰县老五套班子离退休干部参观该县十八大以来重点建设项目，感受十八大以来，该县经济社会各方面发生的日新月异的变化，以团结和谐、蓬勃向上的精神风貌，展望十九大开启海丰未来发展新愿景，进一步激发全县离退休干部继续做党和人民事业的坚定支持者和模范践行者的自豪感和使命感。六是举办1场主题晚会。联合县委组织部、县委宣传部共同举办庆祝党的十九大胜利召开暨海丰县老干部（老年）大学“最美夕阳红”文艺汇演，进一步丰富广大老干部文化生活，深入引导其传递正能量，为党委政府加油鼓劲，为工作大局凝心聚力，为事业发展喝彩点赞，为党的十九大献礼。

（陈秋博）

附：2017年中共海丰县委老干部局领导名录

局　长：吕　娜（女）

副局长：周礼光

党史工作

【概况】 2017年，中共海丰县委党史研究室按照上级党史部门的要求，围绕海丰县委的中心工作，深入贯彻落实习近平总书记系列重要讲话精神，贯彻落实中共十八大、十九大精神，坚持“以史鉴今、资政育人”的工作方向，圆满完成各项工作任务，并取得一定成绩，力促党史工作更好为海丰县建设社会主义核心价值体系服务。

【机构人员】 县委党史研究室属正科级参公管理事业单位，核定编制5名，2017年实有在职人员6名，离退休人员3名。

【党史编研出版】 2017年，县委党史研究室积极组织人员做好党史编研出版工作。一是努力做好《中国共产党海丰县历史》（第二卷）的校审完善工作，已分别送县委常委会、市委党史研究室审核通过，计划于2018年出版。二是积极做好《中共海丰党史大事记》（1949~1978）的编撰工作。《中共海丰党史大事记》（1949~1978）是《中共海丰党史大事记》系列的第二册，以史实为依据，记述1949年新中国成立至1978年中共十一届三中全会召开30年间，中共海丰地方党史中的重要事件，重点反映该时期海丰地方党组织贯彻党中央的方针政策和上级党组织的指示精神，领导海丰人民进行社会主义建设与探索的历程。三是精心编辑出版海陆丰苏维埃革命史简读本《先河之光》，梳理海陆丰革命历史概要及历史贡献。四是与县红宫红场旧址纪念馆通力合作，完成画册《铭记先河》的编印工作（该画册是中外名人缅怀海陆丰苏维埃题词选编）。五是认真做好党史文集《红色记忆》的重印工作，整理重印对研究海陆丰革命史有参考价值的资料集《红色记忆》，编纂完成《红色记忆》。

【党史宣教】 为加强党史宣传教育工作以及纪念海陆丰苏维埃政权建立90周年，县委党史研究室与县委宣传部合作，共同负责海陆丰苏维埃政权建立90周年系列纪念活动征文、学术研讨会的筹备举办工作。纪念海陆丰苏维埃政权建立90周年征文活动共收到来稿82篇，其中入选文章41篇并编汇为纪念文集《探索·先河》。纪念海陆丰苏维埃政权建立90周年学术研讨会于11月20日下午在金鹏国际酒店召开，邀请全国各地有关领导、专家、学者100余名，共同研究探讨海陆丰革命史相关历史论题。此外，县委党史研究室还积极协助做好大型革命历史纪录片《1927·奔向海陆丰》的拍摄工作。

【红色史料及革命遗址普查工作】 2017年10月底，根据中共海丰县委、海丰县人民政府的要求和部署，在全县范围内开展红色史料及革命遗址普查工作。海丰县成立以林建隆为组长，余德聪、叶胜勇、吴城池为副组长的海丰县红色史料及革命遗址普查工作领导小组，办公室设在县委党史研究室。县委党史研究室严格按照县委、县政府及市红色史料及革命遗址普查办的要求，扎实推进该项工作，深入普查，认真审核，确保完成普查任务。

（林维贤）

附：2017年中共海丰县委党史研究室领导名录

主　任：杨翔鹏

副主任：颜维如

党　校

【干部培训】 2017年，县委党校围绕新形势下党校工作的特点，贯彻落实上级关于大规模培训干部、大幅度提高干部素质的战略部署，加大干部培训力度，充分发挥党校培训轮训党员干部的主阵地作用。全年共举办干部培训6个班次17期，培训党员干部4500多人次，其中：海丰县领导干部学习贯彻党的十九大精神专题研讨班1100多人；科级干部培训班2期100多人；股级干部培训班1期50多人；青年干部培训班1期50多人；新党员培训班2期580多人；公务员全员培训班10期2600多人。

【理论研究】 2017年，县委党校围绕县委、县政府提出的“推动创新发展，建设幸福海丰”的口号，把党校教学与海丰经济社会大发展衔接起来，力求教学贴近实际，贴近海丰经济发展。坚持以党的十八大和十八届六中全会和党的十九大精神为指导，组织理论教员编写《习近平总书记治国理政的新理念新思想新战略》《学习贯彻习总书记关于经济建设的重要思想》《行政机关如何处理行政诉讼》《汲取中国文化的智慧，提升党员干部的修为》《牢固树立国家安全观》《学习贯彻落实党的十八届六中全会精神，推进全面从严治党》《解读〈中国共产党章程〉〈中国共产党问责条例〉》《树立正确的从政观念做奋发有为的青年楷模》等有针对性的专题课题，通过集中审核、集中点评等方式，切实保障培训班的党性学习和能力学习，确保培训质量。

【教学创新】 2017年，县委党校针对新时期干部培训需求的特点，改进班次设置方式，推行研究式、案例式、体验式教学方法，分批分次组织科级干部培训班的学员到湖南韶山干部教育学院进行为期5天的异地学习培训，学习其他红色革命老区的先进管理经验，增强加快海丰县发展的责任感和紧迫感；组织股级干部培训班的学员分期到省首批爱国主义教育基地——海丰县红宫红场进行红色熏陶现场教学，重温入党誓词，并参观海丰革命烈士暨革命斗争史纪念馆，接受红色教育，以进一步震撼思想、净化心灵、升华精神、锤炼意志。组织青年干部培训班的学员到龙岗区委党校进行为期3天的异地学习培训，实地考察怡锦社区“一核多元，协同共治”基层治理经验，大运软件小镇——老旧工业区产业转型升级创新经验，让学员深刻体会到发达地区理念的先进。

（吴生林）

附：2017年中共海丰县委党校领导名录

校长：陈紫光（兼，任至9月）
　　　吴城池（兼，10月起任）
常务副校长：吕海如
副校长：庄焕新

信访工作

【简述】 2017年，海丰县坚持源头治理和防治结合的思路，构建能够及时发现、及时反应、及时化解、及时处置信访问题的工作格局，信访工作责任得到进一步压实，业务水平进一步提高，部分老案积案得到有效化解，群众上访量有所下降，实现“六没有、二下降”的成效。一是没有发生群众进京非访及滋事闹事。二是没有发生群众到省、到市大规模上访。三是没有发生重大群体性事件。四是没有发生重大安全生产事故。五是党的十九大期间县城地区没有发生涉枪涉毒和双抢案件。六是没有发生因信访问题处置不当引发的负面炒作。七是群众进京正常访同比下降超七成，在全市所占比例下降超过1倍。八是群众到省、到市集体访大幅下降，其中到市集体访下降超八成。在全国信访系统评优评先活动中，县信访局综合信息股股长林伟生获得国家信访局授予全国信访系统优秀信访工作者荣誉称号。

【机构人员】 海丰县信访局属正科级行政单位，挂靠县委办公室。内设2个股室1个中心，分别是综合信息股、接访督查股和信访信息中心。县信访局机关行政编制5名，机关使用事业编制5名，其中局长1名、副局长1名、正副股级领导职数3名，信访信息中心核定事业编制2名，其中主任1名。

【来信来访】 ①走访情况。2017年，海丰县群众走访总量1246批3239人次，平均月上访量104批270人次，同比下降6.7%和16.5%；其中：重复访803批1870人次，重访率64.4%；越级上访总量228批439人次，平均月越级上访量19批37人次，同比批次上升9.1%，人次下降23.3%。按走访层级分，进京5批5人次，同比下降58.3%和85.3%；到省73批162人次，同比上升52.1%和20.9%；到市150批272人次，同比批次持平，人次下降32.7%；到县1018批2800人次，同比下降9.6%和15.9%。按信访问题类别分，涉土问题占31%、涉农占20%、涉法占14%、民政占13%、城建占10%、劳动社保占8%、其他问题占4%。其中越级上访主要集中在涉土、涉农、涉法3个领域，占越级上访总量的81%。②来信、网上信访情况。群众通过书信信访261件，同比上升14.0%；其中重信112件，重信率42.9%。群众网上信访136件，同比上升54.5%；其中重信63件，重信率46.3%。③信访事项办理情况。国家、省、市、县通过网上信访信息管理系统平台交办信访事项共925宗，已办理答复673宗，超期未答复197宗，转纪委不再跟踪55宗，按期答复率77.4%，同比下降2.6个百分点。2017年，市交给海丰县牵头办理的信访积案47宗，已结案32宗，结案率68.1%。县交办信访积案20宗，已结案15宗，结案率75%。

【领导干部定期接访情况】 海丰县坚持实行领导干部轮值接访制度，完善《海丰县领导干部定期接访工作制度》，每日都安排1名党政领导干部在县信访局接访大厅接访，镇党政领导干部每周一都到所挂驻村（社区）接访群众。2017年，县、镇两级领导干部共接待信访群众358批967人次。特别在党的十九大防护期间，县、镇主要领导主动约访10批重点信访人员。县挂驻领导积极到所挂驻镇下访，镇领导干部频繁上门探访。各级党政领导干部都能够主动深入到问题集中和矛盾突出的地方，面对面听取群众诉求，实打实把问题解决在当地，取得较好成效。

（黄宇婷）

附：2017年海丰县信访局领导名录

局　长：邱诗光（7月起任）

副局长：罗榕兴

编制工作

【概况】 2017年，海丰县编办认真学习贯彻党的十八大、十八届历次全会及党的十九大精神，深刻领会习近平新时代中国特色社会主义思想和习近平总书记对广东工作作出的重要批示精神，紧紧围绕县委、县政府中心工作，全办动员，坚持用创新、协调、绿色、开放、共享的发展理念来引领机构编制工作发展方向，扎实推进“放管服”改革和相关专项领域体制改革，加强机构编制管理，严格落实控编减编工作。

【机构人员】 海丰县机构编制委员会办公室（简称县编办），正科级，既是县委工作部门，又是县政府工作部门，列县委机构序列。2017年，县编办内设机构有4个：综合股、行政机构编制股（与监督检查股合署）、事业机构编制股、县事业单位登记管理局。县编办机关行政编制6名，行政执法专项编制2名，县事业单位登记管理局机关使用事业编制2名。其中主任1名、副主任1名，正副股级领导职数5名。政府聘员数3名。

【深入行政审批制度改革】 一是取消和调整一批行政审批事项。2017年，在前期取消的行政许可事项基础上再取消调整45项行政审批事项，其中取消15项，调整为其他职权的30项，并以县政府名义正式对外公布《海丰县人民政府关于公布〈2017年海丰县行政审批改革事项目录〉的决定》（海府函〔2017〕46号）。二是加强对保留行政许可事项的管理。根据目录动态调整的要求，每年根据法律法规的立改废释及时调整。2017年8月30日，《海丰县行政许可事项目录（2017年版）》经县政府同意印发实施，保留行政许可事项305项。

【全面推行权责清单制度】 2017年12月20日，县编办提请县政府办印发《海丰县人民政府办公室关于开展调整完善县政府部门权责清单工作的通知》（海府办函〔2017〕360号），以现有权责清单为基础，根据法律法规立改废释、行政审批制度改革、机构和职能调整等，增减相关行政职权事项；逐一梳理更新职权各项职权对应的责任事项、问责依据及监督方式等内容；逐步制定相关行政职权事项运行流程图，明确各环节承办机构、办理要求、办理时限等。

【清理和规范行政审批中介服务事项】 一是清理和规范一批行政审批中介服务事项。2017年3月，经县政府常务会议审议通过，正式印发实施《海丰县人民政府决定第一批清理规范36项县政府部门行政审批中介服务事项目录》。二是公布保留的行政审批中介服务事项。为深入推进海丰县“放管服”改革，在完成清理和规范第一批行政审批中介服务事项36项的基础上，经部门上报、编办审核、反馈部门等程序后，《海丰县行政审批中介服务事项清单》于2017年8月30日，经县政府同意印发实施。保留的行政审批中介服务事项清单共28项，清单公布后，凡未纳入清单的中介服务事项，一律不得作为行政审批受理条件实施，并且在推行行政审批标准化过程中，一律不得在申请材料和审批条件中提出相关中介服务要求。

【推广“一门式一网式”政务服务模式】 根据省、市关于推广“一门式一网式”政府服务模式改革的精神，按照县政府的工作安排和分工，县编办自2016年10月开始按照“最大限度地降低了审批过程中人为主观因素的不当影响，最大限度减少审批腐败，最大限度提高行政效率，最大限度方便企业群众办事”的要求，在各部门的通力配合下，截至2017年4月，保质保量完成全县36个部门共573项事项的行政审批标准化建设工作，并录入行政审批事项标准录入模块；实体办事大厅已完成建设并投入使用，实行综合窗口受理，建立“前台综合受理、后台分类审批、统一窗口出件”的服务模式。镇、村两级公共服务站已基本建成，下一步将加快推进线上线下的融合，建设覆盖县、镇、村三级的审批办事体系，全面规范行政审批权力运行，提高政府服务质量和效率。

【部署“减证便民”专项行动】 根据《广东省机构编制委员会办公室关于征求对〈要求基层开具涉及企业群众办事创业的证明（盖章）事项底单（征求意见稿）〉意见的函》（粤机编办函〔2017〕319号），要求各市选取所辖典型县（市、区）作为样本，海丰县作为汕尾市选取的样本县，认真开展意见征求工作，意见已于9月汇总上报市编办。2017年9月28日，转发《广东省推进职能转变协调小组关于在全省开展“减证便民”行动的通知》，部署“减证便民”专项行动。证明清单在加紧收集和审核中。

【完成调整县镇人大有关机构编制】 2017年，海丰县完成调整县镇人大有关机构编制：县人大法制专门委员会与县人大法制工作委员会、财政经济专门委员会与县人大财政经济工作委员会实行“两块牌子、一套人马”，专委主任委员由县人大常委会副主任兼任、专委副主任委员由工委主任兼任。各镇人大办公室在镇党政办挂牌调整为单独设置，镇人大主席由书记兼任调整为独立配备。核增镇人大副主任1名，核增县人大机关行政编制2名，政府聘员数5名；各镇机关行政编制1名。

【推进县委巡察相关机构编制事项调整】 为贯彻落实党的十八届六中全会关于加强党内监督、推进全面从严治党的部署，根据《中共广东省委巡视工作领导小组关于建立市县党委巡察制度的指导意见（试行）》（粤巡发〔2016〕2号）和中央、省委、市委有关巡察机构建设的要求，县编委先后2次发文，设立县委巡察办（列县委工作部门，正科级，设在县纪委）和6个县委巡察组，充实其工作力量，逐步健全巡察工作机制。

【推进县纪检监察机关派驻机构改革】 根据省纪委《关于推进地级以上市纪检监察机关派驻机构改革的通知》（粤纪办函〔2015〕619号）和省纪委、市纪委关于深化派驻机构改革的要求，“中共海丰县纪委海丰县监察局派驻第X纪检监察组”更名为“中共海丰县纪委派驻第X纪检组”，由原6个组增设至8个组，核定8个纪检组行政编制32名。

【推进食盐监管体制改革】 按照上级关于推进盐业体制改革的决策部署，县编办于2017年5月起，多次牵头相关单位召开座谈会研究海丰县食盐体制改革相关问题。经县编委会研究通过，7月以县政府名义印发报送市编办《关于要求审定海丰县食盐监管体制改革实施方案的函》，剥离广东省汕尾市盐务局海丰县分局承担的盐业行政管理和执法职能，实行政企分开、市场化运营。

【海丰县各项发展配套设立事业单位】 ①民生保障方面：一是设立县人社局信访信息中心。为应对人民群众不断提高的法律意识带来的信访量，确保海丰县信访工作的顺利开展，独立设置县人社局信访信息中心。二是设立县教育局教育信息化管理中心，服务于海丰县创建广东省推进教育现代化先进县的中心工作。三是设立县学生资助管理中心。②提升服务方面：一是设立县政务服务管理中心。为推进“一门式一网式”政府服务模式改革，不断提高政府行政效能，设立海丰县政务服务管理中心，为正科级公益一类事业单位，归口县政府办管理。二是设立县民政局婚姻登记中心。加快海丰县婚姻登记体制改革，完善婚姻登记制度，使海丰县婚姻登记工作适应经济社会发展。将在县民政局基层股挂牌的婚姻登记股相关职责调整划入中心。三是设立海丰县志愿者指导中心。进一步开展青年志愿者的日常工作，指导基层团委开展青年志愿者活动。③其他方面：一是撤销县政府驻广州办、驻深圳办2个驻省会及城市办事机构。由主管部门县政府办负责做好原驻广州办、驻深圳办人员分流及自然减员。二是设立县国家海域动态监管中心。作为加强县级海域动态监管能力建设的重要举措，在县海洋与渔业局属下县海洋与渔业技术推广站挂牌。三是设立大湖林业工作站。

【县教育系统（中小学、公立幼儿园）机构编制方案调整】 根据县政府召开的关于教育系统机构编制、岗位设置、职称评聘等事项协调工作会议精神，2017年教育系统重新核定全县公立中小学和公立幼儿园教职工事业编制总数（含海丰县西部4镇），由县教育局根据各学校学生规模、班数进行统筹分配，拟订县公立中小学布局调整机构编制方案和县公立幼儿园机构编制方案，报县编委会审定发文。

【统一社会信用代码的赋码和事业单位登记日常管理】 一是认真开展事业单位法人证书换发和机关、群团社会信用代码的赋码工作。至2017年12月，全面完成全县336家登记事业单位的证书换发。机关、群团完成统一社会信用代码转换132家。二是继续加强事业单位登记日常管理。2017年，全县共受理事业单位登记53件，办结53件，其中设立登记6件，变更登记37件，注销登记10件。三是继续做好事业单位年度报告审核，进一步加强对事业单位的监督管理。至2017年底，已上报2016年年度报告的事业单位有315个，年度报告报送率达94%。四是积极开展事业单位法人公示信息抽查工作。为加强对事业单位法人的监管，强化事中事后监管，县编办事依托省事业单位登记管理网采取“双随机”的方式，随机抽查10家事业单位，抽查结果已按要求向社会公布。

【控编减编】 县编委对控编减编负总责，进一步严格执行海丰县控编减编方案，确保控制财政供养人员只减不增各项措施落到实处。至2017年底，海丰县各类编制数不超过省市机构编制部门下达的控编基数，圆满完成2017年控编减编工作目标任务。

【完善实名制管理】 一是做好用编审核。2017年，经县编办办理出具的《海丰县机关事业单位实名使用编制（职数）通知书》共620份，《海丰县机关事业单位使用空缺编制（职数）通知书》共242份。二是建立电子档案。对海丰县编制实名制人员纸质档案进行电子化管理，至年底已完成大部分存量人员档案电子化工作，将持续档案电子化管理。

【县机关事业单位工作人员养老保险参保登记工作】 根据市人社、市财政局、市编办、市地税局联合印发《关于汕尾市机关事业单位工作人员养老保险参保登记有关工作的通知》汕人社发〔2017〕71号文的分工要求，县编办及时印发《关于做好机关事业单位机构编制和参保人员实名制信息核对工作的通知》（海机编办〔2017〕25号），按照职责权限对全县机关事业单位机构编制及1.7万多名参保人员实名制信息进行认真细致的核对工作。

【县机构编制委员会成员】 鉴于县机构编制委员会成员工作变动，经县委、县政府同意，调整县机构编制委员会成员，加强对机构编制部门工作的领导。

2017年调整后的海丰县编委领导成员：

主　任：郑俊雄（县委副书记、县长）

副主任：林建隆（县委副书记、政法委书记）

陈紫光（县委常委、组织部长，任至10月）

吴城池（县委常委、组织部长，10月起任）

卓凛波（县委常委、常务副县长）

叶胜勇（县委常委、县委办主任）

成　员：罗木群（县政府党组成员、县政府办主，任至10月）

林其波（县政府党组成员、县政府办主任，10月起任）

邓务刚（县编办主任）

吴筱聪（县人社局局长）

林国义（县财政局局长）

郑惠暖（县发改局局长）

【加强自身建设】 一是不断加强队伍自身建设。县编办不定期举行自身业务有关机构编制政策学习，积极选派青年干部参加省编办举办的各类业务培训会，将参加培训作为提升县编办队伍自身业务素质能力的重要平台。二是坚持绿色发展理念。加强办公自动化建设，提高工作效率，实现无纸化办公。三是完善文档管理建设。完成历年机构编制部门的文件档案材料电子化整理，大大提高历年机构编制文件使用的便利度。四是进一步加强作风建设。坚持作风建设常态化与提高认识新常态、适应新常态、引领新常态的能力紧密结合起来，严明政治纪律和政治规矩，落实开展谈话提醒等抓早抓小工作机制，认真落实中央八项规定，确保党员干部廉洁从政、干净干事，做遵纪守法的模范。

（柯映芬）

附：2017年海丰县机构编制委员会办公室领导名录

主　任：邓务刚

副主任：戴秀娟

海丰县人大常委会

县人大常委会领导成员

【2017年海丰县人大常委会正、副主任和委员名录】

主任：刘剑平
副主任：许信咏　马伟飚　马小玲（女）
　　　　黄小流　叶　森
委　员：罗展峰　马　宇　马俊鸿
　　　　叶小红（女）　冯泽雄　刘安基
　　　　刘　跃　何秀山（2月起任）
　　　　吴城金　吴焕新　陈学军
　　　　张翰文（2月起任）　林泽远
　　　　钟少卿（女）　钟静洁（女）
　　　　胡家驹（任至3月）　郭芳荣
　　　　黄水群　黄坚如（2月起任）
　　　　黄辉流　曾俊锋（3月起任）
　　　　释超一　詹德舜　黎海娟（女）
　　　　黎斯凯

县人大常委会工作机构

【县人大常委会办公室和各工作委员会机构设置】

2017年海丰县人大常委会办公室和各工作委员会组成人员：

县人大常委会办公室：
主　任：罗展峰
副主任：冯泽雄
选举联络人事任免工作委员会：
主　任：黎蔓晴（任至7月）
　　　　陈北艳（7月起任）
委　员：吴焕新　林泽远　罗木群（任至4月）
财政经济工作委员会：
主　任：马宇
委　员：刘安基　黎斯凯　黄辉流　黎海娟
农村与城乡建设工作委员会：
主　任：刘　跃
委　员：何秀山（2月起任）
　　　　马俊鸿　陈学军　郭芳荣
法制工作委员会：
主　任：黄水群
委　员：黄坚如（2月起任）
　　　　冯泽雄　吴城金　钟少卿
教育科学文化卫生侨务工作委员会：
主　任：叶小红（女）
委　员：胡家驹（任至月）
　　　　张翰文（2月起任）
　　　　詹德舜　钟静洁　释超一

重要会议

【县十五届人大第二次会议】 海丰县第十五届人民代表大会第三次会议于2017年3月29~31日在县影剧院召开，会期3天，参加代表253人，列席代表72人。会议设10个代表团。大会由主席团主持，主席团成员57人，常务主席为邱晋雄、刘剑平、陈紫光、许信咏、马伟飚、马小玲（女）、黄小流、叶森。

会议议程：一、听取和审议海丰县人民政府工作报告；二、审查和批准海丰县2016年国民经济和社会发展计划执行情况与2017年计划草案的报告，批准2017年国民经济和社会发展计划；三、审查和批准海丰县2016年财政预算执行情况和2017年财政预算草案的报告，批准2017年财政预算；四、听取和审议海丰县人大常委会工作报告；五、听取和审议海丰县人民法院工作报告；六、听取和审议海丰县人民检察院工作报告；七、选举事项；八、其他。

工作报告：郑俊雄代表县人民政府作《海丰县人民政府工作报告》；刘剑平代表海丰县第十五届人民代表大会常务委员会作《海丰县人大常委会工作报告》；陈展科代表海丰县人民法院作《海丰县人民法院工作报告》；王波代表海丰县人民检察院作《海丰县人民检察院工作报告》。郑惠暖受县人民政府委托作《海丰县2016年国民经济和社会发展计划执行情况与2017年计划草案的报告》。林国义受县人民政府委托作《海丰县2016年财政预算执行情况和2017年预算草案的报告》。

通过报告、决定、决议：大会主席团通过《海丰县第十五届人民代表大会第二次会议编团名单》《海丰县第十五届人民代表大会第二次会议代表团团长、副团长名单》《海丰县第十五届人民代表大会第二次会议主席团和秘书长名单》《海丰县第十五届人民代表大会第二次会议主席团常务主席名单》《海丰县第十五届人民代表大会第二次会议副秘书长名单》《海丰县第十五届人民代表大会第二次会议执行主席分组名单》《海丰县第十五届人民代表大会第二次会议邀请在主席台就座人员名单》《海丰县第十五届人民代表大会第二次会议议案审查委员会主任委员、委员名单》《海丰县第十四届人民代表大会第二次会议计划预算审查委员会主任委员、委员名单》《海丰县第十五届人民代表大会第二次会议列席人员名单》《海丰县第十五届人民代表大会第二次会议选举办法》《海丰县第十五届人民代表大会第二次会议主席团提名候选人名单》《海丰县第十五届人民代表大会第二次会议正式候选人名单》《海丰县第十五届人民代表大会第二次会议关于代表联名提名候选人截止时间的决定》《海丰县第十五届人民代表大会第二次会议表决议案办法》《海丰县第十五届人民代表大会第二次会议关于代表提出议案截止时间的决定》《海丰县第十五届人民代表大会第二次会议关于代表提出质询案或询问的有关事项》《海丰县第十五届人民代表大会第二次会议关于代表议案处理意见的报告》《关于海丰县2016年国民经济和社会发展计划执行情况与2017年计划草案的审查结果报告》《关于海丰县2016年财政预算执行情况和2017年预算草案的审查结果报告》《海丰县第十五届人民代表大会第二次会议关于代表联名提出的议案的处理决定》《海丰县第十五届人民代表大会第二次会议关于海丰县人民政府工作报告的决议》《海丰县第十四届人民代表大会第二次会议关于海丰县2016年国民经济和社会发展计划执行情况与2017年计划的决议》《海丰县第十五届人民代表大会第二次会议关于海丰县2016年财政预算执行情况和2017年预算的决议》《海丰县第十五届人民代表大会第二次会议关于海丰县人民代表大会常务委员会工作报告的决议》《海丰县第十五届人民代表大会第二次会议关于海丰县人民法院工作报告的决议》《海丰县第十五届人民代表大会第二次会议关于海丰县人民检察院工作报告的决议》《海丰县第十五届人民代表大会公告》《海丰县第十五届人民代表大会第二次会议选举和表决监票人员名单》《海丰县第十五届人民代表大会第二次会议选举工作人员》《第十五届人民代表大会关于接受罗木群辞职请求的备案报告》。

议案、建议：会议收到代表提出的议案1件、建议9件（其中教育文化旅游方面2件，交通管理方面2件，城建方面6件）。

该会议总结2017年的工作成绩和存在问题，提出2018年的工作安排及发展思路和奋斗目标。

【县人大常委会会议】 2017年，县十五届人大常委会共举行8次会议。会议主要听取和审议“一府两院”工作报告、人事任免事项。决定重大事项、研究常委会重要工作等。

1月13日，县十五届人大常委会举行第一次会议，参加会议委员人。会议议程：人事任免；审议通过海丰县第十五届人民代表大会常务委员会代表资格审查委员会组成人员的议案；通过关于增选2名县十五届人大代表的有关事项；其他。

3月1日，县十五届人大常委会举行第二次会议，参加会议委员26人。会议议程：人事任免；通过关于增选5名县十五届人大代表的有关事项；听取和审议海丰县人大常委会2017年工作要点（草案）；其他。

3月15日，县十五届人大常委会举行第三次会议，参加会议委员26人。会议议程：通过召开县十五届人大二次会议的决定；通过列席和邀请列席会议人员的决定；通过关于增选1名县十五届人大代表的有关事项；通过县人大常委会代表资格审查委员会关于代表资格审查报告；听取和审议海丰县人民政府工作报告（草案）；听取和审议海丰县2016年国民经济和社会发展计划执行情况与2017年计划草案的报告（草案）；听取和审议海丰县2016年财政决算和2017年财政预算草案的报告（草案）；听取和审议海丰县人大常委会工作报告（草案）；听取和审议海丰县人民法院工作报告（草案）；听取和审议海丰县人民检察院工作报告（草案）；听取和审议关于县第十五届人大一次会议以来代表议案及建议办理情况报告（草案）；通过县十五届人民代表大会第二次会议有关文件（草案）；其他。

5月26日，县十五届人大常委会举行第四次会议，参加会议委员28人。会议议程：人事任免；听取和审议县政府关于实施“七五”普法规划的情况报告；学习贯彻习近平总书记重要批示精神；其他。

8月1日，县十五届人大常委会举行第五次会议，参加会议委员25人。会议议程：人事任免；关于提请许可对孙伟强采取强制措施的议案；听取和审议县政府关于2017年上半年国民经济和社会发展计划执行情况报告。

9月28日，县十五届人大常委会举行第六次会议，参加会议委员25人。会议议程：听取和审议县政府关于2016年度县级决算报告；听取和审议县政府关于2016年预算执行和其他财政收支的审计工作报告；听取和审议县政府关于社会治安重点整治工作情况报告；听取和审议县政府关于《汕尾市水环境保护条例》实施工作情况报告；其他。

11月2日，县十五届人大常委会举行第七次会议，参加会议委员25人。会议议程：人事任免；组织学习贯彻党的十九大会议精神，许信咏传达学习宣传党的十九大会议精神提纲。

11月16日，县十五届人大常委会举行第八次会议，参加会议委员24人。会议议程：人事任免；审议通过代表资格审查委员会关于代表这个审查报告；听取和审议县政府关于提请审议调整海丰县2017年度财政预算有关事项的议案；听取和审议县政府关于海城、附城、城东三镇学校布局调整完成情况报告；其他。

【民主生活会】 根据市纪委、市委组织部《关于认真开好2017年度县以上党和国家机关党员领导干部民主生活会的通知》（汕组通〔2017〕69号）文件精神，海丰县人大常委会党组于2月12日召开民主生活会，具体情况如下。①会前准备情况：海丰县人大常委会党组按照民主生活会的要求，主动抓早抓实，在落实民主生活会各项工作的基础上，着重做好三个方面工作。一是进一步打牢思想基础。引导班子成员深入学习领会党的十九大精神，做到“六个聚焦”，深刻领会习近平新时代中国特色社会主义思想的历史地位和丰富内涵，搞清楚、弄明白“八个明确”主要内容和“十四个坚持”基本方略的重大创新思想创新观点。二是抓好各项工作部署。常委会党组按照市纪委、市委组织部《关于认真开好2017年度县以上党和国家机关党员领导干部民主生活会的通知》（汕组通〔2017〕69号）文件精神，严格按照市的有关要求，对开好2017年度民主生活会作部署和安排。同时研究制定《县人大常委会党组领导班子民主生活会工作方案》，对开会的时间、方法步骤以及各项工作要求作具体安排，保障各项准备工作的有效落实。三是实事求是找准突出问题。在征求意见的基础上，班子成员紧密结合实际，对照《准则》《条例》，重点从学习贯彻习近平新时代中国特色社会主义思想、带头严守政治纪律和政治规矩、认真执行党中央决策部署和上级党委决议决定、对党忠诚老实、担当负责、纠正“四风”不止步、严格执行廉洁自律准则等7个方面查找突出问题。通过群众提、上级点、自身找的问题列清单、建台账，深入查摆问题。四是开展谈心谈话，确保实现全面覆盖。②会议召开情况：会议围绕“认真学习领会习近平新时代中国特色社会主义思想，坚定维护以习近平为核心的党中央权威和集中统一领导，以习近平新时代中国特色社会主义思想统领一切工作，不折不扣、全面贯彻落实党的十九大各项决策部署，奋力在新时代干出新气象、实现新作为，推动党的十九大精神在海丰落地生根、开花结果”的主题，对照党章党纪、对照廉政准则、对照群众对班子及成员提出的建议意见，查摆“学习贯彻习近平新时代中国特色社会主义思想”“带头严守政治纪律和政治规矩”“认真执行党中央决策部署和上级党委决议决定”“对党忠诚老实”“担当负责，攻坚克难”“纠正‘四风’不止步”“严格执行廉洁自律准则”等7个方面突出问题，开展批评与自我批评。③存在问题：专题民主生活会上，刘剑平代表县人大常委会党组领导班子作对照检查，结合班子依法履行人大职责职能，服务县委中心工作，对照7方面内容提出的问题、意见、建议，查摆出7项突出问题。一是存在理论学习不全面不系统不深入等问题，在以习近平新时代中国特色社会主义思想武装头脑，指导实践，推动人大工作方面还做得不够好。二是对李嘉、万庆良流毒问题，常态化学习还不够，对学习宣传警示教育有所放松，学习的方式方法还不够科学。三是一些日常比较重要的工作，没有及时向县委请示报告，或者是事后才报告。四是在具体工作中，向上级汇报工作中，向县委汇报工作时，存在“报喜不报忧”现象。五是从严治党方式方法措施还存在欠缺；工作布置中仍用老办法、老套路；面对一些紧事难事，思想上有时还有畏难情绪，缺乏攻坚克难的勇气。六是机关方面党员干部“庸、懒、散、慢”作风依然存在，对存在的问题、四风的问题不敢动真格，不敢认真进行斗争，存在管理不够严格，放任自流的现象。七是觉得党风廉政建设离人大较远，“全覆盖”“零容忍”，人大还是有点欠缺。④会后整改目标及今后工作意见。县人大常委会党组领导班子将对照查摆出来的突出问题，严格按照要求，坚持边学边查边改，主要提出3方面具体措施。一是进一步把学习贯彻党的十九大精神引向深入。对标党的十九大报告中要求各级人大及其常委会要“成为全面担负起宪法法律赋予的各项职责的工作机关”“成为同人民群众保持密切联系的代表机关”的要求，全面加强自身建设。二是进一步落实各项整改措施。通过民主生活会查摆总结的7大类问题，要通过党的政治建设、机关作风建设、党风廉政建设这几个方面来认真整改，通过一定形式的开展批评和自我批评，启动谈话和一些行政手段，使存在问题真正整改。三是进一步全面担负起宪法和法律赋予的各项职责。一方面要改进监督工作，增强监督实效。从促进海丰县经济和社会发展的大局出发，从有利于促进“一府两院”的工作入手，综合运用监督法规定的各种方式，着力促进解决带有全局性、关键性、普遍性的问题，力争在增强监督实效上取得新成果。另一方面，在监督过程中，要将明察与暗访相结合，将人大法律监督与社会公众监督有机结合，将执法检查与审议专项工作报告结合，加强跟踪监督，狠抓问题整改，支持和督促“一府两院”严格依法办事；进一步扩大询问范围，改进和完善询问方式，增强询问效果。

主要工作

【议案建议办理】 县十五届人大第二次会议期间，共收到人大代表提出的议案1件、建议9件，继续承办县十五届人大一次会议议案2件。对办理人大代表议案及建议的工作，县政府专门成立议案建议办理领导机构，研究制定工作方案。主要领导亲自审阅议案、建议的内容，迅速召开议案、建议交办会议，周密部署办理工作，及时将议案、建议交由相关部门办理。同时，由县政府办公室、县法制局牵头、督促有关部门积极开展交办议案、建议的办理工作，尽快回复有关代表。各承办单位从实际出发，密切配合，认真开展调查研究，广泛听取各方面的意见，在县人大常委会的监督下开展工作。对于代表提出的议案、建议，各承办部门均作了回复。

一、县十五届人大一次会议代表议案办理情况

（一）县十五届人大一次会议沈琼芳等代表《关于规范我县学前教育管理的议案》。针对海丰县公办幼儿园因受资金、场地、师资严重不足制约发展因素，多数民办幼儿园存在无证办园、办园条件差、设备简陋且规模较小、消防安全防患意识差、卫生健康问题突出、师资队伍专业化程度低，导致该县学前教育滞后，人民群众和人大代表反映强烈问题。县政府高度重视，召开会议进行专题研究，落实县教育职能部门开展议案的承办工作。县教育局认真贯彻《广东省教育厅关于幼儿园管理的规范》，积极主动牵头有关单位开展全县幼儿园调查摸底及造册，落实安全监管和整改措施，确保全县幼儿园合法经营、规范管理。2017年，县教育局坚持以《广东省教育厅关于幼儿园管理的规范》为年检评估重要依据，做好以下六方面工作：一是结合海丰县实际以及学前教育出现的热点和难点问题，制定海丰县学前教育五年（2017–2021年）发展规划。二是将原县中心幼儿园的地址调整为海城镇中心幼儿园，加快附城镇、城东镇等公办中心幼儿园及社区幼儿园建设。三是2017年初以来，海丰县对有提出申请设立的民办幼儿园，认真对照办园条件，通过实地审核、评估，审批12所。2017年，全县有办学许可证的民办幼儿园62所，比2016年36所增加172%。四是县教育局会同县发改委、县财政局和县人社局制定《海丰县普惠性民办幼儿园认定、扶持和管理工作细则》并印发至各镇（场）中心小学，各镇（场）中心小学开展已审批民办幼儿园的申报认定工作。五是制定《海丰县无证民办幼儿园整治工作方案》，印发到各镇人民政府和县直有关单位组织实施。同时召开清理整治全县无证民办幼儿园动员大会，全面部署无证民办幼儿园的清理整治工作。特别是12月全县消防安全大排查大整治专项活动开展后，县教育局加大对全县幼儿园的排查整治力度，凡无证民办幼儿园一律严格依法予以查处，截至12月底，全县共停封109所无证民办幼儿园。六是为加强幼儿园管理，提高教育保育质量，10月26日，县教育局组织部分中心幼儿园园长和教师到海城镇德荣幼儿园进行学前教育调研，并观摩德荣幼儿园的晨间活动，收到较好效果。通过一系列的措施，海丰县学前教育的管理逐步迈向规范化。

（二）县十五届人大一次会议陈介仁等代表《关于整修海城“老大街”作为旅游景点，打造历史文化长廊的议案》。县委、县政府编制《海丰县城中心区域旅游详细规划》等旅游发展专项规划，把“老大街”（中山中路）列入县城历史文化街区旅游片区（中山西路—中山中路）范畴。2016年8月县十五届人大一次会议陈介仁等代表提出《关于整修海城“老大街”作为旅游景点，打造历史文化长廊的议案》以来，县政府更加重视“老大街”历史文化旅游项目建设，专门召开会议对代表反映的意见进行深入研究，落实县文体旅游局主办该议案，同时要求县住建局、县公用事业局和海城镇等单位配合县文体旅游局做好议案办理工作。

县文体旅游局先后对“老大街”片区的几处文物保护单位采取维护、刷新、修缮等保护措施。一是结合汕尾市“马思聪杯”小提琴邀请赛的成功举办，完成市级文物保护单位马思聪故居的维护和刷新，展现名人故居的艺术魅力；二是开始县级文物保护单位第一个苏维埃政府旧址复建工程建设，该工程完成招投标程序并于2017年1月顺利动工施建，已完成地面平整工作；三是开始县级文物保护单位龙津桥修复工程建设。已完成勘探、检测等前期工作，并请广州市鲁班建筑结构设计事务所有限公司编制《海丰县龙津桥保护工程修缮设计方案》（下称设计方案），设计方案经多次征求当地居民、老一辈和文史研究者的意见以及多次修改后，县文广新局又于2017年9月初再次将设计方案送省专家进行初步审核，10月初，已将省2位专家的初步审核意见收集，送设计方进一步深化修改、完善，11月下旬召开评审工作会议，会上，由于专家提出异议，认为龙津桥保护工程未经钻探，需补充钻探完善设计方案后再次召开专家评审会议，待专家评审通过后，设计方将绘制施工图和工程预算。县政府将加大议案办理力度，结合全县创建文明城市和县城“三旧改造”工作的要求和目标，组织县文体旅游局等部门采取切实措施，进一步推动“老大街”历史文化项目建设，着力把“老大街”打造成集旅游、文化、商业、休闲、娱乐、创意等综合功能为一体的海丰地方历史文化特色的休闲街区。一是结合创文创卫的工作部署，由相关职能部门对该区域内的违章建筑物进行清理、拆除，恢复原有建筑物的原貌和风格；二是控制周边新建建筑的层高及风貌，使其与原有的建筑风貌协调一致；三是保留和恢复古街古迹，将海丰的传统技艺、传统美术、传统医药等非物质文化遗产融入到历史文化街区的改造，塑造“明清一条街”“民国风情街”、名人纪念馆、海丰民俗展演等旅游景区（点），盘活文物，充分发挥文物资源在传承和弘扬优秀传统文化，挖掘旅游资源等，在保护和传承海丰传统历史文化的同时向游客展现海丰丰富多彩的旅游资源和文化遗产。

二、县十五届人大二次会议代表议案办理情况

县十五届人大二次会议审议通过的黎斯凯等代表提出的《关于规划和建设县城饮用水源的议案》。县政府对该议案的办理高度重视，多次组织有关部门召开专题会议并成立海丰县公平水库“引水入城”筹建工作领导小组（海府办函〔2017〕178号文件）。县政府要求各部门要密切配合，全力支持水务部门开展规划和建设县城饮用水源各项工作。县水务局抓紧落实项目前期工作，尽早做好项目可研报告的编制。7月中旬，委托省水利电力勘测设计研究院编制《海丰县公平水库引水方案可行性专题研究工作报告》。该院工作人员于10月上旬完成初步成果。副县长郑永城于10月24日召集县水务局、环保局、住建局、国土局、发改局、供水总公司以及城东镇、公平镇等单位领导和人员，就公平水库引水入城项目水资源、管道线路走向等问题进行讨论研究，并与设计单位交流意见，讨论工作安排。会议确定必须采取如下措施：一是县水务局应加强与市水务局联系沟通，积极主动配合省设计院进一步做好调查勘测等前期工作；二是对于拟建水厂的选址，应结合海丰县北部新区的发展进行合理论证；三是各有关单位要密切配合，主动作为，确保在2018年春节前编制完成公平水库引水入城项目可行性研究报告。

三、县十五届人大二次会议代表建议办理情况

县十五届人大二次会议期间，收到代表提出的建议9件，各承办部门对代表提出的每一件建议均作了回复，代表表示满意、基本满意或理解，具体办理情况如下：

1、已解决或基本解决、代表满意的建议3件

①郭芳荣等代表要求打造海丰县现代农业园区的建议。县政府高度重视郭芳荣等代表要求打造海丰县现代农业园区的建议，及时落实县农业局承办该建议。为推进农业供给侧改革，加快农业现代化，根据海丰县现有自然条件和现代农业产业发展的实际，结合代表们提出的建议，2017年4月初，县农业局已决定在城东、平东、公平等镇交汇处创建国家级现代农业产业园，产业园区委托国家和省相关规划部门作出规划，规划面积约6666.67公顷，包括农科孵化区、农产品加工区、农产品流通展销区、园艺产业示范区、鱼稻产业示范区、湿地农业公园、十里观光走廊七大功能区，并于4月中旬向省提交创建产业园的申报文件。通过现代农业产业园区的建设，进一步推动海丰县现代农业加速发展，促进农业增效，农民增收。

②陈文惜等代表要求解决教师职称评定中岗位职数问题的建议。为办妥陈文惜等代表要求解决教师职称评定中岗位职数问题的建议，县政府落实县教育局主办该建议，同时要求县编办、县人社局等部门配合做好相关工作。根据2016年6月省人社厅、教育厅联合下发《关于我省中小学教师职称制度改革有关评聘工作的通知》（粤人社规〔2016〕7号）的文件规定，小学高、中级岗位比例分别可上浮5%，中学高、中级比例在该校已评未聘人员超过该层次岗位设置数15%时在原核定岗位数的基础上可上浮3%，同时还规定男年满55周岁、女年满50周岁人员以及获得过省、国家级荣誉称号的人员不占该单位的岗位数。2017年7月7日，县政府召开常务会议对教师职称评定岗位数的问题进行研究，决定：凡男年满55周岁、女年满50周岁已评未聘人员，在学校没有岗位的情况下给予聘任，聘任后不占岗位。大大缓解岗位不足的问题，也解决部门已评未聘人员的问题。对在农村从教职数的问题，根据《广东省人民政府办公厅关于印发广东省乡村教师支持计划实施办法（2015-2020年）的通知》（粤府办〔2016〕3号）的规定，在农村学校任教累计满25周年且仍在农村学校任教的教师，聘任专业技术工作时不受岗位职数的限制。

③林永长等代表要求进一步完善道路交通安全设施，对一些安全隐患尽快进行整改的建议。县政府高度重视县城道路安全设施及重点路口、路段监控配套工程工作。为办妥林永长等代表要求进一步完善道路交通安全设施，对一些安全隐患尽快进行整改的建议，县政府落实县公用事业局对红城大道与海龙路十字路口（老车头）没有配套红绿灯或在

路中间设置中央隔离栏问题，5月对海安油站至老车头段标线重新划定，损坏的护栏重新更换，并增设反光柱。红绿灯等配套设施待海紫公路改造升级时一并纳入改造工程项目解决。针对红城大道城东中心校路旁放学期间机动车占行车路道，造成交通堵塞问题。县职能部门已在学校前面路中护栏设置进行完善，配套行人斑马线等，同时交警部门在学生放学期间加强受理，有效消除该路段的交通堵塞和安全隐患。

2、正在积极推进、代表基本满意的有4件

①黎海娟等代表要求在海丰县莲花山规划、建造马思聪艺术学校、马思聪艺术广场（纪念馆）等建筑群的建议。根据代表提出的意见和海丰县地缘条件，确定先建立一所中等专业级的艺术学校。已落实教育、住建部门做好项目规划、设计、报发改委立项等前期工作，在立项批准后，及时向市教育局、省教厅逐级申请设立马思聪艺术学校，同时向省教厅、省民政厅申请该校设立专项的资金扶持。马思聪艺术学校申请设立、资金到位建成后，再向省教育部门申请要求下达招生指标及招聘教师。

②陈建如等代表要求从速完善圆山三孔闸配套设施的建议。圆山新三孔闸位于东关联安围海堤（附城圆山段）大液河水闸东侧，水闸主要为挡潮、防洪、排涝功能，担负县城西南片区的防洪挡潮任务。该水闸建于1997年，由于当时建设资金缺乏，只能建水闸基础及框架，没有配套闸板等设施，因该水闸缺乏配套设施，十多年来没有正常发挥功能效益，内外涝水自由出入，严重影响附城镇的防洪治涝。针对该水闸存在的问题，县水务局高度重视，会同附城镇政府积极向县政府及上级主管部门反映，争取把圆山三孔闸列入东关联安围达标加固工程项目进行建设，尽早完善圆山三孔闸配套设施，发挥好水闸应有的功能，以确保附城镇的防洪排涝安全。

③陈铁田等代表要求加快落实海丰县城三环路至联安段扩建工程的建议。为办好代表提出的建议，切实保护广大群众生命财产安全，县政府已要求附城镇、联安镇会同县交通等部门进行研究，着手委托设计部门对该路进行勘察设计，在形成工程可行性报告的基础上，按规定办理有地、规划、环评等手续，落实好地方配套资金，送发改部门立项后，由县交通部门积极向省、市争取补助资金投入建设。

④李永新等代表要求将梅陇镇区纳入县住建、县国土部门统一管理模式的建议。对加强梅陇等省级中心镇建设，海丰县高度重视，及时落实县住建等职能部门与市编办等部门取得沟通和联系，并积极研讨加强省级中心镇建设问题。海丰县对省级中心镇建设仍然存在体制支撑、职权支撑、财政支撑等问题，必须加强对各中心镇总体规划，合理布局，加快各中心镇的发展建设。适时调整中心镇相关职能，县有关职能部门必须依据各自的职权，进一步规范和理顺派出机构的职责范围，加强中心镇城建、国土的执法能力，确保中心镇的发展建设。根据市编办的意见，鉴于广东省尚未对“省级中心镇”建设推出改革意见，待省、市统筹部署这项改革工作，将由县编办牵头有关部门对梅陇镇等中心镇管理体制进行规范明确。

3、因条件限制留待以后解决的有2件

沈琼芳等代表关于将文天祥公园归还彭湃中学作为教育场所管理的建议以及钟静洁等代表要求将文天祥公园名人雕像迁出并择地另建“海丰名人公园”的建议。文天祥公园于2002年开始规划建设，是集古建筑、爱国主义教育、休闲健身、旅游观光于一体的主题公园。对于建议所反映近年来群众在公园内锻炼身体影响学校晚自修和教学问题，县政府又一次交办县文化部门落实公园管理处按代表提出的措施加强相关管理，如效果不佳，下一步再研究是否把公园交由彭湃中学管理。至于代表提出将公园内名人雕像迁出并择地另建“海丰名人公园”的问题，须待市民广场建成后，在广泛征求意见的基础上研究决定。

【依法人事任免】 2017年，县十五届人大常委会依法任免“一府两院”人员共68人。其中，第十五届人大常委会第一次会议决定任命吕海茵为人民政府副县长；卓雄峰为县公安局局长；黎方极为县林业局局长；吴筱聪为县人力资源和社会保障局局长；林锡清为县监察局局长；郑惠暖为县发展和改革局局长；曾诗贤为县经济促进局局长；马学仲为县教育局局长；黄荣鑫为县民族宗教事务局局长；李特清为县民政局局长；林惠迎为县司法局局长；林国义为县财政局局长；林建军为县国土资源局局长；陈坤宝为县环境保护局局长；陈锦锋为县住房和城乡规划建设局局长；刘锦荣为县交通运输局局长；陈容生为县水务局局长；黄信乐为县农业局局长；颜荣林为县卫生和计划生育局局长；姚火坤为县审计局局长；李建生为县统计局局长；郭庆寿为县安全生产监督局局长；陈腾渊为县文化广电新闻出版局局长；陈耀海为县食品药品监督管理局局长；陈健雄为县市场和质量监督管理局局长。第十五届人大常委会第二次会议决定任命罗慈云为县人民法院人民陪审员；陆振翔为县人民法院人民陪审员；吴海屏为县人民法院人民陪审员；吴道源为县人民法院人民陪审员；刘信杏为县人民法院人民陪审员；黄晓刚为县人民法院人民陪审员；叶城标为县人民法院人民陪审员。第十五届人大常委会第四次会议决定任命林乃流为县人民法院民事审判第二庭庭长；谢广燕为县人民法院民事审判第一庭庭长；刘火标为县人民法院立案庭庭长；彭春英为县人民法院审判监督庭庭长；马海波为县人民法院行政审判庭庭长；徐青为县人民检察院检察员；林钦赐为县人民检察院检察员；林瑞荣为县人民检察院检察员；免去林民海丰县人民法院副院长、审判委员会委员职务；免去林乃流海丰县人民法院民事审判第一庭庭长职务；免去谢广燕海丰县人民法院审判监督庭庭长职务；免去刘火标海丰县人民法院行政审判庭庭长职务；免去彭春英海丰县人民法院立案庭庭长职务；免去黄春婵海丰县人民法院民事审判庭第二庭庭长职务；免去李庆文海丰县人民检察院检察委员会委员、检察员职务；免去林细贵海丰县人民检察院检察员职务。第十五届人大常委会第五次会议决定任命陈北艳为海丰县人大常委会选联工委主任；任命陈如君为海丰县人民法院审判委员会委员；任命林乃流为海丰县人民法院审判委员会委员；任命李梓江为海丰县人民法院审判委员会委员；任命黎小青为海丰县人民检察院检察委员会委员；免去黎蔓晴海丰县人大常委会选联工委主任职务。第十五届人大常委会第八次会议决定任命王少平为海丰县人民政府副县长；任命黎素贞为海丰县监察局局长；任命王春林为海丰县人民法院刑事审判庭副庭长；免去林锡清海丰县监察局局长职务；免去徐生荣海丰县人民法院审判员职务；免去戴文标海丰县人民法院审判员职务；免去叶海帆海丰县人民法院审判员职务；免去马秀菊海丰县人民检察院检察员职务。第十五届人大常委会第十一次会议决定任命曾俊锋为海丰县监察委员会副主任；黎素贞为海丰县监察委员会副主任；蔡生绵为海丰县监察委员会委员；马小泳为海丰县监察委员会委员；林细贵为海丰县监察委员会委员；免去颜荣林海丰县卫生和计划生育局局长职务。

【人大监督工作】 2017年，第十五届人大常委会对以下重点、热点问题开展监督：

关于海丰县实施“七五”普法规划情况报告的审议意见。2017年5月26日，县十五届人大常委会召开第四次会议，听取和审议县政府关于实施“七五”普法规划的情况报告。会议认为，县政府在制订“六五”普法规划后，各地、各部门认真组织实施，较好地贯彻落实“六五”普法规划。以宪法为核心的法律法规得到广泛宣传，全体公民的宪法观念和法治意识明显增强，依法治理和法治创建活动扎实推进，全县社会法治化管理水平逐步提高。保障和促进海丰县“十二五”时期经济社会发展、推进依法治国基本方略在该县的实施，在建设和谐幸福海丰方面发挥重要作用。会议原则上同意这个报告。会议指出，海丰县贯彻落实“六五”普法规划做大量的工作，取得一定成效，但还存在一些不容忽视的问题：一是少数地方和部门对普法工作认识不足，对新形势下全面落实依法治国基本方略的意义和作用认识不够透彻，普法工作被当成软任务，工作措施停留在口号上，被动应付，不求实效。二是普法工作发展不够均衡，个别地区和单位在重点对象的学法用法宣传教育方面存在开展的深度、广度不平衡，一些较容易开展的法治宣传活动就经常开展，一些难度较大的，就开展得较少，极大地影响普法工作效果。三是少数地方不同程度地出现普法“疲劳症”，普法效果不明显，达不到应有的普法目的。四是普法方式单调、单一，普法内容比较空洞乏味，难以调动群众的学法积极性。会议要求县政府及其职能部门：①按照2017年市提出“四级同创”的法治创建活动，即创建法治城市、法治县、法治镇、民主法治村（社区），其中法治县创建是把海丰、城区定为先行点的，法治镇创建要在2016年覆盖率40%的基础上，达到70%。民主法治村（社区）创建要有50%以上村（社区）达到市创建标准，这些要求要作为一个普法内容列入规划；②在制定“七五”普法规划和组织实施时应着力解决“一个提高”、突出“三个重点”、落实“五项措施”。“一个提高”，就是要进一步抓好各级领导干部对“七五”普法认识的提高。普法是一项宏大社会工程，必须坚持“党委领导、人大监督、政府实施、各方参与”的普法工作格局。在制定普法规划时，要着力提高各级领导对“七五”普法规划的认识，正确处理“七五”普法与实施依法治国方略构建社会主义和谐社会的关系，切实支持和重视“七五”普法工作。“三个重点”，一是重点抓好依法行政和公正司法。依法行政、公正司法是依法治理的重要环节。在“七五”普法中，海丰县各行政机关和司法部门要制定相应的规章制度去推动，同时加大督查力度，对那些执法违法、司法不公、损坏国家机关形象、给党和人民造成严重损失的要坚决依法追究责任。二是重点抓好“七五”普法典型的示范作用。司法行政主管部门要用典型引领推动工作，才能使“七五”普法工作不断上档次，上水平。三是重点抓好“七五”普法保障机制建设。“七五”普法是个量大面宽的综合性工作，必须建立完善的保障机制。“五项措施”，一是制定实施方案，搞好宣传动员。二是集中力量，培训骨干。在制定的“七五”普法规划中，各系统、各行业都要从实际出发，通过对各级骨干人员的培训，规范教育内容和方法，逐步建立起以律师、执法人员、司法人员为主的专业法治宣传队伍。三是采取多种方式，不断增强普法工作实效。四是落实普法和依法治理并举的方针，进一步完善落实谁执法谁普法责任制度。围绕基层治理法治化，充分发挥一村一法律顾问和一校一法律顾问的作用，开展常态化基层普法教育和“法治体验”实践活动，开展法治乡镇以及民主法治村，依法治校示范学校等法治创建活动，修订完善创建评价标准，建立健全“七五”普法考核指导标准和指标体系，推动社会治理法治化。同时要切实落实中办和国办印发的《关于实行国家机关“谁执法谁普法”普法责任制的意见》，让执法司法部门在办案过程中主动以案释法，让执法者、执法机关懂法、守法，让人们看到每一个执法者的法律素养和守法状态。五是健全有效的监督机制，保证“七五”普法的强劲态势。“七五”普法是一项宏大的社会系统工程，也是一项法律性、政策性、群众性很强的工作，必须建立有效的监督机制，要由各级党委牵头，对“七五”普法进行监督检查，对领导干部依法治理政绩进行考评。通过对普法年度责任目标的考评。使“七五”普法规划得到有效落实。会议强调，县政府及其职能部门要高度重视县人大常委会的审议意见，对存在问题认真抓好整改，并将整改情况于下次人大例会前书面报告县人大常委会；县人大常委会将依据相关法律法规的规定进行跟踪监督。

关于海丰县2017年上半年财政预算执行情况报告的审议意见。2017年8月1日县十五届人大常委会召开第五次会议，听取和审议县政府关于《2017年上半年财政预算执行情况报告》。会议认为，2017年上半年，县政府及财税部门认真贯彻落实中央、省市和县委的重大决策部署，按照县十五届人大二次会议审议通过的年度预算任务，围绕供给侧结构性改革的要求，以“加强管理，提高质量，保障民生，促进发展”的财政工作为主线，优化收入结构，严格执行新预算法，深化财税体制改革，做大财政收入“蛋糕”，积极采取措施，依法依规，强化税收征管，千方百计组织收入，加强资金管理，按照“保工资、保政策、保重点”的原则，合理调度资金，科学理财，海丰县上半年一般公共预算收入累计完成48733万元，占年初任务76378万元的63.8%，按可比口径计算增长30.4%，税费比例为70%：30%，顺利实现“双过半”目标；财政支出245328万元（一般公共预算支出和政府性基金支出），其中财政八大类支出完成164539万元，同比增长37.48%，超额完成市政府下达增长25%的支出任务，在36个省直管县中排名第3位，全县财政支出保持平衡的支出进度，财政预算执行情况良好。会议原则上同意这个报告。会议指出，海丰县上半年财税任务虽然完成“双过半”，但是财税形势仍不容乐观，主要突出问题：一是海丰县财政收入增长后劲不足，收入总量少，税源结构较为单一，质量基础薄弱，税收增长后劲不足，政府性基金收入只完成10256万元，占年初任务82400万元的12.45%，落后时间进度37个百分点，主要是来源于土地出让收入大幅度减少；二是财政支出压力大，收支矛盾突出。由于收入总量小，财政支出的保障能力受到影响，特别是部分政策性的调资项目尚未兑付；八大类支出增长乏力，完成全年八大类支出任务艰巨。三是财政预算管理水平、财政抗风险能力方面需进一步加强。会议要求县政府及财税部门：①要依法征收，确保全年预算收入的完成。一是抓好税收收入。要按照年初的税收目标任务，落实责任，把握工作的主动权，加大税收征收力度，加强协调沟通，完善综合治理措施，继续加大陈欠税款清理和税收稽查力度，堵塞税收流失漏洞，深入挖掘税收潜力，进一步抓好重点税种、重点企业和重点行业的税收征管，保障完成全年预算收入任务。二是抓好基金收入。要针对上半年基金收入落后进度37个百分点的问题，高度重视，组织力量，摸清基金收入的种类、来源，采取有效措施强化对基金的征收，确保及时应收尽收。三是抓好土地收入。要制订方案，明确责任，把握时机，选择有价值的土地对外公开拍卖，力争完成年初确定的土地拍卖收入任务。同时要大力追收被买家拖欠拍卖土地款、改变功能地价差收入和其他各项土地出让金收入。②要有保有压，进一步优化支出结构。要正视财政面临的压力，根据国家政策，严格按照财政制度规定，有保有压，优先确保政策性支出及工资性的支出，进一步优化支出结构，加强支出进度管理，严禁超预算支出，杜绝不必要的临时性开支，集中财力办大事。③要加强管理，保障财政健康运行。要严格执行预算法，按照预算法的相关规定，强化预算刚性约束，依法调整预算，严格部门预算监管，加强对预算单位的财务管理，保证部门预算资金严格按用途使用。同时要加强对财政风险的管控，妥善处理好“吃饭”与建设的关系。加大审计监督力度，强化政府性债务管理，对依法举债债务的偿还要分类纳入财政预算，有效控制债务风险，进一步提高资金使用效益，保障县财政资金安全、规范和有效运行。会议强调，县政府及财税部门要高度重视县人大常委会的审议意见，对存在问题认真抓好整改，并将整改情况于下次人大例会前书面报告县人大常委会；县人大常委会将依据相关法律法规的规定进行跟踪监督。

关于海丰县2017年上半年国民经济和社会发展计划执行情况报告的审议意见。2017年8月1日，县十五届人大常委会召开第五次会议，听取和审议县政府关于《2017年上半年国民经济和社会发展计划执行情况报告》。会议认为，县政府新一届领导班子在县委坚强领导下，思路清晰，计划周密，工作扎实，举措得力，2017年上半年按照县十五届人大二次会议审议通过的国民经济和社会发展目标任务，围绕县党代会提出的“三三五”战略目标，坚持以提高经济增长质量和效益为中心，全面落实“三大抓手”，积极采取有效措施，统筹推进深化改革、稳定增长、改善教育、民生、创文、创卫等工作，使各项经济指标完成情况良好，社会事业发展有新的突破，全县经济继续保持稳中有进的发展态势。例如，上半年全县GDP120.5亿元，比增8.6%，完成年度计划44%；财政一般预算收入4.9亿元，比增30.4%，完成年度计划64%。会议原则上同意这个报告。会议指出，海丰县下半年面对的经济运行环境仍然错综复杂，经济社会发展中仍存在一些问题：一是部分主要经济指标完成全年任务存在一定的难度；二是重点项目推进不够理想，对重点项目资金、供地的保障能力有待加强；三是招商引进的已投建项目规模不够大，“月亮型”、高附加值的企业较少；四是教育、卫生等社会民生事业短板需要进一步补齐。县政府以及相关职能部门对此要有清醒的认识、科学判断和准确把握当前面临的经济形势，增强做好经济工作的针对性和主动性，确保全年目标任务的圆满完成。会议要求县政府及相关职能部门：一要以县人大确定的目标为依据，加大推进完成全年任务的力度。下半年的工作要按照县人大年初确定的目标任务，在上半年完成任务的基础上，总结经验，加强工作力度，切实在推动一些重点工作和破解制约经济发展的突出问题上，寻求突破，努力破题，尤其要认真分析制约经济发展、任务完成的瓶颈问题，认真研究重点项目资金投入、上级补助、供地等关键环节，注重把产业结构调整和产业布局等问题进行认真梳理，紧密结合上级产业扶持政策和海丰实际，结合年初制订的计划，深入研究对策和措施，积极推进完成全年的目标任务。二要以“三大抓手”为着力点，促进海丰县经济发展。要紧紧围绕城市扩容提质、园区、公路建设等项目建设，重点抓好一些重点项目的立项、审批、征地以及作物补偿等前期工作，特别要加大生态科技城建设力度，大力推进三、四期工业用地约2.3平方千米的征地工作，以及园区污水处理厂建设，对已签约的20个科技工业项目及已开工建设的项目，要按照项目计划进度表和倒排表，加快推进建设力度，促进项目早日动工建设早日投产，进一步增强该县产能及可支配财力；要围绕“宜居宜业宜游现代中等城市”建设目标，加快县城扩容提质的步伐，重点开发以市民中心、华耀城等重大市政、商住项目为核心的县城南部新城和北部新区，进一步提升海丰城市品位和形象。要按照“融入深莞惠1小时生活圈”的目标，加快广汕铁路、兴汕高速、深汕高速公路、国道G324线改扩建、莲花大道、海丽大道等交通项目工程建设，进一步完善交通基础设施建设，构建区域性交通一体化网络，促进全县经济社会的发展。三要以补齐短板为目标，推进社会民生事业发展。要高度重视民生工作，补齐社会民生事业短板。特别要注重教育、卫生、扶贫等方面工作。要加快县特殊学校、县中等职业技术学校、华中师范大学海丰附属学校二期及教育现代化等工程的建设步伐，改善农村义务教育薄弱学校基本条件，全面推进海丰县教育布局调整。要抓好县彭湃医院新院区、县中医院、县疾病预防控制中心、县妇幼保健院新院、梅陇中心卫生院等建设工程，同时抓好黄江、泰林一批民营医院建设，全面推进该县“卫生创强”硬件建设。要打好扶贫攻坚战，着力加快扶贫资金的下拨使用和贫困村创建新农村示范村规划建设进度，切实帮助困难群众解决好生产生活中遇到的困难和问题，确保实现2017年脱贫目标任务。会议强调，县政府以及相关职能部门要高度重视县人大常委会的审议意见，对存在问题认真抓好整改，并将整改情况于下次人大例会前书面报告县人大常委会；县人大常委会将依据相关法律法规的规定进行跟踪监督。

关于海丰县2016年财政决算草案报告的审议意见。2017年9月29日，县十五届人大常委会召开第六次会议，听取和审议县财政局局长林国义受县政府委托所作的《关于海丰县2016年财政决算草案报告》，并批准该报告。会议认为，2016年县政府及其财税部门采取育财源，稳增长，调结构，惠民生，严管理，抓落实，提绩效，谋发展的有效措施，积极抓好公共财政预算、政府性基金预算、国有资本经营预算和地方政府债务管理等工作，推进各项财税改革，规范财政收支管理，财政收支总体平衡，较好地完成县十四届人大六次会议批准的财政预算任务，在促进海丰县经济发展、保障教育文化、医疗卫生，改善民生等方面发挥重要作用。2016年县级一般公共预算总收入595827万元，其中：县本级一般公共预算收入73359万元，为调整预算的101.49%；地方政府债券收入35921万元；转移性收入为269827万元。县级一般公共预算总支出575166万元，其中：县本级一般公共预算支出568965万元，为预算的96.5%。政府性基金收入完成52048万元；全县政府性基金总财力合计为104424万元。基金预算支出完成100267万元，加上政府性基金调出资金65万元，合计完成100332万元，结转下年使用的支出数为4092万元。国有资本经营预算收入1300万元，相应安排国有资本经营支出1300万元，其中安排金叶公司日常经营支出400万元，缴入一般预算收入900万元。会议指出，2016年财政决算工作虽然做了大量有效工作，但也存在一些不可忽视的问题和困难。会议要求县政府及财税部门：一要努力培植壮大支撑性财源，促进经济发展。要综合考虑收入，拓宽收入渠道，除正常组织一般预算收入外，要从基金收入、土地收入、国有资产处置收入、融资及上级支持等做文章，努力培植、巩固和壮大税源，保持财政收入稳定增长，进一步优化收入结构，促进海丰县经济平稳健康发展。二要注重化解收支矛盾，防止财政风险。财税部门要切实增强责任感和紧迫性，积极采取有效措施，落实具体责任，增强风险意识和危机感，一方面要挖潜新税源，依照税法，结合海丰实际，摸清财源税源，强化税源管控机制，加强对重点领域、重点行业和重点税源的监控，加强收入征管，提高财政收入质量。另一方面要加强政府债务监管，健全风险防范机制，注重化解收支、透支、债务历史负担等财政矛盾，严格压缩一般性开支，加强对历年结余结转存量财政资金的清理，盘活资源，抓好土地储备工作，加大优质国有资产的处置力度，深化国有企业改革，依法依规加强政府性资源的管理，尽快转变财政工作一些不合理的现状。三要优化财政支出结构，提升财政保障能力。要按照新的预算法，不断完善财政管理工作各项制度，严格预算编制管理，规范收支科目、细化编制内容，优化支出结构，注重提高预算支出的实效性，对预算支出情况开展绩效评估，强化对重点民生保障支出和重大专项支出，进一步提升财政保障能力。四要加强队伍建设，提升财税队伍的整体素质。要加强学习培训，特别是涉及财税工作的有关政策文件、法律法规，要吃透精神，提高工作效率；要完善财税各项工作制度，依法依规按程序办事，同时强化监督力度，避免违规拨付财政资金，进一步优化服务环境，推动县财税工作的规范运转。会议强调，县政府及财税部门要高度重视县人大常委会的审议意见，对存在问题要认真抓好整改，并将整改情况于下次人大例会前书面报告县人大常委会；县人大常委会将依据财税相关法律法规的规定进行跟踪监督。

关于海丰县2016年度本级预算执行和其他财政收支情况的审计工作报告的审议意见。2017年9月29日，县十五届人大常委会召开第六次会议，听取和审议县审计局局长姚火坤受县政府委托所作的《关于海丰县2016年度本级预算执行和其他财政收支情况的审计工作报告》，并批准该报告。会议认为，2017年的审计工作报告，具有很强的指导性和操作性。县审计部门按照审计准则的要求，实事求是，抓早、抓主动，年初开始提前做好审前调查了解工作，掌握一些基础材料为制订年度审计方案提供依据，审计工作思路清晰，审计目标明确，审计重点突出，在新时期的审计任务繁重、要求严标准高和人员严重不足的情况下，通过合理整合审计资源，科学转变审计方法，拓展审计内容，对我县2016年度的预算执行、部门预算执行、重大政策措施、经济责任、政府投资项目等进行审计，针对审计发现的问题，及时提出整改意见和建议。会议指出，审计报告在预算执行审计中发现存在违规举借政府债务10000万元等12个问题；在部门预算执行审计中发现部门预算管理不够规范、租金收入未按税法规定申报纳税等6个问题；在重大政策措施跟踪审计中发现落实“三去一降一补”行动计划等3个问题；在经济责任审计中发现出纳人员涂改单据套取公款等9方面问题；在政府投资项目审计中发现3个问题。审计部门通过审查分析，综合提炼，发现问题，及时指出，提出落实整改建议。审计部门必须加强对整改工作的规范管理，对各单位各部门存在问题整改情况进行跟踪监督，加强督促检查，抓好落实整改。会议要求县政府及审计部门：一要关注审计存在的问题及产生问题的原因。审计部门、监督部门、各相关职能部门要根据实际情况，认真研究，深入分析，创新审计工作方式方法，针对屡审屡犯的问题，积极运用“大数据”手段探索建立审计问题整改台账对比系统等，建立长效机制，强化监督工作，杜绝违规现象。二要加大存在问题的整改监督力度。要切实落实审计整改主体责任，主动向党委汇报审计工作，履行审计的职责，强化监督的职能，将整改责任落实到具体的被审计单位或有关部门，切实运用审计成果，当好经济卫士，强化问责追责，切实做到善于发现问题，敢于披露问题，整治一处教育一片，重点关注涉农资金等重点民生项目、政府投资、部门预算、依法依规执行财经纪律及资金绩效等方面的情况，更加注重政策目标的实现情况和实施效果，切实保障资金运行安全和有效发挥资金使用效益，达到不断完善财经工作的短板，推进财政体制政策的改革和完善，更好的服务海丰县经济社会健康可持续发展。三要加强审计队伍的建设。适应新形势是审计工作发展的需要，创新审计形式确保审计工作顺利开展，需要建立一支专业水平强、综合素质高的队伍。会议强调，县政府及其职能部门要高度重视县人大常委会的审议意见，对存在问题要认真抓好整改，并将整改情况于下次人大例会前书面报告县人大常委会；县人大常委会将依据相关法律法规的规定进行跟踪监督。

关于贯彻实施《汕尾市水环境保护条例》情况报告的审议意见。2017年9月29日，县十五届人大常委会召开第六次会议，听取和审议县政府关于贯彻实施《汕尾市水环境保护条例》情况报告。会议认为，县政府对贯彻实施《汕尾市水环境保护条例》工作高度重视，多方研究，认真部署，做大量工作，成绩明显。一是多场次依法清除饮用水源区违规的畜禽养殖场、非法建筑物等违法行为。对海丰县饮用水源区的整治，政府职能部门齐抓共管，联合整治，及时制订法规性文件，调整管理方案，加强监督力度，强化巡查和管理，将污染控制在最低限度。二是饮用水源区的相关镇积极履行属地职责，配合相关部门，采取有力措施，治理污染源头。三是加快环保基础设施的建设，加大资金投入，立项建设公平、梅陇、可塘三个中心镇污水处理项目。四是先后编制青年、红花地、公平水库保护规划，调整县《畜禽养殖功能区划分方案》，初步完成《饮水源保护管理办法》制订工作，对全县饮用水源区进行划分，明确保护范围。五是全县库区饮用水源区范围卫生环境大有改善，饮用水源水质明显提升，其他河流水域逐步劣化的现象得到初步控制。会议指出，县政府在贯彻实施《汕尾市水环境保护条例》中虽然取得一定成效，但是也存在一些问题。①社会水环境忧患意识、保护意识淡薄，只顾自身利益、短期利益、局部利益，重经济、轻环保，缺乏全局观念；②责任分工还不够明确，部门职能交叉，管理仍未到位，区域划分不够具体，县职能部门、镇、村委、河流库区等责任分工不够明确；③相关水资源管理规划编制未落实。全县水资源规划（综合规划、专业规划、水功能规划、水土保持规划）等尚未编制完成或修改，基础设施建设滞后；④水环境保护专项资金投入少，基础设施配套跟不上（三个中心镇污水处理厂建设2年仍未能投入使用）；⑤宣传教育方式简单，宣传效果不佳，有些只流于形式，缺乏灵活性针对性；⑥水质环境不容乐观，水质变化不稳定的趋势尚未有效控制，非饮水源区污染还比较严重。一是由于污染物排放总量过大，水环境容量接近饱和，部分城镇建成区河道水体发黑，中心镇、专业镇尤其突出；二是局部地方河、湖水体自净作用下降，在枯水期出现水体富营养化，有些河段长满浮水莲，阻塞河道，东溪、龙津河、大液河等水系较为严重；三是山体滑坡、植被破坏，出海口河道养殖、高速路、高铁建设便道围堰清理不彻底、水土流失等导致一些河段淤泥堆积，水体混浊，河床抬高。会议要求县政府及职能部门：一要继续加大宣传，增强公民水环境保护意识。要结合《环保法》《水污染防治法》《水法》和《汕尾市水环境保护条例》，全面加强宣传，增强公民用水忧患意识，认识水环境保护重要性，形成公民保护水体的责任感、义务感和自觉性，营造社会共同保护水生态环境氛围。二要明确责任落实，建立健全监管机制。必须坚持政府主导，公众参与，保护优先，综合防治，损害担责的原则，结合中央环保督查提出的问题，整改清单，对照法律、法规，明确各职能部门的责任，建立健全全县水污染防治协作机制，把任务落实到有关职能部门，促使各职能部门按照部门工作职责，加强执法监管和整治力度，严厉打击水环境违法行为，抓好水环境保护工作。三要抓住污染源头，全面实施严格管控。从防止污染的源头抓起，在农业面源防治上，要科学推广低毒、低残留农药的使用等；在饮用水源地以及流域上游，要加强水生态保护，严禁无序开发；在项目审批上要严格执行相关法律法规，认真落实项目环境影响评价制度、环境保护三同时制度、排污许可、用水许可规定，从源头把住关口，守住底线，防止“先上车，后补票”的做法。四要抓好污染突出问题，确保水生态环境安全。要加大继续跟踪的力度，向上争取中小河流整治的资金，确保项目早日动工建设，尤其要加快“引水入城”议案的办理进度。加大资金投入，抓紧做好全县水功能区域编制，强化饮水源保护力度，加快速生桉树的改造，结合河长制，加快重点流域的污染防治工作，强化水库集雨区、江河源头的水污染防治工作，提高用水效率；要加快工业园区的环境基础设施建设，尤其是污水、垃圾集中处理等污染治理设施，落实排污企业主体责任，建立重点污染处理排放的运行台账，发现问题及时整顿。要因地制宜加快城乡生活污水处理设施建设，完善管网配套，投入运营，科学管理。要结合创文活动，加大镇村黑臭水体的治理力度，落实控源截污垃圾处理、清淤疏浚、生态修复等工作措施，实现河畅、水清、堤固、岸绿、景美的目标，为建设绿水青山美丽海丰而努力。

关于社会治安重点整治工作情况报告的审议意见。2017年9月29日，县十五届人大常委会召开第六次会议，听取和审议县政府关于《社会治安重点整治工作情况报告》。会议认为，2017年县政府及其职能部门围绕县委提出的“五个不发生”和到年底前摘掉全市社会治安重点整治地区“帽子”，毒品蔓延势头得到根本遏制，社会大局平安稳定，人民满意度明显提高这一主线，针对日益复杂的社会治安形势，从重点整治社会治安突出问题和薄弱环节入手，坚持运用法治思维和法治方式，以问题为导向，不断强化打防管控各项措施，进一步强化精准打击涉毒、涉枪、两抢一盗、聚众赌博等各类影响人民群众生命财产安全的严重刑事犯罪活动，创新调处化解矛盾纠纷综合机制，有效防范、化解影响社会安定的突出问题，不断增强人民群众安全感。会议原则上同意这个报告。会议指出，随着全县治安形势的不断变化，海丰县下半年社会治安环境仍存在一些问题：①社会稳定方面。主要包括政治安全隐患、社会矛盾隐患以及公共安全隐患。②社会治安方面。“两抢一盗”案件占刑事案件比例仍在高位徘徊；电信网络诈骗破案率偏低；社会治安防控未形成完整体系，基础性工作还未安全到位；社会治安突出的问题仍未得到根本性治理。在治安整治和平安建设中，群众参与度和知晓率仍不高，全党全社会的强大合力仍未真正形成，治安整治声势和攻坚合力仍需加强。③全民禁毒方面。毒品违法犯罪活动的反复性、隐蔽性，邻近县、市制贩毒分子伺机向我县渗透、转移的威胁可能性持续加剧。同时，海丰县自身禁毒工作基础还较为薄弱，防控机制还不健全，部分镇村常态化巡查、网格化管理仍然流于形式，面对的禁毒形势和考验仍然严峻艰巨。会议要求县政府及相关职能部门：一要全面规划，健全完善立体化社会治安防控体系。科学配置警力，强化社会面巡防管控，针对案件高发的重点部位、场所、路段和城乡结合部，采取车巡步巡结合、夜巡昼巡结合、公开秘密巡逻结合等方式，提高巡逻密度、风警率和打击现行犯罪能力，实现动态环境下对社会治安的有效控制；大力推进科技防范工作，加快“平安海丰”初步监控系统二期工程建设，提高全县主干路道、路口覆盖率，着力构建点线面结合、人防物防技防结合、打防管控结合、网上网下结合的社会治安动态防控网络；充分激发和调动人民群众参与排查整治、参与维护社会治安的积极性，进一步完善治安防控体系建设，特别是把网格化管理列入社会治安重点工作，大力发展壮大保安员、治安巡防员、治安信息员、综治协管员、平安志愿者等多种形式的群防群治力量，最大限度消除各类治安隐患。二要继续开展社会治安重点整治工作。坚持专项打击与重点打击相结合，围绕“更快地破大案、更多地破小案、更准地办好案、更好地控发案”，建立对涉黑涉枪、盗抢骗、黄赌毒等违法犯罪的常态化打击整治机制。加大对农村、农贸市场等领域的黑恶势力的打击力度，强化新兴领域犯罪的预防和打击措施，全力维护社会治安持续稳定。三要全面加强禁毒工作。研究制定全民禁毒工作实施方案，围绕“三个绝对不允许”工作目标，全面掌握情报信息，深挖毒品犯罪线索，加大禁毒设卡巡查、网格化管理和常态化打击力度，坚决遏制毒品在该县蔓延，从根本扭转禁毒工作被动局面。要建立吸毒人员“网格化”管理服务模式，依托“政府+公安+社会”三方力量，对吸毒人员进行及时走访排查，宣传教育，实时掌握网格内吸毒人员的各方面情况，杜绝涉毒人员的脱管、漏管及失控现象发生，完善各项管理制度，创新禁毒宣传工作模式，努力形成全社会、各行各业齐抓共管，共同参与的禁毒社会化格局。四要继续补齐基层治理基础“短板”。继续深化“中心+网格化+信息化”建设，打造基层综治信访维稳中心“升级版”；加大资金投入，加快县一级看守所、戒毒所、拘留所和基层公安派出所、司法所等政法基础设施及装备设施建设，重点要抓紧启动县级戒毒（康复）人员集中收治安置基地运作，落实病残涉毒人员收治工作；加快社区戒毒康复帮教和社区矫正场所建设，确保2017年社区戒毒（康复）执行率达到85%以上。五要加强基层治安防范，不断完善创新社会管理。进一步创新村、社区警务工作模式，推进村、社区分级分类管理，依托全县村、社区综合治理网格化管理平台，创新村、社区服务管理模式，实现村、社区治安综治网格化管理规范化、信息化和标准化。加强以流动人口为重点的管理服务，不断完善“以证管人、以房管人、以业管人”的流动人口服务管理模式。坚持向科技要警力，向信息化要战斗力，积极运用互联网、物联网、大数据、云计算、人工智能等科技成果，加强各类信息共享，强化对社会治安形势的分析研判，实现“打击、管理、防控”的精准化、智能化。六要高度重视信访维稳工作。政府及公安部门等相关职能部门要落实责任，制定履行严肃的追责问责制度，进一步明晰责任和任务，突出各相关部门、确保各项措施落实到位，同时要加大社会治安重点整治宣传力度，营造良好社会秩序和氛围，通过多种载体，持续有效的开展社会治安整治工作，提高群众的安全感，对政府工作的满意度，合力创建良好社会环境。七要加大对公安等职能部门的财政投入。县政府及财政部门根据预算法做好预算安排，加大对公安等职能部门的财力投入，确保给予公安部门等相关部门在履职的人力、物力、财力的大力支持，包括硬件设施（禁毒所等）的建设，来共同营造良好的社会治安环境，提高人民生活的安全感和满意度。会议强调，县政府以及相关职能部门要高度重视县人大常委会的审议意见，对存在问题认真抓好整改，并将整改情况于下次人大例会前书面报告县人大常委会；县人大常委会将依据相关法律法规的规定进行跟踪监督。

关于海城、附城、城东三镇学校布局调整完成情况报告的审议意见。2017年11月16日，县十五届人大常委会召开第八次会议，听取和审议县政府关于海城、附城、城东三镇学校布局调整完成情况报告。会议认为，2017年县委、县政府重视对县城三镇学校布局调整，投入大量资金，采取一系列行之有效的措施，布局调整取得阶段性成效。会议原则上同意这个报告。会议指出，通过调配资源，借“创强、创现”契机，全县各级各类学校办学条件大大改善，教育教学质量稳步提高。但由于历史的欠账较多，还存在不少问题和困难：一是新建或扩建学校项目的推进速度较慢；二是县城地区大班额问题尚未全面解决；三是学前教育资源稀缺，办园环境差；四是教育用地规划缺少，相关政策、规划落实不到位。会议要求县政府及相关职能部门：一要加大力度，切实做好在城三镇学校的布局调整工作。要加快在建项目建设的推进速度，确保附城、城东两镇新中心校在2018年春季竣工交付使用。要强化措施，确保城东新中心校的教学用地按计划征用，即规划内还未征用的1万多平方米土地要及时落实征用；确保海城镇中心校旁边原预留的教学用地及时征用、确权，为今后海城中心校建设标准化运动场提供建设用地；要确保三镇必须各有1所中心幼儿园；政府要通过存量国有土地资源的合理调配，扩大新城小学、联河小学、海城四校、二校等现有小学校区的教育用地；要继续加大投入，配齐配全学校各项设施。二要科学规划和严格控制教育用地。要结合实际，科学合理地规划县城地区学校新的布点，新的规划要征求教育主管部门的意见，留足教育用地：撤并以后的原校舍要加强管理，勿挪作他用；要摸清家底，统计好每年需入学的适龄儿童人数，控制好办学规模；要坚决贯彻落实《广东省人民政府关于统筹推进县城内城乡义务教育一体化改革发展的实施意见》和《广东省加强住宅小区配套幼儿园建设和管理工作的指导意见》。县政府要严格执行和监督相关教育用地规划的实施，确保规划得到有效贯彻落实。三要加强对各级各类学校的管理，巩固创强创均成果，把好质量关。教育主管部门要加强对学校督促检查力度，使学校管理规范化、精细化，确保设备仪器的使用率，课程设置开足开齐。四要加强教师人事制度改革，激活教师队伍活力。要加强教师队伍建设，激活教师队伍活力，必须加强教师人事制度改革。重点是要树立动态管理编制的意识，根据变化的情况及时调整、确定学校编制，及时补充或调减教师。同时，要把定编与正在进行的学校布局调整紧密结合起来，调整优化教师资源配置，调整优化师资结构。要有计划加强教师业务培训力度，切实提升广大教师的业务素质和能力水平，培养广大教师树立起终身学习观念。五要解决领导层面（管理者和决策者）的思想观念问题。要全面调整县城三镇学校布局和大班额的问题以及关于解决县城三镇学前教育的问题。六要解决责任落实的问题。包括建设责任、工作责任、推动责任的落实。职责划分分明，执行到位，在工作中要依照权责划分进行，消除职责交叉的现象，将责任落实到个人。七要解决学前教育规范管理的问题。全县有幼儿园343间，仅36间证件齐全。关于学前教育的问题，要做到：管理（有证的如何进一步规范管理）、建设（新建的要如何建设，政府要纳入财政预算）、整治（对这些无证无牌的幼儿园要科学整治，一边整治，一边规划办证，对不达标的幼儿园进行依法取缔）、规范管理。八要调整充实城镇规划委员会成员单位。要把教育部门列入城镇规划委员会成员单位，充分听取教育部门意见，为教育预留更充分的用地，彻底解决县城学校大班额的问题。会议强调，县政府以及相关职能部门要高度重视县人大常委会的审议意见，对存在问题认真抓好整改，并将整改情况于下次人大例会前书面报告县人大常委会；县人大常委会将依据相关法律法规规定进行跟踪监督。

【组织人大代表视察】 按照汕尾市人大常委会办公室《关于印发（2017年汕尾市人大常委会组织开展代表视察调研实施方案）的通知》的工作要求和安排，为加强代表工作，充分发挥代表参政履职的监督作用，海丰县人大常委会于11月上旬组织工作、居住在该县的市七届人大代表和县直机关部分县十五届人大代表进行集中视察，对海丰县的产业园区建设、教育工作、创文创卫等方面进行重点视察。视察活动采取召开座谈会听取汇报、实地查看和代表个人持证视察的方式进行。11月7日上午，海丰县政府在县委迎宾楼召开汇报会，由常务副县长卓凛波向参会的市、县两级人大代表作《海丰县前三季度经济社会发展及有关工作情况汇报》，对2017年以来全县经济社会发展情况、重点项目建设、创文创卫、产业园区建设、城市管理工作等情况向与会代表作汇报，就海丰的发展与代表们进行交流。随后，代表集中视察活动分成2组进行，分别由县人大常委会各3名领导作为召集人，县政府分管副县长和教育、环保、经促、公用事业局等单位领导全程陪同，分别对海丰县生态科技城、市民健身广场、附城新山贫困村新农村示范村、华中师大附属学校、陆安高级中学、莲花新农村示范片区建设等项目进行实地察看。通过听取县政府工作汇报和实地视察，代表们认为，2017年海丰县政府全面落实省、市振兴发展战略，扭住“三大抓手”，克服经济环境不利因素影响，大力推进重点项目建设和招商引资，打好扶贫、卫生和教育创强、创文创卫等民生攻坚战，推动海丰全县经济社会健康稳定发展采取的措施扎实有效，取得成绩值得肯定。同时指出，2017年以来海丰县的主要经济指标平稳增长，重点项目建设全面推进，市政、基础设施建设推进有力，产业共建扎实实施，精准扶贫、卫生创强、教育创强、社会治安重点整治等民生短板攻坚全面拉开，创文创卫工作成效明显。但在保持稳中有进的发展态势的同时，全县经济社会发展还存在着制约因素和问题。主要是：重点项目推进总体偏慢、产业园区建设整体推进不协调、部分经济指标不甚理想、八大类支出增长乏力，这些问题很大程度上制约该县加快发展、协调发展的步伐。代表们提出如下建议：一是要继续重点抓好投资、消费、出口“三驾马车”和财税收入、规上工业、外贸出口、利用外资等工作，全力推进经济指标增长达到预期。二是要重点推进产业园区建设和项目建设，加快生态科技城、首饰产业环保集聚区、公平产业园、可塘珠宝产业园的征地和配套设施建设，加快产业园区在建项目、新引进项目建设进度，加快国际青年创客城、好迪五星级酒店、华耀城等重点项目推进，加快重大市政项目的建设和升级改造进度，全力发挥重点项目建设的带动作用。三是要以惠民利民为着力点，积极落实代表议案和建议，为民办实事、办好事。加大扶贫工作力度，着力推进精准扶贫，实现2017年1.3万户贫困户脱困目标；加快推进彭湃纪念医院新院、妇幼保健院、疾控中心和黄江医院等民营医院建设，切实解决群众看病难问题；加大教育投入，加强教育软硬件配套建设，集思广益，研究、采取可行性强的措施整顿规范民办幼儿园，全力抓好学前教育和小学教育、中学教育，为实现教育强镇、教育强县夯实基础。要形成齐抓共管共同做好创文创卫工作的合力，继续大力抓好整治户外设施、广告牌匾乱搭乱建、无牌无证车辆上路行驶等严重影响文明创建、卫生创建的问题，查漏补缺，补齐短板，抓好长效机制建设，巩固创文创卫成果。

（余德胜　廖婷婷）

海丰县人民政府

县政府领导成员

【2017年海丰县人民政府县长、副县长名录】

县　长：郑俊雄

副县长：卓凛波（常务）

卓雄峰

吴光群

陈凯婵（女）

郑永城

罗　恒

县政府工作机构

【2017年海丰县人民政府工作机构设置】 2017年，海丰县人民政府设有25个工作部门：县政府办公室、县发展和改革局、县经济促进局、县教育局、县民族宗教事务局（不计入）、县公安局、县监察局（不计入）、县民政局、县司法局、县财政局、县人力资源和社会保障局、县国土资源局、县环境保护局、县住房和城乡规划建设局、县交通运输局、县水务局、县农业局、县林业局、县文化广电新闻出版局（不计入）、县卫生和计划生育局、县审计局、县市场监督管理局、县安全生产监督管理局、县食品药品监督管理局、县统计局。

重要会议

【县政府常务会议】 2017年，县政府共召开19次常务会议，讨论研究284个议题。其中，涉及重大行政决策和民生实事的主要有：审议《政府工作报告》《海丰县2017年国民经济和社会发展计划执行情况与2018年计划报告（草案）》《海丰县2018年财政预算收支报告（草案）》《海丰县2018年十件民生实事（草案）》《海丰县土地利用总体规划（2006-2020）中期调整方案》《海丰县城镇土地定级与基准地价更新成果》《海丰县环境保护与生态建设“十三五”规划》《海丰县消防工作考核暂行规定》《汕尾市海丰华耀城项目合作协议书》《海丰县“三旧”改造专项规划（2015-2020）》《汕尾市海丰华耀城项目合作协议书》《海丰县“三旧”改造专项规划（2015-2020）》《海丰县财政支出管理暂行办法》《海丰县扶贫小额信贷工作实施方案》《海丰县公平水库清淤工程（一期）清淤物处置拍卖方案》《海丰县贯彻落实中央第四环境保护督察组督察反馈意见整改责任清单》《2017年海丰县促进外贸出口稳定增长实行考核奖励办法》《海丰县突发事件应急体系建设“十三五”规划》《县城第二污水处理厂及配套管网首期工程PPP项目实施方案》《海丰生态科技城招商引资优惠政策》《海丰县2016年财税征收经费核定办法》等规范性文件；讨论研究海丰县2018年重点建设项目、精准扶贫精准脱贫有关工作、县城市民中心工程项目有关事项、梅陇镇中心卫生院改造升级项目、城东镇卫生新院区征地、择址建设县城建筑垃圾收纳场、海城镇福临坑道路改造工程招标有关事项、公交车停保场建设用地、县生态科技城一期用地供地、县市民中心用地供地、县生态科技城用地供地、县教育园区用地供地、县城海丽大道改造工程建设、县城海紫路升级改造工程建设、县生态科技城项目落户建设、梅陇镇区主干道升级改造项目建设、续建海丰县城青年水厂（三期）项目、汕尾（全球）生态食品交易中心项目建设用地征收、海丰县村镇生活污水处理设施建设项目、彭湃中学提质升级工程、海丰县2016年度退役士兵安置、县城垃圾焚烧处理厂存量垃圾整治工程等工作。

【县长办公会议】 2017年，县长郑俊雄主持召开重点工作、项目推进会42次，协调解决县生态科技城、莲花大道、市民中心、华耀城、海丽大道升级改造、南门湖环境整治、彭湃纪念医院新院区、深汕合作区重点项目征地、创文创卫、精准扶贫、禁毒缉枪、信访维稳、安全生产等重点工作。

重大政务

【推进“一城三园”建设】 2017年，海丰全力推进生态科技城开发、建设、落地投产，建设北部新区，推动“向西融珠”、振兴发展的重大引擎。全面推进已引进的26个项目，其中东维亚珠宝工贸城、星际动漫2家企业已建成投产，另外冠龙生物科技、海龙投资大厦、龙兴机械、一开电气、鹏程金属、名仕度、采味轩、同翔新型纸品、高端直线电机、裸眼3D、锂电池隔膜、源丰首饰、星际动漫大厦和众恒机器手等14个项目将于年底或2018年初陆续建成投产发挥效益，加快建设春天地毯、威翔航空、佳宝食品、双全农牧、时代名都、旅游公寓、丽堡路手套帽业、鸿骏首饰、华雅化妆用具、吉安包装容器等10个项目，园区初具雏形、初出规模。高标准规划建设梅陇、公平和可塘三个中心镇工业园区，致力打造金银首饰、珠宝、服装等传统产业环保聚集标准化、示范性园区。

【全面推进重点项目建设】 一是采取超常规措施，实施倒逼机制，力促全县重点项目建设加快推进。2017年全县共有57个重点项目，总投资409亿元，年度计划投资61亿元，涵盖重大发展平台、现代产业体系、交通公路、农林水利、市政建设、社会事业、环保民生等领域。其中国际青年创客城华耀城、好迪五星级酒店、市民中心等重点项目加快推进，为推动全县经济高质量发展奠定基础。二是积极拓展融资渠道，大力推广政府和社会资本合作（PPP）模式，鼓励社会资本参与基础设施和社会事业等重点领域；利用创投引导、股权投资等方式，充分发挥财政资金杠杆作用，进一步强化政府投资带动放大效应。

【推进基础设施建设】 树立“项目为王”意识，全面推进交通、供电、供水、通信、市政配套等基础设施建设。加快推进广汕铁路、兴汕高速、深汕高速改扩建全速推进、国道G324线县城至梅陇段等道路项目加快建设；推进自来水工程，确保县城发展用水需要和全县群众饮水安全；加快高速宽带等信息基础设施建设，加大县城重点公共场所免费无线网络覆盖面，推进智慧城市建设；推进全县城乡电网建设，加快附城110千伏室内输变电站、协鑫光伏发电项目建成启用、并网发电；海紫公路、莲花大道、海丽大道正在加速推进，加快同城化进程城乡基础设施的不断完善，为加快发展奠定坚实基础。

【加快农业现代化建设】 一是加快发展现代农业，发挥陆港、海亮、中荣、冠龙等农业龙头企业引领带动作用，推动公平、城东、平东、黄羌、可塘等为组团的生态圈提速发展；努力推进省级现代粮食示范区和创建国家现代农业产业园，着力打造“两基地、两中心、一平台”和“一环、三园、两区、多基地”；有效推进农村土地承包经营权确权登记颁证工作，至2017年底，已颁发证书7万份，颁证率88%，提前完成市下达的目标任务，取得阶段性成效；加快重点水利工程建设，全县上马建设一大批水利整治项目，其中投资4.2亿元，建设西溪、大液河水闸重建和龙津河水系以及青年水库、赤沙水库、黄江河等一大批水利项目，极大改善全县农业生产条件。全县蔬菜产业累计拥有13个省级名牌产品、5个地市级金牌产品、6个地市级名优产品，其中，皇斋虎噉金针菜是国家地理标志产品，获得“第十届、十二届、十四届中国国际农产品交易会”金奖产品称号，是广东省“十大名菜”。

【改善城乡环境】 围绕“双创”目标，深入实施“绿色发展”战略，促进城乡环境得到有效改善。实施全县农贸市场改造升级，大力解决硬件设施陈旧、环境卫生较差等突出问题，有效改善市场交易环境；整治机动车辆乱停乱放现象，大力解决县城各主干道路拥堵严重、交通秩序混乱问题，坚决依法取缔非法营运三轮车，形成长效的交通管理机制；整治门店商户乱摆乱占现象，整顿查处占道摆摊、占道经营行为，全面落实“门前三包”责任制，积极营造良好营商氛围；整治户外设施乱搭乱建现象，坚决遏制违章建筑、违法建设蔓延势头，确保县城地区违建“零增量”。

【倾力办好民生实事】 扎实推进精准扶贫精准脱贫和教育、医疗、卫生、社会治理等民生事业，满足群众美好生活需要，提升人民群众获得感、幸福感、安全感。主动对接深圳对口帮扶，扎实做好新时期精准扶贫精准脱贫工作，截至2017年底，实际完成减贫人口11624人。全面开展42条省定贫困村建设，为全面完成海丰县贫困村创建社会主义新农村示范村工作打下坚实基础；围绕“教育强县”目标，上马建设县实验小学和城东中心小学、附城中心小学、陆安高级中学等一批“创强”项目，推进华中师大附属学校续建工程、彭湃中学提质升级等项目建设，加快教育现代化建设；围绕“卫生强县”目标，上马建设第二人民医院、县中医院、疾控中心、妇幼保健院建设项目，推动彭湃纪念医院新院区、泰林、东泰、黄江、中医馆等医院加快建设，推进县镇村医疗卫生机构一体化管理，强化县级医院临床重点专科建设，为率先在全市完成“创卫”目标打下坚实基础；全县投入专项经费6000万元，全面开展消防和安全生产隐患大排查、大整治行动，全力维护全县安全生产形势稳定，为海丰经济社会发展提供良好环境；围绕市委、市政府关于“把汕尾打造成为全省最平安最和谐最稳定的城市”部署，以“飓风2017”专项行动为抓手，全面开展社会治安重点整治工作，重拳打击“两抢一盗”和涉黄赌涉黑恶等违法犯罪，确保全县政治安全、社会持续稳定。

综合政务

【办文办会】 2017年，县政府办公室认真做好办文、会务工作。从严要求，积极做好收发文及文件管理工作。通过大力改革公文审批制度，完善收文、拟文、签文、发文及登记跟踪程序，严把政策关、程序关、文字关，确保办理的政府机关各类公文的时效性、规范性和权威性。全年共制发县政府文件58个、函复68个，办公室文件40个、函复387个，各类会议纪要181期，及时高效地指导基层工作。

【民心工程】 2017年，海丰县切实扎实办好民生实事，以人为本，切实增进民生福祉，努力满足人民美好生活需求，重点办好市民中心市政道路、全民健身广场及配套、县城莲花大道建设工程、南门湖环境整治工程、龙津河水系生态环境整治工程、全县农贸市场升级改造工程、梅陇镇中心卫生院升级建设工程、县城青年水厂三期续建工程、教育提升工程、底线民生保障工程、海城镇福临坑道路改造工程等十件民生实事。

【政务督办】 县政府办公室紧跟县政府的工作部署，全面落实领导指示精神，进一步加强对海丰县中心工作和重点政务的跟踪督查。抽调办公室精干人员，联合县发改局等部门，对重点项目和民生实事等工作开展专项督办。全年共开展专项督查51次，组织编发督办通报或政务通报36期，有效地推动全县重大决策部署的落实。

【政府自身建设】 2017年，围绕市委提出的“打造钢的班子、铁的队伍”要求，海丰县人民政府坚持加强政府自身建设，自觉接受人大、政协监督，积极听取各民主党派和工会、共青团、妇联等群团意见；进一步推进政务公开、深化简政放权，主动作为、认真履职，深入基层、深入群众，以目标倒逼计划、以督查倒逼进度、以考核倒逼落实，切实提升政府服务力、执行力；始终坚持把为人民谋发展增福祉作为最大责任，把加快海丰振兴发展重任扛在肩上，不忘初心、牢记使命，以实实在在的业绩，造福于民、取信于民，切实提升政府落实力、公信力；不断加强政府自身建设，坚守底线、廉洁从政，严守政治纪律、政治规矩，全面贯彻县委的决策部署，坚持从严治政，推进反腐倡廉，净化政治生态，切实提升政府免疫力、向心力。

【机关事务接待】 圆满完成会务和接待工作，全年完成109次会议通知及会议筹备组织工作，承办全县性大型会议会务工作10次。

（刘小明）

附：2017年海丰县人民政府办公室领导名录

主　任：林其波

副主任：吴智传

罗初有

罗家杰

王荣贞

法治政府建设

【机构人员】 根据县编委文件《关于印发海丰县人民政府法制局主要职责内设机构和人员编制规定的通知》（海机编〔2011〕62号），县人民政府法制局（挂海丰县人民政府行政执法督察办公室、海丰县人民政府行政复议办公室、海丰县人民政府法律顾问室牌子）内设复议应诉股、监督综合股；机关行政编制3名，机关使用事业编制2名，其中，设置局长1名、正副股级领导职数2名。

【推动依法行政考评】 2017年，海丰县深入贯彻落实省、市依法行政工作会议要求，总结2016年度省依法行政考评工作经验，对照2017年度省依法行政考评要求，将各项考评内容分解给相关部门负责办理，做好各项材料收集及报送工作，确保2017年度依法行政考评各项工作顺利进行。

【行政复议和行政应诉】 2017年，县法制局共受理各类行政复议案件14件，结案14件。按结案形式分：维持8件，驳回申请1件，撤销1件，终止审理3件，其他1件，充分发挥县政府对下级行政机关行政行为的监督作用。全年共办理行政应诉案件21件，其中法院已审结的16件，县政府胜诉13件，胜诉率81.25%，较好地维护县政府的合法权益和权威。

【强化文件审核力度】 县法制局严格依据法律法规的规定，认真把好各类文件的法律关，对在审查中发现的与上位法相抵触、相违背的条款，及时提出修改意见，建议起草单位修改，保证政府文件的合法性。同时注重规范性文件备案工作，要求规范性文件在《海丰报》、县党政信息网等媒体公开发布并报市政府、县人大备案，县政府制定规范性文件的工作进一步规范化。

【当好政府参谋助手和法律顾问】 2017年，县法制局继续坚持列席每一次县政府常务会议，积极参与一些重要的协调会议，为政府各项行政决策把好法律关，充分发挥法制机构在政府决策中的法律参谋和顾问作用，有效规范政府行政决策行为，促进县政府依法依规履行政府管理和服务职能。

【行政执法监督和培训】 严格规范行政执法行为，强调持证上岗制，加强行政执法证管理，严格依据《广东省〈行政执法证〉管理办法》和各单位编制文件确定各单位行政执法资格和执法编制人数，利用行政执法证资格考核审查办证人员是否熟悉执法业务等，积极加强行政执法人员培训工作，针对不同部门开展行政执法人员法律知识培训班，以各行政单位办理行政执法资格证审核条件为契机，积极推行公共法律法规培训，从执法主体、执法规范、执法考核监督和执法责任追究等方面进行座谈培训，强调持证上岗和依法行政的重要性，进一步强化行政执法人员依法行政的责任意识，全面提升全县行政执法人员的行政执法能力和职业道德水平。2017年7月，县法制局组织首批行政执法人员参加网上综合法律知识考试并取得好成效。

【落实提案、议案交办工作】 高度重视人大议案、建议和政协提案的办理工作，专门召开人大议案、建议和政协提案交办会，及时落实办理责任。会后，县法制部门加强与承办单位的联系，强化对人大建议、政协提案工作的跟踪和督促，确保议案、建议和政协提案的办理情况能够及时回复代表。2017年度共办理市人大代表意见、建议22件，县人大代表意见、建议42件；办理市政协委员提案28件，县政协委员提案60件。

（郑伟杰）

附：2017年海丰县法制局领导名录

局　长：刘诗章

应急管理

【简述】 2017年，全县应急管理工作进一步夯实发展，取得明显成效。健全值班制度，完善应急指挥综合平台应用功能，大力推动开展应急知识宣教培训活动，促进全县经济社会持续发展。

【机构人员】 县应急办行政编制4名，县应急指挥中心事业编制2名，政府聘员编制7名。至2017年12月底，县应急办及属下单位共有10名在职人员。

【应急管理“一案三制”建设】 2017年6月，县应急办组织修订《海丰县突发事件总体应急预案》，并集中开展全县应急预案修订工作。至2017年底，已修订印发自然灾害、突发地质灾害等应急预案，其他县级专项预案也在陆续修订中，全县应急预案体系继续完善。县级应急指挥机构进一步完善，生产安全、森林防火、地质灾害、民族宗教、网络安全等应急指挥机构及时调整更新，更符合海丰县实际发展情况，应急体制建设进一步强化。

【应急保障体系建设】 应急指挥综合平台互联互通项目（二期项目）于2017年2月通过验收，并投入运行，实现各镇（场、经济开发区）、县直应急重点部门及突发事件现场指挥部移动终端与市、县应急平台三级互联互通，进一步提升应急管理科技支撑水平。2017年7月，省有关执法检查组到汕尾检查工作时，通过市应急平台与海丰县级各镇视频联调、检查指导工作，对该县应急平台建设工作予以充分肯定。3月，县应急办组织对附城镇云岭山庄社区、嘉豪物业云岭山庄管理处、海丰县南湖客运站等3个应急管理示范点创建单位进行评估验收并予以授牌，推动示范点创建工作，社会综合防灾减灾水平进一步提高。全面推进应急演练活动，组织开展道路交通、突发地质灾害及地震紧急疏散等应急演练，切实提高救援队伍及广大群众应对突发事件能力。

【应急知识宣教培训】 2017年，县应急办编制《应急知识普及读本·应急诗词》宣传资料，4月成立海丰县应急知识宣讲队，6~7月，分别在县城岁宝百货商场门口广场、贝金赛尔酒店、碧桂园小区、富丽华庭小区举办4场“应急知识在心中 文明平安在海丰”应急知识宣传活动。开展数场校园防溺水宣传活动、举办应急救护公益讲座。11~12月，在学校、社区、工厂、企业等基层单位举办16场“百人百场”应急知识宣讲活动及消防安全知识宣传活动。全方位、多层次宣传应急知识，全面普及防灾、减灾、避险、自救、互救等知识和技能，提高广大群众危机意识，增强自救互救技能。

【政府值班工作】 2017年，县政府总值班室及时编辑154期《突发事件信息专报》上报市政府总值班室。及时、准确地向上级部门及县领导报告突发事件或紧急信息，保证突发事件处理和信息报告及时。拓宽信息获取渠道，及时更新应急通信网络，确保信息渠道及通信网络畅通无阻。2017年，各地各单位严格执行信息报告制度，在规定时限内规范报送信息，坚持做到及时、准确、快速报告信息。同时，县政府总值班室加大值班督查力度，加强电话值班抽查，各地、各单位基本能做到24小时在岗值班，按时报告信息，全县政府系统值班工作情况良好。

【预测预警和风险隐患排查评估】 2017年，县各有关单位进一步建立健全预警发布制度，县应急办充分利用微信等即时通信，及时发布气象、防灾等方面的预警信息92条。按照省、市统一部署，海丰县组织2次为期1个月的风险隐患排查和整改工作，共排查风险隐患258处，落实整改255处。

【突发事件应对处置】 积极有效防御应对6月的洪涝事件，妥善应对1月15日鹅埠镇圆墩岭、1月19日潮惠高速海丰西出口连接线与国道G324线交汇处、11月23日平东镇双墩路段的较大交通事故以及12月9日公平镇较大火灾事故，及时发布官方信息、处置得当，没有让事件进一步扩大，把损失降到最低程度，维护社会稳定。

（刘嘉惠）

附：2017年海丰县应急管理办公室领导名录

主　任：马泽跃（任至6月）

副主任：卓泽钗

外事·侨务

【概况】 2017年，海丰县外事侨务局坚持以党的十九大精神和习近平新时代中国特色社会主义思想为指导，在县委、县政府的正确领导下，围绕中心，服务大局，创新方式方法，统筹资源力量，讲政治，塑形象，强管理，促发展，圆满完成各项工作任务，有力地推进新时代全县外事侨务工作迈上崭新台阶。

【政治教育】 认真组织开展学习宣传贯彻十九大精神，促使全体干部职工“不忘初心，牢记使命”，用习近平新时代中国特色社会主义思想武装头脑，指导实践，推动工作，使党的十九大精神在外事侨务系统生根发芽，结出丰硕成果。严格执行“三会一课”制度，健全党的组织生活，开展以“讲政治、强党性、严纪律、守规矩”为主题的纪律教育学习月活动。2017年12月，全市外事侨务系统现场交流会暨革命教育活动在海丰县召开，来自全市各县市区外事侨务系统的党员干部到黄羌林场红二师、49团旧址和中洞红色教育基地参观学习，重温入党誓词，接受爱国主义教育。

【提升对外形象】 充分发挥全体干部职工的主观能动性，提振精、气、神，保持干事创业的良好精神状态。优化整合机关资源，修缮办公场所，更新办公桌椅、办公器材，大大优化了办公环境。在二环路口设计制作单位指示路牌，在单位门口更换单位牌、液晶显示屏等，在办公楼一楼大厅打造宣传学习阵地，提升党政机关的整体对外形象。推行阳光政务，让全体党员干部职工和服务对象加深对单位的了解和认同。按照创建学习型、创新型机关的要求，研究出台《海丰县外事侨务局工作手册》，提高干部职工队伍责任担当意识和应急处置突发事件的能力，为局干部职工工作、学习、生活提供基本遵循。

【档案整理】 以对历史、对事业负责的高度，对县外事侨务局1974年以来的档案资料进行全面清理、分类、归档，全部纳入电脑信息化系统，首批1948份（件）档案移交县档案局统一保管。另外，原“老海丰”、现归属汕尾市城区和红海湾开发区辖区的侨房档案283宗分别移交汕尾城区和红海湾开发区。

【侨务工作】 一是坚持“外事无小事”原则做好外事工作。坚持以总体国家安全观为指导，重点加强与香港海丰商会、澳门海丰商会、马来西亚海陆会馆、香港工联会及其惠州服务中心等社团组织，史丹利等外资企业，惠州、揭阳、潮州和周边县市区外侨部门等兄弟单位的全方位联谊联络沟通，准确了解和掌握外事工作及港澳地区重大信息，有效实现信息互通、资源共享、合作共赢。自2013年起连续4年，通过争取史丹利百得（深圳）精密制造有限公司支持，到海丰县各地开展扶贫关爱活动，合计发放扶贫资金（物资）约合人民币50万元。2016~2017年，连续两年举办汕尾市海外华裔青少年（印尼）夏令营活动。2017年7月，占地133.33公顷、前期投资约60亿元的香港国际青年创客城海丰基地正式落户海丰县。在项目奠基慈善专场晚会上，香港创业青年共捐款108万元用于该县扶贫济困活动。县外事侨务局组织接待来访的华人华侨、港澳同胞、友好人士及重要来宾，接待和管理前来采访的外国记者，统筹办理县领导的对外交往事宜，指导该县各单位的外宾接待工作，正面深入地宣传海丰县改革发展取得的可喜成绩和巨大变化，为县委、县政府对外事务发挥重要参谋助手作用。2017年，全县共办理因公出国（境）100多人次。二是坚持“为侨服务”原则做好侨务工作。截至2017年底，海丰县已确认的侨捐项目98个，总投资约2.6亿元，其中接受侨捐资金约1.2亿元。落实侨捐项目监管常态化机制，每个项目每年监管巡查不少于1次、较大项目不少于2次；为充分展现海丰县侨捐项目风采，进一步激发广大侨胞贡献家乡经济社会建设的热情，启动《海丰县侨捐项目画册》编印工作。依法依规做好贫困归侨扶贫救助补助资金的分配发放工作，全年共发放95人次，总金额20.8万元。组织开展“寒冬送暖”走访慰问困难独居归侨活动，共送出40多套（件）冬季棉大衣、棉被以及生活物资一批。慎重处置落实侨房政策的历史遗留问题，全力以赴做好信访维稳工作，全年共有效处置来信来访14宗、38人次。

（杨德枝）

附：2017年海丰县外事侨务局领导名录

局　长：吴华生（任至7月）
　　　　赖新怀（7月起任）
副局长：杨德枝

地方志工作

【《海丰年鉴·2017》公开出版】 由中共海丰县委、海丰县人民政府主办，海丰县人民政府地方志办公室主编的《海丰年鉴·2017》于2017年1月启动编纂。1月17日，中共海丰县委办公室、海丰县政府办公室以海委办〔2017〕2号文件印发《海丰年鉴·2017编写大纲》和《海丰年鉴·2017基本篇目与编写分工》指示全县进行组稿，至4月中旬基本完成资料收集与组稿，6月中旬编出初稿，交回各组稿单位征求意见和校对，8月初定稿送广东人民出版社编审，10月广东人民出版社审定批准公开出版。《海丰年鉴·2017》主编卓凛波，执行主编蔡忠。该书设特载、大事记、县情概况、政治、经济、教科文卫体、社会生活、区镇概况、人物与先进集体等10个部分，设1068个条目和附录，为大16开本，共98.9万字，系统记述海丰县2016年自然、政治、经济、文化、社会等各方面发展变化，展现勤劳勇敢、厚德诚信、开拓进取的老区人民在建设美丽海丰的崭新面貌和坚持改革开放的时代特色。全书观点正确、特点鲜明、体例完备、结构严谨、内容全面、资料翔实，是一部集思想性、科学性、知识性和权威性于一体的年度资料性文献，是认识和研究海丰县情、制定政策、指导国民经济发展的重要工具书，极具资治、存史、教化之价值。由广州市中天彩色印刷有限公司以铜版纸与80克日兆线质纸彩色精印精装，定价268元。

【全县自然村落历史人文普查工作圆满完成】 2017年，全县自然村落历史普查工作循序渐进。2月，县志办转发《关于加强全市自然村落历史人文普查工作的通知》。3月，县志办汇同汕尾市自然村落历史人文普查办公室到各镇场开展全县自然村落历史人文普查工作情况分片检查。7月25日至8月5日，县志办陪同省人民政府地方志办公室派出的普查员深入全县各镇场查阅《普查表》和《调查》文稿。听取各镇、场分管领导汇报普查工作进展情况以及完成普查任务的时间与措施。9月，海丰县自然村落历史人文普查工作领导小组、海丰县人民政府地方志办公室向各镇场人民政府发出《关于要求切实做好精准扶贫村情集成资料报送的紧急通知》，要求各镇场落实专人上报村情集成资料。9月5日全市自然村落历史人文普查工作推进会之后，海丰县迅速将全市普查工作推进会精神和副市长余红、市政府副秘书长郑伟中的讲话精神传达贯彻到全县各镇场党政一把手中去，将市推进会领导的讲话精神变为海丰县的实际行动。自9月6日起连续6天，县委常委、常务副县长，县普查工作领导小组组长卓凛波亲自抓认真管，每天2次电话直接向全县18个镇场党政一把手逐个下任务、定措施、促进度，亲抓全县普查工作。9月6日以海丰县人民政府名义印发《关于要求切实做好我县自然村落历史人文普查工作的通知》到各镇场去，强调要按时按质圆满完成省市下达的普查工作任务，凡无故拖全县后腿者进行问责。县普查办公室、县地方志办公室认真督促指导各镇场加快普查工作，力促上进度保质量。

为贯彻落实省政府地方志办公室督导调研组9月26日至27日莅临汕尾督导调研的指示精神，切实做好全县自然村落历史人文普查工作，海丰县人民政府地方志办公室于10月中旬编印《广东省精准扶贫村情集成·海丰卷》（征求意见稿）400本，成为全省第一部《村情集成》。先后向全省21个市地方志工作机构和部分县市区地方志机构发送，与此同时，向全县各镇场、县直有关单位、县四套班子领导成员和史志爱好者发送，广泛征求意见。

10月25日，汕尾市人民政府深入海丰县督查自然村落历史人文普查工作，对全县各镇场履行普查主体责任，认真开展普查工作，加快普查进度给予充分肯定，对于普查资料质量参差不齐的问题，提出宝贵意见和具体要求。海丰县自然村落历史人文普查工作领导小组、海丰县人民政府地方志办公室向各镇场人民政府发出《关于要求严把普查资料质量关的紧急通知》，要求全县各镇场于2017年11月底之前全面完成自然村落历史人文普查工作任务。为贯彻落实广东省人民政府地方志办公室陈华康主任11月16~17日在汕尾调研的指示精神和汕尾市人民政府关于全市自然村落历史人文普查的工作部署，确保圆满完成该县自然村落历史人文普查任务，县志办于11月中旬召开全县自然村落历史人文普查工作分片汇报会，要求各镇场查漏补缺，按时保质完成任务。截至11月22日，全县完成《普查表》填写的自然村1293个，完成概况文稿撰写的自然村1293个，在全市率先圆满完成基本普查任务。

【地方志资料年报工作取得新进展】 为扎实开展全县地方志资料年报工作，按照《广东省地方志资料年报制度实施办法》和《海丰县地方志资料年报制度实施方案》《海丰县地方志资料年报编写要求》规定，海丰县地方志编纂委员会于5月向各镇人民政府（场、经济开发区）、县直（含驻海）各单位发出《关于要求认真做好我县地方志资料年报工作的通知》，要求全县各地各单位落实专人认真做好海丰县地方志资料年报工作，确保2017年底前完成省市下达该县的2016年度和2005年至2015年度未完成的地方志资料年报工作任务。至年底，全县136个编写单位完成年报资料93份，占69%。

【地方志资源开发利用工作顺利推进】 为扎实推进海丰姓氏文化研究，传承发展中华民族传统文化，2017年，县志办在任务重、困难大、经费紧的情况下，继续做好《海丰百家姓考略》资料收集工作。至年底，已收集到全县2015年底各姓氏人口、各自然村人口、姓氏对联、宗祠概况、姓氏源流等资料，总体进度达55%。

【海丰县地方志信息化建设走在全市地方志系统前列】 2017年，海丰县认真学习贯彻《国务院办公厅关于加强政府网站信息内容建设的意见》（国办发〔2014〕57号）、《广东省人民政府办公厅关于推进基层政府网站集约化建设的通知》（粤办函〔2017〕156号）、《广东省人民政府办公室关于做好政府系统专项工作网站查遗补漏工作的通知》《广东省人民政府办公厅关于2017上第三季度全省政府网站抽查情况的通报》（粤府办明电〔2017〕173号）、《关于开展广东省地情网站普查的通知》（粤志办函〔2017〕132号）、《汕尾市人民政府办公室关于加强党政机关和事业单位重点网站及信息系统安全防护工作的通知》（汕府办明电〔2017〕41号）、汕尾市政府网站管理中心《关于切实加强“十九大”期间网站运维工作的通知》（汕府网〔2017〕3号）、《海丰县政府网站集约化建设方案》（海府办函〔2017〕139号）以及海丰县人民政府办公室《关于要求报送政府网站栏目信息的通知》等文件，并于6月16日和8月31日与广州市尚恩科技股份有限公司签订《海丰县地方志书数字化合同书》《海丰县地方志门户改版及数据发布服务项目技术开发合同》，对海丰县地情网进行改版、优化栏目，更新数据，内容更加充实和完善。《海丰县志》第一、二轮和逐年的《海丰年鉴》及《海丰史志》（2012~2016年）已上传至海丰地情网，方便公众查阅。同时，积极选派人员参加省政府地方志办组织的信息化建设培训班，为海丰县地方志信息化建设提供组织保障。

【《海丰史志》继续发挥积极作用】 《海丰史志》为海丰新方志的学术研究和信息交流提供一方平台，为展示海丰历史文化名城而发挥窗口作用。至2017年底，《海丰史志》已出版总第28期。《海丰史志》及时刊登中国地方志指导小组和省地方志办公室领导的重要讲话以及省、市、县有关地方志工作的政策文件，为指导开展地方志工作发挥重要作用。与此同时，刊登海丰县人文历史和大事要事，深得广大读者好评。9月，《海丰史志》在全省地方志优秀期刊（连续性内部资料出版物）评议活动中荣获三等奖，为海丰县和汕尾市赢得荣誉，为海丰县创文工作赢得高分。

【实施中国名镇志名村志文化工程工作有序推进】 海丰县地方志办于2015年7月7日转发《中国名镇志文化工程实施方案》和《关于中国名镇志文化工程的实施意见》，决定全县4个中心镇和1个名镇列入实施范围。2017年4月26日，市政府地方志办公室在海丰县召开全市实施名镇志名村志文化工程工作会议。为认真贯彻落实全市实施名镇志名村志化工程工作会议精神和《广东省贯彻中国名镇志名村志文化工程方案实施意见》《中国名镇志文化工程实施方案》《中国名村志文化工程实施方案》，圆满完成省下达的名镇志名村志编修任务，县政府要求海城、公平、梅陇、可塘等4个广东省中心镇和中国最佳绿色生态名镇——联安镇要成立名镇志编修委员会及其编辑部，附城、梅陇2镇要成立名村志编修工作领导小组及其编辑部。至2017年底，海城、公平、梅陇、可塘4个中心镇和中国最佳绿色生态名镇——联安镇正加紧筹备名镇志的编修工作。梅陇镇永红村启动名村志编印工作。《赤石镇志》（稿）完成初审。

【其他工作】 一是不忘初心，牢记使命，以十九大精神为引领，围绕地方志职能，推进地方志工作全面发展。二是为学习优秀年鉴编纂经验，提高《海丰年鉴》编纂质量，县志办积极主动联系省内外多位优秀年鉴主编，进行年鉴交流交换，得到地方志、年鉴系统同仁和广大读者的赞赏。三是为大力推广推进全县自然村落历史人文普查工作的开展，县人民政府地方志办公室于11月向全县16个镇、2个农林场，部分县直单位发放《广东省精准扶贫村情集成·海丰卷》共360部。四是为发挥《海丰年鉴》在全县经济社会发展中不可替代的积极作用，海丰年鉴编纂委员会向全县各镇、场、经济开发区和县直各单位赠阅《海丰年鉴》1800部。五是挂村扶贫工作取得新进展，按照县委安排，县志办挂驻海城镇莲花村委精准扶贫，派出3名干部职工，帮扶7户贫困户，一切工作都按要求进行。五是积极做好防火护林工作，派出5名党员干部职工参加城东镇防火护林工作。

（蔡忠）

附：2017年海丰县人民政府地方志办公室领导名录

主　任：蔡　忠

副主任：刘瑞玉

档案工作

【简述】 2017年，海丰县档案局（馆）学习贯彻党的十九大精神，学习习近平总书记重要讲话精神，贯彻执行档案法规，扎实做好档案工作，不断提高档案管理水平，更好地为经济建设和社会各项事业发展服务，为人民群众服务。

【机构人员】 根据《海丰县机构编制委员会关于印发海丰县档案局（馆）机构编制方案的通知》（海机编〔2015〕61号），县档案局（馆）内设人秘股、档案管理股；有事业编制7名，其中，设置局长1名（兼馆长）、副局长1名（兼副馆长），正副股级领导职数4名。根据《海丰县机构编制委员会关于同意海丰县档案局核定政府购买服务人数的批复》（海机编〔2015〕32号），县档案局（馆）政府购买服务人数4名。

【加强档案业务建设】 2017年，县档案局继续指导、协助县机关单位做好档案整理归档。推广应用自行开发的档案目录管理软件，档案目录管理软件及《使用说明》无偿提供给各镇各机关单位使用；接收县政府办、县委组织部、县财政局等机关单位档案进馆，共2340卷、2394件。继续做好海丰县重要新闻—海丰新闻视频采集工作；全年共采集海丰新闻视频2141条，并编制海丰新闻视频内容摘要；做好声像档案工作，拍摄公务活动照片121张。

【档案利用、政府信息公开】 执行档案法规，维护档案保密安全。2017年，接待档案利用者187人次，提供档案资料236份，满足社会各界对档案信息、政府公开信息的需求。特别是为干部职工档案审核，在职职工、下岗职工、下乡知青解决身份、工龄、福利、社保等问题提供档案凭证。1~8月，馆藏“海丰县农民协会”徽章在广州参加“南粤珍藏—广东省第一次全国可移动文物普查展”。10月20日，县

2017年10月20日，全国人大图书馆调研小组在汕尾市人大常委会副主任黄宏伟和海丰县人大常委会副主任马伟飚陪同下，到海丰县档案馆开展海陆丰苏维埃政权建立调研工作

2017年10月20日，全国人大图书馆副馆长王敏（右一）在海丰县档案馆查阅海陆丰革命史料。海丰县副县长陈凯（左一）陪同调研。海丰县档案局（馆）为全国人大图书馆调研组提供《纪念海陆丰苏维埃三十周年专刊（1927-1957）》电子版及相关信息

档案局（馆）接受全国人大图书馆调研小组关于海陆丰苏维埃政权建立的调研，并提供《纪念海陆丰苏维埃三十周年专刊（1927–1957）》电子版及相关信息。

【档案科研】 按照省档案局要求，县档案局（馆）开展海陆丰正字戏传承手抄提纲本岳飞传部分研究，对海陆丰正字戏传承手抄提纲本岳飞传部分进行整理、数字化，对其中一些因海陆丰方言、谐音、俗语或习惯口语等造成的疑难字、错别字进行注解，并编研出版《海陆丰正字戏传承手抄提纲本研究·岳飞传》，16开本，彩色印刷，244页，共印1500册。同时，做好档案科研项目申报工作。11月，县档案局申报的“海陆丰正字戏传承手抄提纲本研究（西游记）”档案科研项目获省档案局批准。

【档案信息化】 1月，县政府拨给海丰县档案馆档案信息化专项经费。经过开标、评标，并经竞争性谈判，确定档案数字化加工公司，采购档案管理系统、档案服务器等，按照采购合同，要完成档案数字化190万页。至2017年底，增加馆藏档案数字化数量70万页。

【国家重点档案抢救和保护】 2017年，经汕头市档案修裱（抢救）中心修裱，完成184卷海丰县民国档案的修裱任务。

【挖掘红色档案　传承红色基因】 做好可移动文物普查工作。2017年1~8月，馆藏可移动文物“海丰县农民协会”徽章，连续2次在广州参加“南粤珍藏——广东省第一次全国可移动文物普查展”。12月，向市、县相关部门申报革命史料17件，其中有大革命时期形成的“海丰县农民协会”徽章，海丰县苏维埃关于发布征兵条例的布告，海丰县苏维埃关于设立劳动银行及发行纸币的令，革命烈士被俘或牺牲前照片，彭湃与革命伴侣许冰1928年在广东普宁大南山的合影照片以及1927年12月11日，海丰人民在海丰县城红场举行庆祝海丰县苏维埃政府成立大会照片。

【档案信息报送】 县档案局（馆）报送的3篇档案信息被《广东档案》《粤档信息》登载。其中“首批广东省档案文献遗产——海陆丰正字戏传承手抄提纲本”登载在2017年第一期《广东档案》上。为《广州日报》提供海陆丰正字戏传承手抄提纲本素材。3月23日，《广州日报》《人民网》登载《海陆丰正字戏“提纲本”是戏曲瑰宝，也是书法遗产》。严格管理海丰档案信息网站。5月，按照上级相关部门要求，做好海丰档案信息网站关停工作。

【其他工作】 2017年，县档案局积极配合县创文办做好创建文明县城测评材料的收集、整理工作；协

2015~2017年，海丰县档案局（馆）先后编研出版《海陆丰正字戏传承手抄提纲本研究·三国传》《海陆丰正字戏传承手抄提纲本研究·水浒传》《海陆丰正字戏传承手抄提纲本研究·岳飞传》

2017年，海丰县档案局做好新时期精准扶贫精准脱贫工作，支持公平镇后山村加强乡村建设，关心群众生活。图为县档案局局长黄大毅（右四）与公平镇后山村党支部书记李流辉（右五）交流工作

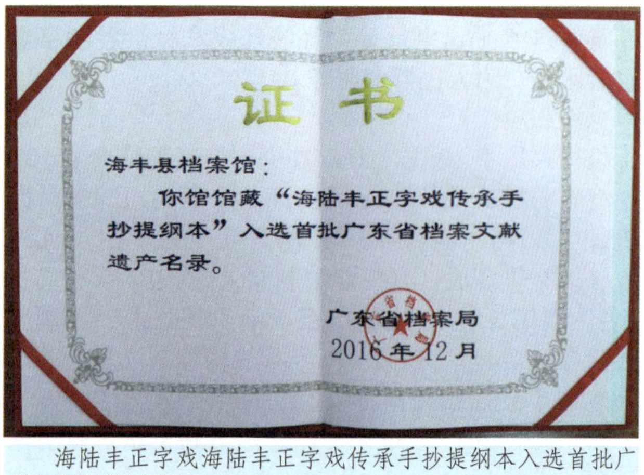

海陆丰正字戏海陆丰正字戏传承手抄提纲本入选首批广东省档案文献遗产名录

助县金融办做好农村普惠金融工作；做好新时期精准扶贫精准脱贫工作，关心慰问挂驻村——公平镇后山村近70户贫困户；支持公平镇后山村加强乡村建设。

（黄大毅）

附：2017年海丰县档案局（馆）领导名录

局（馆）长：黄大毅

副局（馆）长：叶建钦

机关服务与管理

【简述】 2017年，海丰县机关事务接待办公室坚持以提高机关事务管理水平、提高保障能力、提高服务质量为着力点，圆满完成县委、县政府交办的各项工作任务。

【机构人员】 海丰县机关事务接待办公室为海丰县委、县政府直属正科级事业单位，内设人秘股、接待股、财会股、机关事务管理股、保卫股5个股室，核定事业编制24名，其中主任1名，副主任2名，正副股级领导职数7个。

【公务接待】 2017年，县接待办严格按照中央“八项规定”，按照“从严从紧、完善制度、深化改革、标本兼治”的思路，加强对公务接待的管理，全面收紧约束力，提高公务接待的严谨性、操作性，大力提倡节约，反对浪费，把不违规、不超标、禁奢侈、倡节俭作为公务接待底线要求。坚持“有利公务、简化礼仪、务实节俭、杜绝浪费”的原则。不断创新，对大型活动以及重要会议，全部采用自助餐，经费支出大幅度下降。

【机关大院安保】 县接待办始终把安全保卫工作作为一项重要工作来抓。不断加强对保卫人员的思想教育工作，提高保卫人员的防范意识，不断加强防控力度，对安保工作所出现的大小问题实行“零容忍”，措施到位，责任到人，层层抓落实，进一步规范执勤纪律。加强夜间巡查，确保大院安全，认真做好门卫值班和查验登记制度。完善来访人员登记及车辆出入管理验证制度，落实专人负责对大院内车辆的有序停放，使大院车辆停放井然有序，保证机关大院良好井然的工作秩序和稳定的社会治安秩序。

【公务经费管理】 严格执行会计制度，对各项收支业务严格把关，正确进行会计核算和账务处理，做好年度决算和预算报表工作，及时组织资金来源，配合财政做好经费核拨工作，促使经费资金到位，为县委县政府及本办各项工作的开展提供保障。着力对县大院国有资产的配置、资产的配剂、资产的处理及信息化管理四个方面进行细化分工，切实建立健全的资产管理机制，形成国有资产运转规范、监控有力的机制，确保国有资产安全和完整。全面推广资产信息系统，建立动态、完整、真实的资产数据库，实现资产管理科学化、精细化。

【机关事务管理】 按照围绕服务中心创新建设服务型后勤机关的要求，充分发挥职能职责作用，为大院提供优质高效的服务。2017年，县接待办在会议会场服务工作中没有出现任何差错，保障各项工作优质、有效运转。在水电管理方面，加强对水电线路和值班的管理，对大院周边和大院内的水电表、柴油机等进行全面检测、检修，杜绝漏水跑电现象。重视大院环境卫生，聘请清洁工对大院所有卫生责任区坚持每天打扫2次，保持全天候保洁。花草定时施肥、修剪、杀虫，使大院花草整齐，为干部职工创造干净、整洁、舒适的办公环境。认真做好公务用车管理，经常教育司机要遵守交通规则，注意行车安全，确保全年度公务用车行车安全。

【迎宾楼管理】 2017年，县接待办继续加强对迎宾楼的经营管理和服务工作，牢牢抓住“安全、卫生、优质、高效”经营宗旨，树立管理、服务、效益一体的理念。从管理人员到服务员，设立岗位，明确职责，使事事有人管、人人有责任。大力倡导节约，节约用电，节约用水，减少浪费，在不影响服务质量的前提下，降低经营成本。经过迎宾楼全体员工努力，迎宾楼经营利润逐年增加，服务质量、经济效益、社会效益再上新台阶。

（蔡炯明）

附：2017年海丰县机关事务接待办公室领导名录

主　任：李振城（任至8月）

彭伟山（8月起任）

副主任：陈志明（任至8月）

黄小玲（任至8月）

陈扬语（8月起任）

公共资源交易

【概况】 2017年，海丰县公共资源交易中心按照县委、县政府确定的总体目标和工作部署，着力完善公共资源交易管理体制，致力打造公开、公平、公正的公共资源交易平台，不断提升公共资源交易工作的规范化水平、管理水平和服务质量。2017年，县公共资源交易中心主动参与全县的教育创强、招商引资、民生实事、市政建设等重点重大项目建设，较好服务全县发展。县公共资源交易中心属下的政府采购、建设工程招标、土地网挂等各类交易项目大幅增长，先后完成海紫路升级改造工程、海丽大道改造工程、南门湖环境整治工程、梅陇中心医院改造工程等县重点建设工程项目的招投标，完成教育园区、生态科技园、市民广场等重点招商引资项目的精准供地，有力助推海丰县振兴发展。交易工作做到零质疑、零投诉、零非议，交易总量取得历史性突破。

【机构人员】 根据县编委会出台的“三定方案”，海丰县公共资源交易中心内设5个正股级机构：综合信息部、政府采购部、建设工程交易部、土地与矿业权交易部和产权交易部。核定事业编制22名，2017年有在编在岗人员21人。

【交易业务】 2017年，县公共资源交易中心共完成交易214宗（比2016年增加52宗，同比增长32.09%），交易总额 23.58亿元（比2016年增加8.25亿元，同比增长53.79%），节约资金总额3591.09万元。其中，完成政府采购交易57宗，交易金额0.59亿元（节约资金433.81万元）；完成建设工程交易126宗，交易金额13.79亿元（节约资金3157.28万元）；完成国有建设用地出让（转让）29宗，交易金额8.87亿元；完成国有产权交易2宗，交易金额0.33亿元。

（戴东辉）

附：2017年海丰县公共资源交易中心领导名录

主　任：刘利双

政协海丰县委员会

政协海丰县委员会领导成员

【2017年政协海丰县委员会正、副主席名录】

政协海丰县第九届委员会

主　席：刘英剑

副主席：陈连郑　张健雄（女，无党派）

黄玉清（女，无党派）

李振城　张武位

政协海丰县委员会工作机构

【机构设置】 政协海丰县第九届委员会设提案委员会、经济委员会、人口资源环境委员会、科教文医卫体委员会、社会和法制委员会、学习和文史资料委员会、港澳台侨外事委员会7个专门委员会。县政协机关有办公室、组织联络室、综合室3个正科级内设机构，办公室下设秘书股、提案股、行政股3个正股级职能股。

重要会议

【县政协九届二次会议】 2017年3月28~30日，政协海丰县第九届委员会第二次会议在海丰县城举行。

2017年8月4日，县政协主席刘英剑（左二）牵头召集梅陇镇政府、县住建局、县国土局、县公路局等相关部门，在海丰县首饰产业环保集聚区就园区地台设计标高与公路标高保持一致、未征地部分地价及清表等问题进行协调

会议审议通过刘英剑代表九届县政协常务委员会所作的工作报告和陈连郑代表九届县政协常务委员会所作的提案工作情况报告。列席县十五届人大二次会议，听取并协商讨论县政府工作报告及其他报告。会议增补选举刘城芳为政协海丰县第九届委员会常务委员。会议期间，委员们围绕全县经济社会发展中的重大问题、人民群众关注的热点、难点问题积极协商议政。会议审议通过政协海丰县第九届委员会第二次会议提案情况审查报告和政协海丰县第九届委员会第二次会议决议。

【县政协常委会议】 2017年共召开4次常委会议。主要内容有：学习贯彻中共十八届六中全会、十九大、十九届一中全会精神，全国及省市“两会”精神，习近平系列重要讲话和对广东工作重要批示精神，“两学一做”学习教育，协商通过九届县政协专门委员会设置，审议通过2017年工作要点、常委会《关于整合独特红色资源，打造海丰之魂的建议》；政协全会筹备有关工作等。

【县政协主席会议】 全年召开6次主席会议。主要内容有：学习贯彻中共十八届六中全会、十九大、十九届一中全会精神，全国及省市“两会”精神，习近平系列重要讲话和对广东工作重要批示精神；听取各专委员会年度工作计划，研究部署2017年主要工作、常委会专题调研、县政协委员集中视察、机关驻村帮扶工作；确定县政协九届一次、二次会议重点提案及督办领导；审议有关人事事项等。

主要工作

【调研视察】 政协海丰县委员会充分发挥各界别的群体优势以及全体委员的智力、专业优势，抓住海丰经济和社会发展中的重大问题和社会普遍关注的相关问题，精心选择确定课题，深入开展调查研究，通过不同形式为海丰县经济社会发展出谋献策。2017，针对海丰县红色资源保护开发利用不足、城市建设内涵欠缺的情况，政协常委会组织开展专题调研，形成《关于整合独特红色资源，打造海丰之魂的建议》，从“围绕红宫红场打造海丰红色地标人文景观”“海丰中学现址改建”“旧城改造”等方面提出建议，以“直通车”的方式送县委、县政府决策参考。县党政主要领导高度重视，批转有关部门组织专家学者进行论证规划。同时，协助省、市政协开展精准扶贫、重点项目建设、产业共建、农村人居环境综合整治、教育事业发展等方面的调研视察活动。在调研中，主动与有关部门衔接落实调研内容，如实反映有关情况，既保证调研视察活动顺利进行，又很好地宣传介绍海丰经济社会发展情况。

【提案办理】 政协九届二次会议期间，县政协委员、各民主党派、工商联、有关人民团体和政协各专门委员会，共提交提案36件，经提案委员会审查立案34件。未立案的2件提案，转为社情民意或委员来信送有关部门处理。九届一次、二次会议立案的62年提案，至2017年11月底已全部办复。《关于改造海丽大道、人民西路和广富路的建议》等10件提案被评为优秀提案，海丰县教育局等5个单位被评为承办提案先进单位，将在县政协九届三次会议上进行表彰。

【协商议政】 2017年，利用全委会议，组织全体政协委员认真听取县政府工作报告和其他报告，围绕海丰县的大政方针和“一府两院”工作进行充分协商讨论，并就加快新农村建设、扩大招商引资、加强基础设施建设、关注中小企业发展、推动各镇协调发展、提升旅游品质等事关海丰县经济建设和社会发展大局的工作积极提出意见和建议。这些意见建议有的得到党政部门的采纳，有的成为领导决策的重要参考，有的促进实际问题的尽快解决。县政协主席会议成员经常主动与县党政领导进行交流沟通，互相通报重点工作的有关情况，并就需要协调和配合的事项达成共识。政协海丰县委员会还组织县政协委员及驻海丰的市政协委员，视察海丰县部分重点项目的建设进展情况，委员们与县政府相关领导面对面进行交流协商，坦诚发表意见建议，部分建议得到县政府及有关职能部门的重视和采纳。

【民主监督】 根据县委统一安排，县政协主席刘英剑担任海丰县重点项目建设第二督查组组长，负责教育、水务、市政等方面27个重点项目的推进督导工作，并分工协调梅陇首饰产业环保集聚区的建设及指导梅陇农场工作。5位副主席分别承担创文创卫督查、社会综治维稳巡查、禁毒缉枪督查、安全生产督查等工作。县政协班子与县委、县政府班子成员共同抓协调、抓督查、抓落实，有力地推动各项工作地顺利开展。县政协充分发挥联系各界的优势，广泛收集、积极反映社情民意，全年共向县委、县政府报送和反映社情民意信息40多条，内容涉及新农村建设、社会事业发展、民生民本等多个

2017年8月25日，市、县政协联合举办金秋助学活动。市政协副主席吕珠龙（右六），市政协副主席、县委书记邱晋雄（右五），市政协秘书长林来平（左五），县政协主席刘英剑（右四），县委常委、常务副县长卓凛波（左四）等市县领导在前排就座

2017年9月1日，县政协主席刘英剑带队到南湖社区开展“创卫”活动

方面，促使一批事关群众切身利益的问题得到有效解决和落实，密切党群关系，维护社会和谐稳定。担任县有关部门特邀监督员的政协委员在从事民主评议、巡视检查等工作中，以高度的政治责任感和使命感深入基层了解情况、收集意见，积极为各部门提高工作质量、改进工作作风建言献策，受到聘请单位的好评。

【文史工作】 九届二次会议后，政协海丰县委员会及时召开文史工作会议，按照“征集为主、抢救为先、充分利用、服务社会”的要求，确定史料征集的计划和重点。以纪念“海陆丰苏维埃政权建立90周年”和纪念致公党卓越领导人黄鼎臣为专题，组织开展征集编辑，整理出版《海丰文史》第33辑。同时，为进一步激发委员履职热情，展现委员新时代良好形象，还组织专门力量编纂出版九届县政协首辑《委员风采》，收录9名政协委员在干事创业、积极履职、奉献社会方面的先进事迹。

【联谊活动】 2017年，县政协继续认真执行联系委员制度。采取约访、走访、召开座谈会、发布微信等形式，定期不定期与委员联络沟通，座谈交流，积极宣传党的各项方针政策，组织委员学习政协业务知识，通报县政协工作情况，征询委员对全县工作和县政协工作的意见建议，加强与委员的联系和交流，调动政协委员履行职能的工作热情。继续认真做好港澳社团、乡贤，特别是县政协港澳委员在海丰县兴办的企业的走访联谊活动，主动协调解决其在转型发展中遇到的问题。重视加强与宗教界人士的联系交流，做好释疑解惑和政策宣传工作。政协常委会一贯注重调动委员参与发展经济和公益事业的积极性。2017年，联合市政协、市公益事业促进会对海丰县73名贫困大学新生进行资助，资助金额29.2万元；与市政协、县妇联共同开展“献爱心送温暖”活动，扶助困难单亲家庭和孤儿260多户，扶助金额15.6万元。广大政协委员还慷慨解囊近200万元，通过多渠道、多形式支持海丰县的基础建设、教育文化、医疗卫生等社会公益事业，热心救助困难群体。

（吴远峰　赖小雷）

2017年12月13日，县政协主席刘英剑（前排左一），副主席陈连郑、张健雄、黄玉清、李振城、张武位等分别带队组织县政协委员在县内开展视察活动

中共海丰县纪律检查委员会

县纪委（监察局）领导成员

【2017年中共海丰县纪律检查委员会领导名录】
书　记：李　绪
副书记：林锡清（任至9月）　曾俊锋
黎素贞（女，9月起任）
常　委：李　绪　林锡清（任至9月）
曾俊锋　黎素贞（女）
唐本高（任至12月）
陈振宁　蔡生绵
马小泳（11月起任）

【2017年海丰县监察局领导名录】
局　长：林锡清（任至10月）
黎素贞（女，10月起任）
副局长：陈雪静（女，任至8月）
林细贵（3月起任）
周彩娟（女，11月起任）

县纪委（监察局）工作机构

【2017年县纪委（监察局）内设工作机构领导名录】
办公室主任：周彩娟
党风政风监督室主任：余志兴
信访室（举报中心）负责人：
刘嘉能（任至7月）
陈胜航（7月起任）
案件监督管理室负责人：林国强（任至12月）
程兴传（12月起任）
案件审理室主任：刘小镇
宣传教育室主任：陈立宏
第一纪检监察室负责人：曾飞振
第二纪检监察室负责人：罗小雄
第三纪检监察室负责人：何义权（任至6月）
杨惠国（6月起任）

【2017年县纪委（监察局）派驻纪检组领导名录】
第一纪检组组长：陈春晖（女）
副组长：李孝义（任至6月）
吴坚（7月起任）
第二纪检组组长：马小泳（任至11月）
王燕如（女，12月起任）
副组长：戴冬生
第三纪检组组长：郑世锦
副组长：陈辉明
第四纪检组组长：刘宇林
副组长：王燕如（女，任至12月）
黄伊克（12月起任）
第五纪检组组长：何义权（12月起任）
副组长：黄东荣
第六纪检组组长：余炳会
副组长：黄辉宇（7月起任）
第七纪检组组长：林国强（12月起任）
副组长：马泽弘（12月起任）
第八纪检组组长：陈辉明（12月起任）

【2017年县委巡察机构领导名录】
县委巡察办主任：陈振宁（6月起任）
县委巡察办副主任：陈琪端（12月起任）
县委第一巡察组组长：庄伟业（6月起任）
副组长：陈晓（12月起任）
县委第二巡察组组长：马泽跃（6月起任）
副组长：林耀斌（12月起任）
县委第三巡察组组长：李孝义（6月起任）
副组长：朱晓东（12月起任）
县委第四巡察组组长：陈学涛（6月起任）
副组长：杜俊刚（12月起任）
县委第五巡察组组长：许宇帆（12月起任）
副组长：谢赋权（12月起任）
县委第六巡察组组长：
杨爱妮（女）（12月起任）
副组长：陈彦荣（12月起任）

重要会议

【中共海丰县第十一届纪律检查委员会第二次全体会议】　2月10日，中共海丰县第十一届纪律检查委员会第二次全体会议在县政府迎宾楼会议厅召开。会议传达贯彻十八届中央纪委七次全会、十一届省纪委六次全会和七届市纪委二次全会精神，总结全县2016年党风廉政建设和反腐败工作情况，部署

2017年全县党风廉政建设和反腐败工作任务。副市长、县委书记林少文出席会议并作重要讲话；县委常委、县纪委书记李绪代表县纪委常委会作《聚焦主业忠诚履职坚定推动全面从严治党向纵深发展》工作报告；县委、县人大、县政府、县政协四套班子领导成员出席会议。参加会议的有：县纪委委员，县法院院长、县检察院检察长，各镇（场、开发区）党委书记、纪委书记，县直（含驻海）副科级以上单位主要领导，县公安局纪委书记，县纪委监察局机关副主任以上干部及派驻纪检监察组正副组长共300多人。

【海丰县纪律教育学习月活动动员大会】 8月9日，2017年全县纪律教育学习月活动动员大会在海丰影剧院召开。会议传达全市纪律教育学习月活动动员会精神，部署2017年全县纪律教育学习月活动，主题是“讲政治、强党性、严纪律、守规矩”。县委书记邱晋雄出席会议并作动员讲话，县委常委、县纪委书记李绪作纪律教育学习月活动动员部署。县委、县人大、县政府、县政协领导班子成员，县法院院长、县检察院检察长，县纪委监察局班子成员、机关各室副主任以上干部及六个派驻纪检监察组正副组长，各镇（场、经济开发区）党政主要负责人、纪委书记，县直（含驻海）副科级以上单位主要负责人，县公安局纪委书记参加会议。

主要工作

【强化纪律监督】 把严明党的政治纪律和政治规矩摆在首要位置，加强对党内政治生活状况、党的路线方针政策执行情况监督检查，坚决维护以习近平为核心的党中央权威和集中统一领导。严把党风廉政建设意见回复关，对反映提拔任用、“两代表一委员”等人选的问题线索及时核查，全年共回复党风廉政意见211人次。对海城镇1名在网络多次发表违反政治纪律言论的事业干部，给予开除党籍。2017年，县纪委加强对中央和省委、市委、县委决策部署落实情况的监督检查，全县纪检监察机关参与督查1700多人次，督查单位398个，有效促进扶贫攻坚、“创文创卫”、“两违”整治、安全生产、消防隐患排查及村（社区）“两委”换届风气等工作，确保政令畅通。严格落实“一案双查”要求，完善问题线索处置和纪律审查机制，综合运用提醒教育、通报批评、组织处理、纪律处分等方式追究主体责任和监督责任。认真践行“四种形态”，全县共开展谈话提醒2951人（次），给予诫勉谈话33人次，给予党纪政纪处分310人，其中轻处分253人，重处分57人，移送司法机关15人，运用后三种形态作出处理的人数分别占处分总人数的81.6%、18.3%、6.4%。

【政务整治】 2017年，县纪委持续加大明查暗访力度，大力整治“为官不为”问题。坚持暗访、查处、追责、曝光“四管齐下”，推动问责追责常态化。全年共开展明察暗访1124场次，出动人员735人次、348车次，曝光典型问题和案例130宗涉案188人，给予党纪政纪处分89人，其他处理99人。持续深入开展“政务整治、正风肃纪”提升行动，及时曝光政务环境突出问题，大力推进干部作风建设。强化对部门履职尽责的再监督、再检查，牵头对精准扶贫、防汛救灾、师德师风等工作开展专项监督检查，严肃查处履职尽责不到位相关责任人42名。继续在赤坑镇和县地税局开展党员领导干部“八小时以外”活动监督管理试点工作，以点带面推进“八小时以外”活动监督管理工作。紧盯重要节点，聚焦“关键少数”，认真开展节前纪律提醒和警示教育，严查顶风违纪和隐形变异的“四风”问题，坚决防止“四风”问题反弹回潮，不断释放越往后执纪越严的强烈信号。落实党员干部操办婚丧喜庆报告制度和领导干部廉政谈话制度。2017年，副科级以上党员领导干部向县纪委报告婚丧喜庆事项31人，县纪委主要负责人同下级党政主要负责人谈话443人次，开展任前廉政谈话137人次。

【扎实开展巡察工作】 2017年，制订出台《中共海丰县委巡察工作方案》及巡察工作规划、计划等，实现巡察机构编制、人员、经费、办公场所“四到位”。2017年7月，在全市各县（市、区）中率先启动第一轮巡察，分别对县卫计局、县教育局、县住建局党组及彭湃纪念医院进行常规巡察，发现问题线索99条，提交线索专报13份，已立案8人（其中科级干部3名、股级干部5名），落实立行立改措施13条，推动解决一批民生问题。通过巡察，县卫计局、县住建局原主要领导分别被县纪委和市检察院立案查处，打响县委巡察工作“第一炮”。

【执纪审查工作】 认真履行监督执纪职责，从严从快开展纪律审查，保持反腐高压态势。2017年，全县共受理群众信访举报783件（上级转办508件，本级受理275件，其中重复件303件），立案250件，立案数同比上升37.4%；结案315件，同比上升82.1%。加大要案大案查办力度，共立案查处科级干部28人。启动协作办案机制，集中力量核查问题线索和重大案件。重点查处县社保资金骗取案、鹅埠镇南坑水村违法用地违法建设案等一批影响较大案件，对中央电视台曝光的可塘镇溪头村染色玛瑙污水污染环境、省电视台曝光的海丰肉联厂环境“脏乱差”及肉品检疫不规范、公平镇“12·9”火灾事故等问题进行及时查处，严肃追究相关人员责任。加大农村基层党员干部违纪违法线索排查工作力度，着力查处群众身边的不正之风和腐败问题。全县共排查农村基层党员、干部违纪违法线索286条，初核197条，立案60件，结案57件，给予党政纪处分57人。加大扶贫领域监督执纪问责力度，严查扶贫领域违纪违法案件。受理扶贫领域违纪违法问题线索33条，给予党政纪处分30人，移送司法机关8人。“镇案县审”分片审理制度不断深化。严格按照“镇案县审”和“二十四字”审理工作要求，创新执纪审理机制和模式，分片审理制度优势更为凸显，得到省、市纪委充分肯定。片区审理小组认真开展所属片区执纪审理工作，既有效解决案件快速上升与案件审理室人手少的矛盾，又大大提高镇（场）纪委自办案件的执纪审查和案件审理质量。2017年，全县18个镇（场）纪委和公安局纪委送审案件119件，已审结90件，在审29件。

【体制机制改革】 启动监察体制改革前期工作。学习贯彻中央精神，关注试点省市改革动态，为国家监察体制改革全面铺开做好准备。结合贯彻落实党的十九大精神，以“健全党的监督体系”为专题，开展调查研究。制定《海丰县深化国家监察体制改革试点工作实施方案》，成立工作小组，积极推进监察体制改革，按时间表和路线图开展我县监察委员会的组建和相关机构、职能、人员转隶等前期工作。巡察机构建设不断完善。根据中央、省委、市委有关巡察机构建设的要求，在县委的坚强领导和大力支持下，海丰县在全市率先成立一办六组专职巡察机构，县委巡察办列为县委工作部门，配备专职巡察干部22名，建立巡察人才库，为全面开展县委巡察工作打下坚实基础。派驻机构改革扎实推进。整合县直机关纪检监察工作职能，派驻纪检组由原来的6个增设至8个，并在派驻第一纪检组加挂县直机关纪工委牌子，派驻机构增设机构编制及人员配备已完成。派驻机构集中办公，实现对县直机关和企事业单位派驻全覆盖，改革任务如期完成。落实党风廉政建设责任制，坚持把推动党委（党组）主体责任落实作为监督检查的重要内容，认真当好县委参谋助手，加强监督检查，进一步压实全县各级党组织全面从严治党主体责任，推动全面从严治党责任向基层延伸。全县20名县直部门党组书记向县委书面述廉、3名镇党委书记和3名县直部门党组书记向县纪委全会述责述廉述德并接受评议。

【宣传教育】 创新形式，丰富载体，积极主动开展纪律教育学习月活动，营造良好廉洁教育氛围。举办纪律教育学习月活动专题展、“廉洁火炬杯”党规党纪知识竞赛、反腐倡廉演讲比赛等，编印“学廉洁成语，讲传统故事”廉洁主题系列图册，邀请彭湃亲属在“三纪”教育培训班讲述《信仰的力量》，录制警示教育片《不可触碰的“高压线”》以身边事教育身边人，选送廉政小品参选全省廉政小品曲艺创作大赛，开展党规党纪知识测试。纪律教育学习月期间，全县共组织学习座谈会380多场（次），专题讲座213场18000多人（次），15420名党员干部参与党规党纪知识测试，12500名党员干部参与党的十九大专题考学活动，135个单位7380名党员干部参观专题展，党员干部撰写剖析材料和学习心得体会5230篇，市、县报刊刊登纪律教育学习月活动专访、专刊及相关报道42篇。及时宣传报道我县开展党风廉政建设和反腐败工作情况。《中国纪检监察报》刊登报道县扶贫领域监督执纪问责工作经验做法——《广东海丰严查扶贫领域腐败，违纪线索一律由党委书记批办》。海丰县上报的典型材料《蚕食社区集体利益的蛀虫》，被省、市纪委编入2017年纪律教育学习月教育读本。2017年，海丰县纪检监察机关共向各级党刊党报投稿148篇，有多篇文稿被采用，其中《广东党风》3篇、《南粤清风网》16篇、《汕尾纪检监察信息》13篇、《汕尾纪检监察调研》9篇。

【纪检干部队伍建设】 不断提升能力素质。认真学习宣传贯彻党的十九大精神，用习近平新时代中国特色社会主义思想指导纪检监察工作。召开警示教育大会，组织观看警示教育片《打铁还需自身硬》，组织学习省纪委编印的《“灯下黑”警示录》，及时传达中央、省、市会议精神及中共中央《关于部分纪检监察干部违纪案件及其教训警示的通报》，教育引导全县纪检监察干部知敬畏、守底线，争做廉洁自律的标杆。举办主题党日活动，强化革命传统教育和宗旨信念教育。加大学习培训力度，派员参加中纪委和省、市纪委举办的业务培训班63人次；举办4期纪检监察干部业务培训班，全面解读《工作规则》，全县200多名纪检监察干部全员参训。采取跟班作业、以案代训等方式，不断提高镇级纪检监察干部执纪审查能力。全面梳理《工作规则》内容，制定贯彻落实工作意见，进一步规范监督执纪行为。切实加强监督管理。把对纪检监察干部的监督和管理放在重要位置，严防“灯下黑”。加强日常监督、内务监督、执纪安全和保密工作检查，消除安全隐患，完善规章制度。制定《海丰县纪委监察局领导约谈纪检监察干部工作制度（暂行）》，印发《领导干部谈心记录本》。5月至年底，县纪委（监察局）自上而下进行日常谈话约500人次、廉政谈话34人次、提醒约谈3人次、工作约谈约170人次。对镇（场）纪委内务和保密工作开展情况进行实地检查，彻底消除安全隐患，确保执纪审查安全。坚持正确选人用人导向。联合县委组织部对各镇（场）纪委班子换届以来的履职情况进行考察，侧重考察兼职副书记、兼职委员的履职情况及发挥的作用，全面反馈整改意见，力促基层纪委班子进一步提升凝聚力和战斗力。2017年，县纪委监察局共有27人（次）得到提拔任用，有32名优秀干部进入纪检监察干部队伍，干部队伍的积极性、主动性、创造性得到充分调动。同时，成立县纪委监察局工会委员会，以工会活动为载体，进一步丰富干部职工的业余生活，提高干部职工的团结协作精神，促进机关文化建设。

（吴瑞立）

民主党派与工商联

中国民主同盟海丰县委员会

【组织发展】 民盟海丰县委下设11个支部，2017年发展新盟员10人，共有盟员137人，其中女盟员56人，占盟员总数的39%；大专以上学历的盟员有137人、占盟员总数的100%，中上层知识分子盟员有129人、占盟员总数的96%，其中高级职称的有55人、占盟员总数的39%；盟员平均年龄为39岁。民盟海丰县委盟员担任省人大代表1名；市人大代表1名，市政协委员2名；县人大代表5名、常委1名（主委马伟飚担任海丰县人大常委会副主任），县政协委员7名、常委1名。

【思想建设】 2017年，民盟海丰县委通过“开展坚持和发展中国特色社会主义学习实践活动”这个载体，组织盟员深入学习中共十九大和习近平总书记系列重要讲话精神，深刻领会十九大宣告的“新时代、新思想、新目标、新征程”和“新时代坚持和发展中国特色社会主义基本方略”的内涵，不断增强广大盟员对中国特色社会主义的道路自信、理论自信、制度自信；坚定不移地用习近平新时代中国特色社会主义思想统一思想和行动，积极做好参政议政、社会服务等各项工作，用实际行动服务大局，凝心聚力，为海丰县做到“四个坚持、三个支撑、两个走在前列”贡献力量。同时深入学习贯彻民盟中央十二大会议精神，以“不忘合作初心，继续携手前进”为指导，加强盟的自身建设和“人才强盟”工作，把学习中共十九大精神与“开展坚持和发展中国特色社会主义学习实践活动”紧密结合起来，不断夯实多党合作的共同思想政治基础。开展多种形式的坚持和发展中国特色社会主义学习实践活动。激励广大盟员在新的历史条件下，继承和发扬民盟的优良传统。通过学习，进一步激发广大盟员的爱国热情和民族自豪感，坚定社会主义信念，进一步增强与中国共产党肝胆相照、荣辱与共、风雨同舟的决心。

【参政议政】 2017年，民盟海丰县委认真组织县委成员及各支部负责人加强学习中共十九大和习近平系列重要讲话精神，进一步明确参政党地位和职能，提高县委成员及基层支部领导人的理论水平和参政议政能力。民盟海丰县委注意发挥盟的群体作用，发动广大盟员为提案工作贡献力量，并组织盟员中的人大代表和政协委员，做好人大、政协“两会”的发言和提案调研工作，就海丰县经济建设、市政建设、教育、卫生等方面提出意见和建议。民盟海丰县委办公室积极参与省、市、县人大、政协的各项调研活动，为海丰县的三个文明建设建言献策。在海丰县政协会议和人大会议上的提案议案共9件，其中马伟飚的议案《在莲花山建设马思聪艺术学校的议案》，黄丽珍的议案《关于提高普通高中录取最低分数控制线的建议》《关于积极推进我市普通高中教育发展的建议》，谷希云的提案《加强城市居民文明教育，提升海城文明水平》《加强中小学生社会公德教育》，彭惠绿、谷希云的提案《建设海丰县禁毒教育基地》，戴南兴的议案《关于把彭湃中学大门前的公交站向莲花方向迁移150米左右的建议》，黎海娟的议案《关于在海丰县莲花山规划、建造马思聪艺术学校、马思聪艺术广场（纪念馆）等建筑群的议案》，唐香梅的提案《关于从速重修龙津古桥》获得优秀提案。

（马伟飚）

附：2017年中国民主同盟海丰县委员会领导名录

主　委：马伟飚
副主委：黄丽珍
　　　　谷希云

中国农工民主党海丰县总支部委员会

【机构人员】 2017年，农工党海丰县总支部委员会有党员66名，设5个支部。党员中有市人大代表1名、市政协委员2名，县人大常委1名、县人大代表1名、县政协委员4名。

【思想建设】 2017年，农工党海丰县总支部委员会把深入学习中共十九大会议精神作为思想建设的重要内容。带领全体党员深入学习中共十九大精神和习近平总书记系列重要讲话精神，学习《中共中央关于进一步加强中国共产党领导的多党合作和政治协商制度建设的意见》精神，学习农工党中央党刊

《前进论坛》《农工党章程》。同时积极开展党的群众路线教育实践学习活动。

【组织建设】 2017年，农工党海丰县总支部委员会组织各支部进行形式多样的组织生活，发展新党员3名，组织25名党员前往邓演达纪念园参观学习，接受传统革命教育和爱国主义教育。

【参政议政】 2017年，农工党海丰县总支部委员会围绕群众普遍关心的热点难点问题，深入开展调查研究，认真履行参政议政职能。在第九届政协二次会议上提出《加强医疗卫生人才队伍建设创建卫生强县的建设》的建议。

【社会服务】 2017年，农工党海丰县总支部委员会充分发挥该党医疗卫生界方面的优势，积极开展医疗咨询和义诊活动，做好社会服务工作。引导彭湃医院和县中医院的党员积极参加其单位组织下乡的义诊活动。其中：5月20日，组织医务人员20多名前往梅陇镇开展义诊服务活动，服务群众300多人次，赠送药品5000多元。7月29日，组织义务人员20多名前往平东镇新寮村义诊服务群众300多人次，赠送药品5000多元。

（黄群英）

附：2017年中国农工民主党海丰县总支部委员会领导名录

主　委：钟少卿

副主委：吕厚忠　陈忠荣

中国致公党海丰县委员会

【组织建设】 2017年，致公党海丰县委员会下设5个支部，有党员106人，其中男性84名、女性22名，高级职称占35%、中级职称占39%。在组织发展工作中，致公党海丰县委员会注重政治素质，坚持发展与巩固相结合、有计划地稳步发展的方针。2017年发展新党员对象3名。在班子建设方面，县委领导班子始终保持积极进取、民主团结的作风，有较健全的工作会议制度，做到重大事情集体讨论决定，密切联系支部，积极开展工作。9月17日，致公党海丰县委在县政协会议室召开县委扩大会议，任命黄茂广等15人为第九届支部班子成员。致公党县委主委吴城金，副主委郭芳荣、黄永泰、李红莲向新的支部领导班子成员颁发任命书，各支部领导班子做任职感言。在机关建设方面，认真学习贯彻《致公党中央关于进一步加强机关建设的意见》，切实加强机关的思想建设、组织建设、制度和作风建设，加强理论、政策和有关知识的学习，强化服务意识，提高干部的综合素质。

【思想建设】 2017年，致公党海丰县委员会全体党员采取集中和分散相结合的学习形式，通过报纸杂志、信息网络、座谈会和培训等渠道认真学习中国特色社会主义理论体系、中共十九大会议精神。积极开展组织生活，全年共召开致公党海丰县委员会扩大会议8次，重点学习中共十九大会议精神和习近平重要讲话精神等内容；组织全体党员集中学习统战理论和致公党党章党史等知识。通过学习，党员们进一步坚定致力为公，与中国共产党同心同德、同心同向、同心同行的信念，进一步增强自觉履行参政党的使命感和责任感。6月17日，中国致公党广东省第十二次代表大会在广州开幕。致公党海丰县委员会主委吴城金，副主委黄永泰、郭芳荣出席大会。6月18日，应致公党暨南大学基层委的邀请，吴城金、黄永泰、李红莲和致公党汕尾市委会一行10人到访暨南大学，与致公党暨南大学基层委举行联谊交流活动。7月11~14日，致公党省委会在广东省社会主义学院举办2017年度中青年骨干党员培训班，黄嘉华参加培训。9月25日，中共汕尾市委召开全市各民主党派、工商联负责人和无党派代表人士座谈会，贯彻落实中央和省委关于统一战线的一系列重要决策部署，并就全市经济社会建设等听取民主党派、工商联、无党派人士的意见和建议。吴城金和李红莲参加会议并发表意见。10月28日，为传承和弘扬中华民族爱老敬老的优良美德，致公党海丰县委会举行重阳节老年党员同心茶话会，邀请24名老年党员参加会议。该会议由吴城金主持，致公党汕尾市委副主委、海丰县政协副主席张武位应邀参加会议。11月12日，致公党海丰县委会在海丰县政协会议室召开传达学习贯彻中共十九大会议精神座谈会。参加会议的人员有致公党县委委员和各支部班子成员等20多人。参会人员认真学习中共十九大工作报告精神和县委书记邱晋雄在全县学习宣传贯彻党的十九大精神大会上的讲话精神及县委常委、统战部部长黄岱芬组织学习十九大会议精神的有关内容。11月18~19日，为深入贯彻致公党中央、省、市关于开展“不忘合作初心，继续携手前进”专题教育活动的精神，吴城金组织县委委员和支部班子成员等28人，前往福建龙岩、漳州开展传统教育和党务工作交流活动。11月21日，为提高公务员职业道德，适应新时期新环境对公务员提出的新要求，提高领导干部依法决策，依法行政，依法管理水平，黄永泰参加在职公务员新时期公务员职业道德建设培训。11月25日，致公党海丰县委第三支部举行从海丰黄羌镇革命老区红军49团旧址徒步到惠东县高潭镇中洞革命老区的活动。11月29~30日，海丰县召开领导干部学习贯彻党的十九大精神专题研讨班，黄永泰参加为期2天的培训学习。12月1~5日，中国致公党第十五次全国代表大会在北京召开，吴城金赴京参加大会。

【参政议政】 2017年，致公党党员担任市、县两级人大代表和政协委员的有12名，其中担任市人大代表1名、市政协委员3名，县人大常委2名、县政协常委1名、县政协委员6名。代表和委员们认真参议地方大事，积极参加人大、政协的视察和各项活动，为地方两个文明建设出谋献策，作出应有贡献，充分发挥民主监督和参政党的职能作用。在2017年人大、政协会议期间，各代表、政协委员为提高参政议政工作的质量，注重调查研究，掌握党的路线、方针、政策和法律，时刻关注国情、社情，广泛听取民声、反映民意，充分关心社会群众的热点难点问题，把收集到的社情民意通过调查研究，在“两会”期间撰写高质量的建议案和提案。吴城金、黄永泰提出关于《关于加快我市养老服务业的发展的建议》；陈岱同提出《关于高铁在海丰梅陇设站的议案》《关于急速取消速生长安树的议案》《关于增加我县水鸟之乡政策补贴的议案》；黄茂广提出《关于建立“扶小促大”机制，加快推进农业产业化进程的建议》；吕小辉提出《关于改造南门湖，恢复名胜景观的建议》《关于拆除危厂房占用桥东龙三巷路道的建议》《关于从速重修龙津古桥的建议》《关于改造城东供水引水渠道的建议》；王时朝提出《关于加强我县公共图书馆建设的建议》；黄嘉华提出《关于重提恢复市级文物保护单位黄守谦府第旧址原貌的建议》等11条提案议案。2017年，吴城金参加中共汕尾市委、海丰县委的专题报告会、民主党派负责人座谈会、情况通报会等10多次，积极建言，为家乡的发展出谋献策。郭芳荣、黄永泰、李红莲、吕小辉等在“两会”召开前，经常走访民众，就人民关心的热点、难点问题深入调研，在政协会议上积极发言，反映社情民意，充分发挥民主党派职能作用。同时充分发挥民主党派民主监督作用，陈岱和郭芳荣担任海丰县纪委特邀监察员，积极参与纪委监察局的各项工作，到海丰县20多个行局进行行风评议，与海丰县公共事业局进行对口联系工作，参与对口联席会议，了解公共事业管理工作进展情况，提出涉及辖区公共事业行政管理工作的重大决策、决定的意见建议，改进政府工作，受到该局欢迎。

【社会服务】 2017年，致公党县委积极参与社会建设、医疗下乡、科技法律咨询等活动，配合政府有关部门为扶贫支边做出大量实际工作。10月13~14日，致公党广东省第十二届委员会农业委员会在汕尾召开第一次全体会议以及开展农业帮扶调研活动，郭芳荣、黄茂广当选为省农业委委员。郭芳荣始终把为农、助农、支农作为一项社会责任来担当，发挥资源优势，大力发展农业种植业产业，积极培育生态农业、有机农业、都市农业等现代农业产业形式，构建新型多样化农业经营体系，实施乡村振兴战略，为实现农村更美丽，农业更出彩，农民更富裕作出应有贡献。郭芳荣是成为汕尾市农业产业化龙头企业协会会长、汕尾市青年联合会副主席、汕尾市老区建设促进会常任理事、海丰县总工会（兼职）副主席、广东省新生代非公有制经济代表人。多次组织汕尾市青年发展现代农业促进会开展走访交流、举办金针菜推介会、参加第八届现代农业博览会——皇斋虎噉金针菜展览等。黄永泰积极配合县委统战部参与精准扶贫，深入附城镇青年村委，为扶贫户量身订制帮扶措施而脱贫。李红莲组织学校女教职工的拔河比赛，宣传创文创卫文件精神和学习有关识毒防毒拒毒的知识，承担组织学校“庆国庆，迎中秋”未婚青年教师座谈会。李镜汉组织汕尾市教育科学“十三五”规划课题《微课在高中语文教学中有效应用的研究》成功立项，在“一师一优课、一课一名师”活动中晒出的优课《陈情表》被评为“校级优课”。叶一舟与海丰县陶河镇雅卿村委达成协议，捐资140万元建设1座公益服务楼，用于村民医疗卫生以及村老人、残疾人日间照料服务。公益楼已落成并通过验收，移交雅卿村使用。10月，叶一舟当选为第六届汕尾市城区工商联合会执委。林友浩支持儿子林振宇投入公益慈善事业，捐资人民币30万元给海丰县爱心慈善事业促进会作为启动资金，林振宇当选该会会长。黄嘉华带领创立的江夏联盟志愿者协会走访全市34个村落，共慰问五保户、贫困户600多户。其公司策划拍摄海丰县红色旅游宣传片，并执行苏维埃政权诞生90周年之红色旅游推介会。刘建强培养出2017年高考汕尾市文科状元陈思臻，在教学中不忘教研，主持的县课题立项，被学校评为“校优秀教师”。吴锦钗任教学生有27人考上重点院校，被评为“校优秀教师”。李鹏的公开课《表格的信息加工》被评为校优课，参与县课题《基于项目的活动教学策略》、省课题《基于项目的教学设计》相继立项。邱乃锡被汕尾市医学会神经外科分会聘为常务委员，他积极总结医疗经验，撰写的《单侧、双侧脑室置管外引流治疗高血压性脑造词出血破入脑室的优劣差异》的研究文章发表于2017年第七期《中国医学创新》杂志。黄汉真继续为黄姜镇和附城镇共6个村委担任法律顾问，多次到黄羌各村进行普及讲座，帮助广大村民树立法律意识。刘世倩多次参加省、市、县的美术交流、笔会活动，其国画《惠风和畅》《雄关漫道真如铁》《乡韵》《老子出关图》《富贵吉祥》《欢天喜地》《昳日》等参加各美术作品展。

【海外联谊】 2017年，致公党海丰县委员会深入开展对外联谊，先后接待来自致公党中央、广东省委会、重庆市委会、广州市白云基层委、广西防城港市委、广东省直属统侨支部、阳江市委、广州越秀区委、广州医科大学总支、湛江市委、安徽省委会、潮州市委、广东省科教二总支、广西北流市委、广州海珠区委会、暨南大学基层委员会、深圳市教育与卫生委员会、重庆市渝中区委会青年委等致公组织20多批次近400人次到海丰寻根探访、学习考察和党务交流。

（黄永泰）

附：2017年中国致公党海丰县委员会领导名录

主　委：吴城金

副主委：黄永泰　郭芳荣　李红莲

海丰县工商联

【概况】 2017年，县工商联以“亲、清”两字为工作准则，认牢把握做好非公有制经济人士思想政治工作这条主线，坚持围绕中心服务大局，团结凝聚非公有制经济人士，引导非公有制经济人士积极承担社会责任；以改革创新精神加强自身建设，切实增强研究能力、办事能力、执行能力，具备与服务民营经济相适应的政策和理念水平，努力达到“两健康、两促进”的职责要求，不断提升工商联（商会）机关形象，深入开展会员服务积极探索工商联事业发展的新路子。2017年，县工商联较好地完成各项工作任务，有力促进工商联事业的持续稳步健康发展。

【开展调研】 2017年，县工商联深入企业生产一线，掌握非公有制经济人士思想动态，了解企业发展情况列为机关经常性工作。11月中旬，县工商联在县委统战部的指导下组织人员组成调研小组在全县开展非公有制经济企业调研工作，采取走访企业、座谈交流和调查问卷等方式，全面了解全县非公有制经济企业特别是金银首饰行业、珠宝行业、服装行业、纺织等支柱产业的生产经营情况及发展现状，并形成海丰县非公有制经济企业调研报告，认真总结全县非公有制经济企业发展的特点和存在的困难问题，研究破解制约非公有制经济发展难题，为党委和政府提供决策依据和参考。

【参政议政】 2017年，县工商联进一步加强拓宽政治协商渠道，推荐热心工商联事业与“新生代”等人士进入人大、政协，引导其朝着健康正确的路线发展，并认真组织工商联届别的人大代表、政协委员围绕经济建设、创文创卫、城建旅游、交通安全等社会热点难点问题，撰写多个议案提案、建言献策，为优化非公有制经济发展环境和党委、政府的科学正确决策提供依据。2017年，县工商联会员担任市人大代表4人、市政协常委4人、市政协委员11人，县人大代表6人、县政协常委5人、县政协委员58人。

【组织建设】 一是吸收新成员，增强工商联活力。5月10日，海丰县工商业联合会（商会）第十一届第二次执委会召开，进一步优化领导班子年龄结构和知识结构，提升工商联工作水平和服务水平。该会议新增补15名政治素质好、热心工商联事业的优秀人士进入县工商联领导班子（其中增补副会长2名，常务委员3名，执行委员10名）。2017年，县工商联有执委68名，其中正、副主席15名、副会长10名、常委14名、执委29名。二是加强学习，拓宽视野，积极参加省、市各项活动。2月24日，县工商联主席郑海田参加省工商联第十一届六次执委会议，7月29~30日，郑海田、吕锋、彭如林参加省工商联第十二次代表大会。三是大力弘扬优秀企业文化，引导会员企业在商业活动中要更加注重员工的人文关怀和身心健康。海丰县四海电器公司大力支持并全程赞助，精心打造海丰县“四海电器”杯足球赛。四是加强基层商会的组织建设。县服装行业商会工会委员会充分发挥工人的积极性和创造性，积极维护工人的合法权益，时刻关心工人的生产和生活情况，积极创先争优。商会秘书长马树烈被省总工会评为先进工会工作者，海丰县服装行业商会工会被省总工会被为先进单位，并被省总工会列为3个一批的示范点。五是围绕县委、县政府的中心工作，积极参与创文活动。5月1日，县总工会、县工商联与县服装行业商会联合开展“庆五一工人力量助创文”活动，县工商联机关干部职工出席并参与活动。来自县总工会、县工商联、县服装行业商会代表以及100多名服装行业工人，共同举行“工人力量助创文”宣誓活动，工人们现场签名支持创文活动，同时县服装行业商会成立工人创文志愿队。六是基层商协会不断发展壮大。9月17日，海丰县南红赤玉珠宝行业协会在可塘荔湾珠宝广场成立，该协会由全县从事南红珠宝的企业和个人自愿组成，是为南红赤玉珠宝生产经营活动和文化宣传提供服务的非营利性民间组织。该协会的成立助推南红珠宝行业的健康发展，为进一步规范珠宝市场行为、繁荣海丰县彩宝市场起到重要作用。

【教育培训】 一是加强理想信念教育，引导广大非公有制经济人士健康成长。4月27日，组织执委参加市工商联六届二次执委会，会上学习习近平总书记对广东工作的指示精神，省委书记胡春华视察汕尾时讲话精神。5月27日下午，组织会员参加全国年轻一代民营企业家理想信念报告会，海丰县工商联参会代表在汕尾分会场收看报告会，倾听来自全国各地的6位年轻一代优秀民营企业家代表艰苦的创业历程和企业发展的辉煌史；12月6日，组织召开非公有制经济人士学习贯彻十九大精神暨理想信念教育培训班，全体执委和县各商协会代表等60余人参加培训班，通过培训使广大非公经济人士学习领会新时代中国特色社会主义思想的精神实质和丰富内涵，巩固共同思想政治基础。二是加强革命传统主题教育。4月1日，组织会员代表参加红军烈士陵园祭奠活动，9月30日组织会员代表参加革命烈士公祭日活动。通过这些活动，使广大非公有制经济人士继承和发扬党的革命精神和艰苦奋斗的革命作风。

【交流考察】 2017年，县工商联在“一路一带”新形势下，积极引导会员企业转型升级，引导会员企业“走出去，引进来”的发展。宣传政策、摸清底数、现身说法、提供服务，帮助会员企业在国家实施重大战略时及时作出调整，助推企业健康发展。6月21~26日，由县工商联主席郑海田带队，组团参加在重庆举办的“2017年第二十届中国（重庆）国际投资暨全球采购会”，推动会员企业走出去，促进省际间经贸交流合作。10月15~22日，组织正、副主席参加省工商联组织的英国、德国经贸交流活动，学习借鉴英德两国在创新驱动发展、制造业智能化等方面所取得的成功经验，拓宽民营企业国际视野。

【公益事业】 鼓励会员企业、非公有制经济人士积极参与光彩惠农、新农村建设、助学助困等光彩活动。继续推进“送温暖”工作，完善内容、提升品质，形成“送温暖”活动金字招牌。1月19~20日，海丰县工商联开展2017年新春“献爱心送温暖”走访贫困户慰问活动，为贫困家庭人群送上慰问金和棉被等物资。此次新春“献爱心送温暖”慰问活动得到广大企业家踊跃捐资，共筹措资金30多万元，慰问活动范围覆盖全县各镇（场）500余户人；县服装行业商会筹集10多万元慰问贫困户；8月20日，县工商联协助团县委举办“圆贫困学生大学梦金秋助学”活动。累计各项善款100多万元。8月22日，县工商联与县总工会联合举办“金秋助学”活动，筹集助学金100万元，资助贫困学生350名。

（陈学荣　巫志锋）

附：2017年海丰县工商业联合会（商会）负责人名录

主　席：郑海田

副主席：张锦程（党组书记）

　　　　彭如林（秘书长）

社会团体

县总工会

【简述】 2017年，海丰县总工会在县委、县政府和省、市总工会的正确领导下，深入学习贯彻习近平总书记系列讲话精神及党的十八大和十八届历次全会、党的十九大、全总十六大、省总十三大会议精神，坚持服务大局，扎实开展新常态下的工会工作，在组织职工、引导职工、服务职工、维护职工合法权益各方面取得一定成效，团结全县广大职工发挥主力军作用，为海丰县经济社会建设做出贡献。

【机构人员】 县总工会下设3部1室（即组织宣教部、生活女工部、经济工作部和办公室），直属服务性单位有海丰县工人文化宫及海丰县退休职工管理委员会。2017年，县总工会有工作人员21名，其中公务员10名、职工11名。

【工会组建】 2017年，县总工会坚持加强工会基层组织建设，积极推动非公有制企业民主建会及换届工作，把民主建会、农民工集中入会列为重点工作。一是制定任务表，明确责任，把建会和换届任务分摊落实到各部室、各基层工会以及行业工会；二是开展调研摸底，安排人员深入各镇和行业工会开展非公企业情况调查；三是对重点企业实现一对一上门服务。尤其是抓民主建会上，要求各重点镇落实2个以上民主建会任务。2017年，县总工会大力推进“三个一批”建设工作，将县服装行业工会联合会建成“三个一批”示范点，相继在海丰老区医院及海丰县老区残疾人康复训练中心举行非公有制企业民主建会现场会，并计划在梅陇镇举办非公有制企业民主建会试点工作。至2017年底，全县新建工会17家，发展农民工会员2500多名，建会、换届工作得到大力推进。

【法制建设】 2017年，县总工会持续发力，推动海丰县法制建设。在县中等职业技术学校、县隆信学校建设县就业青年毒品预防教育基地，将普法、禁毒等内容融入学习教学教程，重点宣传培训禁毒知识及相关法律法规；加大工会律师团工作力度，每位律师分片分月挂驻2~3家服装、珠宝、金银首饰加工等劳动密集型企业，为职工及企业提供法律咨询、法律援助等服务，并定期进企业一线开展普法、禁毒等活动；结合“6·26”国际禁毒日系列活动开展普法、禁毒宣传活动，联合海城、附城、城东、公平、梅陇、可塘等镇及县服装商会到多家企业生产一线开展宣传，并邀请律师团送法进企业。2017年，县总工会共组织举办普法讲座4场次，组织各镇工会进厂普法、禁毒宣传20多场次，发放法律法规、禁毒小册子5000多份，张贴海报100多张，惠及职工近5000人，有效提高广大职工法律认识及维权意识，保护职工权益。

【劳动竞赛】 2017年，县总工会以“安康杯”竞赛活动为契机，组织供电、供水、移动、电信、珠江啤酒等企业深入开展劳动技能竞赛活动。全年有22家企业申报参加安康杯竞赛，有力推动海丰县经济转型升级。各类竞赛活动的积极开展极大增强员工们的技能素质，为其做好业务工作打下坚实基础。此外，县总工会还积极配合县安委办开展全县安全生产检查行动。

【劳模工作】 2017年，县总工会精心部署、积极开展劳模帮扶、评选、管理等相关工作。一是劳模帮扶慰问工作。县总工会认真开展劳模生活状况调查摸底，切实做到困难劳模“一个不漏，一个不错，一个不重”。2017年，海丰县省级老劳模申报医疗帮扶7名，申报特殊困难4名；80年后省级劳模申报特殊困难7名；全国劳模申报特殊困难1名；省五一劳动奖章获得者申报特殊困难1名。二是劳模推荐评选工作。县总工会严格按照有关要求和程序，认真组织开展推荐评选工作，通过自下而上，公平、公正、公开的推荐评选，海丰县上报省五一劳动奖章候选人3名，经省、市通过，县妇幼保健院妇产科副主任陈芙蓉获得2017年“广东省五一劳动奖章”称号；认真开展“最美工匠”推荐评选，通过深入挖掘海丰县各行各业技术人才，最终上报陈训成、戴志锦、吕刚、陈小慈等人参加全市评选活动，陈训陈、戴志锦已通过市初审推荐。三是劳模宣传管理工作。2017年，县总工会深入摸底全县劳模工作、生活等情况，进一步完善县劳模信息管理工作，为服务劳模提供信息保障；按要求组织陈训流等10多位全国、省、市劳模参加疗休养活动；组织开展全国和省劳模参加身体健康检查活动，并安排专人负责，为40多名劳模提供体检；在“五一”劳动节前联合电视台采访报道陈芙蓉等在职劳模先进事迹，制作“劳模风采”系列宣传片；通过创建“郭芳荣劳模创新工作室”契机，推动海丰县各级劳模创新工作。

【职工维权】 2017年，县总工会完善政府联席工作，通过举办普法活动、推进工资集体协商等方式构建和谐劳动关系，在促进职工权益的同时助推企业发展，维护社会稳定。充分发挥基层工会和行业工会主导作用。组织基层工会对服装、珠宝、金银等加工行业进行排查，积极开展欠薪问题等专项整治行动；及早研判、主动介入。通过例会和走访、调查摸底，组织企业召开形势分析会等形式，了解掌握企业劳资纠纷及隐患等不稳定因素，做到提前预警，根据外围外经济和会员工厂生产实际情况，及时做出应对方案，如针对部分订单减少的企业，协助其做出暂时停产、职工提前分流等决策，有效地将劳资矛盾发现在萌芽，控制在企业、化解在内部；建立协调机制，多部门联动处置。指定专人进行联系互通，对恶意欠薪的情况，多部门配合采取措施，第一时间冻结其资产，并追究其相应法律责任。2017年，县总工会积极介入相关案件调处，协助执法部门妥善调处劳资纠纷案件近30宗，切实维护职工合法权益，构建和谐稳定劳动关系。

【送温暖工程】 一是精准帮扶措施落实到位。对困难职工的家庭情况、子女上学和就业情况进行调查摸底，建档录入电脑，进行信息化管理，做到心中有数，帮扶到位。进一步落实精准扶贫驻村帮扶工作，为贫困户制定详细脱贫帮扶计划，专人结对帮扶，充分体现党和政府对困难职工群众的关心。二是节日慰问呈常态化。每逢重大节日，县委、县政府等四套班子领导亲自带队，县总工会和各行局局长、基层工会主席组成慰问团分别上门慰问困难职工，将慰问金送到每位困难职工的手上。三是帮扶资金渠道拓宽。协调民政部门，将符合低保救济条件的特困职工纳入低保救济；努力争取上级支持，筹集“金秋助学”帮扶等专项资金，举办大型助学帮扶活动。2017年，在市总工会支持下，发动乡贤、企业家助学献爱心筹资近100万元，帮助400多名贫困学生圆大学梦，在全县形成良好的助学帮困氛围。工会“送温暖”“金秋助学”“法律援助”“医疗救助”“互助保障”等帮扶和服务品牌不断做大做实，帮助职工解决所盼、所急、所忧，展现新时期工会工作者的新风貌，受到社会广泛赞誉。

【教育培训】 2017年，县总工会坚持以学促干，做到学习常态化、制度化，坚定工会干部理想信念，提高工会干部素质涵养及工作质量，为更好更高效地服务职工群众打下坚实基础。一是加强思想政治教育。深入贯彻落实党的十八大和十八届历次全会、十九大精神，学习习近平总书记系列重要讲话，认真开展党的群众路线教育和“三严三实”“两学一做”学习教育以及纪律教育学习月专题教育等活动，做到学习有方案、有计划，领导班子带头深入学习党章、党规及习近平总书记系列重要讲话精神。2017年，县总工会开展5场专题教育学习会，确保工会干部在政治上、思想上、行动上时刻与党中央保持高度一致。二是加强学习制度化管理。坚持在每月的工作例会上，组织全体干部职工学习最新的政策法规及文件精神，使工会业务人员通过学习更好适应新形势新发展的要求，规范办事流程，提高工作效率。为进一步推动工作落实到位，县总工会制定年度工作计划表，具体到每月做什么工作，哪个部门负责都一目了然，确保责任到位，落实到位。三是加强工会调研及业务培训。针对海丰县各乡镇换届后，工会新面孔多、业务不熟悉的情况，县总工会全面开展基层工会调研和培训，确保工会工作连贯性。县总工会主席叶森亲自带队前往各镇场及企事业单位工会开展调研，主要对工会组织建设情况、工作开展情况、存在问题等进行调研，调研过程中还结合开展建会、换届等工会业务知识培训，为创新推动全县工会工作打下牢固基础；组织召开全县劳资关系沟通技巧专题培训会，各基层工会负责人、女工主任，企业工会负责人及劳动保护监督员，劳资关系调解员等120多人参加培训。通过一系列的培训学习，县工会干部处理工会相关业务工作的能力得到提高。

【海丰县工会第十二次代表大会召开】 2017年11月，海丰县工会第十二次代表大会召开。大会回顾总结县工会第十一次代表大会以来的各项工作，全面贯彻落实党的十八大及十八届历次全会、党的十九大精神，安排部署未来五年的主要工作，选举产生新一届县总工会领导班子，团结动员全县广大职工为推进海丰全面建成小康社会而努力奋斗。

（郭大生）

附：2017年海丰县总工会领导名录

主　席：叶　森

副主席：刘永贺　罗银英（任至11月）

彭军梅（11月起任）

共青团海丰县委员会

【概况】 2017年，团县委在县委、县政府和团市委的正确领导下，认真贯彻落实习近平新时代中国特色社会主义思想和党的十九大精神，自觉践行社会主义核心价值观，引导青少年牢固信念，充分发挥共青团引导青年、组织青年、服务青年、维护青少年合法权益四大职能，帮助青少年成长成才，服务党政工作大局，坚强组织内部建设，各项工作有序开展，各部门通力合作，成功举办多项特色活动并取得成绩。

【机构人员】 共青团海丰县委员会是中共海丰县委领导下负责青少年工作的群众团体，团县委机关内设4个部（室）：办公室，组织部，宣传部，学校部；下属有正股级事业单位海丰县志愿者指导中心。核定人员编制7人，其中行政编制5名、事业编制1人、工勤编制1人。

【共青团海丰县第十五次代表大会召开】 2017年10月11~12日，共青团海丰县第十五次代表大会召开，来自全县各条战线的208名团员、青年代表参加会议，共商海丰县共青团工作发展大计，提出未来五年共青团和青年工作的奋斗目标和具体措施，并选举出由31名委员和14名候补委员组成的共青团海丰县第十五届委员会。共青团海丰县第十五届委员会第一次全会选举欧斌权为团县委书记。

【基层团组织建设】 2017年4月，全县共青团系统换届选举工作全面铺开，5月基层团委基本完成换届工作，新增华中师范大学海丰附属学校团委、海丰县实验中学团委。至年底，海丰县已建立31个基层团委，其中县直机关团委1个，乡镇团委17个，学校团委12个，国有企业团委1个，配备专、兼职团委正副书记共46人，团（总）支部合计831个，全县团员总数为10899名。

【青少年思想道德教育活动】 2017年，团县委以重要节日为契机开展主题活动，在“五四”青年节期间，在青少年中开展“我的中国梦”“寻找向善向上好青年”等系列主题活动，举办“不忘初心跟党走”纪念建团95周年纪念活动20多场次，有效引导青少年坚定理想信念。在少先队建队日期间，组织各级学校、少先队深入开展“红领巾心向党”“我对习爷爷说心里话”“喜迎十九大”等主题教育活动100余场次，参与人数6000余人次。及时组织团员青年收看党的十九大召开盛会、开展党的十九大精神进校园宣讲活动60场次，动员广大团员青年深入学习宣传贯彻党的十九大精神，用习近平新时代中国特色社会主义思想武装头脑、指导工作。同时，利用线上网络平台和线下“青年之家”阵地对青少年进行舆论引导和思想教育。

【助力双创志愿服务系列活动】 2017年元旦期间，团县委组织开展“创文·争先”青春活力杯海丰青年三人篮球赛，来自全县基层团委共36支代表队参加比赛，营造青春活力、运动风采助力创文的良好氛围。1月19日，团县委联合县妇联、县交警大队在海丰县城重点路段全面铺开春节期间“文明城市·交通文明”志愿服务活动。3月17日，组织青年志愿者到红宫红场参与“创文、创卫”誓师志愿服务活动。清明期间，积极响应县委号召，动员基层团委组建森林防火志愿服务分队，协助各镇做好清明期间森林防火工作，提倡文明祭拜新理念。4月30日，联合县禁毒办组织200多名志愿者在文天祥公园开展“平安海丰”禁毒宣传志愿服务活动启动仪式。6月12日，在国际禁毒日来临之际，团县委再次组织志愿者到县体育馆参与禁毒宣传志愿服务月启动仪式，掀起全县禁毒宣传新热潮。7月11日，团县委在文天祥公园开展大学生暑期“三下乡”禁毒相传暨环保志愿服务活动，带动海丰籍的高校学子身体力行践行志愿行动，参与家乡创文，共创平安海丰。8~9月，在创文冲刺阶段期间，团县委多次组织志愿者开展“决战创文·志愿我先行”志愿系列活动，成立文天祥志愿者文明驿站，组织1万多名青年志愿者在全县开展卫生整治、交通劝导和志愿宣传工作，共派发各类宣传资料3万多份，营造全社会“共建文明城市，争做文明市民”的浓厚迎检氛围。9月1日，团县委在文天祥公园、县委大院和文天祥文明驿站同时掀起全县干群注册志愿者服务活，目前i志愿注册志愿者达到31282人，形成全社会人人争做志愿者的文明风尚，为创卫工作争分添彩。2017年，在全市文明创建表彰会上，团县委被授予“汕尾市文明创建工作先进单位”。

【扶贫济困志愿行动】 6月10日，团县委到黄羌镇中心小学开展“让爱和孩子一起成长”亲子活动。成功组织20名县城学生和黄羌镇20名留守儿童结对互动，构建城乡儿童的交流沟通平台，让孩子在团的活动中建立友谊、增长见识、感受生活、收获快乐。7月13日，联合广东医科大学“七里香”志愿服务队、海丰附城康雄中医门诊部、附城镇卫生院、青年志愿者共计50多人，在附城镇联西村委开展

“健康直通车”义诊志愿服务活动，为村民送医送药。9月2~5日，团县委组织40多名扶贫干部、农村青年赴深圳国防教育基地参与2017年农村青年人才“领头雁”培训班，学习现代农业实用技术、电商运营模式和现代农业经营管理知识，进一步推动海丰县农村青年创新创业，助力该县精准扶贫攻坚战。

【圆梦助学活动】 2017年8月，团县委继续开展“圆贫困学生大学梦”助学活动，得到广大企业家和爱心人士的鼎力支持，资助金额实现新突破，共向社会各界募集资金124.6万元。经学生个人申请、学校团委推荐和团干部入户核查、筛选，245名贫困大学新生符合申请条件。8月23日，团县委在县政府迎宾楼举行2017年度圆梦助学金颁发仪式，让企业家亲手将助学金交给学生。该“圆梦”活动弘扬扶贫济困的传统美德，带动更多的爱心人士参与到爱心助学活动中来。

【“缘定网络·幸福团聚”大型交友活动】 为加强共青团服务青年婚恋交友工作，进一步促进海丰县青年的交流和沟通，12月2日，由团县委主办的“缘定网络·幸福团聚”2017年海丰县大型交友活动在县体育场、赤石水底山温泉庄园成功举办。活动自11月22日开展以来，共接收300多名单身青年报名，通过创新活动开展形式，结合线上线下互动活动，让参与其中的青年朋友们敞开心扉、展现自我、结识朋友、播种爱情。

【学校团队工作】 2017年，团县委和县少工委以服务青少年学生的成长需要为目标，积极组织学校团队开展工作。一是认真加强团干部学习工作，多次开展业务培训和主题活动，提高团干队伍整体素质。二是严格控制团员和少先队员发展数量，提高团员和少先队员的质量和先进性。三是完善中学团校建设，深化共青团改革，促成海丰县17所中学成立团校，覆盖率为41%，成为培养团干和教育团员的阵地。四是开展丰富多彩的团队活动，加强青少年思想道德建设。3月28日，在县青少年宫举行第二届“最美南粤少年”评审活动，展现海丰县少先队员和青年团员积极向上的风采，培育社会主义核心价值观；5月4日，团县委组织全县团干代表和学生代表在县革命烈士纪念馆举行“不忘初心跟党走”海丰县纪念建团95周年大会暨“一学一做”教育实践主题活动，同时进行"五四"先进表彰大会，让团员青年在活动中继承红色基因，弘扬革命精神，发挥先锋模范作用；10月13日，县少工委发动全县少先队组织开展“喜迎十九大，我是光荣的少先队员”主题队日活动，全县各级少先队积极响应，开展一系爱国主义教育活动，活动亮点纷呈，各具特色。

（蔡丽燕　郑颖杰）

附：2017年共青团海丰县委员会领导名录

书　记：胡家驹（任至3月）
　　　　欧斌权（10月起任）
副书记：王富海（任至7月）
　　　　叶俊廷（任至7月）
　　　　陈　威（10月起任）
　　　　蔡丽燕（10月起任）

县妇联

【机构人员】 2017年，在县委、县政府和上级妇联的正确领导下，海丰县妇联紧紧围绕党政中心，服务大局，求真务实，积极履行组织妇女、引导妇女、服务妇女和维护妇女儿童合法权益的职责，促进男女平等，为海丰经济社会和谐发展努力奋斗。海丰县妇女联合会挂县妇女儿童工作委员会办公室牌子，属正科级单位，内设4个部（室）：办公室、宣传部、权益部、儿童部；核定人员编制6名，其中行政编制5名、事业编制1名。县妇女儿童工作委员会办公室事业编制2名，由县妇联人员兼任。

【妇女儿童节日庆祝活动】 ①举行“三八”妇女节日纪念活动。2017年3月8日，县妇联在县政府迎宾楼举行纪念“3·8”国际劳动妇女节107周年暨“树文明家风·建幸福家庭”专题讲座。会上，县委常委、宣传部部长余德聪代表县委、县政府向广大妇女同胞致以节日的问候和良好的祝愿，对全县各级妇女组织和广大妇女同胞为推进海丰经济发展和社会进步做出的积极贡献点赞。现场播放妇联专题汇报片《巾帼如歌·幸福绽放》。会后，邀请汕尾职业技术学院教授庞丽萍主讲“树文明家风·建

2017年3月7日，县妇联举行纪念“三八”妇女节107周年暨“树文明家风·建幸福家庭”专题讲座

幸福家庭”专题讲座，倡导女性摆正自身的社会角色和家庭角色，智慧经营家庭、生活和事业，促进家庭美满。②开展“六一”儿童节日庆祝活动。6月1日，县妇联邀请县四套班子领导走访慰问部分幼儿园和小学。县委书记邱晋雄、县长郑俊雄一行来到老区残疾儿童康复训练中心，参观孤独症、脑瘫症患儿康复训练室，并向正在举办亲子活动的患儿和家长致以节日的祝福，给孩子们送上节日礼物。郑俊雄等县领导在公平镇中心幼儿园观看孩子们表演，在西山小学参加少先队员入队仪式并向同学们送上节日祝福和学习用品，同时也向长期工作在山区一线的老师们致以亲切的问候，希望学校进一步提高教学水平。③举办元旦亲子游园活动。2017年元旦前，县妇联和梅陇镇政府在梅陇镇区广场联合举办“喜迎元旦·助力创文”亲子游园活动，活动设有签名区、拍照区、游戏区和表演区，设有“创文我承诺”“创文知识抢答”等有奖互动环节，形式多样的游园吸引不少家长和孩子参与。

【维护妇女儿童合法权益】 ①开展“三八”妇女节维权周公益宣传。积极拓展宣传渠道，依托报纸、电视、微信、网站等，扩大妇女儿童权益保护宣传

2017年5月31日，县妇联携手海丰女企业家开展“爱心父母”牵手困境儿童助学活动

2017年6月1日，县委书记邱晋雄、县长郑俊雄等县四套班子领导走访慰问部分幼儿园和小学，与孩子们共庆“六一”儿童节

覆盖面。在电视台播放《妇女权益保障法》《男女都一样》《家和万事兴》等公益宣传片及宣传标语；在县妇联微信公众号开展《反家庭暴力法》信息宣传；联合县司法局、海城镇妇联开展“《反家庭暴力法》实施一周年”户外宣传咨询活动。②加强12338维权热线和日常信访接待工作。3月8日当天，围绕“倾听妇女心声，关护妇女权益”主题开展妇联主席12338热线接听日活动，接听群众来电3宗，其中涉及法律政策咨询类2宗，困难求助1宗。县妇联全年共接待来信来访来电45宗。③召开妇女民生及维权座谈会。4月28日上午，市妇联主席彭丹乔率调研组一行来到海丰县，实地考察梅陇镇梅南社区“妇女之家”建设情况，并召开基层妇女民生座谈会。会上，基层妇女干部与妇女代表们就群众反映强烈的婚姻家庭维权、家庭暴力、妇女小额担保贷款及留守儿童帮扶等问题展开讨论，市妇女维权站和随行律师作认真回答。会后，市、县妇联一行还实地视察梅陇镇柚香园——市级巾帼创业示范基地。④成立县婚调委。10月，县妇联牵头县综治委、县司法局、县民政局成立县婚姻家庭纠纷人民调解委员会，婚调委调解场所设在县民政局大楼一楼。12月7日，县婚调委揭牌成立，市妇联主席彭丹乔及县有关部门负责人参加揭牌仪式。

【开展禁毒防艾宣传】 ①组织参与禁毒宣传教育工作。2017年6月26日是第30个国际禁毒日。县妇联组织巾帼志愿者参与海丰县“无毒青春·健康生活”大型禁毒宣传教育活动，协助维持现场秩序，并于活动后沿街发放禁毒宣传资料，号召广大居民群众抵制毒品，不让毒品进家庭。同时，县妇联联合县检察院、教育局、司法局、关工委等部门，以“营造好家风·培育好孩子”及“不让毒品进我家”“不让毒品进校园”等禁毒预防教育“6·27”工程为主要内容，在全县开展家庭教育大讲堂暨禁毒宣传巡回活动。11月8日上午，海丰县家庭教育大讲堂暨禁毒宣传巡回活动启动仪式在梅陇小学举行，相关单位及梅陇小学学生、家长共1000多人参加活动。启动仪式后，在梅陇小学举办首场活动。梅陇小学学生代表上台宣读禁毒承诺书，现场举行“不让毒品进我家”“不让毒品进校园”承诺签名活动。随后，在梅陇小学多媒体教室，来自广东愿力律师事务所的律师陈和成以“远离毒品，建设平安幸福家园”为主题开堂授课，取得较好效果。至12月底，已先后举办巡回活动8场次。②开展第30个“世界艾滋病日”宣传活动。“12·1”世界艾滋病日，县妇联、县疾控中心以“共担防艾责任，共享健康权利，共建健康中国”为主题，联合开展预防

艾滋病户外宣传活动。活动现场布置宣传展板和宣传横幅，向过往民众发放预防艾滋病宣传资料、防艾宣传品等，向市民展示关于艾滋病传播途径、社会危害性及如何遏制、预防等相关健康知识。

【帮扶困境妇女儿童】 ①组织爱心企业走访慰问贫困家庭。1月14日，县妇联携手汕尾博助慈善社和晶艺福珠宝公司到陶河镇杨东村、杨西村、杨南村、杨北村，入户走访46户特困孤儿、单亲母亲、孤寡老人等困难家庭，送去大米、花生油等春节慰问品。②组织开展春节前走访慰问活动。2月春节前，市妇联主席彭丹乔带市、县妇联慰问组一行先后走访部分单亲母亲、困境儿童及援建“单亲母亲安居房”家庭户，为困难妇女儿童送上节日祝福以及慰问金。③协助开展深圳市巾帼潮商商会走访慰问活动。7月27日，深圳市巾帼潮商商会会长许少丹率团到海丰县开展慈善关怀行动。市妇联主席彭丹乔，县委常委、宣传部部长余德聪，县妇联主席赵丽娟等参加活动。深圳市巾帼潮商商会的女企业家们深入到梅陇镇，走访慰问10户单亲特困母亲及贫困孤儿家庭，为每户受助家庭送去2000元慰问金及慰问品。④持续开展“爱心父母”大联盟行动。“6·1”儿童节前，县妇联携手市女企业家协会海丰籍的女企业家爱心人士，开展“爱心父母”牵手困境儿童助学活动，陪同“爱心父母”一行实地走访平东、黄羌、公平等镇，结对助学104人。2017年秋季开学前，县妇联再次陪同“爱心父母”们下乡走访，集中发放助学金。2017年共有45名“爱心父母”（个人或集体）牵手结对287名困境儿童（含助学、助养）资助金13万元。⑤开展贫困儿童先天性心脏病救助项目。县妇联长期开展先心病患儿手术救助申请。7月，由致公党广东省委会、广州军区总医院、致公党汕尾市委会、市妇联和市人民医院联合开展的“大爱救心”义诊活动在市人民医院举行，海丰县妇联通过调查摸底和登记造册，组织28名义诊对象参加义诊，经诊断需手术治疗并按时填报相关资料接受手术救助的对象9名。⑥做好农村“两癌”贫困妇女申报工作。县妇联对2010年以来经三甲医院确诊、年龄为35~64岁的50多名患“两癌”农村贫困妇女进行造册登记，录入全国妇联“两癌”网上系统申请“贫困母亲两癌救助中央专项彩票公益金”援助。其中9名妇女分别得到1万元资助，3名建档立卡贫困妇女分别得到3000元资助。

【促进妇女生产发展】 ①继续深化“巾帼建功”活动。按照巾帼文明岗管理办法进一步规范创建活动，通过培养评选全国、省、市“巾帼文明岗”，不断增强“巾帼文明岗”的社会效应、品牌效应，动员激励广大女职工立足岗位作贡献。2017年，广东可塘珠宝交易市场管理处、老区残疾人康复训练中心被树为市级“巾帼文明岗”；海丰县德苗艺术幼儿园教研室、泰林中英文幼儿园教研室被树为省级“巾帼文明岗”；海丰县供电局党群工作部被树为全国级“巾帼文明岗”。同时，推荐评选出省级“三八红旗手”1名、市级“三八红旗手”3名，陶河镇妇联获得市级“三八红旗集体”称号。②继续做好新一期妇女小额担保贴息贷款工作。县妇联、县财政、县农信社联合制订印发《关于印发〈海丰县实施“广东省扶持妇女创业小额担保财政贴息贷款项目”方案（2017–2019）〉的通知》，促进妇女创业致富和经济发展。③培育巾帼创业示范基地。县妇联、县农业局联合印发《关于申报2017年度海丰县巾帼创业示范基地（种养类）的通知》，培育一批县巾帼创业示范基地，县绵阳种养专业合作社等3个基地被申报为市级巾帼创业示范基地，通过争取上级妇联相关项目资金，帮助示范基地扩大生产再发展。

【加强基层组织建设】 2017年是海丰县妇联系统深化改革年。县妇联贯彻落实党中央关于加强和改进党的群团工作的决策部署，根据《广东省妇联改革方案》文件精神，在市妇联的指导下，在县委、县政府的正确领导下，以保持和增强政治性先进性群众性为目标，以服务决胜全面建成小康社会大局为主线，以联系和服务广大妇女群众为根本，全面推进县妇联组织和妇联工作改革创新。一是全面完成各村（社区）“会改联”工作。根据《广东省妇联改革方案》，县妇联与县委组织部、县民政局联合下发《关于做好女性进“两委”和村（社区）妇联组织改建工作的通知》，并印发《海丰县各村（社区）妇代会改建妇联工作指引》。7月11日上午，海城镇城北社区作为县试点单位顺利召开妇女第一次代表大会暨全县“会改联”工作现场会，正式挂牌成立海丰县首个社区妇联，标志着该县“会改联”工作顺利开局。随后，各镇试点工作逐步开展。截至9月8日，全县279个村（社区）全面完成妇代会改建妇联工作。其中，村（社区）妇联主席全部由村（社区）“两委”女性干部担任。11月，各村（社区）妇联召开执委二次会议增补执委、副主席人数，每个村（社区）妇联执委人数均不少于11人。二是积极推进镇级妇联区域化建设。按照妇联改革方案，根据《关于推进全市镇（街道）妇联区域化建设工作的意见》（汕组通〔2017〕58号）要求，2017年11月底，县委组织部、县妇联联合印发

2017年6月14日，省妇联副主席许红率调研组到海丰县调研妇联基层组织建设情况，实地察看陶河镇“妇女之家”示范点

《海丰县推进镇级妇联组织区域化建设工作实施方案》（海组通〔2017〕144号）文件。随后，县委组织部、县妇联召开各镇党委副书记、组织委员工作会议。县妇联召开各镇妇联负责人区域化建设业务工作会，并印发《海丰县各镇召开妇女代表大会工作指引》，对开展镇妇联区域化建设的工作流程、镇妇女代表大会的执行程序都进行详细的指导。三是推进“妇女之家”示范点建设。6月14日，省妇联副主席许红率调研组到海丰县调研妇联基层组织建设情况，实地察看陶河镇“妇女之家”示范点并召开调研座谈会。10月16日起连续7天，县妇联对该县各地“妇女之家”示范点建设情况进行检查。市妇联于10月31日抽查海丰县附城镇荣山村、新山村，联安镇联田村，可塘镇仓前村、可塘社区“妇女之家”建设情况。四是推进“儿童友好社区”“留守儿童之家”示范点建设。各示范点积极搭建关爱儿童服务平台，关心农村留守儿童身心健康状况，加强对农村留守儿童父母、受委托监护人的家庭教育指导。10月底，市妇联副主席陈楚君到海丰县检查儿童友好社区建设工作，并为可塘镇省级儿童友好社区示范点授牌。4月9日，市妇联、市妇女儿童活动中心、市爱心之旅志愿者协会和海丰县妇联走进陶河镇杨埔小学和赤坑镇沙港小学；11月25日，走进平东镇中心小学和黄羌镇中心小学，开展“爱暖童心、共享蓝天”关爱留守儿童专场活动。五是推进基层妇联干部教育培训工作。5月31日至6月2日，组织2名省级妇女之家示范点负责人参加省第三期“妇女之家”示范点项目管理人员培训班；8月27日至31日，组织县妇联正副主席参加全省县（市、区）妇联主席培训班；10月11~13日选派7名村级妇联主席参加广东省村（社区）妇联主席示范培训班（粤东片）；10月23~26日，选派8名镇级妇联主席（负责人）参加广东省镇（街道）妇联主席示范培训班（粤东片）。通过组织培训学习，进一步提升各级妇联干部能力素质和工作水平。

【促进家庭文化建设】 ①开展“文明家庭”创建活动。2017年初，以“传承家庭美德·倡树良好家风”为主题，县妇联、县文明办联合发出《关于开展海丰县文明家庭创建活动的通知》，以及《传承中华美德新风·创建文明幸福家庭—致全县广大家庭倡议书》，引导城乡居民从自身做起、从家庭做起，讲道德、守法纪，弘扬时代新风，传承中华传统家庭美德。同时，申报创建海城镇莲花村、海城镇城北社区为“广东省家庭文明建设示范点”，每个示范点分别获得省项目经费2万元，用于推进示范点村容村貌整治和家庭道德文明建设，树立示范带动作用。②持续开展寻找“最美家庭”活动。通过组织推荐、个人自荐等方式，涌现出一批在家庭和美、夫妻恩爱、孝老爱亲、科学教子、热心公益、自强不息等方面事迹突出的优秀家庭。2017年3月，林赛如等10户家庭被评为2016年海丰“最美家庭”。③开展家庭教育工作。2017年7月，根据市妇联、市教育局通知精神，县妇联与县教育局联合印发《关于全面推进社区家长学校建设的通知》（海妇字〔2017〕10号），在全县42个社区建立“社区家长学校”。11月，县妇联联合县检察院、教育局、司法局、关工委等部门举办海丰县家庭教育大讲堂暨禁毒宣传巡回活动。

【加强自身建设】 按照县委统一部署，以“讲政治、强党性、严纪律、守规矩”为主题，组织开展纪律教育学习月活动。8月14日下午，召开县妇联纪律教育学习月动员会，对纪律教育学习工作进行部署，并重点学习习近平总书记系列重要讲话和对广东工作的重要批示精神。期间，组织全体干部职工到海丰革命烈士暨斗争史纪念馆（海丰县廉政教育基地）参观“海丰县纪律教育学习月活动专题展”，观看由县纪委制作的警示片《不可触碰的高压线》。组织全体党员参加“学省党代会精神，迎党的十九大召开”网上考学测试。10月18日上午，组织观看党的十九大开幕式直播。之后，组织多场次党的十九大精神学习宣传活动，其中举办“重走红军路，重温入党誓词”红色革命教育活动，组织各镇场妇联干部参观黄羌林场朝面山四十九团团部旧址、中国工农革命军第二师师部旧址、高潭中洞东江特委旧址等；组织全体党员参加“学报告、学党章”网上考学测试。10月27日上午，召开县妇联党支部换届选举工作，调整充实支委委员，进一步加强妇联党组织建设和管理。

（郭丽生）

附：2017年海丰县妇女联合会领导名录

主　席：赵丽娟（7月起任）
副主席：彭军梅（任至7月）
　　　　陈惠燕　吴映雪（7月起任）

科学技术协会

【机构人员】 1988年，海丰县科学技术协会与海丰县科学技术委员会（现改称海丰县科学技术局）分开独立设置。海丰县科学技术协会独立建制后，行政编制3人，工勤编制1人，在职工作人员7人，退休干部3人，共10人，内设学会部和科普部。1989年2月，成立海丰县科学技术培训咨询服务中心，为海丰县科学技术协会下属事业单位。1990年12月，中国科协农函大批准建立中国农村致富技术函授大学海丰分校。1999年1月，海丰县委、县政府成立海丰县农村实用技术培训领导小组，领导小组下设办公室，办公室设在海丰县科学技术协会。2007年3月，成立海丰县全民科学素质领导小组，领导小组下设办公室，办公室设在海丰县科学技术协会。至年底，机构设置没有变动。

【举办全县青少年科技辅导员培训班】 为提高海丰县青少年科技教育水平，促进全县青少年科技创新活动不断进步，推动全县青少年科技教育工作持续发展，12月8日，汕尾市海丰县科协、县教育局和县科技局在县少年宫举办海丰县青少年科技辅导员培训班。来自全县中小学校60多位骨干教师参加培训。汕尾市科协常务副主席范志能，海丰县科协、县教育局、县科技局等相关领导出席培训班。培训班邀请全国“十二五”全民科学素质行动计划纲要实施工作先进个人、广东省青少年科技中心主任叶新鹏为培训班学员进行辅导授课，主要内容是介绍省青少年科技教育发展、学校组织开展科技活动、科技教师辅导学生开展青少年科技创新大赛项目等。下午，通过开展科技游戏体验交流活动，让学员明白科技教育并非高大上，很多是低成本易普及的活动以及培养教师团队合作精神和创新能力。通过此次培训，海丰县科技辅导员教师科技教育水平得到提升，对于培养青少年创新能力和提高青少年科学素质等方面也具有重要的示范意义，增强广大青少年的创新精神和实践能力，有力促进海丰县青少年“学科学、爱科学、用科学”良好风尚的形成。

【开展“全国科普日”活动】 根据2017年全国科普日“创新驱动发展，科学破除愚昧”的活动主题，9月19日，县科协、县科技局、小漠镇政府、海丰县惠慈医院在小漠中学联合举办“海丰县2017年全国科普日活动——科普挂图巡展暨医疗义诊活动”启动仪式，同时在小漠镇卫生院设立分场，举办“科普进社区——医疗义诊、咨询活动”。汕尾市科协常务副主席范志能、专职副主席柯梁恭，海丰县科协、县科技局、小漠镇政府、海丰县惠慈医院、小漠中学等单位相关领导、老师、青少年学生共1000多人参加启动仪式和一系列活动。活动内容有紧扣禁毒、健康生活、创建文明城市、和谐社会建设，环境保护、节能减排和防灾应急，紧紧贴近广大人民群众和青少年生活和生产、学习，融知识性、科学性与趣味性为一体的科普挂图巡展；有利于群众身心健康的医疗义诊咨询活动。现场还发放各类科普资料3000多份和近3万元药品。该活动为小漠镇广大干部群众、师生带来科普文化大餐，在崇尚科学、破除愚昧、减少疾病、健康生活、崇尚文明、勤奋学习等方面起到积极推动作用。

【举办现代农业实用技术培训班】 为加快推进海丰县现代农业发展和科技助力精准扶贫工作，5月8日，由海丰县科学技术协会、县委组织部、县科技局联合主办，海丰中荣职业培训学校承办的现代农业实用技术培训班在中荣职业培训学校举行。培训

2017年12月8日，汕尾市海丰县科协、县教育局和县科技局在县少年宫举办海丰县青少年科技辅导员培训班

2017年5月8日，由汕尾市海丰县科学技术协会、县委组织部、县科技局联合主办，海丰中荣职业培训学校承办的现代农业实用技术培训班在中荣职业培训学校举行

班聘请汕尾市高级农艺师林俊流、专业技术员李荣标授课。可塘镇罗山村周边以及赤坑镇仁家村、上埔村80多名种植大户参加培训。培训课上，授课老师结合自身工作经验和相关理论，分别针对农户最关注的水稻种植和番薯栽培技术进行实例讲解，简洁明了介绍作物栽培、病虫害防治、水肥管理等农业技术相关知识。培训现场与农户进行交流互动，解答和指导农户在实际种植中出现的问题。课后还组织农户到现代农业示范基地和田间地头实地参观学习。同时发放《广东农村实用技术》、培训讲义等农科资料400份，化肥一批。

（陈广真）

附：2017年海丰县科协领导名录

主　席：李修波

副主席：吕爱伦

个体劳动者协会　私营企业协会

【组织机构】 海丰县个体劳动者协会（以下简称县个协）、私营企业协会（以下简称县私协）是分别由全县城乡个体工商户、私营企业联合组成的、具有社会法人地位的群众组织，实行“两块牌子一套人马”合署办公，共配备工作人员3名，在上级协会和县民政局及县市场和质量监督管理局共同指导下开展会务工作。同时，对应全县11个市监局基层所设立11处个协基层办事处，负责管辖所在片区的会员教育、管理、服务工作。

【主要工作】 2017年，海丰县个协、私协认真开展会员教育、会员服务、政策宣传、引导帮助、维权解难等一系列工作，充分发挥党和政府联系个体私营企业的桥梁纽带和政府职能部门监督管理个体私营经济的参谋助手作用。一是推进非公有制党建实现新突破。县个私协会要求各基层办事处切实提高对个私党建工作的认识，积极探索个私党员管理的新机制、新办法，配合地方党委和组织部门，努力抓好个私经济党建工作。截至2017年底，全县已建立非公有制党建党支部18个，党员98人。二是促进创业就业迈上新台阶。围绕促进创业就业，不断拓展服务空间，为创业就业人员提供信息指导、政策咨询、协调联系等服务，帮助企业端正发展理念，提高决策管理、营销管理、经营管理水平，切实增强企业知名度和竞争能力。同时，结合实施商标发展战略，协会基层办事处积极打造商标服务平台，深化商标知识产权宣传，引导会员单位强化品牌意识，指导会员企业申请商标注册和使用自有商标，大力培育一批新商标，提升非公有制企业的核心竞争力。全年全县共新增商标注册申请2247件，注册988件，全县有效总注册商标为12846件。三是反映诉求工作有新提升。围绕“访企业、解难题”，县个私协会坚持当好沟通协调的“联络员”、优化环境的“服务员”，多次深入各地、深入企业开展调研活动，及时发现个私经济发展和企业转型升级存在的困难和问题，并积极向有关部门建言献策、反映会员的呼声和要求，为政府和有关部门制定落实优化营商环境、推动企业转型升级等方面政策提供有利依据。四是提供优质服务取得新进展。县个私协会以基层办事大厅、服务“窗口”为依托，全面履行协会职能、优化服务质量，着力推进企业和个体工商户快速发展，提前介入群众申办营业执照，为其提供法律、政策咨询服务。截至2017年底，县协会共帮助组织各类登记材料300多份，无偿为有关部门、律师、公民、市场主体等办理业务信息咨询、材料复印、查询打印企业档案材料2.7万多份，为有关部门、企业和个体工商户提供零距离服务，为推进海丰县规模企业发展奠定良好基础。五是扶贫、消防工作取得新成效。2017年春节、中秋、“光彩服务日”期间，县个私协会组织会员到赤石镇敬老院、联安镇敬老院、公平镇龙岗村开展“送温暖、献爱心”等慰问活动，共捐款捐物合计价值6万多元。积极协助县市监局对梅陇镇、赤坑镇5个村的精准扶贫工作，慰问和帮扶孤寡老人、智障儿童、困难群众等共计130多户。为深刻吸取公平镇“12·9”较大火灾事故教训，根据县市监局的指示，协会及基层办事处安排工作人员到商户宣传消防安全知识，共召开座谈会38场，组织各类经营者和从业人员共1802人观看火灾教育宣传片。六是宣传引导开创新局面。县个私协会按照县创建文明县城的工作部署，发动会员参与“户户讲道德，店店无假货”“守信用重合同”等活动，协助市监局开展创建诚信经营示范街和诚信超市活动，并发出《诚信经营倡议书》2万份。主动投身文明城市创建工作，结合整顿市场经济秩序，在会员中广泛开展“拒售假冒伪劣商品、依法经营、诚信自律”活动，大力倡导行业自律，做到守法经营、诚信经营、文明经营，努力在全县范围内构建文明和谐的经营秩序，营造诚信守法的市场氛围。

（刘晓健）

附：2017年海丰县个体劳动者协会领导名录

会　长：卓少差

副会长：陈镇伟　邱洪武　许玉莲

秘书长：詹燕生

2017年海丰县私营企业协会领导名录

会　长：卓少差

副会长：屈金城　林友丰　庄展文　曾昭潘　陈金长

秘书长：詹燕生

县侨联

【简述】 2017年，海丰县侨联强化“群众工作、参政议政、维护侨益、海外联谊”的职能，发挥群众性、涉外性、民间性的优势，在内外联谊、群众工作、参政议政、维护侨益、为经济建设服务等方面做了大量工作，激发广大归侨侨眷和海外侨胞为家乡建设的积极性，为推进海丰全面建设小康社会作出积极贡献。

【联谊活动】 县侨联会在密切联系海外传统侨团的基础上，不断加强与华侨新生代、新华侨及港澳台胞的联系联谊。2017年6月，接待马来西亚华侨8人及港澳同胞25多人次回乡寻根。

（马俊鸿）

附：2017年海丰县侨联领导名录

主　席：马俊鸿

县残联

【机构人员】 县残联成立于1991年，属副科级单位，挂靠在县民政局办公，1999年升格为正科级单位，同时实行单列办公，隶属县政府领导，定行政事业编制5人，1999年升格单列。县残联内设2个股室，1个属下事业单位，从业人员12人，职责涉及残疾人调查、扶贫解困、康复教育、劳动就业、信访维权、文体宣传等工作。

【残疾人康复服务】 加强残疾人康复工作，是党十九大报告提出的要求。县残联以残疾人康复中心为基础，以各康复点为依托，以家庭康复为主，2017年免费为全县残疾人装配大腿假肢5例，智残儿童康复训练8名，脑瘫儿童康复训练40名，孤独症儿童康复训练45名；为全县有需要的残疾人免费发放轮椅、洗浴椅、护理床、助行器、拐杖等共252件。精神病康复服务水平得到提升，以残疾人康园工疗站和农疗站为依托，2017年底全县已建成3个社区康园站（其中新建1个），对65名精神残疾人进行生活训练、康复训练，增强其融入社会的服务技能，受到众多残疾人及其亲友的好评。

【残疾人就业扶贫】 残疾人要脱贫，关键是就业。2017年，全县有102名残疾人被多家制衣厂、珠宝厂、首饰厂等招收；强化残疾人保障金的征收，全年征收残疾人就业保障金220多万元，有力推动残疾人就业工作。2017年，开展农村残疾人实用技术培训2期共培训72人，组织参加市开展残疾人职业技能培训23人。鼓励和扶持残疾人自力更生，从事个体经营、盲人按摩等适合其就业的岗位，从而提高残疾人就业率。

【残疾人社会保障】 残疾人由于身体缺陷，劳动力受到限制，大部分生活贫困。2017年，发放残疾人生活补贴5094人，发放资金916.92万元；发放残疾人重度护理补贴7768人，发放资金1864.32万元，全县共发放两项补贴2781.24万元，进一步改善残疾人生活状况。同时，协调落实残疾人各项优惠政策，城乡重度残疾人免费购买医疗保险和社会养老保险，残疾人从事个体经营享受税收优惠减免，贫困残疾人家庭优先纳入低保和社会救济的范畴。至年底，全县有3000多户贫困残疾人家庭纳入低保。春节前和助残日期间，全县走访慰问特困残疾人和残疾学生400人次，投入慰问金15万元，营造良好的社会助残氛围。

【残疾人教育文体工作】 2017年，有2名残疾学生被省内外全日制普通高等学院录取，1名残疾学生被广东省培英中专录取，享受到政策的补贴优惠，使残疾学生的教育权利得到保障。残疾人工作者吕珠满加入广东省作家协会会员，参加赴井冈山新会员的培训班，传承红色基因，坚定文化自信；吕珠满的通讯作品《在轮椅上撑起一片天空——记汕尾籍残疾人运动员郑远森》获广东省残疾人事业好新闻评选三等奖，树立残疾人自强自立的典范。

【残疾人基层组织建设】 加强残疾人基层组织建设，推动残疾人事业发展。2017年，根据《全国残疾人专职委员选聘考核办法》规定，通过公开、公正、公平的方式，在全县18个乡镇残联招聘15位残疾人专职委员，上岗的残疾人专职委员，每月补助资金2386元。同时，完善全县282个村（社区）残协中残疾人专职委员的选聘工作，进行实名制登记，并对全县300位残疾人专职委会进行业务培训。

（吕珠满）

附：2017年海丰县残疾人联合会领导名录

理事长：林水溪

副理事长：余仲稳

县红十字会

【机构人员】 海丰县红十字会于1989年7月15日成立，1997年8月18日县编委核定事业编制2名，所需人员经费列入县财政预算，2008年经市委组织部批准在职人员参照公务员法管理登记。

【红十字宣传活动】 2017年，海丰县红十字会通过利用“5·8”世界红十字纪念日、“12·1”世界艾滋病宣传日以及“无偿献血日”“国际志愿者日”等宣传日，组织广大团体会员单位先后开展以发放宣传资料、展示红十字知识图片、红十字运动起源讲座等为内容的宣传工作，发放《中华人民共和国红十字会法》《中国红十字会章程》《红十字急救常识》、无偿献血和造血干细胞捐献小册子等1500多册。红十字医疗志愿者还进入社区开展义诊、健康咨询、传染病防治、造血干细胞捐献、无偿献血等知识宣传，通过多方面宣传，取得良好社会效果，提高广大公众对红十字工作认识度。

【关爱弱势群体开展人道救助】 “5·8”世界红十字日，县红十字会联合汕尾市民网、汕尾亮睛工程眼科医院、赤坑镇中心卫生院开展义诊献爱心宣传活动。医务人员认真检查和分类登记前来咨询和检查眼睛的患者。在赤坑镇敬老院内，医疗小分队带上仪器为10多名老人和行动不便的残疾人做健康检查，对症送药。县红十字会工作人员关爱老人家并送上食用油表示慰问。活动期间发放宣传《中华人民共和国红十字会法》小册子和眼科保健宣传单300多份，137位市民接受医疗检查，其中患有白内障眼疾的47人分批到眼科医院施行免费手术。义诊中，发现赤坑敬老院的四肢残疾人黄春生病情较为严重，急需送广州大医院进一步治疗。县红十字会协调汕尾市民网和黄春生的同学会为黄春生募集医疗资金，筹得善款4万多元，并于5月下旬助其前往中山大学附属第三医院接受首期治疗。11月到广州市中医院再次住院治疗。一人有难大家帮，弘扬“人道、博爱、奉献”的红十字精神，弘扬社会正能量。

【应急救护知识普及宣传】 为认真履行《中华人民共和国红十字会法》赋予的职责，大力实施应急救护宣传和普及工作，增强民众防范突发事件意识，不断提升市民急救能力和应急救护知识的普及率，提高遇到突发事件时的自救互救能力，县红十字会与县应急办联合采取社区广场户外路演、校园企业学教互动等多种形式，2017年在岁宝百货广场、碧桂园社区、青少年宫、海珍酒店等地开展9场次的宣讲活动，为广大市民普及应急救护的知识和心肺复苏术的操作技巧，受到欢迎和好评，产生良好的社会影响。经志愿者现场指导和示范，市民在短时间内简单掌握基本要领，增强应急救护意识，达到预期效果。

【专项救助】 2017年3月，省红会企业家服务队众骑救心万里行活动的成员到海丰慰问林梓寒等2位因先天性心脏病接受资助的患儿。7月，省红会赈济部基金负责人到海丰县探访总会小天使基金资助的陈雨臻等2位白血病患儿。接到市红会通知后，县红十字会领导高度重视，配合省、市红会圆满完成探访任务。年底，广东省红十字会联合广东省明医医疗慈善基金会、李家杰珍惜生命基金、广州医科大学附属第一医院在汕尾市开展儿童先心病筛查活动。县红十字会接到通知后立即启动14周岁以下贫困家庭先心病儿童调查摸底登记工作，通过报纸、网站、微信公众号等多渠道宣传，使14名先心病儿童及时接受省级医院专家初步检查，适合手术条件的将分批送往广州医科大学附属第一医院免费手术治疗。

（李立文）

附：2017年海丰县红十字会领导名录

会　长：甘赛梅

法 治

政法委及综治

【简述】 2017年，海丰县政法工作在县委、县政府和上级政法机关的坚强领导下，以十九大安保维稳为主线，突出社会治安重点整治和禁毒斗争，扎实推进综合治理各项措施，确保全县政治安全，社会稳定，社会治安形势不断好转，平安海丰建设取得明显成效。

【机构人员】 中共海丰县委政法委员会与县社工委、县委维稳办、县综治办、县委防范办、县国安办、县委依法治县办及县法学会合署办公。县委政法委内设政工办（副科级）、法治监督室、维稳工作股、综治工作股、防范工作股、社会工作股和依法治县工作股7个办公室（股室）。有编制23个，其中公务员编制18个、事业干部编制2个、后勤服务人员3个。

【信访维稳】 2017年，海丰县坚持源头治理和防治结合的思路，构建能及时发现、及时反应、及时化解、及时处置信访问题的工作格局，信访工作责任得到进一步压实，老案积案得到有效化解，群众上访量明显下降。全年海丰县群众进京上访5批5人次，同比下降58.6%和85.3%；到省集体上访4批20人次，同比下降33.3%和53.5%；到市上访130批229人次，同比下降6.5%和40.8%，其中集体访4批22人次，下降75%和83.1%；到县上访940批2589人次，同比下降9.7%和17.5%，其中集体访137批1224人次，下降8.7%和22.7%。①信访积案办理情况。2017年，市交办海丰县信访积案2批47宗，已办结30宗，结案率63.8%；县排查交办信访积案20宗，已办结15宗，结案率75%。②信访新案办理情况。全年省、市交办县信访案件9宗，已办结8宗，结案率88.9%；市委书记石奇珠批示交办57宗，已办结53宗，结案率93%。③网上信访案件办理情况。全年办理网上信访业务系统案件830宗，已办理答复485宗，超期未答复169宗，按期答复率79.6%。

【情报信息搜集研判】 2017年，为做好党的十九大、全国“两会”、农村“两委”选举等安保维稳工作，由县委政法委牵头，以公安为主力，从政法委、公安、信访等单位抽调力量成立维稳工作专班，落实“一日一研判”制度。广泛发动特情耳目，全面搜集预警性、内幕性等深层次信息，建立三级预警和情报信息分析研判制度。强化网上、网下舆情巡查应对工作，及时发现、阻断和清除危害社会稳定的政治谣言、不实言论和煽动组织闹事的违法信息。全年收集有价值信息150余条，为精准掌握社会动态，及时化解各类矛盾提供坚实的情报支撑。

【排查管控化解不稳定因素】 2017年，海丰县全面排查涉疆、涉军、涉土、涉村务、涉民师、涉邪教、涉法涉诉、涉众型投资领域等方面存在的不稳定因素。对459名重点人员分类区别对待，落实化解、稳控和管控措施。①涉疆人员12名，纳入视线逐一管控到位。②对全县25间天主教堂、10间基督教堂、27间佛教场所、3间道教场所，联合公安、宗教等部门开展经常性督导。③涉三级以上严重精神障碍患者48名，由公安按照“一人一档、一人一警、一人一策”原则，实行有效管控，防止严重精神障碍患者肇事、肇祸案（事）件发生。④涉信访重点人员54名（省、市下达29名，县新排查25名），指定专班负责，实行“人盯人、面对面”，贴身管控，不让其脱离视线。此外，对17名涉民族资产解冻人员、23名“善心会”重点人员，100余名涉土、涉军、涉村务重点人员，录入大情报信息平台，实时掌握活动动向。

【反恐处突工作】 2017年，海丰县全面启动严打严防暴恐“断流”专项行动，强力防范阻断涉恐人员通过海丰县回流入境，完善50人、100人、200人反恐处突专门队伍，加强实战化演练，提高第一时间反恐应急处置能力，按“1、3、5”防控圈的要求，健全1分钟、3分钟、5分钟应急处突机制。

【路面巡逻大防控】 2017年，海丰县在每个重大节假日、敏感期、大型活动、重要会议等重要时间节点，提前谋划、周密部署，根据县城地区和重点镇治安实际，启动“点—线—面”一体化大防控体系，对主要干道、繁华街区、旅游景区、校园周边、重点部位和场所实施“全天候、不间断”武装巡逻和设卡检查，动态处警，有效震慑违法犯罪活动。

【涉法涉诉信访处理】 2017年，海丰县健全领导接访日制度，落实信访工作专班，对症下药，综合施策，突出涉法涉诉信访积案的化解稳控，确保信访人吸附在基层，稳控在当地。县委政法委全年受理群众信访事项73宗，其中涉法涉诉信访事项24宗、涉农村“两委”换届选举事项42宗，其他5宗，对信访事项做到件件落实。全县政法部门妥善处理涉法涉诉信访问题91宗，对省市交办的17宗涉法涉诉信访积案，办结化解13宗，妥善处理稳控4宗。全年全县无发生重大涉法涉诉缠访闹访、越级上访事件。

【推进社会治安重点整治】 围绕市委、市政府年初把海丰县列为全市社会治安重点整治地区的有关工作部署，县委、县政府迅速组织，全面打响社会治安重点整治和禁毒攻坚战。充分发挥政法机关主力军作用，以“飓风2017”专项行动为抓手，全方位、多角度整治社会治安突出问题，取得明显成效。一是专项打击行动成效显著。2017年，海丰县集中开展“六大专项整治行动”，提高群众安全感、政法工作满意度和平安创建知晓率。1月至11月，公安机关立各类刑事案件1230宗、同比下降6.1%，破案820宗、同比上升27.7%，破案率66.7%同比上升38.9%，抓获各类涉嫌违法犯罪人员3188人，其中处刑事拘留812人、行政拘留1591人；捣毁犯罪团伙91个354人，抓获逃犯129人。立八大类严重暴力性犯罪案件85宗、同比下降32.5%，破案62宗、破案率上升23.3%；立盗抢案件515宗、同比下降23.5%，破案240宗、同比上升79.1%，破案率上升26.6%。县检察院批捕584件751人，起诉662件802人；法院审理刑事案件883件，审结776件918人，已生效判决778人，其中处五年以上有期徒刑90人。二是毒情蔓延势头得到有力遏制。以问题为导向，统一认识，明确职责，压实责任，健全机制。以缉毒破案为抓手，强化打击整治手段；以禁毒网格化管理为平台，强化吸毒人员管理；以宣传教育为手段，强化禁毒舆论攻势。2017年1月至11月，公安机关破获涉毒案件233宗，抓获犯罪嫌疑人264名；查获吸毒人员1860人（新增吸毒人员385人，与2016年同期462人相比下降16.7%），处强制戒毒699人、社区戒毒199人、行政拘留962人。缴获冰毒21.16千克、海洛因26.15克、麻黄碱572.12千克，涉案车辆30部；抓获涉毒在逃人员16名。县检察院批捕涉毒案件244件277人，起诉毒品犯罪案件265件304人；县法院审结涉毒案件296件321人，已生效判决281人，其中处五年以上有期徒刑47人。

【禁毒工作】 2017年，海丰县通过落实巡查防控、重点部位设卡查缉及网格化管理，全面启动“8·31”工程，强化对吸毒人员管理，全县执行社区戒毒社区康复人员509人，执行率为88.5%。创新禁毒宣传模式，掀起全民禁毒热潮，采取传统媒体和现代媒体相结合大力宣传，组织开展禁毒宣传志愿服务活动，壮实禁毒宣传基础建设，开展“6·27”工程青少年毒品预防教育，创建“无毒校园”，落实建设15所省级毒品预防教育示范学校，制作4个禁毒宣传片在县城15个大型广告屏陆续播放，创新禁毒宣传方式，营造新宣传氛围。

【综治信访维稳】 2017年，县综治信访维稳中心受理群众信访案件25宗，至年底已办结24宗；按要求录入综治系统17名重点人员和重复进京重点人员的基本信息，实现上下互通互联。信访工作形势稳定向好，没有发生涉利益诉求群体到省、市集聚，尤其是党的十九大、全国“两会”和省第十二次党代会等敏感时期，没有发生到省进京上访。

【打击农村宗族黑恶势力】 2017年，海丰县公安机关立涉恶案件67宗破49宗，同比上升31.4%和22.5%，抓获犯罪嫌疑人136名，提请批准逮捕114名，起诉110名。涉恶案件中，敲诈勒索案立3宗破1宗，非法拘禁案立2宗破2宗，寻衅滋事案立42宗破34宗，故意毁坏财物案立8宗破3宗，聚众斗殴案立5宗破1宗，开设赌场案立6宗破6宗，组织卖淫案立1宗破1宗。及时处置鹅埠镇南坑水村集体违建、鲘门镇新乡村违建抢建、海城镇伍狮垭村村民阻挠施工等行为和事件；在2017年村（社区）“两委”换届选举中，及时查处破坏选举秩序违法行为5起，确保全县村（社区）换届选举圆满完成。

【平安海丰创建工作】 针对群众安全感不强，对政法工作满意度和平安创建工作知晓率不高的情况，2017年平安海丰创建工作突出“四抓”：①抓推进综治网格化、信息化建设。加强综治网格化、信息化建设，是社会治安综合治理的一项重要工作任务，按照省、市的统一部署，海丰县认真落实、有序推进综治“中心+网格化+信息化”建设工作，取得阶段性成效。至2017年底，全县有县级综治中心1个，镇级综治中心18个，村（社区）综治工作站291个，设立综治网格1183个，配备专、兼职网格员1673人。综治信息化建设包括三方面内容：一是建立全国综治信息系统和应用推广，二是建立全国综治视联网会议系统，三是建设公共安全视频监控联网应用工程，即“雪亮工程”。关于综治信息系统建设和应用推广工作，县、镇（场）综治中心和有关成员单位已实现与省综治信息系统的对接，综治工作人员已基本能使用综治信息系统进行工作，部分镇综治中心线上线下一体化运作、实体化运转已初具雏形。截至12月10日，全县已开通登录县、镇综治信息系统账户761个，其中县级综治成员单位账户13个；配备移动手机826部，其中735部已开通登记账号，海城、鲘门、可塘、梅陇、大湖、赤坑等地实现网格巡查事件的线上流转处置，实现在线录入事件34宗，其中已办结32宗。全县各镇（场）和有关综治成员单位已配备综治信息系统管理员39名，实现综治信息系统基础数据录入。12月12日，举办全县综治信息化业务技术培训班，邀请省综治信息系统建设项目组技术员为全县800多名综治信息系统应用人员授课，大大提升海丰县政法综治人员应用综治信息系统的水平和能力，为该县综治工作线上线下一体化运作和综治中心实体化运转打下坚实基础。综治视联网会议系统建设工作，县中心已完成视联网会议系统接入工作，年底前将完成镇级中心的系统接入工作。“雪亮工程”分平台建设工作在等待省里文件出台，县政法部门计划进行项目立项和建设资金申报等工作。②抓推进严重精神障碍患者救治救助工作。全县登记在册患者4547人，在管的患者人数为3676人，其中三级以上严重患者48人，按“一人一档、一人一警、一人一策”的原则落实管控措施；县民政部门救助流浪精神病人等“三无”患者104人，救助资金148万元。县综治办在《汕尾市严重精神障碍患者救治救助工作监护补助实施办法》基础上，完善《海丰县严重精神障碍患者监护补助协议书》《海丰县严重精神障碍患者监护人监护补助资金申报审批表》，编纂制订《监护记录手册》，同时下发《关于海丰县严重精神障碍患者监护补助资金发放工作的有关通知》，从十个方面对监护补助实施工作进行细化和规范。2017年，全县完成签订监护协议2220份，全年发放严重精神障碍患者监护补助资金206多万元。2015年下半年至2017年，全县没有出现严重精神障碍患者杀、伤人事件发生，尤其是2017年严重精神障碍患者监护补助机制的落实，为全县社会平安稳定和十九大期间的维稳工作做出积极贡献。③抓推进“平安细胞”创建工作。结合“创文创卫”活动，深入开展平安交通、平安校园、平安企业、平安家庭等创建活动，实现全县范围平安创建全覆盖。一是强化交通整治。最大限度将警力压上路面，加大对交通乱象的整治力度。2017年，查扣无牌证摩托车1.2万部、无牌证汽车70多部，查处酒驾40宗，查处乱停乱放违法行为6000多起，整治交通隐患61处，全县交通秩序明显好转。二是强化消防整治。消防部门推进基础信息数据库、社会消防管理平台和灭火救援指挥平台“一库两平台”建设，强化对“三小”场所消防安全整治。共检查“三小”场所（小档口、小作坊、小娱乐场所）12128家，整改火灾隐患11745处；检查社会单位2051家，整改3703处，临时查封36家，“三停”（停业、停产、停止使用）23家，有效防止重大火灾事故的发生。三是推进“平安校园”创建工作。通过开展校园及周边综合治理，强化学生安全教育，多措并举打造平安校园。2017年，仁荣中学、梅陇小学、梅兴小学、公平镇第四小学等4所学校通过市考核。④抓推进平安创建大宣传活动。举办“平安海丰、文明家园”主题晚会，开展“平安海丰”禁毒宣传志愿者服务活动等大型平安创建活动；制作以创建平安海丰为题材的《巧妇拒毒》《约会》《拒绝》等小品或歌曲，在海丰影剧院或通过送戏下乡或以“快闪”的形式进行宣传表演100多场次；举办“平安海丰”征文活动，推行“给爸爸妈妈的一封信”教学活动；向三轮车友、市场小菜贩、商贩发放宣传T恤、胸章等平安创建宣传品1.5万份；海城、附城、梅陇等镇多场次举办平安创建“咸茶会”；在县城二环路与国道G324线、省道海汕公路等交叉路口设置大型平安创建宣传标语4处；电信、移动、联通等三大电信运营商每周2次向全县手机用户发送平安创建宣传短信；行政单位、蓝天广场等大型商场、车站等50多个单位在其LED屏上全天实时滚动播放平安宣传标语；悬挂平安创建宣传横幅430多条，张贴宣传标语3800多处。通过一系列的创建平安宣传工作，有效提升平安创建群众知晓率，提升群众的安全感和对政法工作满意度。同时进一步推进综治及平安创建工作，加强人口与出租屋服务管理工作，逐步推进“门禁+视频”系统建设；加强视频监控治安卡口和信息网络防控网建设，提升社会管理水平；加强对寄递物流全流程管理，基本实现寄递物流三个100%管理规范化；加强创建平安铁路工作，有效维护铁路安全畅通。

【全面依法治县】 2016年底，海丰县将原依法治县工作领导小组及其工作机构重组为县委依法治县工作领导小组，其办公室设在县委政法委，构建党领导法治建设工作的新机制。2017年，县委政法部门积极统筹法治建设“四级同创”活动工作，按照《海丰县全面推进法治建设“四级同创”活动的实施方案》有序推进。全县印发法治宣传资料26万份，设立法治宣传栏330个，上法制课1350场次，受教育66万人次，营造出较好的法治宣传氛围。至

2017年底，已有203个村（社区）被授予县级“民主法治村（社区）”，推荐192个村（社区）分别为市级、省级“民主法治村（社区）”。

【社会管理工作】 2017年，海丰县把社会管理工作置于“五位一体”的总体布局中进行谋划，置于县委、县政府的中心任务目标下进行统筹。重点开展三大工作：①探索民间信仰活动治理模式。海丰县将探索民间信仰活动治理模式纳入县社会环境整治的重要项目予以推进。经调查摸底，全县已纳入名册的宫庙973座，民间信众20多万人，有理事会973个，其中影响较大的有北帝、三山国王、伯公、地藏王、华光大帝、观音等宫庙，计有50座以上。2017年，在大湖镇以大德妈祖理事会、黄羌镇以华光大帝理事会为试点，由镇政府派员与当地乡绅组成理事会进行规范管理，计划每个镇分别选取1至2个规模和影响较大的宫庙作为试点，探索治理模式，以便总结推广。②开展重点社会组织专项治理。全县共有各类社会组织606个，其中民政136个、工商397个、宗教71个、业委会2个，未登记（备案）11个。另外，全县未纳入登记的虎狮班30多个，存在一定的社会安全隐患。从净化社会组织发展环境、维护全县社会大局稳定出发，县社工委拟定方案，着手组织开展专项治理工作。③积极推进新媒体建设工作。县委政法委机关新媒体建设方面，已建立全县综治成员单位和各镇（场）名册，在册网评员56名，按“新媒通”分类注册要求定相关人员。全县政法系统新媒体建设方面，县公安局建立公众微博、公众微信号，有专门工作人员12人，是政法系统中力量最强的队伍，在网络舆情应对方面发挥很好作用；县检察院建立公众微博、公众微信号，有专门应对舆情人员4人；县法院没有建立公众微博、公众微信号，有应对舆情专门人员4人；县司法局建立公众微信号，有专门人员1人。县公安局“平安海丰”微信公众号拥有总用户数21819人，全年推送信息254篇，被《南方法治报》转载15篇，被《汕尾日报》转载15篇。

【法学会工作】 海丰县法学会成立于2015年5月，副科级单位，2017年有工作人员2人，全县有会员334人，团体会员25个。①法学专项工作。2017年，全县法学、法律工作者，围绕党和政府工作大局，充分发挥自身优势，为保增收、保民生、保稳定尽职尽责，竭诚服务。始终把群众关心、县委县政府关注、亟待解决的民主法治建设中的重大理论和现实问题作为切入点，重点加强对全局性、战略性、前瞻性法学及法律实践课题的研究，协助政府做好重大决策的咨询和论证，努力实现依法决策、科学决策、民主决策。积极参与社会矛盾纠纷化解工作，引导和支持群众理性表达诉求、依法维护权益，促进社会和谐稳定；积极参与推进覆盖城乡居民公共法律服务体系建设，加强民生领域法律服务。2017年，县法学会出版《海丰法学简报》3期、《海丰法学》刊物2期。②组织联合调研。1月、7月，县法学会分别与县民政局、县司法局组成调研组到有关单位调研，并形成调研材料2篇，分别刊登在《海丰法学》2017年第1期、第2期刊物上。③召开县法学会第一届理事会第二次会议。2017年5月9日上午，县法学会召开第一届理事会第二次会议，补选林建隆、林泽远、方晓冰为理事会理事，林建隆为理事会会长，聘请副县长、县公安局局长卓雄峰、县法院院长陈展科、县检察院检察长王波为法学会顾问。④参加2017年广东省百名法学家百场报告会汕尾专场。5月17日上午，“百名法学家百场报告会”汕尾市委理论学习中心组专场暨南粤法治报告会第32讲在汕尾市马思聪艺术中心举行，县党政主要领导、县法学会负责人及县直有关单位共100多人参加聆听报告会。该报告会由省法学会会长梁伟发主持，广东外贸外语大学土地法制研究院院长教授陈小君作题为《中国土地法制变革》专题报告。该报告对促进海丰全面依法治县、全面深化改革、加深土地管理等工作具有重要的指导意义。⑤开展法律法学专家进校园活动。9月，县法学会与县司法局联合举办法律法学专家进校园活动。邀请专家到海丰中学讲授禁毒拒毒等有关知识，广大师生受益匪浅。

【政法队伍建设】 面对新形势和新要求，海丰政法各部门狠抓政治建警、从严治警，针对队伍中不同程度存在的慵、懒、散、软、弱、疲等现象，坚持立足当前，着眼长远，对症下药，牢牢抓住“四个强化”：一是强化主体和监督硬责任。党委（党组）及纪监部门进一步强化责任意识，主动作为，勇于担当，推动全面从严治党、全面从严治警落到实处。明确、细化党委（党组）承担的主体责任内容和纪检部门“监督执纪问责”主业主责，明晰一岗双责，把责任分解落实到各单位各警种，构建权责分明责任链条。二是强化思想政治教育工作。深入推进“两学一做”学习教育常态化制度化和开展“迎接十九大、忠诚保平安”主题教育实践活动，学习习近平对广东工作的重要批示精神以及省第十二次党代会精神，牢固树立“四个意识”，增强全体政法干警政治定力。三是强化执纪监督问责查处。严格执行《准则》《条例》，把全面从严治党的要求贯穿到党的建设各方面和全过程。进一步落实党内监督和反腐倡廉制度，对不作为、慢作为、乱作为的干警，对落实禁毒、禁赌、打枪工作不力的责任人，绝不护短，坚决问责，依法依纪追究。2017年，共立案查处9宗10人次，其中移送检察机关查处2宗2人次，诫勉谈话6人次。四是强化从优待警措施。在县委、县政府大力支持下，县政法各部门积极为干警提高政治待遇、福利待遇，切实让能干事、会干事、干好事的干警得到提拔任用。2017年初，县公安局招聘500名辅警，县检察院、县法院分别增加政府购买服务人员18人、16人，缓解警力严重不足的困难。

（李碧良）

附：2017年中共海丰县委政法委员会领导名录

书　记：林建隆

副书记：吴奇双　戴庚林

公　安

【**概况**】　2017年，海丰县公安机关在市委市政府、县委县政府和市公安局党委的正确领导下，以党的十九大防护期安保维稳为主线，围绕省委“四个不发生”和县委“五个不发生”目标，深入学习贯彻宣传党的十八大和党的十九大伟大精神，讲政治、顾大局、勇担当，发奋图强、锐意进取、迎难而上，突出社会治安整治重点，全力推进打、防、管、控、服务，确保全县政治局势安全、社会治安稳定，禁毒态势不断好转，没有出现制毒窝点，没有成为毒品中转集散地，人民安全感、满意度升高。截至12月25日，全县受理各类警情35084宗，其中刑事警情751宗同比下降43%，群众求助警情22368宗同比上升22%；共抓获各类违法犯罪人员3860人，其中刑事拘留935人，行政拘留1758人次；刑事立案1310宗同比下降8%，破876宗同比上升23.90%，破案率同比上升17.43%；其中立八大类严重暴力性犯罪案件89宗同比下降33.08%，破70宗，破案率同比上升25.275%；立盗抢案件572宗同比下降28%，破281宗同比上升45 %，破案率同比上升2%；破获故意伤害致死案1宗1人；捣毁犯罪团伙97个386人；抓获各类逃犯205人；破获涉毒案件284宗，抓获涉毒犯罪嫌疑人326人，其中涉毒逃犯26人；新增吸毒人员446名同比下降15.53%；查处吸毒人员2197人次，其中强制戒毒826人次，行政拘留1122人次；缴获冰毒21.16千克，可待因止咳水5320支；查处涉黄涉赌案件271宗1068人次，其中立刑事案件23宗刑拘52人。

【**指挥中心110接处警**】　2017年，县公安局指挥中心110报警指挥室认真、及时、全方位对各类警情协调指挥联动跟进，及时掌握警情动态。全年受理各类有效警情35241宗（其中刑事报警745宗、治安报警1930宗、交通报警7943宗、火灾报警297宗、警务投诉20宗、求助咨询报警14484宗、走失寻人报警633宗、举报报警1773宗、社会联动834宗、其他案由报警6582宗）。2017年，有效报警同比2016年的31683宗多3558宗，其中刑事报警比2016年的1350宗少605宗，治安报警比2016年的2026宗少96宗，交通报警比2016年的7402宗多541宗。110报警指挥室始终坚持警情研判制度，全年通过警情研判查处报假警案件5宗5人，治安拘留5宗5人；查处扰警案件12宗14人，治安拘留12宗14人。2017年5月，在研判1起交通事故警情中，带破1起持枪抢劫案件，抓获犯罪嫌疑人1人，经审查后呈送逮捕。

【**警务督察**】　2017年，海丰县公安局警务督察大队依据《公安机关督察条例》和《公安机关督察工作规定》，围绕警务中心工作开展现场督察，深入开展对队伍违法违纪的查处，充分发挥职能作用。2017年，组织开展《基层派出所开展规范执法突出问题专项治理》、“雷霆扫毒”“县城地区治安大防控”“严厉打击暴露恐怖活动专项活动”“县城地区特别防护期武装巡逻防控”“公务用枪安全大检查”“鞭策庸懒散，提升执行力”专项整治活动、“飓风2017+”“全国两会”“APEC”安保、“金砖会晤”以及党的十九大安保防护期的检查督导工作。结合中心任务、重大警务活动、安保维稳、节假日节点、队伍内部管理、“五条禁令”，加强对县公安局各单位各部门值班备勤及内务管理的检查督导。全年共组织督察368次，纠正警容风纪168人次，对19个有关单位进行点名通报批评、责令整改。对全局各执法办案单位办理的刑事、行政案件进行网上督察，发出整改通知书19份。每季度实行全局简报通报制度，实现与“工作执法一网考”系统对接。全年收到各类来信126件，其中重复件25件，直接办理核查101件。经查，涉违纪违法案件、线索17宗18人，立案检查16宗17人，对涉及队伍违法违纪严肃认真处理。

【**打击刑事犯罪**】　2017年，全县共立刑事案件1317宗，破案872宗，破案率为：66.2%，其中命案立1宗破1宗，“两抢一盗”案立544宗破252宗，破案率分别为100%和46.3%；抓获各类刑事犯罪嫌疑人935人，追捕逃犯205人，协助外地公安机关抓获逃犯27人；缴获赃物及作案工具：小汽车19辆、摩托车

24辆、枪支17支、子弹26发、刀具20把、宝石成品55.43千克、宝石半成品4.07千克。3月8日侦破冒用他人“微信号”诈骗案，抓获犯罪嫌疑人姚某某；4月13日侦破飞车抢夺团伙系列案，抓获犯罪嫌疑人许某某、吴某某、陈某某、刘某某、钟某某、吴某、程某某等7人；6月21日侦破涉枪涉恶案，抓获持枪寻衅滋事犯罪嫌疑人黄某某；8月8日侦破抢劫诈骗团伙案，抓获犯罪嫌疑人谭某某、徐某某、王某某等3人；10月9日侦破入室盗窃团伙系列案，抓获犯罪嫌疑人黎某某（女）、黎某（女）、李某某（女）等3人；11月9日，在海南省警方协助下，抓获1994年冒充警察抢劫现金人民币100万元在逃案犯余某某。

【打击经济犯罪】 2017年，县公安局经侦大队贯彻国家公安部经侦局“2017云端行动”和省公安厅党委“飓风2017”专项行动部署，严厉打击网络传销和非法集资、地下钱庄、假币、虚开骗税等突出经济犯罪，持续推进“猎狐”行动，构建经济犯罪打、防、控一体化工作机制。全年共受理各类经济犯罪案件25宗，破案18宗、破年前积案5宗，抓获违法犯罪人员42人（其中吸毒人员15人），刑事拘留32人，抓获逃犯13人，提请批准逮捕27人，移送起诉24人（34宗）,涉案总值11560万多元。2017年5月，破获犯罪嫌疑人林某某因经营生意和参与赌博欠下债务，与陈某某在海丰县以高利息为诱惑，利用借款融资和组织民间“标会”形式，向50多名集资参与人进行非法集资共计人民币2000多万元案件。

【警卫与安全保卫】 2017年，海丰县公安局治安大队总结研究保卫、警卫工作成功经验，强化措施与做法，制定以组织指挥、工作重点、警力安排、应急机动、风险预测为主要内容的安全保卫、警卫工作措施，明确各警种岗位、责任和分工，层层落实责任，先后圆满完成各个大型活动安保任务。4月7日，省委主要领导到深汕合作区调研，全县出动警力364名；8月21日粤东西北振兴发展暨产业共建工作现场会，全县出动警力445人；11月20~22日纪念海陆丰苏维埃政权建立90周年活动，全县出动警力207人，确保各个活动顺利进行。治安管理方面，全年共查处各类治安案件1985宗，同比下降3.57%，抓获各类违法分子共2598人（其中抓获吸毒案件1056宗1454人、抓获赌博案件242宗1029人、抓获卖淫嫖娼案件29宗64人），处行政拘留1758人。办理赌博刑事案件14宗，抓获犯罪人员40人，批捕33人；办理卖淫刑事案件9宗，抓获犯罪人员12人，批捕11人，罚款总金额人民币45万元，收缴现场赌款人民币54万元，收缴赌博游戏机（老虎机）111部、游戏机币6495个、“铜宝”“骰子”、麻将等赌具一批，收缴管制刀具21把。

2017年，县公安局对全县74间宾馆、80间旅业式出租屋的登记情况进行全面检查，开展不定时暗访、抽查，严格落实住宿实名、实数、实情、实时“四实”登记制度，提升信息采集效能，对无落实实名制的旅馆业予以处罚。强化对娱乐场所的日常管控，对全县22间KTV进行检查，进一步规范娱乐场所经营管理；对暗访掌握的7间全县歌舞娱乐场所存在无证经营的情况，县公安局治安大队、消防大队联合县文体旅游局进行检查，发出停业通知书及扣押点歌设备。对全县13家民爆物品使用单位（合同备案）、1家烟花爆竹零售批发单位、1家剧毒化学品使用（储存）单位，2家易制爆物品经营单位、98家寄递物流企业加强经常性检查，确保重大活动、重要节日“不打响、不炸响”，全力维护安全稳定。

【户政管理】 2017年，海丰县户政部门积极创建人民满意窗口，开展便民利民爱民活动，全面完善户政管理、身份证管理、流动人口和出租屋管理、重点人口和监外罪犯管理工作。切实完成国家公安部深入推进户口登记管理清理整顿工作，为实现全国户口与公民身份号码的准确性、唯一性、权威性目标奠定基础。全年为群众办理第二代居民身份证55273张、临时身份证14705张，办理各类户口迁移手续9925人次（其中外省市婚迁1609人次），儿童报生入户及其他补办入户27181人（其中报生入户13568人）、办理入伍、入学、出境、劳教、判刑、死亡注销6998人（其中死亡注销5518人）、办理变更户口项目4225起，为其他单位提供查询资料11908人次。

【出租屋管理】 2017年，全县各派出所全面加强出租屋管理，规范、完善出租屋租赁市场，深化“以房管人”“以点控人”的工作机制，通过签订《责任书》，落实“谁主管，谁负责”责任制，并经常性组织开展“网格化，地毯式”清查，从中掌握情况，经侦查掌握，发现利用出租屋进行违法犯罪的案件12起。全年共清理登记流动寄住人员1910人、录入出租屋信息989条、受理居住证2839人次、制作居住证287张。

【网络信息安全】 网警大队以网络舆情、网吧管理、情报研判、案件侦控以及非经营性上网服务场所、网站、重点联网单位的安全监管为工作职能。

2017年，海丰县公安局网警大队以维护公共网络信息安全为目标，根据市公安局制定的“三年行动计划”—“2017见成效年”工作要求和目标任务，充分发挥网络警察职能，维护公共网络信息安全，认真做好网络舆情引导防控工作，加强“网吧”日常管理，在“飓风2017”专项行动中，认真开展网络诈骗、盗抢犯罪、经济犯罪等类型情报线索，开辟网上网下战场，引导多个侦破团队实施精确打击，确保无发生重大网络安全事件。

2017年，网警大队处置舆情信息180余条，及时处置多个涉网络舆情案件，处理违法犯罪人员12名，其中刑事处理3名，行政处罚9名；掌握提供追逃线索10条，协助抓捕在逃人员16名。

【信息化建设】 为贯彻落实省公安厅提出的实施“智慧新警务”战略构想，围绕"四个走在全国前列尤其是营造共建共治共享社会治理格局走在全国前列"的目标，县公安局成立以副县长、县公安局局长卓雄峰为组长的“智慧新警务”推进工作领导小组，按照省厅、市局“智慧新警务”总体部署和工作要求，对标先进一流，推进智慧新警务建设。县公安局强化提升“智慧新警务"各项硬件、软件基础建设。①硬件建设方面:一是完成社会治安视频监控及卡口系统一期建设。在县城地区和梅陇、公平、可塘三大镇辖区完成370个高清治安视频监控点的建设，其中包括653支高清红外摄像枪和58只高速球机（所有球机和部分摄像枪支持SVCA 协议）、6个违停监控点、8个高清卡口。二是完成11个监控中心（室）的建设。建设全局总监控中心1个，交警大队和新园、龙津、云岭、附城、城东、莲花山、梅陇、公平、可塘分监控中心10个。三是完成建设全县23个交通视频监控点。建设闯红灯电子警察系统17个，公路卡口4个，高清交通违法视频监控2个，违法停车自动抓拍系统 5个。四是推进门禁+视频建设，2017年已安装149 套。五是在县城及周边地区建设120个WIFI点。六是为基层单位配发移动警务通等装备一批。配发数字对放讲机355 部、数字集群基地台30 台、移动警务通203部（平版式188部、手持式115部）、无线图传设备15部。②软件建设方面:一是采集社会资源数据68万多条，配合上级公安机关完成建设四级视频会系统（省-市-县-基层单位）和四级网改造升级，建成县级一级机要室，2017年11月海丰县公安局指挥中心通信机要室被国家公安部评为县级一级机要室。二是通过“智慧新警务"的应用，提升治安、交通防控水平的应用能力和案件侦破力度。2017年，县公安局在“一长四必”和“三大会战”中取得明显成效，案件办理人像比中9宗9人、DNA比中认定9人、指纹比中认定6宗，很大程度上提升破案能力。三是春运期间，县公安局交警部门对国道和县城二环路红绿灯视频卡口进行集中监控调度，及时调整路口各个方向车辆的通行时间，及时有效引导高峰期的车流量，提高路口路面车辆通行能力，确保春运期间全县道路没有发生严重交通阻塞，保证交通安全畅通有序。四是“智慧新警务”的逐步推进，为全县各个机关单位、各个行业、各个区域和人民群众居民区布下“安全网”和“守护网”，遏制、打击、震慑违法犯罪活动，增强人民群众安全感，确保人民群众安居乐业。

【交通安全管理】 2017年，县公安局交警大队竭力做好“压事故、保畅通、守平安”，确保道路交通安全。全年全县共查处交通违法5.6万宗（其中现场执法11200宗、非现场执法44800宗），查处乱停乱放交通违法7000余起、查扣无牌证二轮、三轮摩托车1万多部、查扣无牌证汽车20部、查处醉驾22宗、酒驾93宗、查获飙车案件12宗、查获涉嫌被盗抢汽车10部、查处超载泥头车90部、猎豹行动100宗、销毁累积无牌证车辆3236部，全年罚款数额900万元。核查六类重点车辆：公路客运车辆379辆次，旅游客运车辆 15 辆次，危化品运输车辆15辆次，校车88 辆次，营转非车辆735辆次，重点货车150辆次；排查重点驾驶员1332人次。2017年，受理机动车业务注册登记（入户）2875辆、转入业务1524辆、转移登记1172、办理抵押675辆、小车年检1953辆、摩托车年检1874辆次，受理机动车驾驶证业务初次申领摩托车驾驶证20人、补证换证7163人。此外，县交警大队做好其他工作：一是落实辖区中队管理责任制，确保各辖区内管控到位。二是协调安监、交通、教育部门对校车行驶路线、站点进行规划。三是宣教部门国家公安部、省公安厅和市交警支队的部署，大力开展道路交通安全宣传教育，与县广播电视台协作开展交通安全宣传教育，建立海丰交警微信公众平台，充分利用新型媒体深入开展交通安全宣传活动，开展交通安全隐患“大曝光”行动，对终身禁驾人员、多次违法重点车辆、交通安全主体责任不落实的运输企业予以曝光。在第二期大直播中点击播放率高达43万次。四是推进“两站建设”，建立农村宣传阵地。在辖区9个镇场建立9个交管办、17个农村交通安全劝导站和17个平安村口，培训交管办、劝导站骨干人员600人。2017年，全县共发生道路交通事故877宗，比2016年同期减少77宗，受伤1070人，比2016年同期减少125人，对涉嫌交通肇事人员采取刑事强制措施93宗102人。

【禁毒工作】 根据海丰县社会治安重点整治暨禁毒斗争攻坚誓师大会总部署，县公安局禁毒大队结合该县毒情形势，从讲政治的高度，全面提升禁毒意识，采取超常规措施，打出声威，最大限度震慑涉毒犯罪分子，有效巩固禁毒工作成果。全年破获涉毒案件284宗，抓获犯罪嫌疑人326名，查获吸毒人员2197人次（其中强戒826人次、社戒233人次、行拘1122人次），抓获涉毒在逃人员26名（其中协助外单位抓捕5名）。缴获冰毒21.16千克、海洛因26.15克、麻黄碱572.12千克、可待因止咳水5320支，缴获仿制枪支2支、涉案车辆20部。2017年，县禁毒大队全面强化公安禁毒主力军效能，开展大范围、高密度的打击整治行动。坚持每月4次统一清查打击行动，持续对涉毒违法犯罪活动展开雷霆打击，真正做到遏制增量、减少存量，坚持从构筑打击缉查、常态巡查、信息预警、基础防治等禁毒网络出发，全面形成“打、防、控”工作格局。实施破大案、打零星、捣团伙、断链条、堵毒源，着力开展“禁毒大整治”“飓风2017+”等一系列专项行动，重拳出击震慑制贩毒犯罪分子，拓宽信息渠道和情报研判，强化提升打击整治效能。县禁毒大队多次联合相关警种，与县文广新局、市监局、食药监、安监、经促、交通等部门联合对全县娱乐场所、药店、化学品门市、客运站、寄递公司开展联合执法检查行动，堵源截流，坚决遏制、打击涉毒活动。

2017年7月3日，县禁毒大队在市公安局禁毒支队、技侦支队、陆丰市公安局大力支持协助下，破获1起特大毒品过境案件，抓获犯罪嫌疑人7名，缴获冰毒20千克、作案小汽车4辆。2017年8月13日，县禁毒大队又抓获颜某某等3名犯罪嫌疑人，缴获可待因止咳水4300瓶，作案车辆3部。

【提高执法质量】 2017年，县公安局法制部门办理采取刑事拘留935人，取保候审79人、监视居住19人，呈请逮捕664件850人、批准逮捕638件812人、不批准逮捕23件36人，呈请起诉817人（其中取保候审起诉48人，监视居住起诉4人），不起诉24宗31人；强制隔离戒毒826人。行政处罚1985宗1758人。县公安局法制部门积极参与反恐处突、重大敏感案事件、打击涉毒、涉盗抢、涉枪、涉黑恶、涉电信网络诈骗、涉金融领域犯罪、涉黄、涉赌等违法犯罪活动，积极提供法律依据。根据检察机关侦查活动监督平台通报的突出问题，落实《广东省公安机关执法巡查规定（试行）》，积极开展执法巡查，注重与系统巡察的衔接与配合，强化执法巡查结果。根据《海丰县公安局对股所队和执法民警执法质量考评实施细则》规定，积极开展执法考评工作，将执法巡查制度常态化，采取逐月考核、每月小结、全年总评的方式对全局46个执法单位和239名执法民警办理的刑事、行政案件进行阅卷考评，及时发现、纠正执法问题，落实执法责任，提升专项行动办案质量和打击效能，改革完善执法质量考评机制。自2015年底以来，县公安局以推进办案区和案管中心建设为切入点，全面提升执法规范化效能，至2017年底已完成全县公安机关1个办案中心、17个执法单位办案区设置工作，县局内设9个办案警种（部门）、18个基层派出所和县局案管中心投入实体运作，推动法治公安建设效能提档升级。根据《公安机关执法办案场所设置规范》《广东省公安派出所执法办案场所分区设置实施办法》《广东省公安派出所案管中心建设暂行标准》规定，县局在执法办案区改造建设的同时，同步在各办案单位推行案管中心设置工作，由各办案单位在办公区规划单独工作室，并配备管理人员，负责案管中心日常管理工作，严格落实执行登记制度。县局统一为全县28个办案单位（县局9个业务大队、19个派出所）案管中心，配置案管中心门牌、档案柜、办公电脑、证据光盘，证据袋，公示牌匾。

2017年，县公安局法制部门积极开展“大培训、大练兵、大比武”活动，依托“微课程”建设，组织开展“法制讲堂微课程”比赛。县公安局法制室制作《办案区规范使用程序》微课程荣获省公安厅法制总队大比武三等奖。组织开展2017年度全省执法资格等级考试工作，落实考试结果在公务员考核、职务晋升、评优评先等环节中运用。全年组织322名民警（基本级62人，中级248人，高级12人）参加执法资格考试。根据社会发展形势变化，认真做好行政复议、行政诉讼和国家赔偿工作，继续落实公安机关主要负责人出庭应诉和办案部门领导、民警旁听庭审制度。通过办理行政复议、行政诉讼和国家赔偿案件，帮助各部门、各警种分析、总结执法中存在的问题，研究制定改进措施。2017年，办理行政诉讼案件2宗（1宗胜诉、1宗未结），刑事复议1宗（维持）。

【边防管理】 2017年，海丰县边防大队明确边防港口、海域、辖区管控，加大管理力度，维护边防海岸线稳定。边防辖区全年共立刑事案件31宗，破23宗，破案率74%；受理治安案件70宗，查处60宗，破案率86%，抓获各类犯罪嫌疑人39人、违法嫌疑人62人，其中行政拘留33人，行政处罚24人，强制戒毒37人，妥善化解各类矛盾纠纷48宗，办理船舶案件22宗。确保辖区内全年未发生群体性事件、重大安全事故和影响恶劣的刑事案件。同时，加大反走私力度，查获涉嫌非法运输走私成品油案件4宗，共缉获非法走私成品油42.02吨，捣毁非法加工成品油窝点1个，拆卸油表、油管、油罐等设备1批。

【消防管理】 2017年，县消防大队立足部队基层基础建设跨越发展，主动作为，用时14个月完成新营房建站任务，创造建站“深圳速度”。县消防大队始终把维护辖区火灾形势置于首位，以高度政治责任作为攻坚火灾隐患重点地区整治，推动夏消检查、冬春火灾防控、高层建筑专项治理、电气火灾综合整治等。全年共检查社会单位2051家，发现火灾隐患3715处，督促整改火灾隐患3703处，下发责令改正通知书1885份，下发行政处罚决定书48份，临时查封36家，责令“三停”23家，罚款62.65万元，保持打击火灾隐患的高压态势。2017年，新增联安、黄羌、鹅埠等6支政府专职消防队。辖区消防安全重点单位、物业小区100%组建微型消防站，多种形式消防队伍建设日益壮大。同时，积极承担全市按纲建队、防火监督正规化建设2个试点并高标准通过现场会验收。大队各场库室建设全面提档升级，拴心留人环境得到根本性改观，队伍部队正规化建设卓有成效。大队全年始终紧盯灭火救援中心任务完成，以练为战炼精兵，以战促训谋打赢，置备1辆多功能抢险救援车，投入资金53万元购置抗洪抢险及个人防护装备一批，组建全市第一支高层建筑灭火救援专业队，经受“苗柏”“玛娃”台风、党的十九大防护期消防安保等重大考验，提升攻坚克难的战斗力。

2017年，共接警出动591起（含增援），出动消防车1475辆次、消防人员8430人次、抢救被困人员161人、疏散人员205人、抢救财产价值近2874.3万元。快速成功地救护援助“4·23”晟利针织厂火灾、“9·29”鹅埠塑胶厂火灾等重大危难任务，得到各级党委、政府、公安机关充分肯定和人民群众高度赞誉。

【巡警工作】 2017年，县公安局巡警大队全力以赴，强化社会面第一线治安防控，在确保治安防控巡逻和接处警任务的同时，积极主动参加各项维稳工作。全年共投入安保维稳警力3000多人次，参加统一清查行动、抓捕行动、防暴处突行动50多场次。共破获刑事案件55宗，抓获违法犯罪嫌疑人60名，破获毒品刑事案件9宗，刑拘11人，提请批准逮捕11人，收戒12人，涉毒行政拘留36人，破获盗窃案件4宗6人、非法经营2宗2人、伪造公司印章2宗3人，抓获在逃人员2人，缴获毒品冰毒34.46克、含可待因成分止咳水115支、毒资3080元及手机、摩托车、T字撬、杀猪刀等作案工具一批。

【监所管理】 2017年,县看守所与驻所检察、武警中队紧密配合，团结一致，尽职尽责，发扬艰苦奋斗和爱岗敬业的拼搏精神，高标准、严要求，以严格执法、文明管理为核心，以安全工作和实行人性化管理为基础，落实各项监管措施，强化监所管理。加强管理中，健全值班制度，落实顾送物品进入监所的安全检查制度，值班医生每日巡查监仓制度，整改监所视频监控更新改造监控系统，加强应急演练，严格对留所服刑人员的管理，确保监所安全。全年接收各类在押人员1016人（其中刑事拘留950人、提请批准逮捕38人、临时羁押27人、其他1人），处理出所人员共1170人（其中投牢572人、刑满释放184人、取保候审127人、缓刑释放56人、转广东省市其他所114人、其他117人），至年底有在押人员722人。

2017年，海丰县拘留所、戒毒所按照县局和上级监管部门工作要求，以“三项重点工作”、强制隔离戒毒所以“两基础四深化”为工作指导，扎实开展“四个不发生”创建活动，继续实现规范化、标准化、精细化、信息化、数据化、智能化监所管理工作，以“零逃脱、零死亡、零拒收”为目标，狠抓工作落实，全面提升管理和执法水平，确保监所安全稳定。全年接收被强制隔离戒毒、拘留人员共2638人（其中强制隔离戒毒人员668人、拘留人员1970人），处理出所人员2739人，其中解除强制隔离戒毒人员853人、解除拘留人员1886人。

【公安队伍建设】 2017年，县公安局按照“抓班子、带队伍、促工作、保平安”工作思路，抓住建设队伍核心任务，着眼2017年“十九大”等各个重点时期安保维稳的用警需求，高度重视队伍建设。县公安局把“讲政治、顾大局、讲团结、做表率”作为加强各级班子自身建设的重要内容，配齐配强领导班子。经局党委会议研究，分别向县委组织部门推荐1名副局长和1名纪委书记候选人。通过民主推荐、民主测评、组织考察等程序，2017年1月，县委、县政府任命林晓丹为县公安局党委委员、副局长；2017年7月，县委、县政府任命林超为县公安局党委委员、纪委书记。根据工作实际，经县委批准，提拔3名政治表现好，对党忠诚的正股干部为副科职领导干部，交流轮岗13名副科职领导岗位；根据干部选拔任用条例的规定，分三批次提拔使用正股职干部共37名、分两批次提拔使用副股职（级）干部共91名，对各所室队中层领导干部进行充实；同时，对20

名岗位时间长以及岗位需要的股级干部进行交流轮岗；为加强基层派出所的班子建设，经县委组织部批准，县公安局选派16名综合素质好、业务强的新提任副股职（级）干部挂职派出所副所长；加强招录新警和辅警工作，经县编制部门和人事部门批准，县公安局共招录新警44名，辅警368名。

2017年，县公安局、县公安局指挥中心、县公安局治安管理大队分别获得汕尾市公安局集体三等功，因工作突出，有2位民警获得个人二等功、有30位民警获得个人三等功；指挥中心通信机要股被国家公安部评为县级一级机要室，刑侦大队在“一长四必”专项中被省厅评为全省并列第一名。

（黎春生　赖思缙）

附：2017年海丰县公安局领导名录

副县长、党委书记、局长：卓雄峰

党委副书记、政委：林继毅

党委副书记：曾小彪

党委委员、副局长：钟伟雄　陈克平

林晓丹（1月起任）

党委委员、纪委书记：曾小彪（任至7月）

林　超（7月起任）

检　察

【简述】 2017年，海丰县人民检察院围绕“五位一体”总体布局和“四个全面”战略布局，牢牢把握维护社会大局稳定、促进社会公平正义、保障人民安居乐业的总体任务，立足海丰实际，认真履职尽责，进一步打击各类刑事犯罪，坚决查办和预防职务犯罪，加强法律监督，推进队伍建设，深化司法改革，着力破解难题，补齐短板，全面提升检察工作成效。

2017年5月27日，县检察院举办以“防治校园欺凌，护航未成年人成长”为主题的检察开放日活动，并为城东中学学生代表讲授相关主题的法治课

2017年8月，县检察院开展纪律教育学习月活动，前往遵义接受革命传统教育的洗礼，进一步锤炼理想信念

【机构人员】 海丰县人民检察院设置有党组，共6名组成人员，党组书记1名，党组副书记1名，党组成员4名；设置有检察委员会，共有检察委员会委员11名，其中专职委员1名；设置有15个内设机构或直属机构，分别为反贪污贿赂局、反渎职侵权局、政工科、办公室、公诉科、侦查科、监察室、侦查监督科、刑事执行检察科、民事行政检察科、控告申诉检察科、职务犯罪预防科、案件管理科、司法警察大队和未成年人犯罪检察工作办公室；设置有联合办案服务中心，为院属下公益一类事业单位。2017年，县检察院有在职干警75名，其中公务员64名、事业干部1名、职工10名；设置有党总支部1个，党支部4个，在职党员58名；有副处级人员1名，正科级2名，副科级13名，科员35名，办事员11名。截至2017年12月底，有检察员38名，其中入额检察官18名。2017年新录用人员5名。

【刑事侦查监督检察】 2017年，县检察院以创建“平安海丰”和“法治海丰”为目标，充分履行批捕、起诉职能，始终保持对严重刑事犯罪的高压态势，并贯彻落实宽严相济刑事政策，努力为全县社会和谐稳定提供强有力的法治保障。全年共受理侦查机关提请批准逮捕案件664件850人。经审查批准逮捕的案件638件812人，其中毒品案件267件300人。不批准逮捕案件23件36人，通知补查13件23人。向公安机关发出《不批准逮捕理由说明书》《逮捕案件继续侦查取证意见书》39份；《纠正违法通知书》等法律文书101份。提请批准延长侦查羁押期限案件15件；三日内审结的案件151件，其中一日内审结26件；改变定性7件19人；提前介入公安机关侦查活动2件；现场勘查2件；纠正漏捕1人；口头纠正违法28次。有效运行“两法衔接”平台，监督行政执法机关移送案件2件，深入推进破化环境资源和危害食品药品安全的犯罪专项立案监督，切实落实信息共享、情况通报、案件线索移送制度，提升监督质量和实效。

【刑事公诉检察】 2017年，县检察院共受理移送审查起诉案件727件945人，审结案件767件976人，审查后向县人民法院提起公诉714件878人，其中起诉毒品犯罪案件280件319人，决定不起诉22件31人（其中绝对不起诉2件3人，存疑不起诉9件16人，相对不起诉11件12人），报送市院审查起诉24件58人，移送其他检察院审查起诉7件9人。退回公安机关补充侦查案件305件次514人。改变案件定性7件9人；追诉漏罪5件8人；变更起诉4件4人。发出纠正违法通知书4份，口头向海丰县公安局办案人纠正违法6次。向汕尾市中级人民法院提出抗诉4件5人；提出量刑建议553件630人，发出量刑建议书630份，量刑建议率77.45%，量刑建议采纳率95.60%。司法责任制改革以来，召开检察官联席会议16次，共讨论案件26件56人。

【刑事执行检察】 2017年，县检察院着力推动刑事执行检察创新发展。落实刑诉法新增职责，形成覆盖刑罚执行、刑事强制措施执行、刑事监管活动的全面监督体系。驻所检察室每个工作日均有人在岗，全年共驻所检察工作活动244天，检察监管场所82次，开展安全大检查10次，打击牢头狱霸2批8人，监督罪犯投送监狱32批次550名。向办案单位或监管场所制发《检察建议书》2份，《纠正违法通知书》2份，向看守所或办案单位提出口头建议10次，提出口头纠正意见4次。办理羁押必要性案件5件5人，向办案单位提出变更强制措施建议5件，办案单位采纳4件，采纳率80%。办理县法院暂予监外执行征求意见案1件1人。开展“财产刑执行检察回头看专项活动”“刑事执行场所安全隐患大检查专项活动”，完成上级院交办的《关于开展刑罚变更执行法律监督工作专题调研》《罪犯又犯罪案件情况专题调研》《海丰县看守所被监管人死亡和监管事故及检察监督情况专题调研》《全国检察机关看守所检察工作情况调研》4份调研报告。社区矫正方面，社区矫正人员在册共436人，其中缓刑417人，假释2人，暂予监外执行9人，剥夺政治权利8人。

【反贪污贿赂检察】 2017年，县检察院坚决贯彻执行党中央、最高检反腐斗争的决策部署，坚持惩治与预防两手抓。不断完善纵向指挥有力，横向协作紧密的侦查工作机制，认真履行反贪查办职能。全年共受理举报线索56件，立案查处贪污贿赂职务犯罪案件10件14人，侦查终结6件10人，移送审查起诉6件10人，完成追逃追赃4件4人。通过办案，为国家和集体挽回经济损失300万余元。坚持查办案件力度不减、节奏不变、尺度不松，如查处海丰县社保系统系列职务犯罪案件，立原海丰县社保局长陈某某受贿案、原县社保局副局长林某某受贿、玩忽职守案等社保人员7人，取得良好社会效果、法律效果和政治效果。贯彻执行省检察院在全省检察机关开展查办与预防涉农领域职务犯罪专项工作要求，专题研究部署，并制定具体措施，要在查办大案、要案上下功夫、见实效，以反腐败的实际成效取信于民，切实解决人民群众最关心的问题。稳步开展查办与预防涉农领域职务犯罪专项工作，以办案打击涉农领域职务犯罪，如查处海丰县陶河镇陶北村委会委员吴某某等人涉嫌贪污涉农资金案，海丰县梅陇镇东家亚村民小组钟某某等人涉嫌贪污征地款案，加大力度打击涉农领域职务犯罪，保障人民群众合法权益。同时，全力配合监察体制改革做好相关准备工作。

【反渎职侵权检察】 2017年，县检察院反渎部门共受理案件线索16件，立案6件7人，移送审查起诉7件8人（其中2016年度积存案件侦结移送审查起诉1件1人），完成追逃任务1宗，向行政机关发出检察建议书2份。落实纪检检察工作衔接制度，进行案件通报13份，有效规范相关国家机关工作人员依法行政。2017年，县检察院反渎部门继续发挥反渎职能，依照中央和上级院的要求，在转隶前坚持查办职务犯罪案件。一是集中力量侦办2016年度积存案件，如办理海丰县公安局基层派出所有关工作人员违规办理户口业务涉嫌玩忽职守一案，汕尾市公路局刘某等相关人员渎职案件等。二是积极做好线索清理排查工作，实现深挖犯罪案件数提升，如办理县社保局工作人员林某某、林某某和施某某等人玩忽职守案，扩大打击渎职犯罪战果。三是依法介入生产安全事故调查，严查事故背后渎职案，查办鹅埠镇城

2017年7月27日，广东省检察院副检察长李小东率队到海丰县检察院开展司法责任制改革督查工作

建办负责人刘某某和鹅埠镇党委副书记曾某某玩忽职守案。同时，配合监察体制改革积极做好转隶相关工作。

【职务犯罪预防检察】 2017年，县检察院紧密结合办案深化职务犯罪预防，班子成员带头持续深入开展检察机关“进机关、进企业、进乡村、进学校、进社区”的“五进”活动。全年共开展预防职务犯罪法制讲座和青少年法制专题讲座13场，受教育人数达3000多人。参加重点项目的监督30宗，其中500万元~1000万元项目10宗，1000万元以上的20宗；开展预防咨询共6次。认真做好行贿犯罪档案查询及录入工作，全年共受理招投标及政府采购的查询申请327宗，均及时回复。积极参加“预防职务犯罪邮路”专项工作，加强与海丰县邮政部门联系，落实组建“预防邮路志愿服务队”。

【民事行政检察】 2017年，县检察院围绕“立检为公、执法为民”的检察工作宗旨，创新工作思路，充分履行民事行政检察工作职责，积极推进行政检察工作的协调发展，全力维护社会稳定和司法权威。全年共受理民事申诉案件2件，审查终结2件；开展行政执法监督行政公益诉讼立案8件，发出（类案）行政公益诉讼诉前检察建议和个案检察建议2次；配合院其他部门开展线索初查2件，移送侦监部门立案监督线索1条；协助深汕合作区的征地、防控“两违”等县委中心工作2次。

【控告申诉检察】 县检察院重视群众来信来访，依法维护人民群众合法权益，维护社会公平正义。2017年共接待群众来访200人次；受理来信来访共109件，其中控告53件、申诉13件、举报32件、其他7件；处理上级院和其他机关转（交）办信访24件；处理涉法涉诉信访15件。制作、发出各种函、报告等文书320件；制定信访事件处置工作方案（规则）2份。

2017年8月31日，省检察院督察组到海丰县检察院开展检务督察工作

【检察工作联络室】 2017年，县检察院积极参与社会管理创新，继续发挥联系检察机关与群众关系、社会综治信访维稳的纽带和平台作用。各乡镇检察工作联络室结合实际创造性开展工作，畅通检察机关与基层群众的联络渠道，协助检察机关推进社会矛盾化解、社会管理创新、公正说法执法三项重点工作，化解基层矛盾，特别是难以进入司法程序的矛盾纠纷。预防职务犯罪，检察长和班子成员每月不定期到各个乡镇检察联络室走访调研，及时了解社情民意。全年召开检察工作联络员工作会议2次，加强业务培训，强化规范管理，畅通信息与线索互投渠道，维护社会稳定。

【队伍建设】 2017年，县检察院认真抓好检察队伍建设，认真贯彻落实新时代党的建设总要求，进一步做好全面从严治党、从严治检工作，努力建设一支信念坚定、司法为民、敢于担当、清正廉洁的检察队伍，不断筑牢检察事业发展的根基。加强纪律作风建设，认真学习党员干部廉洁自律准则和党员干部纪律处分条例，开展“党员随身微教育”活动，严格执行中央“八项规定”精神和一系列廉政建设新举措，自觉遵守检察人员八小时以外的行为禁令。坚持落实党风廉政建设的主体责任，年初集中召开党风廉政建设专题大会，落实党员领导干部党风廉政建设责任内容和目标；层层签订党风廉政建设责任书，落实领导干部、中层干部“一岗双责”，形成一级抓一级的队伍管理和党风廉政建设责任制，构建拒腐防变的风险防控体系；落实检务督察工作条例，落实检察长带头接受监督的规定，坚持从检察长做起，从领导班子做起，做到依法办事、廉洁执法。检察长组织思想政治学习，认真落实每月党组中心组（扩大）理论学习会、党组会和院务会，提高领导班子的凝聚力、战斗力和科学决策能力。积极开展业务培训和专项教育活动，注重培养实践技能，提高全体检察干警政治觉悟、业务素质和工作水平。强化对干警内部行为监督，尤其是强化内部监督机制对领导干部的监督，经常性开展警示教育和检务督察，结合实际修订和完善各项规章制度，真正做到制度管人、管事、管案、管物，杜绝违法违纪行为发生。2017年，共召开党组（扩大）会26次，先后组织干警参加各种学习培训约600人次。

【基层基础建设】 基层基础建设是全部检察工作的

根基和基石。随着形势任务的发展变化，基层基础建设进入新发展阶段，县检察院积极做好新时期检察事业的基层基础建设工作。一是着力打造“忠诚型”检察院，始终把思想政治建设放在首位，深入学习贯彻党的十九大精神和习近平总书记系列重要讲话精神，不断增强检察干警“四个意识”特别是核心意识、看齐意识，打造忠诚干净担当的检察队伍。二是着力打造“创新型”检察院，积极推进创新发展，打造海丰检察品牌，不断增强检察工作活力。三是着力打造“服务型”检察院，进一步完善为民、便民服务措施，整合职能、提高效能，以积极作为赢得群众满意。四是着力打造“智慧型”检察院，把信息化与检察工作高度融合，搭建载体平台，实现资源共享，促进深度融合发展。五是着力打造“公信型”检察院，统筹办案力度、质量、效率和效果，破解监督难题，努力实现法律效果与政治效果、社会效果的有机统一，提升检察机关司法公信力。六是着力打造“学习型”检察院，不断提高干警专业化、职业化素养，打造推进基层治理法治化的重要战斗堡垒。

（罗小雄　马泽民　朱思惠）

附：2017年海丰县人民检察院领导名录

检察长：王　波

副检察长：罗小雄（兼反贪局局长）

蔡亿民　孙伟忠　陈文成

反渎局局长：叶　创

法　院

【概况】 2017年，海丰县人民法院围绕“司法为民、公正司法”工作主线，以“努力让人民群众在每一个司法案件中都感受到公平正义”为总目标，狠抓审判执行第一要务，强化队伍建设，推进司法改革，各项工作取得新进展。全年共受理各类案件3893件（含旧存568件），占全市两级法院总受案数的37.95%，新收案件增长64.69%，结案3557件，同比增长70.27%，结案率91.37%，结收案比106.98%。2017年新收案件数、结案数、结案率在汕尾两级法院中均排名第一，为推动全县经济发展和维护社会稳定提供有力的司法保障。

【机构人员】 海丰县人民法院内设机构14个，下设机构5个。政法专项编制数（核定数）77人，2017年实有68人，后勤服务人员39人，人民陪审员38人，编外聘用人员19人，政府聘员16人。其中，院领导为院长1人，副院长3人。内（下）设机构分别为：立案庭、刑事审判庭、民事审判庭第一庭、民事审判第二庭、行政审判庭、审判监督庭、执行局、执行一庭、执行二庭、研究室、监察室、办公室、政工科、审判管理办公室、梅陇人民法庭、鲘门人民法庭、公平人民法庭、可塘人民法庭、司法警察大队。

【刑事审判】 2017年，县法院共受理各类刑事案件937件1162人，比增34.82%；审结868件1028人，结案率92.64%，比增18.68个百分点。生效判决859人，其中判处五年以上有期徒刑的98人，重刑率11.41%。一是强化平安建设，以高压态势严厉打击故意伤害、抢劫、抢夺、盗窃等暴力犯罪、多发性侵财犯罪。共审结故意伤害及“两抢一盗”犯罪案件233件285人；全年生效判决234人，其中判处五年以上有期徒刑的30人，重刑率12.82%。二是结合市、县委禁毒暨打击非法枪支专项行动，从重从快打击涉毒、涉枪犯罪，共受理涉毒、涉枪案件345件，结案333件，结案率96.52%。全年生效判决315人，其中判处五年以上有期徒刑的50人，重刑率15.87%；同时切实做好禁毒宣传教育工作，在审理毒品案件中坚持以案释法，不断提高全民防毒、禁毒意识。三是对于犯罪情节轻微、有悔罪表现的过失犯和未成年犯，符合刑法规定的依法予以从轻、减轻处罚或适用非监禁刑。其中对判处生效的44名未成年罪犯，适用非监禁刑的17名，未成年人非监禁刑适用率38.6%。四是全面铺开简易程序审理，做到快审快结，2017年刑事案件简易程序适用率为33%。五是积极开展刑事附带民事案件调解工作，全年通过调解结案的刑事附带民事案件23宗，调解赔偿金额30.49万元。

【民事审判】 2017年，县法院共受理各类民商事案件1981件，审结1768件，结案率为89.25%。一是依法发挥审判职能，保护当事人合法权益。全年共审结婚姻家庭纠纷案件821件，比增26.31%;审结合同纠纷582件，比增69.19%，其中劳动争议案件13件;审结权属及其他纠纷案件363件，比增23.47%，其中交通事故赔偿案件259件。二是贯彻能动司法理念，坚持“调解优先，调判结合”，积极主动做好当事人调解工作，化解大量民商事纠纷。全年通过诉讼调解结案537件，撤诉结案276件，调撤率为45.98%。三是基层人民法庭充分发挥第一线作用，参与地方社会治安综合治理，主动为有关部门及当地群众提供法律帮助和指导，积极协助司法行政部门做好调解工作。如2017年5月，鲘门法庭及时审结海丰县首例确定村委会换届选举选民资格系列案，确保海丰县赤石镇洛坑村村委会换届选举公开、公正、顺利如期依法举行。

【行政审判】 2017年，县法院共受理行政案件62件，其中行政诉讼案件48件，结案46件，结案率95.83%；审查行政非诉执行案件14件，已全部办结。自2017年1月1日被上级法院指定为汕尾市行政案件集中管辖法院后，县法院全力做好2017年行政案件集中管辖改革工作。在立案庭增设“行政诉讼专门窗口”受理各地行政诉讼案件。加强行政协调，促进行政争议实质性化解，促成和解或撤诉案件6件，和解率为16.67%。积极推动行政首长出庭应诉制度，提高行政机关“一把手”的出庭应诉率，全年共书面通知行政机关负责人出庭的有28件，行政机关负责人出庭应诉的有10件，行政机关负责人出庭应诉率35.71%。

【审理执行】 2017年，县法院共受理执行案件908件，执结858件，执结率94.49%。申请标的14707万元（不含执行保全案件），执行到位金额2904.69万元，执行到位率19.75%。一是适应执行高压新态势，积极开展执行大行动。全面开展“夏季执行大会战”活动，清理执行案款28.49万元，前后出动4次专项行动，拘留5名被执行人，促结4宗案件；开展“执行‘攻坚2017’秋季百日行动”，前后组织开展统一执行行动10次，共出动干警近200人次，拘留被执行人12人次，罚款57人次，促使35名“老赖”主动到法院履行义务，此次百日行动执结391件，执行到位金额达1009.7万元。二是配合采取多项措施攻克执行难问题。全年共公布失信被执行人676人次，其中公开曝光“老赖”200人次，促使65名“老赖”主动到法院履行义务；采取边控措施，共限制被执行人出境49人次，促使执结案件11件；坚决采取强制措施，共依法拘留被执行人17人次，执结案件10宗；向公安机关移送追究拒执罪案件1宗。三是继续开展执行救助制度，在县政府及其财政部门的大力支持下，县法院全年共救助特困申请人28人次，救助款29.7万元。

【队伍建设】 2017年，县法院按照“以人为本、以院为家，外树形象、内强素质，精细司法、精准公正”的工作理念，全面落实从严治党要求，努力打造一支信念坚定、执法为民、敢于担当、清正廉洁的法院队伍。一是加强思想政治建设，坚定理想信念。坚持抓党建带队建，扎实开展群众路线教育实践活动、“三严三实”主题教育活动及“两学一做”学习教育等活动，引导全院干警进一步坚定思想信念，牢记神圣使命，不断增强大局意识、责任意识和服务意识。充分发挥班子的率先垂范作用，开展“党组民主生活会”，把纪律规矩放在前面，带头改进工作作风，团队精神面貌明显改善。二是加强党组织建设，提高团队执行力。2017年，县法院完成领导班子成员分工调整、党组织改选、吸收党员新鲜力量等工作，始终以提高党员干部队伍的凝聚力和战斗力为奋斗目标，不断加强党的建设。三是提升队伍素质，增强司法能力。注重对干警采取业务培训，为干警订购业务用书，着力提升干警综合办案能力，提高法律素养。四是加强监督约束，促进司法廉洁。认真落实“两个责任”，积极探索廉政风险防控机制，强化对重点岗位、环节的监督。严格执行中央“八项规定”、最高法院“五个严禁”等规定，通过深入开展针对“四风”方面存在问题的梳理分析，开展“纪律作风专项督察”和“纪律教育学习月”等活动，强化干警为民服务意识，自觉把司法为民要求融入到审判的全过程。严格落实“一岗双责”“一案双查”和“谈话提醒”等制度，对出现问题苗头的及时督促整改，干警遵纪守法、廉洁办案意识明显增强。

（张思婷）

附：2017年海丰县人民法院领导名录

院　长：陈展科
副院长：林　民（任至10月）
余海明　林城彬　高炯峰

司法行政

【简述】 2017年，全县司法行政工作在县委、县政府的正确领导及县委政法委的指导下，围绕县委、县政府的中心工作，充分发挥司法行政法律服务、法制宣传、法律保障的职能优势，理清思路，深化

2017年9月27日，海丰县司法局联合县武装部开展“法律援助进军营和谐社会共创建”主题法律宣传、咨询活动

创新，大力开展各项司法行政管理工作，扎实推进平安、法治海丰建设，取得较好成效。

【机构人员】 海丰县司法局内设政工办、秘书股、基层股、社区矫正股、公律股、宣教股、法援处、公职所、公证处共9个股室，下辖16个基层司法所。2017年，县司法局机关人员编制42人，其中政法专项编制26人，工勤人员数4人，参公编制5人，事业编制共7人，实有42人。全县16个基层司法所政法专项编制26名，实有公务员24名。

【法制宣传】 县司法局根据县“七五”普法规划要求，制定“七五”普法实施方案，落实“谁执法谁普法”责任机制、“以案释法”制度，组织年度学法考试，全面开展普法宣传工作。县司法局以“法律六进”为载体，结合县委、县政府各时期工作要点，强化宣传，组织普法人员进单位、进校园、进村（社区）等，有针对性地通过开办普法讲座，为县科级领导干部、村（社区）党组书记、村（居）委会主任开办培训班等方式，开展法治宣传，提升人员的法律素养及依法行政水平。2017年8月11日至24日，县司法局联同海城镇党委、政府，到海城镇城西社区、新城社区、新园社区，通过设立法律咨询点的方式，开展“法律进村（社区）”法治宣传活动，现场为群众提供义务法律咨询，派发法律宣传资料，助力海丰县创文工作，营造良好法治氛围。9月24日，县司法局联合市司法局、市普法办、市律协、赤坑镇党委、政府等相关部门，在赤坑镇全民健身广场组织开展“9·25律师宣传日”大型法律咨询活动，通过派发宣传资料，免费提供法律咨询，进一步提升律师良好形象，畅通服务群众渠道。同时，海丰县司法局注重线上与线下相结合，积极与县广播电视台协调，计划以开设法治宣传公益广告的方式，进一步提升群众法律意识。9月27日，县司法局联合县人武部组织开展以“法律援助进军营，和谐社会共创建”为主题的法制宣传活动，送法进军营，让每位军人懂得用法律维护自身的合法权益；11月8日，县司法局与县妇联、检察院、教育局、县关工委等单位在梅陇镇联合启动以“营造好家风培育好孩子”及“不让毒品进我家”“不让毒品进校园”等禁毒预防教育“6·27”工程为主要内容的家庭教育大讲堂暨禁毒宣传巡回活动。此外，县司法局还针对各节日特殊性，开展好“6·26”国际禁毒日、“12·4”国家宪法日等系列主题法制宣传活动。2017年，共印发宣传资料26万份，设立法律咨询点190个，出动宣传车3100辆次，制作宣传栏330个，上法制课1350场次，全县受教育人数66万人。

【律师工作】 ①结合公益法律咨询，积极发挥公职律师的法律服务职能作用。在巩固做好担任常年法律顾问、代理民行诉讼和担任刑事辩护等业务的基础上，积极拓展新的法律服务渠道，同时热心公益，认真办理法律援助案件和配合政府活动开展公益法律咨询，积极参与县委、县政府信访接待、复查及疑难矛盾纠纷的调处。2017年，县公职所担任律师法律顾问48家，代理刑事案件20件，提供代书21件，参加公益法律咨询服务9场次，接待和解答群众法律咨询986人次。②强化管理，深入推进“一村（社区）一法律顾问”工作。为确保法律服务效果取得实效，县司法局紧扣“四个坚持”，不断加强律师队伍建设。一是坚持依法保障律师执业权利不动摇。积极与公检法各部门沟通协调，解决律师执业权利保障方面存在的问题，真正保障律师的辩护权、代理权。二是坚持严格规范律师执业行为不松懈。持之以恒抓好以职业道德、执业纪律为主要内容的教育，不断提升律师思想政治素质、职业道德素质和业务素质。结合村（社区）法律顾问工作开展情况，每季度对全县律师事务所执业情况全面检查1次，对律师在执业过程中出现的服务质量不高问题批评教育；对违规行为，发现1起、调查1起、处理1起、通报1起，绝不姑息迁就，促进律师依法执业、规范执业。三是坚持充分发挥律师职能作用不缺位。建立政府法律顾问团，为县政府依法行政、依法决策，提供法律服务。认真组织广大律师积极参与和代理涉法涉诉信访接待处理工作，引导当事人理性表达诉求，依法解决争议。四是坚持创新律师工作方式不保守。结合“一村（社区）一法律顾问”工作，要求各法律顾问律师通过公开微信、建立微信群等方式，鼓励其开拓服务渠道，创新工作

2017年9月24日，海丰县司法局联合市司法局，市普法办，市律协，赤坑镇党委、政府等相关部门，在赤坑镇全民健身广场组织开展“9·25律师宣传日”大型法律宣传活动

2017年，县司法局开展法律进村（社区）普法宣传活动，通过送法下乡、派发法律宣传手册、设立法律咨询站等方式，免费提供法律咨询，提升群众的法治意识，营造浓厚的法律氛围

方式。2017年，全县村（社区）法律顾问服务对象23182人次，提供法律服务3984次，其中，接访咨询2657人次，提供代书46件，参与法律援助10件，上法制课1146件，调解纠纷17宗，其他事项108件。

【法律援助与咨询】 县司法局借助法律援助服务大厅窗口特性，强化管理，完善机制，按照“应援尽援、应援优援”工作要求，细化功能设置，完善窗口服务，通过公示办事程序、公开举报电话等有力措施，认真接受群众监督，切实为法律援助对象提供方便、快捷、周到、满意的一站式服务。在提供法律援助的同时，以案释法，发挥法律在信访、维稳等工作中的主动作用。2017年，全县办理法律援助案件104件，代书3件，提供法律咨询509人次。2017年，海丰县法援处被省人社厅、司法厅授予第三届全省法律援助工作先进集体称号。

【公证工作】 县司法局结合政府中心工作，充分发挥公证法律服务职能作用，为地方经济发展保驾护航。一是服务重点项目建设，为县域经济重点建设项目积极提供公证法律服务。如在2017年梅陇镇首饰产业园、可塘汕兴高速征地，城东违章建筑爆破拆迁等项目及工作提供公证服务，确保政府行为合法依规，项目顺利开展。二是服务保障和改善民生，提供优质服务。在办理好日常国内公证业务的基础上，对涉外、港澳台公证业务的办理，公证处主任亲自把关，严格按照公证程序和司法部、省司法厅及市司法局的有关规定办理，认真做好审查调查工作，严格执行审批制度和有关规定，严把公证质量关。2017年，共办理各类公证业务3690件，其中国内民事公证3182件（含港澳台），涉外民事公证508件。

【基层司法行政】 2017年，县司法局按照县委政法委各时期工作安排，结合职能实际，切实开展综合治理及维稳工作，确保各项工作落到实处。①人民调解工作。2017年，全县人民调解组织受理矛盾纠纷案件698件，调解成功691件，成功率达98%，排查矛盾纠纷774件，预防295件。切实发挥人民调解“维稳第一道防线”的积极作用。10月，鹅埠司法所所长秦岳奕被司法部授予“全国模范人民调解员”称号。在组织及队伍建设方面，根据海丰县《关于印发〈关于进一步加强人民调解工作的意见〉的通知》要求，为切实推进海丰县人民调解工作，县司法局一是按人民调解“五落实、六统一”的规范化建设标准，统一文书、流程、标识、印章、牌匾、台牌等，购置办公用品及设备，强化各司法所的软硬件建设。二是与县人社局联合印发《海丰县公开选聘专职人民调解员工作方案》，设立A、B岗位，在全县选聘专职人民调解员28名，并分配到各司法所开展相关业务工作。三是与县财政局联合印发《海丰县人民调解员“以案定补”暂行办法》，根据案件卷宗规范化情况及难易程度，制定补贴标准，落实以案定补政策。在业务建设方面，县司法局围绕各特殊时期及县重点工作任务，一是制定《海丰县司法局关于开展“保稳定、促和谐”矛盾纠纷排查化解专项活动的方案》，要求各部门按“四个到位”（排查到位、调处到位、预防到位、教育宣传到位）原则，对全局涉法涉诉信访隐患及全县矛盾纠纷开展全面排查活动，对排查中发现的矛盾纠纷，及时化解，将矛盾纠纷处理在基层单位，消灭在萌芽状态。二是严格执行信访信息日报告。要求各基层司法所每天要将本单位、本辖区的信访维稳信息及时报告基层股，有事报事，无事报平安。对不及时报告的单位，实行通报批评。凡因迟报、漏报、谎报造成严重后果的，将严格追究相关责任。防止初信初访转为重信重访，确保不发生赴市、省、进京非正常上访、不发生到县集体上访、不发生因信访问题引发个人极端事件。②特殊人群管理工作。为进一步推进海丰县社区矫正工作，县司法局建立海丰县社区矫正中心。同时，结合县重点时期的工作任务，加强社区矫正人员和刑满释放人员全国“两会”期间的日常监管工作：一是落实四个100%的矫正目标任务（即社区服刑人员监管率100%，社区服刑人员建档率100%，“两个八小时”完成率100%，社区矫正系统信息录入率100%）；二是要求各所要组织社区矫正人员开展活动，汇报思想，人人要谈话，关心社区矫正人员和刑满释放人员的工作生活并按时上报排查表及排查报告；三是对所有在册的社区服刑人员进行全面清查，分批次开展集中教育，并针对存在的情况落实监管措施，有效预防社区矫正人员脱管、漏管和再犯罪，营造和谐、稳定的社会环境。2017年，全县累计接收社区服刑人员984人，在管368人，已解矫616人，无脱管、漏管现象。

【民主法治创建】 根据省、市关于开展法治建设"四级同创"活动的要求，县司法局结合实际职责及工作任务，对全县"民主法治示范村（社区）"创建工作进行统一部署和安排，落实机构保障，印发《海丰县"民主法治村（社区）创建活动方案"》（海司字〔2017〕18号），明确创建目标、标准、条件和步骤。为确保创建活动效果，县司法局按照县委、县政府和上级有关要求，积极发挥法制宣传教育职能作用，借助"法律六进""一村（社区）一法律顾问"等活动的开展，统筹结合推进，不断推进基层依法自治的完善和规范。例如：海丰县村（社区）换届选举期间，县司法局联合县委宣传部印发《关于做好村（社区）换届选举法治宣传教育工作的通知》，要求各镇（场、开发区）党委、政府，相关单位围绕村（社区）换届选举，广泛开展法制宣传教育工作，引导广大村居群众积极、合法、有序地参与选举，确保村（社区）换届选举工作顺利完成。同时，县司法局积极与县民政局进行沟通、协调，按照县委、县政府对全县创建工作的要求和标准，在烈士陵园筹建县法治文化主题公园。经检查考核，县司法局联合县委依法治县办、县委农办、县民政局授予县203个村（社区）为县级"民主法治村（社区）"，推荐县192个村（社区）分别为市级、省级"民主法治村（社区）"。县食品企业集团公司与广东电网有限责任公司汕尾海丰供电局被推荐为省"法治文化建设示范企业"。联安镇坣头村委会被推荐为"全国民主法治示范村"。

（马家川）

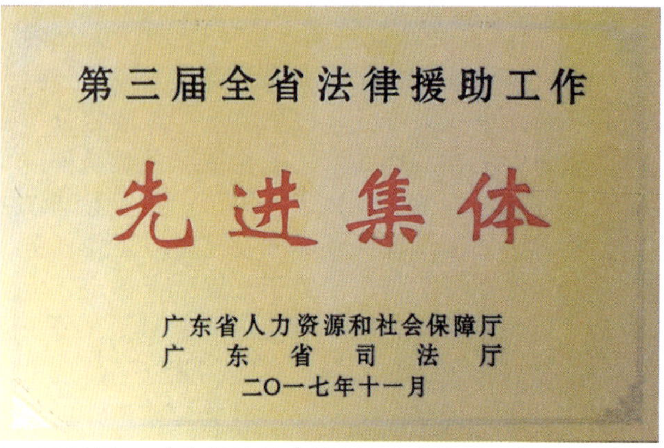

2017年，海丰县法援处被广东省人社厅、省司法厅授予第三届全省法律援助工作先进集体称号

附：2017年海丰县司法局领导名录

局　长：林惠迎

副局长：刘火木　黄文旭（任至7月）

　　　　黄辉谋　刘嘉能（7月起任）

军　事

地方军事

【概况】 2017年，县武装工作在上级省军区、军分区的大力指导下和县委、县政府坚强领导下，深入学习贯彻党的十九大精神和习近平总书记系列重要讲话，坚决落实军委国防动员部和省军区、军分区党委决策部署，围绕认真履行职能使命课题，圆满完成年度各项工作任务，被广东省军区评为“全面建设先进单位”。

【国防动员】 10月，县国动委成员单位参加国动部组织的国防动员业务知识培训，为切实摸清县国防动员潜力，各成员单位上报国防动员潜力调查数据。

【征兵】 2017年，海丰县征兵工作按照“一季征兵、全年准备”要求，年初，在县委、县政府各部门极力配合下，扎实抓好年满18周岁男性青年兵役登记工作，兵役登记率首次达到99%。大学生比率38%，高中以上文化学历新兵95%，征兵“五率”全汕尾市第一。

【军事训练】 2017年，民兵训练突出岗位练兵，森林防火分队在清明防火期间坚守岗位，扑灭大火30余起；民兵轻舟分队在6月防台风任务中，紧急驰援鲘门镇，出动冲锋舟2艘，橡皮艇3艘，转移受灾群众20多人。同时，出动民兵400余人入村驻点参加抗击台风和抢险救灾活动。

【后勤装备管理】 县人武部于2、3月组织枪弹专项清理整治活动，收缴各类子弹300余发并上交省军区仓库。9~12月，扎实开展“百日安全活动”，定期进行安全管理工作检查，对民兵武器装备仓库避雷设施进行检测，安防设施进行维修。12月，县人武部组织进行办公楼及家属房的水路改造，确保干部职工和家属的饮水安全。

【“双拥”共建】 为鼓励大学生踊跃参军，县人武部积极协调县民政局、县财政局，给每名大学生士兵发放一次性入伍奖励金5000元。2017年底，协调县民政局、创维集团给受三等功以上奖励军人家属送洗衣机，为军人家属购买家电开办专场优惠活动。先后组织40余名官兵和哨员参加海丰县创文、创卫活动，定期组织官兵清扫街道，开展环境卫生整治及相关配合活动，用实际行动支持海丰县创文创卫工作。助力扶贫攻坚，县人武部领导多次深入大湖镇开展调查研究，现场了解村民实际困难，提出精准扶贫具体措施，通过送慰问品、购买果树苗、提供家禽牲畜种苗等方式提供脱贫渠道，通过介绍工作，推荐贫困户子女入伍等方式为贫困户谋出路。

（海丰县人民武装部）

附：2017年中国人民解放军广东省海丰县人民武装部领导名录

部　长：陈继国（6月起任）

政治委员：董海占（6月起任）

武　警

【简述】 2017年，武警海丰县中队围绕“迎接、保卫、学习、贯彻十九大”主线，把握中队建设形势，积极谋划开展工作，部队建设发展势头良好。

【按纲建队】 2017年，武警海丰县中队认真总结中队建设形势，坚持以总队、支队党委扩大会议精神为指导，理清工作思路，着眼部队形势找差距、定措施，确保工作扎实有序推进。一是深入分析部队建设形势。在武警汕尾市支队工作组具体指导下，采取召开班务会、队务会、组织生活会、支委会等形式，按照自下而上的顺序，深入分析建设的基本形势，重点查找影响制约中队建设发展的突出矛盾和问题，征求官兵意见，拟制具体整改措施。二是深入领会上级党委全会精神。及时召开支委会、党员大会、军人大会传达学习三级党委扩大会议精神，重点抓好上级精神解读环节，加深官兵理解认识；收集整理会议要点下发官兵背记，制作1期宣传板报，利用读报、饭前等时机进行理论抽问，组织1次理论测试，营造学习氛围，切实将会议精神融入官兵思想。三是深入谋划下步工作。在广泛征求官兵意见、认真分析部队底数和学习上级精神的基础上，按照2017年初提出的“抓班子保一致、抓能力保中心、抓安全保稳定、抓精细求质量、抓内涵厚底蕴”工作思路，持续浓厚“争创先进中队”氛围，搞好层层学习动员，凝聚人心意志；拟制贯彻落实党委扩大会议精神计划，细化具体工作措施，有序推进各项工作落实。

【思想政治教育和文化建设】 武警海丰县中队始终把思想政治工作摆在首位，不断增强工作的主动性、针对性和实效性。一是抓紧思想政治教育。持续深入开展“维护核心，听从指挥”主题教育，在支队动员部署后，召开支委会、军人大会、班务会再动员再部署，统一思想，提高认识；采取集体问卷调查、个别谈心等方式进行摸底，弄清战士对教育的理解程度，增强教育针对性；突出抓好课后干部串讲辅导解疑释惑，严密组织讨论交流撰写心得，强化官兵“四种意识”；抓好经常性思想教育，制定年、月教育计划，认真备课讲课，定期组织“战士讲堂”，丰富教育形式；组织8名官兵报名参加成人高考升级学历，辅导3名战士学习考学，提升自身能力。二是抓实思想教育引导。持续抓好官兵思想稳定工作，严格落实上级强力推进“四心工程”的指示精神，组织开展“大谈心、过思想、解难题”活动，采取干部找战士谈、党员找群众谈、官兵之间相互谈等方式，深入了解掌握官兵的思想底数；坚持落实思想工作日汇报、周讲评、月分析制度，完善谈心记录档案，有针对性做好思想疏导工作；建立战士家长微信群，搭建与父母沟通交流平台，实现共同管理教育目标；注重思想心理骨干作用发挥，利用训练间隙开展心理游戏，缓解官兵紧张情绪，坚持每月组织开展“集体生日”，每周“班级篮球赛”活动；扎实开展“学老兵、赞老兵、送老兵”活动，中队赠送退伍老兵纪念相册；抓好补勤人员思想摸底，针对家庭变故、期望落空、伤病号人员搞好教育引导，帮助解决官兵实际困难，营造和谐融洽的内部关系。三是抓活强军文化。围绕“传承红色基因、争当红色传人”，扎实抓好“红色基因代代传工程”，广泛开展“五红活动”、参观革命纪念馆、教唱《士官组歌》、演奏《人民军队忠于党》《就为打胜仗》喜迎国庆等活动，更新营区横幅标语，制作宣传板报4幅，进一步浓厚营区政治环境氛围，活用警营“八位英模”塑像，大力宣讲英模先进事迹和革命优良传统，不断强化官兵传承红色基因、筑牢对党忠诚的政治自觉。

【执勤战备工作】 2017年，武警海丰县中队着眼打好“三大维稳战役”，练战术、练技能、练处置，官兵遂行任务能力提升明显。一是强化战备落实。针对驻地敌社情复杂，目标超量关押严重，防逃制逃压力大等实际，结合上级通报的典型执勤案例开展警示教育，组织参观目标单位，了解犯情狱情，消除官兵站“和平哨”思想。认真落实“香港回归20周年”“金砖五国会议”期间部队战备工作要求，组织开展专题教育，结合老兵退伍及时补充配强应急班人员，加强方案演练和应急班训练，落实营区防袭击措施，有效提高部队快速反应能力。二是正规执勤秩序。落实支部每周议勤制度，搞好勤务分析研究，全面组织执勤人员政治考核，学习执勤工作通用规定，增强工作针对性。针对老兵退伍、补入兵力，扎实抓好以专勤专训、情况处置、哨兵反袭击为主的勤务训练，落实好班级包哨、干部站哨、上半下半夜查勤2次不少于3天要求，正规“三班四哨”组织；严格落实《看守所AB门安全管理暂行规定》《监门哨与前置应急小组组勤模式》《执勤工作“五个一”规范》，加强与目标单位协调，明确责任区分，规范监门哨执勤秩序，确保目标及哨兵自身安全。三是大力加强实战化训练。深入贯彻落实总队军事干部集训精神，按照“分解法”分解中队及个人军事训练目标，严格按纲施训、科学组训，扎实打牢官兵能力基础，选送1名士官参加总队反恐集训，1名士官参加总队特战比武，官兵实战化训练能力得到锻炼提升；大力开展向“极限勇士”学习活动，组织官兵观看武警部队十大训练先进典型宣传片，强化战斗精神教育，把考核检查评比制度纳入到争先创优当中，建立训练档案，每周组织会操，每月组织1次考核，中队军事训练成绩有较大进步。

【从严治警管理】 2017年，武警海丰县中队坚持注重教育先行、精细管理、系统防范，大力营造安全氛围，不断夯实建队基础。一是抓好教育活动落实。2017年，持续开展“学规范、查隐患、找问题、补漏洞”执勤安全教育活动，对照执勤隐患“六查”“28”项具体内容逐条逐项“回头看”，共治理整改隐患8处，有效提高执勤安全系数；贯彻落实《王宁司令员在执勤工作座谈会上的讲话》精神，深入开展“两清六查”，提升人防、技防能力；认真组织官兵学习新《正规化管理规定》，加强精细管控，全面抓好营区武化、绿化、正规化建设，更换各类库室管理制度牌，正规“五个秩序”；观看《武警部队八个方面安全基本工作规范》演示录像片，开展安全常识教育，提高官兵开展安全工作能力，中队零安全事故发生。二是严格部队日常管理。深刻吸取兄弟单位发生事故案件的教训，用好《人生警戒线》《手机背后的谍网》等资料开展警示教育，强化底线思维。突出抓好人员、车辆、枪弹、治酒、保密重点问题及迎接、保卫十九大胜利召开部队安全管控，正规一日生活秩序，严格落实晚点名、查铺查哨、夜间领班员叫哨查人等制度，严防人员不请假外出等问题发生。针对老兵退伍期间人员思想活跃，抓实老兵退役、密切内部关系教育，“学老兵、赞老兵”活动开展有声有色，进一步密切内部关系。严格落实上级手机互联网使用管理要求，持续抓好手机互联网专题教育，深入排查网络赌博、卸载“王者荣耀”游戏，有效防止违规使用及失泄密问题发生。三是突出关键环节防范。扎实开展“百日安全竞赛”活动，坚持每周分析安全工作开展情况、每月全面分析部队安全形势，认真组织安全风险评估，及时传达学习兄弟单位发生的违法违纪、酒驾肇事、坠亡等事故案件通报，抓好季节性事故预防工作；深入开展士官队伍教育整训活动，积极营造“靠素质立身、靠能力说话”的氛围，树立“中队搭台、士官唱戏”的思路，不断交任务、压担子，发挥士官主体作用；扎实开展安全大检查自查普查，围绕“八个方面60条排查内容”，采取过库室、班排、哨位的方式，全年共排查整改各类大小隐患16处，有效提升部队安全系数。

【后勤保障】 围绕服务保障抓后勤、增效益。深入贯彻“后勤变前勤”要求，强化保中心、保任务、保官兵意识，不断提高后勤保障能力。一是严格规章执行。严格落实财经管理制度，深化转化财务大清查成果，坚持支部每月审议经费开支，公布经费账目，规范财务管理秩序；坚持执行伙食管理五项制度，落实自助餐和食物留验要求，防止病从口入；积极做好季节性疾病预防管控，组织定期消毒，确保官兵身心健康。二是精心调剂伙食。深化“伙食精细管理年”活动效果，严格落实“1126”“6211”标准，每周征集伙食意见建议，积极做好节日期间伙食保障，科学合理制定食谱，确保伙食费足量吃到官兵嘴里。积极做好台风过后农副业生产恢复工作，重新修整副业生产地，搭建蔬菜大棚，合理规划农副业生产换季种养殖，邀请地方菜农来队指导，发展种养十余种，有效提高自我保障能力。三是积极改善环境。积极营造营区军事氛围，定期组织对训练场维护保养，设置小场地障碍，配齐配全训练设施；持续强化营区安全措施，对犬舍进行加固重建，电话亭铺设水泥地板，饭堂洗碗池台阶安装防滑瓷砖，工具房加装不锈钢门窗；逐步完善警营文体设施，向支队申请给中队学习室配置65寸电视机，协调共建单位赠送足球框架；对照正规化建设标准，对营区绿化实行专人负责，悬挂标语牌，有效推动营区建设由美化向武化正规化转变。

【组织建设】 面对军队调整改革，突出抓班子带队伍，不断提高组织建设水平。一是抓学习强素质。强化看齐意识坚持紧跟大势，持续抓好习近平总书记系列重要讲话精神学习，设置“系列读本”专题书柜及干部学习专用抽屉，重点抓实基层官兵“五本书”学习，提高支部人员理论素养和政治定力；深入推进“两学一做”学习教育常态化制度化，每周按计划学习党章党规，每月开展专题党课教育并搞好课后讨论，每季度组织党员承诺践诺，召开专题组织生活会深入查摆剖析，学习教育效果明显，中队党员模范带头有新提高。二是讲原则正风气。支部人员配合意识强，能相互学习，相互搭台，相互理解，鲜明提出“争创先进中队”目标，团结共事的氛围浓。深化转化基层风气专项整治活动成果，持续抓好正风肃纪，大力纠治发生在官兵身边的“微腐败”和不正之风，严格按照规定办理敏感事项，2017年推荐优秀士兵、嘉奖人员4人，选取士官2人，官兵满意度高。三是搭平台激活力。加强对两个“群众组织”的指导，努力弥补新成员能力不足，团支部定期更新学习宣传栏内容，制作板报4期，组织教唱红色歌曲、《士官组歌》，在节假日和老兵退伍期间能提前计划，严密组织各项文体活动，有效活跃气氛，受到一致好评；军人委员会在食谱制定、双争活动、经费开支使用方面以及涉及官兵敏感利益的问题上，能发扬民主，调动官兵参与管理、实施监督的积极性。

（武警海丰县中队）

附：2017年武警海丰县中队领导名录

中队长：潘麒全

政治指导员：彭俊超

人民防空

【简述】 2017年，海丰县人防工作在县委、县政府和县武装部正确领导下，在上级人防部门大力支持下，坚持以科学发展观为统揽，认真贯彻《中华人民共和国人民防空法》以及《中共中央、国务院、中央军委关于加强人民防空工作的决定》，围绕建设“三个人防”，提高九种能力工作要求，以转变作风，提高行政效能为突破口，积极主动开展人民防空各项工作，取得明显成效。

【人防“结建”工作】 2017年，县人防办严格依法办事、依法管理，做到应建尽建、应缴尽缴、以缴促建。经常与有关职能部门加强沟通，促使其履行各自职责。通过加强配合协调，特别是与县住建局对人防工程严格把关，开展联合执法检查，严肃查处漏报、少报等违规现象。同时，根据省、市人防办《关于开展人防工程挂牌管理工作的通知》精神，积极做好相关工作，对已竣工验收的人防地下室落实挂牌，对在建工程做出落实挂牌的计划和采取相应措施，进一步加强人防工程管理工作。

【防空警报试鸣】 防空警报设施是战时发放防空警报信号，组织指挥城市人民防空的基本手段。根据中共中央、国务院、中央军委《关于加强人民防空工作的决定》（中发〔2001〕9号）、广州军区、省、市人防办关于组织防空警报试鸣的指示精神，海丰县城于2017年9月16号举行警报试鸣。海丰县城规划区内规划防空警报设置点41个，装备完善中心统控系统，具有广播、电视插播防空警报信号的自动统控网络，使县城中心区警报音响覆盖率和报知率均达到100 %。通过试鸣，使广大市民了解、熟悉防空警报信号规定，增强国防观念和忧患意识，促进人防战备工作落实。

【人防专业队伍训练】 根据县人防工作会议部署，本着专业对口、平战结合、保障重点、便于执行任务的要求，县人防办着手组建县级平时人防专业队伍，战时按有关规定扩充。根据国家关于组建人防专业队伍有关文件，海丰县组建7种人防专业队伍，一是由县住建局、供电局组建抢险抢修专业大队共60人；二是由县卫生局组建医疗救护专业大队共56人；三是由县消防大队组建消防专业大队共20人；四是由县公安局组建治安专业大队共18人；五是由县卫计局、环保局组建防化防疫专业大队共39人；六是由电信海丰分公司组建通信专业大队共35人；七是由县交通局、汽运总公司组建交通运输专业大队，落实客车100辆。

（张增祥）

附：2017年海丰县人民防空办公室领导名录

主　任：刘安基（任至1月）
　　　　吴堂泽（1月起任）
副主任：施美华

海豐

HAIFENG YEARBOOK

经济

农 业

综 述

【农业发展概况】 2017年是实施“十三五”规划的重要一年，是推进供给侧结构性改革的深化之年。海丰县全面贯彻落实中央、省、市农业农村工作会议和中央1号文件精神，围绕推进农业供给侧结构性改革工作主线，以调结构、强产业、拓市场、促增收为主要目标，认真谋划，精准发力，推动结构调整、脱贫攻坚、农资监管等工作同推进、同发展，为经济社会持续健康发展提供有力支撑。2017年全县实现农业总产值56亿元，比增4.6%，其中种植业总产值31.8亿元，比增4.8%。预计农村居民人均纯收入14716元，比增8.5%。

【机构人员】 县农业局内设人秘股、农业综合行政执法股、计划财务股、农村经济体制与经营管理股（加挂县农民负担监督管理办公室、农村承包合同管理办公室、海丰县农村土地承包经营权确权登记颁证工作领导小组办公室三块牌子）、科技教育股、种植业管理股（挂土肥站牌子）、植保股（挂农作物病虫测报站、植物检疫站牌子）、农村经济管理办公室等8个股室。2017年，县农业局直属事业单位有21个：海丰县水果生产办公室（副科级）、海丰县农业科学研究所（副科级）、海丰县农产品质量安全监督检测站（参照公务员管理）、海丰县种子站、海丰县农业技术推广站及海城镇、附城镇、城东镇、公平镇、黄羌镇、平东镇、可塘镇、赤坑镇、大湖镇、陶河镇、联安镇、梅陇镇、鲘门镇、小漠镇、鹅埠镇、赤石镇16个农业技术推广站（正股级）。根据中共海丰县委、县人民政府《印发〈海丰县事业单位分类改革实施方案〉的通知》（海委〔2011〕52号）的精神，以上事业单位确定为公益一类，其经费均按财政补助一类拨付。至2017年底，海丰县农业局实有人数129人，其中行政在职干部23人、事业在职干部37人、机关后勤服务人员15人、事业后勤服务人员54人。

【农村体制改革】 2017年，海丰县着力统筹城乡发展，深化农业农村机制体制改革，促进农业增效、农民增收、农村发展。一是深化土地制度改革。推进农村土地承包经营权确权登记颁证工作，巩固农村基本经营制度。按照“确实权、颁铁证”的工作要求，全面铺开承包土地确权，维护农民群众财产权益。至2017年底，提前完成市下达颁证率超过80%工作任务，全县有确权任务的213个村，完成外业指界户数74909户，面积约29505.927公顷，实测率101.275；完成一次公示村数192个，一次公示户数69745户，公示面积26503公顷，占总面积91%；完成二次公示村数191个，二次公示户数69482户，公示面积26296.33公顷，占总面积90.3%；已颁发证书69092份，占应颁证79006户87.45%。二是进一步规范农村集体资产管理。对农村集体经济组织设置进行全面排查，并严格按照《农村集体经济组织管理规定》理顺设置，依法完成452宗社长变更登记和30宗证明书、印章遗失补办手续。继续推行农村集体“三资”网上平台交易，至12月底全县累计完成“三资”交易189宗，交易总额7374万元，其中，资源资产类46宗、工程类143宗，通过集中公开交易，实现增收节支共379万元。三是完善农村公益事业建设投入机制。继续推行农村“一事一议”筹资筹劳制度，在明确农民负担水平的同时，组织农村兴办集体公益事业，改善居住环境。2017年对全县132个村级“一事一议”项目给予财政奖补，奖补总金额963.75万元，其中省以上资金771万元、市、县资金各96.375万元。另外，向省申报2018年度“一事一议”项目计划，计划实施项目167个，申请省级以上奖补资金1146.16万元。通过推进“一事一议”奖补制度，调动各地建设农村村内公益事业积极性，有效改善农村路、电、水、绿化等基础设施条件。

【农业产业化经营】 2017年，海丰县积极发展多种形式适度规模经营，培育新型农业经营主体，实现小农户和现代农业发展有机衔接。一是继续扶持农业龙头企业。全年新增农业龙头企业6家，累计达到68家。其中国家扶贫农业龙头企业1家，省重点农业龙头企业8家，市级农业龙头企业13家。组织申报省级重点龙头企业3家、市级农业龙头企业6家。初步统计，全年农业龙头企业总销售收入已超50000万元，带动农户3.4万户。二是培育农民专业合作社。全年新增农民专业合作社108家，总数达到728

家，比增17%。其中国家示范社10家，省级示范社20家，市级示范社24家，县级示范社83家。预计全年合作社经营收入达到18660万元，实现盈余13028万元，户均增收1600元。三是培育发展家庭农场。2017年，新增家庭农场15家，累计达到495家，其中新增省级示范家庭农场3家，累计达到9家，全县家庭农场经营土地总面积1186.67公顷。

【新农村建设】 2017年，县农业局加强指导推进莲花省级新农村示范片建设。至6月底，莲花省级新农村示范片建设工程（第一期）各主体建设村各项目全面动工建设，累计投资19457万元，其中：县级财政资金累计投资16266万元，省级财政资金累计投资3091万元，群众自筹51万元，其他投入49万元。至年底，示范片路、电、水、排污等各项基础设施建设已基本完成，进入绿化、亮化阶段。同时着力推进农村人居环境建设，截至6月底，全县完成20户以上自然村整治400个。

种植业

【概况】 2017年，县农业局围绕农业供给侧结构性改革这一主线，突出绿色发展，着力调整优化农业结构，加强农业基础设施建设，加快农业科技应用转化，有效提高农业产出能力和质量效益，粮食生产保持稳定，蔬菜等园艺作物稳定增长，全年农作物播种面积达到5.85万公顷。

【粮食生产】 2017年，县农业局积极落实粮食生产安全责任制，充分调动农民种粮积极性，进一步推动黄江两岸连片6666.67公顷现代粮食示范区发展，确保粮食生产安全。一是落实农业补贴制度。将农作物良种补贴、种粮农民直接补贴和农资综合补贴农业“三项补贴”合并为“农业支持保护补贴”，支持耕地地力保护和粮食适度规模经营。二是推行政策性水稻保险。分别于2017年3月和9月组织召开全县政策性水稻种植保险工作会议，就全县开展政策性水稻保险工作做全面部署，并通过县电视台对《关于投保政策性水稻种植保险的通知》进行广泛宣传发动，海丰县水稻种植保险2017年参保面积为6169.328公顷。三是实现灾年增产。受台风“苗柏”“玛娃”和连续暴雨影响，早造生产遭受一定损失，但经积极恢复灾后生产，全年农业生产总体稳中有增。据统计，2017年全县粮食作物播种面积34903公顷，总产量为26.2万吨（薯类产量按1比1计算），面积、产量分别比增326.67公顷、1.98万吨。在粮食作物中，水稻播种面积30266.67公顷，总产量15.2万吨，比增66.67公顷、0.26万吨；薯类面积3813.3公顷，产量10.1万吨，比增413.3公顷、1.74万吨。

【蔬菜生产】 2017年，全县以蔬菜为主的园艺作物面积持平，但产出水平有所提高，总产明显增长。据初步统计，全县蔬菜面积18300公顷，与2016年持平，总产48.16万吨，比增2.16万吨。

【水果生产】 据初步统计，2017年全县水果面积7866.67公顷，总产9.14万吨，面积增加13.3公顷，总产与2016年持平。

【茶叶生产】 2017年，海丰县茶叶生产面积、产能不断扩大。莲花茶业、莲苑茶业、仁荣茶业、五指嶂茶业等龙头企业发挥带动农户的重要作用，主产区在原有基础上，沿莲花山脉周边扩展。据统计，全县茶叶面积1000公顷，总产量1200吨，面积和总产增比2016年分别增加133.3公顷、200吨。

【农田基本建设】 大力开展农业设施建设，提高农田基础设施水平。完成2013年度3宗高标准基本农田建设、2014年度7宗高标准基本农田建设项目、抓好2015年度5宗高标准基本农田建设项目的竣工验收工作。推进2016年度3宗高标准基本农田建设，项目计划建设高标准基本农田533.3公顷，省级财政总投资1200万元，其中黄羌镇3宗（双圳村、双河村、建林村和双新村），2017年底已完成招投标工作并进场施工建设。

【农业科技推广】 一是大力推广良种良法。遵循引进、试验、示范、推广的原则，加大种植业品种结构调整力度，引进推广广8优金占、Y两优农占、深优9516、广8优2168、吉丰优3550、金稻优998、广8优169、广8优165、泰丰优55、博II优312等一批水稻新良品种，使全县水稻良种覆盖率达到99%以上，经济作物良种覆盖率达到94%以上。二是加快农业技术应用转化。通过示范基地+科技人员+科技示范户的方式，加快农业技术推广转化，经优化和调整，认定科技试验示范基地5个，选聘技术指导员53名，科技示范户530户，推广主导品种22个，主推技术11个，农技推广普及率达到95%以上，测土配方施肥技术推广面积达到40万亩次，亩均节约化肥施用10公斤，节本增效30元以上。三是加大农技培训力度。2017年全县开展科技培训10多场次，培训示范户1350多人次，培训农民270多人次，印发技术资料3000多份。及时组织示范户到基地进行观摩学习，组织示范户和周边群众召开观摩会4

次。至年底已完成农技人员培训8期，科技示范户集中培训2期。每名技术指导员对示范户的培训指导次数平均达到6~次，有效提高农民科技素质。四是推行植保综合防治技术。坚持“预防为主，综合防治”的植保方针，秉承“创新、协调、绿色、开放、共享”的发展理念，切实加强病虫监测预警、重大病虫应急防控、植物检疫防疫、农药安全保障四大体系建设，严格履行职责，深入田间监测，及时准确预报重大病虫害的发生动态。据统计，全年印发《农作物病虫情报》10期共3000 份，共播出农作物重大病虫防治电视预报2期，发送手机信息350条，全年指导病虫害综合防治328.89万亩次，比2016年减少9.72%；农药使用量379.29吨，比2016年减少2.52%，挽回粮食损失5.32万吨，有效减少环境污染。五是实施世行面源污染治理项目。该项目重点通过推广水稻“三控技术”，控制肥料和农药使用，在2016年治理面积292.67公顷的基础上，继续在城东实施面源污染治理项目，治理面积为1708.53公顷，至年底项目在实施中。六是强化土壤污染监测。实施海丰县农产品产地第二批土壤重金属监控点项目及海丰县农产品产地土壤重金属污染防治第二批农产品监测项目，完成海丰县农产品产地第二批土壤重金属监控点项目全部10个省控点立碑、调查、采样、建设工作；完成海丰县农产品产地土壤重金属污染防治第二批农产品监测项目工作全部80个农产品采集工作。

【农业品牌建设】 加大“三品一标一名牌”培育力度，提高农产品综合竞争力。一是组织产业参与“三品一标”认证。2017年，先后组织15家企业，申报无公害农产品、绿色产品和有机产品，参与省级名牌产品评选活动，先后有4个产品通过省级名牌产品初评，11个产品通过无公害产品认证初评。至年底，全县累计获得绿色认证产品5个；获得有机认证产品7个；获得无公害认证产品55个，正在申报无公害认证产品11个；广东省（农业类）名牌产品总数达到11个，正在申报4个；获得国家农产品交易会金奖产品3个；获得国家地理标志认证产品1个；广东省名特优新区域公共品牌1家；获得广东省名特优新经营专用品牌12家；黄羌虎噉金针菜被评为广东省“十大名菜”。二是组织参与对外交流活动。组织中荣、丰隆、润生源等7家企业12个产品系列产品，先后参加省农博会、惠州农博会等展览活动，提高企业和产品的影响力。三是抓好“一镇一品”项目建设。组织黄羌镇虎噉金针菜专业合作社，开展省级现代农业产业发展“一镇一品”项目专项建设，培育壮大金针菜品牌。年底前，完成13.3公顷的土地平整、土壤改良工作及晒棚的建设、杀青机设施的购买安装及完成金针菜种植农户培训等工作。

【农产品安全质量管理】 坚持以依法治农为手段，提升农资和农产品质量安全水平。一是加大农产品质量安全宣传力度。大力宣传2017年6月1日实施新《农药管理条例》《农产品质量安全法》《安全生产法》，印发《如何识别真假伪劣农资宣传手册》500本，购买放心农药宣传资料1000份，其他相关资料2000多份。二是严格农资源头管理。全年印发农资宣传资料5000多份，摸查各类案件线索8宗，其中，来自工作排查8宗。在农资打假专项行动中，全年共出动车辆80台次，执法人员260人次，检查农资门店120家次、立案查处各类农资违法违规案件8宗，查获各类假冒伪劣农资产品0.032吨，涉案农资产品货值0.58万元，处以罚款1.36万元，为农民群众挽回经济损失3.59万元。三是加强农产品检测监督。2017年，在全县范围内抽检叶菜类蔬菜样品数共2325个，其中：合格数为2308，合格率99.3%，不合格样品数为15个，不合格率为0.7%；接受省、市农产品检测中心在海丰县例行监督抽查样品12批次叶菜类样品数为226个，合格率达到全省平均水平。

【农业园区建设】 一是努力打造省级现代粮食示范区。海丰县省级现代粮食示范区项目计划总投资4017万元，其中省级投资2500万元，截至2017年12月底，已投入资金3613.04万元，其中省级资金2096.04万元。示范区着力打造联安镇有机水稻种植示范基地和梅陇农场优质稻生产示范基地两大基地，选育推广适宜当地种植的优质品种7个，通过项目建设实现优质米种植比例达90%以上，平均亩产508千克。“两中心”基本建成，在优质稻米加工中心方面，分别建成年产5万吨和2万吨两个优质稻米加工厂；在水稻机械化服务中心方面，分别建成水稻生产全程机械化社会化服务基地和粮食全程机械化社会化服务中心。“一平台”扎实推进。至年底完成现代粮食产业科技公共服务平台建设项目。项目实施以来，开展机收、机耕、机插、稻谷烘干等粮食生产机械化社会化服务，先后烘干稻谷13500多吨，收割水稻3000多公顷，机耕整地3000多公顷，机插秧3000多公顷，带动粮食现代化生产水平的提升。二是着力推进“五位一体”示范基地建设。省级现代农业“五位一体”示范基地项目由海丰县中荣农业专业合作社承担，建设地点在可塘镇郭厝寨村，该项目总投资442万元，其中省财政补贴资金400万元、自筹资金42万元。项目已建设3亩加强型温室大棚，27亩经济型温室大棚，配套安装灌溉系统、滴灌设施和注肥泵组、全数字高清视频监控系统等，并投入使用，初步发挥示范作用。三是着力培育农业新业态。2017年，海丰县被确定为全省一二三产业融合发展5个示范县之一，通过突出发展加工农业、休闲农业，初步形成北部片区的茶叶生产加工、东部片区的悠闲观光农业、南部片区的优质稻生产示范等三大新型农业组团。三大组团各具特色，尤其是东北部以陆港、海亮、冠龙、崴元佳、台农庄等一批龙头企业为代表，沿省道S335线平东路段分布，初步形成“十里悠闲农业观光长廊”。

（吴国平）

附：2017年海丰县农业局领导名录

局　长：黄信乐（1月起任）
副局长：周奋羽　吴忠生
　　　　赵丽娟（任至6月）
　　　　叶俊延（7月起任）

林　业

【概况】 2017年，县林业局认真贯彻执行上级林业工作部署，继续推进新一轮绿化大行动，全面加强森林资源保护管理和林业发展保障工作，确保全县森林资源总量和质量稳步增长和提升。至年底，全县共有林业用地面积98258.62公顷，占辖区面积57.18%，森林覆盖率58.3%。海丰县在全省森林资源保护和发展目标责任制考核成绩突出，获得广东省人民政府通报表扬。

【机构人员】 县林业局是县政府组成部门（正科级建制），主管全县林业工作。内设人秘股、营林股、林政股、财会股、调处股5个正股级机构，机关行政编制15名、行政执法编制2名，其中局长1名、副局长3名、正副股级领导职数6名，后勤服务人员2名。属下副科级行政单位1个，政法专项编制16名；属下副科级事业单位1个，事业编制6名；属下正股级事业单位19个，事业编制80名。下辖县林科所、县林业圆墩管理处、县木材公司等3个独立核算副科级单位。至年底，全县林业系统共有干部职工399名，其中在职人员239名，离退休人员160名。

【绿化建设】 2017年，海丰县实施绿化工程建设项目6个。①乡村绿化美化示范点工程项目，总投资220.1693万元，建设54个乡村绿化美化示范点，其中省级示范点3个（分别是联安镇望斗坑村、公平镇黄二村、大湖镇南畔村）。②森林公园绿化建设项目，总投资191.69万元，新增建设2个镇级森林公园（分别是：海城镇莲花大东门森林公园，建设经营面积693公顷；可塘镇麒麟山森林公园，建设经营面积176公顷）。③省道S241线可塘镇区北门路段和省道S335线平东段景观绿化工程，总投资392.7921万元，绿化总里程15.917公里；公平路（三期）和县城主要路道补植工程，总投资307.5023万元，建设总里程26.255公里。④森林补种补植绿化工程，总投资295.8096万元，建设面积333.33公顷。⑤复绿工程项目，其中墓区复绿工程有2项，分别是2016年海城镇青年水库山猪窝墓区复绿工程，总投资43.8万元，建设面积39.73公顷；海城镇莲花山召贡墓区复绿工程，总投资29万元，建设面积26.27公顷。此外2017年东沃山石口复绿工程，总投资20.03万元，建设规模8公顷。⑥县城建城区街道公共场所补绿工程项目，总投资118.38万元，主要对县城广富路、西苑花坛、县城东苑花坛、龙津河畔、彭湃故居广场等公共场所进行绿化补植（其中完成县城广富路补植里程1.7千米，西苑花坛补植5600平方米；县城东苑花坛绿化补植7630平方米；龙津河南段两侧补植里程1.35千米，彭湃故居广场补植16000平方米，龙津西二路中段休息廊亭补植4600平方米）。通过实施各项绿化工程建设，切实改善城乡人居环境，构建绿色城市体系，打造优美宜居的生态家园。做好造林苗木培育工作。2017年，全县共有育苗点8个，育苗面积40公顷，出产有“三证一签”的合格苗木760万株（其中：大叶相思330万株、台湾相思160万株、荷木30万株、红椎50万株、樟树70万株、火力楠25万株、山杜英95万株），并通过县级自查和省级苗木抽查检验，充分保障海丰县造林绿化的苗木需求。

【生态建设】 2017年，海丰县实施林业重点生态工程建设项目7个。包括：①2016年中央预算内投资项目：总投资1750.13万元，完成人工造林1000公顷，封山育林2000公顷。②2017年森林碳汇重点生态工程造林项目：总投资1746.376万元，完成造林1146.67公顷，封山育林60公顷。③2017年生态景观林带建设项目：总投资787.705万元，完成建设69.6千米，面积278.4公顷（其中：潮莞高速海丰段新建项目21.3千米，面积85.2公顷；厦深铁路海丰段完善提升部分里程48.3千米，面积193.2公顷）。④海丰县生物防火林带网格化示范基地范围内林分改造项目：总投资173.95万元，完成建设133.33公顷。⑤2016年中央森林抚育补贴项目（第二批），总投资466.22万元，森林抚育2000公顷。⑥2016年省级森林碳汇林抚育项目，总投资936.54万元，落实碳汇林抚育4011.07公顷。⑦地方财政暨社会投资营造林、抚育项目，其中地方财政暨社会投资营造林3732.67公顷（人工造林2592.67公顷，封山育林1140公顷），地方财政暨社会投资森林抚育2006.67公顷。

【森林病虫害防治和生态公益林建设】 落实林业有害生物防治。2017年全县林业有害生物发生面积1891.2公顷，林业有害生物成灾率为0；落实总防治面积为1797.33公顷，防治率为95%。落实无公害防治面积1633.33公顷，无公害防治率为91%。2017年度全县生态公益林总面积达37343.2公顷，已向县财政局申请拨付补偿生态公益林效益补偿资金总额1391.41万元。

【义务植树】 认真贯彻实施《广东省全民义务植树条例》，精心做好义务植树活动方案。3月10日，由县四套班子领导带头，组织县直机关各单位、武警官兵、公安干警、青年学生1000多人在公平路将军山高速公路出口周边开展全民义务植树活动，种下樟树、秋枫、荷香、大叶相思、红花羊蹄角、桃花心木等树苗2500株。各镇场也结合实际开展形式多样的义务植树活动，掀起全民义务植树、保护生态热潮。县城义务植树点及各镇（场）组织共计1.6万人参加，全年义务植树120万株。

【森林防火】 ①落实责任，营造宣传氛围。县林业局认真贯彻执行国家《森林防火条例》和《广东省森林防火条例》，压实森林防火责任制，健全森林资源安全防护网络。县林业局与县委宣传部制定《海丰县2017年森林防火宣传方案》，在清明节期间开展“人人当好护林员，保护绿色大家园”的护林防火主题活动，全县印制《禁火令》16万份，制作森林防火宣传读本3万本，巡逻执勤红袖章4000个，大横幅标语680条，小红旗5000支，印刷《广东省森林防火条例》手册5000本，利用广播、电视、报纸、微信等媒体及印发森林防火宣传资料等形式，广泛深入持久开展森林防火宣传教育活动。②加强和完善森林消防队伍建设。县专业森林消防队由原来50人增至60人，县级半专业森林消防队由原来4支90人增至5支120人，并全部配套基本扑火装备。全县16个镇都组建20~30人的镇级半专业扑火队伍，部分林地面积较大的村委还成立10~15人的临时扑火队伍，并配套一定数量的扑火机具。县政府投入资金近40万多元维修并购置消防水泵3台、风力灭火机44部和对讲机64部。组织维修风力灭火机、高压消防车等一批森林防火装备。组织多场次的森林火灾预防与扑救技能培训，开展火灾隐患大排查，发现并落实整改森林火灾隐患12处，整改率达100%。③加强科技防火治火能力建设。建设海丰县森林防火指挥中心信息系统，该系统在全县各个山区安装26个监控摄像点，于2017年清明节投入使用，对全县重要林区实现有效监控。此外投入300多万元实施森林资源管理和巡山护林智能视频监控系统项目，在全县林区主要路口安装30个视频语音监控设备，预计该项目于2018年正式运行。④从严打击违法违规用火行为。森林防火期间共办理各类火灾案件27宗：其中刑事案件5宗，刑事拘留5人，网上追逃1人；治安案件18宗（其中12宗为各地方派出所办理），治安拘留18人；行政案件4宗，行政处罚4人，有效震慑违法违规用火行为，确保全县森林防火工作呈现良好发展态势。

【林政管理】 2017年，海丰县继续深化依法治林，不断加强对森林资源的管理。一是强化林地保护管理。继续实施《海丰县林地保护利用规划（2010—2020年）》，主动服务全县经济社会发展大局，积极配合做好重点项目建设用地上报工作，共审核上报征占用林地项目10宗〔分别是海丰县（深汕特别合作区）2016年度第一批次城镇建设用地项目、海丰县（深汕特别合作区）2016年度第二批次城镇建设用地项目、海丰县葫芦山公墓山二期、海丰县（深汕特别合作区）2016年度第三批次城镇建设用地项目、新建广州（新塘）至汕尾铁路先期开工段（海丰县）、汕尾市创绿有机肥建设项目、海丰县可塘镇公益性公墓山建设项目（二期）、新型墙体材料、机制环保砖生产项目、汕尾220千伏鲘门输变电工程、海丰县2015年度第二批次用地项目〕，涉及面积83.11公顷，上缴森林植被恢复费1855.923万元，林地审核率100%。二是加强森林采伐管理。严格执行森林限额采伐管理制度，全年无偿为林农编制森林采伐设计文本15宗次，办理林木采伐许可14宗，采伐面积349.68公顷、采伐蓄积量19805.6立方米、林木出材量13977.2立方米。三是加强林权争议调处和群众信访工作。利用《广东省林木林地权属争议调解处理条例》颁布的契机，对各镇、场存在的山林权属纠纷案件进行统计建档，并组织各镇、各村委村干部学习领会《广东省林木林地权属争议调解处理条例》，提高其对涉林争议调解的理论知识水平。全年全县共调解处理办结山林权属纠纷案件10宗，年度山林权属纠纷调处率达到50%。及时办理回复群众来信来访和上级交办信访案件26件，信访办结率达74.2%，没有出现集体越级上访的现象，有效维护林区、农村的和谐稳定。

【行政执法】 海丰县坚持依法治林，严格执法，严厉打击破坏森林资源违法犯罪行为。2017年，按省、市关于印发《严厉打击网络涉野生动物违法犯罪专项联合行动实施方案》通知要求，3月份起在全县范围内组织开展代号为“森网2017”的严厉打击网络涉野生动物违法犯罪专项联合行动，行动期间没有发现利用互联网从事非法出售、购买、运输国家重点保护野生动物及其制品等的违法行为。在全县范围内组织开展打击破坏林地资源违法犯罪专项联合行动，全年共查处各类涉林案件52宗，刑事拘留5人，追逃1人；治安拘留6人；处理违法人员41人次，查处率100 %，有效地震慑涉林违法犯罪行为，保障海丰县森林和野生动物资源安全。

【重点林场】 2017年，海丰县重点林场有两个：圆墩林场和西坑林场。

圆墩林场　圆墩林场位于海丰县西部地区，深汕特别合作区的中部，东与赤石镇毗邻，西与鹅埠镇接壤，场部设在国道G324县242千米处，圆墩大桥西侧。林场总面积14平方千米，其中林地面积12平方千米，下设3个林业工区、2个集体企业，有干部职工108人。至2017年底，林场生态公益林面积达667.7公顷，占林地面积56.4%，森林储蓄量达53721立方米，森林覆盖率达83.3%。林场所属的三角山被列为县级森林公园；明崇祯年间修建的“云台禅寺”，历史悠久；著名的海丰八景之一“凤河晚渡”（凤河义渡）位于林场场部东侧，生态环境优越，自然景观类型丰富。2017年，林场以“强学习、抓管理、保民生、促发展”工作思路，实施以生态建设为主的林业发展战略，加强队伍管理，维护林区稳定。

西坑林场　西坑林场辖区面积30.5平方千米，属事业单位。林场共有干部职工146人，其中在职人员40人、退休人员106人。林业用地2359公顷，森林蓄积量5万立方米，其中生态公益林面积438.07公顷，占18.5%；商品林面积1920.93公顷，占81.5%，森林覆盖率70%。生物多样性丰富，保存有野生高等植物壳斗科青冈属的小叶青冈栎种，其中国家重点保护植物有樟、沉香、桫椤科等，珍稀濒危保护植物有小叶青冈栎等；国家重点保护动物有蟒蛇、五爪金龙、穿山甲、大壁虎、苍鹰、小鸦鹃等。2017年11月，为贯彻落实好上级相关部门关于做好秋冬森林防火的部署和要求，加强林场森林防火的管理，有效预防和杜绝森林火灾，投入20万元对防火设备进行更新，维护各村防火路并加大宣传投入。

【国有林场改革】 2017年，县林业局牵头海丰县圆墩林场、西坑林场修订林场改革方案并予以上报。2017年年初，海丰县出台《关于印发海丰县圆墩林场机构编制方案的通知》（海机编〔2017〕37号）和《关于印发海丰县坑林场机构编制方案的通知》（海机编〔2017〕42号）。12月20日，县政府印发《海丰县圆墩林场改革实施方案》和《海丰县西坑林场改革实施方案》，并呈报省林业厅和市人民政府、市林业局。林场改革的各项工作仍在有序推进中，林区社会秩序稳定，没有发生因损害职工合法权益而引发上访的情况。

（苏宇欣）

附：2017年海丰县林业局领导名录

局　长：黎方极

副局长：刘世革　庄伟斌　陈文卫

畜牧业

【简述】 2017年，海丰县畜牧兽医局认真贯彻落实《中华人民共和国动物防疫法》《中华人民共和国畜牧法》等相关法律法规，积极推动畜牧养殖业转型升级，认真组织开展重大动物疫病防控和畜产品质量安全监管，重点整治兽药、饲料及饲料添加剂等农业投入品市场，逐步规范畜禽养殖、动物及动物产品检疫，实现全县畜牧业健康稳定发展，公共卫生安全和肉食安全得到有效保障。

【机构人员】 县畜牧兽医局有4个内设机构：人秘股、法规股、畜牧股、兽医股；局核定编制16名，其中局长1名，副局长2名，总畜牧兽医师1名；正副股级领导职数6名。2017年新招录公务员1名，实有人员共13名。属下事业单位：海丰县动物卫生监督所核定事业单位编制7名；海丰县动物疫病预防控制中心核定事业编制7名；海丰县畜牧技术推广站核定事业编制8名；属下16个乡镇畜牧兽医站加挂动物卫生监督站牌子，共核定编制85名。

【畜牧业生产】 2017年，全县生猪存栏23万头，比2016年同期减少6%，生猪出栏45万头，比2016年同期减少2.2%；牛存栏1.25万头，与2016年持平，牛出栏1万头，同比增加2%；家禽存栏165万只，与2016年持平，家禽出栏490万只，同比增长2%，全县肉类总产量4.8万吨，与2016年持平。畜禽产量减少的主要原因，是落实中央环保督查反馈意见整改措施，对各地禁养区畜禽养殖场进行全面清理、关闭。2017年，海丰县实施省级草食动物示范基地建设项目1个（海丰县中澳绿源种养专业合作社），总投资326.7万元，申报专项补助资金200万元。

【重大动物疫病防控】 2017年，根据海丰县动物疫病防控实际情况，县政府成立防制重大动物疫病工作领导小组，科学制定《海丰县突发动物疫情应急预案》，明确防疫责任，落实春、秋两季集中强制免疫和日常补免相结合的免疫制度，强化各项防疫措施，全年未发生重大动物疫情。据统计，县畜牧兽医局全年共调进牲畜口蹄疫疫苗100万毫升、禽流感灭活疫苗462.5万毫升；全县畜禽防疫注射口蹄疫强制免疫49.46万多头份，其中猪口蹄疫约47.48万头份、牛口蹄疫约1.72万头份；羊口蹄疫约2550头份；鸡新城疫注射65.59万只份；禽流感注射251.86万多只份；所有畜禽都做到应免尽免，免疫密度达到100%。为更好地掌握海丰县动物疫病免疫抗体水平，切实反映防疫工作成效，县畜牧兽医局科学制定监测方案，加强免疫监测，以监测促免疫。据统计，全年累计出动600多人次，共抽检近60个家禽养殖（批发）场，800份鸡血清，400份鸡拭子，600份鸭血清，300份鸭拭子，150份鹅血清，150份鹅拭子，500份猪血清，120份牛血清，20份猪肝，送省、市实验室进行检测，结果全部合格。

为积极做好防范H7N9流感工作，落实《广东省家禽经营管理办法》，海丰县定期或不定期组织工作人员对辖区内的禽类养殖场（户）、加工企业和禽鸟交易市场进行全面排查，认真组织开展疫情监测和流行病学调查工作，加强市场巡查和监管，从源头上加强防控。全年累计发放8.09吨消毒药到各基层站，组织县动物卫生监督所、动物疫病预防控制中心及各镇畜牧兽医站、村级防疫员在全县开展“动物防疫消毒灭原”工作。

【畜产品安全监管】 加强兽药、饲料和饲料添加剂生产、经营企业的监管，组织开展农资打假专项治理行动，严厉打击兽药、饲料及饲料添加剂等投入品制假、售假等违法违规行为。据统计，海丰县2017年有兽药经营企业21家，县畜牧兽医局全年出动执法人员60多人次，检查兽药经营企业21家，对不规范经营兽药的12家企业责令限期整改，立案查处兽药1宗，罚款36047元，收缴过期兽药一批。2017年，海丰县加大对养殖场等兽药使用企业的巡查监管力度。全年累计出动执法人员100多人次，检查规模化养猪场80多家，发放《规范使用兽药告知书》和《兽用抗菌药使用常识100问》等160多份，发放规范兽药产品标签和说明书、实施兽药产品二维码告知书各50多份，对不规范使用兽药的15家养猪场限期整改。

2017年，县畜牧兽医局全面开展产地检疫和屠宰检疫，建立动物免疫标识可追溯体系，实现动物及动物产品从养殖环节到市场全程监管。全县的生猪屠宰检疫率、持证率、标识回收率、无害化处理率均达到100%。据统计，2017年海丰县生猪屠宰检疫21.03万头，产地检疫数19.01万头，检出病畜数826头，检出病害肉5.24万公斤。全县全年生猪规模化养殖场病死猪无害化处理约2万头。对生猪生产重点地区开展违禁药品拉网式检测，对重点时节的外销生猪生产情况进行跟踪调查，把养殖环节使用违禁药品的态势打压下去。加强抽检力度，规范抽检行为，严厉追查违法企业及个人。县动监所坚持每月对全县屠宰场、养殖场的猪只进行瘦肉精和莱克多巴胺等检测，全年共检测样品720份，检测结果全部阴性。基层兽医站的检疫人员对进场的生猪采用进场猪只抽检方式，共抽检8700多头份。

【生猪屠宰和肉食市场行政执法】 2017年，全县开展媒体宣传100次，发放宣传材料13220份，举办培训班16次，培训各类型人员1189次；立案166宗，涉案肉品18982公斤，案值33.96万元，共处罚没款36.8万元，其中曝光违法案件36宗，移送案件17宗，追究刑事责任5人；捣毁私屠滥宰窝点数量43个。

【推动生猪及家禽政策性保险试点工作】 2017年，县畜牧兽医局加强对政策性家禽及生猪养殖保险试点工作的领导和指导，宣传引导养殖企业（养殖户）参保，落实财政配套补贴资金，加强理赔监管服务。全年共推动3家规范养殖场投保政策性能繁母猪保险3443头，生猪保险43000头，提高养殖企业的抗风险能力，促进养殖场规范化经营管理，促进养殖业健康发展、农产品供给稳定、农民持续增收。

（吴丹娜）

附：2017年海丰县畜牧兽医局领导名录

局　长：罗鸿雁（7月起任）

副局长：余东林　戴群芳

农机管理

【简述】 2017年，海丰县积极实施农机购置补贴等强农惠农政策，切实落实农机深松整地作业补助政策，推进基层农机推广体系改革与建设，以水稻生产全程机械化示范项目为基础，努力创建农业机械化示范县，加大农机安全监督管理和培训工作，促进农机化事业健康快速发展。至年底，全县农机总动力达到40.68万千瓦，农机装备数量稳步增长，拖拉机拥有量达到5210台，其中：大中型拖拉机274台，小型拖拉机4936台，联合收割机862台，水稻插秧机188台，谷物烘干机85台，水产增氧机5629台；全县农作物机耕面积56292公顷，其中：水稻机耕面积30150公顷，机耕率达99.47%；水稻机插面积5904公顷，机插率达19.48%；水稻机收面积30131公顷，机收率达99.41%。全县农业机械化综合水平达到57.42%。农机社会化服务能力逐步提高，农业机械化技术得到广泛应用，实现海丰县农业机械化又好又快发展。

【机构人员】 根据县编委文件《关于印发海丰县农机管理总站机构编制方案的通知》（海编[2012]56号），县农机管理总站内设人秘股、机务管理股、财会股；有2个下属机构：县农机安全监理站、县农机化技术推广服务站；有事业编制28名，其中站长1名、副站长2名；股级干部8名。

【落实强农惠农政策】 2017年，县农机管理总站继续执行《广东省2015年-2017年中央财政农机购置补贴实施方案》按照农业部“缩范围、控定额、促敞开”的工作思路。县农机管理总站积极应对补贴政策的新形势、新变化，及时调整思路，创新工作机制，整个实施过程阳光透明，平稳有序，遵循公开、公正、公平原则。根据省农机购置补贴政策实施方案要求，制订农机购置补贴办理程序，及时公开、公示补贴相关信息。全年受理农机购置补贴专项资金200万元，扣除用于农机深松整地作业补贴8万元，受理并录入农机购置补贴的资金192.012万元，共200.012万元，拉动农民直接投资近500万元。全年共补贴动力机械、耕整地机械、排灌机械、收获机械、谷物烘干机、大型碾米机、收获后处理机械、田间管理、种植施肥、畜牧水产养殖等11大类32小类80个品目474台农机具，共115户农民受益。通过农机购置补贴政策，提升装备能力，调优装备结构，薄弱环节农业机械明显增加，尤其是水稻插秧机、谷物烘干机、大型碾米机大幅度增长，成为2017年海丰县农机发展新亮点，大中型农机具配套比明显增强，在农业生产中发挥积极作用；全年完成深松整地作业133.33公顷。深松整地作业实行作业定额补贴，补贴标准为40元/亩，共使用补贴资金8万元。全县农机装备数量稳步增长，农业机械大量服务于农业，提高农业产量，为建设社会主义新农村做出重要贡献。

2017年8月8日，汕尾市农业局副局长刘石兰（左二）参加在附城镇道山村举办的水稻机械穴直播暨机械插秧演示会

【推广先进农机技术】 县农机总站以水稻生产机械化示范项目为建设平台，重点突破水稻生产全程机械化薄弱环节。2017年进一步加强推进水稻机插秧示范县建设工作，成立领导机构，负责项目的组织领导和相关部门的协调，落实项目所需物资和资金，建立工作责任制，确保项目顺利实施。机插秧技术的优势在于大面积连片机插，县农机管理总站积极组织机插秧专业合作社和种田大户座谈，大力发展机插秧，引领并掀起利用机插秧技术高潮。海丰县长威农机专业合作社、惠强农机专业合作社、盛民种养专业合作社等农机专业合作社率先在海丰地区拉开大面积机插的序幕，为技术大面积推广发挥重要作用。至2017年底，全县水稻种植面积30150公顷，机插秧面积5904公顷，新增机插秧面积384.33多公顷；插秧机保有量147台，新增插秧机29台。海丰县的水稻育插秧机械化工作取得明显成效。

【加强农机安全监管】 2017年，县农机管理总站认真贯彻落实《中华人民共和国道路交通安全法》《中华人民共和国农业机械促进法》、国务院《农业机械安全监督管理条例》和《广东省农业机械管理条例》等法律法规，全面推进农机监理队伍建设，提高农机安全生产监管水平，预防和减少农机事故发生。一是加强农机安全生产宣传教育工作，采取举办农机安全生产知识讲座，深入乡村田间场院，派发安全生产小册子和宣传单，通过电视、报纸宣传等多种形式开展农机安全宣传教育，增强广大农民群众的自我保护和防范意识。二是根据省市农业局、公安局印发的《关于2017年变型拖拉机道路安全联合专项整治行动方案》要求，结合海丰县道路交通安全形势实际情况，联合县公安局交警大队、县安监局，上路对变型拖拉机无牌无证行驶，

2017年1月19日，海丰县农机管理总站举办农机安全生产知识讲座

未按规定参加年度安全技术检验，非法改装拼装、安全灯光装置、未依法粘贴反光标识、违法载人、超载滥载、拖拉机驾驶人无证驾驶、使用假牌假证等违法行为进行查处，有效整治拖拉机违法行为。三是切实提高农机“三率”水平，以创建“平安农机”作为工作重点，抓好隐患排查和整治、安全宣传教育等工作措施的落实。全年累计受理各类农业机械入户注册登记68户，其中：中型拖拉机入户注册登记19户、联合收割机入户注册登记49户，与农机手签订农机安全生产责任书60份，检查各类农业机械约86台次，纠正违章约40起，排查一般事故隐患约30项，已整改30项，出动执法检查人员约130人次，开展安全宣传检查约22次。

【农机培训和农机服务】 2017年，县农机管理总站切实加强农机培训，组织开展技术培训服务。为提高农民对机插秧技术的认识，加快该技术的推广普及步伐，还组织技术人员深入镇、村以现场会的形式进行宣传培训；8月，县农机管理总站在附城镇道山村举行水稻机械穴直播暨机械插秧演示会，水稻插秧、穴直播播种现场演示，反应热烈，效果良好。同时分期举办插秧机操作手培训学习，邀请插秧机生产企业、经销商技术人员进行理论和操作技术培训。分层次、分阶段、多渠道开展教育培训，选调10名责任心强、业务过硬的人员为指导员，组成“基层农机推广体系改革与建设”技术服务工作组，开展科技进万家活动。每位指导员负责指导10名科技示范户（共100户）、大耕户、专业合作社正确使用各类农具。全年共举办水稻育插秧技术培训班和农机维修、操作人员培训班、深松整地作业培训班6期，参加人员220人/次；大户、农机专业服务组织等新型服务组织，农机化服务农业生产的能力和服务农民增收水平进一步提高，发挥龙头带动作用，规范和引导农村社会化服务组织健康发展，加快农机服务市场化、产业化、专业化进程。

（陈小真）

附：2017 年海丰县农机管理总站领导名录

站　长：洪照荣

副站长：吴小川　陈小龙

海洋与渔业

【简述】 2017年，海丰县海洋与渔业局以建设“海洋强县”为目标，克服困难，扎实工作，以推动海洋与渔业经济发展为抓手，全面深化海洋与渔业领域改革，狠抓工作落实，较好地完成县委、县政府和市海洋与渔业局的各项工作任务。据统计，全县（不含西部四镇）水产品总产量11.00万吨，总产值12.25 亿元。其中，海洋捕捞产量0.48万吨，海水养殖产量7.49万吨，淡水捕捞产量0.23万吨，淡水养殖产量2.80万吨。全县海淡水养殖面积8248.4公顷，其中海水养殖面积4886公顷，淡水养殖面积3362.4公顷。

【机构人员】 县海洋与渔业局内设5个职能股（人秘股、计财股、海域资源环境管理股、海洋捕捞股、养殖股）和1个渔政大队（广东省渔政总队海丰大队）。属下有4个正股级公益一类事业单位：海丰县海洋与渔业技术推广站、海丰县水生动物防疫检疫站、海丰县赤坑水产技术推广站、海丰县小漠水产技术推广站。至2017年底，海洋与渔业局有在编人员36人，其中海洋与渔业局14人，海丰渔政大队15人，海丰县海洋与渔业技术推广站6人，赤坑水产技术推广站1人。

【海洋捕捞】 2017年，县海洋与渔业局对海洋捕捞渔船到期渔业捕捞许可证进行换发，共换发到期渔业捕捞许可证827本，并做好渔船的档案管理，逐步规范海丰县渔船捕捞管理工作。加强宣传，组织有条件的渔船申报渔船更新改造。至年底，已有4艘渔船（共815千瓦）申报“先建后拆”，计划更新改造为2艘钢质渔船。同时，做好老旧渔船的报废及改造工作。

【海水、淡水养殖】 海丰县水产养殖业不断创新养殖模式、加大新品种的引进及科技服务力度，保证全县水产养殖又好又快地发展。2017年，全县（不含西部四镇）水产养殖面积8248.4公顷，全年水产品产量11.00万吨，产值8.85亿元。其中海水养殖面积4886公顷，淡水养殖面积3362.4公顷。

【加强水产品质量安全管理】 2017年，为贯彻落实广东省水产品质量安全监管工作，加强海丰县水产品质量安全监管，保障水产品质量安全，县海洋与渔业局制定《2017年海丰县水产品质量安全（三鱼两药）专项整治行动工作方案》。同时，成立由主要领导为组长，各相关股、大队为成员的海丰县水产品质量安全专项整治小组。重点监管对象主要包括规模化养殖场、无公害生产基地、水产养殖专业合作社等生产单位。多次深入大湖、赤坑、鲘门等重点整治区域开展专项整治执法行动。全年共出动执法车辆60辆次，出动检查人员180人次，检查生产单位102场次。检查对象主要包括规模化养殖场，大型农贸市场、水产品批发市场等生产单位；全年度共抽检样品156个。

【实施科技兴渔战略】 为实施科技兴渔战略，培养在水产养殖方面具备基本知识、基本技能以及渔业管理与经营能力的行业人才，县海洋与渔业局严格按照《引进人才“百人计划”工程实施项目》的相关文件精神和《海丰县海洋渔业人才培养项目计划书》，认真实施渔业人才项目。2017年，共举办大型渔业科技专题培训班2场，小型座谈会10期，培训人数1000多人次，印发各类健康养殖技术资料、水产品质量安全资料4000多份。

【推进依法治渔（海）】 2017年，县海洋与渔业局积极开展安全生产检查，先后集中力量开展岁末年初、清明期间和“五一”、国庆等重大节日的专项检查，同时加强常态化制度化检查并认真做好台账登记。全年共出动执法艇43航次、执法车126车次，执法人员和村干部805人次，检查渔船2086艘次，检查出安全隐患渔船139艘，主要是消防设备过期和职务船员配备不齐及船名牌标示不规范等，对存在安全隐患责令改正。

【伏季休渔管理】 2017年，南海伏季休渔从5月1日中午12时开始至8月15日中午12时结束，全县休渔船舶944艘，确保所有休渔船舶都在规定时间内有序分别停泊在鲘门、小漠、西闸、三江妈、马宫、汕尾等港口和停泊区，100%进入休渔状态。为切实有效做好伏季休渔管理，县海洋与渔业局组织渔政大队加强巡查监管，打击违规行为，确保休渔船舶安全。

（施胜坚）

附：2017年海丰县海洋与渔业局领导名录

局　长：唐务舜

副局长：罗火贵（1月起任）

广东海丰鸟类省级自然保护区

【概况】 广东海丰鸟类省级自然保护区于1998年经广东省人民政府批准建立，主要保护对象为鸟类及其栖息地。保护区位于广东省海丰县境内，由同属黄江河流域的公平区、大湖区和东关联安围区组成，总面积11590.5公顷，其中公平区位于黄江河上游，而大湖和东关联安围位于中国南海的北部滨海地带，是黄江河仅有的2个入海口所在地，3块湿地在湿地类型上和水鸟资源的分布上具有互补性，共同构成同一流域内复杂多样的滨海湿地，是亚太地区南中国海鸟类和湿地类型自然保护区网络的重要组成部分。保护区广阔的沿海湿地和丰富的淡水湿地，成为亚太地区南中国海迁徙水鸟的重要通道和国际濒危水禽重要的庇护栖息场所。每年冬季至少有4万只以上的候鸟在此越冬，2017年记录种类达到247种。其中，国家Ⅰ级重点保护鸟类1种，国家Ⅱ级重点保护鸟类37种，CITES附录I保护鸟类4种，CITES附录II保护鸟类29种；IUCN的8种，列入《中日候鸟保护协定》107种、《中澳候鸟保护协定》47种、《中美候鸟保护协定》49种。有水鸟110种，黑脸琵鹭数量达152只，约占全球数量的3.85%；卷羽鹈鹕24只，约占全球数量的3%；凤头鸊鷉300多只，约占全球数量的1.5%。2005年海丰县被中国野生动物保护协会授予“中国水鸟之乡”称号。

【机构人员】 保护区管理机构为广东海丰鸟类省级自然保护区管理处，副处级事业单位，下设公平、大湖、东沃管理站，内设综合科、保护管理科、科研宣教科，人员编制12人，2017年实有人数6人，另外聘请护鸟员13人。

【考察报告和总体规划编制工作】 由于《广东海丰鸟类自然保护区总体规划》和《广东海丰鸟类自然保护区综合考察报告》均已到期，为更好了解掌握保护区资源概况，海丰鸟类省级自然保护区管理处及时开展综合考察报告和总体规划的编制工作。至2017年底，有关实施方案仍在审批中。

【保护区勘界和矢量化建设】 2017年，根据中央环境保护督察整改工作要求，海丰鸟类省级自然保护区管理处认真开展自然保护区勘界和矢量化建设工作，依法确认保护区范围和功能区划。保护区管理处将自然保护区积极向海丰县人民政府汇报，申请经费，并委托广州市立平测绘工程有限公司进行相关工作，确保保护区勘界和矢量化建设工作顺利完成。截至2017年底，保护区勘界和矢量化建设工作仍在有序进行中。

【配合开展国际重要湿地生态监测工作】 2017年10月17~18日，国家林业局中南林业调查规划设计院领导和专家对海丰国际重要湿地开展湿地生态监测工作，进行生态状况评价。通过召开座谈会、野外考察等形式给予评分，最终评价分数为97分。领导和专家对海丰湿地保护工作给予充分肯定，同时针对保护区实际存在的问题和未来发展提出建设性意见。

【保护区功能区调整】 2017年，为确保保护区的建设和管理步入科学、规范、全面系统的可持续发展轨道，保护鸟类生态系统，并协调好保护区与周边社区经济发展的关系，支持地方经济发展需要，在广州至汕尾专线工程的推动下，广州铁路（集团）公司经过环境影响评估、实地勘察和调研后提供调整方案，并得到广东省林业厅批准。同时，成立以海丰县政府领导为组长的海丰鸟类省级自然保护区功能区调整工作领导小组，全面高效推进保护区范围和功能区调整工作。至2017年底，保护区调整工作已顺利完成。

【保护区违法违规问题整改】 2017年，根据国家环保督查、省政府办公厅督查立项以及省级自然保护区“绿盾2017”专项行动精神，保护区管理处积极开展实地核查和整改工作，建立和完善违法违规问题管理台账，实行统一编号管理，逐一登记建账，做到基本情况、办理情况、查处结果等重要信息“一账清”。至2017年底，省政府办公厅督查立项问题已整改完成。此外，保护区管理处认真做好禁止开发区生态保护补偿资金项目的收尾工作。该项目资金412万元，主要用于湿地保护项目、湿地生态恢复项目和湿地科普宣教及设施建设项目。管理处严格按照《保护区禁止开发区湿地补偿项目资金使用方案》和《保护区禁止开发区湿地补偿项目投资估算与安排表》实施项目建设内容，至年底该项目内容已基本完成。

【资源监测】 2017年，保护区管理处以“广东省科学院华南濒危动物研究所海丰沿海湿地野外台站”为平台，落实监测人员，积极开展鸟类资源监测、野生动物疫源疫病监测、珍稀鸟类保护与湿地恢复等一系列科研工作。据黑脸琵鹭全球同步调查统计，2017年黑脸琵鹭152只，创历史新高。保护区鸟类物种及数量趋于稳定，鸟类物种数量为247种。

（李艺）

附：2017年广东海丰鸟类省级自然保护区领导名录

主　任：卓辅烈

水利与水务

【简述】 2017年，海丰县水务工作在上级水利部门悉心指导和大力支持下，树立和践行绿水青山就是金山银山的理念，坚决执行县委、县政府的决定和部署，围绕“管好水、治好水、用好水”的工作思路，切实加强三防工作，强力推进水利项目建设，强化水资源管理和水行政执法，完善水利管理体制机制，全面推进河（库）长制工作，进一步推动海丰县水务改革与发展，为促进全县经济社会持续健康发展提供有力水利支撑和保障。2017年，海丰县水利工程建设继续保持大投入、大建设的发展态势，水利建设资金投入以及建设规模进一步加大。据统计，全县全年累计完成水利建设资金投入近1.8亿元（其中完成中央投资10377万元、省级投资2470万元、市县配套5170万元），比增18%。

【机构人员】 县水务局内设职能股室7个：人秘股、计划财务股、建设与管理股、农村水利与水土保持股、水政水资源股、质量安全监督股和农电股；直属机构2个：县防汛防旱防风指挥部办公室、县水库移民工作领导小组办公室；下属事业单位2个：县水政监察大队、县水利建设管理中心。县水务局机关行政编制19名，其中设局长1名、副局长3名（1名兼任三防办主任），正副股级领导职数8名；后勤服务人员编制数3名；县防汛防旱防风指挥部办公室机关使用事业编制2名；县水库移民工作领导小组办公室机关使用事业编制2名；县水政监察大队事业编制数10名；县水利建设管理中心事业编制数4名。2017年，县水务局实有在职工作人员33人，其中局机关26人、水政监察大队7人。

【村村通自来水工程】 海丰县村村通自来水工程于2016年11月前全面开工建设，主要有海城镇、附城镇、城东镇以及黄羌镇、黄羌林场等14宗项目，工程总投资概算7021万元，其中省级投资为5866万元、地方投资为1155万元；建设内容主要是在整合已建成的农村饮水安全工程资源的基础上，对全县14个镇场供水管网进行全面改造，配套改造净水厂和山区集中式供水工程的净水设施。截至2017年底，全县村村通自来水工程已完成90%工程建设任务，预计2018年6月可全面完成建设任务。工程实施后，海丰县将基本建成覆盖全县农村的饮水安全保障体系，实现行政村村村通自来水覆盖率、农村自来水普及率、农村生活饮用水水质合格率均达到90%以上。

【防洪救灾】 2017年，海丰县气象灾害主要特点是先旱后涝，1~5月基本无透雨，开汛偏迟。降雨集中期在6月中旬，局地性强降雨持续时间长，且时空分布不均。全年降雨量仅2171毫米，较2016年同期减少147毫米。全年影响海丰县的热带气旋有苗柏、帕卡、天鸽、洛克、玛娃5个，其中受6月12日登陆的第2号台风“苗柏”及登陆后西南季风爆发影响，该县连续近10天普降暴雨到大暴雨，局部特大暴雨，过程雨量最多为陶河镇录得1022.4毫米，日降雨量最多为鲘门镇录得372毫米。全县各地普遍受灾，据统计，全县受灾人口3.2万人，直接经济损失1.26亿元。针对全年天气异常、不确定因素增多的严峻防汛形势，在县委、县政府的坚强领导下，坚持立足以防为主、防抗结合的原则，早部署，早研判会商，合力应对，全员投入，尽最大努力保护群众的生命财产安全，把灾害损失降到最低程度，未发生人员伤亡，赢得抗洪抢险救灾的胜利。

【三防工作】 针对2017年海丰县开汛偏迟、天气变化异常、不确定因素剧增和防汛形势严峻的实际，坚持立足以防为主、防抗结合的原则，全力抓好三防工作。加大三防物资储备工作力度，加强督促检查，切实解决好三防物资储备不足问题。据统计，全县各地各有关单位累计储备防汛石料6230立方米、砂料4526立方米、编织袋8万多个、防汛冲锋舟7艘、玻璃钢船84条、救生衣1500件，发电机、抽水机等抗旱器材一批。其中，县三防部门新购置纺织袋3万个、土工布2400平方米、探照灯120支以及救生衣、雨衣、雨鞋、救生圈等防汛物资一大批。同时，严格按照上级关于三防标准化建设规范，争取县财政投入200万元，对县三防指挥中心三防标准化能力建设进行提升改造。建成三防会商、三防办专用值班、三防成员联合值守、三防系统操作4个专用工作区；装备三防指挥决策支持、三防视频会商、三防信息接收应急保障、通信与计算机网络4套信息系统。2017年，由于海丰县防汛备汛工作充分，责任到位，措施得力，指挥果断，虽然遭受“苗柏”等台风袭击，但全县未出现城乡内涝严重现象，未发生三防安全事故，未发生人员伤亡，把灾害损失降到最低程度。

【水政监察执法】 2017年，海丰县不断加大水行政执法力度，规范河道采砂管理，以铁的手腕加强涉水违法作为整治工作，严厉依法查处各类水事违法案件。全年共出动执法队伍500多人次、执法车辆150多车次，对公平、青年、红花地水库水源保护区以及黄江河等存在污染隐患的违养、违建以及乱挖、乱排等行为进行严厉查处，配合拆迁有污染源养殖场21个，整改饮服行业12户，拆迁无证温泉5处，拆除黄江两岸的废品回收站、停车场等违章建筑物、构筑物60多处；取缔河道非法采砂点12处、非法碾石场5宗，依法查扣非法采砂船舶8艘、扣押非法采砂作业挖土机3部；下发《责令停止违法行为通知书》42份、《责令限期整改决定书》18份，处理有关部门移交的信访案件和群众来信来访案件23宗。海丰县河道非法采砂的势头得到有效遏制，涉水信访投诉案件大幅度下降。

【实施水库移民后期扶持政策】 2017年，海丰县通过继续采取加强水库移民项目管理、加快项目前期工作进度、加强上下联动等积极措施，进一步扎实实施中央水库移民后期扶持政策。据统计，全年共投入中央补助资金4669万元，其中投入资金2092.68万元实施19个移民村的公共基础设施建设；投入资金2576.32万元实施108个移民村直补到人资金发放；启动全县水库移民后扶人口首次核减工作，按上级要求扎实稳步推进。

【小型农田水利工程】 2017年，海丰县始终坚持把加大基本农田水利设施建设列为水利工作的重中之重，针对该县农田水利薄弱环节及存在问题，重点以推进灌区改造、高效节水灌溉以及小型水库、水闸、江海堤防等除险加固和“五小”微型水利工程建设，进一步夯实基本农田水利设施，通过“蓄、引、提、灌”等有效手段，提高农业综合生产能力，保障粮食生产安全。据统计，全县2017年累计投入面上农田水利建设资金8560万元，其中省级以上4300万元、县镇配套2350万元、群众自筹1980万元。先后实施水利工程维修加固105宗、加高加固堤防60公里，清理疏浚河道180千米，建设防渗渠道195千米；改善有效灌溉面积5333.33公顷、改善旱涝保收面积6666.67公顷，恢复灌溉面积5333.33公顷，新增除涝面积5333.33公顷，新增节水灌溉面积2333.33公顷、改造中低产田6666.67公顷，治理水土流失4平方千米、年节水量120万立方米。

【千里海堤达标加固工程】 海丰县纳入全省千里海堤建设的有东关联安围、大湖南北堤以及小漠海堤3

宗海堤达标加固工程。东关联安围达标加固工程总投资概算15306万元，至2017年底，该工程已基本完成建设任务，正抓紧工程扫尾和验收工作；大湖南北堤达标加固工程总投资概算6863.3万元，已完成投资4500万元，完成总工程量的80%；小漠海堤达标加固工程总投资概算为3103.3万元，已完成投资2200万元，完成总工程量的70%。预计大湖南北堤以及小漠海堤2宗海堤达标加固工程在2018年10月前完成建设任务。

【小型水库除险加固工程】 2017年，海丰县继续加大小型水库除险加固项目建设和管理工作，全年完成赤坑镇下兰、六九、丰内以及海城镇百目洋等4宗一般小II型病险水库除险加固工程的验收，确保已完成除险建设任务的小型水库发挥效益。同时，将鹅埠镇嘉田、陶河镇凤地2宗小型水库列入2018年除险加固建设计划，该除险加固工程投资概算1048.96万元，至2017年底已完成测量、钻探和初步设计等前期工作。

【水资源管理】 2017，海丰县始终坚持依法依规，严格依法治水管水，切实加强水资源的统一规划和管理，合理开发利用，切实做好水资源保护，严格水行政执法，进一步落实最严格水资源管理制度。严格执行水资源论证、取水许可办证、装表计量收费制度，全年共完成44家取用水单位（户）取水审核，其中小水电站18家、自来水站6家、其他工矿企业20家，核定年取水量共14759.8万立方米。据统计，全年全县共征收水资源费550万元，比2016年同期增收88万元，比增19%。按照海丰县《执行最严格水资源管理制度的实施方案》，逐步加强全县水功能区监督管理，在公平、青年、红花地、赤沙水库、黄江赤岸桥断面5个水质监测点的基础上，增加大液河、黄山洞水库、渔仔潭水库、茫婆坑水库、三角山水库、南门下库、可北水库、公平干渠、窑陂水库、下径水库、小漠水库、驷马岭水库、石牛山水库13个水质监测点，扩大水功能区饮用水源地的水质监测的覆盖面，进一步完善海丰县水资源水质水量监控系统的建设，形成水量水质监测网站体系。

【海丰县大中型水库概况】

公平水库　公平水库是国家大型水利工程，地处广东省海丰县北部主要河流黄江河上游，是在黄江河中部台地构筑而成，于1959年10月25日动工兴建，1960年2月10日主体工程竣工。公平水库控制着黄江河系的五大支流和36条分支流，集雨面积317平方千米，占黄江河流域面积的41.9%，是一项集防洪、防涝、灌溉、发电、供水于一体综合利用水资源的水利工程。该工程自建成以来，一直担负着下游海丰县海城、城东、附城、可塘、陶河等镇以及汕尾市城区红草镇等地区的防洪、防涝任务，捍卫着人口30万人（不含流动人口），保护耕地2万公顷、国道G324线和深汕高速公路等交通要道的安全。该工程建成运行以来经多次除险加固，2010年1月至2012年底进行新一轮的除险加固建设。

朝面山水库　朝面山水库位于海丰县东北部的黄羌林场境内，离县城约35千米，属黄江河上游的一级支流的朝面山水，也是公平水库库区上游的一座中型水库。集雨面积13.05平方千米。朝面山水库于1976年9月动工兴建，到1978年12月基本完工蓄水。库区枢纽工程由朝面山水库、南方背引水工程两大部分组成，包括：主坝1座，潜孔式溢洪道1座，混凝土输水隧洞1条；另外，南方背引水工程设有截洪坝1座、引水涵1座以及坝后电站和引水电站（上楼电站）各1座。朝面山水库设计正常水位为218米，相应库容1732.3万立方米，是一宗以防洪、发电为主，结合灌溉等综合利用的中型水库，对公平水库滞洪有一定作用（控制公平水库集雨面积的4.12%）。建库以来对稳定和发展边、远、老、贫困山区的经济与社会发展起了巨大的作用，同时捍卫着黄羌镇、黄羌林场、公平镇等1万多人民的生命财产安全。该水库于2009~2011年进行除险加固建设。

朝阳水库　朝阳水库位于海丰县北部山区，属黄江河松林支流上游，控制集雨面积12.85平方千米，坝址地处黄羌林场麻竹管区麻竹村属公平水库范围内，工程原由黄羌镇人民政府管理，1999年划归县属工管单位。库区地势属高丘，植被良好。朝阳水库于1970年12月动工，73年冬完成主坝1条206米，副坝2条共198米，3孔泄洪闸1座和输水压力管2条，泄洪闸设在主坝与副坝中间的小山地，基础较好。1988年兴建1座坝后电站，2台机组320千瓦，设计年发电量70万千瓦时。该水库于2009~2011年进行除险加固建设。

赤沙水库　赤沙水库位于广东省海丰县南部赤坑镇内，距海丰县城25千米，距汕尾市区15千米。该工程于1958年12月23日动工兴建，1960年春竣工蓄水。水库集雨面积23平方千米，水库建成后，是一宗以农田灌溉为主，结合防洪、治涝的中型水利骨干项目。1975年纳入公平水库灌区系统，是公平水库灌区总干渠“瓜串”水库。1989年以向汕尾市供水为主，结合防洪治涝、农田灌溉。现捍卫着下游赤坑、大湖2镇人口6万人口（不含流动人口）生命财产安全，保护耕地1.4万公顷，肩负着下游赤坑镇

0.99万公顷农田灌溉重任，保护汕尾至可塘的公路交通安全。赤沙水库于2013年4月开始进行第4次除险加固建设。2017年完成除险加固工程建设，投资3009万元。

红花地水库　红花地水库位于海丰县北部莲花山境内，距县城约12千米，系拦截吊贡支流莲花山镇与公平镇交界处峡谷筑坝而成。该库于1965年8月兴建，1967年4月竣工；集雨面积36.5平方千米，总库容6464万立方米，河流长度9.45千米，河床比降0.0088，多年平均降雨量2200~2400毫米，库区属高丘山地，植被良好；该工程枢纽除主坝外，有高沙、莲湖和主坝右侧坝仔3条付坝，溢洪道1座设在莲湖付坝左坝肩，2条输水涵管分别建在主坝左侧、高沙付坝右侧。其中高沙原输水涵管因基础不均匀沉塌，中段裂缝多处漏水严重，虽经多次灌浆和处理，还不能确保安全，故在1986年冬在坝右侧山地采用顶管方法重新建涵管，对老涵管进行堵塞封死。为确保水库工程安全，对整个枢纽工程进行全面鉴定，于1997年上报立项加固项目，1998年12月至2002年进行除险加固及环境整治，整个除险加固工程质量基本达到要求。坝后有电站1座，总装机容量3台×400千瓦，年均发电量 350万千瓦时。在电站下游约2千米处设1座拦河闸（陶陂水闸）引水灌溉附城、城东、公平3镇800公顷农田和县城工业居民供水以及龙津河冲污任务；同时捍卫着海紫公路、国道G324线，324线赤岸河交通桥及中、西闸，黄江流域中下游两岸公平、城东、附城、陶河、县城5个镇7333.33公顷农田和220个村庄23万人民的生命财产安全，并对黄江河的滞洪削峰，减轻洪涝灾害发挥一定作用。2016年10月启动水库大坝安全鉴定工作，经鉴定为III类坝。

红阳水库　红阳水库位于梅陇镇西部7千米的红阳村委会的孔子门村后。踞梅联河上游，集雨面积9.2平方千米，库区植被差，有水土流失现象，主坝址为板状砂岩。红阳水库于1974年8月动工，至1976年8月竣工，完成1条主坝和2条副坝，以及1条引水拦坑坝；泄洪闸1座（2—2*2.5米），砼压力输水管1条，设双铸铁孔Φ＝0.6米，设计灌溉面积1333.33多公顷；红阳、黄山洞、平安洞、鱼仔潭和水口陂等四库一陂联成梅陇灌区，工程建成后对梅陇镇及梅陇农场的灌溉和防洪治涝起到一定的作用。1992年建成坝后电站1座，装机1台200千瓦。该水库于2003年至2006年进行除险加固。

黄山洞水库　黄山洞水库位于海丰县西部，距县城20千米左右，坝址处在大液河支流的黄山洞水库的上游，集雨面积17平方千米，植被良好，土壤透水性强，库内北面有黎仔耳大山，高程1033米。该工程于1955年5月动工兴建，由省水利厅设计和施工至1956年4月基本完成了土坝，输水管和溢洪道。但土坝未按设计高度完成，故在1962年进行被坡和加高，使坝顶标高达到51.7米，为了进一步使工程发挥更大的效益，故于1967年至1968年对工程又进行扩建，该工程是以灌溉为主，故在建库的同时，在下游约8千米处建成水口陂（拦河）引水入梅陇灌区。1971年至1973年建坝后电站1座，装机2台400千瓦，1986~1987年在径仔门建二级电站1座，装机2台410千瓦。2012年9月起开展新一轮除险加固工程建设。

南门水库　南门水库位于海丰县东北部，距平东镇约3千米，距公平镇26千米，海丰县城35千米，属于黄江支流南门水系，库区内山清水秀，风景怡人，主坝下游内2千米，有跌差60多米的瀑布1处，自古有“吊景”之称，为海丰八大景点之一。南门水库分上下2库，上库为中型水库，始建于1959年冬，1970年完成水库主体工程。水库原设计集雨面积12.0平方千米，正常水位125.6米（珠基，下同），相应库容1246.0万立方米，设计（p=2%）洪水位126.64米，相应库容1355.0万立方米，校核（p=0.2%）洪水位127.6米，相应库容1466.0万立方米，死水位107.4米，相应库容79.0万立方米。上库工程枢纽主要由主、付坝（土坝）各1条输水发电涵管，泄洪闸和电站组成。南门水库是1座具有灌溉、防洪、发电等综合效益的中型水库，同时对公平水库起调洪作用（控制公平水库集雨面积的3.8%），设计灌溉面积933.33公顷，防洪捍卫人口0.5万耕地266.67公顷。该水库于2004~2006年进行除险加固。

平安洞水库　平安洞水库位于梅陇镇西南面11千米的浅沙河（属沿海小河流）上游，集雨面积16.4平方千米，正常蓄水位25米，死水位10米，总库容0.1755亿立方米。库区属高丘地带，植被良好，主坝两侧山地均属风化土，原河东河床属冲积层，土壤结构差。工程于1958年11月动工，至1960年2月竣工，计完成主坝1条，副坝2条（其中1条是杨柳埔副坝，未建泄洪闸时临时溢洪道设在该副坝），1条砼压力管涵洞或输水管。1984年新建1座坝后电站，装机2台250千瓦，在建电站的同时，对原砼输水管加套100米钢管，出口明渠段改为砼管长80米，并加设蝴蝶阀控制发电、灌溉的用水。由于平安洞水库工程标准低，且泄洪能力小，再由于土坝土质差，又无防浪墙，因此，1995~1999年对该库进行除险加固。2016年10月启动水库大坝安全鉴定工作，经鉴定为III类坝。

平龙水库　平龙水库位于海丰县东北部黄江河九龙支河上游的九龙管区径仔背村（已移民）。控制集雨面积10.6平方千米。库区属高丘地带，植被良好，坝址原河床坚实岩层，表层透水性不大，附近土地多为轻沙壤土，适应于土坝土建工程。平龙水库于1974年冬动工兴建至1977年春基本完成。1983年增建坝后电站1座，装机2台250千瓦。平龙水库灌区与南门、公平水库灌区接壤，原受益平东镇、公平镇设计灌溉面积800公顷，其中水田面积533.33公顷。该水库于2009~2011年进行除险加固建设。

青年水库　青年水库位于海丰县城西面，距离县城5千米，坝址处于小液河中游，集雨面积共58.84平方千米（其中小液河20平方千米，引龙津河水38.84平方千米），库区内有海丰县最高山峰2座，即银瓶山和莲花山，高程均在千米以上，又是海丰县暴雨地带，植被良好。青年水库于1958年8月开始动工，1960年冬基本完成主体工程。青年水库主要是以灌溉为主，结合防洪，发电综合利用的工程，受益面积计划4066.67公顷，防洪面积6266.67公顷，捍卫人口12.1万多人。1959年开始先后建成坝后电站2座，总装机5台925千瓦，1986年起供应城镇居民食用水。青年水库工程于1970年进行扩建，全面扩大库容量，土坝加高4米，坝坡按比加厚和接长，导流工程，施工时采用水中倒土，土方工程完成后再进行全面灌浆，泄洪闸、输水管工作台亦相应加高，工程总投资1759多万元。1990年对工程进行全面加固，增设弧形闸2孔，每孔10米×5.5米，主坝堵口副坝按坡比再加厚，续建防浪墙改造电站由原五台改为3台装机960千瓦，总投资1200多万元。2014年3月开始进行新一轮的除险加固建设。

（陈寿浩　彭成托　杨善炯）

附：2017年海丰县水务局领导名录

局　长：陈容生（1月起任）
副局长：林建秀（兼三防办主任，1月起任）
　　　　简健全　魏　锑
　　　　郑吉祥（任至1月）

【公平水库管理】　公平水库是国家大型水利枢纽工程，集防洪、灌溉、发电、供水等综合开发利用水资源于一体。始建于1959年10月，素有“人工平湖”之美称，为汕尾市区主要饮用水源水库；省级鸟类自然保护区，广东省水功能区的饮用水源保护水库。

公平水库管理局隶属海丰县委、县人民政府，为正科级水利事业单位，由办公室、计财股、水政保卫股、工程水文股、机电股、灌区管理股组成；下设事业单位3个：公平水库工程养护中心、公平水库灌区养护中心、赤沙水库管理站。设置正局长1名、副局长2名；有干部及职工编制数189名，2017年有管理人员及退休人员共320多人。

公平水库集雨面积317平方千米，设计总库容3.834亿立方米，正常库容1. 63亿立方米，蓄水面积36. 1平方千米，年产水量4~7亿立方米；下游防洪人口近50万、耕地面积2万多公顷，担负1.12万公顷农田灌溉重任及汕尾市区、公平、城东、可塘、赤坑等城镇工业和40多万城镇居民生活供水、汕尾发电厂供水；南距海丰县城13千米，广汕公路10千米，汕尾市区40千米。

公平水库工程主、副大坝总长6147米，大型泄洪闸1座3孔最大泄洪量1825立方米／秒，灌溉、发电输水涵闸4座；坝后式水电站2座，装机容量2900千瓦；总干渠道60千米，跨1县2区11乡镇，至红海湾的遮浪长沟，设计灌溉面积1.45万公顷；城市及乡镇供水近期日供水量近20万立方米，中远期日供水量30万立方米以上。

公平水库管理局以建设生态文明水库为立足点，致力于加强“一大一中四小”6座大中小型水库及1宗中型灌区的安全建设管理。2017年水库综合经济创值1830.85万元，实现水利经济稳步发展；加强水资源生态环境保护建设，为汕尾市区等城镇发展和近50万城乡居民生活饮用水源提供安全保障；2017年完成赤沙水库除险加固工程建设，投资3009万元；实施输水总干渠的节水改造，农综改造工程建设，投资1.5亿多元，进一步提高城乡供水能力。

（李智荣）

附：2017年公平水库管理局领导名录

局　长：曾伟群
副局长：刘海祥　许小文（8月起任）

气　象

【简述】　2017年，海丰县气象局以需求为导向，以服务为根本，全力做好公共气象服务工作，在应对台风、暴雨、雷电、大雾等各类气象灾害防御工作中发挥积极作用。在全体干部职工的共同努力下，以党建为引领，以发展为根本，以人民为中心，以改革为驱动，结合实际，稳中求进，推动全局各项工作再上新台阶。

【气象现代化建设】　2017年，县气象局气象现代化建设成效显著。3月22日，由县气象局制作的“电视天气预报”主持人节目在海丰县电视台开播；结合《莲花山脉“雨窝”研究自动气象站布设方案》和《汕尾市气象局关于报送巨灾保险自动气象站信息表的函》的工作部署，2017年新增10个落地标准自动站建设，全县共有区域自动站34个；海丰县突发事件预警信息发布中心业务用房完成内部装修，预计2018年投入使用。

【决策气象服务】 2017年共有9个台风对海丰县有影响，其中影响较大的有2号台风“苗柏“，受台风“苗柏”和强盛西南季风的先后影响，海丰出现有气象记录以来不间断连续性暴雨时间最长且累积雨量最大的一次过程，引发全县由旱转涝。每次强台风过程，县气象台均提前做好预报预警服务，全年共发布各类预警信号123次，其中发布台风预警信号18次，台风黄色5次；暴雨预警信号52次，暴雨红色预警信号7次；雷雨大风预警信号14次，雷雨大风黄色预警3次。制作《重大气象信息快报》43期，实施2次人工增雨作业。

【人工增雨作业】 一是制定年度人影工作计划，派业务骨干参加省、市人影培训班。二是完成人影标准固定作业点的选址及建设方案编制工作。三是在省市局和梅州局大力支持下，政府有关部门通力配合，抓住时机，分别在4月底及11月初，成功组织实施人工增雨抗旱作业，有效缓解春季及秋冬季旱情，得到县委、县政府和人民群众的赞扬，取得良好的社会和经济效益。

（蔡素芬）

附：2017年海丰县气象局领导名录

局　长：陈敏（任至8月）
　　　　蔡越华（8月起任）
副局长：钟平威

工 业

综 述

【概况】 2017年，海丰充分借力龙岗对口帮扶契机，通过采取精心组织项目参加深汕招商会、举办国际珠宝交易会、加快生态科技城园区建设进度和推动企业转型升级等一系列有效措施，使全县工业经济得到快速发展。据统计，2017年1~12月,全县（不含已单列统计的合作区四镇）新增9家规模以上工业企业，百分百完成全年任务。全县实现地区生产总值269.9亿元，同比增长8.3%；全县规划以上工业总产值356.6亿元，同比增长18.9%，增速比预计目标高出6.9个百分点；规模以上工业增加值72.9亿元，同比增长13.8%，增速比预计目标高出2.8个百分点；全县固定资产投资289.6亿元，同比增长20.1%，增速比预计目标高出0.1个百分点。全县新增规模以上工业9家壮大工业经济总量。完成承接珠三角产业梯度转移项目10个，完成市下达的任务。

【企业转型升级】 2017年，县经促局充分利用掌握信息渠道多、时效快捷的优势及时通过局信息网站和上门宣传的方式把国家、省和市有关转型升级扶持的政策传达给企业，帮助企业吃深吃透运用好。鼓励有实力的企业加大资金投入，引进先进设备和先进工艺，实施机器换人，推动转型升级。精心指导敏兴毛织（海丰）有限公司、海丰县金桔莱黄金珠宝有限公司和海丰县星际动漫科技发展有限公司等3家企业组织材料申报“2017年省级工业和信息化专项资金技术改造项目”，实际获得专项扶持资金共810万元，其中敏兴毛织（海丰）有限公司668万元、海丰县金桔莱黄金珠宝有限公司96万元、海丰县星际动漫科技发展有限公司46万元；帮助海丰县名仕度服饰有限公司向省申请3200万元的股权配套资金。完成纬兴毛织、龙兴机械和星际动漫等12家企业12个项目申报“2018年省级工业和信息化专项资金技术改造项目”入库工作，申请扶持资金4200万元。

【节能减排考核】 2017年，在实施对2016年度的节能考核中，受汕尾三峰环保发电有限公司（落户海丰可塘镇）投产因素的影响（因其之前没有基数），海丰县未完成单位GDP能耗下降率3.43%的节能目标。2016年海丰县单位地区生产总值能耗为0.356吨标准煤/万元，单位地区生产总值能耗降低率目标完成进度为20%，完成上级下达的20%目标进度。2016年海丰县能耗总量为82.53万吨标准煤，能耗总量未超出上级下达的“十三五”能耗总量控制目标进度20%。

工业园区与专业城镇

【园区建设】 2017年，县经促局全力推进“一城三园”载体建设，打造海丰加快向西融珠、推动振兴发展的重大引擎。生态科技城已征用土地2.6平方千米，投入征地和基础设施建设资金6.8亿元，新建园区道路19条18千米。第三、四期工业用地约2.3平方千米的征地工作同步推进中，投资2亿元日处理量5万吨的园区污水处理厂正进行规划、环评和征地等前期工作。至2017年底，落户园区的项目共26个，其中，星际动漫、东维亚珠宝城和冠龙生物3个项目建成投产；龙兴机械等8个项目建设封顶准备投产；新引进威翔航空、众恒机器手、时代名都、旅游公寓等11个项目，计划总投资66.5亿元，计划供地32.41万平方米。三个中心镇工业园区建设全力推进，海丰首饰产业环保集聚区完成征地16万平方米，园区厂房开工建设6栋厂房，其中，3栋已封顶，3栋建至3层，建筑面积6.5万平方米，累计投入资金1.75亿元；可塘珠宝产业园完成征地17万平方米，开展“三通一平”工作；公平产业园开展中心启动区20万平方米的征地，将着手进行基础设施建设。

【可塘珠宝专业镇】 可塘镇从20世纪80年代中期，开始承接境外珠宝产业转移落户，主要为香港珠宝厂商加工以珍珠为主的珠宝首饰，20世纪90年代初开始从事水晶产品加工，经过30年的发展壮大，已形成珠宝原材料销售、生产工具及配件经营、设计研发及生产加工、半成品及成品销售、电子商务、检验检测和配套服务为一体的完整产业链。随着广东可塘珠宝交易市场、可塘荔湾广场、可塘彩宝广场、可塘明晖珠宝市场的先后建成，完善可塘镇珠宝产业的配套，满足更多珠宝加工企业和商户需求，为可塘珠宝拓宽销售渠道提供良好载体，形成“产、供、销”一条龙的发展格局，有力助推可塘珠宝产业的加快健康发展。2017年，全镇在工商登记注册的珠宝首饰生产加工和经营销售企业、商户共有3978家，有珠宝从业人员近1.8万人，年加工量约2.3万吨，产值近31亿元，可塘彩宝首饰产品占全球生产加工总量及市场份额50%以上。

【梅陇金银首饰专业镇】 金银首饰加工产业是梅陇镇传统的特色产业，始于20世纪80年代，已有30余年发展史。随着改革开放的不断深入，首饰产业从原来单独的来料加工发展到上规模、上档次生产，由原先家庭式生产发展至个体、私营、集体经营，在梅陇镇工业中占有举足轻重的地位。2017年，全镇各类首饰企业（车间）1000多家，规模以上工业企业数为7家，从业人员约5万人，年加工黄金达70吨以上，银700吨以上，产值约200亿元，纳税4000万元以上；“中国梅陇制造”已经成为国内外顾客心中质量保障的代名词，海丰“中国彩宝之都”“中国珠宝玉石首饰特色产业基地”称号深入人心。

【公平服装生产专业镇】 公平镇早在20世纪80年代中期就兴起个体服装加工的发展潮，经过20多年发展壮大，服装业使公平镇从山区农业经济经济弱镇一跃成为海丰县的民营经济强镇。公平镇积极引导服装企业加大研发投入，提高产品技术含量，增加附加值，并根据消费市场高附加值产品设计的竞争策略，设计生产有创意的特色产品、新概念产品，以多样化的设计应对多样化的需求，吸引与满足消费者，提高市场的占有率。2017年，公平镇有服装及其配套企业70多家，其中规模以上企业24家，有近20多家企业获得ISO9001、2000国际质量管理体系认证。获国家驰名商标1个（百斯盾）；广东省著名商标9个〔文时特、百斯盾、威文（2）、贝克顿、海华拉链、桌球王、古士旗、来吉奇〕；获省级名牌产品4个（百斯盾的西裤、威文的西裤和休闲服饰、文时特的休闲裤）；有3家企业被农业部认定为“全国乡镇企业创名牌重点企业”（威文、文时特、凯利来）；获国家知识产权局外观专利2项。2017年，完成工业总产值约80亿元,服装产值68.8亿元。

（县经济促进局）

附：2017年海丰县经济促进局领导班子名单

局　长：曾诗贤（1月起任）

副局长：高宗森　郭龙水　李小武　叶　隆

中小企业管理

【概况】 海丰县中小企业局成立于2005年（兼挂海丰县乡镇企业局牌子），设2个正股级内设机构：改革发展股和技术进步股。随着海丰县中小微工业企业快速增长,总量不断扩张,对全县经济增长的主导作用也进一步加强。2017年，实现工业增值税收8.6亿元,其中规模企业上缴增值税金7.2亿元；工业产品销售率达到93%。新培育“四上”企业27家，其中7家规模以上工业企业，“个转企”企业新增37家，实现工业投资94.8亿元，同比增长67.2%，完成全年任务155%；规上企业质量效益大幅提升，利润总额增长9.4%，有效释放消费潜力，提振经济发展。全县中小企业和民营 经济呈现出又好又快的发展势头。

【暖企行动】 2017年，海丰县中小企业局全面开展“暖企行动”，加强与全县中小企业的密切联系，大力营造良好的营商环境，促进中小企业健康全面发展。①加大宣传力度，营造舆论氛围。2017年是联合国确定的首个“中小微企业日”。县中小企业局组织县中小企业服务中心、律师事务所、建设银行、邮政银行等企事业单位参加，开展首个“中小微企业日”宣传活动。一是着力宣传国家、省、市、县促进中小微企业发展的经验做法和政策措施；加强政策解读，提振中小微企业信心，让中小微企业了解政策、享受政策，推动各项惠企政策落到实处。通过现场发放资料、现场咨询等多种形式向社会进行广泛宣传，并发放中小微企业的政策宣传手册共500份和贷款指导等各类资料500份，吸引大量群众前来了解和咨询。二是为中小微企业健康发展营造良好的发展氛围，提升中小企业经济地位和作用，进一步增强发展经济的紧迫感和责任感，达到强化认识，转变观念的目的，为中小企业经济的快速发展营造出良好的舆论氛围。②在县委、县政府的高度重视和指导下，根据《中华人民共和国中小企业促进法》《广东省中小企业促进条例》等法律法规，拟制《海丰县中小企业发展专项扶持资金试行管理办法（初稿）》，由县财政设立专项用于支持全县中小企业和非公有制经济发展的财政性资金，支持在海丰县中小企业和非公有制经济实体技术进步、结构调整、转变发展方式、扩大就业、扩大出口以及改善服务环境等方面，为全县中小企业发展壮大提供资金支持。③实施引导企业走“专精特新”型经济发展之路，以现有年主营业务收入500万元~2000万元规模以下小微企业为重点，建立“小上规”企业培育库，并引导符合条件的“小上规”企业申请高新技术认定，激发小微型企业升入规模以上工业企业的积极性。④为企业提供融资担保服务，积极破解中小微企业融资难题，为满足不同类型中小微企业的融资需求，鼓励银行金融机构加大对中小企业的信贷支持力度，结合海丰县实际，构建海丰县中小微企业融资风险补偿平台，充分为银企沟通对接牵线搭桥，形成良好的融道和借贷关系，振兴实体经济。至2017年底，推荐15家企业给予金融机构、银行部门上门为企业开展送政策、送金融服务活动。为全县中小企业解决融资，争取省级财政和县政府融资风险补偿垫底资金1800万元，中小企业获银行授信资金额1.8亿元。海丰县中小企业局开拓银企合作关系的做法及取得的成效得到上级部门及市、县领导的充分肯定和表扬。⑤利用市政府出台的上市融资奖励办法，加大力度引导海丰县企业上市工作。12月12日，组织公平百斯盾、广东娜菲实业等10家企业赴市参加上市融资培育。主动在银行、企业和担保机构之间牵线搭桥，先后帮助47家中小微企业融资近2600万元。为中小企业开展线上线下融资对接开辟新路径。

【组团参加第十四届中国国际中小企业博览会】 2017年，县中小企业局积极组织海丰县5家代表性中小企业参加第十四届中国国际中小企业博览会,鼓励企业携带技术和项目积极参加各种专业发展论坛,组织协同相关单位和服装商会为全县服装企业把脉开方,共同探讨传统产业在经济新常态下转型升级。通过中博会，为海丰县中小企业搭建展示、交易、交流、合作平台,推动该县中小企业“走出去”，加快发展。

（县中小企业局）

附：2017年海丰县中小企业局领导名录

局　长：吕奋腾

副局长：马志贤

工业企业选介

【海丰县星际动漫科技发展有限公司】 总部位于深圳的星际动漫有员工1500余人，2017年生产总值达3.3亿元，主要战略合作商有：迪士尼、BANDAI、任天堂、TOMY、寿屋等世界知名动漫品牌商。星际动漫发展初期为深圳振发塑胶制品厂，成立于1993年，同年在香港注册香港振发贸易公司；2009年更名为深圳市伟力发塑胶玩具有限公司，经过长期稳健快速发展，公司有现代化厂房和办公楼，生产流水线多条，是一家集产品研发设计、模具制作、塑胶注塑成型、喷油、移印、装配生产一体的综合性的名牌企业；制造的产品远销日本、美国、欧洲等国家和地区，并以优良作风建立良好的社会信誉。2013年，先力事务所在日本新宿区正式注册成立，到2015年日本先力事务拥有知名动漫设计师多名，属于星际动漫的顶级IP蓄势待发。为启动星际动漫顶级IP项目，经过实地考察，最终确认项目基地为广东省海丰县。

海丰县城东科技城的星际动漫产业基地在2015年正式开始筹建，项目计划总投资4.8亿元，2016年正式以星际动漫为名注册“星际动漫、INTER-STELLAR ANIMATION”商标，该项目将依托日本先力事务所的顶级IP，自主研发、生产、互联网销售为一体的商业模式，并借鉴日本成熟的动漫研发经验，让星际动漫扎根国内，走入千家万户、走向世界。2017年，由海丰星际动漫集团投资具备自主知识产权的IP研发团队——深圳市星际动漫娱乐传媒有限公司注册成立。团队由原画师、原型师、3D建模师、产品设计师、平面设计师、EC营销、宣传推广、售后服务等一条龙技术人员组成。主要从事动漫IP自主开发，还有代理世界顶级IP的推广运用，从IP到终端客户的后期衍生品开发与销售，展会合作。公司的使命是致力于成为立足中国面向世界的正版动漫IP的综合服务型新兴公司。同年，投资4.8亿元，总建设面积16万多平方米、位于广东省汕尾市海丰县城东镇的星际动漫大厦启动建设，项目将建成动漫文化展示、酒店娱乐、新概念住宅一体的复合化基础设施。星际动漫未来将以拥有知识产权的产品为主，将致力积极涉足动漫制作、动漫研发方面，同时还将继续保持着与世界知名动漫品牌商的合作，以自主IP为主，OEM为辅的战略措施并举，使企业保持稳固健康的向前发展，随时保持自我革新，追逐时尚潮流，立足在未来5年内星际动漫能够位列国产动漫最前沿，与世界动漫零距离，真正实现让国产动漫走向全世界的宏伟蓝图。

【泰利塑胶（广东）有限公司】 泰利塑胶（广东）有限公司成立于2001年12月，注册资本3000万港元，投资总额6000万港元，是一家专业从事PVC压延薄膜研发、生产、销售的外商投资企业。公司法定代表人戴声敏。公司位于广东省汕尾市海丰县梅陇镇天星湖工业区，占地面积3万平方米，员工近百人。公司有2条PVC压延薄膜生产线，年产各式薄膜1万多吨，产值1亿多元，产品远销欧美地区。公司成立以来，规模不断扩大，经济效益逐年提高，年纳税总额均为100多万元以上，2017年度为340多万元。为响应国家“既要金山银山，又要绿水青山”号召，2017年起，公司进行节能减排和产业升级，技术改造绝大部分耗能设备，淘汰部分落后产能。

商贸流通业

综 述

【商业经济发展概况】 2017年，海丰县商贸流通企业在毛织、珠宝、服装、首饰等行业及早谋划，着力促进消费，各行业保持平稳发展，为县经济社会发展贡献力量。海丰在重视实体经济发展的同时，积极引导电子商务的发展，尤其是着重培育发展农村淘宝，进一步促进城镇和乡村商贸繁荣，实现购销两旺，运营平稳。据统计，2017年全县完成社会商品零售总额227.6亿元，同比增长8%;新增11家限上商贸流通企业，超任务数1家。

【农村市场与城市市场】 2017年，海丰县城地区的商贸流通企业继续完善各项配套建设，建立健全现代管理制度，提升企业整体水平，方便商贾交易。同时，进一步提高产品质量和服务质量，有力拉动消费，城市市场繁荣，消费旺盛。随着经济社会发展，人口城镇化进程加快，与城市市场相对而言，农村市场总体偏弱。农村市场淡旺季比较明显，节庆性消费比较突出。由于海丰县农村受制于消费水平和渠道便利性，农村的基础设施相对落后，消费网点不完善，限制零售渠道的向下延伸。计划有针对性开拓农村市场，大力发展电子商务新贸易形态，完善农村销售网络。

【居民消费结构】 2017年，全县城乡居民生活水平稳步提高，人均收入有较大增长，全体居民人均可支配收入22029元，比增7.8%。居民各项生活支出主要有食品、居住、文教娱乐用品及服务、家用设备、交通通信、医疗保健、衣着等，消费支出占整个支出比重较大的有食品、居住、文教娱乐用品及服务。

【批发和零售业】 随着生产商和零售商向批发环节一体化进程的加快，海丰县批发业面临新的竞争环境和发展机遇。面对流通体系中存在“两头活跃，中间萎缩”的威胁，海丰县批发业积极应对，组织适销对路商品，拉动促进销售，摆脱困境。2017年，批发业完成5.7亿元，同比下降20%。相对批发业而言，零售业发展迅猛。一批实力较强的零售企业纷纷在海丰县设立连锁店或销售网点，发展迅速，壮大实体。新药特药、立德药业、广信药业、博爱堂药业、大参林药业、美宜佳便利店、好客连锁等企业抢占市场先机，积极增设销售网点和分店。这些连锁企业先进的经营理念和管理模式，被县零售企业所借鉴和吸取，从而逐步提升零售业的经营档次和整体水平，也为传统零售业向现代化水平发展创造条件。2017年，零售业完成194亿元，比增9.6%。

【电子商务】 2017年，县经促局着力引导撮合可塘珠宝市场运营商中宝实业有限公司于12月成为全国第一家市场方渠道商，服务可塘2500多家实体珠宝商铺开拓网销之路，辐射服务汕尾区域厂家借助1688平台上行；在广东县域电商大会上入选广东电商十佳县、广东大众电商创业十佳县、广东大众网购消费十佳县。全县有网店4322家，2017年新增网店510家，同比增长13.4%；线下社区体验店和农村电子商务服务站、物流末端站点建设已取得实质性进展有78家，同比增长196%，实现网络订单16万多个，派送物流快递22万多单，网络交易1800多万，为村民节支200多万元；邮政公司朝着支持农村电子商务发展开拓248家邮政加盟店，线上线下深度融合；全县电子商务网络交易额突破25亿元，同比增长150%。

【信息化建设】 ①通信基础设施建设方面。据统计，2017年，全县全年通信基础设施建设投入资金共10860万元；新增光纤覆盖用户能力167491户、光纤接入用户69250户，新建4G基站699座，较好地完成全年建设任务。首批完成县烈士陵园，县文天祥公园，县红宫、红场免费无线WiFi全覆盖，打造“智慧”新型城市。②网上办事大厅方面。推进“一门式一网式”政务服务模式改革，对2012年建设并运行的“广东省网上办事大厅海丰分厅”进行完善、拓展建设。做好网上办事大厅的升级及规范化建设，提升政务服务平台，升级县统一申办受理平台，与县政务服务大厅有效结合，提高办事效率，推进“一门式一网式”政务服务模式改革工作落实。③企业大数据采集方面。利用省级平台，打造海丰县企业情况综合数据库。2017年海丰县收录完成并通过省审核建立的企业484家，其中制造业206家，其他行业278家。组织企业开展“两化融合”管理体系贯标试点申报，在原有3家贯标试点企业的基础上，汕尾市金瑞丰生态农业有限公司、海丰县翔兴鞋业有限公司、广东新彩科技有限公司3家企业向省经信委申报“两化融合”贯标试点企业。

粮食储备管理

【机构人员】 海丰县粮食局是主管全县粮食工作的公益一类事业单位、正科级，内设秘书股、人事股、监审股、调控财会股、监督检查股、储运股6个股级机构，核定事业编制23名，2017年实有在岗工作人员19名，离退休人员50人。辖下有海丰县军粮供应站和海丰县储备粮管理总公司。海丰县军粮供应站为公益一类事业单位、正股级，核定事业编制4名，实有工作人员3名；海丰县储备粮管理总公司性质为国有独资粮食企业，承担政府下达的储备粮管理、应急供应等政策性业务，属下有海城、城东、梅陇、可塘4个分公司，总公司2017年实有在岗人员69名，退休人员18名。

【粮食宏观调控】 2017年，县粮食局继续贯彻落实粮食工作各级政府负责制，充分发挥粮食部门职能作用，根据全县粮食总量平衡计划，落实粮食播种面积、粮食总量、粮食储备规模和粮食宏观调控等方面的责任，按照县委、县政府的工作安排，由县粮食局牵头负责全县粮食安全责任制考核工作。根据国家、省、市关于开展粮食安全责任制考核工作的相关要求和汕尾市人民政府关于开展粮食安全责任制考核工作的统一部署，海丰县先后制定印发《海丰县粮食安全责任制考核工作方案》《海丰县粮食安全责任考核评分细则》，细化粮食、农业、国土等13个部门的职责任务，明确牵头部门、配合部门、考核内容、考核方式等事项，初步建立起粮食安全县长责任制的考核机制，确保层层传导粮食安全责任。2017年5月中下旬，以广东省粮食局副局长为组长的省考核工作组对海丰县粮食安全责任制落实情况进行现场考核。省考核组通过查阅、审核相关资料和实地考察、走访调研等对海丰县粮食安全责任制落实情况表示肯定，对2016年度海丰县粮食安全责任制工作评定为“优秀”等次。

①2017年，根据国家省、市有关部门关于开展“大快严”集中行动的统一部署和要求，县粮食局联系实际，制定《海丰县粮食安全隐患“大快严”集中行动实施方案》并督促储备粮管理总公司按照实施方案工作要求，对揭阳博信、普宁恒吉、顺大等代储粮库点及县内的梅陇、城东、可塘库点在库储备粮的安全隐患进行自查自纠，于8月底前完成自查工作，9月中旬由县政府牵头县粮食局、县发改局、县财政局、省农发行等部门组成的县粮食隐患排查工作组对各储粮库点进行抽查。9月下旬迎接省市联合抽查，排除隐患，落实整改措施，增添相关设备，完善各项资料数据，保持在库粮油全部处于较为稳定的储藏状态，增强政府对粮食安全的监管能力和调控保障能力。②建立和健全粮油市场价格监测网点，及时有效掌握市场粮油信息动态。根据全县各镇粮食生产、加工、供应以及人口分布情况，分为粮食主产区和粮油主销区，全县确定有代表性的6家粮食加工和粮油经营企业作为粮油价格监测网点，同时关注华南粮网和各地粮油供求状况，掌握县内外粮油市场价格情况，反馈粮食流通情况和价格信息，分析市场粮油动态和价格变化因素，每周定期准确上报监测数据，及时有效掌握市场粮油信息动态。据调查统计，2017年全县早稻原粮市场收购价均每公斤2.39元，晚稻2.65元，普通大米零售价每公斤4.61元，优质大米每公斤4.71元。③认真做好军粮供应工作。遵守国家军粮供应政策，始终坚持“为部队服务，为国防建设服务”宗旨，牢固树立大局意识、国防意识，搞好军粮供应站分类改革方案，对军粮供应实行统一采购、统一加工、统一配送的供应网络，达到优质、快速、准确、保密要求，使军供工作实现无误点、无质量问题、零投诉，同时按照《军供工作应急保障预案》，坚持高质量、高要求，严把军粮供应粮源进货关、检验关、储存关和销售关，确保军粮质量、等级和食品卫生安全标准，加强军粮供应网点的安全管理，按照上级要求安置铁窗、铁门、铁柜、报警器等“三铁一器”措施，对军粮业务电脑实行专机专用，资料采用专用U盘，专人报送，切实做好军粮供应资料的保密工作。

【粮食储备管理】 国有粮食企业根据《海丰县地方储备粮油管理办法》和《国家粮油储藏技术规范》规定，合理调整储备粮结构和布局，按照新增储备任务要求，不断创新储备粮管理机制，提高储备粮轮换水平和效率。①认真做好县级储备粮轮换工作。2017年，海丰县轮换销售县级储备粮合计4314吨（其中储存在城东分公司3309吨、可塘分公司1005吨），储备油180吨（储存在海城分公司）。县粮食局委托县储备粮管理总公司组织实施，该公司认真按《海丰县地方储备粮油管理办法》和网上交易有关规定做好销售工作，通过广东华南粮食交易中心竞价销售，结果第一批1388吨储备粮以每吨

2060元，第二批2927吨以每吨2150元，储备油以每吨10450元成交，销售货款及时足额回笼县农发行。同时按时完成粮食轮入收购任务。②依章依规，做好储备粮油管理工作。2017年，海丰县有储备粮2.8万吨，成品食用油180吨，为确保储粮安全，县粮食局切实做到：一是认真学习贯彻《广东省粮食安全保障条例》，坚持"以防为主，综合防治"保粮方针，严格遵守《粮油仓储管理办法》《国家粮油储藏技术规范》《海丰县县级储备粮油管理办法》，做到"一符""三专""四落实"。二是强化粮情油情检查制度，抓好常规、季节性安全检查措施及常态化排查，认真做好粮温、害虫等粮情检查记录及异常情况处理实施方案，确保在库粮油处于安全保管状态。三是加强监管，适时进行"双低"储藏，采用安全、经济、有效的方法，达到保鲜延缓陈化效果；做好虫、霉、鼠、雀的防治工作，实现各库点达到"四无"粮仓的要求。③认真做好代储点储粮监管工作。海丰县2017年地方储备粮规模2.8万吨。由于仓容不足，经县政府批准，部分县级储备粮代储在揭阳、普宁等库点，其中揭阳博信库点4400吨，普宁恒吉、顺大库点13278吨。县储备粮管理总公司派出技术人员长期专驻代储点，按照《海丰县储备粮油管理办法》的要求进行管理，设立标志、仓别登记卡，做好粮情安全记录。同时安装高清远程监控设备，全面确保储备粮安全。④认真开展"粮安工程"粮库智能化升级改造工作，根据汕尾市粮食局、财政局转发省粮食局、财政厅《关于开展2017年广东省"粮安工程"粮库智能化升级改造工作的通知》（汕粮储〔2017〕19号）要求，县粮食局认真做好项目规划、设计、预算、申报等工作，按照智能化升级改造的基本原则及建设内容（城东库点按标准版，其他库点按基础版）编制具体实施方案。初步投资估算437万元，前期费用29万元。其中，中央财政补贴60%，县财政承担40%。项目完成后，将使海丰县大大提升储备粮监管能力和企业储粮管理水平，对增强政府粮食安全保障能力具有重要意义。

【粮食市场监管】 2017年，海丰县粮食局按照《粮食流通管理条例》和《广东省粮食安全保障条例》等政策规定，依法实施粮食流通行政许可制度，规范粮食流通秩序，加强粮食市场监管工作。一是紧密配合县工商、物价、质监等部门，依法依规监督检查在粮食流通经营环节中的粮油食品安全和卫生标准，县粮食部门还根据粮食季节组织力量对粮食市场进行跟踪检查和随机抽查，有力地维护正常的粮食流通秩序。二是加强对轮换陈粮销售处理的全过程监管和县外粮源监管，组织力量对全县从事粮食加工、储存、销售的企业进行调查了解，并加强与质监、工商等部门的联系，开展针对性检查和监管，防止和杜绝劣质粮源流入海丰县粮食市场危及人民群众的身心健康。三是全县完成2017年粮食库存检查、地方储备粮质量抽查，原粮收购质量和卫生安全标准调查，粮食质量安全专项整治行动等专项监督检查，确保在库粮食安全达标。四是部门协作，按照《海丰县粮食风险基金管理办法》，建立粮食风险基金专户报告制度，保证粮食风险基金按时足额到位，使粮食风险基金在保护粮食生产、平衡市场粮食价格、管理粮食流通秩序、保持市场稳定等方面发挥管理调控作用。

【粮食企业改革】 2017年，海丰县粮食局继续推进国有粮食企业改革，一是在完成人员分流工作的基础上，关心困难职工的生活和疾苦，全面建立完善本系统困难职工档案，尽力为困难职工排难解忧。二是耐心细致做好企业上访人员的思想工作，及时回复处理信访事项，积极配合财政、社保部门做好企业粮改人员、离退休干部有关抚恤、医药、补助等资金的核算和发放，及时理顺退休人员的社保、医保费等缴交手续。三是坚持按照"安全第一，预防为主，综合治理"的方针，切实完善各项安全生产责任措施，有的放矢地开展安全生产检查，县粮食局重点抓好县储备粮管理总公司的四个分公司以及代储粮点的安全生产管理工作，开展安全自查自纠，杜绝事故隐患，并将检查情况记录存档。在经济困难的情况下，仍筹集资金对相关库点的生产用电线路和电器及其他安全设施进行整改和更换，排除安全隐患。四是在药物管理和使用方面，按照《储粮防化人员熏蒸工作须知》和《应用磷化铝或磷化锌熏蒸时应注意的事项》落实层级责任制，明确责任人，配备符合安全规范的防毒面具，为防化人员的身体健康提供有力保证。五是国有粮食企业继续做好企业资产的确权和处置工作，防止国有资产流失。努力破解制约企业发展的瓶颈问题，强化企业内部管理，努力降低经营管理成本费用，不断推进企业管理制度化、信息化。

【粮食应急体系】 粮食应急工作是新时期赋予粮食部门的重要工作。2017年，县粮食局按照《海丰县粮食应急预案》要求，重点抓好应急加工、运输、供应网点等落实工作，提升应急保障和救助能力。一是按照统筹安排、合理布局的原则，根据粮食应急的需求量，对海丰县粮食经营企业分布情况，开展调查研究，综合分析，在县行政区域内有针对性地选择具有良好经营信誉、设施较好的粮食企业承担粮食应急保障任务。二是加强行业管理，规范行为准则，积极与粮食行业协会进行沟通协作，充分发挥粮食行业协会的职能作用，不断完善和充实粮食应急预案和应急体系的工作内涵。三是2017年在原有已建立的应急保障网络的基础上，与粮食应急定点企业续签应急业务协议，全年全县共确认的粮食应急定点企业45家，其中承担粮食应急任务的粮食加工企业10家，日加工稻谷能力635吨；粮食应急运输企业3家，运载总吨位860吨；粮食应急供应网点26个，日供应能力485吨；粮食市场监测网点6家。同时，着手加强对这些企业的扶持管理和业务指导，做到协议、牌匾、设施“三落实”。进一步夯实海丰县粮食应急响应的基础工作。

（陈秋荣）

附：2017年海丰县粮食局领导名录

局　长：罗建奇

副局长：王伟民　鄞文年

商品供销

【概况】　2017年，海丰县供销合作联社认真贯彻落实中央、省、市、县关于全面深化供销社改革，按照“改造自我、服务农民”的总要求，坚持为“三农”服务办社宗旨，全面深化供销社改革，积极参与美丽乡村建设，努力开创供销合作事业新局面。至2017年12月底，全县供销系统经营总额达到30001万元，比2016年同期增长5%；经营利润达到113.45万元，比2016年同期增长10.68%。在2017年度全省供销合作社综合业绩评价中获县级优胜单位第三名。

【机构人员】　海丰县供销社下属有16个基层供销社、11个直属公司、3个留守小组、1个农副产品流通协会和1家果蔬加工厂。2017年全系统在册干部职工1241人，其中：在职人员254人，离退休人员987人，另外有代管合作商店147人。

【深化供销合作社综合改革】　为深入贯彻落实《中共中央、国务院关于深化供销合作社综合改革的决定》《中共广东省委、广东省人民政府关于深化供销合作社综合改革的实施意见》和《中共汕尾市委、汕尾市人民政府关于深化供销合作社综合改革实施意见》精神，加快海丰县供销合作社事业发展，结合第一轮综合改革试点工作的成果和实际，县委、县政府出台《关于深化供销合作社综合改革实施意见》，明确要求各职能部门抓紧出台扶持配套措施，确保各项政策落实到位。县联合社设立供销合作社发展基金，首期垫底资金由县政府和供销合作社共同投入。对供销合作社开展综合改革、实施农业社会化服务惠农工程、新农村现代流通服务网络工程建设，加大财政资金、土地供给、税费优惠等扶持力度，县本级财政在2017至2020年每年至少安排专项扶持资金100万元。同时，根据县委、县政府出台的《关于深化供销合作社综合改革实施意见》，县供销社制定《海丰县供销合作联社深化综合改革工作方案》，确定四大工作目标16项改革任务，为深化综合改革指明方向。

【加快基层社改造】　2017年，县供销社持续推进基层社标杆社、示范社创建活动，积极培育典型，形成赶超氛围。用县政府每年安排100万元的发展基金，积极发掘有条件的基层社改造存量资产，鼓励相对有实力的基层社，通过项目打造成综合经营服务平台。一是可塘供销社日用消费品批发市场升级改造项目，建设投资200万元，对位于可塘镇内新兴中路原破旧门市进行改造，2017年7月建成三层门市、仓库共1330平方米的可塘供销社综合楼，收入每月达3.03万元，比增8000元。二是小漠供销社为妥善解决历史遗留问题和发挥社有资产效益，通过公开招引合作开发属下粤旺颗粒饲料公司土地事项，并于2017年1月达成合作协议：①合作开发的土地权属保持不变、资产名称不变，即仍属小漠供销社粤旺水产颗粒饲料厂集体资产。②以地入股，占15%股份。通过合作开发妥善解决原粤旺水产颗粒饲料有限公司有关债权债务、历史遗留问题，小漠社职工的社保费、养老费及有关欠款，扩大发展空间，增强经济实力，提升服务水平。

【提升服务网络质量】　2017年，针对部分经营网络设施陈旧、方式落后、效益不高、形象不佳的现状，县供销社加大资金、技术、信息、管理等要素的投入，统一将供销社辖下门店注入供销元素，制定经营管理办法。在经营网络上，增设52个农资网点，大力发展连锁配送等服务，努力抢占市场份额。至2017年12月，天禾中荣农资汕尾配送中心销售总额7488万元，利润212万元。2017年5月，县供销社联合广东新供销商贸连锁股份公司在海丰县贝金赛尔酒店隆重举行“新供销百合红酒品鉴会”，取得良好成效，打响新供销红酒品牌，增加经营份额。

【海丰县供销合作联社第一届理事会第三次全体会议】　为完善“三会一层”机制，使海丰县供销社管理走向制度化、规范化轨道，2017年底，根据县委组织部《关于县供销社理事会主任、副主任候选人的批复》（海组干〔2017〕252号）文件精神，按照《海丰县供销合作联社章程》规定，召开海丰县供销合作联社第一届理事会第三次全体会议，并选举吴华生为海丰县供销合作联社理事会主任、常务理事，黄小玲为海丰县供销合作联社理事会副主任、常务理事。

【狠抓安全生产】 2017年，县供销社以安全生产法律法规为依据，以“安全第一，预防为主”为工作方针，全面贯彻落实各项安全生产和消防安全工作，按照县政府要求，实行“一岗双责”，逐级抓好落实，层层签订《安全生产目标管理书》。全系统各单位开展消防安全检查，特别是对“三小”场所、“二合一”“三合一”场所，围绕十个主要环节，坚持逐间、逐处过关，采取一系列措施预防危房和火灾事故发生，取得效果。2017年，全县供销社安全生产和消防安全工作“零事故”发生。

（陈晓彬）

附：2017年汕尾市海丰县供销合作联社领导名录

主　任：林其波（任至7月）
　　　　吴华生（7月起任）
副主任：吴永平（任至7月）
　　　　余炳卫
　　　　王　火（任至4月）
　　　　黄小玲（7月起任）

烟草专卖

【简述】 2017年度，海丰县烟草专卖局（分公司）坚持全面从严治党总要求，坚持稳中求进工作总基调，坚持规范发展，扎实做好稳销量、提结构、降库存、增税利、强管理、提素质各项工作,圆满完成全年度任务指标。

【机构人员】 海丰县烟草专卖局（分公司）办公地址位于海丰县城东镇公平路金园工业区a5之西，专卖局与分公司合署办公。局（分公司）内设机构设2部1室：综合管理部、营销部与专卖管理办公室（稽查大队），营销部下设市场组，专卖管理办公室（稽查大队）下设4个稽查中队。设置局长1名、副局长2名。2017年，县烟草专卖局（分公司）有员工157名（含离退休人员）。

【卷烟经营】 2017年，县烟草专卖局（分公司）以严格规范为主线，“重基础、调结构、育品牌，严管理、强素质”；贴近市场和客户，做好调研预测分析，及时、准确把握客户的销售需求和市场动态；加强工商协同，紧扣零售终端建设，在培育品牌工作上狠下功夫；调整客户经理24条管理线路，合理调配各片区客户结构，积极加强沟通和指导经营。2017年，卷烟总销量15.59亿支，同比下降0.77%。销售金额（含税）9.85亿元，同比增长5.44%；税利2.50亿元，同比增长11.08%，纳税1.89亿元，同比增长12.83%。以上数据反映各项关键业务指标稳健提升。

【专卖管理】 突出重点防范，多方联合，加大巡查打假宣传力度，加强对大户监管、严控违规经营，确保卷烟规范经营，并利用市场监管系统上线契机，加强监督管理、提高专卖服务水平和市场净化率。2017年，县烟草专卖局共查处各类涉烟案件477宗，其中一般程序322宗，简易程序案件155宗，一般程序占比达到67.5%，人均办案14.3宗。联合公安部门查处无证运输案件4宗，查获运输真烟案件1宗，查获涉案卷烟合计117.08万支，其中假烟82.602万支，私烟10.106万支，非烟24.372万支，查获烟丝13.595吨，案值114.25余万元，罚没款1.53万元。公安部门刑拘涉案嫌疑人员1人，提请批准逮捕涉案人员1人。

【行业内部建设】 2017年，县烟草专卖局（分公司）坚持党建和业务两手抓，全面推进从严治党向纵深发展。一是从党内政治生活入手，以“三会一课”为载体，设立主题党日，领导班子率先垂范，带头参加学习教育，自觉佩戴党徽，推动“两学一做”学习教育常态化、制度化；参加党员考学活动、发放新《中国共产党章程》、参与党知识竞赛，进一步增强党员、干部责任感和使命感；充分发挥党支部核心作用，按时完成党支部换届选举和全年度党费收缴工作，获评“县直机关先进基层党组织”。二是强化作风和队伍建设，深入开展纪律教育学习月活动和“强作风、提效能”主题实践活动。通过组织党员到红色教育基地参观走访、支部书记带头上党课、邀请党校老师作专题辅导讲座、组织观看警示教育片等，提高党员队伍政治修养、政治能力，强化政治担当；通过学先进树典型、演讲比赛等系列活动，切实营造比学赶超的良好氛围，提高队伍素质。三是立足预防，积极开展安全教育培训，围绕安全生产标准化建设内容和标准，夯实安全基础，重视安全整改工作特别是消防安全整改，及时消灭安全隐患。加强驾驶员交通安全意识和车辆日常检查管理，做好交通安全管理基础性工作。全年用于投入安全防护措施资金约1.5万元，实现年度安全生产管理“四个零”工作目标。7月，代表海丰县参与2017年汕尾市“创文杯”安全知识竞赛荣获二等奖。四是为适应新时期保密工作要求，加强保密和档案管理工作。开展保密自查自评工作，做好县保密专项督查组反馈的保密工作存在问题整改工作，强化保密意识，提高保密管理水平；建立健全档案管理制度，完成年度各类文件整理归档和保管，强化档案管理工作。全年整理归档文书档案410件，专卖移交档案1650件。五是积极参与精准扶贫帮扶工作，继续加大力度做好挂驻点公平镇赤坭村的帮扶工作，多次到挂驻村进行调研，与“两委”干部交流商议对策，在人力、财力方面支持村委会修建道路、文化活动中心等项目，共投入资金40余万元。六是其他综合工作。严格执行费用预算，把费用控制作为财务管理重点，严格把关，及时、有效控制费用开支；按要求完成人事档案基本情况表收集整理；做好24小时值班信访维稳工作；规范开展办事民主公开工作，畅通监督渠道，有效解决职工反映的问题和困难。

（庄卫楚）

附：2017年海丰县烟草专卖局（分公司）领导名录

局长、经理：郑茂山

副局长：杨健永

戴本民（任至6月）

高荣汉（11月起任）

商业企业选介

【海丰县商业企业（集团）公司】 海丰县商业企业（集团）公司内设工会委员会、办公室、监察审计室、人事保卫部、财会基建部、业务经营部、企业管理部、妇委会、工会女工委等机构，辖下有县饮服公司、县信托公司、县五交化公司、县百货公司、县糖专公司、县华侨公司、县纺织品公司等企业；有县商业综合公司1家代管企业；有国营商业食品厂、县商业联合公司2家破产企业。2017年底，共有干部职工1544人，其中女性865人。在册人数中，干部（包括聘用）48人，合同制工人450人，退休人员1046人。干部职工中在岗人员102人，停薪保职人员396人。全年全系统实现商品总购进4631万元，总销售4981万元，分别完成年度计划100.3%和101.6%；比增10.4%、11.4%。

（郭少光）

附：2017年海丰县商业企业（集团）公司领导名录

总经理：黄小坚

副总经理：郑汉杰

【海丰县食品企业集团公司】 海丰县食品企业集团公司是正科级建制的大型国有商贸流通企业，属下有16家基层食品公司、1个全县最大的服装销售集散地——海丰服装城、商贸城。企业经营网络遍布全县城乡，2017年有干部职工1396人（其中在职人员842人、退离休人员527人）。集团公司认真贯彻执行《中华人民共和国食品安全法》和《中华人民共和国动物防疫法》，按照国务院《生猪屠宰管理条例》和《广东省肉类放心工程实施方案》要求，积极开展生产经营活动，严格遵守生猪屠宰操作规程，加强检疫检验，注重肉品安全质量，确保人民群众吃肉安全卫生。2017年，县食品企业集团公司认真全面强化党对企业的坚强领导，按照“稳中向好，稳中求进”工作总基调，牢固树立新发展理念，在传承中发展，在发展中创新，切实把握好企业健康发展的正确方向，增创企业发展新优势。2017年集团公司再次荣获“中国质量信用企业AAAA级”“3·15质检合格满意品牌”，连续25年被广东省评为“守合同重信用企业”，连续3年获得“广东省肉类协会诚信企业”“广东省名优企业，质量领先品牌”等称号。2017年，全系统收购屠宰销售本地生猪17.6万头，48.7万担，销售总额54374万元，上缴税费618万元（其中纯税金214万元），实现主营业务利润170万元。

（吕晓武）

附：2017年海丰县食品企业集团公司领导名录

总经理：彭俊瑜

副总经理：陈仁耀

王富海（7月起任）

吴成柯（8月起任）

对外经贸与口岸监管

对外经济贸易

【贸易出口】 2017年，由于全球经济疲软，国内经济面临下行压力，加上汇率波动大、原材料涨价、劳动成本加大等因素影响，海丰县外贸进出口不够理想。据统计，全年进出口总额6.35亿美元，其中出口3.87亿美元、进口24.7亿美元。

【利用外资】 2017年全年新设立外资企业46 家，合同吸收外资8326万美元，完成全年任务；实际吸收外资1414万美元，未完成全年任务。

【对外加工贸易】 2017年，全县加工贸易企业进出口（包括来料加工贸易和进料加工贸易）6.35亿美元，同比下降9%，其中进口2.47亿美元、同比下降8%，出口3.87亿美元、同比下降7%。

【招商引资】 2017年，海丰县的招商引资项目引进势头好、上马快。通过“走出去，请进来”等各种形式和渠道新引进一批洽谈、签约和落地项目。新引进威翔航空、海丰首饰产业环保集聚区、汕尾（全球）生态食品交易中心、广州好迪集团海丰项目、佳宝食品和众恒机器手等20个项目，计划总投资319.3亿元。特别是与深圳龙岗区密切合作，成功引进总投资100亿元、占地68万平方米的“月亮型”项目——威翔航空。该项目是建设主要涉及航空研发设计、整机制造和维修、飞机材料研发、航空教育培训、通航经营的大型综合体项目。该项目一期总装及交付中心投资20.5亿元，占地7.4万平方米，已落户生态科技城一期综合服务区。

【引进项目】2017年，海丰县引进的20个项目中，已开工建设13个：海丰首饰产业环保集聚区、星际动漫大厦、佳宝食品、双全农牧、众恒机器手、春天地毯、鸿骏首饰、吉安包装容器、龙津华雅化妆、名仕度综合创新生产基地、海龙投资大厦、中嘉纸业、创绿有机肥；注册落户6个：威翔航空、丽堡路手套帽业、华耀城、创发实业、莲花山自驾车露营基地、广州好迪集团海丰项目；已签订协议的1个：汕尾（全球）生态食品交易中心。项目动工率70%。

海关监督

【机构人员】 中华人民共和国汕头海关驻海城办事处（简称汕头海关海城办）是1984年10月经国务院批准设立的正处级海关机构，隶属于汕头海关，于1986年3月20日正式开关，主要负责监管本关区内进出口货物和运输工具、征收关税和其他税费、查缉走私、编制海关统计和办理其他海关业务，关区范围为海丰县和深汕特别合作区。海城办内设科室5个：办公室、政工监察科、综合业务科、后续监管科和缉私科。2017年，有在职关警员48人，其中处级领导干部3人，科级领导干部7人，科级非职24人，一般干部及职工14人。

【海关监管】 2017年，汕头海关海城办以党的十九大精神及习近平总书记系列重要讲话精神为指导，在汕头海关党组的领导下，坚持从严治党治关，按照“马上就办，真抓实干”的要求，不断优化监管和服务，全年共监管进出口货物245.38万吨，总值6.28亿美元；关区进出口企业总数117家；加强后续稽核查，开展稽查作业12宗，稽查有成效作业8宗；加强综合治税，坚持依法征管，征收税款2.13亿元人民币；保持打击走私高压态势，积极推进反走私综合治理，共查发案件14宗，案值60.64万元人民币。

【改革与服务】 2017年，汕头海关海城办主动服务，积极呼应地方发展诉求。“改革+服务”协同推进，积极落实全国通关一体化、“单一窗口”、电子支付、“互联网+”“去繁就简”等业务改革；扩大无纸化适用范围，进出口报关单无纸化率达100%，电子支付比例逐步提升；主动靠前站位，突出重点，建立重大项目跟踪协调机制，支持深汕特别合作区、小漠港区建设，在项目引进、政策扶持等方面发挥作用；进一步压缩通关时间，进口、出口平均通关作业时间分别为23.5小时和0.3小时，同比分别下降34.9%和45.5%；强化政策导向，积极支持传统制造业新发展，推进全国海关通关一体化等各项重大业务改革，让企业切实感受到“全国是一关，一关通天下”的便利。

【队伍建设】 2017年，汕头海关海城办坚持从严治党治关，严管厚爱带好队伍。深入学习贯彻党的十九大精神，坚持高标准、严要求，在“学懂、弄通、做实”上下功夫；聚焦党建引领，坚定政治站位，扎实推进“两学一做”学习教育常态化制度化；抓好学研团队建设，成立“悦边城”读书小组带头进行学习交流；制定《海城办工作规则》，全面履行法律法规和上级赋予的各项职责，提升工作法制化、制度化及规范化水平；大兴调查研究之风，深入深汕特别合作区、小漠港区和关区企业调研，形成专题报告，提供决策参考。

（李林杰）

附：2017年汕头海关驻海城办事处领导名录

主　任：林　斐

副主任：李　权　黄伟雄（11月起任）

打击走私与海防监控

【简述】 2017年，县海防与打击走私办公室认真贯彻落实省、市打私工作会议精神，履行工作职责，积极组织力量加大打击走私力度，按照“打防结合、综合治理、突出重点、坚持不懈”的工作方针，切实落实反走私责任制，深入开展反走私综合治理工作，坚持高效的严打态势，有效遏制走私苗头，有力确保海丰县反走私平稳的局面。同时，较好完成反走私高清视频监控指挥系统建设。一是海丰县反走私高清视频监控指挥系统建设第一期工程在各沿海镇（场）、各有关部门密切配合下，调动一切积极力量，加快建设进程，保质保量推进建设工作，并于2017年10月份建设完成。2018年将启动第二期工程，计划三年内全面完成建设工作，实现反走私高清视频监控指挥系统全覆盖。二是积极配合市制作沿海岸和重点区域的电子地图。争取在2018年实现与反走私高清视频监控指挥系统连接，实现反走私现场指挥的可视化。2017年，县海防与打私办较好完成上级赋予的各项工作任务，取得显著成绩，在全市反走私综合治理工作考核中名列前茅，得到省、市海防与打私办的高度评价和表彰。

【机构人员】 县海防与打击走私办公室下设正、副主任各1名，设有人秘股、调研督查股、海防股等3个股室和1个下属机构反走私巡防督查大队，有人员编制12名，2017年实有人员15名。

【贯彻落实《广东省反走私综合治理条例》】 广东省相继出台《广东省反走私综合治理条例》（以下简称《条例》）和《广东省反走私举报奖励办法》。县海防与打私办根据领导的指示精神和上级打私主管部门要求，认真组织好各项实施工作。一是通过召开各类型会议，深入传达贯彻《条例》。召开全县打击走私工作会议，在传达贯彻全省、全市打击走私工作会议精神的同时，组织学习《条例》。深入开展学习，加大宣传力度，将《条例》的内容和实质传达贯彻到广大干部群众，将《条例》运用于指导、研究新形势下反走私工作的特点规律，切实提高定方向、做决策的能力，增强指导工作的针对性和有效性。二是各沿海镇（场）和有关打私职能部门加强组织学习、宣传教育工作。组织全体人员参加学习贯彻《条例》培训会，引导其认清形势，坚定立场，明确方向，增强反走私的责任和义务的紧迫感和责任感。三是在全县沿海镇（场）都建上反走私宣传栏和大幅宣传画，同时通过电视、报刊、网站等宣传媒体，对广大群众进行广泛深入的宣传教育工作，使其明确《条例》可运用的权利，一致抵制和反对走私贩私违法犯罪活动，为反走私工作营造良好的社会氛围。《条例》实施以来，由于县海防与打私办能够认真抓好反走私责任制的落实，并时刻对照和检查《条例》各项要求的落实情况，坚决执行责任追究制度，使《条例》真真正正落到实处，全县没有出现被上级追究责任的单位和个人，也没有违纪违法的行为。

【打击成品油走私活动】 2017年，按照省、市反走私工作部署，县海防与打私办组织开展2017年度元旦、春节期间打击走私联合行动、打击走私“国门剑2017”联合专项行动、打击毒品走私联合行动、沿海私建码头和非法上油点整治等一系列打私联合行动和专项行动。在开展联合行动和专项行动中，县委、县政府高度重视，成立联合行动领导小组，拨出专门经费，制订联合行动方案，下发给各有关职能部门和各沿海镇（场）人民政府，并由县海防与打私办组织、指导、协调、监督、检查，使有关职能部门和各沿海镇（场）做到齐抓共管，密切配合，形成“海上抓、陆上查、市场管”的工作局面。据统计,2017年，全县共出动执法人员3200多人次，出动车辆680辆次，出动船艇52艘次，清港清湾8场次，检查重点船舶220艘，检查停车场65场次，检查油站、油库150个次，捣毁土码头和非法上油点5处，查扣违法车辆7部，查获走私案件14宗，主要是走私成品油，共144.1吨，案值约76.05万元，有效震慑走私分子的气焰，确保海丰县反走私平稳的工作局面。

【海防基础设施建设】 2017年，海防设施方面的建设主要是做好沿海重点镇重要区域建设高清反走私电子监控和小漠镇海防视频监控站建设的相关工作。根据省、市海防与打私办的工作部署和指示精神，海丰县在小漠镇反走私电子监控站和鲘门镇海防视频监控站建成的基础上，为扩大范围，加强对沿海地区的反走私和海防的监控，将在小漠、鲘门、梅陇、附城、大湖等镇建立高清360度旋转可视范围达1公里的反走私电子监控，全市第一期投入资金1100万元，海丰县投入资金约200万元；小漠镇海防视频监控站也在着手建设，整个项目工程投入资金约60万元。省打私办、海防办和市海防与打私办的领导会同海丰县领导已对各个项目进行选址定点工作。至年底，第一期反走私电子监控项目已在全市全面铺开安装，海丰县在建设的情况：鲘门5个，小漠3个、梅陇3个，附城西闸1个、三江水闸1个。高清高科技的反走私电子监控的密集建设和县、镇两级海防视频监控多点多方位的建成联网，将实现全县重点海域地区电子、雷达操作的全控局势，进一步提高海防监控能力和防范能力水平，确保海丰县边海防的平稳局面。

（吴家海）

附：2017年海丰县海防与打击走私办公室领导名录

主　任：王荣贞
副主任：徐松水

旅游业

【简述】 2017年，海丰县旅游工作继续以旅游强县为建设目标，进一步落实旅游专项计划，做好旅游规划的修编工作，有序推进旅游建设项目和旅游设施的不断提升。全年全县旅游业共接待游客321.7万人次，比增19.1%；总收入18.57亿元，比增23.8%。

【旅游市场监管】 每到节庆、寒暑假期间，游客大量增加，海丰县旅游主管部门及时实行旅游监管、组织旅游安全大检查。对主要旅游景区、星级饭店、旅行社和旅游车辆进行安全检查，发现问题及时整改，确保旅游市场安全有序，杜绝旅游事故发生。

【旅游宣传促销】 2017年，县文广新局以纪念海陆丰苏维埃政权建立90周年为契机，举行“红都之旅”旅游推介活动，全面展示海丰光辉灿烂的革命历史，推广海丰丰富的红色旅游资源，宣传海丰优秀的旅游产品；并积极参加汕尾市举办“花泉林歌悠然陆河旅游宣传推介活动”和2017年“5·19”中国旅游日广东省主会场（汕尾）等系列活动，借助省、市搭建的宣传平台，吸引粤、闽、赣三省旅游业者到海丰县参观考察；同时，加强“走出去”，组织旅游企业参加2017年中国（广东）国际旅游产业博览会、第四届中国（深圳）国际旅游博览会和前往西宁、兰州、衡阳、长沙、广州、佛山等地的旅游宣传促销活动，开拓省内外旅游市场，扩大海丰旅游知名度。

【旅游设施建设】 稳步推进旅游景区基础设施建设，重点抓好海丰红宫红场红色经典旅游景区基础设施改造工程、海丰县第一区苏维埃政府旧址复建工程、陈炯明都督府二期维修和布展工作以及海丰红宫红场旧址纪念馆和彭湃故居等景区联合申报国家AAAA旅游景区等旅游项目建设。根据省、市《关于组织申报2017年广东省旅游发展专项资金（用于旅游扶贫）项目入库的通知》（粤旅办〔2016〕377号）要求，推选海丰红宫红场、大湖高螺村、平东大塘村申报2017年旅游扶贫专项资金（旅游厕所）并获通过。

【旅游业诚信体系建设】 贯彻落实上级关于质量工作决策部署和海丰县“双创”工作会议精神，制定《海丰县文广新局（旅游）开展质量强县工作实施方案》，引导和规范旅游企业诚信经营行为，会同有关部门开展“诚信饭店”“诚信旅行社”等评选活动，并切实推进海丰红宫红场红色旅游先进标准体系试点工作。

【旅游发展规划修编】 根据《海丰县旅游发展三年计划》和旅游发展四个专项规划设计，完成《海丰县旅游发展总体规划（2016–2030）》编制初稿。

【住宿、餐饮业】 2017年，海丰县拥有各类旅游住宿设施121家，其中四星级旅游饭店1家、三星级旅游饭店5家，高标准商务酒店10家。

（吴楚端）

金　融

综　述

2017年，海丰县金融机构深入学习贯彻党的十九大精神和党中央治国理政新理念，全面贯彻落实党的十八届五中、六中全会精神和习近平新时代中国特色社会主义思想，认真践行“两学一做”学习教育，围绕全国金融工作会议精神和上级行工作安排部署，立足海丰实际，主动适应经济新常态、党建新常态和法治新常态，坚持稳中求进，开拓创新，把改革创新贯穿于各个环节，改进信贷管理和服务方式，合理均衡发放贷款，切实优化信贷结构，加大对“三农”、小微企业、新兴产业和扶贫助学等社会经济薄弱环节的支持力度，营造良好的金融生态环境，促进海丰经济健康持续发展。2017年，全县共有17家金融机构，其中银行业金融机构6家、保险类业融机构9家、证券业金融机构1家、小额贷款公司1家。全县金融从业人员达930余人，其中银行业从业人员达810余人。

银　行

【中国人民银行海丰县支行】 中国人民银行海丰县支行（简称人行海丰支行）成立于1987年，是中国人民银行的派出机构，行政由汕尾市中心支行垂直管理，机构行政级别为正科（局）级。同时设置国家外汇管理局海丰县支局、中华人民共和国国家金库海丰县支库，是一套人马三个机构的单位。支行下设4个股室：办公室、综合业务股、会计国库股、外汇管理股。2017年招募1名新员工，共有在职工作人员27人，在职员工平均年龄45周岁，其中本科及以上学历15人、大专及以下学历12人；中共党员29人，其中在职党员15人；获得中级经济师职称3人，初级经济师职称7人。

扎实开展党建工作，严肃党内政治生活 2017年，人行海丰支行以“两学一做”学习教育为契机，认真落实“三会一课”制度，制度化常态化开展“微党课”“周学习”等活动，进一步严密党的组织体系、严肃党的组织生活、严格党员教育管理，严明党建工作责任制，使每位党员在严格的党内生活中锻造政治品格、培养规矩意识、增强党性修养，进一步夯实基层党组织的战斗堡垒作用。

贯彻落实全面从严治党，扎实开展党风廉政建设 严格贯彻落实全面从严治党的要求，坚持把纪律和规矩挺在前面，实践运用好监督执纪“四种形态”，制度化常态化开展纪检廉政谈话提醒制度，加强对党员干部的教育管理，积极推动党风廉政建设。

落实稳健货币政策，助力经济良性发展 一是以全国金融工作会议精神为引领，严格贯彻落实稳健货币政策。2017年，人行海丰支行认真学习贯彻全国金融工作会议精神，充分认识海丰经济金融发展的优势与不足，主动适应经济发展新常态，通过加强金融信息交流平台建设、综合执法力度和金融知识宣传力度，加强改进窗口指导，严格执行稳健的货币政策，围绕“服务地方经济发展”这个主线，进一步提高金融机构对实体经济的支持力度，有效支持县域经济发展。2017年海丰县金融运行总体态势稳步增长。据统计，全年金融机构存款总额227.73亿元，同比增幅7.50%；贷款总额108.19亿元，同比增幅11.60%。其中：各金融机构上级行投放到海丰辖区贷款余额27.51亿元，涉农贷款余额29.59亿元，小微企业贷款余额23.43亿元。县级一般预算收入7.68亿元。涉外收支总额35585万美元，其中涉外收入为27989万美元，涉外支出为7596万美元，资金呈净流入状态，净流入金额20393万美元。货物贸易出口金额39215万美元，同比降幅16.52%；进口金额7830万美元，同比降幅38.03%；出口收汇26216万美元，同比增幅11.35%；进口付汇6082万美元，同比降幅33.81%。跨境人民币结算总金额4.73亿元。二是搭建政银企交流平台，提升金融服务实体经济质效。为解决政银企交流不畅，信息不对称的问题，人行海丰支行积极整合政府相关部门和辖区金融机构资源，主办《海丰金融快报》。三是推动普惠金融发展。积极开展移动支付在县域的推广工作和精准扶贫工作，配合县委、县政府的工作部署，安排专人为扶贫挂钩点的平东镇谷兜村建档立卡，为贫困户提供物质帮助和精神慰问，结合贫困户的实际情况开展帮扶活动，建立助农取款点，便利农民生活，争取尽早实现“三年脱贫”的工作目标。完善海丰县综合征信中心建设，加快农户信用体系数据录入和完善，为中心的运作提供技术等方

面的支持，推进“三农”经济健康发展。四是深化金融生态环境建设，加强与政府、金融机构和海关等部门的合作，组织召开金融系统风险隐患会议、海丰县金融平安建设工作会议和小微企业金融服务会议等，积极引导辖区金融机构增强对实体经济的扶持力度，逐步缓解小微企业融资难的问题，建立适合辖区特色的信贷融资模式，构建良好金融生态环境。

加强金融消费权益保护工作建设　针对特定人群积极开展金融知识宣传活动，不断提高金融消费者的金融知识和维权意识，全年共开展30余场主题宣传活动。加强对辖区金融市场秩序的监测和处置，定期对金融风险隐患进行排查

整章建制，强化内部管理　坚持依法行政，依法治行，制订《中国人民银行海丰县支行集中采购管理实施细则》和《中国人民银行海丰县支行零星采购管理暂行办法》，修订完善《国家外汇管理局海丰县支局内部控制汇编》，使人行海丰支行进一步规范办理、透明办理各项业务，充分发挥法治在履行基层央行职责中的引领、规范和保障作用。

加强学习培训，不断提升履职能力　2017年，人行海丰支行进一步加强党员活动阵地建设，积极发挥基层党组织战斗堡垒作用，注重加强对干部职工业务、党务和纪检等各方面学习培训，以学促建，以学促进，不断提高干部职工综合素质，以适应经济新常态下基层央行业务的需要。注重抓计划，组织安排各类专题培训。注重抓执行，建立“周学习”制度，注重抓实效，多形式丰富机关文化生活。

凝人心聚人气，共建和谐支行　2017年，人行海丰支行通过开展覆盖全员、丰富多彩的清风廉韵徒步活动、喜迎十九大等主题活动，营造良好的履职氛围，保持干部职工昂扬向上的工作激情和精神状态，提升履职水平和能力。培育积极向上的基层央行文化，营造积极向上的央行文化氛围，让干部职工在活动中进一步坚定理想信念，增强团结合作精神和昂扬向上的精气神，在工作中立足本职，勤奋工作，更好地为人民服务，为基层央行工作。

（洪茜娜）

附：2017年中国人民银行海丰县支行领导名录

行　长：黄水亮

副行长：李锦泉

【中国农业银行股份有限公司海丰县支行】 2017年，农业银行海丰支行以党建为统领，以拨备后利润为目标，以“带好队伍，提振士气；紧盯同业，提升份额”为主线，抓牢“一个重心、两项基础”。领导班子团结协作，以党的十九大精神和习近平新时代中国特色社会主义思想为指引，带领全行员工艰苦奋斗，奋力拼搏，外拓市场，内抓管理，加强基层党组织建设，大力加强精神文明建设，继续全面贯彻落实中央八项规定，强化党风廉政建设工作，保持全行各项业务稳步健康发展。至2017年底，本外币各项存款余额28.13亿元；人民币各项贷款余额11.84亿元；全年实现中间业务收入1917万元；实现拨备后利润5041万元；实现不良贷款和信用卡不良的双下降。

存款业务　2017年，农业银行海丰支行认真开展提高金融服务水平工作，以“两学一做”常态化制度化学习教育工作为契机，坚持以客户为中心，多策并举，大力夯实客户基础，充分发挥网点服务能力，开展“不规范经营”专项治理活动，提升规范化经营水平加强网点金融服务。推进网点软、硬件转型，不断提升服务质量。深入乡村现场办理社保卡激活，开展惠农“村村通”转账电话、个人网银等群众喜爱的农行特式产品的营销。通过落实各种措施，全行各项存款继续保持快速增长，增量和增幅均创历史新高。至2017年底，本外币各项存款余额28.13亿元，比年初增加3.1亿元，增长12.35%。

贷款业务　2017年，农业银行海丰支行继续以海丰县城为中心，东联可塘、公平、西接梅陇、鲘门、小漠、鹅埠等重点乡镇，明确产业定位、客户定位，充分发挥县域“三农”业务发展主流银行的作用。①加大对县域中小企业营销力度。有的放矢的支持县重点项目建设，支持地方经济发展。②积极开拓县域房地产业务领域。重点营销县城地区新开发的优质大型一手楼盘。大力发展一手楼按揭业务。③以海城、可塘、梅陇三大专业镇为重点，全力打造三大专业镇资产业务。④加大“三农”业务工作力度，“三农”业务得到稳步发展。一是积极探索以“公司+基地+农户”模式，带动惠农卡的批量发卡。二是推广“项目带动、批量发卡”的营销模式，提高惠农卡发行量和覆盖面。三是创新担保方式，在风险可控前提下，积极开展农户生产经营贷款和农户小额贷款业务。至2017年底，人民币各项贷款余额11.84亿元，比年初增加3.18亿元，增长36.65%；全年累计发放贷款4.49亿元，累计收回贷款1.74亿元。不良贷款率0.10%，比年初下降0.05个百分点。

中间业务　2017年，农业银行海丰支行大力发展保险、债市宝、贵金属业务、基金业务、电子银行等新兴中间业务，中间业务收入大幅度增加。全年实现中间业务收入1917万元，比2016年增加198万

元，增长11.52%。

内控管理　一是明确案防责任，认真落实一把手责任制和逐级案防职责要求，加强风险点研究，各项业务工作的开展以风险防控先行，组织制订工作计划，确保案防工作落实到位。二是以“三线一网格”为抓手，加强基础建设和检查，强化合规纪律教育与监管，开展员工异常行为排查和自律监管。

（许竞跃）

附：2017中国农业银行海丰县支行领导名单

行　长：王陆平

副行长：范少展

吕辉星（4月起任）

田智为（7月起任）

叶友粒（任至4月）

黄培良（任至1月）

【中国工商银行海丰支行】 2017年，中国工商银行海丰支行（简称工行海丰支行）全面落实从严治党、从严治行要求，积极主动应对复杂多变的外部环境，进一步深化细化“四大标杆”和“四大理念”，压实“五个第一责任人”，结合区域经济发展和投资热点，坚持以客户为中心，持续加强过程管理，积极推动全面从严治党从严治行向纵深发展，努力提升服务实体经济质效，进一步提升客户综合服务水平，增强市场竞争力，强化内控管理，确保各项业务的安全运营，巩固系统和同业领先优势。全年实现贷款余额39.33亿元，存款余额47.35亿元，存贷款规模继续保持同业第一。工行海丰支行各项金融业务得到快速发展，在同业竞争中继续保持领先，其特点：一是坚持大中小并举，大力发展普惠金融，积极推进提高金融服务实体经济能力；二是加大网点智能化改造，全面提升网点服务质量和服务效率；三是因势利导抓利润，精心算账减拨备，确保完成全年经营目标；四是扬长避短扩渠道，稳打稳扎保增长，各项存款继续保持市场第一；五是全面落实大零售、大资管战略，公私联动，多点开花，实现经营转型关；六是内控管理上台阶，确保全年安全运营；七是加强党风廉政建设，深入落实党的十九大精神。

机构网点　工行海丰支行坚持以“诚实、公正、稳健、创造”的核心价值观，不断创新，追求卓越，是一家服务功能齐全、服务手段先进、公众信任度高的国有股份制银行。2017年，海丰区域设海丰支行营业部、东门头支行、华夏支行、城北支行、城东支行、公平支行、梅陇支行7个营业网点。办理存款、贷款、结算、信用卡、理财、贵金属、外汇结算业务及各种代收代付、代发工资、保险代理、代销基金等金融服务。在渠道建设和普惠金融方面，一是加大ATM取款机和CDM存取款一体机的投放力度，全县累计投入ATM机具13部，CDM机具30部，累计投资达到90万元，成为县内投放最多的银行。二是加快智能化网点改造，至年底，工行海丰支行已经先后投入产品领取机、智能终端、自助回单机、自助终端和网银机40部，完成全部网点的智能化改造，其中2017年新增智能机具16部，投入资金10余万元，全面提升网点智能化服务水平，极大改善客户金融服务效率和体验；通过智能化设备的整体配套协作，全部非现金业务均实现机具在线办理，为客户节省大量时间成本。三是加大老旧网点的升级改造工作，先后对城东支行、东门头支行和城北支行进行升级改造，投入资金20万元，优化网点格局，提升金融服务体验。四是启动支行营业部装修工程。2017年11月，工行海丰支行正式启动支行营业部重新装修工程，预算投入125万元，新装修网点将调整布局，优化结构，将极大提升金融服务水平；五是调整人员结构，配备客服经理。2017年，工行海丰支行对辖内全部网点人员构成进行优化，全部配备客服经理，进一步提升网点服务软实力。

存贷款业务　2017年底，工行海丰支行本外币各项存款余额为47.35亿元,比年初增加6.43亿元。其中：本外币储蓄存款余额达到37.5亿元，比年初增加3.85亿元。本外币各项贷款余额39.33亿元，比上年末增加2.66亿元。公司贷款余额13.78亿元，比2016年末减少1.59亿元；个人贷款余额25.55亿元，比年初净增4.25亿元，存量、增量排名同业第一。

个人金融业务　至12月底，个人有效客户数25.14万户，比年初增加1.99万户，其中100万元以上的高端客户净增94户，比2016年同期增加81%。个人金融资产总余额超过47.64亿元，比年初净增近6亿元。个人客户核心产品渗透率达64%，较2016年度增长7个百分点。

智能化银行　工行海丰支行在信息化、智能化建设方面不断加快部署，一方面通过网点智能化改造，加大智能设备投入，提升基础服务能力；另一方面依托发展互联网金融的重要战略，打造工行“融E联”“融E购”和“融E行”平台，着力打造银行系互联网特色金融竞争业务。2017年，工行海丰支行积极按照上级行打造智能化银行的总体战略部署，先后实现辖内网点智能化，不断加大互联网金融营销和宣传，为下一步加快银行信息化、智能化服务打下良好基础。

内控管理　2017年，工行海丰支行通过树立“三种意识”，筑牢“三道防线”，强化内控管理和案防工作，全年实现“三无”目标，继续保持内控评价一类行。一是开展好内控合规“执行强化年”主题活动。牢固树立“三种意识”、筑牢“三道防线”。内控案防工作贯穿于银行经营发展的全过程，要求各部各网点必须长抓不懈，努力提高全员内控案防意识，进一步筑牢内控案防基础。确保新的一年实现内控案防“三零”目标。二是认真深入贯彻“合规为本，全员有责，风险可控，稳健高效”的合规文化“十六字”核心理念，结合合规“执行强化年”主题活动，深入开展“两加强两遏制”回头看和“十大重点领域和关键环节”风险治理活动，认真仔细做好安全生产、反洗钱等日常工作，确保内控评价一类行地位。三是加强员工思想动态排查。认真开展内控案防主题教育活动，继续开展反赌禁赌活动，将赌博行为作为员工不触碰的红线，防止员工参与民间借贷、赌博和投资过度引发案件。

党建工作　抓好队伍廉洁自律，促进银行各项业务的发展。一是进一步加强党风廉政建设，贯彻落实中央的“八项规定”，加强组织学习党中央和总省行党委重要文件，以完善惩治和预防腐败体系为重点，明确各网点在廉政建设和案件防范工作中的责任，有效预防职务犯罪，从意识形态上切实加强道德风险防范，确保全行党风廉政建设和反腐败工作任务的落实。二是进一步加强队伍建设，不断提升员工队伍凝聚力。结合“服务口碑新变化 喜迎党的十九大”主题活动要求，开展“党员服务先锋岗”百日活动，通过党员讲党课、佩戴党徽上岗服务、评比“党员服务先锋岗”等具体活动内容，发挥党员干部在客户服务过程中的先锋模范作用，提升客户服务水平；持续完善干部管理机制，做好干部考核与管理工作。三是加强“共创共健共享”家园文化建设，关心关爱员工，进一步增强员工队伍凝聚力。

（林泽程）

附：2017年度中国工商银行海丰支行领导名录

行　长：杨锡欣

副行长：罗小雄　白　鹏　郑佩琼

【中国建设银行股份有限公司海丰支行】 2017年，建行海丰支行全面贯彻落实省分行党委、市分行党委的工作部署，围绕“转型发展、升级进位”核心要求，在规范经营和确保安全的基础上，以党建工作为主线，“补短板、提份额”为工作重点，推动各项业务向好发展。合规经营能力得到有效提升，经营管理呈现更加良好发展态势，为建行海丰支行下阶段可持续、健康发展奠定坚实基础。较好地完成2017年各项工作任务目标，实现安全运行及业务稳健、持续地发展。

机构网点　中国建设银行坚持以“诚实、公正、稳健、创造”核心价值观，不断创新，追求卓越，是一家服务功能齐全、服务手段先进、公众信任度高的国有股份制银行。海丰区域设建行海丰支行、广富支行、附城支行、红城支行、龙津支行5个营业网点，并配置5个附行式自助银行区，在可塘镇、公平镇设立离行式自助银行。主要业务办理本外币存款、贷款、结算、信用卡及各种代收代付、统发工资、保险代理、代销基金等金融服务。

存贷款业务　建行海丰支行不断探讨客户服务和业务发展之路，确立市场份额和发展增速实现“双确保，双提升”的工作思路，保持存款和贷款业务稳步快速发展。除发展传统存款业务之外，根据不同客户需求、客户的风险承受能力和客户偏好为客户提供不同的、有针对性的投资理财产品，在期限、收益、风险等给客户宽广的选择空间，使客户在银行得到投资增值。建行海丰支行为地方政府、企业和个人提供信贷支持，为方便个人客户在“衣、食、住、行”方面资金需求，从小额的信用卡个人消费、快贷、龙信贷、购物分期付款，到住房贷款、消费贷款以及个人助业贷款，都为个人客户提供便捷高效的信贷支持。2017年全口径存款新增同业排名第一，为海丰地区的经济建设和民生发展作出应有贡献。

中间业务　除保持传统存款结算和贷款业务以外，建行海丰支行努力创新产品，拓展新的业务增长，如代客理财，代收代付，代理保险，代售基金、黄金、股票，代理国债销售，以及投资银行业务，跨境人民币结算，国际外汇结算，贸易融资，信用卡分期，电子银行，百易安等业务，使中间业务得到稳步发展。

金融服务　建行海丰支行一贯践行“以市场为导向，以客户为中心”服务理念，注重细节管理，精心打造“优质服务、客户满意”的服务品牌。积极投入三综合网点建设，从人员的岗位定编到窗口的设置均进行重新定位，促进综合柜员、综合网点、综合营销团队建设的深入开展。在营业网点的择址和装修上加大资源投入，不断改善营业场所的环境建设，完善服务设施，为客户创造优美舒适的服务环境。2017年，在传统的柜台金融服务基础上继续投入推出智慧柜员机、24小时自助银行设备和网上银行、手机银行、电话银行，为客户提供优质方便的网络服务。积极开展“送金融服务下乡”活动宣传反假、识假；为公平、可塘、海城等逾百个企业和商户提供代发工资、电子银行产品配送、结算E办理等金融服务，得到广大客户好评，为发展地方经济，普及金融知识和提升企业经营作出应有贡献。

外汇管理　建行海丰支行严格按照外汇业务监管部门要求，稳步发展外汇业务。经过业务拓展，除发展传统个人、企业外汇结售汇、跨境人民币结算业务外，还不断加强贸易融资产品的创新与拓展，2017年贸易融资有信用证、海外代付、托收、国外保函、即（远）期结售汇、外汇买卖等业务。外汇业务在海丰区域已占据较大市场，国际结算业务量逐年上升。

内部管理　2017年，建行海丰支行把“抓党建”放首位，“两学一做”“三个走进”紧密结合，形成推动转型发展的强大合力；抓员工素质培养，促服务水平提升；抓指标管理，推进业绩提升；抓管理保安全。根据上级行的工作部署，积极投入网点三综合建设，从人员的岗位定编到窗口的设置进行八岗位定编，明确岗位职责，规范综合柜员、综合网点、综合营销团队建设，以传帮带方式提升新行员业务水平、服务水平和操作技能。对公柜台设立低柜业务，调整高柜柜员到低柜办理非现金业务，从而保证每个营业日对公、对私低柜业务均有柜员办理业务，方便客户办理业务。

（刘小舟）

附：2017年中国建设银行股份有限公司海丰支行领导名录

行　长：于晓红（任至2月）

叶映明（2月起任）

副行长：刘小舟

【中国银行海丰支行】　2017年，中行海丰支行在上级分行党委的正确领导下，认真学习贯彻落实党的十九大精神，围绕“担当社会责任，做最好的银行”战略目标，依法从严治党、从严治行、全面贯彻上级行“树清风、扬正气”党建引领主题教育活动精神，按照“三比三看三提高”工作要求，落实“两增一控”重点工作，强化全行党员干部责任担当意识，树立依法合规长效发展经营理念，严控风险、提升效益，全力以赴推进各项经营管理工作，坚定不移服务实体经济，支持地方经济发展，积极履行社会责任，促使可持续发展能力得到进一步夯实和提高。

狠抓经营管理　为破解发展难题，中行海丰支行领导班子通过认真调研市场，努力摸索长期发展思路，对全行经营发展进行长远规划、谋篇布局，制定出全年奋斗目标，提出切实可行的发展策略，并将这一目标及策略及时讲解传导至基层机构和所有员工，由各单位制订详细措施逐步推进落实，同时要求员工转变观念、树立信心，提振士气、凝精聚力，加压奋进，追赶超越，以良好的精神状态投入到工作中，为海丰支行长效持续稳健发展增砖添瓦。至2017年底，中行海丰支行扭转发展颓势，实现人民币存款汇总39.36亿元，比2016年底净增2.68亿元。

积极拓展市场　2017年，中行海丰支行围绕上级行工作重点，制定相应工作措施：一是进一步明确存款立行核心地位，提出全量获客创新思维，形成全行上下人人关注存款氛围；二是成立一支具备战斗力的外拓队伍，扎实推进公私联动营销工作，为抢夺市场攻城拔寨；三是丰富基层机构金融产品，强化功能，进一步提升基层网点市场竞争力。至年底，中行海丰支行重点产品如卡分期付、个人代发薪、保险基金、ETC粤通卡等业务发展迅速，有效提升非息收入。

夯实业务发展基础　2017年，中行海丰支行建立公私联动机制，加强外拓营销力度，利用产品下沉机遇，不断夯实客户基础。通过维护好存量大客户，实现该年度国际结算量1.33亿美元，在海丰区域取得领先地位，确保实现全年国结市场份额争第一目标。同时进一步优化公司存款客户结构，经过不同层级的不懈公关营销，争取到威翔航空、华耀城项目成功落户。该批项目的陆续落地，将改变海丰支行公司存款及授信业务的单一格局，促使综合效益快速持续增长。

党建、党风建设　中行海丰支行原来仅设有行政支部与营业支部，为了规范基层党支部的党内政治生活，强化基层党建工作，支行以各部门、网点为单位建立7个党支部，同时严格落实党支部“三会一课”制度，不断完善支部建设和支部生活。2017年，中行海丰支行深入贯彻落实党中央和上级党委决策部署，持续深化推进“两学一做”和党员先进性学习教育活动，组织开展“党建引领扬正气”“守纪律讲规矩”系列教育活动，深入学习习近平总书记系列重要讲话精神和党章党规，全面开展理想信念教育，大力加强党性党风党纪教育，牢固树立“四个意识”，并积极开展党员示范岗创建活动，通过“亮身份、做承诺、担责任”，做好党员先锋模范表率，立足岗位作贡献。以党建共建引领业务发展，通过党建共建模式与政府、企业、同业等单位搭建资源共享、文化共享的平台，实现以党建引领业务发展，推动各单位继续保持与该行的全面合作关系，创建良好的发展前景。结合“两学一做”学习教育，持续深入开展“守纪律讲规矩”系列教育活动和推进廉洁文化建设工作，通过组织学习党规党纪、“32条禁令”、案例通报、廉政教育读本，组织观看中纪委《巡视利剑》电视专题片、组织网上党章党规党纪和廉政知识考试，加强法纪教育和廉政教育，增强员工遵纪守法观念，实行廉政教育常态化。同时加强监督检查，严守中央八项规定精神和反“四风”要求，并以固化理念、规范行为、打造队伍、建设阵地、营造氛围等举措，积极推进廉洁文化建设，构建廉洁从业长效机制，以廉洁文化驱动强大的内生动力，助推实现发展战略目标。

强化内控防案　一是广泛开展系列教育活动，提升全体员风险意识。以晨会、集中学习讨论、个案教学、观看教育片等多种形式，持续向员工开展廉洁从业、警示教育，不断强化员工的纪律规矩意识。二是积极开展员工家访和异常行为排查工作。根据分行《员工涉嫌赌博问题专项整治工作实施方案》和内控管理要求，逐级落实员工家访工作，推动员工家属和银行联动，共同创建无赌家庭、无赌银行，树立新风尚、倡导新生活。三是开展“重塑合规2017”内控案防专项治理活动。对员工异常行为、存款业务、违规代销、业务真实性、贷款管理等内容开展检查,并进行“穿透测试”。同时发动员工围绕省行梳理的34项新产品新业务内容结合实际操作查找风险点，查找新产品新业务在推广实施过程中是否存在制度空白、风险漏洞和流程缺陷，以及控制叠加、流程冗余、信息割裂等方面的问题。四是定期召开专题会议，建立沟通点评机制，为辖内机构派驻业务经理提供履职汇报、协调解决相关问题的议事平台。

精准扶贫工作　根据海丰县委、县政府有关精准扶贫工作的要求和总体部署，以及帮扶单位结对帮扶工作目标评价考核要求，结合扶贫对象的实际情况，中行海丰支行制订工作计划、方案、措施，明确分管领导、责任落实到人。海丰支行全体帮扶干部牢记职责使命，积极投身扶贫工作，多次和海城镇干部、村两委干部一道进村入户，了解掌握贫困户生产生活情况和困难需求，将惠农、利民政策宣传到户，为贫困户问诊把脉，协助每个有劳动能力贫困户申请产业、就业帮扶启动资金，寻求脱贫门路。中秋节和春节期间，全体帮扶干部对帮扶对象家庭进行一对一的走访慰问，送去粮油、大米、慰问金，及时助其解决家庭生活上面临的暂时困难，助其树立致富的信心。

反洗钱工作　鉴于较为活跃的国内资本市场，中行海丰支行严格遵照人民银行和上级行有关反洗钱工作的各项要求，贯彻落实反洗钱工作方针措施，狠抓内部管理，扎实开展反洗钱各项工作，有效防范和遏制洗钱行为。同时为普及反洗钱法律法规，增强全行及社会各界反洗钱意识，积极开展反洗钱宣传工作。

构建优质金融服务体系　为提高全体员工服务意识，保护客户资金安全，自觉主动维护客户合法权益，中行海丰支行组织全体员工充分利用班前班后时间认真学习新《消费者权益保护法》等法规法规，提高全体员工服务意识，自觉主动维护金融消费者合法权益。在辖内各网点机构专门设立“3·15”咨询投诉台，认真解答消费者相关问题，畅通维权渠道。同时向客户派发有关金融消费者权益保护宣传手册及金融知识宣传资料，向金融消费者宣传“新消法”规定消费者享有的“安全权、知悉权、选择权、公平交易权、索赔权、受教育权、受尊重权”等权利和争议解决方式，使金融消费者进一步准确理解自身的各项法定权利，引导金融消费者理性维权。面对电信诈骗不法分子不断推陈出新的骗术，海丰支行积极担当社会责任，不断延伸服务触角，加强客户自我防护意识，全方位推进客户金融知识普及教育。按照人民银行要求，积极开展“金融知识普及月”活动，组织人员深入社区，向过往群众发放宣传资料开展金融知识宣传，接受群众对金融知识的咨询，并围绕存贷款、信用卡、借记卡、支付结算、征信、人民币反假、理财投资、电子银行、外汇、金融消费者权益维护、非法集资等知识进行宣传讲解，同时还就如何防范电信诈骗等问题，用通俗易懂、易识易记的方式进行普及宣传，引导广大群众科学合理使用银行产品和服务，提升消费者保障自身资金财产安全意识和能力。

（庄多思）

附：2017年中国银行海丰支行领导名录

行　长：陈清波（任至1月）
　　　　余小津（5月起任）
副行长：何秋生　李志斌
　　　　王子逵（任至6月）
　　　　曾辉建（6月起任）

【中国农业发展银行海丰县支行】　中国农业发展银行海丰县支行（简称农发行海丰县支行）是海丰县唯一一家国家农业政策性金融机构，以服务“三农”为根本宗旨。农发行海丰县支行直接受中国农业发展银行汕尾市分行领导，属正科级单位；内设办公室、信贷业务部、会计结算部3个部室；行长

1人，副行长1人，2017年有在编员工19人。农发行业务范围持续拓展、金融产品不断丰富，已向“三农”各个领域延伸，除继续承担粮棉油收储信贷业务外，业务范围已拓展到农村路网水网建设、农田水利设施建设和改造、农业生产基地开发、农业生态环境、新农村建设以及改善农村人居环境建设、农村土地整治及农民集中住房建设等方面的资金需求，形成全方位、宽领域、深介入的支农格局。

多方位信贷支农　2017年，在面对国家政策调整的影响下，农发行海丰县支行主动适应挑战，不断调整思路，多措并举，在各项业务发展总体保持平稳的基础上，力争稳中有进。一是继续发挥好政策性主导作用，夯实传统信贷业务，及时足额保障地方储备粮油轮换、地方储备粮增储的信贷资金供应，实现粮油储备库存安全封闭运行。二是加强与政府有关部门沟通和协商，积极营销新农村土地整治、农村路网建设、教育基础设施建设等项目贷款，成功营销海丰县产业转移工业园2015年度农村土地整治项目和海丰县建海基础设施建设投资有限公司的海丰县城莲花大道工程项目和2016年海丰县学校建设项目等3个项目总贷款金额8亿元，取得农发行省分行获批实现贷款发放，促进海丰城乡发展一体化，完善区域公路网，推动海丰创建教育强县提供资金支持，多方位支持海丰经济发展。

存款组织成效凸显　农发行海丰县支行针对政策性银行存款增长缓慢的实际，强化员工存款组织意识，采取高层营销方式，行领导多次带领信贷业务部人员上门拜访有关部门，积极与相关开户单位及企业沟通和协调，进行宣传发动和攻关工作，存款组织成效凸显。2017年，各项存款日均余额达12553.92万元，同比增加2186.92万元，增长21.10%。

深化合规管理　2017年，农发行海丰县支行按照银监会和总行文件要求，积极组织开展“三违反”“四不当”“三套利”和市场乱象整治工作，把自查自纠工作与各项业务检查结合起来,对各类业务、重点环节和重点岗位全面进行合规风险排查，查找易发生违规的环节、关口和节点。树立合规理念，深化合规管理，确保稳健经营；开展征信数据质量专项治理和征信合规自查，进一步提升全行征信数据质量，确保征信合规；积极开展信贷队伍建设年活动。2017年是农发行信贷队伍建设年活动的开局之年，信贷队伍建设成效突显。一是建立全行员工学习长效机制，提升自身业务知识。二是建立提升信贷财会基础管理水平长效化机制，夯实信贷财会基础管理，增强员工合规意识，提升制度执行能力，有效防范各类风险，促进各项业务可持续发展。

党建工作　2017年，农发行海丰县支行深入开展学习党的十八届五中、六中和十九大精神，党员领导干部以身作则，把全行干部职工思想统一到以习近平为核心的党中央周围，按照上级行党委对党建工作的部署要求，以习近平新时代中国特色社会主义思想为指导，推动全行党的思想、组织和作风建设，狠抓干部职工思想政治工作，创造全行风正、气顺、心齐、劲足、绩优的良好局面。

（林远辉）

附：2017年中国农业发展银行海丰县支行领导名录

行　长：黄鸿胜

副行长：黎小青

【中国邮政储蓄银行海丰县支行】 2017年，中国邮政储蓄银行海丰县支行内设综合管理部、个人金融部/三农事业部、公司业务部。下辖营业部1个、网点21个（含代理），有干部职工67人，高等学历占总人数95％以上。邮政储蓄银行海丰县支行坚决贯彻县委、县政府和上级的指导思想和经营方针，努力完成上级行下达的各项任务；一手抓内控管理、一手抓业务发展和服务质量；积极推进企业转型，充实产品线条，强化金融服务能力，扶持农村小微经济体发展壮大。至2017年底，邮政储蓄银行海丰县支行自营网点个人储蓄存款余额超7亿元，全县邮政金融个人储蓄存款余额35亿元、公司存款余额2.9亿元，全年累计发放各类贷款共4.03亿元。全年完成业务收入6000多万元。在全县已设立ATM机43台、POS机和商易通超百台；在县城中心地带设立5个标准24小时自助银行。

提高县域网点服务能力　2017年，邮政储蓄银行海丰县支行继续坚持面向“三农”、服务大众、服务中小企业的战略定位，以服务民生事业为基础，以“支持百姓创富”为主线，形成独具特色的“普惠金融”“大众金融”发展道路。大力推进网点、电子渠道建设，改善金融服务配套。各网点在严格遵循金融机构安全防范规定和上级有关设施标准的前提下，大力改善服务环境，提高客户使用柜面服务的舒适性，促进农村金融服务水平的提升。拓展银行卡业务，普及自助服务。在前台业务办理环节着重宣传的影响下，信用卡、特别是借记卡的发行量大幅提升，配合支行POS机、ATM的大规模投放，农村地区的自助交易有明显提高，降低窗口服务压力，间接改善服务质量。

开展规范化服务　2017年，邮政储蓄银行海丰县支行积极发挥网点优势，大力发展小企业贷款、商务贷款、小额贷款及城镇零售信贷服务：一是把小额贷款作为长期战略性核心产品，在全县创造“连锁店+信贷作坊”小微融资服务模式。二是深入开发行业线条，各专业结合专项营销活动，与各部门联动，大力发展公司业务。如在与海富豪庭、锦溪城、金山名城、剑虹商场等大型楼盘合作时，将邮政储蓄银行海丰县支行的公司存款、一手房贷、结算业务等集合营销，带动各项业务共同发展。三是与县中小企业局和行业协会合作，主动引导各商户或企业深入了解支行信贷服务，拓宽其融资渠道，提高邮政银行贷款对“三农”经济扶持力度。通过政府担保资金建立和完善对中小企业、农户等信贷弱势群体的担保机制，解决农户、中小企业融资难现状。在做好业务发展同时，积极做好资产风险管控，较好地控制信贷风险。

2017年，邮政储蓄银行海丰县支行贯彻落实服务质量提升工作，每周、每季、半年等周期性突击检查制度，抓好优质文明服务，同时配合好上级做好各项服务质量提升工作。支行窗口规范化服务工作取得较大进步，硬件设施得到完善，软件实现较大改善，服务水平得到客户认可，在上级行规范化检查中多次达到良好水平。此外，完善对公业务平台，专注资金归集服务，积累对公存款规模。成功拓展双桂村征地补偿款2200多万元，华中附中二期和鹅埠园林绿化2项目进账3400万元，为支行储蓄余额持续稳步增长提供动力。加大参与市场竞争力度，以财政、公共事业局、社保、医院等单位作为重点攻坚目标。行领导为首席营销员，对各主要项目立项分析、推进和解决困难，相关项目取得新突破。同时，通过切实做好营业网点柜台基础服务、虚心学习公司业务，真诚对待客户，将金融服务工作落到实处。

规范经营管理　一是完善风险管理体系，健全“风险联络员、反洗钱联络员、资产保全队伍、合规经理”等合规队伍。二是充分发挥邮政和银行两个“控管会”运作作用，协商解决邮银问题，督促落实各项内控制度和存在问题整改，堵塞漏洞，确保零案件发生，同时邮银每月召开对口部门协调会解决业务发展管理存在问题，共同推进各项工作，防范风险。三是严控资产质量。严控小额贷款、抵押贷款的逾期率和不良率，将逾期催收工作常态化，并采用分层递进式的上门催收作业模式，三天以内由管户信贷员和贷后岗催收，三至十天由信贷部经理带队催收，十天以上由支行清收工作组清收。四是开展“内控优化年”审计工作，改造网点安防设施，强化员工行为排查，加强案件防控工作，内控能力得以提高。全年没有发生安全事故，保证各项业务顺利发展。

加强党建工作　在省、市分行党委正确领导下，认真贯彻党的十八大关于创新基层党建工作、习近平总书记系列重要讲话精神和党的十九大会议精神，严格按照汕尾市分行下发的“关于开展基层党组织‘强基固本2.0’建设的通知”和“关于做好2017年度党建工作的指导意见”文件要求，以“夯实基层党组织建设”和“发挥党员先锋模范作用”为主线，围绕“抓党建、促发展”这个主题，切实加强党的思想、组织、作风、反腐倡廉和制度建设，推动党建工作创新争优，带领全行干部职工奋力拼搏、积极作为，积极开展党员活动日活动，2月和6月分别组织党员到海丰县红宫红场革命烈士陵园参加学雷锋志愿服务活动、海丰县革命斗争纪念馆等党员教育基地进行革命先烈事迹学习，9月利用周末时间组织党员进行野外徒步活动，有针对性地加强党性教育，突出抓好引导党员干部发挥好带头作用、骨干作用、桥梁作用。在党建和业务创收上取得较好成绩。

（蔡晓平）

附：2017年中国邮政储蓄银行海丰县支行领导名录

行　长：谢　雄

副行长：郑晓锋

【海丰县农村信用合作联社】　2017年，海丰县农村信用合作联社（以下简称“海丰联社”）围绕国家有关政策方针指引，积极主动适应经济金融发展新常态,坚持“稳中求进”工作总基调，深入践行支农支小、农村普惠金融服务和推动县域实体经济发展的经营宗旨，扎实稳妥推进经营战略转型升级，持续壮大综合发展实力。截至2017年底，海丰联社全辖共有营业网点27个，其中营业部1个、信用社15个、分社储蓄所11个，农村金融服务网点覆盖率100%。全辖在编员工356人，是海丰县金融服务网点分布最广、涉农信贷投放最多、农村普惠金融服务贡献最大的金融服务机构。

中间业务　截至2017年底，全辖累计对外发卡14.41万张；POS机商户存量360户，安装终端机具387台；自助设备存量45部；网上银行签约存量1.3万户；手机银行客户端存量2.75万户；电话银行签约存量1724户；短信通签约存量4.85万户，收单及发卡POS清算笔数8.89万笔，拓展鲜特汇收银台商户达2459户。

普惠金融建设　一是稳步推进供给侧结构性改革步伐。通过盘活存量贷款，用好增量贷款，扎实推进供给侧结构性改革，更好地服务于海丰县域实体经济发展;严格按照国家发展改革委及中国银监会《关于取消和暂停商业银行部分基础金融服务收费的通知》（发改价格规〔2017〕1250号）文件要求，规范服务收费，切实减轻客户负担，优化实体经济发展环境。二是深化基础金融服务。以深耕农村金融市场为导向，加大鲜特汇收银台、移动缴费业务等拓展力度，推进电子金融业务便捷化、多样化。截至2017年底，与红城中学、仁荣中学、黄羌中学、黄羌中心小学、黄羌林场学校、平东镇自来水公司、联社团委及联社党委签订协议；2017年对县辖鹅埠镇、梅陇镇、赤石镇、公平镇、可塘镇、赤坑镇等6个乡镇营业网点柜员机进行更新换代，并在鹅埠信用社、赤石信用社、鲘门信用社、公平信用社及龙津分社等5个网点投入使用BST（自助服务终端）5部，进一步深化乡镇基础金融服务全覆盖；认真落实助农取款服务点建设工作，大力推进助农取款服务向村级延伸。全辖已建有助农取款服务点97个，安装助农取款POS终端97部，基本覆盖全县236个行政村，惠及全县100%农户，有效构建支农、惠农、便农的支付绿色通道。三是加大支农支小服务力度。海丰联社积极贯彻落实国家有关政策指引，将信贷资源有效配置于“支农支小”，持续加大县域实体经济扶持力度。截至2017年底，涉农贷款余额11.82亿元，涉农贷款余额在全县6家金融同业位列第一名，小微企业贷款余额3.64亿元，小微企业申贷获得率为100%，确保小微企业贷款完成银监部门“三个不低于”要求。四是持续提升民生金融服务水平。继续加大“珠宝贷”“妇女创业小额担保财政贴息贷款”“自助循环贷款”等贷款项目营销推广力度，有效解决县域经济特定群体创业发展的融资难题。五是开展精准扶贫。积极做好挂驻村海丰县公平镇石示仔村相关扶贫信息资料完善工作，并在“广东扶贫”APP软件做好定位上传工作；积极响应政府精准扶贫号召，于2017年8月3日与海丰县扶贫开发领导小组办公室签订扶贫小额信贷合作协议，并出台《海丰县农村信用合作联社扶贫小额贷款实施细则》和《海丰县农村信用合作联社扶贫小额贷款业务尽职免责管理办法》。六是开展公众教育服务。通过开展各类公众教育服务，积极践行普及金融知识社会责任。先后组织开展金融消费者权益日系列活动、支付结算系列宣传活动、非法集资宣传月活动、2017年“信用记录关爱日”宣传活动、金融知识进万家、金融知识普及月等，切实提高广大人民群众金融知识水平。

产权改革 一是着力推进定向合作。海丰联社积极开展增资扩股工作，加强与定向合作方惠东、博罗两家农商行的协调沟通，扎实推进定向募股各阶段工作；与定向合作方开展人员交流，由博罗农商银行委派高管至海丰联社，进一步加深定向合作交流；积极深化与定向合作方的资本合作规模。截至2017年底，海丰联社存放惠东农商银行资金规模累计达到1亿元，实现资金收益298万元；存放博罗农商银行资金规模累计发生额达到1.4亿元，实现资金收益46万元。二是加快组建农商行工作步伐。海丰县政府在2017年12月26日完成成立农商行筹建工作小组、制定农商行组建工作方案以及召开农商行组建工作动员大会等3项工作，并成立工作小组，负责协助海丰联社农商行改制工作；于12月5日成立全面推进海丰县农村商业银行组建工作领导小组，明确改制工作任务，落实各层级改制工作职责；于12月6日召开组建农商行工作动员大会，动员全体干部职工积极投入到改制农商行工作中，并明确海丰联社各层级改制责任。

党建建设 一是积极推进学习型、服务型和廉洁型党组织建设。2017年，通过积极开展党费收缴工作专项检查、困难党员送温暖、“两优一先”评选活动、党员学习教育活动、“三纪”教育专题会暨廉政教育活动、十九大系列专题活动等，扎实推进新形势下党组织建设工作。二是深入推进党风廉政建设和治理商业贿赂专项工作。积极组织员工参与反赌博教育学习活动；严格执行《关于严格禁止利用职务上的便利谋取不正当利益的若干规定》等文件规定，建立反腐倡廉工作机制，实现从源头上预防腐败；深入开展整治不规范经营的自查自纠工作和非法集资排查工作。

企业文化建设 一是健全完善企业文化工作建设机制。通过积极深入开展省联社部署的企业文化组织领导建设、宣传体系建设和信贷、风险、法制、创新文化氛围的弘扬等建设工作，构建富有农信特色的企业文化工作新格局。二是积极开展各类文体及创先争优活动。2017年，海丰联社陆续组织开展“五月的鲜花”评优活动、“建功十三五 喜迎十九大”职工书法、美术和摄影作品征集活动、太极拳比赛、征信诗歌征集活动、汕尾市第三届银行杯羽毛球赛、汕尾市第一届银行杯足球赛等活动。获得2017年广东省农村合作金融机构太极拳比赛个人项目第二名以及团体项目最佳风尚奖、汕尾市第一届银行杯足球赛亚军、汕尾市第三届银行杯羽毛球赛第五名、征信诗歌征集活动优秀组织奖、团委委员邱建雄获省联社团委颁发的“十佳青年岗位能手”荣誉称号。三是优化员工队伍素质建设。2017年，海丰联社共择优录用15名本科及以上学历应届毕业大学生；积极推进员工持证上岗工程；通过企业内部培训和员工自主学习结合方式，继续推动和督导

各条线员工全面开展在线学习。抓好员工日常学习培训工作；先后组织开展各类培训班12期，参训人员628人次；开展业务技能比赛。组织开展海丰联社2017年柜台人员业务技能比赛，提高柜台人员业务技能水平。

（曾佳霖）

附：2017年海丰县农村信用合作联社领导名录

理事长：叶心怀

主　任：罗烈长

保　险

【中国人民财产保险股份有限公司海丰支公司】 中国人民财产保险股份有限公司海丰支公司（下称人保财险海丰支公司）是中国人民财产保险股份有限公司的分支机构，直属中国人民财产保险股份有限公司汕尾分公司管理，属于国有控股公司。人保财险海丰支公司主要开办的险种有：企业财产保险综合险、基本险，普通家庭财产综合保险，个人贷款抵押房屋综合保险，政策性农村住房保险，政策性水稻保险，机动车辆保险，公众责任保险，短期人身意外险、团体意外险、学生意外险，雇主责任险，基本社保医疗补充保险等。2017年保费收入首次突破5000万元，达到5048万元，同比增长22%，其中车险保费收入4308万元，同比增长19%，非车险保费收入740万元，同比增长47%。实现利润415.7万元。全年直接赔款支出约2774万元，简单赔付率55%。其中政策性农险保费约299万元，赔款支出约为457万元（不含未决赔款），亏损237.7万元。

政策性农险　按照国家农业保险政策精神，政策性农险原应遵循“保本微利”原则，但施行政策性农险以来，尤其是政策性水稻保险以来，由于各地选择性承保及理赔信息不对称等原因，再加上海丰县属沿海地区台风洪水等灾害频繁，给公司带来大额亏损。人保财险海丰支公司承担社会责任，坚持开展政策性农业保险，为广大农户承担风险，为政府减轻负担。遇到自然灾害农户大面积受损的情况，海丰支公司全体员工不畏辛劳，做好全县投保农户理赔工作，同时加强与各级相关政府部门沟通。

政企合作　除了政策性保险，人保财险海丰支公司还在党和政府的领导下与相关部门进行合作，发挥金融国企维护社会经济稳定发展作用。包括政府牵头实施的“普惠金融”“政银保”等项目以及与银行等单位一起探索创新金融扶贫模式。

精准扶贫　2017年，人保财险海丰支公司作为帮扶单位，积极参与精准扶贫工作，班子成员多次带队走访贫困户，深入了解贫困户家庭情况，及时了解贫困户动态，送去慰问金。帮助贫困户做好与村委、镇政府沟通工作，协助村委做好环境卫生工作。

内部建设　2017年，人保财险海丰支公司深入贯彻落实党的群众路线教育及上级公司会议精神，严格按照中央“八项规定”的精神约束员工，防止腐败、防止脱离群众。一是抓好领导干部作风建设。查找领导干部在思想作风、工作作风、领导作风和生活作风等方面存在的问题，着力解决增强宗旨观念、提高科学发展能力、强化责任意识。树立正确的政绩观和利益观，增强党的纪律观念。树立和弘扬新风正气，不断提升公司内控能力，保障公司各项工作的落实和业务的科学发展。学习期间，领导干部认真撰写学习心得。二是抓好广大员工职业道德和廉洁教育。切实加强行业作风建设，加强岗位廉政教育，强化服务意识，规范岗位履职行为，进一步增强廉洁自律、依法办事的自觉性，营造公司良好的执行力和廉洁从业氛围。三是坚持依法合规经营。在业务管理实际工作中，按照保监会规定，严格执行，抓好落实。按照市公司部署，签订各类承诺书和责任状。加强对业务、单证、资金、应收保费、税收、印鉴等重点领域的风险防范和自查自纠，及时查漏补缺，排除风险隐患。坚持杜绝侥幸心理，切实做到规范经营,合规执行。

发展移动销售　随着移动互联网的兴起，人保财险海丰支公司着手网络渠道包括移动终端的业务推广，提高开展业务效率，其方便快捷高效的投保体验获得群众认可。

（吴贤圳）

附：2017年中国人民财产保险股份有限公司海丰支公司领导名录

经　理：曾向仲

副经理：李小荣

营销部经理：许力声

【中国人寿保险股份有限公司海丰县支公司】 2017年，中国人寿保险股份有限公司海丰县支公司（简称人寿海丰县支公司）根据全保会议和省保会议精神，围绕省公司“改革创新 转型升级 价值先导 专业经营”工作主题，坚持以效益为中心，以提高公司核心竞争力为目标，狠抓基础建设，着力提升服务水平，切实防范经营风险，进一步巩固和扩大结构调整的成果，加快推动发展方式转变，促进公司业务持续、健康、快速发展。截至2017年12月

31日，人寿海丰县支公司总保费累计收入达1.43亿元，市场份额占比59.42%。全年支付满期及生存金领取等5625万元，支付理赔款320万元。

业务稳健发展　截至2017年12月31日，人寿海丰县支公司总保费收入1.43亿元，同比增长9.25%，其中新单保费收入3865万元。个险渠道完成12209万元，同比增长35%；银保渠道完成总保费1856万元，同比增长-25%；团险渠道完成短期险247万元，同比增长100%。人寿海丰县支公司与各国有商业银行、邮政储蓄等建立代理关系，成立保险代理销售网点；通过大力发展意外险业务，使团险渠道得到长足进步，打开业务发展的局面，并为海丰县多家大型企业承保意外保障服务。

依法依规经营　2017年，人寿海丰县支公司依学习贯彻《员工行为守则》《员工违规违纪处理暂行规定》《反舞弊程序》，做好治本抓源头责任制等一系列工作，纪检监察部门加大监控力度和对违法违规案件的查处力度。在狠抓业务发展的同时，进一步强化经营管理，规范运作流程，加强内控制度建设、风险管理。全方位、多角度分析公司经营风险，全面梳理公司经营管理过程中的控制点，通过内部控制体系的建设，发现控制弱项，促进公司建立健全内部控制制度,加强内部控制建设，规范公司业务流程，提高经营管理的规范化水平。按照上级公司和人民银行要求，做好反洗钱工作，认真学习反洗钱法律法规、监管规定、公司规章制度和文件，切实加强自查自纠工作，确保人员、时间、内容落实，高质量完成工作。

优化服务质量　2017年，人寿海丰县支公司响应上级公司号召，强化服务质量。把满足客户需求作为一切展开的目标和中心,体现公司“成己为人、成人达己”宗旨,更好地秉承“客户至上”服务理念，切实解决客户的疑难问题。大力加强宣传力度，真正做到服务到家的保证。每位员工都能够从自身做起，提高服务形象，树立公司良好形象，扩大公司品牌知名度。

营造良好氛围　2017年，人寿海丰县支公司做好党建、工建和团建工作，加强党组织建设，发挥共产党员的先锋模范作用，加强先进性教育，以党建促发展，以先进促发展。加强工会建设，做好职工书屋和职工活动室建设，为广大干部员工提供学习、活动的平台。举办各种活动，丰富员工业余文化生活，增强公司凝聚力和向心力。面对公司新人较多，员工队伍年轻化的局面，公司十分注重团委建设工作，对团委成员进行重新选举，增加团委人数，充实团干部队伍。

（方武会）

附：中国人寿保险股份有限公司海丰县支公司领导名录

总经理：张国柱

副总经理：范文聪

交通运输

综　述

2017年，海丰县交通运输工作以习近平新时代中国特色社会主义思想为主导，深入贯彻党的十九大精神，把对美好生活的向往作为奋斗目标，在县委、县政府和上级交通主管部门的正确领导下，围绕海丰县的经济战略目标，切实加快交通建设步伐，进一步规范交通运输市场，加快交通运输行业诚信体系建设，引导和促进行业依法经营，诚实守信、公平竞争、优质服务，自觉接受政府和社会各界的监督和批评，共同维护市场秩序，推动行业自律，切实加快交通建设步伐，不断提高交通行政执法水平，严格行政许可制度，进一步加快行业管理，圆满完成2017年各项工作任务。

交通设施建设

【高速公路建设】 兴汕高速公路（海丰段）建设工程。该项目海丰县主要任务是负责征地拆迁工作，为确保无障碍施工，海丰县制定兴汕高速公路（海丰段）征地拆迁工作方案，县政府成立建设协调领导小组，并从县各有关部门抽调人员组成专门工作机构，指导、配合沿线各镇开展征地拆迁工作，协调解决施工过程碰到的问题，建设里程约13.2千米，其中平东镇应征面积55.49公顷，2017年3月底前已完成全部征地协议，6月完成各项工作任务。该项目实现全线无障碍施工，确保项目建设顺利进行。

【县乡公路及通村公路建设】 2017年，海丰县地养公路建设完成总投资14200万元（其中县乡公路12000万元，通村公路2200万元），完成路面工程64.5千米（其中公路9.5千米，通村公路55千米），完成县乡公路桥梁4座、桥面铺装1座、涵洞20道以及交通标志线10千米。具体完成情况：①莲花大道完成路基7千米、沥青混凝土路面5千米、桥梁4座、涵洞20道；②县道X126线黄羌至平东段公路完成路面1千米；③联田至柴隔陂公路路基工程已基本完成；④城陶公路汀州村至黄江中闸路段完成路面3.5千米；⑤大湖大桥完成双侧栏杆及整桥桥面铺装，已完工；⑥5335线海丰段完成交通标志标线10千米；⑦通村公路完成黄羌镇松林村委双屯线至汉塘村、海城镇铺仔村委总法线以及省定贫村部分村道硬化等共55千米。

客货运输

【旅客运输】 2017年，海丰县有旅客运输企业14家，小汽车出租运输企业3家，公共交通运输3家，拥有客运车辆369辆，总座位14189座位（其中大型客车303辆，12693座位；中型客车66辆，1493座位）。出租小客车101辆，公交车217辆，旅游车35辆，开通客运班线33条，其中市际10条，县际10条，县内13条。客运量1165万人，旅客周转量225239万人公里。

【货物运输】 全县各类普通货物运输车辆2184辆，总吨位14933吨，其中大型货车849辆，12819吨位；中型货车154辆，518吨位；小型货车1126辆，1596吨位。2017年货运量1311万吨，货物周转量188656万吨公里。

【客运站】 2017年，全县有客运站19个，其中一级客运站1个，二级客运站1个，三级客运站1个，简单客运站8个，客运招呼站8个，客运候车亭347个，有效方便广大人民群众的出行。

【机动车维修】 全县有机动车维修企业256家，其中汽车修理厂：一类厂2家、二类厂18家、三类厂156家、摩托车维修业户82家，主要服务全县机动车辆、保养。

【驾驶员培训】 2017年全县有驾驶培训学校18家，教练车498部，教职人员466人，培训场地22.22万平方米，全年开办76期，培训驾驶员4450人。

交通管理

【运输市场管理】 2017年，县交通运输局深入学习贯彻党的十九大精神，以县委、县政府“创建文明城市”专题活动为契机，以促进运输行业发展为目标，进一步规范交通运输市场，加快交通运输行业诚信体系建设，引导和促进行业依法经营，诚实守信、优质服务，促进交通运输行业规范健康可持续发展，努力将交通运输行业打造成人民群众满意的行业。一是全面落实行业管理责任制，把监管任务按行业、按辖区落实到职能股、站、所和责任人；二是落实常态管理工作措施，实施对运输市场的有效监管；三是深化运输行业整顿、持续开展以客运出租车，公交车企业为重点的经营行为专项整治行动，加强守法经营教育，落实维稳措施，进一步规范经营秩序；四是健全运输市场准入制度，规范行政许可电子审批程序，严格把好运输市场准入关，全年共审批交通运输项目行政许可197件，换发证194件，办结率100%，无出现行政复议、诉讼个案；五是实施质量信誉考核制度，全面提高企业经营资质和信誉度；六是强化企业源头管理，切实把“三把关一监督”规定落实到位，督促客运站严防“三品”进站上车，做到“三不进站，六不出站”，优化服务质量，为城乡经济建设提供强有力交通运输保障，努力推动交通运输工作再上新台阶。

【交通运输综合行政执法】 2017年，海丰县交通综合行政执法局以县委、县政府“创建文明城市”专题活动为契机，针对县城地区道路运输市场存在的突出问题和治理超限超载等难点工作，周密计划，精心安排，全方位开展交通综合行政执法工作。①全年出动执法车辆1591辆次，出动执法人员7954人次，办结各类交通运输违法案件133宗，调查办理路政案件2宗，共罚款54.79万元。办结率达100%，未出现投诉、复议、诉讼等个案，有效地保护运输市场的合法权益，净化运输市场秩序。②2017年1月13日至2月21日春运期间，海丰县交通综合行政执法局科学部署执法力量，着力打击“二客一危”违法违规运输行为，春运40天，共计出动执法车辆170辆次，执法人员850人次，检查车辆235辆次，转运旅客168人，办结客运违法案件1宗，有效维护交通运输秩序，确保道路安全畅通。③全力配合政府做好清明节期间防火防林工作。2017年3月20日至4月18日期间，交通行政执法局共计出动车辆126辆次，执法人员626人次，密切配合黄羌镇政府3个村委会的防火护林工作，确保2017年清明节期间没有重大山火发生。④坚持“专项整治、重点打击”原创，灵活机动，加大力度打击蓝牌的士非法客运行为，保护合法经营。2017年共查处蓝牌的士25辆，使县城地区的交通运输秩序有较大改观。⑤加强公路主干道的路面巡查，依法查处非法挖路开沟、公路控制区的违章建筑和占道经营行为，保障道路安全畅通。

【地方公路养护】 2017年，海丰县地方公路管理站秉承以“管、养”为主要工作主线，认真落实各项工作责任，有力促进各项工作任务正常有序开展和按期保质完成。截至2017年底，全县通车里程达1523.102公里，其中县道118.572公里、乡道1138.922公里，村道265.603公里，大中小桥梁230座。全县地方公里有二级公路132.267公里、三级公路161.185公里、四级公路1178.699公里，全县地方公路水泥路面1005公里。随着公路建设迅速发展，农村公路网络体系逐渐形成，已基本实现了村村通路面硬底化建设。完成公路养护水毁修复及交通安全整治情况：①完成县道X127线东家亚桥头整治工程；②完成县道X121线小漠镇前交叉路口、县道X129线陶河雅卿路段和大湖埔羌箖路段交通安全隐患整治工程；③完成县道X131吉赤线公路水毁抢修复工程；④完成县道X129线赤坑路段示警桩、隔离网钢管及路容路貌改造工程；⑤完成海丰县黄羌镇黄羌林场麻竹村委W795线三圣庙至黄塘水村涵洞水毁抢修复工程；⑥完成县道X127海梅线公路两侧大榕树采伐修剪工程；⑦完成县道公路水泥砼路面破碎板沥青混合料修补抢修复工程。（二）主要完成的项目建设工作情况：①3月，配合领导完成县道X130线赤跃线改造工程的交工任务。该路线建设全长9.746千米，路基宽度为8.5米，水泥混凝土路面宽度为7.0米，总中标价1142.83万元，已进入决算阶段。②对省道S335线海丰段路面改造工程的收尾各项管理工作按照合同有序进行。③8月，配合完成海丰县乡道Y451线下毛段毛多碑桥改建工理的政府采购招标工作。乡道Y451线下毛段毛多碑桥全长34.8米，桥宽净7.5米，中标价79.9942万元。④10月，完成海丰县乡道Y351线笔吊段吊贡桥加固工程。⑤完成2017年度安全生命防护工程排查工作，对2017年度安全生命防护工程进行招投标，该工程共21条线路、9个项目，总投资1274万元。⑥对大湖大桥建成通车，方便咽港及两岸群众往来。（三）做好路政队伍建设，提高路政执法水平，维护公路路产路权：①2017年海丰县创文创卫专项整治期间，出动路政人员配合交通综合执法局分组对县道X121线、X126线、X127线、X128线、X129线、X130线、X131线进行全面检查，对公路两侧存在占用公路用地违章建筑物、广告牌、路肩栽种农作物、堆放土墩、经营建材、杂物等进行及时处理；②全面规范行政许可，提高办件质量和效率，对许可事项严格进行事前、前中、事后的监督检查工作，同时进一步规范行政执法行为，实施对省道S335线、县道、乡道沿线擅自施工等违法行为进行处理；③充分利用媒体的各种渠道及标语宣传《公路安全保护条例》及公路相关法律法规，着力推进公路养护管理工作再上新台阶。

【交通行业安全生产】 2017年，海丰县交通安全生产工作以坚决杜绝遏制特重大安全生产事故为目标，以落实企业主体为重点，认真贯彻执行上级安全生产文件精神，切实落实企业安全生产主体和“一岗双责”责任制度，并采取管治并举的工作措施，深化生产大检查等专项整治工作活动为契机，深入持续开展道路运输安全风险隐患排查整治专项行动。2017年，全县交通运输行业无发生特重大交通安全事故，行业安全生产总体形势良好稳定发展。一是加强领导，落实责任，把安全生产工作作为首要任务来抓；二是继续坚持“三把关、一监督”原则，强化对行业安全大检查和隐患风险排查治理工作，进一步稳定行业安全生产形势；三是加强宣传教育，完善信息建设，做到信息共享，全面推动海丰县交通运输事业快速稳步发展。

（罗佳舟）

附：2017年海丰县交通运输局领导名录

局　长：刘锦荣（1月起任）

副局长：卓学锡　林建城　周宇航

2017年海丰县地方公路管理站领导名单

站　长：庄成家

副站长：林伟群　张永泽

国道、省道建设与管养

【概况】 2017年，海丰县公路局在海丰县委、县政府和汕尾市公路局党组的正确领导下，围绕上级工作部署和2017年初全县公路工作会议提出的奋斗目标，深入推进全面从严治党和学习贯彻中共十九大精神、习近平总书记对广东工作重要批示精神，落实省十二次、市七次、县第十一次党代会和市纪委七届二次全会精神，坚持以服务海丰经济社会发展为目标，以公路养、管、建为抓手，严格按照打造“钢的班子、铁的队伍”要求，攻坚克难，努力推动海丰公路新发展。

【机构人员】 海丰县公路局为汕尾市公路局属下正科级事业单位，负责对县境内国道G324线、省道S241线、国道G236线（原省道S242线）、国道G235线（省道S335线）共140.377公里公路的规划、建设、养护和管理工作。属下设鲘门公路管养站、东园公路管养站、埔上公路管养站，内设办公室、人事股、养护工程股、路政管理股、安全生产股、计财股、监察室7个股室。2017年，县公路局有在职干部职工共119人。

【国道、省道建设】 计划总投资约4.41亿元（其中主体工程约41219.49万元、附属给水管道项目1475.78万元、附属排污管道项目1382.27万元）、总长10.72公里的海丰县城莲花大道建设工程，至2017年底已完成90%征地任务，地上作物、青苗补偿等完成75%，主体项目建设已完成总工程量30%，附属工程给水、排污管道项目已完成排污管道埋设约4700米，混凝土检查井浇筑58座，埋设给水过路钢管900米，占总工程量25%；计划总投资约4.702亿元，总长度为9.88公里的国道G324线海丰县城至梅陇段改建工程，已完成工程工可报批、用地预审、环境影响评估、社会风险评估、选址意见等前期工作，已组件上报至省发改委进行项目立项审批，待项目立项批复后，立即按公路工程相关建设程序依法依规办理项目勘察、设计、监理、施工招投标等工作，计划2018年上半年工程正式进场施工建设；估算总投资约12.463亿元，路线总长22.56公里的国道G324线海丰可塘至县城段改建工程，工程可行性研究报告已编制完成，各项前期工作在组织开展中；初步设计概算总投资2.75亿元，其中建安费2.01亿元，全线约4.47公里（其中本项目约3.87公里，现状已有0.6公里）的海丰县城北四环（海紫路至莲花大道段）道路建设工程，该工程已按照基建程序依法依规完成工程部分前期工作，于10月18日完成设计招标工作并进行初步设计评审工作。

【国道、省道养护】 2017年，投入资金108.5万元完成省道S241线可塘至品清段海丰段绿化完善工程、国道G324线K715+800公路宣传围板广告工程、国道G324线大液二桥伸缩缝更换工程、国道G236线（原省道S242线）永安达路段塌陷砼路面修复工程、国道G236线（原省道S242线）公平路段灾毁路面抢修复工程、清理鲘门迁站塌方、国道G236线（原省道S242线）公平路段补沥青碎石混合料铺筑路面；在海丰县委、县政府及汕尾市公路局大力支持下，千方百计筹措资金110万元，对赤岸桥前国道G324线与红城大道连接平交口、赤山路口、潮惠高速海丰西出入口与国道G324线连接平交口等12个路口、西湖油站前路段，对国道G236线（原省道

S242线）、女博士、吉仔园路段等安全隐患点进行整治，公平红绿灯路口、古士旗路口、商场门口进行沥青碎石修补路面，共增设警示桩580支，修复公路安全标志牌50块，新增设黄闪灯、村庄路口等警示标志90座，沥青碎石修补路面坑槽450平方米，水泥稳定石屑修补坑槽950平方米，沥青修补路面4400平方米，砼路面大修300米2100平方米，整修路肩1150.19千米，填补路肩缺口158立方米，清理路肩堆积物369.9立方米，清理水沟91.91千米，维修石水沟196米，维修构造物29立方米，修补坑槽4850平方米，补划路面标线6056平方米；加强公路巡查和汛期公路、桥涵的监控，落实定人定桥涵观测制度，及时清理公路上的障碍物和排除安全隐患，详细做好巡查和排障记录；加强对公路绿化的管理工作，补植绿化9200株，做到勤于修剪路树枝、清理枯树和公路中心绿岛杂草、杂物，做到路树不遮挡标志，不影响行车视线；各管养站按养护工作的相关规定和职责做好公路日常养护工作，相关股室加强对养护工作的日常检查和管理、监督、指导，严格落实考评制度，促进公路养护工作向常态化和规范化推进，使公路得到经常性养护，延长公路使用寿命，公路养护管理工作取得明显成效，根据市、县创文办统一部署和工作安排，为美化、净化公路环境做好创文创卫工作，提升城市形象。2017年，国省道年平均好路率为87%，国省道年平均优等路里程为65.197千米，达到“畅、安、舒、美”目标，为人民群众生产生活提供良好的出行条件，为县域经济发展建设提供有力交通保障。

【路政管理】 2017年，路政执法人员坚持每月上路巡查20天以上，全年累计巡查天数219天，累计巡查人数1520人次，累计巡查里程达1.08万公里；依法制止、处理各种违法案件307宗，其中拆除广告标牌127块、广告宣传标语172条，告知交通综合行政执法局处理重大案件8宗；通过网上办事大厅办理非公路标志路政许可业务2宗；依法处理机动车辆损坏路产索赔案件14宗，收取路产赔偿费约8.45万元，路损结案率100%；积极主动联系县交通综合执法局和各职能部门，多次组织对国道G324线穿城路段公路两侧违规堆放和占道经营等现象进行综合整治，同时对管辖沿线路域生活垃圾、建筑垃圾乱堆乱放等问题全面进行彻底清理整治。大力开展管养路段两侧公路用地范围内各种不规范及存在安全隐患的非公路标志的整治工作，取得较好效果，大大改善并提升公路路容路貌。

（陈小明）

附：2017年海丰县公路局领导名录

局　长：黄春到

副局长：成如武　陈楚敏　许　忠

邮政·电信

邮政业

【概况】 2017年，中国邮政集团公司广东省海丰县分公司坚持稳中求进工作总基调，按照全省、市邮政工作会议工作部署，以提高发展质量和效益为中心，以实现“一核心、二确保”为目标，强化管理、增强能力、加强党建保障发展。在面对复杂多变的客观经济形势以及金融市场竞争激烈等不利因素影响下，采取更有效的措施加快业务发展，各项工作取得好成绩，实现五个“新突破”：①经济效益进一步攀升，全年实现业务收入突破6000万元大关，达到6163.84万元，完成市分公司下达年计划任务6273万元的98.3%，比增9.64%；完成市分公司调整后收支差指标。②代理金融业务发展创新高。至年底代理储蓄余额时点规模达到27.28亿元；新增储蓄存款2.26亿元，新增余额连续突破26亿元、27亿元大关，实现“两级跳”；占全市全年新增余额42%。全年日均余额26.33亿元，新增日均余额2.82亿元，同比2.19亿元，增加6305万元，增幅28.8%。全年发展保费10434.28万元，新增保费总量居全市第一；发展中邮期交330.43万元，占全市的42.91%。全年银信通净增户数16793户；发展网上银行新增+存量激活客户数6568户；发展手机银行新增+存量激活客户数8469户。全年新增日均余额（28193万元）+保费（10434万元）38627万元。③传统业务实现新飞跃，包裹快递、集邮业务收入创新高。全年实现包裹快递业务收入304.72万元，同比增加收入232万元，增幅高达316.03%；实现集邮收入106万元，完成计划任务的132.65%，同比增长39.99%。④项目营销业绩创新高，达37笔，余额超过3.66亿元。⑤业务“营销精英”队伍不断扩大，为业务快速发展“添砖加瓦”。据统计，全年全体营销人员发展保费1亿多元。

【机构人员】 中国邮政集团公司广东省海丰县分公司属公用性国有企业，分公司机关设1室2部（综合办公室、市场经营部、金融业务部）；下设5个中心等生产班组。全县邮路总长3248公里，邮路总数43条、其中汽车邮路 3条、摩托车邮路27条、自行车邮路16条，承担着全县城乡邮政普遍服务义务、党政军机关机要通信、党报党刊发行及军人邮件服务等工作。在县城设10个营业网点，在农村乡镇设11个营业网点。2017年，共有员工241人。其中：A类83人，B类104人，劳务54人。

【基础能力建设】 2017年，邮政海丰县分公司优化和整治网点建设，提升邮政对外服务形象。完成赤岸邮政所乔迁新址并更名营业，提升邮政品牌和形象，注入新的活力和生机；为维持敏兴集团客户服务工作，在厂区门口重新设立联岭邮政所，投放4部机具加强服务；为改善梅陇营业及投递场地不适应业务发展的情况，重新整治梅陇支局的新、老营业厅及投递场地，并将梅陇邮务台席和投递场地搬迁至老点，提升服务环境、改善困扰梅陇长久以来的投递场地问题；配合市分公司对联安网点进行整治。至2017年底，全县19个代理金融网点，已进行优化迁址整治或原址整治的代理金融网点达到18个。

【加强服务质量和设备运行维护管理】 一是制定完善《海丰县分公司投递运行质量关键指标考核办法（试行）》《海丰县分公司邮政包裹快递业务客户投诉考核办法》，宣贯到位并落实考核制度。各项考核指标有质的飞跃，3项陆运网考核指标和12项投递考核指标中，仅邮筒监控点扫描率不达标（达标值是100%，海丰县分公司维持在95%左右）；在最繁忙的“双11”“双12”，海丰县分公司除顺利完成成倍增长的投递任务外，各项考核指标持续达标并保持在较高水准。12月，新一代寄递平台上线，邮政海丰县分公司成为全市唯一一个省内互寄小包进口段作业执行率保持达标的单位。在投递业务量占全市40%以上的情况下，海丰县分公司的客户投诉量及有责工单在全市占比也较低，投诉及时反馈率也较高，很少出现超时工单。二是加强对营业收寄、分拣封发、邮运、投递四个生产环节的日常检查和专项检查，并对检查发现问题及时整改，将服务质量问题消除在萌芽状态。三是进一步做好营业网点服务规范工作，为网点人员每人配发《服务规范手册》，不断提升网点规范服务水平。四是完善设备管理及日常维护工作，全年处理各类故障共240多次；设备完好率在全市名列前矛，没有发生较大的通信及系统故障，完成省公司下达的通信指标。2017年，邮政海丰分公司被市分公司评为“2017年度汕尾服务质量先进集体”“2017年度汕尾邮政网络运行专项奖先进集体”；海丰县城投递班、小漠投递部分别被市分公司评为“2017年度汕尾邮政投递运行质量运行专项奖标兵投递部一等奖和三等奖”；李伟斌被市分公司评为“市服务质量先进个人”；陈荣东被市分公司评为“2017年度汕尾邮政网络运行专项奖先进个人”；蔡秋玉被评为“省客服先进个人”；张隆、黄君文、张佛鑫被市分公司评为“2017年度汕尾邮政投递运行质量运行专项奖优秀投递员”。2017年海丰分公司被市分公司评为“2017年度汕尾邮政信息网络运行维护先进单位”，黄建锋、彭海家被市分公司评为“2017年度汕尾邮政信息网络运行维护先进个人”。

【代理金融业务】 2017年，按照省、市公司工作要求，邮政海丰分公司将发展金融业务作为“高于一切，先于一切，优于一切”任务目标，以做大邮储余额、保费等业务规模为重点，以项目营销拉动余额快速增长，以开展竞赛活动推进代理金融业务快速发展。①开展好代理金融跨年度“开门红”“赢战2017”“龙舟竞渡、激情超越”、跨年度“勇夺6.3亿”等系列余额营销劳动竞赛活动。策划2017年“开门红”等各项阶段性营销工作，完成上级交付各项工作任务；参与市公司组织的“客户服务节”“二扫五进”等各类营销活动；组织和策划艺韵幼儿园设立爱心账号的项目、大学生开学季开户营销项目和老区人民医院免费义诊合作项目等，推动县公司代理金融业务量质并举的发展，确保海丰县代理金融经营稳健运行和收入利润稳定增长。6月，开展“龙舟竞渡、激情超越“余额营销活动，该月单月新增存款6894万元。全年完成代理邮储收入5169.33万元，占年计划96.4%，同比增长7.7%。②全力开展代理保险业务营销活动。一是开展“开门红”首爆周活动，成效明显。为保证“开门红”保险顺利“抢单”，将2017年1月1~3日营业时间做相应调整，对外开始营业提早至上午8点（包括周六、日无营业网点），所有营业人员7点钟前到达网点。系统开放时间延长至下午6点，网点可对预约的保险客户进行保险出单。“开门红”首爆周共发展保费3859.6万元，是全市四大板块业绩最好的县区。二是开展2017年第二季度汕尾邮政中邮长期期交“筑未来，加速2017”营销活动。三是开展第二季度“疯狂扫码季”支付结算业务联合营销活动。四是开展“快乐创中收、幸运大转盘”专项营销活动。五是开展“奋战30天、冲刺1200万”保险营销活动。通过结合实际情况，不时推出各项行之有效的营销方案，推动代理保险业务发展。③加快电子邮政发展。一是加大力度发展代理车险、简易保险业务。认真开展简易险“促规模”营销活动、“爱我邮政、用我车险”营销活动等，促进简易险业务不断发展。全年实现新增代理车险保费58.79万元。二是大力加强网银和手机银行业务发展。重点关注银信通加办率，全面加大银信通包年营销力度，及时制定和实施切实有效的营销措施，使银信通业务包年占比率稳步提高，进一步增加银信通业务收入。全年新增银信通用户16793户，创收323.99万元，在网户数达到17.56万户。

【推进邮务类业务转型】 2017年，一是全力做大做强国内包裹快递业务。根据省、市分公司开展“突围2017”国内包裹快递业务超常规发展专项活动要求，海丰县分公司紧跟市分公司节奏，正确认清发展态势和市场情况，确立快递包裹业务作为补收“利器”的核心地位和以轻小件寄递为突破口；从人力、物力等方面提供全方位支撑，确保快递包裹可持性发展。重点抓好重点专业镇发展，注重电商快包在重点专业镇的产业集群市场开发。大力拓展重点区域市场，积极推动梅陇金银饰品等轻小件寄递营销项目，全力推动业务快速发展。进一步加大农村电商邮乐购站点建点建设，促进农村电商发展，全年共建设邮乐购站点184 个，完成市分公司下达任务的102%；累计站点257个；发展邮乐小店1641个。与厂家加强互动，做大节日营销联动。抓住端午节、中秋节、“双11”“双12”等节日，与厂家联动开展网销大促，取得好业绩：端午节当天揽收2352件；中秋节当天揽收3842件；“双11”期间前4天共揽收38708件，日均9677件；“双12”期间前4天共揽收44130件，日均11033件，其中12月14日揽收12523件，刷新海丰县分公司日收寄量最高纪录。全年实现包裹快递业务收入304.72万元，同比增加收入232万元，增幅达316.03%。其中国内快递包裹共揽收91.78万件，同比增长875.84%；日均达2515件，完成市分公司必达目标314.38%，飞跃目标209.58%。在市分公司开展的“突围2017之业务争雄”竞赛中，连续三季度获得争先优胜奖第一名；在省公司开展的国内包裹快递“突围2017”专项活动的第三季度，获县域第七组第一名。二是全力做好2017年新邮预订工作，早动员、早部署，对新邮预订进行客户采集、筛选与宣传等工作，并针对出现的问题进行分析，及时落实应对措施。新邮预订共征订年册1521套、大版册11套、小版册79套，创收近35万元。创新模式，成功举办《瑰宝风华，经典传承》生肖珍品品鉴会。2月26日至3月

10日在城西集邮专柜举办《瑰宝风华，经典传承》生肖珍品品鉴会，利用平台“汕尾通.圈子”和员工朋友圈进行宣传，取得良好宣传效果。该品鉴会以生肖、纪念币为主的40个品种，吸引上百名集邮爱好者前来观摩、鉴赏，共征订邮品27款，创收28万元。抓热点、卖点，成功将《一带一路纪念册》销售工作推向高潮。4月21日至6月30日，海丰县分公司开展“快乐创中收、幸运大转盘”专项营销活动和“卖生肖金、抢红包”活动。共征订生肖钱币1400多册，生肖金182克，创收22元。全年集邮收入完成106万元，完成计划任务132.65%，同比增长39.99%。三是大力促进报刊业务发展。迅速召开2017年度报刊发行工作，传达落实市分公司报刊大收订工作会议精神及收订奖励办法，同时下发《关于2017年度报刊发行工作有关事项的通知》，分解市下达的311万元流转额任务到各单位。加大报刊收订收订力度。2017年完成报刊流转额318万元，完成市分公司一次性下达计划311万的102%，比2016年同期基本持平。四是抓好机要通信质量，确保国家秘密载体安全，做好内刊发行工作。机要通信实现通信质量全红。

【企业管理】 一是加强财务管理。强化成本费用管理，认真落实中央八项规定和执行市局费用支出预算审批制度，以收定支、量入为出，压缩控制其他成本，特别是严格控制接待费开支，严格执行公车使用的有关规定，较大幅度地减少费用开支的有车辆费、会议费、差旅费、业务招待费、办公费，分别同比下降73.13%、33.30 %、24.79%、17.72%和10.66%。强化资金管理，进一步强化超标准欠费和库存管控。二是加强人力资源管理。优化人力资源配置。积极配合市分公司持续加强用工管理。从紧调控用工计划，加强人员优化盘活，并将盘活出的人员重点用来加强金融专业和经营一线营销力量的配置。按规定完成2017年度储蓄营业员57人次轮岗、全体金融从业人员行为排查及征信排查工作。配合市分公司强化教育培训工作。通过加强日常培训、外派培训、邀请省分公司和社会专家进行培训等，提升员工基本技能和整体素质。三是加强经营管控。根据市分公司规定要求，强化对总收入、金融收入和包裹快递业务收入的考核；强化对重点产品的考核，对余额、两包、简易保险等重点产品分阶段下达指令性考核目标，有效调动各创收单位发展业务的自主性和积极性，促进重点业务发展。认真执行市分公司制定《汕尾邮政各县（市）分公司、市营业局、市分公司各部室、直属各单位经营责任制及管理绩效考核办法》《后台员工兼职营销劳动竞赛活动办法》《代理金融网点员工积分绩效考核办法》等，强化对经营管控，进一步调动员工工作积极性。四是加强安全管理。建立健全制度，落实安全责任。层层签订《2017年度安全生产责任书》《消防安全责任书》《邮政服务安全责任书》。制订并下发运钞途中发生突发事件、网点营业发生突发事件和值班守卫发生突发事件时等一系列应急预案处置。加强防范，落实到位。加大检查工作力度，每季度对各代理网点、中心金库、枪库等重要防范区域进行安防检查，覆盖率100%，完善各种安全管理台账的登记，对赤石、小漠、海城、联安、河园、鹅埠、梅陇等网点营业厅、投递室、宿舍老化的线路进行整治，确保用电安全。加强守护、押运管理工作。提高各员思想认识，增强执行制度自觉性，加强安全防范意识，确保守护、押运管理工作零事故。根据《关于开展2017年海丰邮政代理金融从业人员行为排查“百日大行动”专项活动的通知》工作要求，对所有押钞人员进行行为排查以及利用中国人民银行征信中心系统核对验证各员的个人信用信息和涉法涉诉情况。严抓企业消防安全，对所有金融网点进行消防专项检查，现场解决隐患20多处。邀请海丰县保安公司消防培训部到办公大院内举行《2017年度海丰邮政消防安全演练》活动，各网点、班组等相关单位共20多人参加。做好网点安全设施维护工作。更换黄羌、城东、鹅埠、海城等支局110报警系统探测器10个，应急按钮6个，ATM振动报警器20多个，报警主机1台，更换及维修可塘、公平、联安、名园、赤岸、河园、海城等支局监控枪16支，更换主机硬盘12个，及时对有故障的安防设备进行维修。全年海丰县邮政安全管理零事故、零案件。五是加强代理金融内控管理工作。层层签订责任书和承诺书。组织全县邮政代理金融从业人员层层签订《案防责任书》（24份）、《员工合规承诺书》（98份）及《反洗钱工作保密承诺书》（125份）。加强员工行为管理，夯实合规管理基础。加大《十条禁令》的宣贯、学习、检查、测试和处罚力度，及时通报触犯《十条禁令》的违规案例，要求全体金融从业人员“举一反三”，吸取经验教训。提高网点合规管理能力和执行力。积极开展代理金融从业人员行为排查“百日大行动”活动。加强合规检查监督。严格按照上级部门要求持续开展检查活动，全年共开展网点常规检查76次，发现违规问题66个，下发整改意见书4份，对相关违规责任人进行80人次负向积分共约120分，经济处罚约2400元。同时还按照监管部门、上级机构的安排部署开展各类专项检查活动，主要有2017年岁末年初大检查、汇兑业务专项检查、“两个加强、两个遏制”回头看整改问责工作、“三违反”“四不当”“十乱象”“十风险”专项检查、非法集资主题活动、2017年内控及管理审计检查、代理金融从业人员行为排查“百日大行“等一系列专项检查活动，强化对各风险点的排查，更好地营造良好的合规发展环境。积极开展反洗钱、反电信诈骗和消费者权益保护工作，严格按照人民银行关于反洗钱的监管要求和市邮银的有关要求，积极开展反洗钱各项工作，提高反洗钱人员的识别能力。六是加强廉洁风险防控工作。按照市分公司关于开展廉洁风险防控工作要求，把开展廉洁风险防控工作作为推进企业惩治和预防腐败体系建设的重要载体，落实党风廉政建设主体责任，加强组织领导，层层落实，从机制和源头上预防和化解廉洁风险，全面推进企业良性发展。七是加强保密工作。按照县委、县政府有关要求，落实好各项保密制度，全面提升涉密岗位员工保密意识，确保关键岗位不涉密。八是开展“预防职务犯罪邮路”主题活动。8月3日上午，汕尾市人民检察院与中国邮政集团公司汕尾市分公司联合在海丰城东综合楼前举行“预防职务犯罪邮路”启动仪式。

【企业精神文明建设】 2017年，海丰县分公司一是继续开展组织好“两学一做”学习教育活动。在全体党员中切实开展“学党章党规、学系列讲话，做合格党员”的学习教育活动，增强全体党员的看齐意识，做讲政治、有信念，讲规矩、有纪律，讲道德、有品行，讲奉献、有作为的合格共产党员。二是用十九大精神武装全体党员的头脑并指导实践工作。11月12日（星期日）上午，在六楼会议室召开党总支（扩大）学习会，全体党员参加学习会。在会上组织引导全体党员干部认真研读党的十九大报告和新党章，在思想上、政治上、行动上与以习近平同志为核心的党中央保持高度一致，用习近平新时代中国特色社会主义思想武装头脑、指导推动邮政工作，团结和带领县分公司全体员工不忘初心、牢记使命，勇于担当，加快海丰邮政发展。三是加强党建工作，开展党员组织关系集中排查，完善基层党组织工作制度。加强开展效能监察工作。根据省、市分公司工作部署和要求，认真开展代理金融新增总资产6.3亿目标效能监察工作。设立6.3亿效能监察办公室，制定《海丰县分公司代理金融新增总资产6.3亿目标效能监察工作方案》，进一步强化纪检监察机构对全县“代理金融新增总资产6.3亿目标”的效能监察工作力度，促进业务稳步快速发展。四是切实加强党风廉政建设，开展企业管理成本效能监察工作。五是加强党员教育学习活动，县分公司党总支于6月30日组织全体党员往海丰革命烈士纪念博物馆进行参观学习，接受革命先烈们的事迹教育。六是按县委、县政府要求派驻工作队对帮扶挂钩单位赤石新城村进行精准扶贫工作。七是关心职工生活。组织女职工进行健康检查；调整员工公积金扣缴基数；进一步完善困难员工帮扶、重病互助长效工作机制，提升员工幸福感。八是加强企业文化建设，丰富员工业余生活。9月29日，工会在办公楼大院内举办庆“国庆”篮球邀请赛，让员工强身健体，进一步提升企业凝聚力和向心力。12月23日，工会组织职能人员、各单位负责人36人到位于惠东县高潭镇中洞村、在东江革命历史上被称为“东江红都”的中共东江特委、东江革命委员会、红二师师部的旧址进行冬季野外训练营活动和参观。名园邮政所、黄羌邮政所、集邮文化传媒部、技术维护班被市分公司、市邮政工会授予“2017年度汕尾市分公司先进集体“称号；李伟斌、谢桂珠、蔡镔锋、陈伟华、陈伟冰被市分公司、市邮政工会授予“2017年度汕尾市分公司先进个人”称号。

（杜少明）

附：2017年中国邮政集团公司广东省海丰县分公司领导名录

总经理：陈小刚

副总经理：余广海　余迪康

电信与信息化

【简述】 2017年，中国电信股份有限公司海丰分公司（简称中国电信海丰分公司）坚定不移执行集团和省、市公司工作部署，上下一心、迎难而上，加快光宽和4G以及电信电视规模发展，较好地完成全年各项工作，为企业持续健康快速发展奠定坚实基础。

【机构人员】 中国电信海丰分公司内设综合部、销售部、客响维护部、政企客户服务中心。销售部下设渠道运营中心、营销支撑室；政企客户服务中心内设校园中心；客响维护部下设光网支撑室、政企客户信息化服务中心、装维服务室、综合维护中心。全县设立海城、城东、公平、梅陇、可塘、赤坑、陶河、黄羌、平东、莲花、联安、鲘门、鹅埠、小漠、赤石、东关等16个营销服务中心。全县有效社会渠道网点累计84家。2017年，中国电信海丰分公司共有员工388人。

【信息化建设】 2017年，中国电信海丰分公司加大资源投放，与地方党政精诚协作，为海丰信息化建设付出不懈努力。成功获取海丰县基层公共服务平台、公积金中心信息化、汕尾市基层卫生信息系统平台电路（海丰县）项目和海丰县综治网格项目等多个政府采购项目，成功中标“海丰县林业局森林资源管理和巡山护林智能系统项目”“海丰县网上办事大厅升级拓展项目”“海丰县全县全员人口信息系统光纤专线租赁项目”“海丰县彭湃纪念医院移动护理系统”。大力推广物联网、企业上云和翼支付业务，有效拉动增值信息业务收入，满足社会对新型通信服务需求。

【用户实名登记】 2017年，中国电信海丰分公司根据公安部、工信部、工商总局以及省市公司相关部门对做好电话（固话和手机）用户实名制的要求，严格要求海丰分公司所属各营销服务中心营业厅、代办点和代理商切实加强电话用户实名的登记及身份证确认工作。存量用户实名制按时间进度达到上级规定要求；新入户用户实名登记达到100%。

【移动4G业务】 2017年，中国电信海丰分公司坚定不移执行集团和省、市公司工作部署，加快光宽、4G和电信电视规模发展，基本完成经营目标，取得成绩，为2018年发展夯实基础。移动形成向上突破态势：一是眼光向外，大流量产品（不限量和日租卡）强力进攻；抢占全网通第二卡槽，4G渗透率达到66.78%，比2016年底提13.9PP。二是以光宽及天翼高清大会战为统领，实施宽带超常规发展行动，宽带和光宽规模发展。三是积极开展天翼能人合作，深入实施整村推进营销，天翼高清累计净增2.6万户，完成市公司年度计划83.1%，全市排名第2。

【渠道运营】 充分发挥渠道运营中心“上下贯通、左右联动、内外沟通”协调作用，深入推进渠道建设，提升渠道运营能力。2017年，通过超常规发展，全县公众渠道累计发展4G用户5.51万户,宽带1.59万户，天翼高清2.93万户。全面推进社区店以店包片，营维一体化建设，累计建成社区店12家，完成进度150%。做好实体渠道服务支撑工作，对全社会渠道门店、手机城上门服务、支撑超过950余次。

【电信企业管理和改革】 中国电信海丰分公司强化网络运营，落实光宽3.0建设部署，从规模建设向精确投入转变，精准补点、延伸、扫盲、覆盖；推进4G-800M网络建设，建设1.8G室外基站26个，800M基站234个。实施网络简化降本增效行动：完成资源系统退铜标识44675线对公里；接入网机房退网3个，退网75台DSLAM设备。已完成退铜目标电缆33条，共44675线对公里。保障全县网络运行安全：圆满完成“十九大”“一带一路”、高考、“5·19”中国旅游日广东省主会场等重要活动通信保障任务。强化市政施工、创文创卫“一点一案”盯防管理，参与2350人次，保障腾讯、华润等特大客户通信安全。落实班子及部门挂钩支撑。加强年度组织绩效管控，精心策划实施减员增效专项行动，有偿解除劳动合同和内退5人。严密部署，完善应急预案，狠抓网络和信息安全。加强制度、绩效和内控管理，落实节能减排措施，加强员工教育培训，使营销能力和技术业务水平不断提高。加强护线工作，盗窃破坏通信设施发案数和经济损失均大幅下降，企业全年安全生产保持平稳态势。积极开展扶贫济困爱心捐款活动，认真落实员工“三关”措施，全面执行员工年休假制度，深入开展送温暖、员工生日慰问、关怀困难员工等活动。强化思想政治工作，高度重视企业维稳，采取多种措施将不稳定因素解决在萌芽状态，全年实现零上访。实施岗位等级晋升，鼓舞和激励员工士气，以注重实绩、择优选拔为原则，通过积分和竞聘晋级，有效激励优秀员工再接再厉，为企业跨越发展作出更大贡献。

【营销机制创新】 2017年，中国电信海丰分公司始终坚持以持续创新推动企业的运营管理工作，既立足当前，又着眼长远，不断将改革创新引向深入。继续深化划小承包，实施可塘、赤坑、鹅埠、黄羌划小承包人竞聘，政企客户中心实行二次划小承包。全年新建社会渠道网点28家；对全县社会渠道门店、手机城上门服务、支撑超过300余次，开展联合促销456余场次；持续强化装维及实体渠道服务管控，深入开展工信部申诉零定责专项行动和百日冲刺服务攻坚，实现工信零定责行动目标。初步建立员工个人收入增长与企业价值同步增长的市场化激励机制。同时建立划小经营承包倒三角支撑体系。按照全业务运营的新要求，坚持以聚焦客户为导向，结合实际，圆满完成全业务运营组织机构调整，有效提升企业运营效率。

【党风廉政建设】 2017年，中国电信海丰分公司以党的先进性为要求，学习贯彻党的十八届六中全会和十九大精神，不忘初心，牢记使命，着力推进转型升级，贯彻落实全面从严治党各项工作要求，全面解决企业中存在的党的领导和建设“日弱化、淡化、虚化、边缘化”问题，进一步加强县分公司领导班子建设；完善闭环管理责任机制；以责任追究倒逼“两个责任”落实；建立县分公司主要负责人述职述廉并接受评议制度。建立教育预防、监督问责、容错纠错机制，落实从严治党责任。制定《中国电信海丰分公司实行党务公开实施方案》和《中国电信海丰分公司贯彻落实“三重一大”决策制度实施细则》，开展纪律教育学习月和“创先争优”活动，强化党风廉政建设。坚决贯彻“三重一大”集体决策制度和采购廉洁承诺。针对关键环节和高风险事项实施专项审计，持续开展内控评估，加强风险管控。扎实开展“三创建三促进”活动，成效显著。广泛开展群众性岗位练兵和技术创新活动，深入开展企业文化宣贯，得到省市公司评估组好评。

（陈楚文）

附：2017年中国电信海丰分公司领导名录

总经理：孙泽明

副总经理：姚宇健　徐景青

高小海（挂职，任至9月）

移动通信

【概况】 2017年，中国移动通信集团广东有限公司海丰分公司（简称中国移动海丰分公司）围绕省市公司工作思路，努力拼搏，积极进取，抢抓机遇，打造最优4G网络，推进专线、家宽建设，实现数字化创新，为企业转型发展谱写新篇章。2017年，中国移动海丰分公司累计完成收入4.6亿元，4G客户40.5万户。全县累计开通4G站点1150个,占比全市35%，覆盖全县所有乡镇及主要道路。2017年，中国移动海丰分公司有自建服务厅7间，社会渠道166家，员工总人数123人。

【4G网络】 ①做好存量4G转化，加速提升4G规模。推进信息化发展，加强宣传引导，推出各类个性化服务，实现2G3G客户转换为4G客户。②做好新增4G放号，扩大4G市场份额。针对资费敏感型及流量需求型客户，推出流量产品，提升客户满意度。推出万能副卡，实现存量客户价值捆绑提升，4G整体业务量保持较快发展。③整合优势资源，突破4G运营。重点开展针对性升档及购机优惠，做好价值提升及流量运营。创新推出亲情机、儿童手表、流量年包、家庭宽带、宽带电视等融合套餐优惠，突破4G运营。④夯实网络基础能力，打造最优4G网络。一是推进网络建设。及时上报传输汇聚机房选址、无线基站选址物业目标，积极配合市公司完成实地勘察、租赁谈判等工作。推进公平西北部农村区域信号覆盖网络建设工作，顺利建成5个基站。二是解决网络黑点。积极开展“优质网络，有你有我”网络竞赛活动，协助解决网络黑点问题。三是提升网络服务。完成一线网络投诉处理约300宗，完成重大节日应急通信保障任务4次，提升客户对中国移动海丰分公司优质网络服务的感知。

【数字化和信息化】 一是首席拜访加强服务，“百团大战”提升效能。积极响应县委、乡镇政府关于推进信息化发展的号召，贯彻落实省市公司“一体两翼”战略部署，响应首席领航之“百团大战”争创活动，加强对政府、企事业单位领导及联系人的拜访，寻求业务合作，发现存在的问题并给予改正，积极深化服务创新和提升团队效能。二是提速宽带发展，“百日会战”全员出击。加快推进覆盖区域内家宽拓展力度，开展“百日会战”营销拓展，教师宽带专项优惠，“双11”促销优惠，加快家宽新增市场拓展及存量客户保有。三是融合集团业务，政企校园比翼双飞。提升集团专线拓展能力，打造一点接入，多点应用的政企业务产品。深入开拓校园市场，助推“互联网+”行动计划，提高信息化收入。

【内部管理】 ①从严治党落实党建工作。贯彻落实党的主体责任和监督责任，充分发挥党支部领导作用。一是签订党风廉政建设责任书，制定党建工作计划，按时间有步骤推进。二是积极开展反腐倡廉教育月、纪律教育学习月、红色革命理想信念教育等专题学习活动，加强教育学习。三是开展“两学一做”专题组织生活会，党员干部批评与自我批评，谈心谈话，深化作风建设。四是认真落实“三会一课”制度，积极做好“一本三盒”工作台账，加强党费收缴管理，吸收发展党员，壮大支部队伍。②全面细致关心员工。一是以温暖为主题，打造关爱品牌。积极开展“温暖进万家”送温暖、员工季度生日关怀、“三八”妇女节关怀、“六一”亲子游园、“观影沙龙”交流等员工关怀活动，提升员工幸福感。二是以活力为主题，打造活跃队伍。积极开展羽毛球、瑜伽、烘焙等兴趣小组活动，培养员工的兴趣爱好，为平淡的生活增添乐趣；积极开展莲花山通平古道徒步户外活动，帮助员工减压，放松心情，以更饱满的精神投入工作中。③高效协同推进基础管理。开展资金支付集中化管理，加强资金安全管理；开展财务基础管理及审计署迎审工作，规避业务风险；发挥膳食小组管理作用，定制每周菜谱，更换服务厅厨房设备，改善就餐环境；开展薪酬下沉管理工作，完善薪酬激励机制，激励员工多劳多得。④积极开展公益活动，彰显社会责任。认真贯彻落实精准扶贫工作，积极开展无偿献血、“绿水青山就是金山银山”环保登山等活动，树立企业讲责任、讲贡献社会形象。

（陈维肖）

附：2017年中国移动通信集团广东有限公司海丰分公司领导名录

总经理：戴辉钢

副总经理：姚宇彬　彭沐仲

联通通信

【概况】 中国联合网络通信有限公司海丰县分公司（简称联通海丰县分公司）是新联通设在海丰的分支机构。2017年，联通海丰县分公司在汕尾市公司的统一领导下，全面深化实施聚焦战略，以规模效益发展为主线，促发展、控成本、转机制，成本大幅下降，经营模式创新取得突出效果，混合所有制改革获得实质性突破，经营业绩实现反转并得到大幅改善。同时，公司的收入结构持续优化，创新推出并全力推进2I2C、2B2C等转型产品，提升新入网用户质量，在低成本和薄补贴的用户发展模式下，实现移动业务提速发展。2017年，联通海丰县分公司以创新业务为引领，持续完善4G网络建设，实现公司业务高质量发展，主营业务收入3962.13万元。移动用户9.5万户，宽带用户5000户；至年末海丰市场份额约占9%。

【深化企业体制机制改革】 2017年，联通海丰县分公司认真学习十九大会议精神，学懂弄通，认真贯彻新思想，落实新理念，抓住新机遇，全面深化实施聚焦战略，落实集团公司确定“三大转型”目标。即经营理念由“数量规模型”向“质效规模型”转变，运营模式由“传统封闭”的电信运营模式向“高效开放”的互联网运营模式转型，增长方式由“传统通信服务收入”向“大物移云智”为代表的“新型数字化服务收入”升级，全力打造“产业互联网专家”品牌，致力成为客户信赖的智慧生活创造者。

【创新业务发展】 2017年，海丰联通积极推进“互联网+”行动和国家大数据战略，一是聚焦“教育、医疗、政务、环保、制造、交通物流、农业、旅游”八大热点行业，推动产业互联网规模发展；二是进一步整合强化人才、技术和资源优势，切实提升行业解决方案研发能力；三是推进互联网由消费领域向生产领域拓展，与产业链合作伙伴携手，共同培育经济社会发展新动能。

（黄俊敏）

附：2017年中国联通海丰县分公司领导名录

总经理：叶学松

财政 · 税收

财 政

【简述】 2017年是全面深化财税体制改革的攻坚之年，是党的十九大胜利召开之年。面对错综复杂的发展形势，海丰县财政局在县委、县政府的正确领导下，深入学习贯彻习近平总书记对广东工作“四个坚持、三个支撑、两个走在前列”的总体要求，牢固树立和贯彻创新、协调、绿色、开放、共享的发展理念，坚持稳中求进工作总基调，主动适应经济发展新常态，深化财政改革，健全体制机制，发挥职能作用，不断提高财政管理科学化、精细化水平，圆满完成各项工作任务，为全县经济社会发展提供强有力的财政保障。

【机构人员】 县财政局是负责全县财政收支、财税政策、财政监督等工作的经济综合管理部门，具有贯彻执行财政制度,组织收入，保证支出，管好用活财政资金等职责。内设人秘股、法规股、预算股、国库股、综合股、文教行政股、工贸发展股、农业股、经济建设股、社会保障股、外经金融股、会计股（挂农村财务管理办公室、会计委派办牌子）、绩效评价股、监督检查办公室和公务用车管理股等15个股室，局机关行政编制31名；属下设立国有资产管理办公室（副科级）、政府采购管理办公室、财政票据管理中心、国库支付中心、财政信息中心、工程预结算审核所、会计函授站、农业综合开发办公室和财务结算中心等9个事业单位，2017年局机关及事业单位在职人员111人；另设立16个乡镇财政所，有在职人员100人，为县财政局的派出机构，与镇府双重领导，是各镇政府主管财政收支、财政政策和国有资产监督管理工作的综合经济管理部门。

【财政收入】 2017年，受土地相关税收下降、“营改增”改革及政策性减收等诸多不利因素影响，财税收入增长乏力。为应对紧缩的经济环境“新常态”，县财政部门认真履行职责，多措并举，努力挖潜增收，研究对策，采取有力措施，扭转收入下降的局面，顺利完成年度预算计划，全年公共财政预算收入完成76596万元，为调整预算76378万元的100.3%，确保全年一般公共预算收入有所增长。

【财政支出】 2017年，县财政局坚持把“保运转、保民生、保重点项目”作为财政工作的头等大事，积极调整优化支出结构，着力保障和改善民生，把工作重点放在保障教育、卫生、社保、创文、农业等方面的投入，全年一般公共预算支出48亿元，按时完成序时进度。一是大力支持教育工作。全年投入教育预算10.7亿元，比2016年增长17.68%。二是保障医疗卫生支出。全县参加城乡居民医疗保险68万人，财政配套资金投入4650万元。三是完善民生保障机制。全年拨付资金2.85亿元，用于保障城乡低保、五保、孤儿、集中供养、基层养老金等提标工作，有效保障困难群众的基本生活。四是助推创文工作开展。全年拨付各村（社区）创文工作经费、垃圾收运（无害化）处理费、污水处理费等9059万元。五是加大“三农”建设投入。全年累计投入各类农业资金5.45亿元，其中：投入扶贫资金1.73亿元、高标准农田建设资金7150万元、水利设施建设资金1.26万元、现代农业示范区建设项目资金805万元、林业建设资金4592万元、耕地地力补贴资金3234万元、生态林效益补偿资金1839万元等。

【财政征管】 2017年，县财政部门认真履行职责，多措并举，努力挖潜增收，确保全年一般公共预算收入有所增长。一是抓好主体收入。配合县税务、国土等部门，强化对各类重点税源及重点行业的征收管理，全年完成税收收入60048万元，税费比达到78∶22，其中工商税收收入50000万元。二是盘活国有资产。着力对全县行政、企事业单位的土地、房屋进行清查摸底，盘活土地资产，全年国有资产处置收入11248万元。三是强化其他收入管理。重点做好土地等政府性资源的文章，严格行政事业单位收费和罚没收入的征收管理，全年实现非税收入16548万元，政府性基金收入110000万元，超收27600万元。

【财政管理】 一是深化政府采购管理。2017年，全县完成政府采购项目101宗,采购预算资金14422万元，实际采购资金13758万元，节约资金664万元，节约率为4.6%。二是强化基建评审防控。全年受理审核工程预算项目677宗，送审预算造价197762万元，核实造价179308万元，核减预算18454万元，核减率为10.3％。送审工程结算项目591宗，送审结算造价51785万元，核定造价49559万元，核减造价2226万元，核减率为4.49％。三是推进监督检查工作。积极配合省、市财政部门相继完成财政资金安全检查、地方预结算公开情况专项检查、非税收入收缴情况专项检查、省级财政专项资金和一般性转移支付资金监督检查等。四是加强财政信息化建设。深入推进全县财政系统OA系统上线工作，推进财政无纸化办公，提高工作效率；同时，推进财政信息一体化系统建设，按照政务信息公开相关要求，及时公开预决算相关信息，实现财政信息在线更新，稳步推进各项财政业务的公开透明。

【财政改革】 2017年，县财政局继续坚定不移深化财政体制改革。一是细化预算编制工作。坚持量入为出、有保有压、收支平衡的理财原则，深入了解影响财政收支的增减素因，并按县委、县政府的工作部署，合理安排2017年的公共财政预算收入任务76378万元，年增长10%。二是完善国库支付制度。深入推进专项资金监管系统及国库动态监控系统建设，对16个乡镇实行国库集中支付改革，达到全面推行乡镇国库集中支付制度改革的目标；开展财政资金实时在线联网监督系统建设，实时查询追踪各级财政资金流向和预算执行情况，增强信息搜集汇总的时效性，实现对全省财政资金从拨付到资金使用的全过程追踪。三是建立财政支出长效机制。严格落实支出责任制，加强对项目资金支出管理，制定责任清单、整改方案和措施，不定期发出《催办通知书》，以时间倒逼支出进度；同时，为加强财政支出进度，实行跟踪进展、约谈问责制度。

（刘思婕）

附：2017年海丰县财政局领导名录

局　长：林国义

副局长：林建秀（任至1月）刘宁

罗　震（1月起任）

林瑞清

总会计师：施建明（8月起任）

国家税务

【简述】 2017年，海丰县国税局以党的十八大和十九大精神及习近平总书记系列重要讲话精神为指引，围绕县委、县政府的工作部署，紧扣省局、市局工作要求，结合工作实际，彰显党建工作引领，发力“聚焦主业、依靠主体、贯穿主线”的工作方向，圆满完成全年各项工作任务，为推进税收现代化建设“夯基垒石”“立柱架梁”，倾力打造“积厚成势”的工作新局,助推海丰经济社会实现跨越发展。

【机构人员】 县国税局县局机关内设办公室、人事教育股、监察室、政策法规股、征收管理股、收入核算股、纳税服务股、税源管理一股、税源管理二股、税源管理三股10个股室和稽查局（直属机构）、信息中心（事业单位）。派出机构有梅陇分局、公平分局、可塘分局、鲘门分局4个征收单位。2017年，实有人数231人，其中正式在职在编人员142人，提前离岗干部4人，离退休人员58人，劳务派遣27人。

【贯彻执行税收政策】 2017年，县国税局全面开展营改增后续管理，积极开展税负分析，对税负上升企业开展精准辅导；落实《税务行政处罚裁量权行使规则》，开展重大税务案件案卷评查工作，规范税收执法行为；完成2016年度所得税汇算清缴工作，产生应纳所得税41930.72万元，全面落实小微企业增值税和所得税优惠政策，开展农产品减免税后续管理检查工作和纳税人享受减免税备案事项清理，确保纳税人100%享受税收政策优惠，减轻纳税人负担，助推营商环境优化。

【坚持组织收入原则】 2017年，县国税局强化服务服从海丰经济社会发展的责任意识，坚持“依法征税，应收尽收，坚决不收过头税，坚决防止和制止越权减免税，坚决落实各项税收优惠政策”的组织收入原则，强化税源调查，健全联动工作机制，狠抓重点税源监控，加大税种管理力度，积极开展行业整治，有效提升收入质效，促进收入新增长，全年实现工商税收收入13.3亿元，同比增收6.89亿元，增长108.2%。

【强化税源管理监控】 2017年，县国税局加强征管体制建设，做好电子税务局后续管理工作；推行电子发票，全面落实征管规范（1.1版），推动“一照一码”登记制度改革，各项征管改革措施落实到位；聚焦深改，深化国税地税合作，执行国地税联席会议制度，推进合作事项有效落实，建成粤东地区首个电子联合办税体验厅，通办9大类218项国税地税涉税业务；开展行业税收专项整治，对房地产、建筑安装、餐饮、住宿和娱乐行业开展税收专项检查，56户企业通过自查自纠补税入库802.4万元，有力提高纳税遵从；强化风险监控，对51户异常户开展纳税评估，共评估查补金额为910.8万元，其中查补增值税580.6万元。

【加大税务稽查力度】 2017年，成立县公安局派驻联络机制办公室，增进税警协作，形成税警“联合经营、快速反应、协同打击”的联合办案模式，壮大税务执法震慑力。全年共立案检查纳税人7户，查补金额22.89万元。

【拓展纳税服务举措】 2017年，县国税局搭建纳税服务工作体系，持续开展“便民办税春风行动”，推行“二维码”一次性告知事项等便民惠民措施，建成“自助式办税、互联网办税、国地税联合办税”三位一体电子税务局办税体验区；更新规范办税服务厅标识，打造无烟办税服务区，建设无障碍通道，强化导税功能，实现“一窗通办”服务模式，提升办税效率；开展纳税人需求调查，全年进行7次问卷调查，召开纳税人满意度调查暨纳税人需求征集座谈会，采纳纳税人意见和建议158条，精准把握纳税人正当需求，提升管理服务效能；联合县地税局开展纳税人信用等级评价，评定A级纳税人10户、B级1033户、C级407户、D级144户、M级1493户，规范纳税信用管理，推进社会信用体系建设。

【全面推行绩效管理】 坚持“横向到边、纵向到底”的工作部署，积极推行绩效管理5.0版落地执行，全面推行海丰县国税局系统绩效考核和个人绩效考核，详细分解考核指标到人，分工落实考核任务，形成全面覆盖、科学合理的指标体系，加强日常工作监控，保证事事有落实，件件有反馈，加强执行力建设，提高工作质效。

【提升防范风险水平】 强化监督执纪问责，成立海丰县国家税务局执法监察工作组，开展税务执法监察及税收执法大督察；推行“三重一大”系统，全年录入重大决策106条，重要干部任免6则，重大项目安排5项，大额度资金使用20笔；严格落实中央八项规定，开展政务整治、正风肃纪活动，推广运用“一书一卡”信息管理系统，全年共发出一书一卡361份，举办“三会一课”及廉政专题讲座，组织党员参观红色教育基地，开展廉政谈话和“双述双评”活动，接受群众监督，筑牢拒腐防变防线，彰显廉洁奉公形象；推进数字人事，严格干部队伍管理，打造严管理、明导向、树正气、促实干的工作氛围。

（黄伟峰）

附：2017年海丰县国税局领导名录

局　长：吕君琼

副局长：方小游　黄智幼　王伟业　张运坤　施群章

地方税务

【简述】 2017年是党的十九大胜利召开之年，也是地税系统深化各项改革、加快推进税收现代化的重要一年。海丰县地税局在市地税局和县委、县政府的正确领导下，认真贯彻党的十八大、十九大及习近平总书记系列重要讲话精神，牢牢把握全面从严治党新要求，严明纪律守规矩，勇于担当履职责，科学组收增财力，落实政策惠民生，规范执法优环境，精征细管防风险，以人为本带队伍，改进作风树形象，全县地税事业破难前行，圆满完成各项工作任务，实现跨越式发展。

【机构人员】 县地方税务局内设6个股室：办公室、人事教育股、监察室、税政股、征收管理股、纳税服务股；1个事业单位：规费服务中心；1个直属行政单位：稽查局；8个基层征收分局：城区分局、城郊分局、城东分局、附城分局、梅陇分局、公平分局、可塘分局、老区分局。总编制167名，2017年实有在职干部职工148人，其中在编公务员136人、职工11人、事业干部1人。

【税收特点】 在宏观经济形势下行压力持续加大，实体经济发展困难，营改增全面实施，结构性减税政策不断推进等多重因素叠加影响下，全县地税系统共担压力，合力攻坚，想方设法堵漏增收，克难奋进，在强化管理中保总量提质量，在落实优惠中促发展惠民生，在提高税源掌控能力中强治理促遵从，2017年组织税收收入5.9亿元，可比增长19.17%。

【依法治税】 一是法治税务建设常抓长效。切实增强在依法治国基本方略下做好税收工作的责任感和使命感，共新制订或修改23项工作制度，让税收执法权力在法治轨道和制度框架内运行。二是执法行为严格规范。落实行政审批制度改革，依法落实政务信息“五公开”，增强地税部门的公信力；积极开展税收执法督察，着力规范税收执法，防范执法风险，对执法督察中发现的执法不规范问题，逐条逐户予以整改。三是税收优惠政策有效落实。树立落实税收优惠政策，就是助推经济发展，就是涵养税源的理念，将国家“六项减税政策”“小微企业优惠政策”等政策落实到位。2017年减免税额1.33亿元，其中小型微利企业478户，优惠政策受惠面100%，减免税额174万元；困难性减免土地使用税、房产税企业26户，合计减免土地使用税62万元，减免房产税143万元等等，为企业减负解困，助力企业发展。

【税收征管】 一是税收清理工作稳步推进。将欠税清理作为提高征管质量的一项重要内容来抓，每年选择一两个税种或行业开展专项清理，同时严防新欠，保证国家税收收入。2017年以金园、生态园、科技园三大园区为重点突破口，对全县239户企业的房、土两税进行清理，共入库房产税1265万元、城镇土地使用税1583万元。二是征管基础逐步夯实。持续开展征管数据清理，2017年处理问题数据近2万条，国地税共管户正确关联率大幅提升达99%，推送各类风险纳税人3877户，查补税款入库约1亿元；规范征管档案管理，实现征管档案全过程电子化，自上线以来累计建档1.8万份，为加快税收征管信息化和推行新征管模式奠定基础。

【税收服务】 一是助力企业发展扎实有效。以“暖企行动”为抓手，积极开展“一对一”走访活动，县局班子成员分别带队深入企业，通过与纳税人面对面沟通交流，现场解决和答复问题8条，收到纳税人建议18条，增进大家对税收工作的理解和支持。运用纳税人培训学校、专题讲座、座谈会等多种形式，根据纳税人需求和税收政策的变化情况，开展政策宣传和纳税培训辅导。二是纳税服务举措不断丰富。可塘、公平、梅陇等三个基层联合办税服务厅率先在全市实现国地税业务9大类218项“一窗通办”，建成粤东地区首个联合电子办税体验厅，逐步构建起“电子办税为主、实体办税为补、自助办税为辅”的办税办费新格局。

【社保费征收】 落实税费“五同”管理，持续提升社保费征管水平，实现社保费收入的稳定增长。2017年社会保险费收入4.38亿元，同比增长23.3%，增速居全市首位，在2017年全县税费收入中占比达40.86%。养老保险扩面征缴工作取得良好成效，新增参保缴费企业996户，企业职工基本养老保险新增参保缴费人数6473人，同比增长32.6%。

【税收调研】 一是为党政决策提供科学参考。及时向地方党委、政府传递新出台的政策、法规及调整情况，为地方经济发展提供决策参考和政策支持。二是发挥以税咨政作用。定期写出有数据、有分析、有措施、有建议的税收分析报告，及时报送至县政府、人大、财政局等地方政府各部门，全面反映组织收入中取得的成绩和存在的问题。

【队伍建设】 一是从严治党全面推进。构建抓早抓小工作机制，经常性开展谈话提醒工作。2017年全县地税系统共开展谈话提醒18人次，坚持把纪律和规矩挺在前面，抓早抓小，推动形成“不敢腐”的氛围。抓好“八小时以外”活动监督管理，利用社区网格化管理，接待群众来访和纪检部门实地走访，与企业建立“税企廉政共建示范点”等等，通过教育“倡廉”，监管“促廉”，节点“守廉”，推行制度管理、自我管理、社会管理“三轮驱动”，不断探索符合地税特色的“八小时以外”活动监督管理模式，构筑起监管长效机制。二是作风建设驰而不息。深入开展“政务整治、正风肃纪”行动、民主评议政风行风活动，进一步加强纠风和税收软环境建设；积极开展积压清零、权责清楚、电脑清软“三清活动”，提高税收行政服务效能。三是队伍建设切实加强。开展好“岗位大比武、业务大练兵”活动，选派合适人员加强学习训练，努力将一般干部培养成骨干力量，将骨干力量培养成业务尖兵，1名干部获省“岗位能手”称号，4名干部获市“岗位能手”称号；组建太极、篮球、游泳、阅读等多个兴趣小组，陶冶干部职工高尚生活情操，积极组织参与社会公益活动，特别是参与“爱心父母”活动，体现出地税人强烈的社会责任感，树立地税人的良好形象。

【信息化建设】 充分发挥数据化决策支持平台的作用，将大数据作为提升税收治理能力的关键抓手，持续提升数据质量；启动县地税局机房改造升级，加快推进信息管税，为税收现代化建设和税收征管改革提供有力信息技术支撑。

（陈潘联）

附：2017年海丰县地方税务局领导名录

局　长：宋相当（任至3月）
　　　　彭伟彬（3月起任）
副局长：洪锦发　陈业雄（任至3月）
　　　　张远雄（3月起任）
　　　　陈盈盈（11月起任）

综合经济管理

发展和改革

【简述】 2017年是“十三五”规划实施承上启下的一年，县发改局统筹做好稳增长、促改革、调结构、惠民生各项工作，全县经济社会保持平稳较快发展。2017年实现全县地区生产总值273.5亿元，同比增长8.5%；三大产业结构由13：42.5：44.5调整为12.6：42.4：45，经济增长由第二、第三产业协同拉动加大；财政一般预算收入7.69亿元，按可比价测算增长10.7%。2017年，海丰县成功跻身全国县域经济综合排名400强、全省排名第14位。

【机构人员】 海丰县发展和改革局是政府组成部门之一，有编制人员数38名，分别是：机关行政编制 12 名，后勤服务人员数2 名，另还有机关使用事业编制7名；属下1个行政单位海丰县价格监督检查与反垄断局（行政执法专项编制8名），2个事业单位海丰县价格认证中心（事业编制5名），海丰县价格成本调查队（事业编制4名）。县发改局内设办公室（加挂县国民经济动员办公室牌子）、农村经济与综合规划股、投资区域股、交通能源股、重点项目产业股（加挂县重点项目稽查特派员办公室牌子）、价格管理股、收费管理股共8个内设机构。

【年度计划编制与经济运行监测】 2017年，海丰县国民经济和社会发展计划在全面总结海丰县2016年经济和社会发展计划执行情况的基础上，主动适应经济发展新常态，有效应对经济下行压力。按照“十三五”规划总体目标，在综合分析有利条件和不利因素的基础上，县发改局围绕县委确定的“三三五”发展战略，形成《海丰县2016年国民经济和社会发展计划执行情况和2017年计划草案的报告》，经县委、县政府同意后报县人大会确定实施，并下达各地各有关部门参照执行。在加强经济运行监测调控上，严格按季度、按月检查国民经济计划执行情况，总结特点、查找问题、提出建议，形成经济运行分析报告，提供海丰县委、县政府领导决策。

【发展现代服务业】 2017年，海丰县住宿餐饮、旅游度假、文化娱乐、教育、居家生活用品等消费保持稳定增长。全县完成社会消费品零售总额212.6亿元，增长8.3%。全年居民消费价格指数控制在年度预期目标内。电子商务、休闲旅游和物流业等现代服务业加速发展，《海丰县旅游发展总体规划》通过专家评审，大湖镇生态滨海休闲小镇景观区建设项目列入国家“十三五”旅游发展规划，华耀城、好迪国际五星级酒店等地标性城市综合体项目成功落户。各类专业市场线上线下融合向“网络实体店”转型，深化与阿里巴巴农村淘宝项目战略合作。商业、金融、信息、科技、文化创意、工业设计、会展、科技咨询开发、医疗保健、体育、康体养老等生产性和生活性服务业加快发展。

【投融资管理】 2017年，依照投融资管理规定，严格把好投融资市场准入关，经县发改局审批、核准、备案的项目有99个，总投资50.8亿元（其中审批30个，核准50个，备案19个）。2017年，县发改局大力推进两个政府与社会资本合作PPP项目——县城第二污水处理厂及配套管网首期工程和县生活污水处理设施整县捆绑PPP工程（总投资合计87704万元）， 着力改善海丰县人民群众民生问题。至2017年底，这2个项目处于前期工作阶段。同时，县发改局利用国家和省扶持海丰县欠发达革命老区的有利时机，加大列入国家重大项目储备库的项目前期编制工作力度，争取更多项目被列入三年滚动计划，集中精力争取将年初筛选确定的341宗需要上级扶持的项目及17类52项重大事项、政策建议，优先列入《海陆丰革命老区振兴发展规划》和国家、省规划笼子，力争最大限度地享受上级优惠政策和扶持资金。至年底，全年向上申报2018年度中央预算内投资项目38宗，涉及教育、水利、交通、民政等领域，总投资44.32亿元。

【重大项目建设】 2017年，全县完成固定资产投资295.1亿元，增长20%。2017年，全县确定57个重点项目，已开工的项目共52个，开工率91%，完成年度计划80%。其中省重点项目2个，完成年度计划105%，市重点项目39个，完成年度计划108%。县教育园区形成规模，市民中心全民健身广场及道路配套设施计划于2018年初对外开放，福临坑道路改造

2017年海丰县经济社会发展计划执行情况表

类别	指标	计算单位	2016年实际数	2017年（预计）		2018年计划	
				全年完成数	同比增长（%）	绝对数	同比增长（%）
经济发展	1.地区生产总值（当年价）	亿元	245	273.5	8.5	303.5	8.5
	第一产业	亿元	31.9	34.5	4.7	35.8	4.2
	第二产业	亿元	104	116	11.5	130.2	12
	#工业增加值	亿元	94.7	106	12	118.8	12
	第三产业	亿元	109.1	123	8.5	137.5	7.8
	2.人均GDP（常住人口）	元	32606	36243	7.8	40015	7.9
	3.农业产值	亿元	54.2	59.3	5	63.6	4.5
	4.规模以上工业增加值	亿元	77.2	88	14	100.3	14
	5.财政一般预算收入	亿元	7.3359	7.6864	10.7	8.5319	11
	6.固定资产投资	亿元	245.9	295.1	20	357.1	21
	7.社会消费品零售总额	亿元	188.4	212.6	8.3	232.7	9.5
	8.进出口总额	亿美元	7.3015	6.6	-9.6	7.128	8
	#出口	亿美元	4.2734	4.2	-2	4.536	8
	进口	亿美元	3.0291	2.4	-20.8	2.592	8
	9.实际利用外商直接投资	万美元	553	1290	133.3	1393	8
	10.城镇化率	%	62.7	63	0.3	63.3	0.3
社会民生	11.年末总人口（常住人口）	万人	77.98	76.97	-1.3	82.91	7.71
	12.人口自然增长率	‰	7.27	7.39	0.12	8.8	1.41
	13.高中阶段教育毛入学率	%	87.5	89.5	2	91.31	1.81
	14.九年义务教育辍学率	%	5.86	5.66	-0.2	5.42	-0.24
	15.全体居民人均可支配收入	元	20427.7	21959	7.5	23716	8
	#城镇居民人均可支配收入	元	24527.4	26293	7.2	28396	8
	农村居民人均可支配收入	元	13410.5	14483	8	15728	8.6
	17.农村相对贫困人口脱贫	人	14576	13000	-10.89	4704	-63.89
	18.城镇新增就业人数	人	16904	16950	0.28	17000	0.3
	19.新增转移农村劳动力就业人数	人	5092	5200	2.12	5500	5.77
	20.城镇登记失业率	%	2.36	3.0%以内		3.0%以内	
	21.城镇职工基本养老保险人数	人	162741	169800	4.34	172800	1.77
	22.城乡居民社会养老保险人数	人	459848	459848		453000	
	23.城乡参加基本医疗保险人数	人	755689	774242	2.46	795600	2.76
	#城乡居民参加基本医疗保险人数	人	670580	688932	2.74	710000	3.06
	城镇职工参加基本医疗保险人数	人	85109	85310	0.24	85600	0.34
	24.每千人口医院和卫生院病床数	张	2973	3123	5	3273	4.8
	25.农村饮用水安全普及率	%	83	87	4	90	3
	26.城镇棚户区住房改造	套	112	0		50	
	27.城乡居民最低生活保障人数	人	36817	40141	9	46650	5
生态环境	28.万元GDP能耗	吨标煤	0.356	0.3549	-0.3	完成市下达任务	
	29.森林覆盖率	%	58	58.3	0.3	58.6	0.3
	30.森林蓄积量	万立方米	277.3	289.8	4.5	302.8	9.2
	31.耕地保有量	万亩	49.4955	49.4955		44.6295	
	32.主要污染物排放总量控制						
	SO_2排放量	万吨	0.0451	0.0451	0	完成市下达任务	
	COD排放量	万吨	0.3473	0.3369	-3		
	氨氮排放量	万吨	0.0532	0.0521	-2		
	氮氧化物排放量	万吨	0.0266	0.0266	0		
	33.万元GDP用水量下降	%		5.7		6.0	
	34.城市人均公园绿地面积	平方米	13	13.4	3	13.8	3
	35.城镇生活污水集中处理率	%	82.2	82.3	0.1	82.4	0.1
	36.城市生活垃圾无害化处理率	%	84.5	100	15.5	100	0

2017年海丰县重点建设项目计划执行情况表

单位：万元

序号	项目类型、名称	计划总投资	截至2017年底完成投资	2018年投资计划	备注
新建、续建合计（51项）		2673382	275640	556647	
一、交通通信项目					
1	国道G324线海丰县城至梅陇段改建工程	47021		20000	新建
2	海丰县城北四环（海紫路至莲花大道段）道路建设工程	29260		20000	新建
3	海丰县海紫路（老车头至潮惠高速海丰互通口）升级改造工程	18872		9872	新建
4	海丰县城海丽大道改造工程	45234	9600	35634	续建
二、重大发展平台					
5	海丰县产业转移工业园基础设施项目	130599	50500	25000	续建
6	可塘珠宝产业园	100000	3000	20000	续建
7	广东（海丰）黄金珠宝首饰产业环保聚集区	300000	20000	30000	续建
三、现代产业体系					
8	广州好迪集团海丰项目	120000		20000	新建
9	朋腾金属制品	22000	17000	5000	续建
10	名仕度综合创新生产基地	35000	16000	4000	续建
11	星际动漫大厦	48000		10000	新建
12	威翔航空	205000		15000	新建
13	佳宝食品	30000	3000	6000	续建
14	双全农牧科技	30000		6000	新建
15	众恒机器手	90000		15000	新建
16	春天地毯智能织造	30000		5000	新建
17	丽堡路手套帽项目	8000		4000	新建
18	吉安包装容器项目	50000		10000	新建
19	龙津华雅化妆用具项目	20000		6000	新建
20	鸿基首饰项目	20000		10000	新建
21	广东中嘉实业有限公司纸品项目	7680	2000	5000	续建
22	汕尾市（全球）生态食品交易中心（青年创客城）	300000	6000	4000	续建
四、农林水利项目					
23	莲花省级新农村示范片建设工程	13000	7000	6000	续建
24	海丰县龙津河水系生态环境整治工程	14003	3000	3000	续建
25	海丰县西溪水闸重建工程	12465	4000	4000	续建
26	海丰县大液河水闸重建工程	15000	4500	4500	续建
27	引水入城项目	40000		10000	新建
五、市政建设项目					
28	海丰县城市民中心全民健身广场及配套、市民中心市政道路及配套建设工程	42000	28500	13500	续建
29	海丰南门湖环境整治工程	9250	2000	3500	续建
30	梅陇镇区主干道升级改造	8000		8000	新建
31	海丰县城莲花大道建设工程	44078	25040	19039	续建
六、社会事业项目					
32	彭湃纪念医院新院区	93449		20000	新建
33	华中师范大学海丰附属学校	50000	45000	5000	续建
34	海丰县妇幼保健医院新建项目	12300	3000	4030	续建
35	海丰县中医医院改扩建工程	3862.5	2000	1862	续建
36	海丰县城东镇卫生院新建工程	1620		1620	新建
37	海丰县东泰医院建设工程	50000	5000	10000	续建

（续上表）

序号	项目类型、名称	计划总投资	截至2017年底完成投资	2018年投资计划	备注
38	黄江医院新院建设工程	15000	1500	8000	续建
39	汕尾岭南医院建设工程（中医医馆）	70000	2000	5000	续建
40	泰林综合医院建设工程	25000	9000	4000	续建
41	彭湃中学升级建设工程	30000		15000	新建
42	海丰县城东中心小学建设工程	12000		12000	新建
43	海丰县附城小学建设工程	10000		10000	新建
44	海丰县第二人民医院建设工程（海丰县梅陇镇中心卫生院）	21109	7000	6000	续建
七、环保民生保障及其他项目					
45	海丰县城第二污水处理厂及配套管网首期工程	18000		10000	新建
46	贫困村新农村社会主义示范村建设	84000		30000	新建
47	全县生活污水处理项目	69489		20000	新建
48	海丰县旅游公寓扶贫项目	17000		11000	新建
49	海丰县教师发展中心	3500		3500	新建
50	时代名都	200000		20000	新建
51	大湖生态滨海休闲小镇景观区建设项目	2590		2590	新建
预备项目（4项）		1043011			
1	国道G324线海丰可塘至县城段改建工程	133011			新建
2	华耀城建设项目	800000			新建
3	海陆丰干部学院	50000			新建
4	通平古道（一期）	60000			新建

工程基本完工，彭湃纪念医院新院区建设工程、国道G324线县城至梅陇段及可塘段、北四环路、海紫公路升级改造、梅陇镇区主干道升级改造等项目陆续启动实施，莲花大道、海丽大道、梅陇镇首饰产业环保集聚区、贫困村新农村示范村建设、龙津河水系、大液河水闸和西溪水闸、南门湖环境整治和生活垃圾转运设施等在建项目加快推进，国际青年创客城、好迪五星级酒店、华耀城、威翔航空、佳宝食品等一批新引进“高大上”项目成功落地。

【落实稳价惠民政策】 2017年，县发改局积极发挥物价工作职能作用，全面深化价格改革，确保全县价格总水平和价格秩序的基本稳定，实现物价管理工作常态化。加大强化市场价格监管，努力规范价格收费行为，认真处理价格投诉，全力做好价格评估工作，不断优化消费环境，促进维护全县市场秩序稳定健康有序发展。

【收费管理】 2017年，县发改局全面清理行政事业性收费项目和标准，取消、下放和委托管理行政审批事项目录共74项（其中：取消25项，全部下放20项，部分下放、委托管理27项，随相应项目管理权限变化同步取消、下放2项）。一方面加强深化行政事业性收费改革，依法规范行政收费管理；另一方面加强农村中小学教育收费管理，并加强海丰县物业服务收费管理，同时进一步推进县殡葬改革，加强镇级公益性墓园服务收费管理，杜绝乱立项和乱收费行为。

【加强市场价格监管】 2017年，县发改局根据省、市部署和坚持稳中求进工作总基调，围绕管理调控重点任务，加快构建权威高效的价格监管体系，切实加强市场价格行为监管，积极推进反价格垄断执法，着力规范价格收费秩序，保护和促进公平竞争，努力保持价格总水平基本稳定，促进经济持续健康发展和社会和谐稳定。2017年，县发改局对新建商品房销售明码标价公示予以规范，共18家房地产公司销售商品房实行一房一价标价公示，同时规范平价药店药品的明码标价，并推进农贸市场明码标价工作，进一步加大惠民力度，着力改善民生问题。

【价格鉴证论证】 2017年，县发改局按照“坚持客观公正，公平科学”的原则服务司法公正，做好涉案财产价格认定工作，全年共受理涉案价格认定400宗，标的约 5000多万元。受县政府委托对城东科技园、潮惠高速公路、兴汕高速、附城市民广场等政府重点项目建设征地赔偿所涉及财产价格进行认定，共受理政府资产认定业务50宗，认证价值约6000多万元；同时受税务机关和纪委监察机关委托，主要对涉税涉纪的土地和房地产的价格进行价格认定，共受理此类案件价格鉴定业务20宗，鉴定价值为1000多万元。

【成本调查与成本监审】 2017年，县发改局不断探索成本监审办法，完善成本监审制度，贯彻执行《政府制定价格成本监审办法》，对重要商品和服务价格进行严格的成本监审，取得实效。2017年，县发改局对全县10所民办学校、1所公办幼儿园、5家物业管理公司进行成本监审；按照市局的要求完成对海丰县种植业和饲养业进行成本调查，为政府确定价格提供真实可靠的决策依据。

（程招焕）

附：2017年度海丰县发展和改革局领导名录

局　长：郑惠暖（1月起任）
副局长：陈文佳（任至7月）
　　　　刘火云（1月起任）
　　　　陈志明（7月起任）
　　　　陈文静（7月起任）

国土资源管理

【简述】 2017年,海丰县国土资源管理局克服各种不利因素,坚持以习近平新时代中国特色社会主义思想为统领，深入贯彻落实党的十八大、十九大精神，围绕县委、县政府和市局的奋斗目标及工作部署，认真贯彻新发展理念，深化国土资源供给侧结构性改革，扎实有力地推进国土资源管理各项工作，较好地完成全年各项工作目标任务，为促进海丰县经济社会跨越发展做出贡献。2017年，为县财政增创收入9.2亿元。上报新增建设用地14批次，总面积437公顷，经省政府批准8个批次，面积250.45公顷。非煤矿山连续18年零事故，地质灾害隐患点连续18年零伤亡。

【土地利用】 2017年，根据海丰县项目建设用地需求，切实做好重点项目用地和县储备土地计划工作。县国土资源局提前介入，主动作为，通过争取省国土资源厅、市国土资源局的支持，解决用地指标。同时，加强与林业、社保、环保等部门的联系，有效推进用地报批工作进展，切实解决全县经济社会发展的用地压力。全年列入组件上报计划14个批次新增建设用地，总面积437公顷，涉及项目有县生态科技园（四期）、城东中心小学、赤坑物流园、赤坑水厂、梅陇首饰环保聚集区、公平及城东污水处理厂、行政小区及县储备用地。通过争取跟踪联系，上报并获得省厅批复8宗，面积250.45公顷。这些用地的获批，保证海丰县重点项目如期建设。

【土地储备】 为保障海丰县建设用地需求，服务经济发展，2017年，县国土资源局根据县委、县政府的部署和要求，主动做好土地储备工作。全年成功挂牌出让储备土地26宗，面积90.43公顷，出让收入8.6亿元。

【耕地保护】 2017年，县国土资源局根据国土资源部和省国土资源厅的要求，切实做好基本农田保护工作。一是推进高标准基本农田建设。根据《广东省土地整治规划（2011-2020年）》要求，省下达给海丰县5年的高标准基本农田建设任务是15520公顷。根据省下达的任务，海丰县已完成规划的编制工作，并将任务分解逐年建设。二是2017年完成2015年度高标准基本农田建设项目，建设规模1852公顷，投资5000.4万元，已通过市级验收；2016年度分布在附城、海城2镇的3个高标准基本农田的建设项目，建设规模800公顷，投资1800万元，于2017年10月动工建设，预计2018年3月可全面完工并上报省、市级竣工验收。三是严格落实耕地保护责任制。为实行最严格的耕地保护制度，稳定耕地面积，确保国家粮食安全，促进社会经济可持续发展，海丰县坚持“各级党政一把手负总责、亲自抓”原则，县人民政府与各镇（场）人民政府、各镇（场）人民政府与各村委会分别签订2017年基本农田保护责任书。实行各级政府领导任期耕地保护责任制，将耕地保护尤其是基本农田保护工作作为政府领导任期目标责任制考核的一项重要内容，明确各级人民政府对土地利用总体规划确定的耕地保有量、基本农田保护面积和质量。按照政策规定，建立和实施基本农田保护经济补偿机制，2017年度全县拟申请的补助范围为各乡镇政府（国有农、林场）与农村集体经济组织签订年度耕地保护责任书的32086.67公顷基本农田保护区。省级补助资金的基本农田总面积为33193.33公顷，补助标准为30元/亩/年，共计补贴总额为1493.64 万元。基本农田保护经费的申请和兑现，有效保障农田保护工作的落实到位。

【地籍管理】 根据中共中央、国务院《关于全面深化农村改革加快推进农业现代化的若干意见》（中发〔2014〕1号）、国土资源部《关于进一步加快农村地籍调查推进集体土地确权登记发证工作的通知》（国土资发〔2013〕97号）以及广东省国土资源厅《关于加快推进广东省农村地籍调查工作实施方案》要求，县国土资源局积极开展包括全县农村宅基地在内的集体建设用地、零星国有建设用地地籍调查、兼顾农房等集体建设用地上的建筑物、构筑物补充调查。全县共16个乡镇16万宗的农村地籍调查工作任务，于2017年12月底按国家要求全面高质量完成。

【不动产统一登记】 为进一步提高服务质量和审批效率，提升便民利民服务水平，自2016年6月30日开展不动产统一登记工作以来，县国土资源局通过多场次与县住建部门和相关行局的沟通协调，理顺业务交接、办理流程等相关衔接工作。结合上级不动产登记文件要求，简化办理流程，制定一系列便民利民措施，解决离异人员婚姻证明、广州深圳珠海等户籍未婚证明、楼盘办理登记四次申请表一次签名和年老疾病申请人上门服务等问题，并按照县政府办《关于房屋交易和不动产登记事项进驻县政务服务中心相关事宜的通知》要求，指派工作人员进驻政务服务中心。通过一年多的规范管理、努力探索，海丰不动产登记工作取得顺利进展。2017年全年共办理不动产登记2.7万宗，其中土地登记业务536宗、房屋登记业务9800宗、抵押登记业务4601宗、预售商品房买卖预告登记6212宗、预售商品房抵押预告登记3145宗、查解封登记112宗、房产他项权注销登记1457宗，产权证书注销登记12宗。在登记业务提速提质的同时，县国土资源局积极探索解决历史遗留问题的方法和加快房产信息移交的步伐。一是为更好地解决海丰县房屋登记历史遗留问题，起草《不动产登记历史遗留问题暂行处理办法》并报县政府审定。二是通过与住建部门多场次协商，就房屋登记电子数据移交统一意见，于2017年12月完成电子数据移交工作，同时按照省的要求完成不动产统一登记数据整合工作。

【土地规划中期调整】 为争取优化布局，拓展海丰经济社会发展用地空间，海丰县国土资源局充分利用土地总体规划中期调整和完善的契机，结合海丰县永久基本农田划定和土地利用总体规划完善修改工作，确定县的产业布局和用地规模，增加建设规模360公顷，确定超过200个调出和调入地块，调整规模为241公顷（其中基本农田110公顷），全面完成永久基本农田划定工作和土地利用总体规划中期调整完善工作并已获省批复。

【卫片执法检查】 根据国土资源部于2017年下放的卫星遥感影像图斑（2017年第二季度、第三季度），海丰县被国家卫星拍摄图斑点共720个，监测面积501.13公顷，其中占基本农田57.67公顷，占耕地面积152.87公顷。根据外业调查和地类核查掌握有关证据材料及各国土资源管理所调查上报基本材料，认定为违法用地163宗，面积45.29公顷，占用耕地13.39公顷。县国土资源局执法监察大队对163宗用地逐宗进行建档，并对87宗违法违规用地按有关规定进行立案查处。

【土地执法监察】 2017年，按照职责要求，积极开展动态巡查，狠抓违法用地案件的查处，有效遏制土地违法势头。全年巡查发现各类违法用地216宗，面积33.97公顷，及时制止在萌芽状态26宗，立案47宗，移送法院4宗，移送公安2宗，责令自行整改72宗，处于查处阶段的71宗。

【信访维稳】 2017年，接上级转办的包括省、市、县国土系统“12336”和“12345”政府服务平台、网上信访系统信访件462宗，2017年已办结417宗、未办结45宗。群众来信来访43宗，其中个人来访22起、集体访23起，约200人次，政策咨询解答105人次。

【测绘管理】 2017年，数字海丰地理空间框架建设项目正式投入使用。该项目总投资1400万元，包含基础地理信息数据库体系、地理信息公共服务平台、6个应用示范工程和运行支撑体系等四个方面，整合海丰县自然、社会、经济、人文、环境等各类信息，通过在线提供服务方式，为政府和群众提供精准、统一、权威的地理信息和空间位置服务。集成包括国土资源信息综合管理移动服务系统、地质灾害管理信息系统、环境功能分区管理信息系统、规划报建项目管理信息系统、地名信息公共服务系统、海丰公众地图服务网等6大应用系统，是海丰县截至2017年底唯一通用的地理信息公共平台，为城市规划、建设、管理及空间决策提供支持，项目成果实现省、市、县三级共享。于2017年5月通过验收并正式投入使用，数字海丰地理空间框架开启海丰县城市智慧管理和“一张图”决策新篇章。

【测绘服务】 一是完成全县9个批次城镇建设用地的地形图测绘工作，用地范围面积约17万平方米；拍卖地块道路放线，水准高程、土方工程测算等8宗，测量面积约18万平方米。二是配合县兴汕高速公路指挥部完成兴汕高速海丰段各标段37宗临时用地及补征地的界线测量，制作临时用地及补征地图件718张。三是完成不动产登记中心宗地图件141宗，绘制图件437张。四是对全县环保砖厂、采沙场、矿产资源点的规划等10余个宗件进行测绘，涉及的测绘范围面积14万平方米。五是对全县110多宗土地违法建设及土地纠纷案件进行测量，对部分政府裁定宗件的界线进行放样测量等工作，制作卫片图斑点图件700张。

【矿产管理】 一是加强持证矿山企业安全生产监督管理。重点对3家持证开采企业和3家勘察单位安全生产进行监督检查，落实安全生产责任制，严格按开发利用设计方案进行开采或勘察活动，杜绝出现超采、越界开采及以探代采等违规行为，发现存在安全隐患立即责令限期整改。同时，落实好矿山地质环境治理与恢复的各项措施，加大自然生态环境保护力度。二是加大对无证非法开采行为打击力度，取缔无证非法采矿点，没收生产工具、拆除生产措施，责令恢复土地原貌，严厉打击非法开采行为，严守安全零事故目标。

【地质灾害防治】 根据《海丰县地质灾害防治规划》，结合海丰实际，县国土资源局扎实开展地质灾害防治工作。一是结合实际，编制防治方案和应急预案，落实地质灾害隐患点监测责任人、监测人，并签订防治工作责任书。二是对全县33个地质灾害隐患点编制防灾预案，树立防灾警示牌。三是加强地质灾害巡查、排查工作，落实领导带班24小时值班制度。四是在公平镇英豪学校成功举办2017年度地质灾害应急演练，有效增强应对地质灾害突发险情的能力和提高广大群众应急避险能力。

（刘德新）

附：2017年海丰县国土资源局领导名录

局　长：林建军

副局长：黄　明　郭　槎　陈继坚

市场质量监管

【概况】 2017年，海丰县市监局认真贯彻落实习近平新时代中国特色社会主义思想和党的十九大精神，全面落实县委、县政府和市工商局、市质监局工作部署，顺利完成机构整合，承接原工商、质监职责组建成立市场和质量监督管理局，既有丰富的监督管理经验，又有全方位的技术检测手段，打破过去“分段监管”模式，充分优化资源配置，构建一个覆盖生产、流通、消费全过程的监管体系，实现1+1>2的效果。2017年，县市监局坚持稳中求进、新发展理念和高质量发展，深入推进商事制度改革取得新突破，持续改善营商环境；强化事中事后监管，营造更加公平稳定的市场秩序；深入开展质量提升行动，夯实质量基础助力供给侧结构性改革；以“创文”“创卫”工作为总抓手，积极融入地方中心工作取得新成效；大力推进商标品牌和标准化战略，服务创新驱动发展和农村经济发展；不断加强干部队伍建设，推动全面从严治党向纵深发展，为推进新时代海丰新一轮大发展、决胜全面建成小康社会作出积极贡献。

【机构人员】 2017年1月16日，新组建的海丰县市场和质量监督管理局在县工商局八楼召开干部大会。县委常委、组织部部长陈紫光出席会议并作重要讲话。会议由县委组织部科长陈学涛主持并宣读任职文件。会议宣布成立海丰县市场和监督管理局党组，任命局长和副局长，标志着海丰县市场和质量监督管理局首届领导班子正式履新上任。新组建的海丰县市场和质量监督管理局设13个内设机构；直属行政单位1个；下设11个市场和质量监督管理所；事业单位2个。截至2017年12月底，全县市监系统共有在职干部职工228人，其中公务员197人、事业人员4人、工勤人员27人。

【商事登记管理】 2017年，县市监局积极贯彻实施《广东省商事登记条例》，坚持不断降低准入门槛、简化办事流程、优化营商环境，有效推动大众创业、万众创新。全县从2017年9月1日起统一实施“多证合一、一照一码”登记制度改革。截至2017年底，全县累计发放“一照一码”营业执照1.6万多份，其中企业4448份，开办企业必需的程序、环节、时间进一步压减，投资创业的制度性成本进一步降低，改革取得的社会效益显著；深化简易注销登记改革，全县从2017年3月1日起实施企业简易注销登记改革，逐步实现从准入到退出全过程的便利化；以企业办理登记“零见面”、电子营业执照“无介质”为目标，推广全程电子化登记，优化线上服务，全面发放电子营业执照。6月20日发出首张电子营业执照标志着海丰县在全面提升开办企业便利度和营造宽松便捷的市场准入环境层面上进入新起点。

随着商事制度改革的深入推进，改革红利不断释放。截至2017年底，全县实有市场主体总量历史性突破5万户，达到51762户，继续排在全市首位。2017年全县新登记各类市场主体9477户，注册资本（金）53.37亿元，分别比增93.09%和43.02%，日均新登记市场主体26户。其中新登记各类企业1087

户，注册资本（金）47.85亿元，分别比增29.09%和39.53%，日均新登记企业2.68户。全年新设私营企业创造就业人数达到7665人，改革服务“双创”作用愈加明显。

【商标管理】 2017年，县市监局大力推进商标品牌，服务创新驱动发展取得新成效。充分发挥商标职能作用，积极服务创新驱动发展战略，促进创新型经济发展。认真抓好商标注册便利化改革。大力宣传工商总局实施商标注册便利化措施，积极引导企业申请商标注册，全县商标注册申请量持续增长。2017年全县新增商标注册申请件数2247件，注册件数988件，有效注册量12846件，居全市首位。商标知识产权保护不断加强。保持打击侵权假冒行为的高压态势，加大驰名、著名、涉外商标及地理标志商标专用权保护力度，实施最严格的商标保护制度，查处商标侵权案件25宗，占全市查处同类型案件比例71.43%，罚没金额达51.82万元。

【广告管理】 2017年，县市监局继续加大虚假违法广告整治力度，严厉打击虚假违法广告，把关系人民群众健康安全和违法问题易发多发的虚假医疗、药品、保健食品、美容服务、化妆品广告以及虚假房地产、收藏品、招商加盟等广告作为整治重点，进一步加大执法力度，促进广告市场持续好转。一是扎实做好广告行业统计年报工作。通过上门服务、现场指导，落实属地管理责任，切实解决填报难的问题。2017年度广告行业统计填报率达到100%。。二是重拳整治虚假广告取得大案要案新突破。积极开展对县内临街商铺广告牌和商户店面名称、公益广告、房地产广告、烟草广告及非法集资等广告领域整治行动，着力打击广告违法行为，净化海丰县广告环境。2017年，县市监局对海丰一房地产公司发布虚假广告行为作出罚款20万元的处罚决定，实现查处大要案件的新作为。三是加强户外广告导向监管，助力营造党的十九大胜利召开良好环境。在党的十九大召开期间，县市监局铺开排查工作，全面加强十九大期间LED屏户外广告监管，严厉打击影响社会治安、反动言论等违法广告，确保海丰县户外广告市场不出现任何政治安全问题，切实服务保障好党的十九大胜利召开。

【市场监管】 ①深入开展“红盾护农”专项行动。根据《海丰县市场和质量监督管理局关于开展2017年“红盾护农行动”的通知》要求，全县市监部门本着对广大农民群众高度负责的态度，以保障农资市场质量安全为目标，以严厉查处制售假冒伪劣农资坑农害农行为、强化农资经营者自律为着力点，坚持标本兼治、重在治本和防打结合的原则，紧紧围绕阶段重点，充分发挥市监部门的职能作用，以“红盾护农”为重点，加大农资市场监管，以建立和完善“红盾护农”“经济活农”“合同帮农”的工作机制，以保障农资市场质量安全为目标，以严厉查处制售假冒伪劣农资坑农害农行为、强化农资经营者自律为着力点，以农资经营店、农资批发企业和农资市场作为重点整治对象，全面开展专项行动。全年共出动执法车辆87台次，出动执法人员690多人次，检查相关经营单位470户次，发放农资维权、农资商品识假辨假材料2000多份，涉农案件为零。②积极开展节日市场专项整治活动。为切实加强元旦、春节、清明节、“五一”劳动节、端午节、中秋节、国庆节等节日期间的市场监管工作，确保市场繁荣和稳定，县市监局针对性地开展专项整治行动。在春节期间，突出以莲花山森林公园等旅游景点景区旅为重点，加强对旅游景区监管，加大对周边经营户巡查力度，对经营户进行有关诚信经商内容的宣传，倡导“诚信兴商，和谐共赢”，增强经营户诚信自律观念，杜绝销售伪劣假冒食品；同时查处取缔无照经营，清理违法广告牌，营造良好的旅游城市环境，实现节日旅游市场零投诉。在清明节前后，全县各基层所共出动执法人员650多人次、检查祭祀用品、烟花爆竹经营门店750多间（次），收缴祭祀用品、鞭炮一大批；其中4月3日、4日，共出动执法车辆53车次、执法人员246人次，检查经营店铺、集贸市场、超市等场所472间（个、次），查扣各种型号“鼓仔炮”292个、“排炮”2690排、“顿地炮”160粒，口头警告13户，发出《责令改正通知书》16份，有力支援全县护林防火工作。③积极开展防控人感染H7N9禽流感工作。根据省工商局《关于进一步加强人感染H7N9流感疫情防控工作的通知》和县政府相关通知要求，该局立足于市监部门职能，结合辖区实际开展人感染H7N9禽流感防控工作。全年共出动执法人员670多人次，检查市场868个次，检查经营户3984个次，发出整改通知书12份，发出宣传材料520份；并严格要求市场业主加强场内疫情监控，一旦发现疫情或市场波动要第一时间通知属地市监所及相关职能部门，有效保证市场交易安全。同时，严厉查处非法经营活禽及禽类产品行为，对销售未经检验检疫禽类及产品的，采取查封或下架并及时移送相关部门处理；严厉打击哄抬物价、制售假冒伪劣商品行为。在汕尾市发现第一例人感染H7N9禽流感病例后，全县市监系统紧急行动，积极主动配合卫计防疫部门在极短时间内完成全县活禽交易连续2次各休市3天的工作，有力稳定全县禽流感疫情。④集贸市场专项整治。坚持“突出重点、标准管理、联动共治、责任共担”原则，着力构建齐抓共管责任体系，确保集贸市场环境整治和升级改造各项工作有序推进。基层所实施网格化监管和驻场式管理，落实持照亮照两个100%，全面清理场内明火和禁止活禽销售，将市场环境整治责任落实到网、到格、到人，实现专人专管，责任到人，实时监督整改工作进度，及时发现纠正市场整治工作中出现的问题。积极协助市场开办方强化市场“盯、防、管、控”，切实做到市场交易不散，监督管理不断；按照市场创文测评内容，对集贸市场的基础设施、摆卖秩序、卫生保洁等逐一细化管理标准，与市场开办者或经营服务管理机构签订整治责任书，明确市场开办方或管理机构在市场改造规范、物业管理、质量安全、消防安全和交易秩序、消费者投诉等方面的第一责任，督促市场开办方落实好划行归市、卫生保洁、环境治理等主体责任。2017年，县市监系统共出动执法人员760多人次，出动执法车输280多台次；检查市场620多个次；检查场内经营者5000多户；发放宣传资料600余份；为场内经营者补办营业执照254份；引导办理营业执照390份；督促办理前置审批49户；向有关部门发出告知书9份；为34家农贸市场在用计量器具进行免费强检，共检定衡器3000台。联合各镇（场）政府、县公共事业局、交警大队等单位集中力量对集贸市场周边违章建筑进行整顿规范，拆除乱搭乱盖遮阳棚和广告牌等多处，集中整治取得较好成效。⑤加强网络商品交易及服务监管。深入推进网络商品交易监管各项工作。进一步核实、采集、更新、维护辖区内网络经营者相关信息，共建立网络经营主体845户。认真组织开展网络购物领域专项行动，特别是清查利用互联网侵犯涉外商标、驰名著名商标专用权的违法行为、红盾网剑专项行动、网络农资打假等工作。充分发挥“12315”消费举报平台规范网络经营秩序和保护消费者权益，发放宣传资料200余份，检查网站40余家，检查经营户160多户次。

【合同管理】 ①“守合同重信用”企业培育与公示。把“守合同重信用”公示活动作为深化商务领域诚信建设的一项重要抓手，落实“广泛宣传，激发热情，严格审查，确保质量，用心指导，严谨申报”等有效措施，扎实做好“守重”企业的培育、推荐、申报工作。2017年筛选、申报的110家企业全部通过广东省工商局审批并予以公示，其中海丰县企业食品集团公司和广东百斯盾服饰有限公司2家企业通过国家工商总局审批并予以公示。在110家“守合同重信用”企业中，1–4年30户，5至9年28户，10年以上52户。“守合同重信用”活动的深入开展，进一步推动海丰县企业信用体系建设，为促进全社会良好信用观念的形成起到模范表率作用，有力地助推文明城市创建工作。②动产抵押登记。充分发挥动产抵押职能，服务经济发展。开展动产抵押登记工作。2017年，县市监局共办理动产抵押登记3件，为企业融资2000万元，有效帮助解决中小企业融资难题。③拍卖备案与监督。根据《拍卖监督管理办法》要求，进一步指导拍卖企业规范各类拍卖文书和拍卖行为，提高拍卖备案人员素质和备案材料质量，促进拍卖业健康、稳定地发展。采用QQ在线指导、电话联络、发放培训资料等多种形式指导拍卖企业网上备案，受理咨询5次，办理网上报备4场次，审查拍卖成交确认书4份，委托合同总金额128.77万元;成交合同总数4份，成交合同总金额128.65万元。

【行政执法】 2017年，县市监局加大监管执法力度，着力规范和整顿市场经济秩序，努力营造良好的营商环境和放心消费环境。全年全系统办结行政处罚案件241宗，罚没181.14万元（含拍卖款13.72万元）。依当事人申请举行公开听证会1宗，维持办案单位行政处罚意见入库罚没款20万元；市局维持处罚决定行政复议案件1宗。主要开展如下工作：一是打击传销与规范直销。积极采取多种措施，重点加大打击网络传销工作力度，充分利用投诉举报渠道，广泛收集查证涉嫌网络传销线索和信息，与公安等部门建立信息共享，互通情报信息，开展联合查处行动。同时完善和强化信息报备制度，将涉嫌传销组织的注册信息、运作模式、涉案人数、涉案金额、活动地点和方式等信息及时采集，切实把信息报备制度作为建立打击网络传销长效机制的重要手段。2017年组织出动执法工作人员1250余人次，其中对车站、集贸市场、旅店旅馆、快递、直销点等场合组织巡查约1230人次，发放打击传销宣传资料5000余份，悬挂打击传销宣传横幅120张，张贴打击传销海报标语120张，同时在各基层所辖区设置宣传咨询点12个，对群众进行宣传教育，保持打击传销高压态势，确保“零发案”。在规范直销网点方面，掌握直销企业及其分支机构、服务网点、经销商、直销员相关情况，规范直销经营行为，确保直销企业不涉传，不发生群体性事件，切实维护直销市场秩序。全年组织出动检查人员530人次，检查直销服务网点9间，其他店铺共260间次，发放或张贴宣传海报2000余张。二是反不正当竞争执法。结合体制调整、职能转变，及时调整执法重点，深入研讨重点行业中存在的突出问题，有重点、分步骤地实施反不正当竞争执法，切实发挥市监部门在市场竞争监管中的职能作用，集中打击和整治市场各类不正当竞争行为，努力营造公平公正、公开透明规范有序的市场竞争环境。2017，全县市监系统查处不正当竞争案件27宗，案值43.68万元，罚没金额55.62万元。三是企业监管。推进“全国一张网”建设，贯彻落实《全市涉企信息归集公示工作实施方案》，加大对公示系统及归集协同平台的宣传推广，强化跨部门企业信息共享运用，扩大“全国一张网”影响力；认真抓好市场主体年报工作，2017年年报公示率为87.77%，各类市场主体年报率均比2016年有所提高，全县累计列入经营异常名录1769户，申请移出经营异常名录508户,立案查处未按规定时限年报案件14宗，罚没7.1万元。不断推进“双随机一公开”监管模式，全年全县市场和质量监管系统共抽查企业228户，列入经营异常名录15户，发出《责令限期履行公示义务通知书》28份。四是流通领域商品质量监管。切实做好2017年广东省流通领域商品质量抽查检验工作。严格按照《广东省流通领域商品质量抽查检验工作规范》和《广东省工商行政管理局关于做好流通领域商品质量抽检案件查处及信息报送工作的通知》要求，组织落实对销售不合格商品行为的处理。同时结合服装、装饰装修材料、交通工具及配件、家用电器、儿童用品、燃气具等6类商品的专项整治，落实工作措施，采取正反双向追查的方式，及时组织调查、收集本辖区不合格商品的供货商、经销商信息；在2017年相关商品抽检不合格名单发布后，在全县范围内组织6类商品（同上述）定点经营对象及不合格商品的生产者进行约谈和培训；同时，指导相关经营者签署《商品质量管理承诺书》，完善相关商品质量内部管理制度，认真落实不合格商品下架退市和报告制度。全年共抽查检验流通领域洗涤用品商品质量18批次；流通领域电线电缆商品质量抽查检验 20 批次；开展针对上述6类重点商品经营商户专题培训9场次，参加培训约谈经营商户129人，指导签订《商品质量安全承诺书》经营商户404户，检查指导经营并确定定点监管对象322户，发送抽检不合格商品名单174份。五是禁毒宣传和巡查监管。认真履行好禁毒成员单位职责，进一步加强市场监管和行政执法，做好对娱乐场所及其他公共服务场所禁毒的宣传、巡查，加强对娱乐场所周边地区经营主体及其经营行为的监管。2017年，共投入车辆1665台次，出动执法人员4455人次；检查娱乐场所2119户次；易制毒化学品化工门店353户次；种养场1011户次；农民专业合作社436户次；边远地区厂、场283户次；物流快递行业1448户次；其他场所3231户次。与销售经营涉易制毒相关商户签订责任书213户。

【打假执法】 2017年，认真贯彻落实《2017年度海丰县市监局行政执法打假工作方案》的部署和要求，依法开展非法组拼装摩托车专项执法打假行动、打击手机商品销售服务领域侵害消费者权益行为专项执法行动以及打击建筑材料、钢筋建材专项行动；依法查处无证照经营加工假冒伪劣及违规商品的违法违规行为，切实维护行业秩序，保障消费者合法权益和生命财产安全。同时，联合海丰县烟草专卖局建立烟草市场联合监管长效工作机制，落实打击制售假冒伪劣商品违法行为工作责任制，与城东镇、可塘镇、平东镇、赤石镇4镇政府签订《海丰县卷烟打假工作责任书》，着力整顿和规范海丰县卷烟市场经济秩序，维护国家、地方、企业及消费者的合法权益。截至2017年底，在全县范围内组织开展打假行动16次，共出动执法人员2100人次、执法车辆432辆次、检查各类经营主体2300余户，共查处打假案件8宗，案值11万元，罚没款18.04万元；其中，成功捣毁赤坑镇一“百威”啤酒制假窝点，案件取得良好的社会效应。

【标准化与代码管理】 2017年，县市监局在县委、县政府的正确指导下，扎实推进标准化战略深入实施，发挥标准引领，服务产业发展。一是坚持标准先行。通过加强梅陇镇金银饰品的标准化建设工作，打造产业集群联盟品牌，进一步提升特色产业质量整体水平和产品竞争力。2017年5月，广东省地方标准“镀金属饰品”顺利发布，并于12月在梅陇召开宣贯启动仪式。“镀金属饰品”标准成为广东省镀金属饰品的首个地方标准，大力提高梅陇金银首饰行业产品的质量公信力和区域品牌形象。二是建立农业生产标准助力推进“三农”工作。省质监局于5月25日在广州市组织召开标准审定会，专家组听取《地理标志产品 虎噉金针菜（送审稿）》编制组的工作汇报，查阅相关资料，咨询相关问题，对该标准进行充分讨论，一致同意该标准通过审定。编制组根据与会专家所提意见进行修改，形成报批稿报省质监局，省质监局于10月25日的《广东省地方标准批准发布公告》〔2017第10号〕（总第184号）进行批准发布公告。圆满完成广东省农业地方标准《地理标志产品 虎噉金针菜》修订工作。同年10月，海亮生态农业海丰有限公司的《果蔬生产技术规程》也顺利通过汕尾专家组审定，标准化的种植生产管理，使果蔬产品成为该区域主导产业之一，实现农业增效、农民增收，促进农村经济的发展。此外，香蕉标准化示范区、茶叶标准化示范区和广东省甜叶菊种植标准化示范区的申报工作也已经列入2018年标准化计划项目表中。三是认真做好代码管理有关工作。根据《国务院关于批转发展改革委等部门法人和其他组织统一社会信用代码制度建设总体方案的通知》（国发〔2015〕33号）及省代码中心《关于转发〈质检总局关于贯彻落实法人和其他组织统一社会信用代码制度建设总体方案有关事项的通知〉的通知》（粤组代管中〔2015〕13号）和关于转发《全国组织机构代码管理中心关于转发〈法人和其他组织统一社会信用代码载体协调会纪要的通知〉的通知》（粤组代管中〔2016〕3号）等文件精神，认真做好代码窗口的关闭后续咨询服务、年报后台运作等工作。并按规定销毁组织机构代码申报资料满五年和行政案件结案报告满四年档案资料。

【计量检测】 2017年，县市监局积极开展全县"计量惠民——计量器具免费检定"工作，对全县31家集贸市场的在用衡器进行免费检定。按国家计量检定规程要求，共检测在用衡器512台，其中476台首检合格，不合格计量器具36台，合格率约93%。检测时，对问题较多、消费者反映强烈的海鲜产品、生熟食摊位的在用衡器认真排查，为合格的衡器粘贴衡器检定合格证标签并对检定不合格的计量器具张贴禁用证。同时也向集贸市场管理者通报检定结果，并将检定结果及时在市场公告栏或醒目位置进行公示。加大重点耗能企业的监督检查，指导重点企业完善能源计量管理，实现节能预期目标，并加强计量器具检测工作。全年共检测压力表943块，气体报警器17台（部），天平209台、衡器512台（部），检测水表2000个。

【计量工作】 开展"5·20"计量执法检查行动。联合执法局，法规股、县质检所等股（室）共出动67人（次）车辆8辆次，对县城各加油站，肉菜市场、眼镜店、商场超市等12家企业进行监督检查；配合市局质量科对海丰县辖区内的14家获证的检验检测机构，进行行政和技术检查，对存在问题的三家检测机构发出整改通知书，帮助督促其整改落实。行动中依法查处可塘2家无证检测机构，有力打击无证检测抬头趋势；组织开展检验检测机构规范化交流会，围绕"统一规范、客观公正、科学准确、公平公开"为主题，以检验检测机构正规化、规范化管理为重点，邀请县水质检测中心负责人就该中心获得中国计量认证证书后的基本情况和规范化制度管理等方面的工作经验与全县各第三方检测机构负责人进行交流学习，凸显县水质检测中心关于"人、机、料、法、环"5个主要元素的日常规范做法和实际事例，对推动各检验检测机构提升正规化、规范化水平具有积极意义。

【世界计量日活动】 2017年，围绕"计量与交通"的宣传主题，在岁宝百货门口举办"5·20世界计量日"宣传服务活动，并在大型农贸市场、加油站、商场超市、眼镜店张贴计量工作宣传画，借助图文并茂的宣传资料广泛科普计量知识，宣传计量法律、法规。同时，组织集贸市场、加油站、商场等企业开展诚信计量单位自我公开承诺书活动，全县共23家企业公开诚信计量的承诺书，促进诚信计量行动不断深入开展。

【工业产品质量管理】 2017年，县市监局认真加强工业企业产品质量监管，协助市局做好全年度质量监督抽查工。根据抽检计划安排，海丰县中小学生校服、珠宝贵金属、服装、配装眼镜、人造板等17类产品接受市级质量监督抽查;根据抽检结果，对不合格的生产企业开展后处理工作，通过约谈和召开质量分析会的形式，针对抽查中发现的质量问题进行深入分析，提出质量改进建议，要求各企业扎实落实产品质量安全主体责任和诚信经营的社会责任，守住安全底线，保证出厂产品合格；积极开展食品相关产品获证企业监管工作，加强对海丰县辖区内取得食品相关产品生产许可证的7家企业（其中食品用塑料容器5家，餐具洗涤剂1家，工业和商用电热食品加工设备1家）的巡查监管。在2017年汕尾市中小学生校服、食品相关产品等8类产品质量专项监督抽查中，市级监督抽查共抽查海丰县食品相关产品（无汽饮料瓶、一次性塑料杯）9批次，不合格发现率为0。加大宣传培训力度，提高产品质量意识。协助市质监局在海丰举办全市服装产品质量提升培训班和珠宝玉石生产销售企业质量提升培训班，邀请专家现场为企业解惑答疑，解决企业面临的难题，助力供给侧质量提升，为企业逐步走向规范化、标准化、创立品牌指明方向，对提升企业竞争力，提高企业产品质量意识起到积极作用。

【"质量强县"工作】 2017年，县市监局稳步推进质量强县工作，质量考核获得全市第一名。围绕产品质量安全、工程质量达标、环境质量优化、服务质量提升，加强质量检验监测，落实质量安全监管长效机制，确保产品质量、工程质量、环境质量、服务质量安全。同时，认真组织协调强县办各成员单位做好考核迎检工作，在2017年初市对县质量工作督导中，经市强市办通过文审初评、工作汇报、召开市民座谈会及实地考察，圆满完成2015~2016年度市对县政府质量工作成效考核，海丰县综合得分84.92分，在全市排第一名。全面贯彻落实质量发展纲要，形成大质量工作格局。2017年，结合机构改革、人员变动，相应调整质量强县工作领导小组，以县长任组长，切实加强质量工作领导。根据大质量、大发展需要，制定《海丰人民政府办公室关于印发海丰县实施质量强县战略2017年度行动计划》，围绕提升供给质量，将产品质量安全、工程质量创优、环境质量优化、服务质量提升等纳入整治提升范围，积极推动四大质量提升。根据《中共广东省委 广东省人民政府关于实施质量强省战略的决定》《中共汕尾市委 汕尾市人民政府关于落实质量强省战略的实施意见》文件精神，出台《海丰县人民政府关于落实质量强省战略的实施意见》，对“十三五”时期全县经济社会主要发展目标，全面深化质量强县建设，全面提升产品、工程、服务、环境质量水平和全要素生产率，增加中高端产品和优质服务供给进行总体规划。

【管理体系认证与食品农产品认证监管】 2017年，全县共有获证企业（组织）63家，认证证书129份，其中管理体系论证52家84份（质量管理体系认证42家44份、环境管理体系认证17家17份、职业健康安全管理体系认证15家15份、食品农产品管理体系认证8家8份），产品认证13家45份（强制性产品认证5家30份、一般工业产品认证1家1份、一般食品农产品认证3家7份、国家推行的食品农产品认证4家7份），获证企业（组织）及证书总数分别比2016年增长14.55%和41.76%。①积极开展检验检测机构专项整治。制定《2017年度海丰县检验检测机构专项监督检查之行政检查工作方案》，开展检验检测机构全覆盖的行政性监督检查和整治行动，重点对管理体系、资质证书、检测人员资格等进行全面审查，保证基本条件符合资质要求，重点排查超能力范围检验、不按规范检查、数据结果不可追溯及检验报告管理不符合要求等问题，确保检测活动合法合规，规范有序。2017年检验检测机构11家，对存在问题的2家检验检测机构发出责令整改通知书，并采取约谈检测机构负责人、深入机构面对面指导等方式，帮助其查找原因，制定整改方案，确保如期整改到位。②突出重点开展认证监管工作。组织对防火门等4家13份证书、梅陇农场等3家5份证书的强制产品认证、有机产品认证和百斯盾等5家管理体系认证企业进行行政监督检查，发现存在问题及时责令整改，督促其严格执行认证产品各项管理规定，以保障认证企业生产安全，进一步促进认证企业工作规范化。同时，按照检查表的检查项目逐一收集企业相关材料，以此建立完整的“一户一档”企业监管档案。

【工业锅炉节能降耗】 2017年，县市监局认真开展锅炉安全生产和节能专项行动，共检查使用单位31家次，检查锅炉42台次，立案查处存在安全隐患的锅炉4台，查处燃煤锅炉案件1宗，拆除燃煤锅炉1台；全县通过锅炉水质监测，使水质化验结论合格率明显提高，锅炉热效率普遍提高10%左右，全县每年节约标准煤1.2万吨。

【特种设备管理】 2017年，全县登记收录锅炉252台，压力容器575台，压力管道276条，电梯1566台，起重机械61台，场（厂）内机动车辆53台，大型游乐设施6台套，共合计2789台。①积极开展电梯专项整治工作，督促电梯使用单位切实履行安全管理职责，进一步明确电梯使用单位的安全责任，以公众聚集场所和住宅小区物业单位为重点，加强对电梯使用单位的监督检查。严格要求各电梯维保单位要会同电梯使用单位认真对照规定开展自查自纠，认真完成整改。专项整治工作共有9家电梯维保单位开展电梯安全专项整治自查，负责维保的电梯使用单位427家，负责维保的电梯数量1325台，开展自查的电梯数量1210台，发现安全隐患的电梯50台，已落实整治的电梯26台。整治工作共检查维保单位8家，检查电梯使用单位29家，检查电梯57台，消除隐患52项，立案5家，罚款8万元。②开展医用电梯安全大检查工作。根据《广东省质检局关于开展医院电梯典型安全风险问题监督检查的通知》（粤质检特函〔2017〕613号）的文件精神和工作部署，对全县所有在用医用电梯进行安全大检查，共检查医院8家，医用电梯15台，消除安全隐患9处，发监察指令书7份，移交执法机构5家。③开展气瓶专项整治和瓶装燃气充装销售单位联合执法行动。制定工作方案，对海丰县的液化石油气充装站、检验站和各销售网点进行安全大检查，进一步规范气瓶充装、检验行为，落实安全主体责任，保障气瓶使用安全。共检查充装单位9家，立案查处3家，检查销售单位24家，限期整改单位9家。④叉车专项整治工作，对叉车使用单位的安全使用状况和安全保障能力进行全面检查，检查是否存在违规使用叉车现象，企业是否按要求办理注册登记且使用通过法定检验的叉车，叉车作业人员是否持证上岗。共检查叉车使用单位8家，叉车27台，消除安全隐患13

处，发监察指令书3份。

【重特大事故隐患监控】 2017年，县市监局认真开展隐患排查治理工作。根据《汕尾市质监局印发加强特种设备安全隐患排查 坚决遏制特重大事故整治方案的通知》（汕质监锅函[2017] 30号）和《汕尾市质监局关于印发<特种设备安全大检查工作方案>的通知》（汕质监函[2017] 87号）文件精神，按照市局工作部署，积极开展特种设备安全大检查工作，以气站、电梯使用单位为重点，主要针对特种设备的运营情况进行全面检查，及时消除存在安全隐患。强化危险化学品安全综合治理。制定海丰县市场监管局危险化学品综合治理实施方案，积极开展危险化学品监督检查工作。危险化学品综合治理工作共出动103人次，检查危险化学品生产企业，危化品相关特种设备企业11家，协助海丰县危险化学品相关企业查询标准3家次，发放相关标准资料50余份。扎实开展突发事件风险隐患排查工作。根据省、市关于开展突发事件风险隐患排查和整改工作文件的有关要求，通过特设股与执法局联动，严厉打击无证使用、违规使用、操作人员无证上岗和未经检验合格使用特种设备等违法行为。建立长效机制，对可能存在和发生突发事件隐患，明确责任，把风险隐患的治理整改和排查工作贯穿于排查的全过程，对发现的特种设备隐患，建立台账，并及时跟踪处理，贯彻落实特种设备安全“闭环管理”。

（刘晓健）

附：2017年海丰县市场和质量监督管理局领导名录

局　长：陈健雄

副局长：罗宗好　林文财　陈如源　郑海玲
　　　　陈小雄

市场物业管理

【机构人员】 海丰县市场物业管理局成立于2001年，是海丰县政府属下的正科级事业单位，主要负责全县国有市场物业的规划管理、经营服务、开发建设等工作。县市场物业管理局内设人秘股、财会股、保卫股、市场管理服务股、市场建设规划股5个股室，下设海城、西门、北门、可塘、梅陇、公平、鹅埠7个市场物业管理所，管辖国有农贸市场14个，市场经营面积3万多平方米。2017年，有在职干部职工135人，其中公务员8人、职工127人；另有退休职工86人。

【市场融资租赁】 2017年，县物业管理局完成租金任务470万元，主要做两个方面重点工作：一是为充分发挥国有资产经济效益，在所辖市场招租后，派出巡查组对市场经营情况进行调查了解，协调承包人与商户存在的矛盾，发挥国有资产的最大效益。二是增加市场改造资金的投入。根据市、县“创文”工作的有关要求，县物业管理局所辖需改造的国有农贸市场有10个，确定按甲级标准升级改造的市场5个（县城人民市场、西门市场、可塘市场、梅陇人民市场、公平新厝市场），按乙级标准升级改造的市场5个（联安市场、陶河市场、鹅埠市场、赤石市场、小漠市场）。通过筹措资金、承包方垫资等方式引入资金，总投资810万元：县城人民市场150万元、西门市场70万元、可塘市场80万元、公平市场30万元、梅陇市场190万元、鹅埠市场110万元、小漠市场60万元、赤石市场60万元、陶河市场15万元、联安市场45万元。其中陶河、联安市场由县物业管理局筹措资金，其余由承包方先行垫资。

【市场基础设施建设】 2017年，根据市、县“创文”工作的有关要求，对照农贸市场升级改造参照标准，结合实际情况，对县物业管理局所辖国有农贸市场进行升级改造。在市场基础设施建设方面，重点解决通风、照明、消防安全、供电、供排水等项目，相关升级改造具体内容为：①主体建筑改造与装修；②经营区域布局调整；③供电、照明设施达标配置；④摊位改造与装修；⑤供排水符合标准；⑥消防安全达标。经过升级改造后，农贸市场基本达到硬件设施完善、场容卫生整洁、无违章占道经营、日常管理达到规范化的标准。

（林琳）

附：2017年海丰县市场物业管理局领导名录

局　长：陈晓辉

副局长：黄首诚　洪小宁

食品药品监督管理

【机构人员】 海丰县食品药品监督管理局内设办公室、综合协调股（应急管理股）、食品生产安全监管股、食品市场安全监督股、食品餐饮安全监管股、医疗药品综合监管股、行政审批股；有直属行政单位1个：食品药品稽查局；派出机构3个：梅陇食品药品监督管理所、可塘食品药品监督管理所、公平食品药品监督管理所。截至2017年12月底，全县食药监系统共有在职干部职工52人，其中行政编制（含行政执法专项编制）43人，工勤人员编制5人，食品巡查人员4人；在编干部大专以上学历43人（本科32人，大专11人），占干部总人数100%；工勤人员大专以上学历4人，占工勤人员总人数80%；食品巡查人员大专以上学历4人，占食品巡查人员总人数100%。

【行政许可审批】 2017年，县食品药品监督管理局共受理各种办件1863件。其中药品零售筹建批准27件、经营批准27件、变更批准23件、换证批准 5家、注销5家；食品经营许可经营批准1621家、变更103家、注销53家、餐饮服务许可注销4项、食品流通许可注销3项；小作坊登记批准19家。

【食品市场安全监督管理】 截至2017年12月底，全县流通食品经营户3832户，其中食品批发户24户、零售单位3497户、批发兼零售单位311户、乳制品经营单位2234户（含婴幼儿配方乳粉经营户65户）。①食品经营销售环节监管工作情况。一是突出抓好日常重点食品安全检查。食品市场安全监管股通过组织各所开展联合执法等形式，对全县各食品批发市场、商场、超市、学校周边、城乡接合部等进行全面排查，并重点检查大米、酒类、食用油、乳制品、肉制品、儿童食品、糕点、饮料等生活必需食品，食品的厂名、厂址、生产日期、保质期、标签标识以及购销台账和索证索票的情况。全年共出动检查人员1182人次，检查食品经营户1465户次，约谈食品经营企业代表22人次。二是积极开展“放心肉菜超市”创建活动。为严格落实超市食品安全主体责任，提高超市肉类、蔬菜等食用农产品质量安全水平，保障人民群众食用农产品消费安全，县食安办、县食品药品监管局开展“放心肉菜示范超市”创建活动。参加省级的创建超市（蓝天广场），已按照相关要求及标准，按照分类、分区原则对食用农产品销售区进行重新规划、布局，并在优质精品肉菜专柜、供应商资格审查、“产销对接”的推进、食用农产品布局及规范标签标识和进货查验制度的落实等方面进行自行自查对照。对短板环节进行完善、优化并完成自评和通过县食安办、县食药监局的初评验收。已上报省、市食安办进行验收评审。三是大力开展食品销售环节创文活动，全力推进农贸市场改造与食用农产品快检工作的落实。向各集贸市场业主发放《关于落实集贸市场食品安全主体责任的通知》《食用农产品市场销售质量安全监督管理办法》，填写《集中交易市场开办者信息报送表》，签订责任书，调查摸底全县食用农产品市场、农贸（集贸）市场，对市场内经营食品商户类别、经营情况进行分类造册建档，并要求：活禽销售区独立封闭或半封闭，与其他经营区隔开；活禽限制区的，实行集中屠宰、冷链配送、生鲜上市，公示经营证照检验检疫合格证明；从业人员配戴口罩、手套等必要防护用品上岗作业。熟食类和豆制品类公示经营证照；不敞开经营，不露空销售，不生熟混卖，配备防蝇、防蚊、防尘、防鼠等设施；销售人员配备健康证，穿戴口罩等必要卫生工具。肉类产品：重点检查经营者的进货票证，督促经营者做好索票验证工作，确保所采购的猪肉来自定点屠宰场，不采购、销售无检验检疫合格证明、病死、注水猪肉及其制品。督促市场开办者落实管理责任，对未加盖肉品检验章和附有“动物检疫合格证”“肉品品质检验合格证”的猪肉不准进入市场销售。农产品蔬菜类：设置食用农产品检测室，配备完整检测设备，操作人员持证上岗，检测记录完备，检测结果每天公示。全年共快速检测食用农产品29404批次，不合格99批次，合格率99.66%，销毁不合格产品385千克。水产类：销售有宰杀间（台），台边无堆积物，地面无积水，通道两旁摆放整齐。四是认真开展节日食品市场专项整治。2017年，县食品药品监督管理局对春节、清明、端午、中秋等节日食品市场监管工作进行专门部署，加大市场监管力度和打假执法和反走私工作的要求，重点走访检查辖区内大型生产经营企业，以消费量大、与人民群众节日消费密切相关的饼干、糖果、食用油、饮料、糕点、月饼食用农产品、酒类等应节食品和应节农产品为重点，有针对性地组织开展节日食品市场专项执法检查，切实维护食品市场消费安全。五是全面推广食品溯源系统。在开展婴幼儿配方乳粉追溯的基础上开展对婴幼儿辅食、食用油和酒类的追溯。要求经营企业登录食品溯源系统进行数据录入上报工作，有效推进食品电子追溯体系建设的进一步铺开，结合日常监管，使重点食品实现可追溯，挽回公众信心。六是深入开展农村食品安全专项整治行动。严厉打击农村地区“五无”“两超一非”食品，提高农村食品安全保障水平，切实维护广大农民群众饮食安全。加大对农村食品市场的检查力度，严厉打击销售假劣食品违法行为，严把农村食品市场经营主体准入，严格落实食品经营主体责任，集中执法力量开展农村食品市场排查，并突出监管重点和强化日常巡查。加大农村食品市场日常检查和抽样检查力度，及时发现和查处假劣食品。通过开展专项整治行动，有效规范经营秩序，净化农村食品市场。七是大力开展校园周边销售环节食品安全整治工作。中高考期间加强对考点周边的超市、食杂店、文具店等食品经营户的监督检查，包括主体资格和食品经营主体责任落实情况。以保障中小学生食品安全为出发点，着力维护校园及校园周边食品安全消费环境。八是开展婴幼儿配方乳粉标签标识规范和监督检查专项行动。对照企业自查报告，以经营婴幼儿配方乳粉的商场超市、批发商、母婴店等为重点检查场所，对婴幼儿配方乳粉标签标识进行监督检查。②保健食品安全监管情况。一是加强对辖区内生产经营单位的监管。制定《2017年保健食品生产经营企业监督检查计划表》，认真履行日常监管职责，以巡查和日常检查的方式加强辖区内保健食品生产经营企业的监督检查，做好日常检查记录表的填写。全县全年共出动执法人员172人次，检查生产经营企业230家次，不断规范保健食品生产经营秩序，确保产品质量安全。二是开展保健食品非法会议营销专项治理工作。按照《汕尾市2017年保健食品非法会议营销专项治理行动工作方案》，成立海丰县打击保健食品非法会议营销专项治理行动工作协调小组，开展对重点区域、重点企业、重点产品、重点场所排查工作，严厉打击会议营销中的非法经营、非法宣传、经济欺诈等违法犯罪行为，加强正面科普宣传引导，查处和曝光典型案件，规范保健食品市场秩序，维护消费者合法权益。专项行动从2017年5月开始至10月底结束，未发现非法会议营销行为。③集中交易市场及场内食用农产品销售安全监管情况。一是建立健全农贸市场档案，做到监管底数清楚。对全县49家重点农贸市场建立较为完善的档案信息。将档案建设和日常管理、量化等级评定、监督执法等方面有机结合，及时更新监管信息，实现档案动态管理。二是实施专项监测，防控源头食用农产品安全风险。三是落实主体责任，健全源头食用农产品入市制度。确定农贸市场开办者是食品安全第一责任人的制度，签订食品安全责任书，建立健全食用农贸市场凭质量安全协议入市制度、进场查验制度、准入检测制度、信息公示等制度。四是加强日常监管，指导规范经营行为。在全县开展的农产品日常监督检查和各专项检查工作中，全县共出动执法车辆30余台次，执法人员110人次，检查集（农）贸市场52个次，检查经营户142户次，约谈集（农）贸市场开办方12户次，发出监督意见书1份，发放宣传资料210多份，组织市场开办方代表学习2场次，印发《食品安全法》《食用农产品市场销售质量安全监督管理办法》等法律法规200多份。

【食品餐饮安全监督管理】 ①开展集体食堂专项整治，预防群体性食品安全事故发生。结合日常检查，在全县范围内对集体食堂的数量、现状和规模进行全面梳理，建立纸质与电子监管档案。截至2017年10月31日，海丰县有持证学校（含幼儿园）食堂81家，职工食堂21家。一是联合检查，排除隐患。春季、秋季开学后，县食品药品监督管理局联合县教育局对全县学校（幼儿园）食品安全管理进行检查，重点对学校食堂食品安全管理制度落实及“明厨亮灶”实施情况，校园内开设的食品超市、商店主体资质及落实主体责任情况进行全面检查。共检查学校及幼儿园食堂87家次，小卖部8家次，下达监督意见书67份。二是对就餐人数较多的集体食堂、外包经营食堂进行全面排查。重点以食堂环境卫生是否整洁；布局流程是否合理；加工制作、冷藏、消毒等设备设施是否完善；从业人员健康证明是否有效；索证索票制度是否落实；有关原料来源、进货渠道、台账记录等规定是否落实；是否存在违法使用食品添加剂行为以及食品留样制度等落实情况进行检查。三是开展学校、工厂等周边食品生产经营单位的整治。县局联合相关部门加大对学校、工厂等周边的食品生产经营单位的整改力度，将学校集体食堂周边的餐饮单位列入整治的重点对象、加强检查，严查无证经营行为，加强现场监督。按照市局部署开展学校及周边食品安全专项整治，实现学校周边食品生产、经营企业持证率达100%，生产经营台账建立率达100%，“三无”食品清除率达到100%，过期变质食品清除率达到100%。在创文迎检期间，共出动执法人员206人次，检查校园周边餐饮服务单位241家。四是开展宣传，营造氛围，发挥舆论监督作用。日常检查中向广大师生和工厂工人、餐饮服务从业人员宣传食品安全法律法规及食品安全知识，营造出人人关心餐饮食品安全、个个重视餐饮食品安全的浓厚氛围。②推进“明厨亮灶”实施工作。2017年11月8日，召开全县28家大型餐馆“明厨亮灶”建设工作推进会，要求11月底之前全部实施。截至年底，县食品药品监督管理局初步完成286家餐饮服务单位“明厨亮灶”创建工作，其中采取安装视频监控设备17家，透明式269家。③逐步推行食品安全量化分级。一是加强组织培训，提高从业人员整体素质。对餐饮服务单位食品安全管理员逐批进行培训、考试。截至2017年6月30日，有281人通过考试，其中初级174人、中级107人。同时结合餐饮行业开展的“光盘”行动，发放文明餐桌温馨提示牌，加强法律宣传，有力保障量化分级管理工作的顺利进行。二是稳步推进量化分级，提升学校集体食堂服务水平。充分准备，逐步开展对各餐饮服务单位的量化工作。通过对许可管理、人员管理、场所环境、设施设备、采购贮存、加工制作、清洗消毒、食品添加剂等方面进行检查评价，为各餐饮服务单位评定等级。截至2017年10月31日，全县餐饮服务单位934家，共评出A级单位15家、B级单位59户、C级单位823户，待评级

37家。三是以“食品安全、市容整洁、诚信经营、群众满意”为目标，以示范促安全，开展食品安全示范街活动。2017年，鲘门美食街被广东省食品药品监督管理局评为“广东省食品安全示范街”，在切实提高餐饮服务保障水平的基础上，使之成为餐饮消费领域规范操作示范点和开展公众餐饮食品安全宣传教育平台。④结合创文，开展文明餐桌建设活动。出台《创建广东省文明县城实施方案》，大力开展文明餐桌建设，督促餐饮服务单位加强内部管理。制作以“文明用餐，反对浪费”为主要内容的提示牌1万多张，要求全县餐饮单位进行摆放上桌，并向市民发出倡议书2000多份，引导消费者理性消费，抵制舌尖浪费，打造更多的文明餐桌、放心餐桌、诚信餐桌，形成文明节俭消费新时尚。2017年5月，海丰县金鹏国际酒店有限公司、德成中英文学校食堂等10家餐饮服务单位被表彰为“汕尾市文明餐桌示范单位”。⑤做好重大活动食品餐饮安全保障工作。包括1月16日汕尾地区供水系统“重民生、保供水”创文工作文艺晚会，3月26~29日海丰县人大、政协两会，5月19~20日2017年“5·19”中国旅游日广东省主会场（汕尾）系列活动海丰分线路参观、踩线考察活动安全保障，以及2017年高考、中考期间的餐饮服务安全保障。⑥寺庙食品安全。对寺庙厨房的管理是个空白点，各个寺庙卫生情况及人员的卫生安全意识各不相同。2017年，县食品药品监督管理局联合县宗教局检查金竹古寺、白云寺、云莲寺、鸡鸣寺、准提阁，计划将寺庙厨房列入安全管理。⑦网络订餐安全监管。网络订餐已成为群众生活一种习惯，消费者图方便而没有鉴定餐饮单位资质情况，第三方平台经营者追求利益，加上对食品安全法律知识的缺乏，没有履行对合作餐饮单位的资质审查和卫生状况检查，没有及时公开相关信息。按照《广东省餐饮业质量安全提升三年行动计划（2017-2019年）》，入网餐饮服务经营者持证率、公示率达98%以上。县食品药品监督管理局已将国家相关法律法规先行告知第三方平台，逐渐提高其知法、守法意识，同时让第三方平台告知合作的餐饮服务单位加快资质申请，降低无证经营和超范围经营的比例，否则应中断合作，进行下线处理。截至2017年底，海丰地区约有20家网络订餐第三方平台。县局对这些平台先予以督促教育，下来将采取法律措施规范经营行为。⑧集体食堂食品安全管理。全县政府机关食堂、就餐人数比较少的企业大部分无办理食品经营许可，从安全管理角度出发，就餐50人以下的集体食堂纳入日常检查范围，50人以上的集体食堂应督促申请食品经营许可。县局逐家进行上门宣传，力求各行政单位、企事业单位食堂纳入规范性管理，减少食品安全隐患。⑨农村集体聚餐安全监管。海丰地区红白事习惯大操大办，对集体聚餐的食品安全认识普遍较低，各镇府对相关工作配合处于应付模式，食品安全意识不强，县局主动与各镇府加强协调沟通，落实农村集体聚餐报告制度等。

【医疗药品、化妆品监督管理】 ①药品监管情况。截至2017年底，全县药品批发企业7家，药品连锁企业5家，药品零售企业共245家（包括连锁个体店），医疗机构30家。全年共出动700多人次检查企业200多家，收集药品不良反应450例。一是加强日常监管，规范药品企业行为。年初，召开全县企业负责人工作会议，在会上明确企业责任，进一步增强企业的守法意识、质量意识、诚信意识和自律意识，牢固树立企业质量责任，确保药品质量安全，会后各企业负责人签订承诺书。检查人员依据有关规定对辖区内药品零售企业药品经营企业的药品经营质量管理人员培训考核记录、药品购进验收记录、药品摆放及分类管理情况、拆零药品摆放及处方药销售登记情况等一般项目，以及药品经营企业是否超范围经营药品、是否有从非法渠道购进药品、是否有经营假劣药品等关键项目进行细致检查。责令改正25家，并要求进行整改，并形成整改报告上报县局。二是开展医疗机构药房规范化管理。从医疗机构药房检查过程中，发现个别医疗机构药房管理不规范，一些需阴凉库品种没有在阴凉条件存放；个别医院将药品堆垛靠墙、有的甚至将药品直接堆在地下，并且与非药品混乱堆放，没有有效防潮、防尘、防污染。并要求整改。三是加强特殊药品的日常监管，严防特殊药品流弊事件。县局成立禁毒领导小组，落实责任。海丰县内有经营麻醉药品和精神药品资格的只有海丰县医药公司，签订禁毒承诺书。县食品药品监督管理局执法人员每季度都到该公司进行专项检查，按《麻醉药品和精神药品管理条例》从检查公司购销存入手，杜绝和减少麻醉药品和精神药品流入非法渠道，另流出单位麻醉药品和精神药品数量较大的，对购继续开展特殊药品批企业及医疗机构检查工作，检查涉特药单位是否按“五专”进行管理，督促企业定期网上报告特药数量和流向，随机现场检查，提高特药信息网络运行质量。监督医疗机构按月上报特药采购、验收、保管、使用、空瓶回收等情况。②医疗器械监管情况。一是加强监督检查、规范经营行为。对二类、三类医疗器械经营单位重点检查是否取得“医疗器械经营企业许可证”，经营的产品是否超出证件许可的范围，经营的产品是否合法渠道购进，产品注册证件是否在有效期内、是否符合相关法律法规要求。对县直医疗机构及乡镇卫生院对涉及医疗器械使用、存放等进行全面检查。其中器械库内重点检查产品的购进验收记录、贮存条件是否与医疗器械的品种、数量相符、供货方相关资质证件，生产厂家是否超范围生产，经营单位是否在许可范围内经营、产品注册证书、注册登记表及检验报告是否相符，产品是否在注册证书许可的型号、规格范围内、是否超出注册登记表许可的产品性能结构及组成。大型医疗器械供货方的相关资质证件，产品注册证及注册登记表、检验报告是否相符，产品维修记录，更换的产品是否符合法律法规的要求，标签、标示是否符合法律法规要求等。至11月30日共检查医疗器械使用、经营单位60多家，其中检查医疗器械经营企业30家、医院35家。二是及时总结，加强宣传。县局在专项行动检查中同时加强对医疗器械经营、使用行为的宣传教育工作，及时传达市局关于医疗器械“五整治”专项行动的通知，将医疗器械的监管要求、法律责任及相关的刑法条文告知到各经营、使用单位，促使各单位提高认识，加强自律，自觉守法经营。共印发宣传资料近600多份，通过宣传教育、告诫和警示，提高各单位守法的自觉性和主动性，从源头上减少医疗器械的违法违规行为。③化妆品监管情况。一是突出目标，强调责任。县局针对年初制定的化妆品安全监管目标，开展“摸底数、查家当”第一步全面彻查工作，对全县的化妆品经营企业进行全面摸底建档，并在此基础上确定重点监管品种和重点监管企业以达到突出监管目标，明确监管责任目的。二是强化监管，开展整治。2017年，县局在注重提高对化妆品安全的日常监管力度的基础上，更倾力于强化专项整治行动开展，在5月、10月期间分别开展化妆品安全整治专项行动，整治对象主要包括化妆品专营门店、连锁企业、兼营企业等，共出动执法人员400人次，检查化妆品连锁、专营、批发企业100家次。三是着力宣传，注重实效。县食药监局对于化妆品监管不光停留于执法监管力度提升，在实施日常监管工作和开展专项整治的同时，还要求提高对化妆品经营企业的法律法规和政策制度的宣传工作力度。四是化妆品示范区建设。按照方案，重点围绕广东省化妆品市场安全治理示范标准进行综合评定，在县美食街设立化妆品示范区。县局在示范街组织动员及培训2期，向广大商家、消费者发放化妆品宣传资料1000余份。

【食品安全综合协调】 ①组织召开全县食品安全监管工作会议。7月5日，全县食品安全工作会议顺利在县政府迎宾楼二楼会议室召开。会议传达贯彻中央和省、市关于食品安全工作的决策部署，部署2017年食品安全工作。会上，副县长陈凯婵代表县人民政府与县食安委22个成员单位、18个镇（场）人民政府及经济开发区领导签订食品安全责任书。②组织协调各项食品安全专项整治行动。围绕食品领域热点难点问题，转发或印发文件，并组织协调一系列专项监管：2017年度春节、五一、端午、中秋、国庆期间食品安全的综合监管工作、2017年海丰县食品安全宣传周活动、2017年海丰县食品安全重点工作安排、海丰县实施家禽集中屠宰有关工作等。充分发挥综合协调职能，通过不断探索健全食品安全监管机制，形成严密有效的食品安全监管体系。③强化宣传，营造氛围。6月29日，举行食品安全宣传周启动仪式，并在海城镇人民政府门口设立食品安全宣传咨询台，县食安委各成员单位参与咨询活动，向人民群众宣传有关食品药品的法律法规，营造氛围，提高群众的法律意识。

【食品药品稽查】 截至2017年12月31日，县食品药品监督管理局共出动执法人员1613多人次，立案250宗（其中食品106宗、药品138宗、化妆品6宗），结案183宗；涉案货值人民币4.63万元，罚没款共计人民币26.90万元，拟吊销“药品经营许可证”1家，拟吊销“食品经营许可证”1家，投诉举报180宗、受理176宗。移送公安1宗，刑拘2人。①按计划完成食品药品抽检。为贯彻落实省局关于《全省落实食品检验量“每年每千人3批次”工作实施方案》通知，按照市委、市政府2017年市十件民生实事的工作部署，加强食品抽检工作，食品监督抽检计划1781批次，至2017年11月30日，食品抽检抽样完成1781批次。2017年药品抽检计划285批次，已完成285批次，药品快筛快检206批次，已完成206批次。2017年，县局食品监督抽检任务共1781批次，其中，国家监督抽检任务240批次，省转移地方抽检任务30批次，县本级任务1511批次。国抽任务和省转移地方抽检任务300批次为食品农产品。县本级任务为餐饮服务、生产、流通三环节，具体包括粮食加工品、食用油、调味品、肉制品、乳制品、饮料、方便食品、饼干、罐头、冷冻食品、速冻食品、薯类和膨化食品、糖果制品、茶叶及相关制品、酒类、蔬菜制品、水果制品、炒货食品及坚果制品、蛋制品、水产制品、糕点、豆制品、餐饮食品、食用农产品共24大类。截至2017年11月30日，已完成全部的食品监督抽检抽样工作。②加大执法力度，做好案件查处。截至2017年12月31日，共立案查处250宗，其中投诉举报180宗，移送公安1宗，刑拘2

人。食品监管方面，以食品监督抽检和专项检查相结合，以不合格食品报告和投诉举报为线索，重点打击非法生产经营不符合食品安全标准食品行为、非法添加和滥用食品添加剂的生产经营行为，对影响力度大、范围广的案件，从严查处。药械稽查方面，坚持一手抓专项整治、一手抓药品检验，突出对药害事件的防控，全力保障人民群众用药安全。③加强协作，突破大案要案。加强部门协作，进一步完善公检法药四部门联席会议制度，强化与公安机关联动机制，逐步形成公安提前介入、联合查办案件的良性局面。至2017年底，县食品药品监督局移送公安部门涉案案件1起，涉案单位已立案查处。④重视投诉举报，关注群众诉求。完善接诉处理机制，落实举报奖励制度，确保投诉举报事事有回音，件件有落实。截至12月31日，共接到各类投诉举报180宗，查实受理176宗。

（姚汉斌）

附：2017年海丰县食品药品监督管理局领导名录

局　长：陈耀海

副局长：黎义坤　吴仁声　黄少文

安全生产监督管理

【简述】 2017年，海丰县安全生产工作坚持“安全第一，预防为主，综合治理”的方针，贯彻落实安全生产“党政同责、一岗双责、齐抓共管、失职追责”要求，强化安全生产责任制落实，加大宣传教育力度，强化安全监管，扎实开展特别防护期安全生产检查整治和“打非治违”行动，认真排查治理安全隐患，取得一定成效，全县安全生产形势总体稳定。2017年，全县发生各类安全事故起数376起，同比下降16.26%；死亡72人，同比下降1.37%（其中：道路交通事故死亡56人，同比下降15.15%；发生较大道路交通事故3起死亡9人）；受伤550人，同比下降21.27%；直接经济损失27.78万元，同比下降13.29 %。发生水上交通事故1起死亡2人，工矿商贸5起死亡6人，火灾事故1起死亡8人。

【机构人员】 县安监局成立于2001年，2011年10月25日，经县编委会批准，升格为县人民政府工作部门，正科级建制，设局长1名，副局长2名，人员编制21名，内设综合协调股、监督管理股、职业安全健康监督管理股等3个职能股，下辖1个正股级直属行政机构（县安全生产执法监察大队）和2个属下事业单位（县安全生产应急救援指挥中心和县安全生产宣传教育中心）。2009年12月30日，县编委会批准65个事业编制在各镇（开发区）设立安全生产监督管理站，正股级事业单位，人员编制3至5名，并将原各镇负责的安全生产管理职能划入该站。

【安全生产行政许可】 2017年，县安监局根据《危险化学品经营许可证管理办法》《烟花爆竹安全管理条例》和《行政许可法》等有关法律法规，强化依法行政，严把安全生产行政许可审批关，在办理危险化学品经营企业和烟花爆竹经营商户的行政许可证中，强化依法行政，依法办理危险化学品经营企业许可证6 家、烟花爆竹经营商户许可证延期19家。依据《易制毒化学品管理条例》有关规定，办理海丰县合力源化工有限公司等3家经营易制毒化学品企业的备案；依据《危险化学品重大危险源监督管理暂行规定》办理海丰县诚兴器材店1家经营易制毒化学品企业的备案。

【安全生产行业（领域）专项治理】 2017年，海丰县抓好重点行业（领域）专项治理，特别是抓好道路交通、建筑施工、人员密集场所、渔业船舶、教育安全、危险化学品、烟花爆竹和非煤矿山等专项整治工作。①县安监部门充分发挥安委办的综合协调作用，结合交通安全形势，全面开展道路交通攻坚整治行动，制订方案，联合交警、交通、公路、公用事业等有关部门和相关镇政府，认真排查事故隐患，加大检查督查力度，落实整治措施，对事故多发点进行整治，坚决遏制道路交通事故的发生。全年共排查道路交通隐患点155宗，完成整改65宗。②开展危险化学品安全专项整治工作，制订印发《海丰县危险化学品安全综合治理实施方案》（海府办〔2017〕16号）和《海丰县危险化学品安全生产监管部门联席会议制度》，召开专题会议，部署危险化学品专项整治工作。2017年，县安监部门利用省安全生产专项资金及县财政配套资金共32.6万元，为2家危化品生产企业和8家加油站安装监控设备28套，实现对危化品的远程实时监控。③县政府落实安监部门牵头县国土局、县林业局、县水务局、县住建局、县环保局及相关镇对公平、赤坑、莲花等地违法从事碎石加工的情况开展联合执法检查，强化打击取缔整治。④深刻吸取公平“12·9”火灾事故惨痛教训，开展为期1个月消防安全隐患大排查大整治专项行动，坚决打赢消防安全隐患大排查大整治攻坚战。县四套班子领导成员全部下到基层，日夜驻点靠前协调指挥大排查大整治，县委成立4个督查组分赴各地实施最严厉的督查，县政府印制2万多份通告下发至各镇场、各社区、各村、各企业、各学校，并在县电视台连续滚动播。同时，安排大镇200万元、小镇100万元共3000多万元专项排查整治经费。县委、县政府出台《关于印发〈海丰县安全生产隐患大排查大整治工作实施方案〉的通知》《深刻吸取公平“12·9”火灾事故惨痛教训 坚决打赢消防安全隐患大排查大整治攻坚战实施方案》《海丰县消防安全隐患大排查大整治问责办法》《海丰县火灾高风险区域挂牌事项整治工作方案》等一系列文件，坚决严肃追责问责，确保大排查、大整治攻坚战全面胜利。截至12月31日，全县各地各单位共出动排查整治组4909个，人员8.8万人次，排查小档口、“三合一”场所、群租房、建设施工现场、学校、幼儿园等62428个，排查出隐患源12862处，已落实整改9950处，整改率77.36%，关闭封停1337间，查封赤坑、陶河霞埔、莲花杨柳埔等3处非法储存柴油和危险化学品经营点，分离“二合一”“三合一”“多合一”场所人员3634人，关闭封停1844户，拘留78人，消防隐患大排查、大整治专项行动取得阶段性成效。⑤抓好省、市安全生产隐患问题整改的督促落实。一是按照市安委办《转发省安委办关于安全生产特别防护期明察暗访工作情况通报的通知》（汕安办函〔2017〕21号）文件要求，针对可塘添福珠宝和深燃中顺燃气公司等存在问题进行讨论研究，并抓好整改落实。二是加强对海丰县南湖冷冻实业有限公司、广东海辉食品有限公司等2家涉氨制冷企业监督检查中发现的事故隐患进行整改落实。三是督促落实县住建局加强对县城凤凰新城在建工地整改。对存在违规在10千伏高压电力线路下搭建竹架和三号塔吊等安全隐患，责令该建设施工企业投入40多万元，及时进行整改。

【安全生产行政执法检查】 2017年，县安委会多次下发《关于开展安全生产大检查的通知》，派出7个综合检查组分赴各地，突出重点，开展以公众聚集场所、交通运输、建筑施工、非煤矿山、危险化学品、烟花爆竹、职业卫生、渔业船舶、校园安全等方面的安全生产大检查，坚决防范和遏制重特大事故发生。全年各地各单位出动检查人员3668人次，进行检查2830场次，检查企业、场所等2115家，排查安全隐患4918处，当场责令纠正2230处，落实安全防范措施1428处，督促落实整改 1260处，整改率98%。同时开展联合执法，严厉打击各类非法违法生产经营建设活动，坚决治理纠正违规违章行为。通过强化联合执法，突出整治重点，深入开展“八打八治”专项行动，依法严厉打击一批非法违法生产经营建设行为，进一步规范海丰县安全生产法治秩序，有效防范和遏制重特大安全事故的发生，促进全县安全生产形势的持续稳定。2017年，县安监部门巡查危险化学品、烟花爆竹、建筑施工、公众聚集场所等行业领域企业835家，查出隐患623处，落实整改618处，整改完成率占99.2%，立案5宗，结案5宗，罚款42.2万元。全年共开展职业卫生专项执法检查1000多人次，检查企业113 家，发现隐患515项，落实当场整改409项，责令限期整改106项，整改率达到92%以上。

【安全生产事故调查处理】 2017年，海丰县认真贯彻落实国务院、省、市关于加强安全生产工作的重要部署和电视电话会议精神，按照“属地管理”原则以及“谁主管、谁负责”和“全覆盖、零容忍、严执法、重实效”的要求和各自管辖范围和职责，强化安全责任落实，切实抓好“五一”、国庆、元旦、春节等重大节日期间的安全生产大检查，彻底排查事故隐患，确保节日安全。特别在国庆、中秋两节和迎接十九大召开的前夕，组织全面开展安全生产大检查，全面排查整治隐患，确保海丰县在党的十九大召开期间安全生产形势的稳定。县安委会制订下发《关于进一步强化安全生产和特别防护期安全检查督查工作实施方案》（海委办字〔2017〕19号）、《海丰县特别防护期安全生产大检查工作方案》（海安〔2017〕2号）和《海丰县安全生产大检查工作实施方案》（海安〔2017〕5号）等检查工作方案。同时县政府成立督查组，对特别防护期安全生产大检查情况进行督查，确保特别防护期安全生产大检查取得实效。全年实施行政处罚36起，其中办理生产安全事故案件5起（已结案2起，正在抓紧调查处理3起），累计罚款23.96万元。

【安全生产应急管理】 2017年，县安全生产应急救援指挥中心突出危化品、烟花爆竹、工贸企业等重点行业，强化安全生产应急管理工作。一是完善应急预案管理，突出危化品、烟花爆竹、工贸企业等重点行业，大力推进应急预案编制、评审、备案等一系列工作。2017年，全县有危化品生产经营单位26家、加油站50家、非煤矿山1家、烟花爆竹销售单位19家，共96家高危行业企业的应急预案已到市县安监部门备案。二是抓住重点，开展安全生产应急管理专项执法检查。县安全生产应急救援指挥中心在辖区内开展生产安全事故应急管理排查和整治工作，重点对非煤矿山、危险化学品等行业进行深入排查整改。共查处存在问题48项，整改48项。通过集中排查，全面准确掌握生产经营单位事故风险隐患情况，并解决安全生产存在的突出问题。三是强化应急演练，提升应急救援水平。6月24日，在粤运汽车运输公司和珠江啤酒厂举行火灾事故应急演练；6月28日，县安委会牵头县安监、交通运输等部门，在海深汽运公司举办道路交通事故应急演练活动，进一步增强和检验海丰县应对交通突发事故的能力。同时全力应对汛期强降水、洪水、台风、雷电、高温等自然灾害带来的不利影响，将防范、应对由自然灾害引发生产安全事故的各项措施落到实处。同时落实各地各部门做好汛期安全生产应急值守，及时、准确做好生产安全事故信息报送。

【安全生产宣传教育】 2017年，海丰县深入抓好安全生产法律法规，特别是新修订的《安全生产法》和《广东省安全生产条例》宣传、贯彻落实，尤其在安全生产特别防护期和“安全生产月”期间，加大宣传培训力度，开展一系列宣传教育活动。一是举办特种作业、烟花爆竹、职业病安全、危险化学品企业、工贸行业等生产经营单位从业人员宣传教育培训。二是在城东镇、梅陇镇、公平镇和附城镇举办4期特别防护期企业从业人员培训班和安全生产知识讲座。三是3月16日上午，在红宫红场门口开展文明创建和安全先行的咨询活动。四是6月21日，在南湖汽车客运站举行举行安全生产知识文化展览作品活动。五是6月22日，在县委党校举办开展全县各镇（场、开发区）和机关干部业务培训，认真抓好《党中央 国务院关于加强安全生产领域改革发展的意见》的宣传贯彻落实。六是6月23日，县安委会牵头安监局、海城镇、教育局、总工会、住建局、交通运输局、市监局、消防大队、交警大队、团委、妇联等单位，在海城镇门前举行安全生产月现场宣传咨询日询活动，促进安全生产知识进入千家万户。七是大力开展应急预案处置宣传活动，提升广大市民群众安全意识和自防自救能力。6月11日，县安监部门联合县应急办、县红十字会等单位举办“海丰县应急知识宣传活动”，分别在岁宝百货广场门口、贝金赛尔酒店、碧桂园小区进行3场宣传活动。全县全年开展特别防护安全生产知识培训等宣传教育活动15场次，受训人员近4.5万人，发放各类宣传资料14万份。

（余海洋）

附：2017年海丰县安全生产监督管理局领导名录

局　长：曾诗贤（任至1月）
　　　　郭庆寿（1月起任）
副局长：刘启泰　吴玉武

审　计

【概况】 2017年，海丰县审计局在县委、县政府和上级审计机关的领导下，根据《审计法》和中央、省、市审计工作会议精神，深入学习贯彻党的十八大、十九大精神，继续坚持“依法审计、服务大局、围绕中心、突出重点、求真务实”的工作方针，围绕党和政府中心工作，依法履行审计监督职责，牢牢把握重大政策措施等落实情况，加强对预算执行情况、公共资金、政府投资审计和党政领导干部经济责任履行情况的审计，严肃揭露和查处违法违规问题，发挥审计在促进完善国家治理中的“免疫系统”功能，逐步实现审计监督全覆盖目标。县审计局全年完成审计项目29个，其中：预算执行审计项目12个，专项资金审计（调查）项目8个，党政领导干部和企业领导人员经济责任审计项目7个，政府投资审计项目2个。出具审计决定书8份，查出违规金额1095万元，管理不规范金额65487万元；应缴财政和税金金额1093万元，已上缴财政和税金金额629万元；应归还原渠道金额1143万元，已归还原渠道金额37万元；应调账处理金额213万元，已调账处理金额2627万元（包含以前年度落实金额）。针对被审单位的实际情况，提出审计建议70条，已被采纳审计建议63条，提交审计专题、综合性报告和信息简报1篇。

【机构人员】 县审计局内设人秘股、财税金融审计股、农业与资源环保审计股、工交基建审计股、行政事业审计股、整改监督股、经济责任审计办公室、法规审理股8个职能股室。人员编制数24人，2017年总人数38人，其中在职22人、离退休16人。

【财税审计】 2017年，县审计局在对县财政2016年度预算执行情况审计中着重核查财政预算执行及其他财政专户收支基本情况，主要摸清本级财政2016年度财政收入和支出总体情况。审计表明：2016年财政总预算收入70.03亿元，财政总预算支出67.55亿元。审计发现存在履行预算编制调整报告手续、政府性债务管理、存量债券资金190万元未纳入预算管理、农业综合开发专户沉淀滞留结转结余资金、县农综办结转结余资金未进行清理收回、其他财政收支管理及落实重大政策措施和宏观调控部署方面存在的问题，并提出审计意见和整改建议，促进财政部门规范和加强财政资金的管理力度。受县人民政府委托向县第十五届人大常委会第六次会议所作的《关于海丰县2016年度本级预算执行和其他财政收支审计工作报告》建议得到肯定。

2017年，县审计局对11个单位2016年度预算执行和其他财政收支进行审计。通过审计，对部门预算编制不规范、无预算和超预算支出、租金收入欠缴税款、其他收入未纳入预算管理上缴县财政专户、自立项目和重复发放补贴、未按规定扣回和缴交职工个人社会保险费和会计核算不规范等问题进行披露，并针对这些问题向被审计单位提出审计整改意见和审计建议，促进各部门严谨编制预算，提高预算执行的有效性。

【经济责任审计】 2017年，县经济责任审计工作按照中办、国办《党政主要领导干部和国有企业领导人员经济责任审计规定》和《党政主要领导干部和国有企业领导人员经济责任审计规定实施细则》，在市审计局和县委、县政府的领导下，在县经审联席会议成员单位的支持配合下，结合十八大以来中央有关加强和改进作风建设，严肃财经纪律的相关文件精神，围绕海丰县经济发展大局和加强干部管理监督的要求，做好2017年度经济责任审计工作。2017年已完成经济责任审计项目7个。被审计领导干部7人，其中乡镇党委书记1人，乡镇镇长1人，党政机关和事业单位领导干部5人。审计查出违规金额26万元，管理不规范金额922万元，提交审计报告和审计结果报告14篇，提出审计建议17条，已采纳审计建议17条。通过审计，对一些单位未执行政府采购、资产出租未办理评估及报批备案手续、工程造价未报财政审核、违规使用不合规票据报销、违规收费、未按规定核发分期报建的建设工程许可证、代扣个人社保费、个人医保费、个人部分住房公积金及义务兵优待金未及时上缴县财政和会计核算不规范等问题进行披露和处理处罚，并向被审计单位提出审计整改意见和审计建议，规范单位内部管理和建立、完善相关内控制度，进一步促进领导干部遵守各项廉政规定，提高依法行政水平和严格履行职责的自觉性，为纪检、组织部门管理、评价和考核使用干部提供有力依据。

【专项资金审计】 ①对重大政策措施落实情况进行跟踪审计。按照中央、省、市的工作要求，县审计局分别对2016年供给侧结构性改革推进情况、县简政放权政策落实情况及“放管服”改革推进情况、县2017年第2季度和第4季度精准扶贫精准脱贫情况、2017年县创新驱动发展战略相关政策措施落实情况、深圳龙岗全面对口帮扶海丰县工作落实情况、加强基层医疗卫生服务能力建设政策落实情况等6个分项目进行跟踪审计（调查）。主要审计（调查）有关单位和部门贯彻落实重大政策措施的情况及成效，摸清有关单位在配套制度创新建立、重大建设项目进展情况、重点资金使用和管理、简政放权及“放管服”改革落实到位等方面的总体情况和进展，反映部分配套政策制度落实不到位、部分建设项目进展较慢、资金投入使用不及时、推进简政放权改革进度滞后等存在的问题，促进各职能部门推进重大政策措施落实到位，不断完善，发挥实效。②对县住房公积金中心2015年度、2016年度住房公积金归集、使用和管理情况进行专项审计调查。审计发现存在部分单位超出标准比例缴存住房公积金；住房公积金增值收益未足额分配；住房公积金归集、使用计划未编制；职工住房公积金明细账未建立；个人住房公积金贷款程序不规范；受托银行贷款信息系统与贷款档案资料不一致等等，并就相关问题提出加强管理，规范编制住房公积金归集、使用计划，提高资金使用效率的审计建议。2017年，开展政府投资审计项目2个,核减工程造价100.29万元。

【审计整改】 加强审计查出问题整改监督工作。县审计局以县委、县政府主要领导交办的意见为契机，召开各镇党政主要领导干部经济责任审计整改工作会议，县委常委、常务副县长卓凛波和县委常委、纪委书记李绪在会上作部署，要求各参会单位学习省委、省政府和市委、市政府主要领导的指示批示及有关会议精神，全面落实审计整改工作。会后，县审计局代县政府拟订《海丰县乡镇党政主要领导干部经济责任审计查出问题及自查发现问题整改实施方案》，采取加强组织领导、明确责任分工、分门别类汇总等方法方式，对2015年、2016年以来7个乡镇审计查出问题和16个镇自查自纠落实情况进行督促检查，及时跟进被审计单位的整改情况，形成《海丰县关于镇党政主要领导干部经济责任审计查出问题整改落实情况的报告》，建立整改动态台账，对在整改期限内未能整改的单位，向抓线领导报告，加大力度督促被审计单位及时整改，取得较好的整改效果。整改率达到96%。

【内部审计】 2017年全县有内部审计机构5个，配备专、兼职审计人员14人（其中专职审计人员5人）。主要开展工作：一是县教育局内部审计小组对全县10所中小学进行财务收支检查。二是县审计局罗挺中撰写的内审论文《新常态下基层内部审计如何更好地发挥作用》获得广东省内部审计指导中心颁发的广东省审计厅2017年内部审计理论研讨活动三等奖。

【审计机关规范化建设】 2017年，县审计局加强机关规范化建设。一是进一步推进审计改革工作。在深刻领会县委、县政府印发《海丰县关于完善审计制度若干重大问题的实施意见》及相关配套文件精神的基础上，结合海丰县审计工作实际，积极主动抓落实，为适应新时期审计业务的需要，更改商贸农林审计股的职能；为实现审计“四分离”的目标增设法规审理股。同时，围绕省委21号文和省厅提出的相关要求，在加强领导干部管理、机构编制和人员管理上，修订完善《海丰县审计局政务信息公开制度》《海丰县审计局重大事项报告办法（试行）》等相关制度，确保有序、按时推进审计改革任务。二是贯彻落实十八大、十九大精神，加强学习教育培训。全年组织约80人次参加中央、省、市组织的法律法规及业务学习培训，包括：省审计厅召开的领导干部自然资源资产离任审计视频培训；省审计厅组织的审计局长培训班；省审计厅组织的主审培训班、省审计厅组织的审计项目进度督办管理系统培训等。同时，围绕十八届五中、六中全会精神、党的十八大、十九大精神和“两学一做”学习教育活动多场次组织全局干部职工进行学习，共组织约240人次开展有关党风廉政纪律方面的教育学习活动，切实提升审计人员审计业务水平和政治素养。三是全面贯彻落实《审计法》等法律法规，严格执行《国家审计准则》相关规定，提升审计工作质量。汕尾市审计局派出检查组，对县审计局2016年审计质量进行检查和交流。检查组听取海丰县2016年度审计项目质量自查汇报，抽查2016年度5个审计项目档案。通过检查，检查组充分肯定海丰县审计项目质量，也指出审计规范中的欠缺。县审计局严格按照检查的标准和规范要求，落实整改措施，同时对未抽查到的项目档案，要求各审计组自行进行查漏补缺，积极规避审计风险，严把审计质量关。四是继续做好精准扶贫精准脱贫帮扶工作。根据县委、县政府印发的《海丰县新时期精准扶贫精准脱贫三年攻坚实施意见》（海委办〔2016〕27号）精神，县审计局继续按照县委、县政府的工作部署，对口帮扶梅陇镇新兴村委和新寮村委分散相对贫困人口精准脱贫工作。进村入户调查了解贫困户的脱贫意愿，针对性地做好每户2017年度帮扶计划，继续完善贫困户一户一档信息，跟踪了解各项政府兜底保障政策是否落实到户到人，并对帮扶的贫困户进行4次慰问共2.1万元。同时，还对两个村委会换届选举、扶贫经费、创文工作给予6.1万元的经费支持，为做好精准扶贫、精准脱贫工作奠定扎实的基础。五是结合“两学一做”教育活动开展学习党的十九大报告专题教育活动。始终坚持个人学习和集中学习相结合方针，多次组织全体干部职工开展学习活动。如：组织学习新《党章》、自觉遵守党章、坚决维护党章，时刻保持政治上的清醒坚定；学习习近平总书记系列重要讲话和对广东工作的重要批示精神，不断提高政治水准和政策把握能力；组织开展形式多样的纪律教育学习月活动，通过学党规党纪、观看正反面教材和参观反腐倡廉教育基地等活动，使广大党员干部知敬畏、存戒惧、守底线；组织开展学习党的十九大报告精神学习活动。领导班子多次传达省、市、县组织学习党的十九大报告会议精神，按照“学懂、弄通、做实”的要求，党组书记带头讲党课谈心得体会，发挥表率作用，教育引导全局干部职工认真研读党的十九大报告和新党章，撰写学习心得体会等等，通过学习教育，切实以十九大精神为指引，进一步增强党员干部职工的政治意识、大局意识、核心意识和看齐意识，为推动审计工作上新台阶贡献力量。

【其他工作】　一是根据县领导的交办意见，抽调8名审计人员围绕2015年、2016年市审计局、县审计局对7个乡镇党政主要领导干部经济责任审计查出问题未整改落实的情况进行专项整改督办和对其他9个乡镇对照审计查出问题自查自纠情况进行督促检查。二是抽调2名审计人员参加市审计局对生态科技园重大基础设施建设项目跟踪审计调查。三是抽调1名审计人员参加市审计局往潮州市潮安县异地经济责任审计。四是抽调1名审计人员参加市审计局2016年综治维稳和环境卫生整治专项审计调查。五是抽调1名审计人员配合市纪委督办扶贫资金线索办案工作。六是抽调1名审计人员配合参加县委巡察组工作。七是抽调多名审计人员配合协助县纪委办案查账。

（罗挺中）

附：2017年海丰县审计局领导名录

局　长：姚火坤

副局长：骆科俊　叶宽存

总审计师：林伟雄

统　计

【简述】　2017年，海丰县统计工作以促进经济发展为中心，以统计法制建设为抓手，牢固树立“用数据说话，为发展服务”的统计理念，加强与部门间沟通与协调，认真做好专业数据搜集的工作，扎实推进统计改革与发展、统计法制建设、队伍建设、党风廉政建设等，使统计服务优质化，内强素质，外树形象，为加快统计信息化进程，加强对经济运行和社会发展的统计监测，当好参谋助手，为企业提供优质的统计服务，努力推进全县经济又好又快发展。

【机构人员】 2017年，县统计局有机关行政编制12名，其中局长1名、主任科员1名，副局长2名，正副股级领导职数5名。后勤服务人员2名。局内设有办公室、综合核算股、工交基建股、农业贸易股、能源股5个股室。统计局属下有2个事业单位：普查中心（参照公务员管理）和社会经济调查队，普查中心编制3名，设主任1名；社会经济调查队编制7名，设正副队长各1名。

【统计法制建设】 2017年，县统计局以依法保障统计工作顺利进行为目标，以依法保障统计数据质量为中心，优化统计环境，不断加强统计管理和监督，使统计工作逐步走上法制化、规范化轨道。县统计局不断加强统计法制建设，全面推进依法行政、依法统计，夯实统计基础工作，有效提高统计数据质量，为全县县域经济又好又快发展提供坚强的统计保障。一是精心部署统计法制工作。2017年初县统计局成立统计法制工作领导小组，由1名副局长兼副组长，抽调人员日常办公。各镇及县直各主管部门亦明确专人负责，形成上下结合、纵横交错的统计法制工作网络，从而使全县的统计法制工作步入正轨。10月22~24日，县统计局联合市统计局在全县范围内开展统计执法大检查，全县重点检查13家“四上企业”，详细检查原始记录，统计台账、统计档案、统计报表、网上直报系统等情况。在抽查中，共查出统计违法行为3宗。通过检查，使统计人员和企业领导明确统计数据质量的重要性和统计基础建设的必要性，为确保统计源头数据质量把好关。二是深入开展统计法制宣传。2017年12月8日是《统计法》颁布34周年纪念日，县统计局联合市统计局、市调查队在海城镇政府门口开展以“统计法纪念日宣传活动”为主题的宣传活动，印发《统计法律事务告知书》等宣传资料8000多份。

【国情国力调查】 为做好海丰县第三次全国农业普查工作，县统计局提前谋划，“三及时”做好第三次农业普查准备工作。一是及时组织领导，为农业普查工作的顺利开展提供组织保障。县领导对第三次经济普查工作高度重视，成立以县委常委、县政府常务副县长为组长，分管农业副县长为副组长，县统计局等相关部门为成员单位的农业普查领导小组及办公室。县农普办设置办公室、综合协调组、宣传组、业务处理组、数据处理组、后勤保障组，具体负责农业普查各项工作。选调素质较好、责任心强的人员投入到农业普查工作当中，为全县农业普查工作的顺利开展提供组织保障。二是及时争取经费落实，为农业普查工作的顺利开展提供后勤保障。县政府在财力上对农业普查工作给予大力支持，把经费纳入财政预算，确保人员、经费、办公场所、办公条件“四落实”，为农业普查工作的顺利开展提供有力的后勤保障。三是及时营造宣传氛围，为农业普查工作的顺利开展提供舆论保障。海丰县以宣传工作为切入点，利用电视台、LED显示屏、网络、宣传标语等大力宣传农业普查工作的重要意义，营造良好的舆论氛围。并要求各乡镇建立宣传组，确定宣传人员具体负责宣传和信息撰写工作，引导广大普查对象依法配合普查，教育广大普查人员依法开展普查，为普查工作顺利实施创造良好的舆论环境。同时，认真做好人口变动和劳动力抽样调查工作。按照国家、省统计部门的统一部署，县统计局严格执行国家统计局《人口变动情况抽样调查制度》和《劳动力调查制度》，周密细致地安排好各个环节，确保调查数据质量。

【统计分析调研】 为充分发挥统计信息咨询、监督和服务的职能作用，县统计局对社会的热点问题进行跟踪调查，分析原因，提出建议，2017年编印《统计信息》11期、《内部通报》10期、《海丰县统计月报》9期以及各专业分析报告等，更方便、更及时提供统计信息和经济运行动态，提高统计服务水平。

【统计信息化建设】 继续推进“四大工程”建设，提高信息化水平。2017年，县统计局将统计“四大工程”建设作为全年工作重点，围绕联网直报，狠抓硬件建设和统计制度改革，以“四上企业”为重点，强力推进网络直报，对传统的统计报表报送方式进行改革完善。积极做好单位名录库比对、核实和确认等工作，研究名录库与常规统计调查单位及单位基本情况数据的统一衔接,深入重点企业进行数据质量抽查，切实提高“四上”企业数据上报质量。

（黄俊荣）

附：2017年海丰县统计局领导名录

局　长：李建生

副局长：陈银友　黄洪霞

城镇建设与管理

综　述

【简述】 2017年，在县委、县政府的正确领导下，在市住建局的大力支持和指导下，县住建局围绕县委、县政府的各项工作部署，以巡察为动力，以党的十九大精神为统领，坚持以规划为龙头引领城乡建设，坚持以强化功能特色为重点提高城市建设水平，坚持以改善生产生活条件为重点，狠抓改革攻坚，推进依法行政，主动适应经济发展新常态，加快村镇建设步伐，积极完成上级交办的工作任务，推动全县城乡建设全面协调可持续发展。

【机构人员】 根据县编委文件《关于印发海丰县住房和城乡规划建设局主要职责内设机构和人员编制规定的通知》（海机编〔2011〕45号），县住房和城乡规划建设局内设秘书股、人事股、财会股、房地产管理股、建筑工程管理股、城市建设管理股、城市建设监察股等7个股室；有机关行政编制19名，其中设置局长1名、副局长3名、总工程师1名；股级领导干部8名。后勤服务人员数3名。

城乡规划

【县城总体规划】 为适应在“十三五”规划新形势下的发展需要，根据县政府工作部署，结合县城经济社会发展情况及土地利用总体规划调整规模，启动《海丰县县城总体规划（2010-2030）》对应性的规划调整，经广泛征询县各相关职能部门的调整意见及收集基础材料后，初步完成调整完善后的县城总体规划成果，并重新上报市政府审批。为更好指导县城规划建设工作，县住建局启动县城规划区控制性详细规划全覆盖的编制工作。2016年2月19日，以政府采购公开招标的形式委托广东省城乡规划设计研究院编制包括县城“西部片区”“旧城区”和“东南部片区”约35平方千米的《海丰县城规划区控制性详细规划》，2017年已按编制程序推进；同时，对规划区控规全覆盖剩下的包括“教育园区”“碧桂园二期”约5.0平方千米的《海丰县城西北片区控制性详细规划》，已启动规划编制程序，至2017年底已完成工作计划书等前期工作。结合已完成编制初步成果的15平方千米的《北部工业园片区控制性详细规划》和6.2平方千米的《南部片区控制性详细规划》，海丰县规划区范围内已基本落实控制性详细规划全覆盖。控制性详细规划编制实施，将为政府调控空间资源、维护公平、保障公共利益提供公共政策依据，推进城乡有序发展。

【专项规划】 一是组织编制《海丰县三旧改造规划（2015-2020）》，规划成果经专家评审会评审通过，已按程序上报县政府研究审批，并按相关程序于2017年7月17日上报汕尾市人民政府审批。二是组织编制《县城燃气专项规划》，规划成果经专家评审会评审通过，已按程序报县政府审批实施。三是配合县消防大队组织编制《海丰县消防专项规划》，规划成果经专家评审会评审通过，已按程序报县政府审批实施。四是根据县政府工作部署，组织编制《彭湃中学总体规划》，总体规划和建筑设计要求立足于长远发展考虑，起点定位高，近期和远期相结合，具有较强的可操作性和前瞻性，科学指导彭湃中学建设成汕尾地区乃至广东地区一流的公办学校。

【乡村规划】 2017年，县住建局落实省、市要求，全面规划指导贫困村、示范村建设，配合相关部门组织编制全县42个贫困村《海丰县贫困村专项规划》。至年底，已完成规划编制采购程序。其他村庄规划也按县政府工作部署推进中。

【县重点项目规划建设】 2017年，县住建局全方位配合县重点建设项目的工作任务，完成市民广场广州好迪集团城市综合体项目、华耀城项目规划，彭湃医院新址规划，协助梅陇镇编制《海丰首饰产业环保集聚区控制性详细规划》，配合相关部门实施生态科技城市政道路规划建设，以及北四环路、海丽大道升级改造项目规划协调和生态科技园工业项目的定点测量等县重点项目的规划建设。

村镇建设

【农村危房改造】 2017年，县住建局认真组织各镇（场）开展对全县2017年C、D级农村危房的认定工作。通过与县扶贫办对接，确认精准扶贫列入农村危房改造对象772户，经报县政府同意，上报海丰县2017年度全县农村危房改造任务户数810户，同时制定印发《海丰县2017年农村危房改造实施方案》。通过多方协调和推进，开工率在11月底已达100%。根据广东省审计厅审计报告，针对海丰县2016年农村危房改造工作审计发现的主要问题，组织各镇（场）按要求落实整改措施，完成整改工作任务。制订《海丰县2016年农村危房改造验收工作方案》，组织开展对全县2016年度农村危房改造对象的核查验收工作，抽查危改对象602户，查出存在问题并及时整改，同时积极配合县纪委对危房改造工作进行核查和确认，确保农村危房改造工作符合规定要求，同时全面完成改造资金的拨付工作。

【农村生活垃圾】 按省市“一县一场，一镇一站，一村一点”工作要求，各镇场农村生活垃圾设施建设已基本完成，创建农村生活垃圾收运处理达标示范县工作也按上级及《海丰县创建农村生活垃圾收运处理达标示范县工作方案》要求全面铺开，同时对完善转运站和收集点的建设及环境卫生整治进行督促和指导。创建农村生活垃圾收运处理示范县工作已初步通过省厅验收，其中陶河镇、赤坑镇、联安镇的垃圾转运站已通过，其余15个镇场转运站要求进一步升级改造，近期将对县转运站再次进行现场验收。

建设管理

【城乡建设管理】 2017年，县住建局以“优化城乡布局，促进产业发展，完善城镇功能，加强空间管制”为原则，进一步坚持规划会审制度，严格实施按规划建设。对县城的每宗建设项目都实施全方位规划管理，特别是对县城主干道路两边的建设项目和一些重点项目，都认真组织专业技术人员进行评审和审核，从建设项目的立面、层高、标高、规模体量等，进行严格把关，实施统一规划、统一设计、统一建设。继续认真把好“一书两证”关，即建设项目选址意见书、用地规划许可证和建设工程规划许可证。据统计，2017年，共办理建设工程规划许可证117宗，总建筑面积91万平方米，收取配套费约129亿元；办理建设用地规划许可证13宗，用地面积约54万平方米；办理临时建设2宗，建设面积2901平方米，圆满完成上级下达的经济指标。完成建筑红线图145宗，用地规划102宗，选址意见书2宗，规划设计条件通知书77宗，同时，基础测绘方面全年完成报建项目定点放线55宗，完成建设项目竣工测绘报告40宗，完成规划意见80宗。

【建设工程安全质量管理】 2017年，县住建局严格按照《安全生产法》《建筑法》《招标投标法》《建设工程质量管理条例》和《建设安全生产管理条例》等法律法规，进一步加强对建筑工程施工现场管理、完善管理措施，对在建工程实行安全例会制度和日常工程安全监督与质量监督相结合的管理模式，强化建筑工程安全生产管理措施的落实。对不办理施工许可或不按基本建设程序实施建设的建设工程实施责任主体实行重点监管，建立、健全黄牌警告制和不良行为公示制等。同时，结合6月“安全生产月”和9月“质量月”活动，深化打非治违专项行动和深基坑、高支模、建筑起重机械、消防安全管理等专项整治工作，继续推进全县工程质量治理两年行动，有效督促施工、监理企业认真贯彻落实，健全企业安全生产规章制度，落实项目负责人、专职安全员、总监理工程师和专业监理工程师在岗履职，加强突发事件风险隐患和风险点危险源排查整治，抓好安全教育培训，强化工程项目安全生产管理，提高防范事故能力。2017年，全县严格执行建筑工程施工许可制度，全年共对33个项目进行审核并颁发“建筑工程施工许可证”，总建筑面积约79万平方米，工程总造价约18亿元。在建工程没有发生质量安全事故，受监工程质量安全处于总体受控状态，实现年度制定的质量安全工作目标。在质量安全生产监督中，认真履行监管责任，积极组织对全县在建工地施工安全生产大检查，及时排查和消除施工现场安全隐患，量化扣分记录335条，发出质量及安全隐患整改通知书108份，暂停施工通知书4份，停工整改通知书5份，处罚款金额26.89万元。从检查情况分析辖区施工安全生产形势，有针对性采取应对措施，加大对违法违规行为的处罚力度，及时消除发现的质量安全隐患，进一步提高施工、监理企业和从业人员的质量安全意识。

【城建行政执法管理】 随着海丰县城镇化步伐的加快和向中等现代城市的转变，城镇建设规模的日益增大，城镇建设的管理任务越来越重，要求越来越高。县住建局继续推行“分片分组管理、组长管理责任”等制度，为更有力、有效打击、控制县城的违法违章建设行为，制订县城范围内划分区域、落实组长责任制等比较有效的责任区域管理制度，在遏制违法违章建设和规范县城建设市场秩序发挥积极作用。2017年，县住建局每天都坚持集中出动人员40多人次，车辆6台次，加大巡察力度，特别对县城范围内重点区域和主干道，实施严控严打措施，先后查处违法建筑50多宗，总建筑面积6.3万多平米，发出《责令停止违法行为通知书》400多份，发出函告件约100多份，收缴施工工具50多件，立案查处案件33宗，强制拆除2宗，结案2宗，拆除面积5000多平方米。对存量违建实施有力的打控措施，对新增违建进行查处打击，确保县城范围内违法建设基本处于停工状态。同时，想方设法对“两违”建设行为实施监控打击。一是对在建违法建筑通过发出停工通知书、采取切除柱铁和施工设备措施，逼使违法建筑停止建设；二是加强与相关部门沟通和查处违法建设力度，加强与各职能单位协调配合，采取有力措施严厉打击违法建设行为，将违法建设工程项目，尤其是在建的违法违章建设及时函知国土、供电、供水等部门，要求大力协助对违法建设予以停建、停电、停水，形成齐抓共管的强大合力，集中力量推进。据统计，2017年，全县联合执法行动30多次，出动车辆100多台次，执法人员600多人次，对县城范围的违建现象实施有效打击，扩大执法影响力，有力遏制违建现象，并按照《广东省住房和城乡建设厅转发住房城乡建设部关于印发城市建成区违法建设专项治理工作五年行动计划的通知》，结合海丰县建成区违法建设专项治理工作五年行动计划实施方案，认真落实对县城建成区违法建设专项治理工作。

【燃气市场管理】 2017年，县住建局围绕“打好基础、抓好重点、落实责任、依法监管”的工作思路，根据县委、县政府的指示，认真组织开展燃气条例宣贯工作，坚持“安全第一，预防为主”，进一步明确责任，严格管理和市场准入制度，使海丰县燃气市场基本上能按章经营。加强安全生产监督管理，深化燃气安全专项整治，有效预防和减少各项安全事故的发生。加强应急预案演练，组织消防队伍在各气库进行演练,取得明显效果。同时，联合安监、工商、公安、交警、交通局等执法部门加强对违法经营行为的打击。2017年，巡查气库、销售点（门市）150次，强制检测过期气瓶1.9万多个，强制过期报废气瓶1.6万多个，巡查管道气网69千米，实现不发生重特大事故、不发生伤亡事故的目标。

房地产建设

【房地产市场管理】 针对海丰县房地产市场实际情况，进一步完善管理机制，加快网上合同备案系统的建设，强化监管力度，推动房地产业持续健康发展，切实做好稳定房地产市场工作，规范房地产市场秩序。2017年，核发“商品房预售许可证”8宗，预售套数2422套，建筑面积约47万平方米，其中住宅2082套、建筑面积28.44万平方米，商业228套、建筑面积7.08万平方米，配套112套、建筑面积11.07万平方米；核准房地产开发企业资质申请6家；审核接受房屋测绘成果备案39宗，建筑面积76.8万平方米。全年办理房屋交易（商品房一手、存量房二手）共7396宗，交易手续费总收入：195万元，收入同比减少37%（其中商品房一手交易备案4836宗，建筑面积75.5万平方米，交易额30.1亿元，同比增长24%，存量房（二手房买卖）2560宗，建筑面积33.7万平方米，交易额9.9亿元，同比增长20%。商品房预销售合同网上备案共3730宗，建筑面积54.3万平方米，合同交易额26.2亿元，同比增长50%。

民生工程

【保障性住房和棚户区改造】 县住建局积极配合县政府及相关部门组织召开2017年度保障性住房租赁补贴对象核查工作，至年底已基本完成对全县92户轮候对象、362户新申请对象的核查汇总工作，进一步整理并准备对符合租赁补贴条件的对象进行公示，公示完毕后将进行租赁补贴发放。

【农民工工资保证金缴纳】 进一步贯彻省、市的有关规定，配合人力资源社会保障等部门开展工程建设领域欠薪的排查清理工作，及时掌握劳动者工资支付诉求，努力将欠薪问题解决在萌芽状态，要求施工单位落实农民工工资支付分账管理和工人工资发放实名制管理，力争建设单位、施工单位不出现拖欠农民工工资情况发生。2017年，新开工建设项目的建设单位共缴纳农民工工资保证金3554万元，切实维护农民工合法权益和社会和谐稳定。

【建筑工地创建文明】 积极落实“门前三包”责任制，结合县创建文明城市主题活动，制定工作方案，加大宣传力度。通过召开专题会议，限期改正，企业约谈，停工整顿，动态管理等方式督促施工企业严格按照有关规范和标准，扎实做好工地文明施工管理工作。通过分组分片落实专人专管，重点督促监管的24个施工现场，至2017年底已全面实施围挡、建筑材料堆放有序、无垃圾堆积、施工人员生活设施符合卫生要求，提升县城管理水平，改善县城整体容貌。

（曾晓华）

附：2017年海丰县住房和规划建设局领导名录

局　长：刘城芳（任至1月）

陈锦锋（1月起任）

副局长：李德新　姚宇忠　苏学忠

城镇管理与公用事业

【概况】 2017年是海丰县全面开展文明县城创建工作关键的一年，自创文工作开展以来，县公用事业局在县委、县政府的正确领导下，认真按照市、县创文工作部署，以“三大环境”建设为抓手，坚持问题导向，强化县城环境综合整治和常态化管理，加快重点民生项目建设，加强市政设施维护管理，推进创文、创卫工作的纵深开展，为海丰县获得“广东省县级文明城市提名城市”称号做出贡献。

【机构人员】 海丰县公用事业局是经上级批准成立的城市综合管理部门，于2009年5月正式挂牌运转，为县政府直属正科级事业单位，人员编制143人，局机关内设办公室、市政管理股、园林环卫管理股、市政工程技术股，下辖海丰县城市管理监察大队、海丰县城市排水管理所、海丰县县城路灯管理所、海丰县垃圾处理管理站、海丰县城客运三轮车管理中心，主要负责县城环境卫生、路灯设施建设和维护、市容市貌管理、市政设施建设管理、三轮车管理等城市综合管理工作。

【市政建设】 2017年，根据县创文创卫和“四化”建设工作要求，大力推进民生重点项目建设，不断提升县城整体形象和增进民生福祉，让人民群众的获得感、幸福感、安全感更加充实。一是完成县城二环路升级改造，全长9.27千米，总投资2.8亿元，对全段道路、排水、人行道和路灯等进行改造，人行道增设停车位，对北桥、南桥进行维护，拓宽南桥桥面，消除交通安全隐患。二是投资5240万元进行县城南门湖环境整治，建设主要包括：湖边截污、湖底清淤、引水入湖、打通湖边路，修复湖水生态、设置九曲桥连接湖心亭、环湖景观、湖堤维护等项目，预计2018年上半年完工。三是县城海丽大道改造工程（一期），全长4.26千米，自丽江大桥至国道G324线复线，投资约2.4亿元，按双向十车道设计，布置道路两侧绿化，完善地下管线，旧路面处理后加铺沥青砼。四是完成县城育英路及育才一路改造，全长约2000米，按双向两车道设计，完善地下排水设施，重新浇筑水泥砼路面，铺设人行道砖、配套道路绿化和路灯，工程投资约1400万元。五是加快环卫设施配套，完成海城垃圾中转站建设，并投入使用。县城垃圾焚烧处理厂存量垃圾整治已完成项目立项。

【亮化建设】 2017年，根据县政府“亮化”工作要求，完成二环路、龙津河、南门湖景观设置工作，完成县生态科技园第一、二期、市民广场、育英路、福临坑路等路灯建设，加强县城路灯设施故障和安全隐患排查整治，确保安全和亮灯率，亮灯率达97%以上。

【园林绿化】 2017年，继续加大县城绿化管理力度，完成二环路、三环路、海丽大道、海紫路绿化升级改造任务，对生态科技园进行绿化改造，增加绿化带，对县城主干道的树木进行修剪整形、维护、补种。2017年县城人均公园绿地面积为12.9平方米。

【环境保洁】 2017年，按照县委、县政府创文创卫工作部署，在县城三镇及有关单位支持配合下，结合县城环卫工作实际，对县城扩大保洁面积进行测量核实，继续按划定的县城环卫保洁责任路段和区域的16个片区实行网格化管理，严格落实保洁质量考评制度，路段、区域落实到人，经费与质量挂钩，主干道和重点区域实行全天保洁，做到定时、定点、定线路收集、保洁。其他次干道定人负责，定时清运，同时，加强巡查，督促各责任单位、沿街商户、住宅区、农贸市场“门前三包”制度的落实。经过开展常规化的督促和管理，县城环境卫生明显好转，取得较好成果，市民环境卫生意识有新提高，广大市民按时投放生活垃圾的习惯基本形成，促进县城美化净化。

【市容市貌整治行动】 2017年，按照市、县文明创建工作和《县城市容市貌整治工作方案》要求，采取超常规措施，依法开展市容市貌整治行动和强化常态化管理。一是加强农贸市场周边、学校周边等占道经营严重区域整治，对屡劝不改商户进行严厉处罚，扭转占道经营被动局面。二是按照市、县专项整治要求，全力开展土、沙、石材专项整治和环境整治，改善县城城市容貌。三是强力整治二环路、红城大道、海丽大道等主次干道夜市占道经营行为，规范早夜市管理，限时经营和落实卫生责任，确保市容整洁有序。四是开展户外广告集中整治行动，全面清理违规设置户外广告设施，有力遏制设置乱象，共拆除县城主次干道的大型龙门架广告牌25座，清理违章设置广告牌1200多处，没收占道移动式招牌2800多块，拆除违规搭建物400多处；五是规范县城客运三轮车管理，对900部运营三轮车重新核定，更新车辆帆布，统一车身标志，签订文明营运承诺书，定期开展营运业主安全教育培训，实施规范管理，有效改善县城交通秩序。

【环境卫生执法】 2017年，按照县委、县政府工作部署和要求，全力以赴开展环境卫生执法行动，县城环境卫生明显好转，取得阶段性成果。一是加大宣传发动力度，充分利用各种媒体，开展“垃圾不落地，县城更美丽”宣传，开展环境卫生宣传教育进机关、进学校、进社区、进家庭活动，多渠道、全覆盖引导广大市民革除陋心，养成良好卫生习惯，为提升县城环境卫生管理打下思想基础。二是强化监督管理力度。落实“网格化”管理责任，全城按照划定的16个卫生责任片区，每个片区落实监管人员，每天对保洁质量实行12小时跟踪监管，对每天保洁情况进行检查登记和考核。提升保洁标准要求，逐步扩大机械化作业范围，采用机械清扫与人工保洁相结合，全面提高县城环境卫生水平；三是加大环卫执法力度，严厉处罚违规行为。在县委、县政府重视和相关部门配合下，组成3个执法队，对“门前三包”不落实、垃圾乱丢乱放、偷倒建筑垃圾行为进行处罚曝光。全年共处罚曝光违反城市环境卫生管理规定的人和事100多宗。四是采取“疏”“堵”结合措施，清理大街小巷“牛皮癣”。针对县城范围内乱贴乱画现象进行专项整治，在县城设置6个“便民信息栏”，引导市民自觉维护市容环境。五是落实源头管理，规范建筑垃圾外运。对建筑垃圾产生量单位进行现场核量，统一管理，实行有偿服务措施，严格按规定程序办理建筑垃圾准运手续，一律运往建筑垃圾受纳场，有效遏制建筑垃圾乱倒和污染现象。全年共清理建筑垃圾8600多车。2017年，采取卫生执法行动和专项整治行动，县城公共卫生环境得到明显改善。

（陈晓萍）

附：2017年海丰县公用事业局领导名录

局　长：宋南荣

副局长：李克如　何海平

城镇供水

【概况】 2017年，海丰县供水总公司在县委、县政府正确领导下，在各有关部门大力支持下，按照县第十一次党代会提出的全力实施“三三五”发展战略以及县第十五届人民代表大会提出的着力实施“三个十”工程和抓好“八个致力、八个新”工作要求，主动适应经济新常态，深化经营理念、实施“推动供水保障升级、实现智慧信息化管理、全面提升服务水平”三大战略，牢牢把握“深化改革、提升能力、强化执行”三大主题，落实“六个力”工作措施，推动供水建设与管理水平迈上新台阶。

【机构人员】 海丰县供水总公司是集供水生产、安装服务为一体的中型国有供水企业，承担着县城及农村供水任务。公司内设14个股室，2017年共有在职干部职工261人，综合设计日供水能力12万立方米，实际日供水量约10万立方米，供水面积270多平方千米，用水户10万多户，用水人口40多万人，供水普及率99%，水质达到新“国标”检测项目106项的要求，合格率100%，满足人民群众生活用水和工业生产用水需求。

【供水管理】 2017年，县供水总公司主要抓7方面工作：一是落实经济任务。各项任务早分解、早明确、早落实。2017年初，公司对所属各部门制定详细工作计划，明确目标任务，严格按目标责任制考核办法一月一考核，将水费收入作为加强供水工作基础地位的一项硬指标加以落实。二是加强表务管理。对抄表户数、抄表准确率、执行水价和服务质量等方面进行监督，并要求各抄表员每月上报工作台账，包括联系电话、零度户、用水性质、欠费户等变化情况，对整个抄表工作进行全面量化评价，督促加大追费力度，追收历史欠数，减少3个月以上欠费户，对水费额较大要求当月追缴，加强零度户的管理，对异常用水量的用户进行现场复核。三是清理“空挂户”，根据抄表员上报315户空挂水户，进行逐一核对，并分出五个类型（一户两表、原址改建、表址改变、报停户、有址没表），经班子会议核定，在海丰报上公告。四是开展免费换表活动。对计量卡表或使用年限长的水表再一次进行免费更换，全年共换水表9000多个。五是加强管网测漏，及时抢修。开展网格化查漏、维修和检修更换旧阀门，力争降低供水漏耗率，做到“早发现、早预防，早处理”，控制管网漏损。全年共查出漏水点329处，维修漏点共3400多处。六是加强管网巡查，大力查处偷水行为。全年共查出34宗。七是科学调度。加强对各供水区域供水压及水厂运行情况进行实时远程在线监测，全方位动态管理，根据用水情况，调整水压，减少无效供水。9月21日，广东省城镇供水规范化管理现场会在海丰县召开，会议推广县供水总公司先进经验和做法。县供水总公司在2017年全省城镇供水规范化管理考核中，评比总分数在全省县级中排名第二位。

【供水设施】 抓基础设施建设，提升供水保障能力。一是积极配合县重点建设工程，实施对福临坑、育才路、育英路、南门湖等区域的管网改造，优化管网结构；二是在原有供水实时远程监测系统基础上，增加11个供水区域监测点，对供水状况及水厂运行进行实时全方位在线监测；三是对拦河坝水厂生产工艺进行技术改造，特别对过滤系统进行改造和升级，缩短滤池工作周期，提升生产效率，达到节能降耗目的；四是推进青年水厂（三期）日产3万立方米生产线的建设。

【供水安全】 县供水总公司重视安全生产工作，把安全生产工作摆在重要位置来抓。一是在2017年初下发关于加强安全生产的第一号文件，调整、充实公司安全委员会成员。二是与各部门签订安全生产责任书，层层抓落实，责任到位。三是利用省城镇供水规范化管理考核为契机，对水厂运行管理进行完善，查漏补缺。制订完善《安全生产管理制度》《各岗位责任制度》《水厂巡回检查制度》《水厂交接班制度》《安全防护制度和事故报告制度》《安全生产事故应急预案》《水厂电气设备事故应急预案》《供水抗旱抢险应急预案》《“三防”应急预案》《反恐应急预案》《地质灾害的应急抢险方案》等制度。建立设备维护、维修台账，量化设备完好率等考核制度，加强设备的维护、保养。四是建立水厂《生产质量控制操作规程》，把好生产各个环节，控制药耗，并实行水厂原水、待滤水、滤后水、出厂水24小时水质在线监测，确保供水安全达标。五是强化水质监测。建立《水质检测管理制度》《供水水质卫生管理规定》《海丰县城供水事故应急预案》《水污染（或投毒）事故专项应急预案》等制度，实行生产班组、水厂检验、水质检测中心及委托汕头市为民水质有限公司共四级水质管理，对水源供应、制水生产、出厂水及管网水质、二次供水水质等实行全方位、多层次的管理，以确保每个环节的水质安全达标。六是建立采购验收制度。凡水厂采购的净水材料和药剂等涉及饮用水卫生安全的产品，采购前都向厂方索取省以上人民政府卫生行政主管部门颁发的卫生许可证、生产许可证和产品合格证书，每次采购后使用前，都必须经过水质检测中心的严格质量检验，检验合格后方可使用。凡无卫生许可证、产品合格证或经验收不合格的产品，一律禁止使用。

【供水服务】 抓创新管理，提升供水服务档次。一是建立完善《客户服务管理制度》《用户投诉处理管理办法》，牢固树立“以用户为中心”的服务意识，提高用户投诉处理能力，确保各类服务投诉问题得到快速处理；二是建立工程报装业务管理系统和器材仓库信息化管理系统，进一步提升公司整体管理和服务水平。以及对微信缴费系统进行升级，建立供水动态、管网水质、停水公告、用水投诉、互动交流等在线查询服务功能；三是严格《水质信息公布制度》，每月定时在广东省集中式供水信息管理系统报送原水、出厂水、管网水等各类水质检测报告。同时每月在公司微信公众号及政府网站上向社会公布水质检测结果，让公众对水质知情，主动接受公众监督。

【其他工作】 ①抓企业文化，发扬团队精神。县供水总公司注重搞好企业文化建设，坚持以人为本，积极开展寓教于乐的文体活动。2017年，承办汕尾地区供水系统“重民生、保供水”创文工作文艺晚会，弘扬供水系统劳动者正能量，展现劳动者风采和精神面貌，弘扬企业文化，为实现供水事业的发展发挥更大作用。同时组建公司篮球队，先后参加陆丰水司、揭阳水司等举办的篮球友谊赛。通过开展文体活动，增进员工团结，增强企业凝聚力，发扬团队精神。②抓组织建设，优化队伍素质。一是组织全体党员学习省十二次党代会精神、《海丰县2017年推进“两学一做”学习教育常态化制度化实施方案》，特别学习贯彻党的十九大精神以及学习习近平新时代中国特色社会主义思想，深刻领会其精神实质和丰富内涵，并把这一重要思想贯彻到供水建设全过程、体现到党组织建设各方面。二是公司党总支委员会及各支部委员会进行换届选举，选出新一届总支委员会。三是各支部按照《党章》和《发展党员工作细则》要求，严格遵循“坚持标准、保证质量、改善结构、慎重发展”十六字计划，积极发展党员对象，做到成熟一个、发展一个，把思想进步、工作努力、成绩优秀的年轻干部职工吸收到党组织中来。四是加强党风廉政建设。一年一度开展纪律学习月等教育活动，强化干部职工廉政意识，进一步落实党风廉政建设主体责任，规范民主集中制、“三会一课”“三重一大”集体决策等制度，落实中央“八项规定”。同时，改进工作作风，增强工作人员服务意识和责任意识。

（黄文雨）

附：2017年海丰县供水总公司领导名录

总经理：黎斯凯

副总经理：叶国锋　陈文华

郑冬青（8月起任）

电力工业

【概况】 2017年，海丰供电局深入落实党的十八大、十八届历次全会精神，学习贯彻党的十九大精神，以《南网总纲》为统领，持续打造“钢的班子，铁的队伍”，不断提升队伍的凝聚力和战斗力，通过狠抓队伍和作风建设，圆满完成各项指标任务，取得较大进步。全年完成供电量17.85亿千瓦时，比增9.37%；完成售电量16.94亿千瓦时，比增10.51%。综合线损率5.1%，同比下降0.98个百分点。当年电费回收率连续五年结零。用户年平均停电时间26.11小时。农村居民电压合格率99.88%，比考核满分值提升2.38个百分点。

【机构人员】 海丰供电局下设12个部室：办公室、人力资源部、财务部、市场营销部、计划建设部、生产设备管理部、监察审计部、输变电管理所、安全监管部、党群工作部、电力调度控制中心及物流服务中心；17个供电所：海城供电所（含莲花片区）、附城供电所、城东供电所、公平供电所、平东供电所、黄羌供电所、可塘供电所、赤坑供电所、大湖供电所、陶河供电所、梅陇供电所、联安供电所、梅农供电所、鲘门供电所、鹅埠供电所、赤石供电所、小漠供电所。截至2017年底，海丰供电局共有在职员工606人，离退休员工260人。

【安全生产管理】 2017年，安风体系实现日常有效运作，取得77分的优异成绩，达三钻四星水平。强化现场安全管控力度，全年开展安全督查1111场次，制止纠正91项违章行为，违章整改完成率为100%，督促安全措施落实到位。针对安全生产方面存在的5大类16项风险，制定50项控制措施并分解到岗到人，风险管控落到实处。政企联动顺利清理紧急树障41.73公顷，清理树障黑点302处，攻克县城3镇15个台区布点难题，两个月内投产54个应接未接台区，举全局之力完成129个低电压台区整治，自动化改造取得实质性进展，为汕尾供电系统提供“海丰模式”，顺利完成迎峰度夏保供电工作。加大电力设施保护力度，案发率和直接经济损失同比下降94%和51.92%。扎实推进防风加固，17个防风加固项目建成投产，完成沿海40公里范围内设备防控综合加固和10回10千伏线路防雷改造，加装线路避雷器164组，海丰电网安全运行能力大幅提升。2017年，剔除台风等恶劣天气影响后10千伏线路跳闸103次，同比减少77次；百公里中压线路故障率为4.955次/年，同比降低43.63%。成功应对台风“苗柏”“天鸽”“帕卡”“玛娃”四连击，赢得海丰县政府和广大用户的充分肯定。

【电网规划建设】 2017年，海丰供电局构建“以我为主”规划体系，成立配电网规划建设运营管理工作领导小组，融合设备、通信、市场各专业力量，以公平为试点提炼“一镇一册”配电网规划模板，打破“规划局限、配套欠缺”现状。滚动修编2017~2021年中低压配电网规划项目库，总投资12.04亿元。累计完成电网建设投资1.67亿元，完成率104.44%，居汕尾供电系统第一。不断完善配电网网架结构，环网率提升至45%，解决10千伏重过载线路24回，重过载配变353台。110千伏附城变电站10回10千伏线路在迎峰度夏初期顺利投运，缓解县城供电瓶颈。加快配网自动化建设步伐，完成64条线路自动化改造，加装自动化开关163套，自动化覆盖率达47.4%，自动化开关终端在线率达99%。“10千伏莲花线新建黄仙坑村公变台区工程”获得广东电网2017年度“安全、优质、文明”样板工程称号。

【客户服务管理】 开展提高解决客户诉求能力行动，以客户诉求为导向，制定投诉风险管控措施，按专业跟进客户投诉闭环管理。推行“台区经理制”，将投诉管控关口前移，为各类重要客户提供细致、个性化服务。做好停电过程管控，精心组织40回10千伏线路转供电任务，有效化解因市政施工造成110千伏附城变电站全站停运长达半个月之久的危机，为顺利完成2017年迎峰度夏保供电工作提供坚强保障。主动服务民生，梳理低电压台区148个，重点协调54个具备接火送电台区，整改129个存量低电压台区，供电质量问题有效改善。圆满完成“十九大”、纪念海陆丰苏维埃政权建立90周年庆典活动等各类保供电任务34次。

【党的建设】 深入学习宣贯党的十九大精神，以“党员走在前”为抓手，推进“两学一做”学习教育制度化、常态化。优化基层党组织设置，完成24个党支部换届选举工作。严格落实“三会一课”制度，以政治学习为载体，引导党员干部正确认识“四个自信”。落实“两个责任”，量化支部党建考核评分标准。提炼优秀党组织生活实践案例7个，挖掘海丰红色革命资源，践行“我是党员走在前”，全年组织“卫生整治”和护林防火巡线“特色党日”活动69次，持续提高党员的身份意识和责任意识。“以案明纪”廉洁从业教育覆盖18个供电所，在基层建立廉洁示范点3个，以“身边事教育身边人”的形式使基层党员警钟长鸣。引进光伏发电项目，带动扶贫对象万中村经济发展。

【企业文化】 坚持把人才作为企业发展的第一要素，常态化开展全员“岗位大练兵、技能大比武”和岗位胜任能力评价，促进员工岗位履职能力大幅提升，人均素质当量提升至0.71，班组人员持证上岗率达100%，高技能人才比例54.37%，同比提升8个百分点。正确运用“四种形态”中的第一种形态，扎实开展“四种谈话”工作，分层分类谈话551人次，梳理廉政纪律风险点48个，制定风险防控措施并落实到位，严明政治纪律和政治规矩。全面实施暖心工程，投入336万元重点改善基层硬件设施，17个供电所食堂正常运转，员工中转宿舍投入使用，提供床位135个，保障基层班组用餐、休息等需要。构筑“家”文化，举办“我爱我家”系列主题活动和各类文体活动14项，慰问活动33余次，打造温馨“职工小家”。

（余振明　叶宇华）

附：2017年广东电网有限责任公司汕尾海丰供电局领导名录

局　长：黄鸿成（任至4月）
　　　　康　兵（4月起任）
党委书记：康　兵（任至4月）
　　　　　刘世雄（4月起任）
副局长：康　兵（任至4月）
　　　　吴　奋　冯科沥
纪委书记：陈建鹏

海军年鉴

海豐

HAIFENG YEARBOOK

教科文卫体

教　育

综　述

【概况】 2017年，县教育局按照县委第十一次党代会提出“三三五”发展战略，结合全县教育系统开展以“转变观念、改革创新、求真务实、科学发展”为主题的大讨论、大调研活动，围绕“巩固提高创均、创强工作成果，努力创建广东省推进教育现代化先进县”目标，突出抓好“提高教育教学质量、维护学校安全稳定”两项重点，进一步解放思想、振奋精神、戮力同心、积极作为，各项工作得到有序推进。

【全面从严治党】 ①党的建设进一步加强。一是认真开展“两学一做”学习教育活动。2017年，县教育局继续深入开展“两学一做”，围绕“讲政治、强党性、严纪律、守规矩”的主题，深入开展纪律教育学习月活动；完成县教育局党支部换届选举工作，配齐7名支部委员，严格按照要求召开民主生活会和组织生活会；高度重视省委巡视组的巡视反馈意见，落实整改措施七类16项；落实集中学习制度，坚持每周一召开1次局班子或各股室负责人以上参加的学习碰头会。二是贯彻落实党风廉政建设责任制。县教育局成立党风廉政建设领导小组，按照“谁主管、谁负责”原则，明确工作责任，建立工作台账，细化职责分工，教育系统形成齐抓共管工作格局，确保党风廉政建设和反腐败工作的有效落实。三是主动配合县委第三巡察组开展对县教育局党组的巡察工作。在县委第三巡察组对县教育局党组开展第一轮巡察期间，局机关和全县各学校积极主动、密切配合，确保巡察工作得到全面顺利完成，得到县委充分肯定；同时，根据县委第三巡察组巡察反馈报告，局党组及时制定《海丰县教育局党组落实县委第三巡察组反馈意见整改工作方案》《海丰县教育局党组落实县委第三巡察组反馈存在问题整改台账》，全面抓好落实整改。四是积极开展精准扶贫结对共建。全县教育系统干部积极投身精准扶贫攻坚工作，县教育局每月至少1次深入扶贫联系村（大湖镇湖仔村委和赤石镇瓦窑村委）开展党建和精准扶贫共建活动，选派1名干部挂职村党支部担任第一书记、选派2名干部担任扶贫专干驻村扶贫，并组织局机关副股级以上干部与建档立卡贫困户开展精准扶贫结对帮扶。②作风建设进一步转变。一是切实加强机关作风效能建设。制定出台《海丰县教育局机关工作人员考勤制度》，全面实行局机关工作人员上下班检查登记制度，并将检查情况每月定期在局“政务整治、正风肃纪”曝光台上予以公布。二是充分发挥纪检监察职能。高度重视省委巡视组、县委第三巡察组和市县扶贫领域专项巡察的反馈意见，做到立查立改，扎实开展滥发津贴补贴、“吃空饷”、公款吃喝、从事第二职业经商等专项整治活动，加大案件排查整治力度，严厉惩治违纪违规行为，重点查办“四风”“发生在群众身边的腐败问题”，做到有案必查、有腐必惩，维护党规党纪的严肃性。2017年，全县教育系统立案查处违规违纪案件9宗，结案9宗，涉案人数9人，受到党政纪处分9人。③办学行为进一步规范。一是规范招生行为。义务教育按照就近入学原则，免试分片招生；省级示范高中招生指标坚持40%定向到校。二是规范办学办园行为。深入开展问题调研、专项检查、教学视导等活动，准确把握各学段学校管理现状，指导各校教育教学常规管理，推动教科研统筹发展，提升学校办学品位。三是规范教师行为。重点加强群众反映强烈的有偿补课、违规订购教辅资料、体罚和变相体罚学生等问题的监管。④育人环境进一步优化。一是开展文明创建。根据市、县开展“创文”“创卫”工作的统一部署和要求，全县学校积极开展“文明校园”创建活动和校园周边环境卫生整治工作，校园得到美化、净化、绿化、亮化；持续深入开展社会主义核心价值观和“三风一训”的学习教育，校园文化内涵得以丰富。二是开展环境治理。按照省、市、县“平安创建”工作要求，通过多部门联动，进行校园及其周边环境综合治理，学校育人环境得到大幅改善。三是加强信访维稳。认真抓好教育系统维稳工作，突出重点抓好原民办代课教师的稳控，完成原民办代课教师审核上报工作，海丰县原民办代课教师（包括在职教师）没有发生过到省、市和进京上访的情况。

各类教育

【概况】 ①教育大讨论、大调研活动取得明显效果。2017年，全县教育系统开展以“办好党政放心、人民满意教育”为目标的教育大讨论、大调研活动，从如何解决教师岗位设置、职称评聘制度改革，推动教师合理交流；如何解决教师绩效工资实施以来普遍存在的问题，推动教师绩效工资制度改革；如何解决学前教育发展短板，推动学前教育发展；如何尽快提高海丰县教育教学质量，扭转教学质量偏低的不利局面等方面，开展大讨论、大调研，着力解决制约教育发展不均衡不充分的主要问题。县教育局先后组织8位股长分4场次作专题调研报告，并由各分管领导进行现场点评；同时，局成立4个专题调研小组分批到全县各地开展专题调研活动，全方位参与各地组织开展的大讨论活动，深入调查了解各地各学校的工作情况、存在问题和不足，与基层学校一同探究解决思路和建议；各地各学校班子成员和广大教师积极主动参与大讨论、大调研，共谋教育发展大计。大讨论、大调研取得明显效果，一些问题得到有效解决。一是编制出台《海丰县教育发展“十三五”规划（2016~2020年）》《关于创建广东省推进教育现代化先进县实施方案（2017—2019年）》《海丰县学前教育五年发展规划（2017—2021年）》等教育发展规划。二是教师编制和岗位设置问题得到解决。全县教师总编制和岗位设置由县教育主管部门统管，有效推动教师合理交流工作实施。三是班主任补贴问题得到落实。从2017年10月开始，按每位班主任平均月补贴500元的标准，每年10个月，由县财政核拨到各学校。四是高考备考经费和高中第二课堂活动经费落实到位。全县高中学校高考备考经费和高中第二课堂活动经费全额由县财政拨给，有效解决高中学校高考备考和周六、日开展第二课堂活动经费不足的问题，对提高高中教学质量起到积极的推动作用。五是教师绩效工资制度改革有序推进。县教育局联合县人社、财政等部门通过调研，就教师绩效工资制度改革工作已形成初步指导意见，新学年度将印发各地实施。②学校德育工作得到大提高。以落实立德树人为根本任务，把德育工作摆在重要位置，培育和践行社会主义核心价值观。一是素质教育活动丰富多样。开展了“6·5世界环境日”纪念和环保教育实践活动、“6·26”禁毒教育活动；举行全县中小学生即席书画比赛；组织全县中小学生参加汕尾市青少年科技创新大赛，有30个科技作品获奖；组织中学生参加汕尾市第一届运动会，分别获得学生高中男子排球冠军、初中组跆拳道团体总分第一名、高中组跆拳道团体总分第二名、高中男子足球第二名、高中男子篮球第三名的好成绩，为海丰县争得荣誉；成功举办海丰县教育系统2018年元旦师生文艺汇演，充分展示了全县师生素质教育丰硕成果。二是加强学校禁毒教育工作。认真组织开展开学“禁毒教育第一课”活动和毒品预防教育进学校工作；精心组织开展禁毒宣传教育活动，全县中小学校制作47个青少年毒品预防教育课件，参加省、市禁毒宣传教育课件评选活动。积极开展毒品预防教育示范校创建工作，彭湃中学、海丰中学等10所中学和海城镇中心小学等5所小学，共15所学校被确定为首批省级毒品预防教育示范学校，并及时在海丰中学召开创建毒品预防教育示范学校现场会，推广海丰中学做法，持续推进创建工作的开展。同时，投资126万元在县实验中学设立“海丰县青少年禁毒教育基地”。三是积极开展依法治校示范学校创建工作。创建“省级依法治校示范学校”3所、“市级依法治校示范校”55所，占全县中小学校的34.81%，超过上级的创建比例要求。四是积极开展文明创建活动。结合县级文明城市创建工作的开展，积极组织全县学校开展创文、创卫活动，促进全县师生文明、卫生等良好行为习惯的形成。积极推进汕尾市文明校园创建工作的实施，全县有20%的中小学校完成汕尾市文明校园创建工作。五是开展全县中学生优秀干部、“三好”学生评选工作和少先队先进集体、优秀个人评选活动。评选出县级优秀干部150名、“三好”学生180名，市优秀干部40名、“三好”学生70名，县级优秀少先队员298名、优秀辅导员61名、县级少先队工作先进集体28个。积极组织教师、学生参加全国、省、市教学竞赛、征文活动，成绩突出，共有3125人获奖。六是参加学科知识竞赛成绩突出。2017年，全县参加省、市举办的学科知识竞赛，有201位学生获奖。其中，参加第七届广东省中学地理奥林匹克竞赛，获得一等奖23人、二等奖30人、三等奖30人；参加广东省中学生生物学联赛，获得一等奖4人、二等奖8人；参加汕尾市首届“和教育口语易杯”中小学英语生口语大赛活动，11人获奖，高中阶段包揽前3名、初中阶段获奖4人（一等奖1人、二等奖1人、三等将1人、优秀奖1人）、小学阶段4人参赛4人获奖（一等奖1人、三等奖1人、优秀奖2人）。

【普通高考】 2017年，面对“深一模”高考质量存在的严峻形势，县教育局在积极主动争取县委、县政府的大力支持，解决高考备考经费、制定出台《海丰县2017年普通高考奖教奖学方案》的同时，致力于抓好高考备考工作，及时召开高考备考工作会议，对存在的问题和不足进行深入分析，对下一步的备考工作作全面动员部署；多次组织全县高中学校到广州、深圳、湖北襄阳等高考备考经验交流研讨会、“深一模”质量分析会、考察高考备考的成功经验，邀请高考备考专家到海丰县开展专题指导讲座等多方位的备考工作。经过努力取得新进步，凸显两大亮点：一是市推测目标完成率高，进步显著。海丰县本科各批次上线人数均超过市的推测目标人数，第一批本科超37人，第二批本科以上超93人。第一批本科推测目标完成率135.3%，第二批本科以上推测目标完成率110.1%，推测目标完成率均位居全市各县区首位。二是文、理科尖子生培养均取得新突破。彭湃中学陈思臻以总分614分获得全市文科状元，仁荣中学蔡素怡以总分642分列全市理科第三名。

【义务教育】 义务教育阶段教学质量稳步提升。一是中考成绩大幅提升。2017年中考，海丰县总平均分360.74分，比2016年提高7.03分，比全市总平均分（353.9分）高6.84分；各科平均分均超过全市平均分。高分层人数比率也有所提高，总分700分以上人数19人，比2016年增加6人；全市总分前10名中，海丰县占2名，分居全市第二、七名。二是义务教育教学质量监测稳中有升。小学五年级数学、英语和八年级语文、物理等学科参加全市2017年春季期末质量监测，根据市统计的成绩，各学科均保持稳中有升，五年级数学、英语总平均分115.3分，高出全市平均分5.2分；八年级语文和物理总平均分96.92分，高出全市平均分3.52分，均列全市各大县（市、区）第二位。

【规范学前教育】 2017年，全面开展无证民办幼儿园大整顿。强化清理整顿工作力度，切实加强对清理整顿无证幼儿园工作的领导，专门成立由县分管领导任组长，消防、公安、教育、卫生、综治、安监、住建等部门为成员的海丰县民办幼儿园清理整顿工作领导小组。对全县278所无证民办幼儿园进行清理整治，截至2017年12月底，全县已分两批共取缔无证幼儿园112所，占40.29%。在整治期间，评估、审批10所符合办园条件的民办幼儿园。2017年，累计评估审批16所民办幼儿园。至年底，全县已取得办园许可证的民办幼儿园共62所。

【教育科研】 ①各学科教师教学综合能力水平明显提高。2017年，组织全县教师参加全国优质课和微课评比，获奖4人。参加全省优质课和教学基本功大赛，获奖16人。参加全国、省录像课、教学设计和优秀论文评选，获奖58个。开展全县中小学学科优质课例评选活动，共评出优质课例250个，其中一等奖61个、二等奖123个、三等奖66个。组织全县教师参加省、市、县优秀教学论文评比，全县教师有3401篇教育教学论文获奖。其中省一等奖14篇、二等奖18篇、三等奖24篇；市一等奖115篇、二等奖297篇、三等奖466篇；县一等奖475篇、二等奖871篇、三等奖1177篇。②教育科研课题研究获得丰收。2017年，全县共有153项教育科研课题开题研究，其中省级课题6项（含重点课题1项）、市级课题43项、县级课题104项。截至2017年底，通过结题验收教育科研课题共121项，其中省级课题3项、市级课题15项、县级课题103项。

【教育现代化和信息化】 ①教育现代化和信息化建设全面推进。海丰县教育信息资源云平台全面完成建设，运作使用。全县153所义务教育学校均已建设成为标准化学校，所有学校都配置多媒体教学平台，教育教学仪器和活动场地已基本达到标准化学校要求，均配置有电脑室、多媒体教室、实验室、美术室、音乐室等各类功能室和运动场。至2017年底，全县已有142所义务教育学校接入宽带网络，基本实现优质数字教育资源“校校通”，其中有30多所学校实现“班班通”。同时，向省申报5所学校为省信息化中心学校建设试点校。②教育信息化资源应用全面跟进。2017年，全县充分利用现有教育现代化和信息化教育资源，先后组织师生在线参加第十八届省中小学电脑制作活动、“互联网+儿童文学阅读”资源应用大赛、第五届“中国移动和教育同步课堂杯”远程教育教学资源征集和应用评比活动、中小学生创客大赛、“书香校园”线上读书活动等，取得明显成效，全县师生教育信息化应用水平得到进一步提升。

教育管理

【教师队伍建设】 ①加强师德师风建设，形成良好教风。持续深入开展师德师风大整治活动。相继出台《海丰县教育系统师德师风整治专项行动工作方案》《海丰县教育系统清理整顿“吃空饷”工作方案》《关于从严查处在职中小学教师有偿补课和参与“午托班”行为的通知》《海丰县中小学教师坐班制管理暂行规定》《海丰县教育系统工作人员请假暂行办法》《关于加强中小学教职工工作纪律管理的通知》等一系列文件和规定，从严、从快整治师德师风存在的不端行为。全面实行中小学教师坐班制，提升教师队伍整体形象。通过师德师风大整治，2017年，责令辞职教师6人，主动辞职教师27人。积极树立优秀教师典型，2017年，评选表彰市级先进个人28名、县级先进个人242名。②组织大培训，不断提高教师素质。2017年，先后组织全县教师参加汕尾市专业技术人才知识更新工程培训、汕尾市中小学（幼儿园）教师信息技术应用能力工程补充培训、汕尾市2017年中小学教师市级培训工作，海丰县道德与法治、语文、历史学科培训，海丰县中小学校长培训，海丰县小学（幼儿园）教师全员培训，海丰县国际英语村培训等各类培训活动，参加培训的人数达2万多人次，投入培训经费200多万元。③完善工作机制，规范队伍管理。一是吸纳优秀人才。2017年，分两次到东北师范大学等师范院校，签约招聘37名硕士研究生学历教师；完成委托汕尾职院代培的第三批98名小教大专毕业生的招聘考试，并安排到全县二、三类地区小学任教；通过省招考平台公开招聘24名幼教老师，补充到县中心幼儿园。二是实施“三名工程”。2017年，遴选培养市级以上名教师3名、名班主任2名、名校长3名，设立省级名教师工作室2个、市级名教师工作室1个、市级名班主任工作室2个。三是山区和农村边远地区教师生活费补贴得到提高。2017年，山区和农村边远地区学校教师生活补贴每人每月增加100元，平均每人每月902元，略高于省平均水平。四是做好教师年度编制核定、年度考核、教师资格认定和注册、职称申报和评审等工作。2017年，联合县编办，核定全县教师总编制6818个，并由县教育局实行统编统管；完成全县教育系统7477名在职人员的年度考核工作，评出优秀1120人、合格6193人、不定等次103人、不参加考核33人；受理教师资格认定255人，通过资格审核人数241人；完成首次定期注册工作，参加注册教师共8853人；完成中小学教师职称申报评审工作，其中，高级职称43人、中级职称29人、初级职称3人。五是做好教师档案管理工作。2017年，完成1100个干部档案的审核和2200份人事档案整理补充；办理115位达龄的教职工的退休手续；完成2590名原民办教师和1420名原代课教师的审核上报工作。④深化人事改革，激发办学活力。一是全面推进中小学校长竞争上岗、交流轮岗工作。聘请山西省实验中学副校长樊玉仙为彭湃中学校长，全面改组彭湃中学领导班子；分三批次向市推荐30多个校长岗位，面向全市进行公开招聘；完成对全县中小学校长2017年度的考核、测评工作，并在2018年春节前全面完成全县中学、中心小学校长新一轮的聘任工作，交流轮岗47个正副校长岗位，进一步激发全县中小学校长的活力。二是探索实施义务教育教师“县管校聘”管理体制改革。以县实验小学试点，探索实施义务教育教师“县管校聘”管理制度改革工作。

【教育督导评估】 ①积极推进教育综合督导工作的开展。全面加强对海城、附城、城东三镇教育强镇创建工作的督查指导，确保三镇在2017年如期接受省的督前检查和督导验收，实现教育创强全覆盖的目标。加强对全县中小学校德体美育课程开设情况的检查指导，在6月和10月分别接受省的专项督查，得到省督查组的好评。全面开展对全县学校规范办学行为的专项督导工作，有效规范学校的办学行为。加强常态校本督导，不断提升学校的内涵管理水平，推动全县不断发展。②积极推进等级评估工作。全面加强对学前教育和高中学校的督导检查评估，推动学前教育向规范化发展、高中教育向优质化发展。组织对条件成熟的可塘镇中心幼儿园进行县一级幼儿园评估。

【校园安全稳定工作】 全面落实安全生产“一岗双责”。2017年，制定下发教育系统学校安全工作综合治理、排查整治等工作方案15个，转发上级有关加强学校安全工作的文件通知80多次，组织开展4次教育系统安全大检查，夯实学校安全工作岗位责任。扎实开展学校安全预防教育活动，组织全县负责安全工作的副校长参加2次防溺水培训班和1次防治校园欺凌培训班；联合县应急办、消防大队等职能部门，组织开展防溺水知识进校园活动5场次、消防知识进校园活动10多场次、校园应急疏散演练6场次；加强对学校食堂食品安全工作的管理，组织开展3次学校食品安全专项检查，督促81所学校（幼儿园）落实262处食堂存在的安全隐患的整改；加强对校车的常规管理，建立、健全各项规章制度，明确责任分工，资料归类入档。至2017年底，全县符合国家标准的校车93辆，其中82辆已办理校车标牌，10辆在申办中，1辆暂停使用。各校（园）的校车在安装GPS卫星定位仪、车内监控、后车雷达的基础上，逐步安装北斗卫星定位（4G）视频监控平台，实时监控校车行车状况。按照省、市“安全文明校园”创建工作要求，联合县综治、公安部门开展广东省第六批安全文明校园建设指导和县级考核，并推荐梅陇镇梅陇小学、梅兴小学参加省级安全文明校园评选活动；举行全县中小学生安全知识竞赛活动，增强广大中小学生的安全防护意识。2017年，全县教育系统没有发生重特大安全责任事故。

【健全完善财经保障体系】 ①扎实做好义务教育保障经费管理。全面实行义务教育免费政策，按照要求，将义务教育全面纳入公共财政保障范围，建立义务教育经费由财政全额拨款的保障机制，加强对义务教育经费使用的监管，保障全县义务教育学校经费运行规范安全。②进一步规范学校财务管理。为严肃财经纪律，规范支出行为，确保学校工作正常运转，根据相关财经法律、法规的要求，完善教育两级财务结算中心学校财务报销审核制度，规范学校财务报销工作。③规范开展教育内部审计工作。2017年，组织开展对28所中小学校财经收支情况的内部审计和检查工作，通过审计和检查，及时纠正各学校在收费、会计核算、资金用途、内部控制制度等方面存在的问题，督促限期落实整改，使各学校经费使用的规范性、合法性和有效性进一步加强，学校经费管理水平明显提高。

【稳妥实施招生考试】 严格执行省、市招生考试各项政策规定，全面落实中考、高考招生制度改革任务；精心组织考生报名、资格审核、考试、招生录取等工作，努力打造公平公正、人民满意的招生考试工作。2017年，全县高考报名5829人，中考报名7729人，高中学业水平考试报名5557人。积极主动协调公安、纪检、保密、环保、卫计、食药监、市场监管、住建等相关职能部门，加强对考场考试环境的整治，强化考风考纪建设，周密做好试卷保密安全工作，有力保证各类考试工作的圆满完成。2017年，完成高中阶段招生8126人，其中普通高中招生4795人，完成率100%；中职招生3331人（本地招生1183人、外送2148人），完成率98%。普通高考录取人数4539人，录取率77.9%。

【教育民生事业】 ①学生资助工作得到精准实施。2017年，海丰县按照上级规定，专门设立海丰县学生资助管理中心，有力地推动学生资助工作的精准实施，完成精准扶贫大数据管理平台教育扶贫信息的采集和系统录入工作，建立11993名学生的电子信息档案，构建起从学前教育到大学教育的资助体系，确保贫困家庭子女不因困失学。一是学前教育方面。2017年秋季，按每生每学期500元标准，资助困难家庭幼儿1199人次59.95万元。二是义务教育方面。2017年，发放给7221名义务教育阶段贫困家庭学生生活费补助共255.7万元。三是高中阶段教育方面。2017年秋季，发放给4335名普通高中、中职学生国家助学金、免费资金、宋庆龄助学金等共667.65万元。四是大学生生源地助学贷款方面。2017年，海丰县为475名大学生办理国家生源地助学贷款业务，贷款金额共计372.89万元。五是全面补齐建档立卡资助短板。根据省相关文件提供的2016~2017学年度4755名建档立卡贫困生的数据，认真做好各学年段毕业生与新生的增删更新工作。经过与县扶贫办的反复对接校对，确认2017~2018学年度4691名建档立卡的贫困生和2016~2017学年度漏报的251名建档立卡贫困生，同时确认256名非建档立卡高中免学费学生名单，并按规定及时将生活费补助和高中免学费资金发放到位，发放资金共1028.15万元。②教育项目建设得到有序推进。投资1.6亿多元，完成双桂中学二期基建项目和配套设备设施的建设；投资1000多万元，完成县实验小学和新中心幼儿园的配套建设；完成海城镇学校布局调整工作，如期将海城镇中心小学搬迁入陆安中学原校址，并将原海城镇中心小学改设为第二小学；同时将原县中心幼儿园改设为海城镇中心幼儿园，有效解决该镇教育创强的短板；确保“四校二园”在2017年8月25日如期落成启用。投资1.5亿多元，全面启动附城、城东2镇新中心小学建设，预计2018年秋季竣工交付使用；投资5000多万元，完成县城地区小学8个单体工程项目的建设，有效缓解县城小学大班额和教育创强功能室不足的问题，使海城、附城、城东3镇在2017年分别顺利接受省教育强镇督前检查和督导验收。

（龙信荣　林雅棠）

附：2017年海丰县教育局领导名录

局　长：张翰文（任至1月）
　　　　马学仲（1月起任）
副局长：蔡旭彪（任至4月）
　　　　邓务力　黄海湧
　　　　欧永钦（8月起任）

学校选介

【海丰县彭湃中学】 海丰县彭湃中学是广东省一级学校、广东省国家级示范性普通高中。学校占地面积22.5万平方米，建筑面积约8万平方米；校园布局合理，建筑物整齐对称，绿树成荫，环境优美。2017年，彭湃中学有61个高中教学班，学生3259人。有教职工335名，其中特级教师3人、高级教师72人、一级教师174人。学校有近40人先后参加省普教系统“百千万人才工程”培训以及国家级、省级骨干教师培训，省教育厅还在该校设立“叶宇斌名教师工作室”，师资总体水平在汕尾市居领先地位。学校教学设施先进齐全，有科技大楼1栋，教学大楼10栋，食堂1栋，图书馆1栋，学术报告厅1间，多媒体教室90多间。配备有物理、化学、生物等学科实验室以及电脑室、语音室、功能室、电子图书阅览室等教学辅助设施专用室；配备千兆校园网络；标准运动场，设置400米塑胶田径跑道，人工草皮足球场1个、篮球场10个、排球场3个、羽毛球场4个。县委、县政府计划投入4亿元资金，用2年时间完成学校提质升级建设，将彭湃中学建设成为汕尾地区乃至广东地区一流的公办学校。新型的学生宿舍、体育馆和艺术馆已开工建设。建成后将实行学校全封闭寄宿制管理。

2017年，彭湃中学以“改革、发展”为主题，强化改革狠抓规范，教学教研成效渐显。学校实施课堂教学改革，各年级各科组落实校长樊玉仙提出的“三五”教学思想，并根据学科和年级特点设计分配时间，以形成各学科的教学特色；强化班主任责任意识，着力抓好年级和班主任工作的考核，举办班主任论坛活动，提升班主任的育人能力；重视青年教师培养工作，开设学校第一届“青蓝”教师研修班，共有27对师徒结对，师徒帮扶学习活动持续开展；加强对教研活动的管理，明确教研活动的具体要求，对听课评课提出更明确的要求；为更好地适应新高考的改革，学校以学生个性发展和提升学生综合素养为重心，大规模开发校本课程，实施周六校本课程学生选课走班制度。

2017年，学校教研室继续大力开展优质课学年度评比活动，共评出21个校级优质课，在“一师一优课，一课一名师”活动中，教研室共组织老师晒出153节课，推出29节优课，共有17节获县级优课、7节获市级优课、5节获省级优课、1节获部级优课，省部级优课获奖数量居全市前列。学校重视教研工作，2017年有5个市级课题顺利结题，有10个县级级课题顺利结题，共有157篇论文送审参加汕尾市2017年中小学教育教学论文评比并获奖。成功申报省教厅组织的“优课教研室”录制项目，是全市唯一获批准的学校（全省仅有10所学校获批准）。

2017届高考，彭湃中学取得较好成绩：一本上线人数90人，其中，陈思臻、袁雯舒同学分别以614分、573分列全市文科总分第一名和第六名，同时文科综合、语文等多个学科进入全市单科前三名。学校先后开展一系列活动，包括：作文竞赛、以“校庆”为主题的“彭中好声音”校园歌手大赛、“猜灯谜”活动、学生优秀笔记展览、以”迎元旦”为主题的“岭南职院杯”全校教职工篮球比赛、各班学生庆元旦联欢会、以“感恩”为主题的学生回访母校社会实践活动；高一、高二年级举行以“禁毒教育”“平安海丰”为主题的征文大赛、法治教育讲座、社会服务实践等活动。

2017年9月，学校聘任知名教育专家樊玉仙为校长，换届领导班子，原副校长蔡小鸿继续留任副校长。11月，经县组织部调研，聘任欧远俊、陈贤溢为副校长，成立彭湃中学新一届领导班子，为学校的发展注入新鲜血液。

（欧远俊）

【海丰县高级陆安中学】 海丰县高级陆安中学创办于2006年8月，其前身可追溯到有百年历史的陆安师范。按照县委、县政府部署，学校于2017年8月搬迁至莲花教育园区新校区。截至2017年12月，全校有教职工179人，专任教师160人；研究生学历6人，本科学历167人，学历达标率96.6%。其中特级教师1人，中学高级教师13人，中学一级教师64人。设有教学班级39个，学生1900多人。新校区占地14.8万平方米，建筑面积约7.5万平方米，可提供3300个学位、66个标准高中教学班，由政府投入3亿多元兴建而成，是海丰县委、县政府和县教育局倾力打造的现代化高中学校。学校教研综合楼、实验楼、教学楼、图书电教楼、学生宿舍楼、教师工作楼、师生食堂、体育馆、艺术楼、标准田径运动场等规划科学、布局合理。新校区配置先进的办学设施，理化生实验室、艺术功能室、多媒体功能室一应俱全；陶艺馆、传媒演播室、智慧课室、录播室、创客室全市领先。千兆宽带数字化校园网络全校覆盖，教师人手1台电脑，实现教学办公信息化、数字化和现代化。

新校区实行全寄宿封闭式管理，在公办学校中先行实行食堂经营权外包和后勤服务管理社会化管理、学生手机统一管理制度等，积极创新探索学校的管理体制。学校落实责任制，层层签订责任书，强化责任意识。建立安全巡查和上报制度，每周对校园进行全面安全卫生等例行检查。加强安全宣传和演练。每学期邀请县消防中队和消防公司人员到校开设讲座，对师生进行消防安全教育及培训，定期举行学生消防安全逃生演练。同时强化后勤日常管理，安排专人加强食堂、宿舍的管理及教师工作房管护工作，特别对学生宿舍安全、卫生、秩序等紧抓不懈，落实巡查、文明评比制度。学校深入贯彻落实市县教育工作会议精神，扎实推进师德师风专项整治工作，对“吃空饷”、参与有偿家教和第二职业等不良行为进行专项整治，净化师资队伍。认真落实坐班制，严格上班制度，提升师资队伍业务水平和服务质量，树立教师队伍美好形象。

2017年，学校继续加强教研教改，提升办学竞争力。一是继续推进课题研究。2017年，陆安中学省级课题获立项和开展研究的有3个；市级课题立项和开展研究的有23个；县级课题获立项和开展研究的有5个。二是继续推进“互联网+”教育。充分利用“互联网+”信息优势，以互联网作为学习平台，开展“停课不停学”自主学习活动。2017年寒假，陆安中学各年级继续实行“停课不停学”活动，学生参与度高，刷题量在全省排行榜中居先。

陆安中学坚持立德树人，积极开展丰富的德育活动，培养学生良好品质。2017年，学校继续推进主题班会课程化，每周一举行升旗仪式和国旗下讲话，组织学生观看爱国主义教育影片，开展以“珍爱生命，远离毒品”为主题的手抄报、漫画评比活动。积极指导和开展社团活动，以生动有趣的活动教育学生，取得事半功倍的育人效果。积极组织学生参加市县级大型文艺演出，推进青年志愿者服务活动。让学生走出校门，展现自我，提升陆安影响力。在2017年广东省中小学德育优秀成果评比活动中，学校有4篇论文获奖，其中获省二等奖3篇，省三等奖1篇。在“护航青春·携手禁毒”2017年广东省青少年毒品预防教育课件设计征集活动中，刘楚慧、刘思妮两位老师获得优秀奖。2017年高考，陆安中学各批次均超额完成高考指标，完成率全县居先，连续第八年夺得海丰县高考优胜单位称号。2017暑假，组织老师积极参加“一师一优课、一课一名师”活动，提前超额完成晒课任务，参加晒课教师超过130人，晒课量达164个，其中被评为省级优课3个、市级优课4个、县级优课11个。学校老师在省、市、县各类比赛中多次获奖。在2017年广东省计算机教育软件评审活动中，林宇飞、吕威祝获得高中组微课二等奖，李超获得高中组微课三等奖。此外，陈喜燕被评为汕尾市教坛新星、郑远强被评为汕尾市优秀教师，陈德坚被评为海丰县优秀校长，陈丽丝被评为县优秀教师、仇亚楠被评为县优秀班主任，黄瑶冰被评为县优秀教育工作者，张欢、江军丽、张珊珊等获得县学科带头人称号。

【海丰中学】 海丰中学创办于1995年，二十多年来砥砺出“博文约礼、正德修己”的校训，孕育“团结、勤奋、诚实、求进”的优良校风，学校坚持落实“把学生打造成为特别有礼貌、特别守纪律、特别爱学习、特别讲卫生、特别重安全的文明学子”的德育要求，逐步形成以“面向全体，分层教学，培优补差，人人进步”为主要特色的教学模式，促使不同层次、不同类别的学生都得到转化、提高和发展。2017年，学校有46个初中教学班，学生2850人，学校教职工184人，中学高级教师21人，中学一级教师96人，本科学历以上142人。学校执行就近入学原则，同时按政策吸收外地务工人员子女及流动人口儿童入学，承担普及义务教育的任务。2017年，学校开展教育教学“大讨论、大调研”活动，不断加强师德师风整治，秉承“包容、虚心、开放、创新、务实”的办学精神，围绕奋斗目标求真务实，取得喜人业绩。2017年中考，马悦桐以748分获得全县第一、全市第二的成绩，马文韬以734分名列全市第八；进入全县前十名有8位同学（囊括前五名），综合评价获得一类地区第一名。海丰中学成为全县中学中发展最快最好的学校，在全县中起到示范性作用。规范的学校管理、有效的德育工作、过硬的教学质量赢得社会关注和赞誉。

（叶奋权）

【海丰县开放大学（海丰县广播电视大学）】 海丰县开放大学（原海丰县广播电视大学）建筑面积10000多平方米，标准教室30间；6间多媒体计算机室；2间多媒体大会议室；2017年，学校有教职工35人，其中高级职称有14人、中级职称有17人；2017年度开设教育类、文史类、管理类、政法类、理工类等不同方向20多个（本、专科）开放教育专业，开放教育在校生共有1225人，其中本科389人、专科836人；学校还和华南师范大学网络学院、四川农业大学、中国医科大学等高校合作办学；2017年度完成海丰县专业技术人员公需课项目培训人数共9850人，合格率100%。11月，海丰县广播电视大

2017年11月18日，海丰县开放大学更名揭牌仪式合影

2017年4月23日，海丰电大召开共青团海丰县广播电视大学第二次代表大会

学更名为海丰县开放大学（海丰县社区学院），学校将坚持“开放多元”的发展战略，落实创新，协调、绿色、开放、共享的办学理念，依托开放大学办学优势，利用现代信息技术，聚集优质教育资源，面向基层、面向行业、面向农村办学，开展职工教育、社区教育、老年教育、新型职业农民教育和各类培训，为构建新时代海丰全民终身教育体系不懈努力。

【海丰县中等职业技术学校】 海丰县中等职业技术学校创办于2009年，是海丰县唯一一所公办全日制省级重点职业技术学校。学校总占地面积14.5万平方米，总建设面积86386平方米，总投资1.65亿元，以100个教学班、可容纳在校生5000人的规模，按“总体规划、分期实施”的原则，分三个区建设，已先后建成集教学楼、综合楼、图书馆、实训中心、教师宿舍、学生宿舍、食堂、体育运动场等教学设施为一体的学校。海丰县中等职业技术学校是“广东省重点中等职业学校”“全国职工教育培训示范基地”“国家级足球示范性学校”“广东省交通安全示范学校”“广东省安全文明校园”“汕尾市语言文字规范化示范学校”。2015年、2017年，县委、县政府分别把海丰县卫生进修学校、海丰县教师进修学校并入海丰县中等职业技术学校，形成“一套班子、三块牌子”的管理模式。

学校拥有以高级讲师、高级工程师为主的“双师型”专业教师、硕士研究生教师多名，教师素质较高，师资力量较雄厚。2017年，学校有在校生2000多人，开设有学前教育、计算机应用、电子技术应用、汽车运用与维修、会计电算化、服装设计与工艺、电子商务、智能工业机器人、烹饪专业、护理、药剂等11个专业，同时为贯彻“技能＋学识”的培养目标，已争取到中央、省财政、省中等职业技术教育专业专项资金共计2000多万元，用于各个专业实训室建设或实训设备的配置，进一步完善实训设备配套，满足学生实习实训需要。海丰县中等职业技术学校已成为培养高技能人才的重要培训基地。学校图书馆设施设备完善，通过县关工委、学校教职员工、学生捐书及社会人士捐资购书等方式，有藏书8万多册，实行开放式借阅，管理规范、科学，图书借阅率高，丰富学生的第二课堂活动。

学校秉承着“明德正行、崇雅求精”的校训和“自信自强、开拓创新”的校风，强化师资队伍建设，狠抓办学质量。学校成立督导小组，小组人员不定时组织听推门课和巡视检查各年级纪律、卫生等工作并及时反馈总结，取得良好效果；推行“三个一”活动，即每学年每位教师都要参加授课说课比赛，“说一节课”“上一节优质课”“每学年写一篇论文或案例”，不断提高教师教育教学水平，并取得优异成绩。2017年，张锡熙荣获全国职业学校说课比赛二等奖。2017年，学校教师论文有40多篇获县、市级以上奖项。学校成功举办“彩虹人生——奋斗的青春最美丽”为主题的纪念“5·12”护士节暨2015级学前教育专业汇报演出、2015级学前教育专业技能成果展示，并协助县委宣传部、县文广新局主办的“平安海丰、文明家园巡回演出”在学校举行；学校女子足球队参加汕尾市第一届运动会足球比赛荣获高中女子组第三名。

在县委、县政府和教育主管部门的高度重视和正确领导下，海丰县中等职业技术学校以省级重点职业学校为平台，打造国家级重点职业学校为目标，以质量强校、特色亮校、品牌立校，更好地为海丰县的龙头企业和承接深汕“双转移”产业园区培养大批专业技术技能人才，同时也将成为海丰县职业与成人教育的学习中心和培训基地，更好地为该县职业教育和经济产业转型升级服务，为海丰县建设教育现代化先进县贡献力量。

（张运福）

【海丰县红城中学】 海丰县红城中学创办于1958年。学校在半个多世纪的办学历程中形成务实奋进的优良传统，沉淀丰富的人文底蕴，具备强劲的综合办学实力，是海丰县办学规模较大的全日制公立完全中学，副科级单位。学校坐落于海城二环北路，校园占地面积66389平方米，建筑面积28219平方米。学校教学区、运动区、生活区布局井然，师生宿舍楼、餐厅配备齐全，拥有多媒体教学平台、语音室、理、化、生实验室等一大批现代化教学设备，有400米环形跑道运动场、足球场、篮球场、排球场，体育设施完善。2017年，学校有初、高中62个教学班，学生人数3970人。在职教师365人，中、高级职称以上教师242人，硕士研究生学历教师4名，教师学历达标率100%，国家级、省级、市级骨干教师及学科带头人一批。师资力量雄厚，教学、科研能力强，多次承担国家、省、市科研立项课题并获得表彰。学校先后被评为“广东省贯彻《学校体育工作条例》和《学校卫生工作条例》先进单位”“广东省体育传统项目学校”“广东省绿色学校”“广东省中小学知识产权实验学校”“广东省安全文明校园”“广东省巾帼文明岗”“广东省体育特色学校”“汕尾市一级学校”“汕尾市文明单位”“文明汕尾三有序示范点”“汕尾市科技创新实验学校”。多年来为高等院校及各类高中学校输送大批优秀学生，多次获得“高考优胜单位”“高考达标单位”“体艺类高考优胜单位”等奖项；历年来中考综合评价及上层生比例稳居全县前列。

【海丰县梅陇中学】 海丰县梅陇中学创办于1942年，是一所历史悠久的乡镇完全中学。学校坚持“以德立校、依法治校、科研兴校、质量强校、特色名校”的办学宗旨，秉承“团结、守纪、勤奋、创新”的校训，树立“求索、慎思、开拓、向上”的校风，倡导“博学、敬业、务实、奉献”的教风，培养“知礼、乐学、诚实、进取”的学风，坚持“以人为本、和谐互动、合作探究、全面发展”的办学理念，以教育科学为先导，以创新教育为核心，不断深化教育改革，全面实施素质教育，为国家培养一批批具有创新能力、综合素质优秀的毕业生。

2017年，学校以提高教育教学质量为中心，以“争创教育强县，建设文明校园”为工作重点，全体教职员工辛勤耕耘，各方面工作均取得长足进步和一定成绩，圆满完成年度各项目标任务。为贯彻落实全市教育工作会议精神，学校以“海丰县师德师风建设年”为契机，开展以评选“十大师德标兵”为重点的师德教育活动，以提升教师形象。通过年级推荐上报，学校领导班子投票确定朱秋岸、高岳平、陈如永、李文进、曾广贺、黄丽娟、陈晓帆、李金凤、余伦博、程伟民为2017年“十大师德标兵”，全面提升老师的正面形象。

2017年，学校加强学生行为习惯养成教育，强化常规管理。一是开展“学期初班级文化布置评比”活动，促进班级文化建设，营造环境良好的班级学习氛围，培养学生的集体凝聚力，创建温馨和谐的教室。二是进一步推动学校毒品预防教育，加强禁毒宣传工作，切实开展好禁毒宣传教育，提高全体师生预防毒品、抵御毒品的能力。三是积极推动紧急逃生及消防知识的宣传与普及，增强广大师生的安全意识。11月30日下午，海丰县应急办与县教育局联合在梅陇中学举办“百人百场”消防安全知识讲座和指导师生如何正确使用灭火器，政教处组织高一年级全体师生参加此次活动。四是学校为庆祝建校75周年，进一步促进弘扬热爱学校、热爱班级的情感，营造积极、健康、向上的校园文化氛围，展现中学生良好的精神风貌，激发全体同学建设和谐校园的热情和决心，在校庆日举办《梅陇中学校歌》合唱比赛。五是学校开展“十佳文明学生”评选活动，杨于琳、许以倩等10位同学荣获梅陇中学2017年度“十佳文明学生”称号。2017年，学校加强教学教研管理，全面提高教学质量。抓好教学常规，加强教学流程的精细化管理。围绕提高课堂教学效率，严抓教学常规的落实，做到教学常规管理精细化、长效化。同时，规范考试管理，完善月考及质量分析制度，做好出卷、监考、阅卷和质量分析工作，认真研究分析教与学情况，提出针对性的改进措施，将质量分析落到实处，全面提升教学质量。

（朱秋岸）

【海丰县赤坑中学】 海丰县赤坑中学是一所完全中学，县一级学校。学校创办于1954年，曾用名海丰县第四中学。学校位于海丰县赤坑镇上埔埂，占地面积63330平方米，总建筑面积14030平方米，主体建筑为2栋教学楼、1栋综合楼和1栋图书馆，校园布局合理，环境优美。2017年，学校有学生669人（其中初中部学生463人、高中部学生206人），教学班15个。教职工107人，其中专任教师104人，具有中学一级以上职称资格54人。自落实“强师计划”工程后，教师学历水平提升，本科以上学历94人，学历达标率100%。完成教师资格首次定期注册工作，岗位合格率100%。自创建“教育强镇”以来，学校先后共投入1000多万元改善办学条件，初检经省创强专家组验收通过。2017年，学校学习、宣传和贯彻落实党的十九大和习近平总书记系列重要讲话精神，开展师德师风整治专项行动：实行坐班制度，建立师德师风建设长效机制，引导和促进遵守师德规范，大力弘扬高尚师德；积极选派骨干教师参加各级各类培训，推动学校教研教学的开展，4个县微型课题立项开展研究，一批教育教学论文在市县获奖；积极响应市县创建省文明城市和省卫生县城的要求，校园环境绿化、美化、净化，校园文化有益学生身心；开展内容丰富、形式多样的文体活动，学生参加2017年汕尾市“观海山庄杯”第六届传统武术锦标赛获得3金10银，海丰县赤坑中学团校成立，育人环境得到质的改善。2017年，赤坑中学被省教育厅授予“广东省依法治校示范校”称号，被县教育局授予“2017年高考进步奖”。（林汉利）

【海丰县实验中学】 海丰县实验中学是一所县直属全日制完全中学，2010年9月在原城东第二中学的基础上筹建运作。学校位于县城北三环金星山，校园占地面积14万平方米。2017年，学校有教职员工287人，其中中学高级职称22人、中学中级职称109人、中学初级职称150人。学历100%达标，硕士6人，学士164人，中专1人，其余专科以上学历。有76个教学班，学生4043人（高中部40个班2204人、初中部36个班1839人），是全县第三大规模学校。按照县委、县政府提出的高起点规划、高标准建设的要求，学校委托省高教规划设计院对学校改扩建进行科学规划。按照规划，学校将发展成为拥有96个教学班（初中部30个班、高中部66个班）、学生近6000人的高标准、规范化、园林式示范性完全中学。为此，需新建校舍68423平方米，建设项目包括综合楼、教学实验楼、学生宿舍、食堂、教师工作楼、运动场、道路及场地等，总投资1.2亿元。县委、县政府通过向银行贷款6000万元，发动社会捐资近1000万元，财政拨出资金2000万元，用于学校改扩建。至2017年底，已完成综合楼、教学实验楼、学生宿舍、食堂、教师工作楼（总建筑面积60000平方米）以及运动场等项目的建设。海丰县实验中学以“善教无类，着眼整体发展，立足个体成才”为办学理念，坚持“培养可持续发展的学生，造就可持续攀升的师资，实现学校可持续进步”的办学目标，注重学校内涵建设，取得较好办学成绩。学校先后被授予“汕尾市德育工作先进单位”“海丰县先进单位”“汕尾市红旗团委”“汕尾市高考优胜单位”等荣誉称号。

【海丰县仁荣中学】 仁荣中学是由汕尾市海丰县仁荣实业发展有限公司董事长陈介仁本着回报社会的宗旨，于1999年秋季经汕尾市教育局批准创办的全日制完全中学。学校占地面积7.6万平方米，建筑面积5.8万平方米，总投入1.5亿元。是汕尾市唯一一所民办省一级完全中学。2017年，学校有初、高中56个教学班，在校学生近3000人，教职工250名。学校始终秉承“为民办学、奉献社会、以人为本、和谐发展”的办学理念和“面向全体、尊重个性；合作探究、德才兼备”的教学理念，坚定“以法治校、以德立校、以情兴校”的办学思路，教育教学质量不断提升。2017年参加高考的512位考生中，重点本科入围35人，入围率6.77%;本科入围244人，本科入围率47.65%;重点和本科入围率均居海丰县第一名。其中蔡素怡以642分的好成绩，名列汕尾市理科第三名，夺取海丰县理科状元。

（罗远辉）

【海丰县林伟华中学】 海丰县林伟华中学位于海丰县城，是一所由海丰县政府创办、海丰县教育局主管、知名企业家林伟华捐资兴建的县直公办高级中学，市一级学校。海丰县委、县政府的规划定位是建成高标准、现代化、园林式的国家示范性中学。学校占地面积7万平方米，建筑面积37140平方米，有食堂1栋3000多平方米，教学楼1.8万平方米，标准学生宿舍160间，教师宿舍（三房两厅）72套，公租房48套（两房一厅）。配备有足够的标准化物理、化学、生物实验室、电脑室、语音室、音乐室、美术室、图书馆和多媒体教室等，学校环境优美。2017年，学校有高中三个年级48教学班，学生2300多人，教职员工198人，专任教师本科达标率100%。具有高级职称的教师38人，中级职称80人。国家级骨干教师2人，省级骨干教师9人，市级骨干教师4人，南粤优秀教师2人。学校在管理上突出刚性管理人文化、常规管理精细化、目标管理绩效化，确立“学会做人，奠定人生根本；学会学习，迈向成材之路”的校训，形成“笃志、笃学、自信、自强”的校风、“敬业、博学、务实、创新”的教风和“勤奋、扎实、慎思、灵活”的学风。坚持“夯实基础，深挖潜能，低进高出”思路，教师勤教善教、学生勤学乐学，办学质量显著提高，高考成绩逐年稳步提高。2017年高考，超额完成市县下达的各项指标，总上线率达88.2%。

【华中师范大学海丰附属学校】 华中师范大学海丰附属学校坐落于海丰县教育园区，是教育部直属重点综合性师范大学、国家“211工程”重点建设大学——华中师范大学与深圳前海骏华教育管理有限公司合作创办的一所全寄宿制民办公助学校。学校占地面积30万平方米，总投资6亿元。中学校区可提供4800个学位，小学校区可提供3200个学位。学校由华中师范大学选派专业团队负责全面管理，依托华中师范大学雄厚的优质教育资源和成熟的办学经验，汇聚全国基础教育发达地区专业的优秀师资队伍，结合汕尾基础教育的发展实际，以“办广东名校，育中华英才”为办学目标，致力于培养人格健康、能力突出、个性鲜明的具有新时代精神的人，是一所理念先进、设施一流、管理科学、信息化教育特色鲜明的示范性、创新型学校。2017，学校举办多场次活动，丰富学生生活。3月1日，全校师生开展“举手投足重文明、校园建设你我有责”为主题的校园卫生实践活动；3月12日，与中国电信汕尾分公司联合举行“绿色阳光行，创文添动力”户外徒步联谊活动，积极响应“文明汕尾·善美之城”创建活动；4月中旬，启动首届青年优质课大赛；5月14日，学校初中部举行“好书共分享，我的一本书”演讲比赛；5月26日，共青团华中师范大学海丰附属学校第一次代表大会在学校多功能报告厅召开，全校116名团员代表参加会议，会议选举产生共青团华中师范大学海丰附属学校第一届委员会，掀开华中海附共青团工作的新篇章。

科学技术

综　述

【简述】 2017年，海丰县科技工作深入实施创新驱动发展战略，以提高自主创新能力为核心，以推进产业转型升级为重点，创新工作思路，强化工作措施，着力推进创新创业体系建设、科技项目申报、高新技术产业培育、产学研合作及提升科技服务能力，各项工作取得新成效，为全县经济转型跨越发展做出新贡献。

【机构人员】 县科技局内设人秘股、科技服务股、知识产权股。人员编制：机关行政编制7名，其中局长1名，副局长1名，正副股级职数4名，后勤服务人员1名。下属单位：地震监测站，核定事业编制4名，设站长1名。2017年，县科技局实有人数14人。

科技宣传

【科普进校园活动】 2017年4月下旬至5月下旬，县科技局组织开展科技大篷车、科技下乡、科普进校园等活动，参与活动人员有600多人次，发放宣传资料40多种、2万多份，接受宣传的群众达2万多人次。小漠中学科普挂图巡展及赠书活动展出科普挂图60幅，内容包括自然气象灾害、毒品危害、消防火灾和防雷电等知识。全县青少年科技辅导员培训班邀请全国“十二五”全民科学素质行动计划纲要实施工作专家进行辅导授课。各中小学校60多位骨干教师参加培训，提高科技辅导员的科技教育水平。

【科技下乡活动】 9月，县科技局联合有关部门和惠慈医院在小漠镇举办宣传义诊活动，为群众普及科学知识，免费检查身体。设点为500多名群众就内科、外科、妇科等解疑答惑、诊断病情、开方送药。在中荣职业培训学校组织种植大户开展农业实用技术培训，邀请农科专家讲解水稻种植、番薯栽培、病虫防治、肥水管理等农业相关技术。可塘罗山村、赤坑仁家村、上埔村等80多名种植大户参加培训。

【防震减灾宣传】 强化震情监视，积极配合省市地震局在赤坑中学、平东中学、梅陇中学、陶河中学、公平中学、联安中心小学、黄羌中学建立国家地震强度仪观测台站点，提高海丰县地震宏观监测预报和避险能力。在防震减灾宣传教育中，举办培训班2次、地震应急演练4次，发放地震宣传资料、光碟1万多份。

科技服务

【产业升级与创新】 鼓励企业建立健全技术创新体系，2017年新认定国家级高新技术企业1家（深汕特别合作区柏林电子封装材料有限公司）；新认定广东省工程技术研究中心2家（广东宝塑科技有限公司、汕尾市金瑞丰生态农业有限公司）；新认定广东省高新技术产品有宝塑科技有限公司的PC/ABS合金、索思电子封装材料有限公司的金锡窄焊带等7件；新认定广东省产业技术创新联盟1家（金瑞丰生态农业有限公司）；新认定汕尾市企业研究开发中心建设单位11家；新认定汕尾市众创空间1家（海丰县孟军电脑网络实业有限公司）。持续引导企业加大研发经费投入，加快科技成果转化。

【科技创新示范基地建设】 2017年，经过组织申报、审核、考察和公示，全县有21家企业认定为海丰县科技创新示范基地建设单位。主要研究方向包括：食品加工、制链技术、生物与新医药、新材料技术、高分子材料、富硒技术、互联网服务、光伏农业、贵金属制造、水产养殖等20多项。

【优化科技创新环境】 2017年，制订出台《海丰县科学技术“十二五”发展规划》《海丰县科技创新发展三年行动计划》，出台《海丰县关于推进科技创新的奖励办法》等科技政策，为创业创新提供良好环境。

科技管理

【科技项目实施】 ①组织汕尾市金瑞丰生态农业有限公司申报2017年应用型科技研发项目，获专项资金300万元。②纵向协同管理省市联动项目2个，争取项目资金60万元。③组织深汕特别合作区柏林电子封装材料有限公司、广东省海华拉链有限公司、海丰县有记养生茶业有限公司、海丰县多泰食品有限公司、海丰县翔兴鞋业有限公司5家企业申报省高新技术企业认定及培育入库。④组织汕尾市思索电子封装材料有限公司等13家企业参加第六届中国创新创业大赛暨汕尾市首届“红海杯”创新创业大赛，其中索思电子封装材料有限公司、广东省冠龙生物科技有限公司获得成长组一等奖和初创组二等奖。

【专利申请与保护】 组织专利申请和保护工作培训，提高企业知识产权行政管理人员业务水平和管理能力，推动企业专利技术的转化实施及产业化。2017年，申请专利291件，其中发明专利20件，实用新型83件，外观设计188件，同比增长41%；授权专利157件，其中发明专利5件，实用新型25件，外观设计127件，同比增长24%。联合有关部门开展以皮具、服装、食品、药品和五金配件为重点的产品“双打”专项行动，检查商场、超市、药店18家，抽查专利标识食品25件、药品30件。组织人员参加省开展广交会知识产权执法行动，受理投诉案件128宗，有效维护专利权人权益。

【科技队伍建设】 2017年，县科技局与省内外多家单位共建“人才驿站”，引进高端人才，建立科技特派员工作站。金瑞丰生态农业有限公司的科技创新团队有专业技术人员16人，其中博士5人、硕士3人、高级职称6人。包括动物遗传育种、养猪生产、动物医学、动物营养、环境科学等多学科、多专业。

（蔡小健）

附：2017年海丰县科技局领导名录

局　长：唐宗平
副局长：蔡伟娜

文化广电

综　述

2017年，县文广新局坚持学习贯彻落实党的十九大精神、习近平总书记系列重要讲话、省十二次党代会、市第七次党代会和县第十一次党代会精神，围绕县委、县政府和上级主管部门决策部署，坚定文化自信，扎实推进基层文体设施建设，积极丰富群众精神文化生活，强化文物和非物质文化遗产保护与利用，加强文化市场监管力度，全面开展体育竞技和全民健身活动，树立特色生态旅游发展思路，激发文化事业发展活力，加强文化队伍建设，努力实现海丰县文广新工作再上新台阶。

文化建设及市场管理

【“三馆”配套设施建设】 一是做好图书馆总分馆制建设试点工作。2017年，县图书馆总馆新购书籍4万册，并投入约70万元加强消防器材、空调和中文电子书借阅机等馆内基础服务设施的配套建设；为海城、城东、梅陇、可塘、公平、联安和平东等7个镇级分馆及下辖15个村级服务点，配备图书2.5万册和触摸屏管理平台、身份证阅读器及二维码扫描枪等设施设备，组织镇、村两级50多名图书管理员进行业务培训；按照“五个统一”建设要求，实现图书馆总馆、分馆和服务点之间的通借通还，并于4月经省专家组验收通过。同时，严格对照《县级图书馆评估标准》，完成图书馆第六次全国图书馆评估定级工作，切实提升服务能力。二是推进文化阵地达标升级工作，县文化馆投入14万元购置移动资源电子平台，并投入约20万元进行文化馆二楼排练厅改造升级，配备音响、灯光和仿木地板等；博物馆投入19万元，按旅游厕所标准改造配套馆内展览区域公用厕所，并设置无障碍通道，增设温馨提示、展览标识等标语和借伞、寄存等服务项目。

【基层公共文化设施建设】 一是推进基层综合性文化服务中心建设工作，共建设基层综合性文化服务中心示范点36个，其中县文广新局组织完成城东镇梓里村、关东村、圆墩村、附城镇圆山村、新山村、联安镇坣头村、霞埔村、梅陇镇新渔村、公平镇笏雅村和和平东镇双墩村等10个示范点文化室公共电子阅览室电脑、书架、音响设备及健身路径等文体配套建设，其他示范点由镇、社区组织配套完善；二是配合市文广新局完成2014年省第一、二批和2015年基层公共文化设施电子阅览室电脑设备的配送、安装和调试工作，其中文化站4家、村（社区）文化室206家已验收合格，基本实现全覆盖；三是完成2017年文体协管员的变更和专项资金发放工作、海丰片区基层文化队伍培训、申报戏曲进农村（未覆盖）工程试点和2016年度省财政资金绩效自评、科普统计上报等工作，逐步实现城乡文化标准化、均等化建设。

【“2131”工程和农村数字电影放映工程】 2017年，海丰县认真落实农村公益电影放映工作，全年共完成公益性农村数字电影放映3555场次，“2131”工程公益放映538场次。同时，积极开展中小学爱国主义教育影片放映活动和面向特殊人群免费观影活动，完成放映中小学爱国主义教育240场次，特殊人群（环卫工人）免费观影1020场次，丰富海丰县群众精神文化生活。

【文化市场管理】 2017年，县文广新局共出动检查人员950多人次，检查持证网吧经营场所1300多家次；检查持证KTV娱乐场所、电子游艺场所210多家次，查处无证KTV娱乐经营场所5家，并立案处理，依法查扣点歌系统服务器10台、功放机4台、触屏显示器18台、交换机5台及其他KTV设备一批；检查旅游经营场所12家次，其中检查海丰召贡山漂流峡2次，均责令该场所立即停止接待游客行为；检查出版物经营单位90多家次，电影放映经营单位40多家次，印刷行业70多家次，演出活动表演10多次，文化站16家次，社团7家次，依法收缴侵权盗版等各类非法出版物360多册，非法音像制品200多张。同时，根据县有关专项整治工作部署，会同县公安部门开展网吧违规接纳未成年人及对上网人员核对有效身份证明进行实名登记专项整治行动4次，开展歌舞娱乐场所消防安全隐患排查整治专项行动12次，确保海丰县文化市场健康有序发展。

文化社团活动

【海丰县楹联学会】 2017年，海丰县楹联学会发掘、搜集海丰楹联文化遗产资料，已初步整理《海丰古今楹联选·第二部》《海丰古今诗词选》初稿。

【海丰县硬笔书法协会】 2017年，海丰县硬笔书法协会参加活动丰富多彩，成绩喜人。1月，组织获奖会员出席“大沥杯”广东省首届硬笔书法作品展开幕式暨颁奖仪式。5月，由该协会的策划“艺海拾贝—郑孙堤书画作品展”在海丰县博物馆一楼展厅开幕；第六届全国少年儿童书法、硬笔书法大赛广东赛区在广州终评，选送作品获得全省最好成绩（20人获等级奖，多人获优秀奖，郑义标获优秀指导老师奖，海丰县硬笔书法会获优秀组织奖）；翁成君、郑义标出席在汕尾鸿星阁召开的汕尾市人文艺术研究会五年周年暨换届筹备会。8月，组织会员参加海丰县庆祝建军90周年大型美术展；郑义标组织获奖青少年参加首届“述古堂杯”粤东五市青少年书法比赛颁奖开幕式。9月，组织会员参加由中共汕尾市委宣传部主办，汕尾市文化广电新闻出版局、汕尾画院承办的“善美之城·翰墨流彩—汕尾市书画作品展”；组织会员参加广东省硬笔书法协会“红色百千万工程”走进红区海陆丰系列活动。11月，由中共海丰县委宣传部指导，县文联、县博物馆、县硬笔书法协会联合举办的“不忘初心 牢记使命”创作党的十九大报告节选书法长卷活动在县博物馆举行。12月，组织举办“深入学习贯彻党的十九大精神—百名书法家书写新《党章》百米长卷”活动。

【海丰县诗词社】 2017年，海丰县诗词社编印《海丰诗词》第十六期1册，内容包括《2017海丰县诗书画影迎春联展》《百花诗集》等，共收入诗词200多首（包括插图）。

【海丰县书法家协会】 2017年，海丰县书法家协会多次举办活动，不断壮大书协会员队伍，转变书法理念、提升学书技能、扩大学习交流。9月19~25日，成功举办该协会成立以来第一次大规模培训班，邀请著名书法家、教授刘文华来讲课；多次协办参加县宣传部及文联等部门主办的现场“书协十九大书法长卷”。春节期间，在县文化馆展览大厅“海丰县2017年迎春书法作品展”“海丰县书协会员书法作品展”“春联进万家”活动、“不忘初心·继续前进”海丰县喜迎党的十九大胜利召开书法展等；组织书法家前往鲘门举行笔会、组织县书协省级会员与陆河书画院书画家举行书法笔会活动、组织省级以上书法家为海丰县博物馆捐献书法作品30余幅。

文化活动

【节庆文体活动】 2017年元旦、春节、国庆期间，海丰县文化部门及各下属单位和各乡镇文化站举办丰富多彩的文体活动，全县共举办曲班坐唱、唱大戏、舞狮和太极拳交流以及象棋、围棋、篮球、足球等文体活动近5000场次，参加人数40多万人次，营造出“全民参与、全民同乐”的节日氛围。

【专题文化活动】 2017年5月开始，海丰县举办“五月的鲜花—平安海丰·文明家园” 主题文艺晚会、“无毒青春 健康生活”海丰县“6·26”国际禁毒日等大型文化活动、纪念中国共产党成立96周年海丰县直属机关书画展、“奔向海陆丰”海丰县庆祝建军90周年大型美术作品展、“红色坐标·1927—2017 ”纪念海陆丰苏维埃政权建立90周年主题文艺晚会等一系列大型主题纪念活动。同时，组织文艺小分队，开展“文化进万家”“平安海丰·文明家园”巡回演出共60多场次；并组织推选县实验中学、县职校参加“不忘初心跟党走—汕尾市喜迎党的十九大”歌咏比赛，不断丰富群众节日精神文化生活。

图书·文物

【海丰红宫红场旧址纪念馆】 2017年，县文广新局充分发挥红宫红场教育基地作用，以“彰显特色、突出重点、打造亮点”为发展思路，积极推介海丰红色文化。全年共接待游客180万人次（含彭湃烈士故居），其中来自省、市内外及海丰县各单位达600多个，共计80万多人次，特别是党的十九大召开后，接待学习参观的党组织近100个，共计8000多人次。该馆荣获“第五届全国文明单位”称号，讲解员罗晓梅被评为“全国未成年人思想道德教育先进工作者”，受到习近平总书记接见。

【县文化馆】 2017年，县文广新局强化文化志愿者队伍建设，并积极组织文化志愿者参加各类文化宣传公益活动。做好文艺苗子培训工作，开设中国画、书法、葫芦丝和围棋等公益免费培训班共18班次，培训学员共计450名；大力推介海丰县葫芦丝吹奏、个人独唱、舞蹈等优秀节目参加汕尾市首届群众音乐舞蹈花会，获得3银3铜优异成绩。

【县图书馆】 根据上级有关2017年“全民阅读”工作要求，强化公共服务设施投入，开展全民阅读推广活动，先后举办少儿读书、“踏入读书之城、幸福睿智皆成”公益读书和第七届广东残疾人文化节等系列活动近10多场次，吸引学生、家长、特殊人群等各类读者6000多名，将“阅读”权益惠及全民。全年图书馆进馆人数23万人，上网人数7000人，咨询人数11910人，阅览图书册数41.8万本，外借图书册数3.4万本，办证量1750本。

【县博物馆】 活跃展览教育，开展《海风和唱八人书法展》《奔向海陆丰—海丰庆祝建军90周年美术作品展》和《纪念海陆丰政权建立90周年暨“红都之旅”风光摄影展》等9次展览活动，并结合“5·18国际博物馆日”，送《文化遗产进校园活动—馆藏文物图片展》《学廉洁成语 讲传统故事图片展》等8场次展览进校园。全年接待公众近11万人次，其中青少年约7.2万人次。

【陈炯明都督府旧址修缮】 至2017年底，陈炯明都督府旧址第一期修缮工作已完成工程的室内装修、外墙粉刷、围墙及外门、灯光路线和消防管道等主体项目，并已通过初步验收，准备接受市文广新局专家验收；第二期修缮工程项目（包括围墙、定庐大门、东西北三面厢房等修缮，练兵场旅游停车场建设及绿化工程、消防、配电、给排水等配套工程），预算已送县财政部门审核；布展工作已通过三次评审。

【龙津桥修缮工程】 龙津桥修缮工程已完成工作设计方案初稿，并已完成征询各方面意见，做进一步修改完善。11月，通过专家评审，并组织施工图纸和工程造价预算。此外，《海丰文化志》已完成编纂工作。

文化遗产保护

【非物质文化遗产保护】 切实加强物质与非物质文化遗产保护、传承和利用。着手整理普查登记的3044件（套）文物数据，建立完善文物1.3万张照片电子档和3044张电子卡片等数据档案，并编印《海丰县博物馆文物名录—瓷器篇》，作为永久性资料和对外宣传材料；积极配合县委党史办做好海丰县红色史料和革命遗址普查工作，做好文天祥公园“文天祥忠孝碑”原碑拓片翻刻和立碑揭彩等工作。非物质文化遗产保护方面，大力挖掘民间文化遗产，积极完成省级和市级非物质文化遗产项目的申报工作，搜集、整理海丰县非物质文化遗产保护成果，其中海丰歌谣已申报为省级非物质文化遗产项目。

【西秦戏艺术传承中心（西秦戏剧团）】 2017年，西秦戏艺术传承中心（剧团）完成180台下乡演出任务和15场公益惠民演出。1月，举办西秦戏著名表演艺术家唐托诞辰100周年纪念大会和演出活动，汕尾市市长杨绪松率市领导班子参加并亲笔题写“西秦名角，东洲好人”；西秦戏新秀陈嘉明（中国戏曲学院学生）在“中华戏曲”北京中华世纪坛首演剧场举办西秦戏折子戏专场；4月，团长吕维平主演的《秦香莲·杀庙》《凤鸣岐山·返西岐》受邀参加中央电视台戏曲频道《一鸣惊人》栏目“梦想微剧场”第二季节目录播，荣获个人优秀演员奖和“团体铜奖”；8月，精心编排的西秦戏艺术精品《马援伏波》在汕尾市马思聪艺术中心首演成功，10月应邀在陕西省西安市参加九省、直辖市、自治区联合举办的中国秦腔汇演，11月，该剧参加第十三届广东省艺术节获优秀剧目二等奖，主演吕维平获得优秀表演奖。8月23日，《海丰县人民政府办公室第95期工作会议纪要》明确：西秦戏艺术传承中心2017~2019年每年新增5名政府购买服务人员编制，公开招聘专业戏剧人才，充实、壮大西秦戏演艺人员队伍。

【白字戏艺术传承中心（白字戏剧团）】 2017年，白字戏艺术传承中心（剧团）完成240台农村广场演出任务，7月改编排练《明宫风云》《神龙彩凤》和《伍枚下山》等3部剧目。主动参加“学习宣传贯彻党的十九大精神—广东戏剧惠民演出进校园”等交流展演活动。该中心投入30多万元购置演出服装、头饰，更换舞台灯光、音响设备等。重点抓好艺术传承工作，通过广泛宣传，向社会纳新、培养近10名中青年演员，确保剧种后继有人。8月23日，《海丰县人民政府办公室第95期工作会议纪要》明确：白字戏艺术传承中心2017~2019年每年新增5名政府购买服务人员编制，公开招聘专业戏剧人才，充实、壮大白字戏演艺人员队伍。

附：2017年海丰县文化广电新闻出版局领导名录

局　长：陈腾渊
副局长：李向钦
　　　　杨爱妮（任至12月）
　　　　王锦平（7月起任）

广播电视

【简述】 2017年，海丰广播电视工作在县委、县政府和县委宣传部的正确领导下，围绕深入学习宣传贯彻党的十九大精神，以习近平新时代中国特色社会主义思想为指导，结合“四个坚持、三个支撑、两个走在前列”的重要批示精神和海丰县实施“三三五”、扭住“三大抓手”、守住“两条底线”的发展战略，进一步加强党的意识形态工作，坚持正确引导社会舆论，弘扬海丰优秀文化，打造地方特色文化的精品力作；坚持凝心聚力谋发展，按时完成高清数字制播系统升级改造等目标任务，进一步推进广电工作整体进展。2017年，获得广东省文明单位和汕尾市文明创建工作先进单位的荣誉称号。

【机构人员】 2017年，县编委会同意核定县广播电视台为公益二类事业单位（海机编〔2017〕79号），其他机构编制事项按海机编〔2015〕28号文件执行。事业编制98名不变，其中：财政核拨经费44名、自筹经费54名。有工作人员共99人（在编72名、编外23名），其中，在编管理人员20名、专业技术人员24名（副高1名、中级5名、初级15名、员级3名），工勤人员28人。配有台长、副台长和高级工程师5名正副科级领导职数；设有10个内设机构，24名正副股级管理岗位。

【宣传报道】 2017年，海丰县广播电台和电视台共播出各类电视新闻报道4398条，制作专题节目144期；制作播出宣传标语87条，公益广告79条。全力配合县中心工作，着重加强重要会议和重点选题报道，全年共播出电视时政新闻报道982条，播出“双创”相关新闻约130条，推出贯彻落实县党代会精神专访系列报道共20期；在纪念海丰苏维埃政权建立90周年的宣传报道中，推出新闻版块《英烈谱》，重点介绍海陆丰创建苏维埃政权“六人农会”成员人物篇，以及“七五农潮”等事迹；《龙津两岸》《与你同行》栏目组策划摄制专题《老苏区新风貌》宣传片，设置《苏维埃之光》板块，远赴肇庆广宁县和河源紫金县采访彭湃相关革命事迹，重点播出相关新闻、专题、历史影视资料。为做好党的十九大宣传报道，在海丰台新闻栏目中增设“砥砺奋进的五年”板块，先后播出10期相关节目，及时开辟“学习宣传贯彻党的十九大精神”新闻板块，大力营造学习宣传贯彻舆论党的十九大精神浓烈氛围。全年选送市电视台播出新闻节目297条，获广东卫视、南方台、珠江频道选播新闻18条，获中央电视台选播新闻6条。在参加全省广播电视新闻评析中，电视新闻作品《海丰干部群众热切关注党的十九大开幕》获得一等奖；广播作品《赤石：亲人为六旬男逝者圆遗愿 捐献器官点亮他人生命》和《民间戏曲艺术坚守者——记海丰县梅蕾白字戏剧团团长戴简镇》获得二等奖；电视专题《一座红军墓与三代守墓人》和广播长消息《海丰西秦大戏〈马援伏波〉亮相第十三届广东省艺术节》分获三等奖。

【栏目创新】 海丰县电视综合频道设有《海丰新闻》《龙津两岸》《与你同行》《民生视点》《政务之窗》《读书有益》《天气预报》及《电视剧场》等栏目。新闻节目每天采编播出新闻15分钟左右，周一至周六每天更新，周日播放《一周要闻》；专题栏目分别是政府时政中心工作类的《龙津两岸》、文化乡土风情类的《与你同行》、民生热点类的《民生视点》，栏目每周一期，分别于周一、周三首播，每期时长大约10至15分钟。专题栏目突出地方特色报道，更加注重新闻的深度、文化的厚度、品位的高度。为增强专题节目的亲和力、影响力、感染力，《与你同行》栏目继续探究海丰文化和乡土风情，精心推出《海丰特色小吃》《红土地山水行》《守望者》等专题节目，深入挖掘海丰美食、鲜为人知的红色足迹和旅外美术家等，展示家乡深厚的历史与文化底蕴；《龙津两岸》重点关注社会难点、热点，紧跟全县“创文”“创卫”和社会治安整治的工作步伐，全方位多角度深入宣传环境整治、“两违”整治以及社会治安整治、精准扶贫等工作。先后策划制作《重典整治 护卫发展》《文明县城全民共建》等系列专题节目。全年外采电视剧36部、纪录片450分钟、动画片120分钟。

【广播电台】 县广播电台常设栏目有《海丰新闻》《今日资讯》《茶余饭后》《城市最生活》《心灵驿站》《好歌心情》《只想听音乐》《龙津风情》《皓兄讲古》《法制在线》《起跑线》《生活与健康》《影像派》等12个栏目，每天新闻内容同步采用海丰电视频道新闻内容。其中，《茶余饭后》《城市最生活》《龙津风情》《只想听音乐》四档节目采取直播形式与听众互动。

【微信公众号】 2017年，“海丰广播电视”微信公众号不断加强宣传内容、方法、形式和手段的创新，努力使微信宣传工作精细化。全年推出信息量达1800多条，日推出信息5~7条以上，图文信息最高点击率超10万次，视频最高点击率超20万次。

同时，进次一步加大技术、人员、资金等投入，深度整合传统媒体和新媒体资源，电视节目实现与微信公众号新媒体信息同步传递，公众关注度不断提升，促进传统媒体和新媒体融合发展，壮大宣传平台，巩固舆论阵地。

【经营管理】 全年总收入为883万元。其中，基本财政拨款508万元，全年广告收入为244万元，网络资产分红为113万元，其他收入约18万元。广告经营于2017年4月1日起与汕尾市仁荣实业发展有限公司签订经营承包合同，承包基数为350万元，第二年起按2%递增，承包经营期限3年。

【事业建设】 把握发展趋势，加快数字化进程，自觉自主地加快与新媒体融合发展。一是对广播电视设备进行数字化升级改造。投入资金150多万元对采编播设备进行数字化升级改造，并于2017年11月8日在全市率先启动高清电视播出。二是大力抓好圆墩山转播台无线高清广播电视覆盖。为按时开通无线覆盖任务，积极配合省新闻出版广电局完成发射台天馈线、节目传输设备、发射设备，以及配电线路的铺设和安装。对无线发射台基础设施进行恢复性建设，投入40多万元在山顶增建1间值班机房，以及配套引水工程和安装配电、防盗监控系统等，重新聘用4名发射机房值班工作人员，保障无线发射台的功能和作用得到提升和体现。

【队伍建设】 从党组织建设、党员思想建设、队伍作风建设、党风廉政建设等方面入手，党组切实履行从严治党责任，扎实抓好党建工作，以深化“两学一做”学习教育为抓手，制定《关于推进“两学一做”学习教育常态化制度化实施方案》，推进“两学一做”学习教育常态化制度化落到实处，结合学习“四个坚持、三个支撑、两个走在前列”的重要批示精神和学习宣传贯彻党的十九大精神，深入推进学理论、强基础，学规矩、强行为的教育活动。同时，采取外引内强的办法，加大专业人才吸收和引进，通过公开招考，继续补充2名具有新闻与通信专业学历的人员，及时充实填补因人员流动产生的空缺，并采取措施加强内部人力资源的挖掘，进一步提高工作人员岗位配置的合理性。

（郑江利　林映青　李向东）

附：2017年海丰县广播电视台领导名录

台　长：郑江利

副台长：余俊冰

郭毅刚（任至4月）　林映青

总工程师：罗永霖

《海丰》报

【概况】 2017年，海丰报社新闻宣传报道工作在县委宣传部的正确领导下，在全县各级各部门的大力支持和配合下，围绕县委、县政府提出的“三三五”发展战略，从服务大局的高度出发，增强政治意识、大局意识、责任意识和阵地意识，牢牢把握正确的舆论导向，突出正面宣传，及时、准确全面完成县委、县政府交给的新闻宣传报道工作任务。全年共编辑出版《海丰》报49期，刊载新闻稿件、副刊作品1000余篇约120余万字，刊载各类新闻图片180余幅，全方位反映全县各地各单位2017年的工作实况以及海丰当地的风土人情，为推进海丰新一轮大发展营造良好的舆论宣传氛围。

【会议新闻报道】 2017年，海丰报社除了宣传报道好县委、县政府各个阶段中心工作的一些会议精神外，对学习宣传贯彻党的十九大精神、县人大、政协“两会”等重要会议、重大活动，报社坚持早策划、细安排，提前确定宣传重点、报道方式，制定详细的报道方案。尤其是学习宣传贯彻党的十九大精神，《海丰》报除做好各地各单位学习贯彻党的十九大精神的系列报道外，还在头版头条开辟《学习宣传贯彻十九大精神》专栏，重点刊登各地各部门深入学习贯彻十九大精神，推动经济社会发展的新闻报道。同时，做好一年一度的报社新闻报道重头戏——县人大、政协“两会”的新闻宣传。在《代表委员访谈录》专版中，分别对代表委员进行采访，对他们积极关心身边政治、参与家乡建设的热情和实绩进行系列报道。在“两会”后，《海丰》报还对政府工作报告进行摘登，全面地把会议精神传达到千家万户。

【“创文”新闻报道】 为扎实推进全县创文工作的深入开展，打造海丰县整洁、美丽的城乡环境，提高城乡文明水平，全面优化海丰文明建设环境，营造浓厚舆论氛围，海丰报社按照县委、县政府部署，根据县“创文”办要求，结合实际，开设专题栏目《创文在行动》，进一步宣传报道全县“创文”工作动态。全年共刊发“创文”新闻报道20多篇。大力宣传县委、县政府“创建文明县城、文明镇、文明村”的方针政策和重大决策部署，在推进“创文”工作中涌现出的好做法、好经验、好典型。重点报道海丰县文明创建工作的新举措、新思路、新成绩、新亮点；宣传各单位、各部门积极行动，扎实推进文明创建工作以及广大群众积极参与文明创建工作的情况；跟踪报道“创文”各项主题活动，宣传全县开展文明创建工作的成效。在《海丰》报的头版头条刊发新闻报道《红宫红场旧址纪念馆荣获“全国文明单位”称号——奏响红色传承的时代强音》，进一步宣传推介海丰，提高海丰的知名度。

【纪念活动新闻报道】 2017年，纪念海陆丰苏维埃政权建立90周年是海丰县人民政治生活中的一件大事。按照县委的部署和要求，《海丰》报社以海丰是革命老区为主线，把握主题、突出重点，运用专版、通讯等方式，推出一批重点专栏专题、言论评论和纪念文章，以及纪念活动一系列跟踪报道。在头版头条刊发新闻报道《不忘初心，牢记使命，共铸新时代革命老区新辉煌——纪念海陆丰苏维埃政权建立90周年座谈会隆重召开》。

【项目建设新闻报道】 为营造海丰县重点项目建设的浓厚宣传氛围，海丰报社坚持唱响海丰县“新一轮大发展”主旋律，把重点项目进展情况展现在全县人民面前。聚焦企业和重点项目工程建设第一线，全力以赴为重点项目工程建设服务。对重点项目的引进、落户、建设过程，重点企业的成功经验进行采访报道，并定期刊登重点建设项目进度表，使客商和干部群众了解该县投资环境和项目建设进展的情况。同时，对广大群众较为关注的民生项目进行连续性跟踪报道，全方位报道民生工程的进展情况，刊发海丰生态科技城新闻跟踪报道，如头版头条《“海丰速度”新样本：海丰生态科技城首家企业投产试业》。

【“海丰报道”新闻宣传报道】 2017年，海丰报社在做强《海丰》报新闻宣传阵地的基础上，为弥补海丰报刊发信息不及时的不足，充分发挥《海丰》报微信公众号“海丰报道”优势。该平台开通至今，坚持以突出民生，传播正面声音、宣传维护城市形象为宗旨，至年底，粉丝已达1000多人，全年共发送300多篇图文信息，累计阅读量9万多次，涵盖时政要闻、创文、正能量传播、各类活动等方面内容，用最直接的方法向广大微民发布该县最新、最及时、最权威的新闻、信息，让广大干群第一时间全面了解到该县的动态。2017年6月17日，海丰县受台风“苗柏”影响，鲘门、小漠、陶河、赤石等地出现特大暴雨，微信公众号“海丰报道”及时刊载《洪水无情，海丰有爱，我们始终在一起》的图片报道，传播干部群众坚守岗位，抗灾抢险的正能量。8月3日，发布《用艺术形式讲好海丰故事——漫谈“奔向海陆丰”大型美术作品展》，充分利用微信公众平台，及时向外推介海丰新形象，进一步扩大海丰知名度。

【《海丰》报副刊版编辑】 对于《海丰》报副刊版，海丰报社始终坚持突出地方特色，以海丰的风土人情、传统文化、历史典故等为主线，进一步创新海丰报副刊的版面，提升海丰的文化品位，激发文学爱好者创作热情，讴歌海丰县三个文明建设，为地方读者文化生活的需求提供丰富的精神粮食，也为该县文学爱好者提供创作平台。2017年，《海丰》报副刊版刊登小说、散文、诗歌等各类文艺作品共200多篇。并推出郑惠静、叶崇谋、陈榕云等书画作品选；推出林炳溪等摄影作品选。

（郑建程）

附：2017年海丰报社领导名录

社　长：谢立群

医疗卫生

综　述

【概况】 2017年，海丰县卫生计生系统紧紧围绕卫生计生工作目标任务，突出问题导向、民生导向，以卫生创强和基层卫生攻坚战为抓手，贯彻落实全面“二孩”政策，着力提升医疗卫生服务能力和公共卫生计生服务水平，夯基层、抓重点、促创新，不断提升人民群众健康水平和人口稳步增长。2017年，全县总诊疗人次251万人，其中门诊人次244万人、急诊人次16万人、家庭卫生服务人次1677人。2017年12月，全县常住人口769479人，已婚育龄妇女人数151289人，出生10064人，出生率13.08‰，自然增长率7.48‰，政策生育率97.87%。

（刘俊雄）

【机构人员】 2017年，全县共有医疗卫生机构604家，其中：县级公立医院3家、专业公共卫生机构5家，乡镇卫生院17家，民营医院10家，个体诊所、村卫生站569家。全县公立卫生机构在编人员共1796人，临聘人员1112人。其中卫生监督所及各公立医院（包括镇卫生院）管理人员有260人，公立卫生机构取得专业技术职称人员1524人（正高29人、副高144人、中级385人、助理574人、员级392人），技术工人及普工有328人（高级8人、中级19人、初级71人、普工230人）。民营医疗机构人员1260人，取得专业技术职称人员689人，其中：正高6人、副高26人、中级28人、执业医师及助理医师243人、员级386人。全县每千人口执业医师（助理）1.85 人，每千人口公共卫生机构人员0.7人，每千人口注册护士1.66人，每万人口全科医师1.71人；全县医疗机构床位数3408张，每千人口床位数4.1张。全县计生机构39个（县级4个、镇级35个），县、镇、村三级计生队伍共1840人，其中：县级计生兼职成员单位计生专干15人，县、镇两级计生干部480人，县、镇两级计生医技人员及计生专业干部1059人，全县286个村委（社区）配备计生专干286名。

（林德权）

【卫生规划】 2017年，海丰县聘请省级专家着手编制《海丰县医疗卫生服务体系规划（2017~2020年）》，该规划编制完成后，对海丰县进一步优化医疗卫生资源配置，提高医疗卫生资源利用效率，提升医疗卫生综合服务可及性和能力具有重要意义。

（庄东华）

【医疗卫生建设】 2017年，县卫计局积极落实建设主体责任，全面启动加强基层医疗卫生服务能力建设。一是推进县级医院综合服务能力建设。海丰县梅陇镇中心卫生院升级建设工程：该项目新建建筑面积3.3万平方米，总投资2.1亿元，分2期实施，1期工程计划2018年建成投入使用。县彭湃纪念医院新院区工程：项目已择址海丽大道东侧、仁荣中学南面，按“三甲”综合医院标准规划，计划设置床位950张，总建筑面积为21万平方米，其中地上建筑面积12万平方米，地下建筑面积9万平方米。该项目预计于2018年开工建设，2020年建成。海丰县中医院改扩建工程：按“二甲”中医医院标准设计，新建面积13118.42平方米，改造面积6000平方米，总投资3862.5万元；2016年开工，计划2018年12月建成投入使用。海丰县妇幼保健院新建工程：重新择址于海银路陆安中学西侧，按“二甲”妇幼保健院标准设计，用地面积19976平方米，建筑面积28200平方米，设计病床221张，总投资1.23亿元，预计2018年建成投入使用。二是完善县级医疗急救服务体系。按照省卫计委关于加强县级医疗急救能力建设的要求和统一安排，海丰县医疗急救指挥中心于2017年8月开工建设。该中心按国家和省的标准，设置在县卫计局一楼，已改造业务办公用房800平方米；计划配置指挥急救设施、系统，按平均每5万常住人口配置1辆急救车辆及车载急救设备。建成后将有效整合全县医疗急救资源，使海丰县急救医疗体系建设达到广东省县级医疗急救体系建设标准。三是乡镇卫生院标准化建设项目。全县共有14家卫生院（不含梅陇镇中心卫生院）列入全省标准化建设，2017年列入省标准化建设范围的卫生院分别为城东、赤坑、联安、平东、莲花山、大湖6家卫生院，均已开工建设。列入2016年度规范化建设任务的可塘、陶河、海城、鲘门、附城、公平、鹅埠、赤石等8家乡镇卫生院，已全面竣工，其中，可塘、陶河、鲘门等3家卫生院已投入使用。四是村卫生站公建规范化建设项目。2017年，海丰县共有57家村卫生站列入公建民营规范化建设任务，已全部开工建设。

（庄东华）

【医药卫生体制改革】 根据《国务院办公厅关于印发深化医药卫生体制改革2017年重点工作任务的通知》《中共广东省委广东省人民政府关于建设卫生强省的决定》和市医改办有关会议文件精神，海丰县深化医药卫生体制改革工作坚持“保基本、强基层、建机制”方针，增强改革创新力度，推进医疗、医保、医药三医联动，全面提高医疗服务质量，以积极、科学、合理、高效的原则，加快推进医改工作。①公立医院综合改革。2017年12月，重新调整海丰县县级公立医院改革工作领导小组，由县委书记任组长，县长、分管副县长任副组长，县政府办公室副主任、县卫生计生局长、县发改、财政、人社、编办、民政、监察、物价、国资、残联等17个部门领导为成员。推进补偿机制改革，破除“以药补医”机制。落实和完善政府投入政策，制订公立医院财政补偿办法，规范补助方式，明确补助范围，落实补助经费。海丰县3家县级公立医院取消15%药品加成。2017年1~10月，减少收入合计1958.21万元（其中：彭湃医院1663万元，中医院147.02万元，妇幼保健院148.19万元），2017年财政共支付补贴330万。②健全全民医保体系。继续推行和完善基本医疗保险支付制度城乡一体化。公立医院提供与基本医疗保险保障范围相适应的适宜技术服务，控制基本医疗服务保障范围以外的医药服务。2017年1~10月，按病种付费的病种数量36个，支付方式改革覆盖的出院病例数17623人，支付方式改革占同期出院病例数42%。建立县域总控药物目录，规范药品采购供应。公立医院实行基本药物制度，探索县域总控药品目录，并合理确定各类药品目录的比例。③深化基层医疗卫生机构综合改革。充分发挥县级医院的纽带作用。建立县级医院向镇卫生院轮换派驻医生制度，探索县级医院、镇卫生院、村卫生站一体化建设，推进县镇纵向合作机制建设，促进人员、技术、管理等医疗资源向基层流动。探索制订双向转诊和分级诊疗标准，将医保定点医疗机构执行情况作为医保考核指标，并与医保支付挂钩。继续巩固完善基层医疗机构落实基本药物制度。④完善药品供应保障机制。严格按照国家基本药物制度落实医院基药配备比例，医疗机构药品价格明显下降，平均降幅11%~16%，药品收入下降16.5%；诊疗费用（住院费用以及门诊费用）下降达8.6%，门诊量增加3.6%。据统计，彭湃纪念医院基药配备比例为69%，销售额占比58%，妇幼保健院基药配备比例52%，销售额占比50%，中医医院基药配备比例56%，销售额占比53%，全面实现二级医院基药使用量和销售额均近50%以上的目标任务。⑤发展社会办医。2017年，泰林医院、东泰医院、黄江医院（新院区）动工建设。年底，公平华康医院开业。

（姚海双　陈新明）

【队伍建设】 2017年，全县各医疗卫生机构通过公开招聘并已上岗的专业技术人才共109名。在此基础上，海丰县继续加大人才引进，再公开招聘45个工作岗位，截至年底，共有37人通过报名、笔试等环节进入考察审查阶段。全年组织资料审核及网上审核完成卫计系统护士执业资格考试109人，专业技术人员初级、中级职称考试600人，副高职称评审18人，事业单位专技人员竞聘上岗42名。2017年公务员招录工作中，有2名本科毕业生进入海丰县卫计系统。

（林德权）

【海丰县卫生和计划生育党总支】 海丰县卫生和计划生育党总支于2015年1月经县直属机关工委批准成立，设书记1名、副书记3名、总支委员5名。下设县卫生计生局、县卫生监督所、县疾病预防控制中心、县中医院、县妇幼保健院、县慢病站、县皮防院、个体医协会（民营）等8个党支部。各党支部共设15个党小组，其中：县卫生计生局4个、县中医院4个、县疾控中心2个、县妇幼保健院3个、慢病站2个。海丰县卫生和计划生育党总支直属单位共有党员243人，其中在职党员163人、离退休党员80人。

（曾俊业）

【离退休干部服务】 县卫计局干部保健办承担管理保障全县离休干部的医疗保健工作，2017年全县共有管理服务对象153人，其中：离休干部142人，伤残军人11人。这些人员年龄都在80岁以上，身体状况大多欠佳，部分人员长期住院，2017年全县管理服务对象医疗费用约1100万元。

（曾俊业）

预防与保健

【机构人员】 县疾病预防控制中心承担全县疾病预防控制工作。中心内设办公室、计划免疫规划科、疾病控制科、卫生检验科、学校卫生科、职业卫生科、食品环境卫生科、预防医学门诊部、应急办共9个科室，编制88人，在编80人，临时聘用人员13人，离退休人员45人，获得高级专业技术资格1人、中级专业技术资格9人。中心主任1名、副主任2名，副科级干部1名。

【疾病预防控制】 2017年，疾病预防控制工作贯彻“预防为主”的工作方针，各类法定传染病发病率得到有效控制，卫生监测检验工作有序开展，切实履行疾控机构的公共卫生服务职能。全县报告疫情直报率比2016年有所提高，总发病率为416.43/10万，与2016年同期相比（2016年发病率为339.93/10万）略有上升，总死亡率为2.55/10万。全年发生食物中毒事件2宗，1宗为因金黄色葡萄球菌引起的疾病；1宗为鹅埠松正学校因大肠杆菌引起的疾病。

全年免费调拨第一类疫苗，按计划下发卡介苗7320支（5人份/支）、脊髓灰质炎灭活疫苗14160支、脊灰减毒活疫苗（BOPV）8418瓶（10人份/瓶）、新三联苗58768支（1人份/支）、麻风疫苗15840支、麻腮风疫苗16808支，白破二联苗5425（4人份/支）、乙肝疫苗47654支（10微克），乙脑疫苗28880支（1人份/支）。A群流脑疫苗8940（5/人份）、A+C流脑疫苗22240（1人份/支）、甲肝疫苗16995（1人份/支）。下拨一次性注射器21.94万支/1毫升、一次性注射器19200支/2毫升、儿童预防接种证17300本、儿童预防接种证条形码17300张。全县共推广二类疫苗接种：流感疫苗（成人）369支、流感疫苗（小儿）196支、狂犬疫苗18100支、水痘疫苗2392支、乙肝疫苗3013支（20微克/支）、HIB 2130支、肺炎疫苗915支、狂犬免球250支。

全县18岁以上常住人口数599816人，年内辖区内高血压患者人数约135977人，年内辖区内糖尿病患者总人数约58177人。高血压已管理人数50248人，管理率为36.95%，规范管理人数34355人，规范管理率68.37%，血压达标人数21169人，达标率42.13%。年内辖区内糖尿病患者总人数58177人，辖区内已管理的糖尿病人数17448人，管理率为30%，规范管理人数11690人，规范管理率67%。血糖达标人数7237人，达标率41.48%。

全年检测餐饮行业100间次，检测餐具1067份，合格1018份，合格率95.4%。完成食品生产经营企业从业人员健康体检7306人。完成公共场所服务行业卫生监测181间次，完成公共场所从业人员健康检查2746人。完成托幼机构从业人员健康体检1222人，药品从业人员健康体检440人，驾驶员体检4000人，职业健康检查1902人。完成全县中小学校卫生监测46间，人均面积合格率67.5%，黑板放射系数合格率为100%，教室采光数合格率为100%，教室照明合格率为100%，灯桌距合格率78%，桌面照度合格率100%，课桌椅配套与学生身高符合率为0，教室二氧化碳浓度指标合格率为100%，噪声合格率为72.5%。

完成全年全县居民户碘盐监测任务及学校学生随机抽取样品工作。共监测食盐300份，合格碘盐287份，合格碘盐食用率95.6%。完成全县177份水质样本监测，合格117份，合格率66.1%。

开展卫生知识宣传。结合“4·25”全国预防接种宣传日、艾滋病防治、碘缺乏病防治等宣传日活动，以及从业人员上岗前卫生知识培训等，做好卫生知识宣传，全年共发放宣传资料30万份，办墙报12期，开展咨询活动8次。

（潘锦循）

【卫生应急】 加强卫生应急能力建设。调整充实各类医疗卫生应急队伍人员，其中：县突发事件医疗救援临床专家组组成人员65人（专家成员61人），县医疗卫生救援应急队伍组成人员390人（专业技术人员339人），应急队伍由25个小分队组成。主要应急救援装备、设备及物资：救护车28部、除颤器13部、心电监护仪61台、洗胃机16台、呼吸机14台、心电图机42台，以及应急药品“达菲”、漂白粉、消毒剂等物资。

（马泽葵）

【爱国卫生运动】 2017年，全县改水累计受益人口84.85万人，占总人口的99.5%，其中自来水受益人口78.71万人，普及率达92.3%；卫生户厕累计18.41万户，卫生厕所普及率93.03%，无害化卫生厕所普及率达92.24%。全县累计创建省级卫生村58个（含85个自然村）。开展春、秋两季爱国卫生运动活动，组织环境整治统一行动3次，出动干部群众4万多人次，清理卫生死角340个，清理垃圾245吨，投入灭蚊药液780千克，灭鼠药物250千克，出动专业防治人员210人次，消杀器械140台次，派发各类宣传资料1.1万份。

（马泽葵）

【健康素养普及】 组织开展健康教育工作，2017年全县共设立健康教育宣传栏298个，出版更新期数1258期次；发放宣传资料252类45.36万份；开展健康知识讲座228场次、咨询活动158场次，接受教育46658人次；音像播放975场次，受教育6万多人次。积极组织开展“健康促进示范单位”和“无烟单位”创建活动，县彭湃纪念医院被省卫生和计划生育委员会授予“广东省健康促进示范单位”称号，县彭湃纪念医院、县疾病预防控制中心、县妇幼保健院、县卫生监督所、梅陇人民医院等5家单位被省卫生和计划生育委员会授予“广东省无烟单位”称号。

（马泽葵）

【妇幼保健和计划生育服务】 开展妇幼保健和计划生育服务，县妇幼保健院负责全县三级妇幼保健网业务管理和指导，按照《海丰县妇女发展规划》《海丰县儿童发展规划》要求，开展全县孕产妇、儿童保健系统管理，加强高危妊娠监护；开展妇女、儿童常见病、多发病防治，开展省级妇幼卫生“三网合一”监测；加强产科建设，开展全县产、儿科专业人员培训和推广适宜技术，提高产科质量，全县孕产妇、婴儿死亡率逐年下降。①2017年全县妇幼健康服务情况。基本公共卫生服务项目：全县孕产妇系统管理12950人，管理率99.4%；0~6岁系统管理70666人，管理率95%；0~3岁儿管23056人，管理率97%；孕产妇死亡率30.9/10万；婴儿死亡率1.92‰。重大公共卫生服务项目：出生缺陷疾病筛查9515例；接受孕前优生培训、咨询1.2万人次，发放宣传品1.25万份，发放叶酸片8003人份；新生儿听力筛查3716人；足跟血筛查录入资料6451人；宫颈癌筛查19866例，乳腺癌筛查19866例；预防艾滋病、梅毒、乙肝母婴传播84213例，地贫防控2673例。②开展计划生育优生优育服务。2017年，全县接受孕前优生健康检查教育11690人次，孕前医学检查10654人次，目标人群覆盖率为82.9%；参检对象中发现具有风险因素的有957人，提供咨询指导12191人次。

医政管理

【中医事业】 一是积极开展中医药服务。海丰县积极开展中医治未病工作，推广中医药适宜技术。县中医医院和黄羌镇卫生院是省中医药局中医治未病预防保健服务示范创建单位。2017年，全县开展中医体质辨识服务28330人次，天灸疗法服务7233人次。开展毫针技术、电针技术、穴位注射疗法、刮痧技术、拔罐等中医医疗技术项目47种。各镇卫生院设置规范中药房和中医科（或中医诊室），农村卫生站（室）都设置中药药柜，开展中医适宜技术服务项目，其中：镇卫生院14项、村卫生室7项。县中医院、镇卫生院全年举办全县城乡义诊服务共37场次。二是加强县中医医院建设。县中医医院是广东省首批中医名院创建单位、名中医师承项目单位，被国家中医药局列为全面提升县级医院综合能力第一阶段中医医院。该院骨伤科经广东省中医药局验收合格，确定为广东省“十二五”中医重点（特色）专科建设项目；骨伤科使用的骨折早、中、晚三期方剂得到省内专家的认可。2017年，县中医医院开设重症监护室，引进ICU、血透室等大型医疗设备，提高对危重患者的抢救水平，同时填补汕尾市中医院无重症医学科的空白。医院进一步强化学科建设和管理水平。对骨伤科等3个病区重新调整，优化住院部各功能科室。医院改扩建工程项目顺利推进，已完成主体混凝土工程，砖墙砌筑已完成至七层楼面板；该项目计划于2018年底投入使用，将增加床位到400张。三是加强中医药人才培养。2017年，海丰县共输送中医药业务骨干到省级医疗机构进修学习83人次；省、市医疗机构专家教授和县中医医院举办中医健康教育讲座26场次，承担中医药适宜技术培训12场次；县中医医院组织全县分支门诊医生、个体医和乡村医生，开展常见病的中医防治知识培训。

（陈新明）

【西医事业】 彭湃纪念医院是海丰县县级综合医院。2017年，医院通过支持有发展潜力的一级学科、扶持有能力的二级学科，进一步细化医院内部学科建设，提高医院的整体水平。改扩建儿科门诊，将儿科建成汕尾市规模最大、功能最全，集儿童医疗、预防、保健和科研为一体的专业儿童综合门诊；并开设全市首家儿童保健门诊，致力于推动汕尾地区儿童疾病诊疗和儿童保健事业的发展。整改升级内科二区血液透析室。在门急诊综合楼五楼增设新区，建成能最大限度开放50张病床的全新血液透析室；并以建设血液透析中心为目标，配套更为先进的仪器设备，进一步增加医疗资源的同时为医院未来专科发展打下更为良好的基础。感染科增设肝病区，对相关各项肝病种进行综合收治，开拓新的业务增长点，通过成熟的学科带动新设专科；通过新生业务力量刺激大学科整体业务发展。将内科二区进行分科建设，增设内科四区，整合风湿免疫科和血液透析室建立肾内科，作为新的内科二区。整合内分泌科，建立呼吸内科作为新的内科四区。

完善急危重症救治体系。彭湃医院为提高综合ICU和各专科ICU的专业技术水平，重新设计拥有红、黄、绿三大区域的全新急诊科，建立起拥有4张病床的急诊重症监护室（EICU）、有9张抢救床的抢救室和20张病床的急诊综合病区，并投入500万元配备呼吸机、心肺复苏机、除颤仪、血气分析仪和心电图等一批抢救设备。对颅脑科七楼病区进行全方位的整改升级，通过科学合理的空间设计规划，优化病区布局，极大程度提高空间利用率，建成拥有20张普通病床以及18张重症监护病床的全新颅脑重症病区。

积极改善检验和影像服务。彭湃纪念医院自上线患者检验结果自助打印系统以来，不断优化系统服务流程，加强日常管理，并积极拓展服务范围，与放射、B超等医技检查诊断系统设备供应商沟通合理合作方案，计划开放医学影像检查结果自助打印服务，进一步满足患者需求。

（陈新明）

【护理事业】 2017年，全县医疗卫生机构注册护士总数1380人，全县每千常住人口注册护士1.69人，比2016年增加182人。

【农村卫生】 2017年升级建设梅陇镇中心卫生院为县级综合医院（县第二人民医院），以二级甲等医院标准升级建设。2017年4月开工建设，计划建设期3年，建成后床位规模达360张，使其成为县域内次级基本医疗卫生中心。开展村卫生站公建民营规范化建设。2017年，海丰县开展公建民营规范化建设村卫生站57家，包括房屋建设和38种基本设备配备，全面提升村卫生站医疗服务能力，使其能承担起行政村范围内人群的基本公共卫生服务和常见病、多发病的初级诊治、中医药服务、康复等职责。开展家庭医生签约服务。全县建立64个健康管理团队，每个健康管理团队由全科医师、公卫医师、护师和村卫生站医生组成，以“充分告知、自愿签约，先行试点、后续铺开，全面覆盖、突出重点”的工作原则开展开展家庭医生签约服务工作。提高农村卫生站财政补助。2017年起，省财政提高村卫生站医生补贴标准，将村卫生站医生补贴标准提高到每年每行政村2万元。海丰县发放204个行政村卫生站医生补贴408万元。

（陈新明）

【全科医生建设】 2017年，组织全县医疗卫生机构（含村卫生站）中从事医疗工作的临床类别、中医类别的执业（助理）医师共70人，共参加4期全科医师转岗或岗位培训。

（陈新明）

【卫生计生科研】 2017年，全县医疗单位获得市厅级科研立项10项，项目名称分别为：①脑卒中吞咽障碍评估及治疗新进展；②胸腔镜在胸部外伤的应用；③针灸治疗中风后遗症效果不佳患者采用补阳还五汤联合针灸治疗疗效及机理研究；④青光眼引流器植入术治疗开角型青光眼临床观察；⑤布地奈德治疗COPD及其对COPD炎性标志物的影响；⑥高尿酸血症与心力衰竭相关性分析；⑦宫腔镜切除子宫黏膜下肌瘤的研究；⑧术中微量泵注小剂量利多卡因在静脉全麻中的应用价值；⑨清热祛瘀治疗银屑病的疗效及其体液免疫平衡的影响；⑩补肾壮骨汤、中医推拿和玻璃酸钠关节腔注射治疗膝关节骨性关节炎的临床比较研究。全年在国内核心期刊发表论文32篇。

（陈新明）

【信息化建设】 2017年，在省的统筹下建成并上线使用基层医疗卫生机构管理信息系统，海丰县卫生信息水平得到提高。建立全县居民电子健康档案65.45万人份，建档率80.03%。实施“二孩”政策后，加大计生政策宣传，落实一孩、二孩登记制度，三孩再生育审批。2017年1~12月，全县常住人口769479人，已婚育龄妇女人数151289人，出生10064人，出生率13.08‰，自然增长率7.48‰，政策生育率97.87%。定期对辖区内卫生计生系统有关机构的网络与信息系统开展信息安全检查，按照“谁主管谁负责、谁运行谁负责”的原则，进一步梳理、掌握重要网络与信息安全基本情况，查找突出问题和薄弱环节，分析面临的安全威胁和风险，有针对性采取防范对策和改进措施，加强网络与信息系统安全管理和技术防护，促进安全防护能力和水平提升，预防和减少重大信息安全事件的发生。

（陈静玲）

卫生计生综合监督

【机构人员】 县卫生监督所为县卫计局所属的公益一类事业单位（参照公务员管理单位），内设办公室、医疗卫生监督股、职业卫生监督股、公共卫生监督股。核定事业编制16名，其中所长1名、副所长2名，正副股级领导职数5名。2017年，所长林坤勇、副所长黄世忠，有在编干部职工14人。

【卫生监督】 ①公共场所卫生监督。依据《公共场所卫生管理条例》等相关法律法规，开展对公共场所卫生监督工作。一是做好日常卫生监督检查。全年共监督检查公共场所425家次，对在检查中发现存在卫生安全问题的单位给予口头警告54家；发出《卫生监督意见书》193份，责令限期整改。二是全力做好公共场所卫生监督量化分级管理工作。2017年，被评为A级场所3家，B级场所8家，C家场所55家；海丰县A级单位累计9家，B级单位累计45家，C级单位累计86家。三是开展游泳场所专项检查。对11家游泳场所监督抽检，重点检查各游泳场所是否亮证经营、环境卫生、水质循环净化消毒及自检、公共用品用具的清洗消毒、人员体检培训、档案建立、传染病和健康事故的应急处理等方面；对11家游泳场所的游泳池水质进行抽检。绝大部分场所基本上都按照相关要求经营，管理基本到位，水质符合检测标准。四是强化学校卫生及托幼机构的卫生监督工作。县卫生监督所联合县教育局、县食品药品监督局等部门成立专项监督检查组，全年出动人员156人次，对全县94间学校托幼机构进行检查，并将检查情况以简报形式反馈到各学校托幼机构。②医疗机构监督。为进一步加强医疗行业监管，整顿和规范医疗机构执业行为，依法严肃查处违法违规行为，强化医疗机构依法执业意识，规范医疗机构科室管理和医疗技术临床应用管理，保障医疗质量和医疗安全，县卫监所认真开展医疗机构日常监督管理工作。对医疗机构执业人员执业注册情况、执业资质、执业范围、抗菌药物使用、传染病防治、医疗废物处置等情况进行监督检查，规范医疗机构的执业行为。全年共出动卫生监督执法人员2880多人次，执法车辆350多车次，监督检查各级各类医疗机构440家，其中县直医疗卫生单位6家、乡镇（场）卫生院18家、民营医院8家、村卫生室265家、个体诊所78家。③职业卫生监督。依据《职业病防治法》，组织开展职业卫生的统计和分析，控制和消除职业危害。一是加强对辖区内职业病预防情况统计和调查分析；二是加强对放射卫生的监督工作；三是全年度完成职业危害场所危害因素检测25间127个点，其中，合格点104个，合格率81.9%；四是加强放射卫生监督工作，10月、11月开展为期两个月的专项监督检查行动。

（陈俊超）

【卫生执法】 为进一步净化医疗卫生服务市场，加强打击非法行医及清理违规医疗广告行为，结合海丰县创文、创卫工作，县卫计局组织组成专项执法队伍，分别于4月和7月开展2次打击非法行医、清理整治违规医疗广告专项行动。根据《海丰县开展文明创建“十大整治、十大提升”行动实施方案》，县卫计局、公安局、食药监局制定《进一步整顿医疗秩序规范药品经营专项行动工作方案》，开展2次专项行动，共出动执法车辆190车次、卫生监督执法人员1500多人次，立案查处各类非法行医案件23宗（其中：无证涉医场所8宗，超出核定登记科目范围执业7宗，村卫生室跨区域执业5宗，药店坐堂行医3宗），没收药械一批，没收拆除违规医疗广告招牌37个。全年检查公共场所425家次，对在检查中发现存在卫生安全问题的单位给予口头警告54家；发出《卫生监督意见书》193份，责令限期整改。

（陈俊超）

【饮用水安全】 按照《生活饮用水卫生监督管理办法》《生活饮用水质卫生规范》等有关法律法规，加大对生活饮用水、二次供水单位的卫生监督力度。一是深入水厂现场监督25间次，发出监督文书25份；全县96位制水人员，基本完成年度健康体检和卫生知识培训。二是继续做好二次供水单位的现场卫生监督检查，指导二次供水单位建立卫生管理档案，完善卫生管理制度，规范卫生管理，从而保障公共场所卫生安全和人民群众身体健康。三是对全县32家集中式供水单位及二次供水单位进行分批分级培训，2批共培训70多人次。

（陈俊超）

【性别比综合治理】 根据国家、省有关出生人口性别比综合治理的相关政策，海丰县综合治理性别比办公室结合海丰地区工作实际，部署综合治理全县出生人口性别比进行工作，组织开展打击非法鉴定胎儿性别和非医学需要选择性别人工终止妊娠的“两非”行为专项活动，建立长效机制；规范个体医疗机构和公立医疗机构的B超管理、染色体检测等设备和终止妊娠药品管理制度；指导各镇（场）做好综合治理出生人口性别比工作。2017年涉及“两非”案件正式立案调查1宗，结案1宗，罚款5000元。

（孙本彬）

计生家庭服务

【计划生育利益导向】 认真落实计划生育利益导向机制。建立资格确认、落实管理、资金发放和社会监督等四权分离机制，坚持合法规范、公平公开的原则，确保符合计生利益导向政策的对象不漏1人、不错1人，按标准足额发放。2017年，海丰县农村部分计划生育家庭奖励新增对象27人，取消75人，共发放12273人次，发放资金136.276万元；计划生育家庭特别扶助制度对象新增3人，共发放45人次，发放资金3.24万元；城镇独生子女父母计划生育奖励对象2257人次，发放资金18.136万元；农村计划生育节育奖励新增对象7人，取消29人，发放8209人次，发放资金41.045万元；一次性奖励共5人次，发放资金3.4万元。

（陈贤彬）

【流动人口服务管理】 海丰县围绕上级关于流动人口服务管理“一盘棋”的工作要求，坚持以人为本的工作宗旨，建立完善流动人口卫生计生的“统一管理、服务均等、信息共享、区域协作、双向考核”新机制，大力推动流动人口卫生计生“一盘棋”工作的优质服务和统筹管理，形成齐抓共管、综合治理流动人口的工作格局，全面提高巩固流动人口卫生计生工作服务管理水平。通过开展清理清查掌握人口流动和婚育信息变动的情况，加快整合卫生和计生的系统信息资源，推进全员人口信息数据库建设和应用。

（陈佩诗）

附：2017年海丰县卫生和计划生育局领导名录

局　长：颜荣林（任至8月）
　　　　陈凯婵（8~12月主持全面工作）
副局长：洪献就　吴志胜　林秀兰

医院选介

【海丰县彭湃纪念医院】 海丰县彭湃纪念医院成立于1956年，坐落于海丰县城红场路18号，是一所以革命先烈彭湃烈士英名命名的二级甲等县级公立综合性医院，集医疗、保健、科研、教学于一体的综合医院，担负着汕尾市及周边地区群众的医疗、预防、保健任务，承担各种突发公共卫生事件的紧急抢救任务。医院环境优美，规划合理。2017年，医院用地面积2.81万平方米，建筑面积6.81万平方米，编制床位738张，实际开放850张，全院在职工作人员1196人，共有医疗卫生技术人员942人，含医生310人、技师133人、护士499人，其中高级职称112人（正高职称27人）、中级职称186人。2017年总收入达4.18亿元，门急诊量53.32万人次，位列汕尾地区前茅。医院设有内科、外科、妇科、产科、儿科、眼科、耳鼻咽喉科、中医科、康复科、肿瘤科、感染科等专科门诊和住院病区，有微创外科、重症医学科、新生儿重症监护室、心脏重症监护室、急诊重症监护室、神经重症监护室、肿瘤科等特色专科，配置有技术处于世界领先地位的64排多层螺旋CT、全市首台1.5T 超导核磁共振、单排螺旋CT、DR、数字造影胃肠 X 光机、全自动生化分析仪、彩色B超、腹腔镜、前列腺电灼镜、胃镜、肠镜、模拟定位机、直线加速器、钴60后装治疗机、全自动呼吸机、血液透析机、多参数监护仪等先进医疗设备。

2017年，彭湃纪念医院以习近平新时代中国特色社会主义思想为指导，在县委、县政府和县卫计局的正确领导下，以病人为中心，以建设新院区、创建三级甲等医院为目标，围绕“卫生创强”，加强学科建设、规范内部管理、提高服务质量，努力提升医院医疗服务能力和整体效能，为广大人民群众提供更优质的医疗服务。医院已获批建设用地6万平方米建设新院区，计划按照“三甲”综合医院标准，在海丽大道东侧、仁荣中学南面建设新院区，着力打造成为粤东地区一流现代化医院，为海丰县“卫生创强”和实现“大病不出县”目标作出应有贡献。

（彭湃医院办公室）

【海丰县中医医院】 海丰县中医医院坐落于海丰县九都山下、革命烈士陵园左侧，创建于1960年，是汕尾市唯一一家国家级二级甲等中医医院，担负着全市中医药医、教、研、中医药保健、康复、养生、中医药制剂研制等功能为一体的具有鲜明中医特色和中西医结合优势的综合性医院，是广东省首批中医名院创建单位和名中医师承项目单位，被国家中医药局列为全面提升县级医院综合能力第一阶段中医医院。县中医医院重点特色专科为骨伤科、针灸康复理疗科、治未病科和创伤整形科；内设16个正股级机构，其中4个管理机构（办公室、医务室、护理部、计财室），12个专业科室（骨伤科、针灸康复理疗科、保健科、内科、外科、急诊科、妇产科、门诊部、放射科、检验科、药剂科、手术室等）；全院干部职工共254人（人员编制157人、正式110人、临时聘用144人），卫生技术专业人员占总数90%（中级32人、副高6人、正高2人）。编制床位200张。2017年，县中医医院门诊总病人数为53662人次，住院病人数为2819人次，其中门诊收入1303万元，住院收入3903万元，业务总收入5206万元。2017年1月21日，县中医院重症监护室开科，标志着县中医院对危重患者的抢救水平又迈上一个新台阶，同时填补汕尾市中医院无重症医学科的空白。2017年，县中医院共输送中医药业务骨干到省级医疗机构进修学习83人次。省、市医疗机构专家教授和县中医院联合举办中医健康教育讲座26场次，承担中医药适宜技术培训12场次，到县城烈士陵园门口等地和下乡义诊13场次。

（林光意）

【海丰县妇幼保健院（海丰县妇女儿童医院）】 是一所集妇女儿童保健、医疗、科研、教学于一体的县级妇幼保健医疗卫生机构，始建于1956年。1994年，经原卫生部、联合国儿童基金会、世界卫生组织评审，成为汕尾市当初首家爱婴医院。医院以妇、产、儿科为业务主体。门诊部提供妇女儿童保健系列服务，开展产后康复治疗；开设生殖内分泌诊治中心，提供不孕不育诊断和治疗服务；产科门诊开展产前检查“一站式”服务等。妇产科配备温馨套房，提供住院分娩和妇科、产科各类大中型手术以及高危妊娠监护治疗；能提供腹腔镜、宫腔镜等高新技术治疗服务；开展新生儿游泳、胎儿监护系统、产后康复治疗等一系列适宜技术，以及其他各项母婴保健服务。新生儿区专业特色强，实行全程专人监护，配套高新医疗设备，提供新生儿常见病和多发病的诊治、危重新生儿的抢救及处理、早产儿及低体重儿救治等医疗服务；积极开展新生儿疾病筛查，完善儿童保健项目。 2017年，全院干部职工202人，其中：在编人员103人，临聘人员99人；全院卫生专业技术人员158人，占比78%，其中：副高级职称14人，中级职称25人，初级职称95人。

（陈冬妮）

体 育

【简述】 2017年，海丰县体育工作坚持围绕群众体育与竞技体育并重，积极稳妥充分发挥职能作用，引导体育产业发展这条主线，加强体育场地建设，积极开展全民健身活动，打造体育品牌赛事，着力培养体育竞技后备人才，为实现体育事业繁荣发展贡献力量。

【全民健身】 2017年，县文广新局坚持以文明创建、重大节日为契机，充分调动各镇场、机关、企事业单位和社会团体等单位积极性，开展各类体育赛事。开展迎新春围棋、象棋比赛和篮球赛、汕尾创建文明城镇“仁荣杯”足球邀请赛、“我要上全运”2017年海丰县全民健身日展演活动暨第十八届“体育节”启动仪式和联安镇坡平村委会坡阳2017端午龙舟赛等群众性体育活动；传承发扬海丰县体操传统项目，完成17名在训运动员的核实、登记造册工作，并通过市体育局体能测试；积极组队参加省、市竞技体育比赛，陈祖佳获得2017年广东省体操青少年锦标赛男子7岁组自由操第一名和2017年广东省青少年体操冠军赛7岁组吊环第一名；组队参加广东省第二届百县（区）足球比赛汕尾市预选赛，获得第二名；参加汕尾市第一届运动会成年组游泳、拔河及棋类等7类项目比赛，荣获游泳项目五金五银三铜，乒乓球项目男团、女团第一名，足球项目第三名，团体总分第三名的优异成绩。

【国民体质监测】 为落实全民健身国家战略和健康广东战略，提高人民群众身体素质和健康水平，编制《海丰县全民健身实施计划（2016—2020）》，稳步推进县国民体质监测。

【体育机构】 2017年，新成立海丰县乒乓球协会1家，至2017年底，海丰县县级体育社团组织有16个。

【社会体育指导员】 积极开展社会体育指导员培训班，重点对健身气功、气排球、乒乓球等200名三级社会体育指导员和广场舞、乒乓球等50名三级社会体育指导员进行培训。至2017年底，海丰县各类三级社会体育指导员有1600多人，壮大群众体育工作骨干队伍。

【体育设施建设和管理】 不断完善全民健身公共体育服务体系，落实体育场、体育馆免费开放政策，平均每天接纳锻炼群众达1000人次以上，并稳步推进运动健身指导站等建设进度。

【海丰县体育彩票中心】 海丰县体育彩票中心以大乐透、高频、竞彩、即开票等四大核心产品开展多轮次的营销推广及品牌宣传活动，并充分利用楼宇场馆、户外赛事和广告视频等媒介进行全方位品牌宣传，提升产品知名度和竞争力。全年新增网点8家，至年底，全县销售网点有84家；2017年销售总量达6100多万元，彩票市场占有率从2016年底的50%发展至55%。

海豐

HAIFENG YEARBOOK

社会生活

社会生活

人力资源·社会保障

【概况】 2017年，海丰县人力资源和社会保障局（简称县人社局）及属下县社会保险基金管理局、县劳动就业服务管理中心、县人才服务办公室、县人社局信访信息中心等4个事业单位，在县委、县政府的正确领导下，在市人社局的关心指导下，认真贯彻落实中共十八大和十九大精神，坚持“民生为本、人才优先”战略，围绕创业就业、社会保障、劳动维权、人事人才等重点工作，强化措施，真抓实干，扎实开展各项工作，人社事业的发展呈现新局面。

【机构人员】 县人社局机关内设正股级机构12个，配置行政编制25名，行政执法编制9名，后勤服务人员4名。有直属事业单位4个，其中：县劳动就业服务管理中心为副科级一类事业单位，内设正股级机构4个，核定事业编制21名；县保险基金管理局为副科级事业单位，公益一类，内设正股级机构9个，核定事业编制27名；县人才服务办公室为正股级事业单位，公益一类，核定事业编制2名；县人社局信访信息中心为正股级事业单位，公益一类，核定事业编制2名。

【城乡统筹就业】 2017年，县人社局及属下劳动就业服务管理中心积极为求职者和企业提供全方位服务，全力推进就业优先战略，营造良好就业环境，扩大城乡统筹就业。一是突出重点，搭建平台促进就业。举办2017年海丰县“南粤春暖就业服务暨企业用工招聘会”“农民工专场招聘会”“民营企业招聘周”“高校毕业生就业服务月”等活动36场次。各类招聘会和活动向求职者提供就业岗位32082个，入场应聘人员中有4292人与企业达成就业意向。招聘活动为企业招工和务工人员求职创造良好平台。二是多渠道掌握企业用工信息和求职人员情况，及时收集和发布企业招聘信息，努力做好就业服务工作，提高就业率。2017年，全县城镇新增就业16962人，完成全年任务104.7%；城镇登记失业率为2.37%；农村劳动力转移就业5245人，完成全年任务104.9%；经技能晋升培训转移就业共10466人。三是热情服务，助推高校毕业生就业。2017年，回海丰报到的应届高校毕业生2626人，档案转入2560册，转出640册。通过企信通系统向回海丰报到的高校毕业生发布就业调查及招聘信息2823条；基本实现大专90%以上、本科95%以上的就业率目标。四是开展就业创业专项资金扶持和就业困难人员社会保险补贴。全年共审批就业创业专项补贴9600多项，支出就业专项资金1004.66万元；申请社会保险补贴2600人，共发放补贴1013.97万元。五是做好农民工积分入户、求职登记和推荐就业等工作。2017年为2名农民工办理积分制入户手续；办理“就业创业证”12800多本；为8031名农民工求职者办理求职登记和推荐就业，成功推荐就业5523人。六是加强用工管理，开展企业用工监测工作。全县建立企业用工定点监测100家，失业动态监测30家，行政村劳动力转移就业监测16个。七是创建充分就业社区（村）。全县有35个社区和95个村已认定为充分就业社区。

【下岗再就业】 落实再就业优惠政策，促进再就业。一是开展小额担保贷款贴息项目。2017年为下岗失业人员办理小额担保贷款33笔共264万元。二是兑现下岗再就业人员岗位补贴和社会保险补贴。三是做好再就业服务工作。在政务大厅设立服务窗口，提供和推介就业岗位信息，开展政策咨询、免费职业介绍等服务。四是做好下岗职工档案免费托管工作，受理新增档案托管66人，并为181名下岗职工按时办理退休手续。全年有6781名下岗失业人员

2017年2月20~21日，海丰县“南粤春暖”就业服务暨企业用工招聘会现场图

2017年3月15日，汕尾市委组织部副部长、市人社局局长林献良一行到县人社局调研

实现再就业，完成年任务的104.3%。

【人事管理】 不断深化人事和工资制度改革，实施人才强县战略。一是认真组织公务员招考录用工作。经省统一考试、考核合格录用公务员104人。二是向社会公开招聘工作人员，发布公开招聘岗位总数102人。三是做好机关事业单位工作人员年度考核工作。全县党政机关工作人员应参加考核3833人，实际参加考核3128人，其中被评为优秀等次的有451人，评为称职的有2533人，评为不称职的有5人，不评定等次的有139人。四是职级并行审批工作常态化。全年完成49人晋升职级的条件审核工作，同时完成工资待遇兑现工作；审批正常晋升工资13500多人次，其中机关单位400多人次，事业单位13100多人次；按时完成各项工资变动审批工作。

【职业技能与技术人员培训】 开展职业技术技能培训，提高职业技术技能水平。一是围绕“大众创业、万众创新”，组织有创业意向的失业人员，举办SYB创业培训3期75人，促进失业人员创业，带动就业，实现就业倍增效应。二是根据工业园区企业用工需求，组织培训机构进入园区开展相应的工种培训，提高劳动者技能和岗位竞争力，并向园区企业推荐就业。三是做好全县公务员培训，全年举办公务员全员培训班10期，培训公务员2627人。四是开展技能提升储备培训。全年完成技能提升储备培训7542人，完成目标任务的107%；申请审批技能晋升培训补贴4918人。

【劳动信访与劳动监察】 加大劳动执法力度，维护劳动关系双方合法权益，构建和谐劳动关系。一是开展清欠农民工工资专项活动，开展清理整顿人力资源市场秩序专项行动，开展用人单位遵守劳动用工和社会保险法律法规情况专项检查活动，依法监察用人单位214户，涉及职工1.9万人，发出限期整改通知书25份，督促补签劳动合同3500多份，督促13户用人单位进行社保登记。二是依法处理劳资纠纷147宗，结案146宗，涉及2057人，金额3283万元，其中处置30人以上群体性案件19宗。三是接待处理来访来信和网上信访等案件37宗。

【劳动仲裁与工伤认定】 一是严格执行劳动人事争议仲裁办案规程，公开、公平、公正处理劳动争议案件。全年受理劳动争议案件76件，当期审结76件，其中仲裁裁决31件、仲裁调解20件，其他方面解决的25件。涉及劳动者243人，涉案总金额为398.26万元。此外，积极开展劳动人事争议案外调解工作，全年案外调解93件，全部达成调解协议，其中涉及劳动报酬47件，涉及社会保险21件，涉及解除或终止劳动合同25件，涉案金额210.95万元。二是加大职工工伤调处力度，规范职工工伤认定程序，坚持公开、高效、便民的原则，维护职工合法权益。2017年受理工伤认定申请案件53宗，已认定工伤案件49宗，另有案外协调处理18宗。

【劳动关系协调管理】 认真做好劳动合同、劳务派遣、职工薪酬调查及管理工作，审核有关企业关闭、破产、改制等职工分流安置方案，指导劳动关系处理工作。2017年全县企业劳动合同签订率为93.9%，其中集体合同签订率占已建工会组织企业数的81.8%。按期完成职工薪酬调查，创建7个和谐劳动关系示范区，涉及企业565家，企业参与创建比例为52.07%，并经考核全部达标。

【就业技能培训及社保精准扶贫】 积极做好就业创业、技能培训和社会保险服务精准扶贫工作。2017年在开展精准扶贫工作中，吸纳贫困劳动力从事公益性岗位56个，推荐贫困家庭学生48人就读深圳第

2017年6月21日，市政协副主席、县委书记邱晋雄到县人社局调研

二高级技工学校，组织贫困户劳动力技能晋升培训68人，精准扶贫户劳动力实现就业4764人。财政全额资助35683名贫困人员参加城乡基本医疗保险，参保率为99.98%，全面落实基本医疗保险待遇的相关政策。精准扶贫对象中年满60周岁的共有8870人，已领取城乡养老待遇的8830人，不符合领取条件的32人，因各种原因暂未领取的8人。同时，县财政为16~59周岁的精准扶贫对象代缴最低养老保险费用。

【社保扩面征缴】 2017年社会保险制度改革稳步推进，社会保险覆盖面和统筹层次不断提高，社会保险覆盖面扩大至各类企业事业单位、个体工商业主、灵活就业人员和广大居民，各险种参保人数稳定增长。一是养老保险方面。全年全县参加城镇职工基本养老保险16.38万人，完成市下达任务的96.48%；其中企业职工参保12.84万人，完成市下达任务的99.9%。征收城镇职工养老保险费3.09亿元，其中征收企业职工养老保险费2.89亿元。全县参加城镇职工基本养老保险的离退休人员为18526人，比2016年末增加1192人。平均每人月增资116.87元，按期足额发放。全县参加城乡居民基本养老保险人数459848人，完成市下达任务的101.51%，其中60周岁以上参保人数9.5万人，每人月领取基本养老金120元，比2016年同期每人月增加10元。二是医疗保险方面。全年全县参加城乡基本医疗保险78.96万人，完成市下达任务的100.51%，其中企业职工参加医保8.56万人，完成市下达任务的100%。征收城镇职工医疗保险费11918万元，完成市下达任务的140.38%；征收城乡居民医疗保险费10560万元，完成市下达任务的99.15%。全年全县参加职工医保的患病者有16863人次，报销医疗保险费7074万元，比2016年同期多支出393万元；参加城乡居民医保的患病者有123207人次，报销医疗保险费42566万元，比2016年同期多支出3592万元。三是失业保险方面。

2017年11月13日，县人社局召开学习贯彻党的十九大精神大会

全年全县参加失业保险6万人，完成市下达任务的100%；征收失业保险费1052万元，完成市下达任务的111.91%。支付失业保险待遇202万元。四是工伤保险方面。全年全县参加工伤保险3.23万人，完成市下达任务的100%；征收工伤保险费1053万元，完成市下达任务的101.25%；支付工伤保险待遇475万元。五是生育保险方面。全年全县参加生育保险4.6万人，完成市下达任务的100%；征收生育保险费731万元，完成市下达任务的132.91%。支出生育保险待遇1203万元。

【社保基金管理】 强化社保基金管理，确保基金管理安全、完整，促进基金健康运行。一是将县社保局21项相关业务入驻海丰县政务服务中心，业务办理一站式，效能提升，便民惠民。二是科学管理社保基金，强化风险防控。按全口径预决算要求，做好基金预算编制工作和基金决算编制财务报告。做到严格按照财务制度，深入调研，科学测算，统筹兼顾，收支平衡。三是有序开展稽核执法，加强对社保基金收支、管理、服务等方面的监督。在稽查执法方面，与公安部门协作，加强社保欺诈违法犯罪行为的事前预防、事中控制和事后联合打击。同时，加强定点医疗机构参保人员的住院管理，严厉查处医疗保险诈骗案件，防止虚报、冒领现象的发生，杜绝冒名、挂床就医等违规现象的发生，规范定点医疗机构的医疗服务行为，维护广大参保人的根本利益，确保基金安全运行。四是加快基金管理信息化建设，社保业务经办系统业务档案实施信息化管理，网上查询，信息化水平大幅提升。同时全面推广应用社会保障卡，共发放社会保险卡76.89万张。实现社会保障卡异地就医即时结算，实现参保人员持卡就能在定点药店买药和定点医院看病就医。全县签订医疗保险服务协议的医疗机构达28家，签订医疗服务协议的药品经营单位57家。

（郭耀鸿）

附：2017年海丰县人力资源和社会保障局领导名录

局　长：吴筱聪
副局长：陈长征（任至3月）
　　　　吴敬耀　黎光辉
　　　　刘小武　蔡常辉（7月起任）
劳动就业服务管理中心主任：黄智伟
社会保险基金管理局局长：吴智强

民　政

【简述】 2017年，在县委、县政府的正确领导下，海丰县民政局认真学习贯彻习近平总书记对广东工作重要讲话精神和党的十八大、十九大精神，以习近平新时代中国特色社会主义思想为指导，不断增强党性意识、宗旨意识、大局意识、责任意识，努力践行“以民为本、为民解困、为民服务”的工作宗旨，着力发挥“保障民生、维护稳定、营造和谐”的职能作用，创新民政体制机制，改善民政服务设施和条件，全面推进民政事业科学发展，为构建和谐海丰、促进海丰县新一轮大发展作出贡献。

【机构人员】 海丰县民政局设11个职能股（室）：办公室、计划财务股、优抚股、救灾救济和社会福利事务股、基层政权和社区建设股、区划地名股、复退军人安置办公室、民间组织管理办公室、老龄工作委员会办公室、殡葬管理办公室、双拥办。下辖殡管所、殡仪馆、救助管理站、儿童福利院、军人接待站、烈士陵园管理所、军队离休退休干部休养所、救助申请家庭经济状况核对中心、婚姻登记中心、莲花山红军烈士陵园管理所、殡仪服务中心（殡仪服务公司）、革命烈士暨革命斗争史纪念馆共12个事业单位。至2017年底，共有在职人员154人。

【低保、五保与救济救助】 ①低保、五保及孤儿救济工作。一是城乡低保补贴、五保、孤儿供养标准再次提标。按省、市要求和县政府办函〔2017〕224号批复意见，从2017年7月1日起，提高全县城乡低保补贴、五保、孤儿供养标准，并对未达标的月份按名册予以补发，所需资金并列入预算。将城镇低保标准由人月485元提高至580元，补差标准由人月420元提高至460元；农村低保标准由人月335元提高至400元，补差标准由人月200元提高至210元；将集中供养五保人月750元提高至780元，散居农村五保人月650元提高至680元。城镇特困人员供养标准人月928元，农村特困人员供养标准人月680元；将散居孤儿人月820元提高至880元，集中供养孤儿人月1340元提高至1450元。二是开展低保户核查工作。委托广州市海珠区益先社会工作研究院开展为期四个月低保入户核查清理工作，共核查11052户31140人，核查出不符合条件的低保户有3587户7230人，符合条件的新增低保户2825户5841人。截至12月，全县低保13608户 41905人（其中：城镇3566户9401人，农村10042户32504人）；五保对象3614户3711人（其中：散居3452户3549人，集中162户162人）；孤儿178户188人,事实无人抚养儿童143户221 人。②城乡医疗救助工作。按省、市要求，根据《转发县民政局、财政局、人社局、卫计局〈关于进一步完善医疗救助制度全面开展重特大疾病医疗救助工作的实施意见〉的通知》（海府办函〔2017〕48号）精神，对重特大疾病医疗救助对象个人负担的合规医疗费用，分段按以下比例给予救助：个人自付部分2.5万元以下（含2.5万元）的，按照不低于70%的比例予以救助；个人自付部分2.5万元以上，5万元以下（含5万元）的，按照不低于75%的比例予以救助；个人自付部分5万元以上（含5万元）的，按照不低于80%的比例予以救助。封顶线年度最高限额5万元。截至12月31日，直接救助16873人次，已支付医疗助救金4164万元（其中通过“一站式”结算救助6344人次，金额704.87万元）；资助城乡低保五保贫困对象等17546户46031人列入2018年度参保参合，每人年150元，共需支付资金690.47万元，切实解决部分患病贫困人员的实际问题。③困难残疾人“两项补贴”发放工作。根据《关于进一步落实困难残疾人生活补贴和重度残疾人护理补贴制度的通知》（汕民发〔2016〕80号）和《转发关于贯彻落实残疾人两项补贴制度有关政策衔接问题和伤残人民警察享受社会待遇有关问题的通知》（汕民发〔2017〕18号）精神，经县民政局和县残联审定，1至9月，全县符合生活补贴的残疾人16030人，每人月标准150元，每季度支付资金721.35万元；符合重度护理补贴的残疾人23039人，每人月标准200元，每季度支付资金1382.34万元；委托县农信社将资金已按时发放到残疾人个人账户。④救灾救济工作。受6月12日的台风“苗柏”和“6·16”洪涝灾害影响，海丰县连续普降暴雨到大暴雨，局部特大暴雨，受灾人口2万人，转移人口3000人，133户174间民住房受损。灾情发生后，县民政局派员第一时间赶到受灾现场，及时查灾、核灾、报灾，指导受灾群众开展自救，于16日印发《关于预拨今年第2号台风“苗柏”应急救助资金的通知》（海民〔2017〕80号）到全县18个镇（场），预拨应急救助资金38万元，用于各镇（场）先行购买应急物资，并加强与厂商联系、沟通并达成协议，筹备应急物资，争取救灾资金。2017年，县救助站对流浪乞讨人员采取提供食物、住宿、资助返乡、联系家属等不同形式实施救助2301人次；县儿童福利院抚养17名先天性残疾弃婴（童），收养抚养县公安机关打拐行动解救寄养的婴（童）1名，收养父母亲犯罪获刑寄养的婴（童）1名，收养母亲属流浪精神病人被安置站外就医而寄养在院的婴（童）1名。⑤老人权益保障工作。一是完成2017年度高龄津贴的核查、申报工作。全县镇（场）上报80周岁以上的老龄人共15676人（其中80~99周岁15604人，100周岁以上72人），已落实津贴发放资金550.08万元。二是免费办理老年优待证。2017年为全县60周岁以上老年人办理《老年人优待证》6000多张。三是扎实开展“银龄安康”行动。由政府统保的人群扩面至海丰县户籍70周岁以上老年人及60周岁以上的五保户，共5.31万人，政府出资63.66万元。同时，全县共有2827位老人自费参加“银龄安康”保险行动。四是有效提升养老服务机构建设水平。县中心敬老院工程建设有序推进，全县有养老床位2943张，每千名老人床位23张，完成2017年每千名老人养老床位的比例数。同时，鹅埠镇敬老院荣获全国“敬老文明号”称号，平东镇敬老院院长叶石顺被评为全国“敬老爱老助老模范人物”。五是开展走访慰问送温暖活动。老人节期间，配合省、市老龄办对五保老人、百岁老人、残疾、重大疾病等老年人进行重点慰问，送去慰问金，让他们感受到党和政府的关怀和温暖，推动全社会形成尊老敬老氛围。⑥民政福利建设。经县人民政府批准，在城东镇东园村委西侧建设海丰县民政福利中心，将中心敬老院、儿童福利院、光荣院、救助管理站（未成年人救助保护机构）、救灾物资储备仓库等合为一体建设，用地面积2.5万平方米。中心敬老院建设规模为1栋共6层，建筑面积12845.48平方米，计划投资3600万元，于2016年11月14日动土施工，预计2018年6月竣工并投入使用。截至2017年12月底，已到位项目资金共2820.89万元（包括中央、省、地方配套资金），累计完成投资80%，工程6层已经封顶，完成外部装修，进入内部装修阶段。儿童福利院建设规模为1栋共4层，建筑面积3102.3平方米，计划投资800万元，于2016年11月14日动土施工，预计2018年2月竣工并投入使用。截至2017年12月底，已到位项目资金共538.1万元（包括中央、省、地方配套资金），累计完成投资83%，工程4层已经封顶，完成外部装修，进入内部装修阶段。光荣院建设规模为1栋共4层，建筑面积4000平方米,计划投资800万元，于2017年1月10日动土施工，预计2018年1月竣工并投入使用。截至2017年12月底，已到位项目资金共379.96万元（包括中央、省、地方配套资金），累计完成投资78%，工程4层已经封顶，进入内外部装修阶段。救助管理站（未成年人救助保护机构）1栋4层，建筑面积3097.5平方米，计划投资800万元，于2017年5月19日进场施工。该工程到位的省级资金473万元，工程楼体已封顶，进入砌筑外墙阶段。救灾物资储备仓库建设规模为1栋共1层，建筑面积640平方米，计划投资400万元，于2017年8月1日动土施工，预计2018年8月竣工并投入使用。截至2017年12月底，已到位项目资金共378.26万元（包括中央、省、地方配套资金），累计完成投资40%，工程已经封顶，进入外墙砌砖阶段。

【“双拥”工作和优抚安置】 一是优抚工作扎实开展。2017年，全县现役义务兵541人，重点优抚对象4454人，其中“三属”445人、在乡复员军人 74人、伤残军人158人、在乡退伍军人749人、参战涉核人员2006人、“五老”人员103人、参与铀矿开采退役士兵26人、农村籍60周岁以上退役人员891人、60周岁以上老烈士子女2人。2017年全县优抚定补款支出3990多万元，发放义务兵家庭优待金431.7万元和优抚对象一次性 “三难”救助金260万元，支付优抚对象购买2018年城镇居民基本医疗保险资金54万元，报销医疗补助金124万元。二是退伍安置政策落实到位。海丰县2016年秋、冬季共接收退役士兵264人，其中城镇退役士兵75人（含转业士官14人），农村退役士兵189人（进疆复员士官1人）。根据《关于做好我省2016年退役士兵安置工作的通知》（粤府〔2011〕95号）文件精神，海丰县对2016年度退伍士兵一次性自主就业补助金发放标准提升为每人25000元（旧标准为每人21000元），在按照旧标准完成发放退役士兵（250人）一次性自主就业补助金525万多元的基础上，已报请县政府增拨109.488万元，用于补发退役士兵一次性自主就业补助金差额。同时，对全县符合2016年度政府安置工作的转业士官和城镇复员士官17人，采取“量化评分”排序选岗的办法，圆满完成安置任务。三是稳步推进“双拥”工作。对立功受奖的现役军人家属、孤老“三属”、孤老复员军人、在乡1~6级残疾军人、著名烈士家属等开展春节、“八一”拥军优属慰问发放慰问金40多万元。投入50多万元修缮完善军人接待站的设施设备。为军休干部订阅报纸刊物，每月定期组织检查身体；对患病住院的干部，落实专人服务。加强红色教育设施建设，大力开展爱国主义教育、革命传统教育。投资300多万元对县烈士陵园外广场规划改造为“社会主义核心价值观”主题公园；2017年，县纪念馆共接待游客13万多人，县烈士陵园管理处接待参观团体100多个，6万多人次，经常性为青少年学生团体宣传革命传统教育，到陵园参观学习和开展爱国主义教育活动的达50多万人次。

【基层建设】 一是圆满完成村（社区）基层换届工作。2017年，全县279个村（社区）“两委”全面完成换届选举，选出“两委”干部1725人，选民参选率达到95.6%，实现省提出的参选率必须达到93%以上的目标要求。有273个村（居）务监督委员会完成换届选举，272个（社区）委完成村民代表换届，

2001个村（居）民小组重新推选小组长。二是加强监督指导村（社区）基层自治。根据村（社区）委换届后的工作需要，印发《关于进一步建立健全村规民约（社区公约）和村民自治章程的通知》并及时做好村规民约、社区公约和村民自治章程等的修改制定工作。三是认真指导村（社区）基层服务体系建设。根据县政府工作部署，牵头相关单位编制县镇村三级公共服务事项目录；完成指导建设联安镇优冲村示范性公共服务站；指导城东镇、海城镇完成双百社工项目的人员、办公设备、场所等建设并开始运作。

【区划地名】 2017年，海丰完成并通过省第二次全国地名普查试点地区地名补查工作的验收；积极做好市界、县界、镇界管理工作，配合有关职能部门，开展边界争议调处工作，顺利调处梅陇与鲘门、城东与海城、平东与黄羌等多处边界山林地的争议；完成和上报中华人民共和国标准地名词典的编写工作。

【社会组织管理】 截至2017年12月31日，海丰县依法登记的社会组织共149家。其中社会团体57家、民办非企业单位92家。一是进行社会组织存量证换证工作。按照省实施社会组织统一社会信用代码的文件精神，全县存量换证110家，已换证105家，换证率95%，其余存量证照换证工作仍在进行中。二是开展社会组织年检工作。全县应参加年检的社会组织116家，其中应检社会团体50家，应参检的民办非企业单位66家，对参检的社会组织按合格、基本合格、不合格评定，对年检不合格的取消取缔或者限时整改。三是加强党建工作。深入调查社会组织党建情况，掌握社会组织的党员数，结合社会组织年检和成立登记时机，加大宣传党建工作力度。至年底，已建立党支部的社会组织18个，其中联合组建的3个。

【婚姻登记管理】 按照《关于同意设立海丰县民政局婚姻登记中心的批复》（海机编〔2017〕21号），海丰县民政局婚姻登记中心为县民政局属下正股级公益一类事业单位。①依法登记，保证登记质量。严格执行《婚姻登记条例》和《婚姻登记工作规范》，婚姻登记合格率100%。2017年，县民政局婚姻登记中心完成结婚登记8245对（其中国内7791对，涉外383对）；离婚登记1972对（其中国内1954对，涉外18对）；补领结婚证912对，补领离婚证123宗，无婚姻登记记录证明2宗。②完善工作机制，提升服务质量。一是增设颁证大厅、婚姻家庭辅导室，设置亲友观礼席、颁证台等，完善设施设备，优化服务环境。二是根据《民政部办公厅关于做好停征婚姻登记和收养登记费有关工作的通知》（民办函〔2017〕92号）要求，自4月1日起取消婚姻登记工本费，减轻群众负担，简便工作程序。三是根据《关于在周末和法定节假日提供婚姻登记服务的通知》（粤民发〔2017〕59号）要求，自5月1日起实行周末和节假日登记服务，增加周六及法定节假日（1月1日、5月1日、10月1日）办理婚姻登记，工作时间更加便民、利民。

【殡葬管理】 海丰县围绕狠抓殡葬管理、提升殡葬服务，倡导文明绿色殡葬，不断推动殡改工作走在全市前列。一是巩固提高火化率。二是减免城乡居民殡葬基本服务费用。根据《广东省民政厅、广东省财政厅〈关于全省城乡居民殡葬基本服务由政府免费提供的实施方案〉的通知》（粤民发〔2015〕37号）精神，全县财政投入殡葬基本服务免费补助373万元，投入殡葬火化遗体管理奖补资金635万元。三是严格执法，加大检查力度。四是加强殡葬殡仪设施设备建设。投入70万元，用于2台火化机增加安装尾气处理装置；投入100万元用于购置9部新殡葬专用车；投入48.6万元在火化车间前面建设停车场、铺设水泥面；投入25万元建设男女公厕和打造水井；投入40万元在殡仪馆后山建设3200平方米的树葬区；投入资金278万元，于2016年12月底动工建设的4座悼念堂（2中、2小），已基本完工，将进一步满足群众的办丧需求；葫芦山经营性公墓二期开发建设顺利进行。五是做好绿色殡改宣传工作。在殡葬改革集中宣传月活动的基础上，结合清明节、殡仪馆“公众开放日”等重要时间，大力宣传绿色殡改殡葬新风，同时开展以移风易俗，树立殡葬新风为主题的丧葬陋习专项整治行动。

（王小明　李伟忠　刘美斌）

附：2017年海丰县民政局领导名录

局　长：李特清

副局长：彭小辉　郑木宣　欧海生

老区建设与扶贫开发

【概况】 2017年，海丰县认真贯彻落实省市扶贫开发工作决策部署和具体要求，把推进扶贫开发工作作为促进全县经济社会协调发展的重要举措来抓，广泛动员，精心组织，强化措施，狠抓落实，扎实推进新时期精准扶贫精准脱贫工作。根据省市扶贫工作部署，海丰县241个行政村有脱贫攻坚工作任务。其中：42个省定贫困村分别由中直、省直、深圳、汕尾市直单位对口帮扶；199个行政村的分散贫困人口由该县自身帮扶。全县共有相对贫困户10795户31955人，其中：有劳动能力贫困户6222户25391人，无劳动能力贫困户4573户6564人。

【强化扶贫责任】 2017年，海丰县高度重视新时期精准扶贫精准脱贫攻坚工作，积极主动承担脱贫攻坚主体责任，多次召开党政联席会议，定期专门研究精准扶贫工作，制定总体脱贫攻坚方案、目标任务、资金安排、项目落实、资金使用、人力调配、督促推进等一系列扶贫政策文件，稳步推进脱贫攻坚工作进展。县委、县政府主要领导、分管领导和县各套领导班子成员经常下乡镇，进村入户，访贫问苦，实地检查指导扶贫开发工作。按照市负总责、镇村具体执行的脱贫攻坚多层次工作责任制，逐级签订脱贫攻坚责任书，形成市、镇、村“三级书记”主抓扶贫的良好格局。

【完成年度脱贫任务】 2017年年初，全县农村贫困人口32630人(县扶贫系统统计)，海丰县印发《关于下达2017年脱贫人口计划的通知》，结合实际，合理分解下达脱贫任务，计划脱贫任务数11000个贫困人口，力争超额完成11000个贫困人口。各地根据脱贫任务做好年度完成计划，列出预脱贫对象11624个贫困人口，综合采取脱贫措施，圆满完成2017年度脱贫任务目标。截至2017年底，实际完成减贫人口11624人，全县预脱贫的有劳动力贫困户人均可支配收入8841.60元。全县贫困村居民人均可支配收入15259.47元。

【落实扶贫“三保障”政策】 2017年，海丰县强化行业政策帮扶措施，将落实贫困户“三保障”等民生政策作为脱贫攻坚工作重点内容来抓，确保精准扶贫政策全面覆盖。一是落实义务教育政策。全县贫困户子女就读小学、初中、高中、中职（含技校）、大专总人数5202人，落实生活费补助4877人，占比93.75%。二是落实基本医疗政策。全县贫困户全额参加城乡居民基本医疗保险31955人，占全县贫困人口总数比例100%；计划安排特困人员“大病补助”资金6441.00万元，实际使用资金283.42万元；患重特大疾病贫困户给予救助人数3410人，占全县重特大疾病贫困户总数比例97.48%，医疗费2952.91万元，合规报销2621.48万元，报销比例89.83%。三是落实住房安全政策。全县纳入年度危房改造任务759户，其中动工753户、竣工595户，开工率99.21%，分批发放贫困户启动危房改造补助2043.80万元。四是落实最低生活保障政策。全县符合低保条件贫困户应纳入最低生活保障20001人，对符合低保条件贫困户实际纳入人数19957人，完成比例99.78%。

【开展产业帮扶】 2017年，海丰县立足科学规划，充分利用海丰资源优势，结合各地特色主导产业，印发《海丰县产业扶贫指导意见》，创建县有龙头、镇、村有基地、贫困户有产业，促进贫困村、贫困户同步实现脱贫增收。全县建有长效农业特色产业的贫困村数52个，在家有劳动力贫困户参与长效稳定的产业项目人数4712人，占有劳动力贫困人口总数比例100%。同时，发挥扶贫开发资金集中投放效益，按照“统筹资金、投资实体、企业运营、三方监管、收益返户”的总体思路，鼓励镇、村统筹扶贫开发资金投入红色旅游扶贫公寓、海龙投资大厦，投资回报作为镇、村、贫困户的收益，形成稳健良性的“造血”机制，着力构建持续稳定的贫困户经济长效增收机制。全县贫困户参与资产性收益项目人数6214户、24404人，占贫困人口总数比例96.11%。

【就业扶贫】 2017年，海丰县以就业为导向，通过企业用工招聘、设置公益性岗位等方式，开展农民工职业培训、富余劳动力转移就业培训、农民适用技术培训等各类培训工作，促进贫困人口就业创业，提高贫困户家庭经济收入，实现“培训一人，输出一人，脱贫一家”目标。全县贫困户劳动力转移就业（含就近就业）总人数6754人，其中在海丰县城及以外务工达6个月以上人数（长期工）336人，占全县贫困劳动力外出务工总人数比例4.97%；在该县镇、村就近务工（临时工）人数6418人，占全县贫困户劳动力外出务工总人数比例95.03%。

【推广金融扶贫】 海丰县将扶贫小额信贷工作列入民生十大实事范围，县扶贫部门分别与农村信用合作联社、邮政储蓄银行签订《扶贫小额信贷合作协议》，全县安排扶贫小额贷款风险担保金和贴息资金2007万元，印发《海丰县精准扶贫小额信贷实施细则》，把工作任务压实到镇、村、金融机构，通过各项途径，把金融扶贫政策宣传到村到户，发动有意愿的贫困户申请信贷资金，发放扶贫小额贷款518万元，涉及贫困户109户，较好发挥金融扶贫杠杆作用，解决贫困户生产资金短缺的问题，金融信贷政策普惠到户。

【扶贫资金】 海丰县相继出台《海丰县精准扶贫开

发资金管理办法》《海丰县新时期精准扶贫开发资金使用规划》，连续召开新时期精准扶贫开发资金使用培训会、分片指导会，明确资金用途，立足脱贫增收，编制资金规划，细化使用范围，明确申报拨付流程，建立扶贫资金申报、拨付进度定期通报机制。中央、省、深圳市、汕尾市累计下达海丰县扶贫开发资金28562.20万元，累计使用财政专项扶贫资金23066.48万元，资金使用率达80.76%;累计落实本级财政专项扶贫资金额600万元，用于全县符合条件的贫困人口购买城乡居民养老保险和新农村建设。同时，深入学习贯彻各级关于扶贫领域监督执纪问责工作电视电话会议精神，扎实推进扶贫开发资金高效安全使用。

【档案管理】 2017年，海丰县按照贫困人口进入动出动态管理机制，全年清退（终止帮扶）贫困人口0人，占年初贫困人口总数比例0%，把因病返贫、因灾返贫的贫困对象纳入建档立卡的帮扶对象，新增贫困人口34人，贫困人口识别误差率0%。同时，加强贫困户建档立卡档案管理，做好县级、镇级、贫困村级各类扶贫档案归档管理工作，落实“一村一册、一户一档”，及时更新帮扶信息系统数据，搭建扶贫大数据平台。

【贫困村创建社会主义新农村示范村】 海丰县有行政村245个，其中省定贫困村42个，非贫困村203个，20户以上的自然村1263个，农村户籍总人口64万，占全县总人口76%。2017年，海丰县委、县政府以夯实全面建成小康社会基础的政治高度和责任担当，把贫困村创建新农村示范村和全域推进美丽乡村建设工作作为一项惠民生、合民意的德政工程，全面推进贫困村创建新农村示范村和全域推进美丽乡村建设工作，取得初步成效。启动42条贫困村的创建工作、完成189个自然村的“三清三拆三整治”并启动建设，在全县掀起贫困村清拆整治热潮。以点带面，以新山、坡平、永红、仓前、下边和大塘等村为示范带动点，各项项目推进中。同时对全域203个贫困村进行全面规划，优先安排可塘、下达、埔陇等97个贫困村作为2019年的建设任务，其他计划计划2020年启动建设，全面铺开海丰县美丽乡村创建工作。一是迅速动员部署，掀起创建热潮。8月2日全省召开贫困村创建社会主义新农村示范村工作电视电话会议之后，县委、县政府迅速成立县贫困村创建社会主义新农村示范村工作领导小组，统筹指导组织全县新农村示范村建设各项工作。8月11日，全市召开贫困村创建社会主义新农村示范村现场推进会之后，海丰县于16日召开全县贫困村创建社会主义新农村示范村推进会，对全县创建工作进行再动员、再部署、再鼓劲、再推进。全县各地通过召开动员会、推进会等形式，全面传达贯彻上级有关会议精神，部署落实各项创建整治工作，从而在全县范围内掀起贫困村创建社会主义新农村示范村的工作热潮。二是级级压实责任，落实领导包干。围绕省制定、提出的“县为主体、乡镇实施、村级创建”责任要求，海丰县建立分级负责机制，层层压实责任。县负起创建工作主体责任，切实做好规划制定实施、资金统筹使用、项目推进等工作；镇负起实施责任，动员组织各贫困村全面启动新农村建设，扎实推进“三清三拆三整治”工作；各村负起创建责任，充分发动广大村民投身整治创建工作；省直和深圳龙岗对口帮扶单位负起协调落实责任，各司其职，密切配合，把扶贫工作和新农村有机结合起来、牢牢抓在手上。尤其是按照市“确保每个贫困村至少有1名县领导和1名镇领导挂钩负责”的工作要求，县委、县政府制定印发县领导挂驻包干42个贫困村创建新农村示范村工作方案，落实县四套班子成员、“两院”院长及副处级干部分别挂驻全县42个贫困村，其中县四套班子主要领导及县委副书记、县委组织部部长分别挂驻2个贫困村，全面加强对42个贫困村创建工作的指导、协调、督促；各镇也按照省的《实施方案》和市县的工作部署，落实每条贫困村至少安排1名镇主要领导挂钩负责，如贫困村较少的大湖、鹅埠、小漠等镇，由镇委书记、镇长直接挂钩负责；贫困村较多的梅陇、陶河、可塘等镇，除镇委书记、镇长挂驻之外，由镇党政成员分别挂钩负责，从而确保每个贫困村都有县、镇两级领导干部挂钩负责，全面推动海丰县创建工作有序、深入开展。三是坚持因地制宜，全面推进清拆。自市、县推进会召开以来，在县的统筹组织下，各相关镇广泛宣传发动，深入推进贫困村创建新农村示范村工作；各贫困村充分调动广大村民的积极性，动员、引导其投身到“三清三拆三整治”工作之中，力促全县面上贫困村创建新农村示范村工作全面铺开，对部属20户的小型村庄提倡并村移村，积极开展“千村示范、万村整治”工程的示范带动作用，抓好贫困村示范村创建的示点工作，总结经验，全力推进。四是规划先行，发挥引领作用。按照省、市的统一部署，从6月开始，海丰县通过招标形式聘请深圳鹏之艺设计公司对全县42个贫困村进行统一规划、编制工作。尤其在8月16日县贫困村创建新农村示范村推进会之后，全县各相关镇按照县推进会提出的“一村一图、科学合理、村民意愿、刚性约束”的要求，立足各贫困村自然地理环境、经济发展状况、人文风俗等实际，一条村一条村研究，并及时提供相关补充资料，积极协助设计公司做好规划设计工作，坚决做到不搞“一刀切”，防止“千村一面”；科学确定具体建设项目和建设标准，特别是注重民生和村民最迫切需求的项目安排，合理安排农村生产、生活、生态“三生”用地，按生态型、文化型、产业型和城郊型等各种类型进行打造，使之达到美丽宜居村的标准，并建成一批特色精品村。五是拓宽资金来源，加大保障力度。海丰县采取多元投入机制，动员发动社会力量、村集体及群众共同参与建设，省级下达资金5.1亿元、市级资金4220万元、县级资金2100万元已全部到位，帮扶单位投入资金5000万元，发动乡贤筹资6500万元及县级资金都已投入新农村建设工作，切实解决制约工作推进的资金“瓶颈”问题。同时，由县政府牵头县农办、财政、住建、农业、国土、发改等部门，积极加强与上级相关部门对接，结合实际，抓紧制定县级农村建设项目组织管理和资金使用管理规定，进一步规范资金使用和促进提升资金使用效益，探索国有企业民营经济投入新农村的建设。六是全面推进各贫困村“两个示范”建设。认真贯彻9月20日省委常委、组织部部长邹铭到汕尾调研抓基层党建促精准扶贫攻坚和社会主义新农村示范村建设时的工作要求，将社会主义新农村示范村建设与党建示范村建设同步推进，着力发挥党组织和党员的引领作用。把附城镇新山村、联安镇坡平村、梅陇镇永红村、可塘镇仓前村等6个贫困村作为“两示范”和示范村创建先行点启动建设，取得明显成效。

（县老建、扶贫办公室）

附：2017年海丰县老建、扶贫办公室领导名录

主　任：林来佳

副主任：李少芬

消费者权益保护

【机构人员】 县消委会设立办事机构，即消委会秘书处，下设办公室，配备专职干部，开展各项日常工作。县消委会办公室配备人员3名,主任及工作人员由县工商局指定任命，人员编制挂靠县市场和质量监督管理局。对应于县工商局基层工商所，设立县消委会基层投诉站12个，站长由市监所1名副所长兼任，负责就近处理消费者咨询、投诉。"12315"申诉举报中心配备工作人员3名，配有电话录音设备，方便消费者随时随地申诉举报。同时，对应于基层市监所设有"12315"申诉举报站12个，与消委会基层投诉站合署办公，负责及时处理申诉举报案件。

【企业诚信建设】 2017年，结合“创文”工作要求，坚持把促进经营者诚信自律与加强消费维权工作结合起来，不断加强信用引导，推动诚信建设，倡导诚信新风尚，坚持以示范引领、精准创建的工作导向，围绕带动商贸领域诚信建设的目标，在海丰县城广富路和蓝天广场为全县打造“诚信经营示范街”“诚信超市”示范模板。通过广泛宣传发动商户主动加入创建行列，引导商户在经营场所公开承诺，接受社会共同监督，积极塑造以诚为本、以信为荣的营商环境，充分发挥表率作用和示范效应，大力推进海丰县“质量诚信、价格诚信、计量诚信、服务诚信”四个诚信品牌建设。2017年，县消委会共发放诚信经营承诺书、诚信经营倡议书、市场商户落实诚信经营主体责任承诺书、生产企业产品质量安全主体责任承诺书等资料近万份。

【强化消费者权益保护】 2017年，县消委会、12315申诉举报中心及各级基层维权机构认真落实法定职责，加强对消费者的权益保护。县消委会办公室直接受理消费者投诉47宗，为消费者挽回经济损失28.54万元；12315中心接受群众来人、来电投诉案件216宗，为群众挽回经济损失约16.1万元。受理举报案件127宗，处罚款4.2万元。“五进”（进商场、进超市、进市场、进企业、进景区）消费维权服务站56个，接受投诉2239件，接受咨询6051全部调解成功，和解率100%。

【“3·15”系列活动】 2017年，县消委会结合“网络诚信，消费无忧”年主题活动，充分发挥职能，牵头各有关单位从3月上旬起组织开展一系列“3·15”国际消费者权益日活动，全力整治市场经营环境，依法保护广大消费者合法权益，竭力营造放心消费的市场环境。“3·15”期间，县消委会牵头县市监、农业、烟草、盐务、药监、卫计等职能部门，组织执法人员深入集贸市场、超市、各类市场开展专项检查行动，开展食品、农资物品专项检查行动和打假执法工作，严厉打击各类制售假冒伪劣商品、侵犯消费者权益违法违规行为，共出动执法人员780人次，检查商事主体950户次，查扣假冒伪劣商品一批，起到良好的教育作用和震慑效果。通过制作悬挂宣传横幅、执法人员边巡查边宣教、宣传车流动宣传、媒体宣传等多种形式，开展“新消费，我做主”年主题宣传，广泛传播消保信息，大力灌输维权知识，营造政府主导、部门监管、行业自律、社会监督的多元共治消费维权浓厚氛围，倡导广大市民、消费者积极参与“3·15”活动，期间发动各单位制作横幅120条，县消委会组织出击宣

传车6车次，连续3天深入各乡镇、行政村宣传，在海丰电视台重点时段滚动播放消费维权与社会监督公益广告。“3·15”当天，县消委会牵头组织各相关部门，在海城镇红场门口举办纪念“3·15”国际消费者权益日宣传咨询服务活动，现场接受群众有关消费维权的咨询、投诉和举报，指导群众辨别真假烟酒、食盐等商品，派发宣传资料，广泛进行法制宣传，增强消费者依法消费维权意识。据统计，活动现场共派发各类宣传册子7300多份，受理消费者咨询420多人次。同日，在城东宫地山举行销毁假冒伪劣商品现场会，集中销毁拼装摩托车、手机显示屏、洗涤剂制品、皮具鞋类、服装、电子游戏机等一批假冒伪劣商品和违法经营物资，货值40多万元，有力体现执法部门重拳打假治劣的态度和决心。

（刘晓健）

附：2017年海丰县消费者委员会领导名录

名誉会长：陈凯婵（任至12月）

陆德源（任至12月）

马小玲（任至12月）

张辉民（任至12月）

许信咏（12月起任）

吴光群（12月起任）

黄玉清（12月起任）

陈健雄（12月起任）

会　长：罗宗好

副会长：谢建作

陈生正（任至12月）

林伟明（任至12月）

周木明（任至12月）

陈喜群（12月起任）

吴仁盛（12月起任）

刘火云（12月起任）

秘书长：谢建作（兼）

海丰年鉴

海豐

镇区概况

HAIFENG YEARBOOK

海丰经济开发区

【概况】 广东海丰经济开发区是1992年12月经广东省人民政府批准设立的省级开发区。开发区位于海丰县城东侧，海丰最大河流黄江河在开发区东部穿越而过直入南海；国道G324线、省道S242线交叉穿过区境，潮惠高速公路在园区开设互通出口。交通便利，区位优越。2017年，全区规模以上工业企业22家，贸易业限上2家，服务业限上1家。其中：2017年新增规模以上工业企业4家，贸易业限上1家。工业总产值104.22亿元，比增22.7%，其中规模以上企业工业产值103.02亿元，比增22.8%；社会固定资产投资20.5亿元，比增93.9%；社会消费品零售总额0.46亿元，比增7.6%;限上贸易业2.2亿元，比增121%。

【机构人员】 海丰经济开发区设立党委会、管理委员会，作为县政府派出机构，为副处级设置，内设办公室、园区管理科、经贸计划科、城建国土科等4个科室。设主任1名，副主任3名，内设机构正职领导数4人（副科级）、副职领导职数6人（正股级），后勤服务人员4人。

【基础设施】 经济开发区内拥有110千伏输变电站1座、数据中心1个、供水公司1个、小学2所、职业中学1所，医院和康复中心各1所，顺丰快递汕尾总公司和圆通快递公司汕尾分公司在园区设立总部。海丰生态科技城以海丰经济开发区（省级）和产业转移工业园（省级）为依托，规划面积1500公顷，按照“产城融合”的理念建设生态科技城。园区首期规划120公顷为综合服务区，主要规划建设行政商贸、研发服务和部分高品质居住功能小区；近期规划320公顷，重点发展高新技术产业和传统优势产业，同时引进、发展现代物流和电子商务产业；中远期的建设规划，主要是进一步优化提升传统优势产业，发展大学科技产业功能，并结合园区建设，打造现代生态农业和沿江滨水生态休闲产业功能，为园区居民提供高品质居住生态环境。至2017年底，园区已完成征地2.6平方千米，累计投入征地和基础设施建设资金7.8亿元，新建园区道路19条18千米。投资2.5亿元占地约120公顷的综合服务区、投资1.8亿元占地约80万平方米的二期工业用地已完成“七通一平”基础设施建设；投资1.8亿元占地0.63平方千米的三期工业用地的基础设施建设在推进中；投资2亿元日处理量5万吨的园区污水处理厂进行规划、环评和征地等前期工作。

【招商引资】 截至2017年底，园区成功引进并落户的项目共26个，计划总投资116亿元，计划用地76万平方米。其中，东维亚国际珠宝工贸城一期、星际动漫产品开发等2个项目已投产运营；裸眼3D、高端直线电机、同翔新型纸品、采味轩花生制品、一开电气、冠龙生物科技、名仕度服饰、龙兴自动化机械、源丰首饰、锂电池隔膜等10个项目即将投产出效益；新引进的威翔航空总装中心、众恒科技、春天地毯、佳宝食品、双全农牧、丽堡路手套帽业、鸿骏首饰、华雅化妆用具、吉安包装容器、朋腾金属制品等项目也在加紧建设之中。

【主要产业】 2017年，经济开发区强化产业集聚带动功能，加快提升园区产业竞争力，着重发展精密和技术装备、电子信息、服装和珠宝等4个主导产业，积极培育产业链条，加快形成产业集聚，兼顾发展关联产业和其他产业，强化经济辐射功能，带动形成区域产业带和产业群，着力打造区域产业品牌。投资规模较大且已投产的有敏兴毛织（海丰）有限公司、联岭针织有限公司、景辉塑胶玩具有限公司、星际动漫科技有限公司、大流服饰有限公司、广东海华拉链有限公司、广富混凝土有限公司、多泰食品有限公司、顺盈纸品有限公司、同翔纸品有限公司等企业。初步形成以电子、服装、毛织、纸品、珠宝、首饰、食品加工等为主的产业体系。

（林海榕）

附：2017年广东海丰经济开发区党政领导名录

党委书记（管委主任）：魏汉锡
党委副书记：陈裕斌　刘克钳
管委副主任：陈裕斌　刘克钳
张彭豪（任至5月）

海城镇

综合概况

【简述】 海城镇是中国第一个县级苏维埃政权发祥地，地处海丰县城中心区域，区域总面积231.29平方千米，是汕尾市中心城镇、汕尾卫星镇。海城镇地理位置优越，交通便利，是海丰县政治、经济、文化、商贸中心，广东省275个中心镇之一，是全县唯一一个特大镇。2017年，全镇下辖13个社区和9个行政村，户籍人口15.7万人，外来人口20多万人，设70个党支部，党员3582名。2017年，全镇工农业总产值预计达到10.92亿元，其中：工业总产值预计达到8.32亿元（规模企业产值3001万元）；农业总产值预计达到2.60亿元；社会商品零售总额预计达到112.57亿元；全社会固定资产完成总额预计达到44.95亿元；居民可支配收入26470元，农民年人均收入14510元；完成国、地两税本级收入达到2.38亿元，其中：国税达到2.29亿元，地税达到828万元。综合经济实力和整体竞争力明显提升，各项主要经济指标完成既定目标。

【机构人员】 海城镇人民政府是乡镇一级人民政府，下设8个办公室：党政办公室、维护稳定和社会治安综合治理办公室、经济发展办公室、社会事务办公室、城乡管理办公室、人口和计划生育办公室、农业办公室、招商引资办公室；3个群团组织：共青团、妇联以及工会。下辖安全生产监督管理站、文化管理服务中心、计划生育服务所、人力资源与社会保障服务所及森林公园管理处5个职能部门。总编制为行政编制75名，事业编制35名，工勤编制12名。2017年，实有干部职工总人数233人。

2017年4月24日，市政协副主席、海丰县委书记邱晋雄（中）到海城镇调研

【党建工作】 2017年，海城镇结合实际，通过整合资源，推进镇委党校建设工作，始终把镇委党校作为培训武装广大党员干部的重要阵地，不断加大对党员干部的培训教育力度，服务党员、服务群众。依托镇委党校的阵地作用，利用海丰红色资源优势，发挥农村党员干部远程教育平台作用，进一步提高党员干部用理论武装思想的能力，提高党员干部用理论指导实践的能力。2017年，海城镇组织开展专题学习95场次，开展集中培训12场次，70个党支部累计开展集中学习256场次，全镇共发放学习资料3700多册。以“党建+”探索新模式。推动党建工作与现阶段发展深度融合、同频共振，以党建带动民生服务、经济发展、平安创建、精准扶贫、公益志愿等，让每位党员成为活跃于服务社会一线的红色细胞。通过“党建+互联网”既充分发挥党员先锋模范作用，又牵引联动每个人的正能量到海城经济社会各项事业发展中来。以大党建焕发新活力。夯实软弱涣散基层党组织整顿工作。落实“一村一策”，深入开展作风建设，切实提升村“两委”班子成员服务水平。扎实推进驻点联系群众制度工作。促使干部作风进一步转变，群众诉求进一步落实。全年全镇各驻点团队累计接待群众15.26万人次，走访群众47701户，解决问题459个。加强镇、村公共服务中心建设。以“窗口化”“一站式”服务为主要手段，在全镇建立公共服务站，搭建便民服务的重要平台，进一步提升人民满意度和幸福感。22个村（社区）公共服务中心已投入使用，镇公共服务中心于11月建成投入使用。

【新农村建设】 至2017年底，莲花省级新农村示范片建设工程累计投入6000万元，第一期工程完成测量测绘、施工图设计、造价预算、监理单位采购、工程造价预算及招投标等程序，并全面动工建设;22个主体建设村100%完成村庄环境卫生综合整治，并按照村庄人口，每村配备1~2名保洁员，建立检查评比奖惩机制，朝着“生态旅游型”省级新农村示范片的目标迈进。农村基础设施建设着力加强。加大

2017年6月15日，海城镇召开学习贯彻省第十二次党代会精神大会

工作力度，整合资源，力促莲花省级新农村示范片二期新增加15个主体建设村全面动工建设，各类民生项目得以实施；投资约400万元，实施村村通自来水工程，对各宗独立供水工程进行扩网管道铺设，新建净水设施，新建拦水陂4座，切实保障村民饮水安全；积极申报“一事一议”奖补项目；强化施工监督，加快施工进度，确保万中河水利基础设施灾后修复工程全面竣工，保障群众正常的生产生活秩序；实施好农业综合开发、小型水利、高效节水等工程，强化农业抵御风险能力，提高农业生产能力和产出效益。

【精准扶贫】 2017年，海城镇聚力打赢脱贫攻坚战。坚持精准扶贫、精准脱贫，规划到户、责任到人，因地制宜、分类指导，一户一策的原则，集中时间，集中人力，及时解决该镇相对贫困户205户556人存在的问题，推动扶贫政策、资源、资金、措施、力量向贫困户聚合。稳步推进就业产业“以奖代补”，落实帮扶启动资金62.4万元，实施产业及就业帮扶；整合资源进行投资收益，整合全镇114户有劳力贫困户共228万元由镇统一委托海丰县产业转移工业园投资开发公司承担创办的扶贫项目，每年固定获得收益分配到各贫困户；23户贫困户的危房改造任务，做到100%开工，100%竣工。各项帮扶工作有序有力推进，较好地完成年度扶贫各项任务。“三清三拆”强力推进。以环境整治为重点，推进美丽乡村建设，紧抓村巷道清理、房前屋后清理、河道沟渠清理，彻底消除卫生死角，强势拆除村内乱搭乱建、违章建筑、废弃房屋，巩固社会主义新农村建设成果。全力做好农村人居环境整治一村一台账工作，同步录入广东省20户以上自然村人居环境整治系统，实现人居环境整治动态化管理。

【“创文”工作】 2017年，海城镇经营城市理念进一步创新。合理优化片区功能布局，积极推进节约集约用地，严格执行土地利用总体规划，从严控制新增建设用地，路、水、电、信、绿化、亮化等市政基础设施加大投入推进，教育、医疗、文化、体育、商贸、旅游等城市公共配套设施不断完善。进一步提升城市魅力，集聚人气。“创文创卫”继续深入开展，巩固活动成果。扎实有效查处“两违”建筑，全年共发停工通知书304份，强制拆除违章建设512处，共计3万多平方米；依法查处非法开发，叫停非法占用耕地建设厂房、非法采砂场等非法开发建设10宗，遏制非法开发的势头；查封镇域内6间石材加工、砂石场、石灰厂；整顿规范农贸市场经营环境，加快推进全镇11家农贸市场升级改造各项工作；深入推动镇域卫生死角清理大行动，全年出动12.20万人次，建立健全镇、村两级环境卫生考评机制，推进城市管理工作标准化、规范化和精细化。交通秩序和市场秩序深入推进，彻底整治摊点占道经营、车辆乱停乱放等现象。采取有效措施，逐步推进河园村、新市（灰窑）片、夏巷片3个老区改造工作，打造宜居宜业新海诚。

【产业升级】 2017年，海城镇切实加大项目建设力度，始终以项目建设为突破口，推进教育园区、道路交通、商住区等重点项目实施，不断深化“经营城市”理念，着力提高城镇管理效率和服务水平，有力促进县城中心城市向现代化中等城市转变。至年底，华中师范大学海丰附属学校完成项目及配套设施建设工作并交付使用，莲花大道路基已完成土木工程，排水、绿化、电力和电信等工程在有序进行。福临坑路改造工程按程序进行招投标，已实施施工。北部新区二期、中医馆也在加紧推进。进一步推动城市扩容提质，全镇市政设施条件和人居环境显著改观，城市发展空间得到新拓展。切实加大招商引资力度，借助潮惠高速公路建成通车的交通优势，立足优越的区位条件，丰富的特色资源，主动出击，充实项目工作力量，完善服务体系，建立健全项目的跟踪、服务、协调机制，认真做好项目实施的跟踪服务工作，围绕产业转型升级、新型城镇化、公共服务等重点领域，借助县电子商务园、义乌小商品批发城等电商平台，大力推动“互联网+电商”融合发展，推动海城镇食品加工、茶叶等传统特色产业深化电子商务应用，引领中小微企业发展电商产业，打造电商大中型企业集群网络，促进招商引资项目落地，提高招商取得新成效。推动规上企业持续增加研发投入，强化技术研发，提高生产力和竞争力，打造海城知名品牌。以莲花省级新农村示范片建设项目为契机，充分依托莲花片区秀美田园风光、资源丰富的优势，大力整合特色农业品种资源，创新农业开发，积极开发深加工产品，大力发展“一村一品”特色产业，鼓励和支持“龙头企业、专业合作社、种养大户”抱团发展，积极引导茶、蔬果、花卉苗木等特色产业健康有序发展。创新工作思路，全力做优生态经济，重点推进润之泽农业循环经济产业项目建设，以产业化经营为导向，大力发展高效、有机、无公害农产品，为解决群众食品安全问题开创新途径。

【环境保护】 2017年，海城镇全力做好森林防火工作。强化森林防火日常巡查，最大限度减少森林火灾损失，保护森林生态资源和人民群众生命财产安全。在重大节假日期间，以宣传为先导，以深化落实责任为抓手，加强领导，精心部署，把森林防火责任落实到人，落实到山头地块，不留死角。建立起“领导重视，政府全面负责，镇村齐抓共管，群众广泛参与，全社会积极支持”的森林防火工作机制。确保该镇全年无重大森林火灾、人员伤亡事故。加大生态环境保护力度。加强生态环境综合治理，推进资源节约型、环境友好型社会建设，让人与自然更加和谐，努力实现可支持发展水平新突破。坚决打击乱造坟墓和私自买卖土地等不法行为，维护良好的自然生态环境。2017年，全镇补贴生态林面积0.77公顷，发放资金168万元。“河道三清”“六水共治”工程初见成效。投入资金约8800万元，实施龙津河上中游流域、大液河海城段流域和召贡河流域整治工程，提升河道排洪能力，优化水源生态环境。继续做好水源头县城北部新区和埔仔洞区域128户养殖户的整治工作。做好河长制工作。制定实施方案及相关制度，明确全镇河流水库镇、村两级河长，压实工作责任，开展全覆盖巡查督查，全力保护水环境。

【平安海城】 2017年，海城镇深入开展创建“平安海城”工作，积极推进目标管理和社会治安综合治理网格化管理实施工作，以平安创建活动为载体，把综治工作和建设“平安海城”工作摆上突出位置，扎实推进“中心+网格化+信息化”管理工作，进一步完善该镇综治信访维稳中心功能，不断完善硬软件条件，构建网格化工作高效平台，全面推行社会治安综合治理网格化管理，全镇共划分为132个网格，重点管理片区共92处，全镇专职网格员132人，兼职网格员338人，9月全部配备网格终端，其中PC终端1部、手机移动终端156部，网格账号开通运行，网格事件及时录入上传并处理，与广东省广播电视网络股份有限公司汕尾分公司签订《综治视联网服务合同》，着力提升防控水平，激发社会治安整治新活力。高压态势持续抓好禁毒缉枪工作。深入分析治安和禁毒斗争形势，深入持续推进社会治安重点整治和禁毒缉枪工作，进一步创新工作方式方法，压实镇、村两级责任，持续抓好禁毒缉枪工作，坚决拒毒品于镇门之外。健全完善安全生产长效机制。进一步落实“网格化”管理，强化安全隐患排查，加大“打非治违”力度，突出抓好食品药品安全、消防安全、建筑安全、学校安全、道路交通安全等重点领域的安全生产工作，确保全镇安全生产形势持续稳定。火灾隐患整治全覆盖。集中镇、社区（村）两级力量，对全镇辖区内4500家“三小场所”建档立账，全面落实消防措施，实现火灾隐患整治动态化管理，对不合格的场所，勒令按标准限时整改，全覆盖配备应急消防器材，消除火灾隐患。

2017年12月9日，海城镇召开消防整治会议

（林振奕）

附：2017年海城镇党委、政府、人大领导名录

党委书记：庄　政
副书记：余鸿垒　叶克练（8月起任）
　　　　吴恒卫（任至3月）
　　　　邱诗光（任至7月）
镇　长：余鸿垒
副镇长：叶克练（任至8月）
　　　　黄小丰　施晓彬　林丽容
人大主席：余小经
副主席：柯冬妮（11月起任）

村（社区）选介

【海城镇北门社区】 北门社区居民委员会位于海城镇中心，面积约0.2平方千米，下辖11个居民小组，4个经济合作社，总人口1.5万多人，县城红城大道横穿境内，交通方便，境内商铺林立，县城最大的购物中心蓝天广场、地王广场、威文大厦、麦

当劳、肯德基连锁店均设在社区内，辖区内商业繁荣。北门社区居民委员会拥有商铺12间，年租金50万元。2017年，海城镇北门社区居委扎实开展“创文”“创卫”行动，创建“民主法治社区”大力整治社会治安，认真排查涉毒涉枪情况，圆满完成社区“两委”换届选举，学习宣传贯彻党的十九大精神，全面完成上级布置的各项工作任务。2017年4~5月，北门社区按照省、市、县、镇的工作部署，选好配强新的领导班子，按规定的职数实行交叉任职，新一届领导班子平均年龄45岁，都具有高中以上学历。新的领导班子制订社区书记主任职责、“两委”委员职责、社区党组织职责和社区经济组织职责，夯实基层组织建设。社区重视民主法治普法教育宣传工作，在辖区内设立4个法治宣传栏，每季度更新宣传内容，每年举办1次“睦邻里菜茶会”，向群众进行法制宣传，每半年召开1次居民代表会议，民主决策制度和议事规则完善。社区设置人民调解室、法律顾问工作室、法律服务室、法治宣教室、法治阅览室，为群众提供优质便捷的公共法律服务。2017年，北门社区投入资金成立以治保主任为队长，调解主任为副队长的12人治安联防巡逻队，根据辖区各巷道的地理环境，巡逻队配备6部装置有警灯的二轮轻便电动车和1部8座位4轮的电动车，在每部车的前后显眼位置喷上北门社区治安巡逻队标识，巡逻队员统一着装，配备装备，密切配合公安机关，在派出所驻片民警的带领下，对辖区内实行机动化常态化巡逻巡查。清明节期间，做好山林防火防护工作，没有出现山火问题。为创建广东省文明县城，推进文明县城、文明镇、文明村（社区）的“三级文明联创”战略部署，该社区认真落实县委、县政府关于《海丰县创建广东省卫生县城（镇）工作实施方案》，投入大量人力、物力、财力扎实开展“创文”“创卫”行动。2017年9月，北门社区顺利通过省文明委在该社区的蓝天广场、步行街进行暗访、检查。

2017年12月25日，省委农办调研员叶飞带队到海丰考核评估海城镇莲花新农村示范片情况

【海城镇南垭村委】 南垭村委会位于海城镇西部，下辖蔡坑、南垭、下村3个自然村和5个村民小组，是广东省革命老区村，也是经济欠发达山区，属贫困村委。全村有土地面积25平方千米，其中耕地面积80公顷，有300多户人家，总人口1200多人。南垭村委距离县城14千米，2个自然村通水泥路、通电，村民除部分外出打工外，在村的主要经营种茶、种果、养猪等。金竹古寺旅游景点处于境内。2017年，该村积极发展农业生产，调整产业结构，增加经济收入。全年全村委农业生产和其他行业的总产值930万元，比增8%，村民年人均收入7016元。南垭村委围绕“生产发展、生活宽裕、乡风文明、村容整洁、管理民主”的目标主题，立足“农业增效、农民增收、农村稳定”这一要求，大力实施“强农富民兴村”工程，在构建和谐社会、建设社会主义新农村，调整产业结构，结合实际，发挥优势，积极采取引进新、优、特品种，特别是推广种植优良品种的割茨和其他经济作物，大力发展农业生产和多种经营，劳力输出和发展第三产业，认真做好农村各项工作，落实工作责任制度，完成各项工作任务，提高农民经济收入，村民日常生活水平逐步提高。在基础设施建设方面，村两委干部、村民小组干部、村民代表、全体党员一切从实际出发，密切联系群众，听取村民建议，对全村委农田水利设施和基础设施认真进行逐一查实，兴修水利陂头渠道，大大夯实农业水利设施基础，疏通道路，确保土地增值和发展，促使增产增收，提高经济效益。同时，抓好村容村貌整治环境卫生，创建文明乡村，对低保户的危房进行改造维修，按照镇党委、政府的工作部署和指示精神，进行全面整治环境卫生，创建文明乡村，开展禁毒斗争工作，打好禁毒持久战，打好文明创建的攻坚战，搞好环境卫生、保护生态环境、抓好绿化、美化、净化的各项措施落实，规划好活动公园、道路、进行植树绿化，使村面貌焕然一新，为社会主义新农村建设奠定基础。提高文明意识，做好计划生育各项工作，提倡优生优育，倡婚事新办、丧事简办，做好殡葬改革工作，保证遗体100%火化，大力宣传毒品危害性，杜绝毒品，社会治安出现良好局势，村民安居乐业，过上美好生活。抓好基础组织建设，抓好干部队伍思想建设，村党支部做好党建工作。2017年5月，圆满完成村“两委”换届选举工作，选举产生新一届班子。

城东镇

综合概况

【简述】 城东镇位于海丰县城东部，北倚将军山和骑岭山与公平镇接壤，东峙大嶂山与可塘镇交界，东南面和南面分别与可塘镇、陶河镇相望，西南面和西面分别与附城镇、海城镇相邻。西南距汕尾市区约25千米，西距县城约1千米，总面积76平方千米。区域内总人口13.2万，常住人口9.2万，外来人口近4万人，有港澳同胞、台湾同胞及华侨1.5万多人。1993年1月，改乡为镇，城东镇人民政府设于上埔。1999年3月，划出该镇关东、安东2个行政村归属海丰老区经济开发试验区，2003年6月，关东、安东2个行政村仍归城东镇。辖名园、龙山、赤山、新江、北平、河中、圆墩、后林、大嶂、梓里、后塘、汀洲、安东、关东、台东、东园16个行政村委会和桥东1个社区居委会，119个自然村，157个村民小组。2017年，城东镇工农业总产值73.1亿元，比增25.3%；完成工业总产值63.6亿元，比增25.1%；其中完成规模工业产值50.8亿元，比增31.9%；完成农业总产值2.68亿元，比增9.2%；完成社会固定资产19.36亿元，比增7.8%；完成社会商品零售贸易总额14.39亿元，比增5.6%，顺利完成各项指标。

【农业经济】 2017年，城东镇实施各类水利项目，推进高标准基本农田建设，推进中小河流清违、清淤、清障“三清工程”，加快黄江和红花地库区改造配套；高效使用基本农田保护经济补偿省级补助资金，将补助资金落实到“关赤排洪渠、汀洲分渠、龙赤排洪渠、新江排洪渠”基本农田排灌渠道进行保护治理，进一步改善农业生产条件。扎实推进农村承包土地确权登记颁证，全镇107个社，总承包户7257户，已完成外调出一次公示102个社，完成外调面积2194.44公顷，67个社完成一次公示，48个社完成二次公示。推进第三轮扶贫“双到”工作，北平、河中、大嶂和台东4个贫困村基本完成“三清理、三拆除”新农村示范建设基础工作，为新规划示范村的蓝图调整新的空间布局，为全面实施创建工作打下坚实基础。同时，积极推进“一村一品”的产业扶贫工程，重点推进北平村“蔬菜种植基地”、河中村的“连片水稻种植基地”、台东村“梅李种植基地”和大嶂村“马铃薯种植基地”。危房改造稳步推进，帮助贫困农户解决最基本的住房安全问题，严格把关危房改造对象审核，优先解决贫困农户住房问题。

【重点项目建设】 2017年，城东镇完成约60万平方米土地征收工作，征收生态科技城约43万平方米，三、四期征地工作有序推进，地上作物补偿清表工作同步推进，整个生态园区规模不断扩大，产值逐步提升；妥善解决龙山汾西片县市民广场及配套设施建设用地的遗留问题，该片78269平方米土地交付使用；征收学校建设用地29755平方米，解决城东镇中心小学关东校区用地问题，推进教育提速发展，为教育创强和教育创强发展保障建设用地需要。城陶公路汀洲村至黄江中闸路段建设工程已完成路基施工，开始路面铺设。海紫路扩建已完成约5万平方米的土地征收工作，地上作物补偿工作将全面完成，征地和清表顺利推进，为公路改扩建打下基础。完善生态科技城首期外排水管道建设，修建2条排水管接首期园区渡头和后港2个出水口，将生态首期园区部分排水引向外溪。17个村（社区）公共服务站按“五个统一”标准逐步完成建设，全镇服务阵地都提档升级。自来水村村通项目，施工单位已完成对主管网建设，项目的推进将解决8个行政村饮水问题。

【民生工作】 逐步完善镇文化中心以及各村农家书屋配套设施建设，文化市场也得到有效管理，群众参与文体活动氛围浓烈；投资50多万元的梓里和后林公建民营卫生站已全面完工，将进入全面运作，城东卫生新院择址和土地征用已完成，进入招投标和建设阶段，全镇医疗卫生环境得到有效改善。打好新时期精准扶贫攻坚战，按照“三保障”要求，落实好“有安全住房、有安全饮用水、有电用、有电视信号覆盖、有网络信号覆盖、有教育保障、有医疗保障、有稳定收入来源或最低生活保障”八项指标，认真统筹和规划，层层压实责任，由村摸底上报，至2017年底已通过八项指标的有411户1682人，超额完成县下达脱贫指标。切实抓好殡葬工作管理和“四道两区”清坟工作，严格执行遗体火化“一刀切”政策，火化率逐步提高。推进计划生育服务管理改革，优化生育全程服务管理，进一步提高基本公共卫生和基本医疗服务质量和水平，促进人口均衡发展。不断加强农村社会保障体系建设，发各类低保、五保、优抚、高龄补助款，改善困难群众生产生活条件。

【其他工作】 一是抓好安全生产工作。2017年，赤坑镇深入开展消防整治工作，排查化解各类安全隐患，紧盯重点行业领域和群体，全镇共排查各类安全隐患2100家，整改合格1903家，查封895家。组织专门队伍开展拆除小区内占道的违建房屋、铁棚、围墙、铁门、花槽等堵塞消防通道的专项行动，累计共拆除房屋19间，铁棚、围墙、花槽等41处，铁门274个，消除消防通道隐患331处。二是打击制毒、贩毒行为，加大排查力度，全年开展禁毒排查活动850次，确保全镇不出现制毒窝点。三是充分利用综治信访维稳中心平台作用，结合领导干部驻点工作制度，坚持把矛盾化解在基层和萌芽状态，维护全镇社会大局稳定。四是文教卫工作成效明显。通过对照督前验收专家组提出问题，逐一进行整改，使全镇教育创强顺利通过省市县验收。赤坑镇在文明创建期间，悬挂宣传标语220幅，制作宣传标语100幅，配备保洁员140人，清理垃圾约1000吨，拆除违章建筑100处，清理河涌、池塘、水域160处（段），建设垃圾转运站1个，总投入资金约620万元。

（余晓杰）

附：2017年城东镇党委、政府、人大领导人名录

党委书记：陈锦峰（任至1月）
林永长（1月起任）
副书记：郑增城　陈耿锋　苏小全
廖焕标（挂职）
镇　长：郑增城
副镇长：欧荣锋　陈伟全
人大主席：陈小林
人大副主席：陈高贤（11月起任）

村（社区）选介

【城东镇后林村委】 城东镇后林村委会西面接飞机场路，北面是大嶂堤道，东面是可塘蛇山和牛牯山，南面是国道G324线的广汕公路，距离城东镇府约7千米。后林村委有后林村、湖美村、过埔村、移民新村4个自然村。2017年，该村居住人口1000多人，旅港同胞300多人，耕地166.67公顷，山林3.33公顷，果林2.67公顷，淡水养殖场10公顷。该村经济以农业为主，种植水稻、番薯、花生等主要作物。后林原是田多人少的自然村庄，大部分人口来自福建的先民，1959年10月，因建设公平水库，在后林安置移民，遂建立移民新村。聚落建筑多为岩石三合土的瓦木平房结构，自改革开放以后，新增部分砖瓦结构和钢筋混凝土楼房。2009年，后林移民新村重新建设新乡村，建设地址位于后林村委会址后面，合计投资962.16万元，建设民房占地实建面积15292平方米（首期建设90户），食水、四通一平及其他工程各1宗。新乡村于2017年5月开始动工建设，至年底已完成60户基础建设。

【城东镇河中村委】 城东镇河中村委会地处黄江中游，东面接可塘镇罗西黄厝港村，西近黄江，南接北平村委洋尾村，北邻圆墩村委会自然村。明代时开始有先民于此居住，因地处黄江中游，东有东溪，四面有溪河环绕，水源充沛，故名河中。总面积约4.5平方千米，耕地面积93.33公顷，果林2公顷，淡水养殖场5处。主要种植水稻、番薯、瓜类、蔬菜等作物。河中村委驻地行政村有河口、中沟、会湖3个自然村。辖区有郑、蔡、陈、王等姓氏。辖区有民国初期传入的中沟天主堂，是依法批准开放的宗教活动场所。河中村重视村容村貌建设和新农村建设，但由于受到交通、地理等因素影响，经济相对落后。2017年，河中村委有中共党员48名。贫困户共有48户177人，其中五保户9户、低保户6户、扶贫户33户。80岁以上老人有22人。2017年，河中村委被列为贫困村创建社会主义新农村示范村。河中村委通过一系列措施，借助重点项目建设契机，改善村集体经济，提高村民生活水平，摆脱后进局面。

附城镇

综合概况

【简述】 附城镇位于海丰县城南郊，属城乡接合部。辖区总面积69.24平方千米，下辖4个社区、14个村委，共有183个村（居）民小组，总人口6.45万人，外来人口近12万人。2017年有党支部35个，党员共1599人。附城镇是海丰县城的南大门，交通四通八达，省道S242线海汕公路和国道G324线广汕公路、县城二环路、三环路交会经过，至汕尾城区仅需20分钟车程。2017年，全镇完成工农业总产值55.59亿元，其中工业产值51.2亿元，农业产值4.39亿元，分别比增28%和5%；规模以上工业产值23.7亿元，比增32%；社会商品零售总额32.7亿元，比增21%；全社会固定资产投资52亿元。完成国地两税收入14103.2万元，其中国税13293.2万元，地税810万元。

【机构人员】 附城镇是乡镇一级人民政府，内设：党政办公室、维护稳定及社会综合治理办公室、经济发展办公室、社会事务办公室、城乡管理办公室、人口和计划生育办公室、农业办公室等7个办公室7；3个群团组织：工会、共青团及妇联。下辖人力资源和社会保障服务所、计划生育服务所、文化服务中心、安全生产监督管理站等4个职能部门。

【民生工作】 2017年，附城镇基本完成县下达的全镇城乡居民养老保险任务。“全面两孩”政策有效实施。“教育创强”和“教育创均”工作有效开展，全镇各中小学校配套建设和布局调整不断完善，附城镇城中小学（中心小学）新校园按高起点、高标准的规划建设。积极贯彻落实上级各项扶贫政策，精准扶贫工作扎实开展，农村土地确权工作有序推进。社会治安专项整治行动深入开展，铁拳打击各类违法犯罪活动，社会治安明显好转。禁毒缉枪行动持续开展，加大网格化管理和常态化巡查力度，坚决守住“拒制毒于镇县门之外，绝不成为毒品交易集散地和绝不成为聚众吸毒之场所”的“三条红线”。信访维稳工作扎实推进，突出矛盾纠纷排查化解，落实领导包案责任制，依法依规、及时有效解决群众诉求，出色完成十九大期间的社会治安和安保工作任务，得到县委、县政府充分肯定。消防、食品安全等安全生产和应急管理水平不断提升。武装、殡改、妇女儿童、工会、青年等工作都取得新突破、新发展，为推动全镇经济社会发展发挥重要作用。

【重点项目建设】 2017年，附城镇围绕县政府“宜居宜业宜游现代中等城市”建设目标，积极配合县城南部新城发展战略，服务好市民中心、联西小路坡片项目建设。全力推进县储备土地项目征地工作，顺利完成“海河路西”约6万平方米征地和荣山仁荣中学前（彭湃医院新址）约10万平方米征地，为县重点项目建设提供强力支撑。房地产业稳步发展，以云岭山庄、海悦名城、富嘉名城、正升华府等为代表的品牌楼盘广受欢迎，御景华府、帝景山庄、天悦龙庭等大型楼盘相继开工建设。物流、传媒、服务业、二手汽车销售行业等持续发展，初步形成“324”复线联西段和海汕公路西闸桥边两大“二手车”交易中心。全镇经济发展新动能不断积聚，发展新活力进一步增强。

【基层组织建设】 2017年，附城镇通过抓建设、管队伍，扎实推进脱贫攻坚工作。在2017年村（社区）党支部换届选举中，选强配强班子，完善18个村（社区）公共服务平台建设，党支部阵地得到优化和巩固；推进“两学一做”学习教育常态化制度化，深入开展学习贯彻十九大精神，党员干部思想觉悟和服务能力得到不断提高；大力推进产业扶贫、就业扶贫，继续落实“三保障”政策，在巩固2016年脱贫成果的同时，实现2017年脱贫攻坚目标。

【土地确权登记】 附城镇区域面积69.24平方千米，拥有17个经济联合社，158个经济合作社及6个未申请经济组织的村组，其中：城南社区13个、中河社区3个、南湖社区6个、青年村委3个、联河村委2个、联西村委1个，6个村（社区）共28个村组无确权任务，实际有确权任务的村组共135个及1个联合社。国土二调耕地面积2189.2公顷，其中包括中河、城南、荣港、荣山、联西、新南、联河共7个村（社区）被征地面积146.67多公顷。至2017年底，完成实测面积1419.28公顷（其中：农户承包面积：

1132.27公顷，集体地面积：287.02公顷），涉及农户数6439户；完成外业实测的经济社118个，完成一次公示的经济社77个，完成二次公示的经济社60个，完成成果签字的经济社39个。

【村（社区）“两委”换届选举工作】 2017年，附城镇严格按照县委和县委组织部的工作部署，以“一法两办法”为依据，顺利完成18个村（社区）“两委”班子换届选举工作，选出“两委”干部121人，“两委”干部交叉率79.86%，一大批优秀党员充实到村（社区）党组织班子，进一步夯实农村基层党组织建设，为农村基层发展提供坚实的组织保障。

【自然村落历史人文普查工作】 附城镇下辖18个行政村（其中：4个社区、14个村委），有自然村落123个。至2017年11月底，附城镇完成普查表登记、录入115份（有多个自然村落合成一片进行登记），完成普查文稿撰写、校对115份，拍摄普查相片800多张。顺利完成自然村落历史人文普查工作，圆满完成县下达的普查任务。（注：其中云岭山庄社区为新建住宅小区，不参与自然村落历史人文普查）

【其他工作】 ①“创文创卫”工作深入推进，突出抓好城乡环境卫生、市容市貌综合整治、农贸市场改造升级等工作，成功清理整治国省道、主干道两侧废品回收站9间、土沙石场37间，取缔养殖场10间，改造升级农贸市场8家。严厉打击“两违”行为，联合县国土、住建和公共事业局等职能部门，依法拆除国道G324线旁联西南岭段、海渡路、联河大道，以及南湖等路道的多处乱搭乱建违章建筑。②通过镇城建、环卫、国土、工商、派出所等部门和各村（社区）的通力合作和辛苦工作，附城镇、村面貌焕然一新，城乡居住环境进一步改善，群众文明卫生习惯逐步形成。在2017年9月省级文明城市考核中，附城镇成绩优异，得到县领导肯定。③社会主义新农村示范村建设强势推进，镇党政主要领导到一线现场督导，“示范村”建设工程按高标准、严要求强力有序推进。新山、笏口2村的“三清三拆三整治”工作已如期完成，开始转入规划设计阶段。2017年9月底，新山村红色规划建设工作得到省委常委、组织部部长的肯定。11月中旬，示范村建设得到市委、市政府的肯定，全市乡镇党政主要领导到新山参观考察，推广学习“新山速度”“新山经验”。

（张玉玲　吕晓义）

附：2017年附城镇党委、政府、人大领导名录

党委书记：林建新
副书记：陈腾渊（任至1月）
　　　　刘加惠（4月起任）
　　　　蔡炫杰　吕朝晖
镇　长：陈腾渊（任至1月）
　　　　刘加惠（4月起任）
副镇长：薛明汉
　　　　张小亚
　　　　谢耀富
人大主席：李海涛
人大副主席：徐春梅（11月起任）

村（社区）选介

【附城镇圆山村委】 附城镇圆山村地处县城南端，与联安镇相邻，距海丰县城约5千米，县绿道穿越而过，交通方便，田园锦绣。村委会辖6个自然村（圆山村、坐子村、下山村、信子村、宫口笏村、洪厝村），14个村民小组，总户籍人口6280人，常住人口2366人。村“两委”干部8名，中共党员89名。全村耕地面积213.33公顷，土地肥沃，以种植水稻为主，年复种蔬菜面积133.33多公顷；海淡水养殖面积133.33多公顷，以养鱼蟹蚝为主。全村路道巷道基本铺设水泥路面硬底化，安装照明路灯，各自然村建设无害化厕所、垃圾处理池，水泥晒谷町、花园等活动场所。

【附城镇新北村委】 附城镇新北村地处海河路与赤西路交界处，面临丽江河，背靠鹿境山。村委会辖1个自然村，9个村民小组，总户籍人口2300人，常住人口1300人。村“两委”干部7人。全村耕地面积80多公顷，淡水养殖面积26.67公顷。新北村建居约800多年，历史悠久、人杰地灵，村港澳同胞、乡贤志士出资出力，累计捐款、筹集资金约1000多万，建设村级小学1所、村办公楼1座，村道基本完成硬底化，村内外有路灯照明、监控等。新北村历年来多次被省、市、县评为社会主义新农村建设示范点、文明卫生村。

联安镇

综合概况

【简述】 联安镇地处海丰县西南部，距离县城6.2千米，东有大液河通红海湾，与附城镇一河相隔，西与梅陇相邻，有石塘岭、大箝岭、狮蹄山，镇南沿海滩涂是国际重要湿地。北面有群山重叠的莲花山脉，地势呈自西北向东南倾斜，中间为广阔的冲积平原。全镇区域面积50.8平方千米，耕地面积1597.6公顷，山林面积1124公顷，辖有16个村委、1个社区，全镇人口38761人。该镇是海丰县主要产粮区和海淡水养殖基地，也是海丰县革命老区之一。镇区内东关联安围国际湿地保护区面积4500多公顷，有国家I、II级保护鸟类35种，是100多种水鸟的栖身地，被称为“中国水鸟之乡”。2017年，联安镇政府围绕县委“三三五”发展战略，以推动全镇“全面加快有机产业基地建设、致力打造南粤农业强镇”为目标，全力推动全镇经济社会持续稳步健康发展。2017年1~10月，全镇完成生产总值8.5亿元，比增8.70%。其中，农业生产总值6.02亿元，比增8.90%；工业总值2.48亿元，比增6.70%；完成固定资产投资10.09亿元，比增17.2%；完成社会零售总额3.76亿元，比增8.80%；完成限上贸易零售业435万元，比增1.00%。总体经济运行良好、稳中有进，奠定全镇社会发展的经济基础，为“十三五”规划”既定目标起好步、开好局，促进协调可持续发展提供经济保障。

【机构人员】 联安镇人民政府是乡镇一级人民政府，下设5个办公室：党政办公室、维护稳定和社会治安综合治理办公室、经济发展办公室、社会事务办公室、人口和计划生育办公室；3个群团组织：共青团、妇联、工会。下辖安全生产监督管理站、文化管理服务中心、计划生育服务所、人力资源与社会保障服务所4个职能部门。2017年，总编制57名，其中行政编制40名（含财政所4名）、事业编制11名、工勤编制6名。

【农业经济】 农业经济是联安镇的主体经济。2017年，该镇围绕现代农业发展主线，努力构建科学发展新优势这一主题，全力实施《联安2016~2030总体发展规划》《联安镇旅游发展详细规划》和《联安镇国民经济和社会发展第十三个五年规划》。加大“三农”工作力度，完善农业基础设施，大力推进农业规模化、集约化和标准化生产，农业现代化和农业格局得到有效转型，有力地促进农业增效、农民增收。联安镇作为发展现代农业种植以及袁隆平超级稻在汕尾地区推广的先行区，通过以点带面扩大种植范围，进一步推进联安现代农业发展，促进全镇农业生产发展。该镇各村因地制宜，大力发展特色农业，种植番薯、瓜类、蔬菜等特色农作物，种植面积1000公顷，沿海村委海淡水养殖业发展形势大好，农民收入大幅提高。

【基础设施】 联安镇把基础设施建设作为发展一方经济的要务来抓，通过项目建设的投入，改善全镇群众生活与生产条件，使农业生产抵御自然的能力得到增强、交通环境得到全面改善。至2017年底，县重点项目建设：投资7680万元的广州中嘉实业有限公司纸品建设项目已完成厂房建设；投资总额1541万元的联田至柴隔陂公路新建工程，已完成7千米路基、路面建设。完成新陂溪、柴格陂溪、硫酸河下游、四孔沟、青年干渠等河道的水浮莲清理和浚深。投资1300多万元的联川、坡平片区国家综合开发土地治理项目和投资900多万元的霞埔、唐厝、联南片区国家综合开发土地治理项目建设加快推进。投资60万元的3栋水闸改建工程已完成设计并进入招投标，做好长13.6千米的黄江下游支流大液河治理工程；积极配合县重点项目县道X27线公路三环路至联安段的升级扩建工程开工建设。

【创文创卫】 2017年，联安镇把打造文明乡镇作为优化环境、改善民生和促进发展的战略举措。一是强领导、压责任。坚持“政府主导、部门配合、群众参与、综合治理”的原则，建立镇党政成员包抓“双创”重点路段和重点工作责任制，与17个村（社区）签订目标责任书。重点落实“双创”网格化管理制度，充分发挥104名专（兼）职网格员的作用，将创建任务层层分解到人，坚持每日一巡查，发现问题及时处理。二是强措施、重管理。全镇17个村（社区）重点做到“六个一”和“五到位”，即有一个方案、一张地图、一个文明公约、一支队伍、一区域一名负责人、一本台账；落实“任务、责任、人员、进度、时限”到位，实现“双创”工作常态化、全覆盖。全镇“创文创卫”共投入2200多万元，其中整治村容村貌1300多万元。全镇聘用保洁工人92名，建立卫生管理长效机制，全年开展环境集中整治行动33次，清运镇区垃圾、拆除违章建筑，整治占道经营、乱搭乱建等行为；投入250多万元，制作宣传广告对主要路道长4千米、76处建筑工地落实围蔽、美化措施；清理河涌、池塘783处；新建或改造公厕12个，升级改造镇区农贸市场1个，建设法治、文化广场1座。三是强宣传、造氛围。该镇利用志愿者团队、微信倡导、“小手拉大手”“创文”专题活动等形式，营造全党动员、全民动手、全员参与的创建浓厚氛围。充分调动镇、村，各机关单位，广大干群积极性，在全镇形成社会力量参与，外出乡贤出资出力支持家乡，支持创文的局面。各重点路段、街道的路灯杆、T型广告位、建设工地围墙上，都制作公益标语和图画；发放“双创”宣传册、传单，悬挂横幅，制作宣传栏和建设文化长廊，刊发简报、信息28期；举办“今日联安·美术书法摄影展”和“翰墨飘香·春联送暖”等创文主题活动，印制《今日联安》画册，摄制《和美联安》宣传片，采取多种形式活跃乡村文化，举办“坡阳端午节龙舟赛”“睦邻情·咸茶会”以及“体彩大乐透海丰县男子排球赛”等活动，推介联安新形象。四是强监管、建机制。坚持“强管理优服务，建机制重长效”的创建理念，抓督查、强监管，进一步健全“创文创卫”长效机制，逐步实现突击抓变为长期管，集中治理变为日常规范，强制整改变为自觉遵守；大力推行每月1次的城乡环境卫生整治测评，要求各村（社区）自我测评2次，并不断加大执罚追责力度，对责任不落实、执行不彻底的单位和个人，予以曝光处罚。2016、2017年，在汕尾市28次环境卫生测评中，获得全市前十名有17次，在海丰县31次测评中获得第一名7次。

【扶贫开发】联安镇有4个省定相对贫困村，贫困户288户、869人；12个非贫困村有贫困户439户、1083人，作为新时期精准扶贫精准脱贫对象。2017年，联安镇继续加大扶贫攻坚力度，扎实开展第三轮精准扶贫工作。通过全面落实各项扶贫政策、措施，落实“一户一策”帮扶贫困户项目，发展现代农业种植和推广，打造联安镇袁隆平杂交水稻基地扶贫示范项目等产业推进扶贫开发“三保障”政策落实。2017年，在农业生产、基础设施建设、阵地建设、技术培训等方面累计投入3000多万元，为帮扶村建设村级活动场所，完善村级公路基础设施建设，修建水渠、涵闸等农田水利设施，整治村容村貌和扶贫工作广告宣传，发展集体项目等，促进贫困村各项事业发展。发挥带动脱贫示范作用，实现贫困村、贫困户持续性收益，扶贫攻坚工作取得成效。2017年计划202户、858人相对贫困人口实现脱贫目标。2017年3月14日顺利通过省扶贫工作专家组验收，联南村在扶贫建设项目和材料档案管理工作上得到省扶贫组高度评价，为市、县扶贫工作树立榜样。

【村级换届】 2017年5月，联安镇顺利完成村（社区）“两委”班子换届选举工作。通过对全镇的选情全面研判、重点排查，采取“一村一法”，按先易后难的原则依法依规依章全面推进，选好配强配优村（社区）“两委”班子，进一步夯实党在农村的执政基础和工作基础，切实把一批政治靠得住、工作有本事、群众中有威信的优秀党员和能带头致富、带领群众共同富裕的能人强人选进“两委”班子。5月20日，全镇完成17个村（社区）“两委”换届选举工作，17个村（社区）书记主任一肩挑达94.1%，“两委”干部交叉率达到80.5%，完成每个村委要配备1名女委员、全镇要有1名女正职的任务。

【土地确权】 2017年，联安镇高度重视土地确权工作，抓好组织领导、宣传发动和前期培训三个环节提前谋划布局。切实做好摸底调查、汇总核实和现场调查指界的实际测量“三个重点”实施登记，做到严格遵循政策到位、坚持公开透明到位、加强工作创新到位，确保顺利推进、保质保量。至2017年10月底，全镇已完成资料收集的社数121个、完成率78.6%；完成实测面积1933.73公顷、完成103%；家庭承包户4113户，已颁证数634户，颁证率15.4%，综合排名走在全县前列。同时，全镇没有发生因为土地确权问题出镇信访事件，所有矛盾和纠纷均化解在镇、村、社之内，真正做到充分发挥基层组织作用，工作透明公开，实现上级部门满意、第三方公司满意、农民满意。

【社会事业】 2017年，联安镇认真贯彻落实中央各项惠农政策，坚持办好教育、医疗、文化和就业社保、环境整治等领域的民生福祉，切实提升民生水平。一是教育发展均衡化。加大教育投入，继续加大“教育均衡镇”投入力度，确保教育硬软件环境总体水平进一步提升。二是计生工作迈上新台阶。高度重视计生工作，严格按照人口控制要求，认真开展节育、优生、优育等工作，取得较好成效，在省、市计生飞行考核过程中，取得良好成绩。三是卫生服务体系化。结合卫生强镇创建工作，加大力度对镇卫生院改扩建和扩容提质，加强和平、联新、联南、唐厝村级医疗站及乡村医生的卫生人才队伍建设，着力提升医疗卫生服务水平，完善医疗卫生、医疗保险服务体系和公共卫生事件应急处置体系，提高重大疾病防控能力，实现基本公共服务均等化等工作，努力使发展惠及人民群众。四是殡改工作常态化。全镇殡改工作走在全市前列，全面实行火化“一刀切”制度，火化率100%，杜绝偷埋乱葬的现象发生。五是贫困救济暖民心。全镇累计支出9000多万元，解决低保户551户1795人，五保户269人，优抚265人的生活困难帮助；城乡居民医疗保险覆盖率96%以上，至10月底已有300多人领取城乡居民社会养老保险待遇，社会保障体制建设逐步完善。六是安全生产、消防工作有新进展。全面落实安全生产“一岗双责”要求，筑牢安全生产意识，持续深入开展安全生产大检查，狠抓安全生产责任落实。联安镇成立专职消防队伍，投资近80万元配套消防车、消防办公场所，消防设备和消防车库，消防安全工作得到有效保障。

【社会稳定】 2017年，联安镇深入开展社会治安重点整治工作，通过全力打击涉枪、涉爆、涉黑、涉“两抢一盗”等违法犯罪活动和开展禁毒斗争攻坚战，维护社会稳定，净化社会环境。面对严峻的禁毒工作形势，镇、村两级干部坚持“三日一排查、七日一汇总、半月一研判”的工作制度和风格化管理，严防死守，坚决守住镇门、守住禁毒底线。同时深入推进“平安创建”工作，坚持落实领导包案责任制度，层层落实信访工作责任，大力整治信访重点案件，扎实开展深入、细致的排查、监控和处置工作，积极将矛盾化解在基层。

（黄蕻）

附：2017年联安镇党委、政府、人大领导名录

党委书记：钟长道
（1~3月主持全面工作，3月起任）
副书记：钟长道（任至3月）
吴恒卫（3月起任）
骆科成　林伊凡
镇　长：钟长道（任至3月）
吴恒卫（3月起任）
副镇长：黄　蕻　莫明泉
人大主席：刘美进
人大副主席：余海冰（11月起任）

可塘镇

综合概况

【简述】 可塘镇于1987年撤区设镇，地处海陆丰、汕尾市城区的结合部，位于海丰县东部，东与陆丰交界，西与城东镇接壤，西南面、南面分别与陶河镇、赤坑镇隔河相望和相邻，北临乌面岭山和大嶂山，是“三县二区”相互连接的经济纽带，地理位置优越，交通便利，有汕尾市“小金三角”之称，是“全国重点镇”“广东省中心镇”“广东省珠宝首饰加工专业镇”。全镇总面积76.865平方千米，其中建成区面积6.3平方千米，耕地面积4293.33公顷，辖有可塘社区1个社区和联金、凤山、溪头、下可塘、东新、陇东、仓前、上达、下达、埔陇、罗南、罗西、黄厝港、罗东、罗北、罗山、城格山、陈厝坡、长桥、可北、可新21个行政村，78个自然村。户籍总人口6.2万人，其中非农业人口1.4万人、农业人口4.8万人；外来人口3.8万人；海内外及港澳同胞近万人。2017年，全镇工农业总产值55.42亿元，固定资产投资38.2亿元，社会商品零售总额8.61亿元，国、地两税征收2067万元，农村居民纯收入9004元，比2016年同期8576元增加428元，比增6%，较好完成其他各项经济指标。

【珠宝产业】 珠宝首饰加工业是可塘镇的支柱特色产业。2017年，全镇共有珠宝类加工企业2091家，从业人员近10万人，珠宝产品种类1万多种。主要特色产品有珍珠宝石首饰、仿真及宝石工艺品、地球仪等。产品畅销广州、深圳、上海、浙江、台湾等地，远销欧美、东南亚、日本、韩国等国外市场；尤其是水晶首饰产品，占世界加工总量的70%以上。2017年累计产值31.8亿元。规模以上企业6家，均为珠宝首饰加工企业，分别为：海丰县淡水珍珠发展公司、海丰县联兴珍珠首饰有限公司、海丰县盈兴宝石制品有限公司、海丰县健业宝石制品有限公司、海丰县佳多丽有限公司、海丰县金盛宝石有限公司。

【农业经济】 2017年，全镇有耕地面积2046.33公顷，水果种植面积162.53公顷，水产养殖180公顷，林业面积约2566.67公顷。全年全镇农业总产值6.53亿元。农业种植以水稻、番薯、花生、蔬菜等为主，畜牧业方面以养猪、养牛、饲养鸡鹅鸭等为主。全镇上规模的养殖场约48户，有罗北葛薯、可北花卉、北山湖综合种养、埔陇养殖等10多个农业生产基地，水产养殖场约30户。全镇良种覆盖率98%，其中优质稻90%。

【基础建设】 2017年，可塘镇围绕着“专业镇”“中心镇”的建设目标和要求，进一步加大投入，整合资源、优化环境，狠抓基础设施建设。一是加大创文创卫工作力度。严格按照创文标准，加大人力、物力、财力投入。二是加快推进全长约3.6千米的兴汕高速公路（可塘段）征地拆迁工作。组建兴汕高速公路征地拆迁工作小组，通过入户协商，召开座谈会、协调会等方式加强和群众沟通；积极协调业主单位和群众加强对话与联络；发动重点户身边人深入做好细致的思想工作等。至2017年底，征地工作全部完成，预计2019年底可建成通车。

【维稳工作】 2017年，可塘镇严格按照上级提出的“强综治、创平安、促发展”的总体要求，大力开展“法治镇”创建活动，多渠道开展“七五”普法宣传活动，积极抓好“法律六进”主题活动，推进法治文化建设，切实增强全民法制观念，营造文明法治环境。2017年，可镇综治信访维稳中心全年接待人民群众来信来访22件，成功办结21件，矛盾纠纷化解率95%以上，为促进可塘镇各项工作和平安建设打下坚实基础。2017年，全镇禁毒集中大清查专项行动在可塘镇形成常态化，以禁毒部门为主，以禁毒检查站为平台，协调各警种、派出所、镇政府人员，全力出击，出动1万人次，开展主要路口设卡、学校讲座等禁毒行动活动上百次。

【其他工作】 ①创文创卫工作。2017年，可塘镇全力推进文明创建和环境卫生整治专项行动，制定方案、明确责任、落实人员、投入资金，重点整治国道G324线、省道S241线可塘路段以及镇内路、河道、排洪渠道“脏、乱、差”“牛皮癣”等突出问题；巩固镇、村两级保洁员、清运车辆，进一步规范生活垃圾、建筑垃圾和宝石废料清运制度；全面取缔主要干道废品收购站，进一步规范沙石场存放和运输管理，开展神庙神龛专项整治行动；上马在建工地、荒地、排水沟围蔽和农贸市场改造升级工程；启动可塘镇文化广场整修建设工程，全面绿化、亮化、美化镇区环境。②殡葬改革工作。调整充实殡改工作队伍，不断加强对辖区的巡查，并联合县殡改监察大队对殡葬管理市场和“三道二区”坟墓进行全面清理整顿，遏制乱埋乱葬、新修坟墓现象，严肃查处殡改违规违纪行为，取得良好效果。同时，采取强硬措施，强势推行遗体火化“一刀切”，提高火化率；加大宣传力度，转变群众传统的丧葬观念，使殡改工作做到“家喻户晓，人人皆知”。加快公益性公墓山建设进度，确保可塘镇殡改工作顺利开展。③安全生产工作。建立安全生产长效机制，充分发挥镇安全生产监督站作用，不断加大对安全隐患检查和整治力度，着力解决企业中存在的安全生产、环境污染等问题，落实节能减排各项工作措施，认真查处各种违规现象和行为，确保辖区没有发生安全事故，营造规范、守法、有序、和谐、良性的发展气氛，进一步巩固企业的信誉度，提高知名度。此外，人民武装、环境保护、生猪管理、国土、环保、财贸、统计、档案、工青妇等各项事业稳步发展。④深化“政务整治、正风肃纪”。进一步规范政府重大事项决策程序和窗口部门、服务行业、执法部门的工作规程，不断完善三公经费管理制度，自觉接受镇人大的民主监督，认真贯彻执行镇委和镇人大的各项决议、决定。强化服务为先、法制为上、责任为重、廉政为本的理念，坚决治理为官不为、“中梗阻”问题，着力打造勤政廉政的干部队伍，促使政府运行机制更趋完善。“三资”交易平台运行良好，至2017年底，进入平台交易的共有40宗，交易金额1452万多元，交易宗数和金额均位于全县各镇场前列，有效预防农村集体资金资产资源流失，确保公共资源交易公平、公正、公开，着力建设人民满意的诚信政府、效能政府、阳光政府。

（吴子群）

附：2017年可塘镇党委、政府、人大领导名录

党委书记：王铸波
副书记：吴清瑜（任至4月）
　　　　陈若龙（4月起任）
　　　　林日盛（任至4月）
　　　　欧世勇　刘锦泉（8月起任）
　　　　潘伟亲（挂职，7月起任）
镇　长：吴清瑜（任至4月）
　　　　陈若龙（4月起任）
副镇长：张伟杰　黄少灵　林佩容
人大主席：林德森
人大副主席：陈智家（11月起任）

陶河镇

综合概况

【简述】 陶河镇位于海丰县东南部，处于海丰县内最大的潮汐河——黄江的下游，形似五角形，西北与黄江为界与附城镇隔江相望；北和东北以东溪为界，与城东镇、可塘镇分江而治；西南与红草镇接壤，东南与赤坑、东冲2镇相邻。镇政府所在地设在陶塘圩，距海城16千米，离汕尾22千米，为全镇政治、经济和文化中心。行政区域面积64.13平方千米，全镇有18个村（社区）委会，64个自然村，总人口3.6万人。2017年，全镇完成工农业总产值约7.8亿元，工业产值约4.57亿元（其中规模以上产值约3.6亿元，规模以下产值约0.97亿元）；农业总产值约3.25亿元；完成固定资产投资约5.3亿元。

【机构人员】 陶河镇人民政府是乡镇一级人民政府，下设5个综合性办公室：党政办、维护稳定和社会治安综合治理办公室、经济发展办公室、社会事务办公室、人口和计划生育办公室；另设中共陶河镇纪律检查委员会、工会、共青团、妇联、人民武装部。下辖人力资源和社会保障所、计划生育服务所、安全生产监督管理站、文化服务中心4个职能部门。行政编制39名（含财政所3名），事业编制11名，工勤编制6名。

【农田水利】 一是农田水利基础设施建设取得成效。至2017年底，总投资4500多万元的东部排涝综合整治、东溪堤围除险加固工程，已按合同规定完成90%以上建设项目，其他排洪渠道的清淤浚深，下边节制水闸等5个重点小水闸改建工程有序开展。二是结合陶河镇水系特点、发展定位及县委、县政府的要求，按照“打造平安生态水系”的模式推进河（库）长制，建立健全、责任明确、协调有序、监管严格、保护有力的河（库）管理保护机制，构建党政领导负责制为核心的责任体系，明确管理职责，实行联防联控，在村一级落实责任，坚持属地管理、分级负责，实行一河一策、一库一策。

【民生工作】 一是精准扶贫工作扎实推进。全镇有精准扶贫建档立卡贫困户710户，1937人。至2017年底，实现政策性脱贫的有386户，826人，脱贫率约42.64%（人口），超额完成30%的年度计划任务。同时，各帮扶项目逐步开工建设。二是启动“村村通”自来水工程。项目计划总投资650多万元，至年底已完成工程总量90%。三是切实抓好危房改造项目建设，2017年新增危房改造户41户，改造工程已基本完工。

【禁毒工作】 全面落实禁毒网格化责任，保持两夜一次夜间巡查，三天一次常态化巡查，半个月一次集中大巡查，不断挤压滋生毒品的犯罪空间。开展“毒品大清查专项行动”等一系列专项行动，对毒品进行“严查、严禁、严打、严防”，遏制毒品犯罪蔓延势头。2017年，抓获贩毒人员5宗5人，强制戒毒10人，社区戒毒4人，行政拘留3人，至年底，没有发现种植、制造毒品的窝点，社会治安和谐稳定。

【创文工作】 一是继续狠抓环境卫生，集中开展环境大整治行动，切实抓好全镇环境卫生日常化管理，全面落实18个村（社区）由保洁公司集中常态化的转运。全镇按照“户收集、村集中、镇转运、县处理”的生活垃圾管理模式，显著改善人居环境。二是加强镇村道路管理，保证街道通畅，严肃整治违规占道行为，组织对镇区、陶赤公路陶南路段和陶西路段的“两违”建设进行统一集中清理，及时拆除或整修违规构筑物和广告牌。三是进行各类文明创建活动，进一步推进创文工作深入开展，结合创文工作要求和实际情况，进行环境卫生巡查，清理卫生死角和“牛皮癣”。

【基层组织建设】 一是做好基层班子建设。始终坚持把基层班子建设摆在首位，通过加强班子思想政治、组织、作风、制度和党风廉政方面的建设，使基层班子更团结、更坚强有力。二是坚决落实镇委理论中心组学习制度，认真学习十九大精神和习近平新时代中国特色社会主义思想，结合党的群众路线教育实践活动、“三严三实”“两学一做”专题教育等主题活动，切实提高镇村班子的理论和实践水平，并通过开展深化政务整治、正风肃纪专项行动、纪律教育学习月活动等，严肃整治基层干部“不作为、乱作为、慢作为”“庸懒散”等行为，使基层干部队伍作风明显改善。同时，加强村（社区）两委干部及村民小组长的廉洁教育，邀请有关部门开展廉洁从政专题讲座，通过讲述发生在身边的典型案例，用浅显的例子，增强警示作用，提高镇村干部廉洁自律意识。三是做好联系群众工作。坚持把驻点联系群众制度作为党员干部联系群众的主要途径，落实驻点工作“三固定”，以驻点工作为基础，扎实推进各个时期重点工作顺利开展。2017年，全镇18个村（社区）驻点团队先后接待群众205人次，收集群众诉求案件178宗，解决178宗，办结率100%，代办群众事务486件，及时协助群众解决生活生产方面难题，进一步密切党群干群关系。

【社会主义新农村建设】 2017年，陶河镇全面展开新农村创建工作，实现贫困村由“后队”变“前队”，彻底解决贫困村发展滞后问题。陶河镇紧跟市委、市政府和县委、县政府工作部署，坚持先行先试，在积极推进先行点示范创建工作的同时，同步推进其他3条贫困村的“三清三拆”工作，顺利完成4条贫困村“三清三拆”工作。围绕“观光农业”定位，对4条贫困村全村建设发展进行整体规划及项目设计，按照创建社会主义新农村示范村的标准和要求，结合群众需求，做好公共服务设施配套、卫生站建设、绿化建设、雨污分流、巷道硬底化和集中供水等主要项目，并依托生态优势大力发展生态经济，全力打造“观光农业”“生态旅游区”。

（方荣茂）

附：2017年陶河镇党委、政府、人大领导名录

党委书记：郭立坚（任至1月）
吴斐斐（3月起任）
副书记：吴斐斐（任至3月）
涂　木（4月起任）
张文辉　陈文斌
镇　长：吴斐斐（任至3月）
涂　木（4月起任）
副镇长：吴伟波　颜火镇
人大主席：吴美源
人大副主席：黄信贤（11月起任）

村（社区）选介

【陶河镇霞雅村】 陶河镇霞雅村委会坐落于陶河镇府以西6千米处，南赤公路贯穿整个村委，地势呈东南高、西北低，依山傍水，东南方有海拔320米的僚望山，北面紧靠黄江，与附城镇隔江相望，西面是海汕公路与汕尾城区接址，交通方便。该村总面积233.33公顷，其中水田面积132.2公顷，旱地8公顷，下辖仙垭、美园、甘下、井雅、新地等5个自然村，共533户，总人口2183人。村民主要从事农耕，耕地大部分种植水稻及香蕉等农作物，山坡多种荔枝、龙眼等水果，黄江边有小规模的淡水养殖。霞雅村委原来靠黄江边的低潮田，是单造田，经过多年改造已变为双造田。该村有三分之二的村民搬迁到汕尾、海城、深圳、广州等地居住，有的变为新式农民，住在海城，回家种田。随着农业机械化的提高，劳动强度大大减轻，全村拥有收割机5部、抽水机将近100部。村容村貌也有显著变化，修建垃圾池、整理公厕，修筑水泥路面建设新房子，朝着宜居的方向迈进。

赤坑镇

综合概况

【简述】　赤坑镇位于海丰县东南部，东北面隔东溪与陆丰相望，西北面与陶河、可塘镇毗邻，西南面与汕尾市城区东涌镇接壤，东南面与田墘、大湖2镇以羊牯岭山脉分界。赤坑镇所在地青坑圩距海丰县城27千米，距汕尾市区15千米，交通四通八达，距厦深铁路汕尾站约5千米，距离深汕高速公路埔边出口约10千米，省道汕可公路、县道陶赤、赤大等公路穿越镇区。水运经流冲河通东、西溪，进入红海湾与碣石湾。全镇总面积117平方千米，山地资源、水资源及旅游资源丰富，辖青坑1个居民社区和南土、下兰、古流、茅湖、赤花、岗头、尧陂、上埔、船坞、下围、大化、石望、下埔、沙大、社美、仁家、屿仔、吉屿、长围、溪金等20个行政村，共有人口7万多人，有耕地约3466.67公顷（包括坡度在25度以下的旱地，其中：水田2533.33公顷，旱地933.33公顷），山林地约4066.67公顷，咸淡水约800多公顷，咸水温泉、湿地、鸟岛、长庆寺等生态旅游资源丰富，红灯笼荔枝、咸鸭蛋、罗非鱼、南美对虾、四大家鱼、膏蟹等农副产品产品远近闻名，是海丰县第三人口大镇，也是海丰县农业生态大镇。2017年，全镇各项经济数据稳中有进，完成工农业总产值12.44亿元，同比增长7.2%，其中，工业总产值达8.39亿元，同比增长11.7%，规模以上工业1.43亿元，规模下工业6.96亿元；完成农业总产值达4.05亿元；社会消费品零售总额6.08亿元，同比增长6.6%；社会固定资产投资总额5.9亿元。

【机构人员】　赤坑镇内设党政办公室、维护稳定和社会治安综合治理办公室、经济发展办公室、社会事务办公室、城乡管理办公室、农业办公室、人大办公室。下设机构有人力资源和社会保障所（正股级事业单位）、计划生育服务所（正股级事业单位）、安全生产监督管理站（正股级事业单位）、文化服务中心（正股级事业单位）。2017年，有核定行政编制46名（含镇财政所4名），后勤服务人员数7名，计生服务所编制5名，人力资源和社会保障所编制1名，安监站编制5名，文化服务中心编制4名。

【农业经济】　2017年，赤坑镇在确保粮食生产的基础上，充分发挥土地资源优势，大力发展特色产业，积极发展经济作物种植、水产养殖等一批经济效益高、产业带动性强的特色农业项目。全镇全年水稻种植面积3120公顷，其中早稻1280公顷、晚稻1840公顷，平均亩产约410千克；1666.67公顷荔枝种植挂果面积约600公顷，总产量约0.4万吨，总产值约4000万元；333.33多公顷以罗非鱼为主的淡水养殖基地和400多公顷以虾蟹混养为主的咸水养殖基地发展良好。优质辣椒品种推动“一乡一品”工程逐步发展，利群、丰隆、五丰、国泰等镇农业龙头企业得到不同程度发展壮大。

【农田水利建设】　2017年，赤坑镇镇委、镇政府积极争取项目资金，加大工程投资力度，有效推进农田水利基础设施建设，为该镇农业现代化、规模化、产业化打下坚实基础。总投资1500多万元的东溪下游河流综合整治工程、总投资600多万元惠及农田面积333.33公顷的大化村及中片标准化农田整治工程、投资750多万元惠及农田面积366.67公顷的屿仔片、社美片标准化农田高标整治工程、投资280多万元的高效节水灌溉赤坑片区等项目建设已竣工；截至2017年底，投资270多万元的沙港分渠除险加固工程在全力推进中；计划投资4420万元的赤坑水（大化段）治理工程和赤坑水（龙船溪）治理工程已完成申报手续，茅湖片、岗头片国家农业综合开发高标准农田建设项目也已准备申报手续，争取纳入2018年度建设项目。

【重点项目建设】　赤坑镇镇委、镇政府紧紧围绕“一轴、一环、两片、一中心、三组团”整体发展规划，大打“高铁牌”，加大招商引资力度，优化投资环境，狠抓项目建设，成效明显。占地面积2万平方米、总投资约1.22亿元的汕尾市利群生态农业有限公司已完成一期工程建设并投入生产，二期工程也已投资2500多万元，将为赤坑镇农产品加工工业发展提供便捷、稳定的平台；总投资30亿元、总用地面积36万平方米的汕尾（全球）生态食品交易中心建设项目，已签订24.62万平方米征地协议，农作物及地表附着物的清点和理赔工作在加紧进行；由协鑫集团投资2.4亿元、占地约46.66万平方米的协鑫海丰赤坑镇150兆瓦渔光互补电站项目一期（30兆瓦）于2017年6月30日完成并网发电，项目二期（20兆瓦）总投资1.6亿元，占地33.33万平方米，年发电量2207万千瓦时，已办理部分批文和备案，预计2018年完成建设，投入发电；供水量约10万吨/天的赤沙自来水厂工程已完成征地协议签订及征地任务，农作物及地表附着物理赔工作已基本完成。

【基础设施建设】 2017年，赤坑镇坚持以美化环境、改善民生为根本，加大资金投入，进一步完善基础设施配套。投入约120多万元修建镇区省道S241线岗头乐郊段，铺设人行道、配置路灯以及美化、绿化；共投入资金约260万元完善环卫设施建设，其中采购生活垃圾压缩收集车1辆、地埋桶20套，形成覆盖全镇的地埋桶直收直运保洁模式。投入资金40多万元对青坑农贸市场进行全面升级改造。

【民生事业】 2017年，全镇农民参加医保人数5.9万多人，住院报销金额2000多万元（不包括住院直销）；积极做好低保户核查工作，加大特殊困难群众社会救济力度，做到应保尽保；投资76万元的村村通自来水项目已完工投入使用，进一步解决群众的饮水问题；按时发放年度种粮直补、农机补贴、老龄补助等惠农资金，确保党和政府的惠农惠民政策落到实处。同时，积极开展村级公益事业一事一议申报工作，推进农村项目建设，改善民生短板。2017年，按照省精准扶贫工作部署，赤坑镇主动积极对接、配合帮扶单位，动员社会各种力量，规划到户、责任到人，深入贫困村户走访摸查核准，开展建档立卡，一户一档，立足实际制定详细帮扶措施，推进各项工作有序开展。2017年，全镇有贫困户1442户，贫困人口4226人，贫困人口约占户籍人数的6%。同时，瞄准产业扶持，因地制宜，立足区域特点和资源优势，发展一镇一品“红灯笼”荔枝示范基地——昊成种养技术合作社，带动贫困户增收致富。另外，赤坑镇以抓铁有痕、踏石留印的工作决心，开展“三清三拆三整治”集中行动，全力推进5个贫困村社会主义新农村示范村创建。全镇“三清理”567处35981吨垃圾杂物，“三拆除”1169处共59611平方米，“三整治”69宗，绿化美化23处共1890平方米。坚持规划先行，加速推进5个贫困村社会主义新农村示范村创建的规划编制工作，推动贫困村一步迈上中等水平。

【综治维稳】 始终坚持稳定是第一要务，以镇综治中心为平台，健全网格化管理机制，全面构建“中心+网格化+信息化”工作模式，定期开展矛盾纠纷排查调处工作，结合领导干部驻点直联工作制度和特别防护期领导干部接访制度，坚持把矛盾化解在基层和萌芽状态，有效维护赤坑镇社会大局，尤其在党的十九大特别防护期间及重大活动期间的稳定。2017年，全镇共有17宗信访案件，已办结息诉罢访3宗，诉讼分离办结1宗，调处化解11宗。同时，坚持把禁毒缉枪工作作为首要任务来抓，守住“三条红线”扎实开展禁毒缉枪专项行动，加大排查巡逻力度，强化宣传教育，确保全镇不出现涉毒涉枪违法犯罪行为。2017年，全镇共出动4378人次，清查仓库、闲置房屋、养殖场等172处，查处涉毒刑事案件12宗，抓获12人，查处吸毒案件55宗，抓获55人，其中强制戒毒38人，社区戒毒17人。共排查出精神障碍患者238名，推动精神障碍患者评估诊断工作落到实处。积极推进民主法治乡镇创建工作，全民法治意识、法治观念得到进一步增强。

【教育事业】 坚持把教育事业放在优先发展的战略位置，扎实推进教育创均工作，不断优化全镇学校教学资源，改善办学条件，加强学校管理和师资队伍建设，推进素质教育，教育教学质量稳步提高。扎实推进教育创均，普九成绩显著，小学毕业生升学率100%。2017年，赤坑中学68人参加高考，上本科线有2人，上专科线有50人，完成任务指标率位于市、县前列。

【文化发展】 赤坑镇以市、县全面创建文明为契机，着力抓好镇文化中心和村委（社区）文化设施配套建设。至2017年底，全镇共建立农家书屋等村级图书室21家。加强对文化市场的清理、整顿和管理，净化文化市场。此外，弘扬海丰县优秀传统文化、红色文化，发展戏剧、醒狮等优质传统文化产业，加大体育事业投入，经常性开展文娱体育活动，促使文体事业蓬勃发展，丰富人民群众的文化生活。赤坑镇文化中心图书室在筹建中，预计2018年投入使用。同时，切实抓紧推进全镇红色革命历史遗址普查工作。

【卫生计生】 2017年，赤坑镇深入开展爱国卫生运动，倡导健康文明生活方式，切实做好优化强化医疗卫生建设工作，进一步改善医疗环境，不断提升服务水平，没有发生重大疫情和公共医疗卫生事件。至年底，赤坑镇中心卫生院住院楼修缮工程完成并投入使用，各项服务流程稳步推动改进，医院管理更加科学化，逐渐建立为群众提高优质高效医疗卫生的服务体系。全面“二孩”政策实施以来，赤坑镇加大宣传力度，提高服务质量，树立计生新形象。2017年，全镇政策生育率97.95%，出生率12.71‰，自然增长率6.54‰，较好地完成上级任务。兽医部门做好禽畜防疫，全镇全年使用针剂约2500瓶，避免禽畜疫情的发生。

【城乡建设】 2017年，赤坑镇着力开展环境卫生、市政建设、优化交通整治行动，整治垃圾乱堆和违搭违建、占道经营等脏乱差问题，促使城乡面貌有新提升，人民群众生活质量得到明显提高。2017年8月开展为期一个月的综合整治行动，共拆除违章建筑11间，拆除占道、无序、破旧雨棚156个，伸展出街道的招牌28个，迁移占道摆摊商户13家，拆除青坑市场违章雨棚和建筑36处，有效遏制镇区违搭乱建现象，进一步改善镇区生活秩序和环境，提升镇整体形象。同时，赤坑镇大力加快贫困村创建社会主义新农村示范村建设步伐，着力推进“两个示范”创建工程。

【基层组织建设】 赤坑镇有38个支部，其中21个村（社区）支部、15个机关支部、2个两新组织，有党员1656名。一是突出抓好基层党支部建设，调整充实长围、尧陂党支部负责人，进一步巩固基层党建的根基。2017年发展党员30名、转正30名，进一步夯实基层组织建设基础。二是加强对党员干部教育管理。认真落实“三会一课”制度，组织党员干部进行“两学一做”专题教育、党的十八届六中全会、十九大精神等学习和远程教育学习共10多场次，到海丰革命烈士暨革命斗争史纪念馆参观学习2次。三是严格执行领导干部驻点联系群众制度。立足实际，定点、定时、定人“三定”，即驻村团队坚持每周一、四到所驻村委会办公，帮助群众解决问题1625多个，受惠群众达5.1万人。四是规范村级活动场所，完善镇村党务公开制度建设。着力推进党建工作示范点创建，带动其他村的基层组织建设。认真落实党务公开工作制度，镇及21个村（社区）都配置党务政务公开栏。

（陈瑶琪）

附：2017年赤坑镇党委、政府、人大领导名录

党委书记：黄胜国
副书记：陈岳文（任至12月）
张流超（12月起任）
庄恭健　罗初有（任至7月）
陈景冰（挂职，6月起任）
镇　长：陈岳文（任至12月）
张流超（12月起任）
副镇长：张汉鹏
林木如　杨靖海
人大主席：邱润菁
人大副主席：黄希蓬（12月起任）

村（社区）选介

【赤坑镇仁家村】 仁家村位于赤坑镇西南方，距离镇政府约1千米，相邻自然村有社美村、上埔村。该村是世居汉族属潮汕民系，主要语言为福佬话。下辖仁家1个自然村，总人口1850多人，其中两委干部9人，党员21人，耕地面积约50公顷，土地肥沃，山清水秀。建筑多为楼房式的混凝结构，经济来源以农业为主，种植经济作物等，盛产稻谷、辣椒，其中辣椒13.33公顷。该村主要山岭有羊古、四中山，主要河流有龙船溪，在村子南、北、西三面环绕。村前还有1个赤沙水库。2017年，仁家村多方筹集资金加强农村基础设施建设，村容村貌发生巨大变化。一是投入20多万元修建长约1千米的环村村道，已筑好路基，预计2018年底实现水泥硬底化；二是投入30多万元在村前建设占地约1公顷的风景池；三是投入约30万元修缮村委会办公楼，包括会议室内墙翻修、二楼办公楼修建，进一步改善办公环境；四是投入约5万元进行农村环境卫生整治，包括清理村水沟、溪道、卫生垃圾等，进一步改善村民生产生活环境。

【赤坑镇尧陂村】 尧陂村位于赤坑镇东南部，距镇政府约1千米，相邻的自然村有上埔村、必发村、全福村。因先祖建居时，村附近有几个小水陂头，原村取名“尊瑶陂”，后人逐渐写成“尧陂”。尧陂村传统经济以农业耕作为主，传统经营种植水稻、番薯、金辣椒、荔枝，村民的收入来源主要是农业生产收入和外出务工的工资性收入。2017年，尧陂以村容整治和改善居住环境为重点，争取各方支持，加大资金投入，稳步推进村基础设施建设。一是投入约35万元建设村前占地约1000平方米的风景池和修缮村内总长约300米的排水沟；二是投入20多万元修缮长约700米，宽3.5米从村委至赤沙水库坝下的村内公路；三是投入约20万元修缮村委会办公楼，包括会议室内墙翻修、二楼办公楼修建，进一步改善办公环境；四是投入约10万元进行农村环境卫生整治，大力清理卫生垃圾，进一步改善村民生产生活环境。

大湖镇

综合概况

【简述】 大湖镇位于北纬22.8°、东经115.5°，为海丰县最东端。全境地势西高东低，西南倚大德山，东南、南边和东北三面临海。东北以东溪河中心线为界，与陆丰市上英镇隔河而治；西北毗邻赤坑镇；西南至南部以大德山脉为界，与红海湾田墘街道接壤。区域总面积58平方千米，其中陆域面积28平方千米，海域面积30平方千米，海岸线长21.8千米。大湖镇距离汕尾市区约30千米，距离海城45千米，距离红海湾内湖7千米，距离陆丰市上英镇6千米，水陆交通便利。2017年，大湖镇管辖石牌社区、高螺、大德、山脚、新置、湖仔等6个村（社区），共有17个自然村，总人口13300多人，居民多为汉族。大湖镇是以养殖业为主、种植业为辅的滨海乡镇。2017年，全镇有各类养殖面积766.67多公顷，耕地面积576.67多公顷。工农业总产值3.45亿元，其中渔业产值2.4亿多元，年人均收入为6900元。名优土特产品主要有高螺蚝、东溪虾、蟹以及大湖花生、红肉柚、咸鸭蛋等。

【机构人员】 大湖镇人民政府内设5个机构：党政办公室、维护稳定及社会治安综合治理办公室、经济发展办公室、人口与计划生育办公室、社会事务办公室，单位属下4个事业单位机构：大湖镇劳动保障事务所、大湖镇计划生育服务所、大湖镇安全生产监督管理站、大湖镇文化服务中心。2017年，大湖镇核定编制30名，实有人员28人；核定部门领导职数3正8副，实有3正8副；核定内设机构领导职数股级5名、副股级5名，实有使用股级6名、副股级2名。

【旅游产业】 大湖镇境内拥有大湖鸟类省级自然保护区、始建于明嘉靖十年（1531年）的大德妈祖庙旅游区、延绵21.8千米的海岸线和木麻黄防护林带及螺地等一批名胜景点，为充分挖掘大湖优异的原生态旅游资源，推动旅游产业带动大湖经济发展，大湖镇党委结合规划，全面建设升级镇内各项旅游配套设施。一是推进大德妈祖旅游区建设。重建妈祖主附殿，建设天后公园，同时全力推进总投资3000万元的“五身妈祖”雕像工程，至2017年底，已完成雕像工程。二是成功申报大湖镇滨海生态休闲小镇景观区项目，被列入2018年国家建设项目库，将于2018年开始动工建设。三是大湖大桥于4月建成通车。四是开展全方位宣传推介活动。

【项目建设】 2017年，大湖镇坚持“基础设施先行战略”，筹集资金推进城乡基础建设。交通方面，大湖至陆丰大桥4月建成通车；争取投资2000万元的南北堤围路堤结合项目，使大湖成为连接海丰、陆丰和汕尾的“金三角”。水利方面，扎实推进投资7000万元的湖仔堤围、南北堤围除险加固和河口整治等项目，使“半岛大湖”生命屏障得以稳固，至年底已完成90%工程量。民生方面，投资800万元，上马避难场所建设、公共服务楼建设工程等一批项目；规划方面，聘请暨南大学编制《大湖镇总体规划》《大湖镇旅游发展规划》和《大湖镇“十三五”环境保护规划》，为推进大湖科学发展、跨越发展绘制精准“作战地图”。新农村建设方面，全力推进社会主义新农村建设，全镇6个村（社区）累计投资近2000万元，扎实开展“三清三拆三整治”工作，开展村容村貌整治，使农村环境焕然一新。

（施养雄　杨明森）

附：2017年大湖镇党委、政府、人大主要领导名录

党委书记：罗　恒（任至4月）
　　　　　王一济（4月起任）
副书记：王一济（任至4月）
　　　　林日盛（4月起任）
　　　　罗鸿雁（任至8月）
　　　　施养雄　刘泽锋（9月起任）
镇　长：王一济（任至4月）
　　　　林日盛（4月起任）
副镇长：郑光古　陈智辉
人大主席：刘俊强
人大副主席：刘嘉燊（11月起任）

梅陇镇

综合概况

【简述】 梅陇镇位于海丰县西南部，镇政府驻地梅陇圩，距县城16千米，距汕尾市区45千米。东连联安镇，西与鲘门、赤石相毗邻，北靠莲花山脉，南临红海湾，海岸线全长14千米；土地总面积152.25平方千米。下辖银丰、银液、梅西、梅星、月池、屿岭、仓兜、联兴、梅联、梅尖、新渔、竹符、东联、新寮、东风、红阳、永红、联平、石洲、石安、石南、围湖、南山、新兴、高中、东港、云路、东家亚、水踏、梅东、梅陇等31个行政村和西兴、梅北、中兴、东兴、梅南等5个社区，共有163个自然村，常住人口约13.5万人。2017年，全镇经济规模增长较大，工农业总产值120亿元，比增11.2%，其中规模以上工业产值90亿元，比增12.5%；农业产值9.3亿元，比增4%；固定资产投资31.2亿元，比增20%，限额上11061万元，比增5%，社会商品零售总额27.8亿元，比增10%；税收方面，共收入11869万元，占全县税收七分之一，比增40%。

【机构人员】 梅陇镇人民政府是乡镇一级人民政府，下设7个办公室：党政办公室、维护稳定和社会治安综合治理办公室、经济发展办公室、社会事务办公室、城乡管理办公室、人口和计划生育办公室和农业办公室；3个群团组织：工会、共青团、妇联。辖安全生产监督管理站、文化管理服务中心、计划生育服务所、人力资源与社会保障服务所4个职能部门。总编制为行政编制60名，下属事业单位编制人员18名，工勤编制10名。

【“三农”情况】 ①农业经济。2017年，梅陇镇粮食种植面积4333.33公顷，总产量2.6万吨；蔬菜种植面积4020公顷，产量11.8万吨；水产品总产量4.06万吨。持续发展优质农业产品，大力推广莲藕、茨菇、茄子、青瓜、荷兰豆等名优特产品，进一步拓宽农产品销售渠道，完善特色农产品淘宝农村服务站，不断提高农业综合效益和附加值。第一批袁隆平新品种水稻试验种植成功，在推广中。②社会主义新农村建设。2017年，梅陇镇加大农村人居环境整治，全力推进8个贫困村49个自然村的社会主义新农村建设。投入资金近1000万元，基本完成“三清三拆”和规划设计工作。投入资金200多万元，率先启动永红三山村社会主义新农村示范点建设，按照社会主义新农村“九个一”的建设标准，对该村的公园、村道、自来水、沟渠、池塘、房屋立面、污水等进行全方位的整治和建设，取得较好成效，成为全县乃至全市的建设示范点。③农村土地确权登记颁证工作。全力推进农村土地确权登记颁证工作，始终把确权登记工作作为全镇农业农村工作的重要内容，从组织领导、人员配备、工作经费等各方面予以重点保障，并抽调专人负责确权工作的组

汕尾市2017年质量论坛暨首届贵金属质量提升与检测技术研讨会

织实施和日常工作，完成全镇31个村186个经济社的确权方案、140个经济合作社外业指认工作，完成一次公示126个经济合作社，完成二次公示100个经济合作社，完成确权户数12288户，完成实测面积3419.28公顷，完成成果资料39个经济合作社。④落实各项惠农政策。种粮直补、危房改造、柴油补贴等惠民惠农资金及时足额发放，建立种粮直补、危房改造与精准扶贫的互动制度，严把资金关，确保专项资金及时发放到农户手中。已完成8个贫困村和23个一般村贫困户的入户核查、建档立卡等前期工作，进入实际帮扶阶段。

【工业经济】 2017年，梅陇镇积极发展梅陇传统拳头产业，进一步加强首饰产业在集聚、环保、品牌的建设工作，鼎力打造金银首饰强镇。一是开展首饰产业园建设工作，向上争取政策扶持，县级园区大钳西工业园区扩大规划面积至80万平方米，定名“海丰首饰产业环保集聚区”正式进行奠基建设。二是开展环境保护工作，联合县环保局对环境污染严重的提纯场、倒模厂等进行取缔，形成初步成效。三是开展引资、暖企工作，引进金盛泰黄金珠宝、索思电子、新创建铸模等企业，金桔莱、展鹏、黄金堂等首饰龙头企业持续向荣。四是开展特色产品电子商务工作，支持企业、商户开辟“网商”市场，并取得良好销售业绩，金银首饰制品订单量居淘宝、京东等知名购物网站前列。2017年，全镇新增各类首饰企业（车间）300多家，从业人员增至3.9万人，年加工黄金75吨以上，银740吨以上，纳税4000万元以上。2017年12月6日，汕尾市2017年质量论坛暨首届贵金属质量提升与检测技术研讨会在梅陇镇人民政府六楼会议室圆满举办，市、县、镇相关领导及业内技术专家共同探讨、规划行业发展大局，发布广东省地方标准DB44/T1994–2017《镀金属饰品》，为首饰行业的科学发展、快速发展明确技术要求。

海丰首饰产业环保集聚区开工奠基典礼

【重点项目】2017年以来，梅陇镇各项重点项目建设进展顺利。一是两个园区建设顺利开展。6月10日，海丰首饰产业环保集聚区奠基动工，年底实现厂房封顶工作；海丰新创建铸模工业区主体工程建设推进。二是医疗设施建设进展明显。梅陇卫生院和泰林医院投入共5亿元，占地5万平方米，拟设床位660个，年底前主体工程均接近封顶；6个村级医疗卫生站加紧建设，力争迅速提高梅陇镇医疗卫生服务水平。三是农田水利建设有效落实。梅陇镇投资2500多万元清淤整治排洪溪、清理河道，推进农田冬修水利基本建设，并成功召开全市冬修水利现场会，四大流域整治工程有序推进。

【社会事业】 一是教育“创均”工作顺利通过验收，妥善解决大班制问题，教育质量稳步提高，

梅陇人民医院升级改造工程

泰林综合医院建设

2017年小学毕业数、高考入本科范围人数等数据同比有较大增长。二是文体事业得以发扬，镇文化广场完成修缮，成功举办“迎元旦，助创文”“金鸡报福喜迎新春助力创文”等大型文娱活动，发布梅陇创文主题歌曲《梅陇，我爱您》，举办梅陇镇第三届“村冠杯”、首届“首饰杯”等足球赛、全市女子乒乓球团体邀请赛；支持梅陇镇书画协会开展活动，有力传扬书画文化。三是稳妥开展社会保障工作。优抚和各项救济救助资金按时发放，农村合作医疗参保基本实现全覆盖、全保障。四是新时期精准扶贫精准脱贫工作取得成效。扎实做好精准识别、建档立卡、制定规划、实施帮扶等工作，有序推进危房改造、助教助学、低保五保、大病救助、培训转移劳动力、完善基础设施等工作，有效解决贫困户养老、看病、住房、上学等民生问题。同时，依托精准扶贫、一事一议等惠民政策，落实种粮直补、渔船补贴、危房改造等工作；“村村通”自来水工程有序推进，民生得到有效改善。五是深化安全生产及消防安全大排查、大整治。按照上级“安全第一，预防为主，综合治理”的指导精神和部署，铁腕推进大整治工作，共排查各类场所4000余处（家），排查整治各类安全隐患1万余处，确保全镇生产秩序健康稳定，为梅陇镇经济社会发展夯实根基。六是强化社会治安综合治理，全力创建“平安梅陇”“法治梅陇”。抓好扫黑除恶专项斗争，按照中央统一部署，以清除10类重点黑恶势力为目标，动员一切力量，向黑恶势力发起强大攻势。全面建立禁毒、禁赌、缉枪网格化管理制度，以高压态势推进禁毒禁赌工作，成功举办全县公安机关社会治安重点整治暨禁毒缉枪誓师大会，并通过完善禁毒专业队伍和派出所、村（社区）等部门联动，配备83部移动终端设备，强化禁毒巡查常态化；有效推进“831”工程，切实做好严重精神障碍患者救助救治工作；积极开展矛盾纠纷的排查、调处和化解，解决一批群众反映的热点、难点问题，积案化解率得到有效提升，牢牢握住综治工作的主动权。七是全面加强基层组织建设。顺利完成村级换届选举工作，健全驻点联系工作制度，积极开展党务、政务整治活动，加强软弱涣散党组织的整顿力度，不断完善村（社区）公共服务中心平台建设，提升农村基层公共服务能力。同时对月池、梅联、新渔、围湖、梅东、云路、竹符等村委会办公址进行重建和修缮，改善办公环境。八是推进民主法治村建设，全面提高群众对平安建设的知晓率、社会建设满意度和社会治安安全感等三大指标，梅陇村委被授予“全国民主法治示范村”称号。此外、殡改、计生、武装、工会、共青团、妇联、自然村落历史人文等工作均取得新成绩，得到县委、县政府肯定。

（卢佳滔）

附：2017年梅陇镇党委、政府、人大领导名录

党委书记：郑惠暖（任至1月）
　　　　　郭立坚（1月起任）
副书记：李廉清　林大壮　江　龙
　　　　余楚淮（6月起任）
镇　长：李廉清
副镇长：陈海雄　施国标　刘友虾
人大主席：王少明
人大副主席：陈汉声（11月起任）

鲘门镇

综合概况

【简述】 鲘门镇位于海丰县西部，北与赤石镇相接，西与小漠镇相邻，东与梅陇镇相连，南边面向红海湾。辖区面积34.5平方千米，海岸线23千米，下辖民新、民生、民安、朝面山、百安、红源、红泉等7个村委和鲘门社区1个社区，40个村民小组、5个居民小组。鲘门镇区位优势明显，是粤东地区渔业重镇，有2座渔港码头，大小船只900多艘，2017年水产品总产量25127吨；交通优势突显，国道G324线贯穿全境，设有厦深铁路鲘门站、深汕高速出入口；旅游资源丰富，拥有百安半岛和江牡、芒屿、鸡心等3个海岛，还有汉代古驿道、宋末“壮帝居”、元代古墓、岩公亭等人文古迹。2017年底，鲘门镇户籍人口1.9万人，地区生产总值15.03亿元，其中：工业生产总值4.2亿元、农业生产总值3.85亿元、社会消费品零售总额6.98亿元。

【征地工作】 2017年，鲘门镇高度重视征地工作，将其列为镇中心工作，严格落实领导包干责任制，层层压实责任，组织人员全力开展征地工作，积极做好已征收地块征地资料移交工作，为建设项目落地提供坚实保障。截至2017年底，鲘门镇已签订征地协议约2.3平方千米，实地移交土地1.76平方千米。同时，鲘门镇全力做好12条市政道路征地拆迁工作和剩余地块征收工作，推动重点项目全面动工，海洋产业总部研发基地、海悦湾畔小区、明威商业中心、金丽湾度假村二期等省定重点项目全面动工建设；鲘门交通枢纽中心、深汕大道扩建工程、火车站北路网工程等基础设施项目抓紧推进。

【“两违”行为全面遏制】 2017年，鲘门镇全力整治违法用地、违法建设行为，为后期开发建设保驾护航。一是深入推进“三停一拆”行动。采取高压措施，严打违法用地、违法建设行为，严格落实好停水停电停工拆除竹架措施，全力遏制抢建偷建势头。二是加大巡查力度。充分发挥镇查违队作用，严格落实好查违控违巡查工作，及时制止抢建偷建行为，向违建户做好政策宣讲工作，稳控抢建偷建

鲘门镇全景

形势。三是加大宣传力度。通过电视、微信、微博等媒介做好宣传工作，说明查违控违重要意义，呼吁广大群众加入查违控违工作，形成浓厚的查违控违氛围。

【“平安鲘门”建设】 2017年，鲘门镇高度重视信访维稳工作，全力打造“平安鲘门”。一是全力抓好治安工作。联合边防派出所等单位，组织开展治安巡查工作，不定期开展夜间突击检查行动，积极做好流动人口管理工作，全力提升群众安全感。二是网格化管理提质增效。充分发挥网格员作用，整合各机关单位人员充实到网格中，深入群众倾听意见，解决其合理诉求；排查各类不和谐因素，发现苗头及时做好调解上报工作，将矛盾化解在基层、化解在萌芽状态。

【文明创建】 2017年，鲘门镇创新工作方法，持续深入推进文明创建，镇容镇貌取得改善。一是全力推动创文集中行动。开展环境卫生大整治行动，全面清理占道经营、乱搭乱建行为，要求道路沿线商住户落实好“门前三包”，完善公共基础设施，打造民安村前广场，积极实施后港溪两侧路面改造工程、灯光亮化工程，全镇整体环境得到改善。二是建立健全创文工作机制。探索建立镇村两级保洁员队伍，明确职责和保洁范围，完善保洁机制，定期做好保洁工作；建立市场环境监管队伍，加大管理力度，及时劝阻占道经营、乱搭乱建行为，深入推进创文工作常态化制度化，全力营造秩序井然、干净整洁的城镇环境。三是创新宣传方式方法。编写《文明鲘门》宣传册，图文并茂地宣传创文工作；开展交通宣讲公益活动，向群众赠送安全头盔，讲解交通常识，发放常识小手册，努力提高群众文明出行意识。

（詹敬云）

附：2017年鲘门镇党委、人大、政府领导名录

党委书记：谢江威

副书记：刘加惠（任至3月）

林友捷（4月起任）杨润钺　陈惠鸿

镇　长：刘加惠（任至3月）

林友捷（4月起任）

副镇长：黄英权　陈灼升

人大主席：刘丕忠

村（社区）选介

【鲘门镇民安村】 民安村委会位于海丰县鲘门镇西南方向，下辖2个村民小组，共795户，总人口3450人，以渔业为主。民安村位于镇圩区，距离镇政府约1千米，有多条道路通往国道G324线，距离深汕高速公路（鲘门出入口）不到4千米，交通便利。民安村濒临红海湾，地理环境优越，水产资源丰富，海陆运输交通方便，全村有大小型捕捞渔船200多艘，主要在中、浅海捕捞作业，渔船总功率1.5万多千瓦，是鲘门镇纯渔业村。民安村民委员会结合该地优势，加大推进省二类渔港等基础建设工作，有效推动渔业产业发展，提高渔民收入。

【鲘门镇民生村】 民生村位于鲘门镇人民政府驻地鲘门圩西南侧1千米处，下辖浅二、浅三2个村组，辖区面积0.31平方千米，是海丰县较大的纯渔业村。鲘门镇渔港规模扩大、各项配套设施完善，泊位大大增加，进一步推动民生村渔业发展。全村拥有大小渔船300多艘，渔船总功率1.6万多千瓦。民生村委会结合该地交通和资源优势，大力发展村级集体经济，不断增加村民收入。经过生产发展探索，逐渐形成以渔业和海产养殖业为经济支柱，发展海产品加工和海产品批发为辅的发展模式。

小漠镇

综合概况

【简述】 小漠镇位于海丰县西南部，东南临海，西与惠东县黄埠镇接壤，北与鲘门镇隔赤石河相望，西北与鹅埠镇交界。小漠镇因驻地小漠圩而得名。小漠圩原称洪官圩，又名旺官圩。小漠地处红海湾畔，海拔2~5米之间，背山面海，属丘陵地形，海岸线长达19.5千米，浅海滩涂广阔。小漠镇自南向北呈三角形片状分布。全镇总面积34.45平方千米，下辖1个旺官社区及旺渔、东旺、南香、云新、元新、大澳等6个村民委员会，有17个自然村，总人口约1.4万人。小漠镇自然资源丰富，浅海滩涂广阔，发展海洋经济特别是发展水产养殖，具有得天独厚的自然优势，是海丰县的重点渔业镇和海水养殖专业镇。港口优势明显，乌山海区具有建设10万吨级码头的潜力。小漠渔港是广东省十大重点渔港之一，海丰县水产现代化养殖基地，又是汕尾市沿海渔船主要避风港和休渔期停泊港。2017年，全力实施小漠镇第十三届人民代表大会第二次会议和小漠镇党代会确定的“一二三三”发展战略，围绕建设滨海产业新城工作目标，统筹做好各项工作，团结和依靠全镇人民，推动全镇经济社会持续快速发展，较好地完成各项目标任务，开创小漠经济社会发展新局面。2017年，全镇完成农业总产值2.50亿元，比2016年增长4.5%；工业总产值52.3亿元，其中规模以上工业产值51.1亿元；社会商品零售总额4.85亿元，比增10.3%；固定资产投资4537万元；人均收入10093元，比增11.1%。

【社会事业】 2017年，小漠镇“创文创卫”工作深入推进，在全市环境卫生整治排名中多次名列前茅，全镇人居环境焕然一新。小漠镇巩固提升“创文”工作成果，彻底整治门店商户乱摆乱占现象，整顿查处占道摆摊、占道经营行为，全面落实“门前三包”责任制，积极营造良好营商氛围。文化建设得到加强。计生工作常抓不懈，全面完成上级下达的各项人口控制指标，人口素质不断提高。平安小漠建设扎实推进，深入开展社会治安专项整治行动。做好禁毒工作，加大网格化管理和常态化巡查力度，有效遏制毒品犯罪的蔓延势头。落实信访维稳领导包案责任制，突出矛盾纠纷排查化解，坚持把矛盾解决在萌芽状态，维护社会稳定。2017年，小漠镇通过落实安全生产责任制，加大监督管理，采取强有力措施，开展安全生产专项整治，实现安全生产“零”事故，为小漠镇经济发展创造良好安全保障。此外，工会、共青团、妇联、统战、武装、科技、体育等工作也取得较好成绩，为推进小漠经济社会发展发挥重大作用、提供重要保障。

【基础建设】 2017年，在道路建设方面，小漠镇全面铺开港区一路、通港大道、红海大道、河海大道、游艇城一横路等5条公路征地拆迁工作，其中港区一路已基本完成，将全面通车；红海大道与通港大道征地、拆迁及分段建设在进行中；河海大道和游艇城横一路开展征地、拆迁及地上物补偿工作。这些道路的上马建设，将使全镇交通基础枢纽网络进一步完善。在水利建设方面，小漠海堤达标加固工程顺利推进，已完成总工程量90%。同时，开展中小型水库和堤围除险加固等水利项目建设，致力形成治水兴水的现代水利格局。

【征地拆迁】 2017年，小漠镇需征收10个地块，涉及16个村民小组的土地，面积共11.28平方千米。至2017年12月31日，共完成12个自然村的土地征收任务，面积约9.37平方千米，已完成合作区下达征地任务83.0%。其中国际物流港项目已完成征地和地上物清点补偿及围栏工作，该项目陆域面积约56.05公顷，现状土地面积约13.89公顷。已向合作区土地征收办实地交地项目用地13.89公顷。

【查违控违】 2017年，小漠镇查违控违出现反弹现象，特别是在中秋、国庆等节假日，个别群众利用节假日违法抢建。小漠镇通过压实工作责任，实施网格化管理；采取“两停一拆”的措施，即对违建户一律采取停电、停水、拆除竹架的措施强制停工；加大巡查和宣传工作；在小漠至惠东县黄埠镇、小漠大桥等重点路口，设立固定执勤点，从源头上严控建筑材料等有效措施的同时，开展专项行动。至2017年底，小漠镇辖区所有“两违”工程已全面停工。

【村（社区）“两委”换届】 2017年6月17日，小漠镇完成7个村（社区）“两委”换届。共产生“两委”成员38名，其中村（社区）党组织成员21名，村（居）委成员36名；“两委”交叉任职的有19人，交叉率90.47%，村（社区）党支部书记、村（居）委主任“一肩挑”的5人，交叉率71%；新进选成员16名，妇女干部8名，占“两委”干部总数的22.2%。

附：2017年小漠镇党委、政府、人大领导名录

党委书记：刘锦荣（任至3月）
　　　　　黎宜通（3月起任）
副书记：黎宜通（任至3月）
　　　　胡家驹（3月起任）
　　　　黄木胜　施圣悦
镇　长：黎宜通（任至3月）
　　　　胡家驹（4月起任）
副镇长：叶少民　黄俊成
人大主席：涂　木（任至3月）

赤石镇

综合概况

【简述】 赤石镇位于海丰县西北部，原是东江纵队第六支队活动的所在地，是红四师和徐向前等老一辈无产阶级革命家战斗过、活动过的地方，是著名革命老区镇。东部依双宫岭与梅陇镇相连；东北部依东都岭往北延接白马山，与惠东县和海城镇交界；西北部犁黄凹山接黄竹径而至观音坐莲山，与惠东县多祝镇接壤；西部是亚婆髻山，与惠东吉隆镇相邻；西南是谷岭山，与鹅埠镇交界；南部与小漠镇相邻；东南部依羊蹄岭与鲘门镇交界。镇政府驻赤石社区，距海丰县城51千米，距汕头220千米，距广州210千米，距深圳120千米，交通便利，国道G324线、深汕高速公路、厦深铁路、潮惠高速公路跨境而过，新规划的广汕铁路将在赤石设站。全镇区域面积306.8平方千米，山地面积占总面积80%，西北高、东南低，地貌多为馒头状丘陵或狗脊式山地，海拔平均高度500米，最高的水底山主峰禾镰石海拔1282米，中间有大安峒、明热峒、四大乡3块小盆地。河流分布错综复杂，赤石河是海丰县第二大河系，贯穿赤石全境，干流长36千米，流域面积382平方千米，经小漠镇境内流入红海湾。赤石属华夏陆台的一部分，成土母质种类较多，所形成的土壤也比较复杂，主要母岩是山火岩系和砂页岩，多数土壤为黄红壤、赤红壤和白缮土。赤石有丰富的矿藏资源，主要有分布于明热至明溪一带的锡、镍、锰、铜、锌和新联吉水门至大坑一带的锡、铅、锌、锰以及大安至碗窑一带的铝土矿等10多种，储量丰富。辖下赤石、园林2个社区和赤石、大安、新联、新里、新城、明热、冰深、明溪、碗窑、洛坑、圆墩等11个村，86个村民小组，2017年总人口26075人。2017年，赤石镇工农业总产值40826.8万元，其中：农业总产值（按可比价计算）26738.8万元，工业总产值14088万元，全社会固定资产投资9393万元，社会商品零售总额40993万元，国税收入460多万元，地税收入6500多万元，农民人均收入10249元。

【机构人员】 2017年，赤石镇核定行政编制44名（含财政所行政编制3名），后勤服务人员数7名。机关设置7个综合性办公室：党政办公室（加挂人大办公室牌子）、维护稳定和社会治安综合治理办公室、经济发展办公室、社会事务办公室、城乡管理办公室、人口和计划生育办公室及农业办公室，并按有关章程和规定设置纪律检查委员会机关（监察）、工会、共青团、妇联和人民武装部。

【农业经济】 2017年，赤石镇始终牢记“惠农”初心，坚决贯彻落实国家强农惠农政策，坚持把农民更多分享增值收益作为基本出发点，努力实现农业增效、农民增收、农村稳定。一是稳生产，促增收。大力推广各种优良品种水稻种植，确保粮食生产稳定，紧紧结合实际和市场需求，加快农业产业结构调整，继续抓好蜜柚、番薯、沙葛、西番莲、沙姜等特色农产品的推广种植，不断形成规模化、特色化，千方百计帮助农民增收。二是不断改善农业生产条件。按照“防灾减灾强基础”的现代农业要求，努力整合各类涉农资金，综合推进农田水利、高标准农田、高效节水灌溉工程等农业基础设施项目建设，使农业生产条件逐渐改善，逐步构建“农业高产稳产、生态良好、抗灾能力强”的农业生产环境。三是有序推进农村土地承包经营权确权登记颁证工作。赤石镇把农村土地承包经营权确权登记颁证工作作为全镇农业农村工作的一项重要内容，精心组织，周密部署，落实责任，分解任务，有序推进全镇农村土地承包经营权确权登记颁证工作。2017年，全镇确权登记颁证工作涉及10个行政村，应开展确权的经济组织数84个，涉及户数2400多户，涉及面积约1928.98公顷，已完成84个合作社的方案表决和资料收集，完成1967.53公顷外业指界，实测率102%。

【特色旅游】赤石镇旅游资源丰富，可开发潜力大。近年来，在水底山温泉庄园旅游的辐射和带动下，赤石镇的田园风光和绿水青山引来大量参观游客，带动餐饮业、旅游产品销售等行业的发展，赤石群众受益匪浅，旅游开发取得初步成效。2017年，赤石镇积极对接“5·19”旅游日“广东省万人自驾游汕尾”活动，并成功举办“律动青春多彩赤石”乡土人文体验活动，大大提高赤石知名度。另外，加快推进旅游项目建设，水底山温泉庄园2期工程，汕美生态文化谷山、河、道等旅游项目建设进展顺利。这些活动的开展和项目的建设为赤石经济发展注入新的活力。

【征地和查违工作】 一是征地拆迁工作稳步推进。深汕合作区和海丰县下达赤石镇的征地共12个地块，其中汕美生态文化谷主题园、赤石寄宿制高中项目因地点范围改变没有进行征地，等待新的任务书再进行征地，其他10个项目地块下达征地面积约208.8公顷，在镇村组三级干部共同努力下，10个地块已全部签订征地协议约255.2公顷（含带征27.13公顷）。9个地块约212.73公顷已向合作区交地。另外，PPP项目汕美生态文化谷山、河道，潮惠高速连接线，国道G324线鹅埠至百安段改扩建等项目，采取先按照施工单位设计图进行地上附着物理赔，然后根据实际占用的土地再与村集体签订征地协议的方式，确保项目建设无障碍施工。二是查违控违工作有力。赤石镇坚持以高压严控的态势遏制镇区“两违”现象，向广大人民群众彰显镇党委、政府严厉打击“两违”建设和维护正常建设秩序的坚定决心。2017年，赤石镇重点做好对辖区内“两违”建设的巡查和防控工作，镇“两违”执法队伍共出动巡逻5000多人次，出动巡逻车辆1600余车次，查处“两违”建设351宗，狠狠打击镇区内各类违法用地违法建设行为，有效遏制镇区内违法建设的蔓延。同时，对镇区内道路两旁乱搭乱建的雨棚、遮阳板和主干道两旁的违章广告牌等违章建筑进行依法拆除;依法取缔拆除镇区内新联、洛坑2间无证经营红砖厂，并进行复绿。

【文明创建】 2017年，赤石镇文明创建成效显著，在市县文明创建工作评比中多次名列前茅，为汕尾市高分通过省卫生城市考核鉴定和海丰县荣获广东省文明城市提名城市做出贡献。一是加大资金投入。为继续巩固创文成果，赤石镇投入600多万元，共配备86名保洁员，建立强化网格化管理保洁队伍和垃圾清运保洁公司，确保每天早晚2次卫生保洁和每天1次垃圾清运，力促赤石镇创文工作再上新台阶。二是强化宣传。通过多种渠道、多角度、多方位地向广大人民群众进行创文宣传教育，全镇共建设创文创卫大型宣传广告牌5处，创文长廊3处，共430米，立杆广告630幅，固定横幅宣传3处共9幅，创文宣传栏19处，发放《赤石镇文明公约》《赤石镇环境卫生整治行动倡议书》《赤石镇开展“崇尚科学、破除迷信”活动倡议书》等宣传资料共计7000多份，大大提高广大村民的思想认识，激发其共同参与文明创建工作的主动性和积极性。三是压实责任。进一步优化保洁机制，镇政府与各村（社区）签订创建文明村（居）承诺书，形成镇、村、组三级齐抓共管工作格局和上下联动、整体推进的创建格局。四是加大整治力度。对全镇建筑工地进行围蔽，积极开展主干道两侧土、沙、石堆放及加工场地和废品收购点专项整治工作，开展神庙神龛专项整治行动，拆除12座神庙神龛、神牌等影响市容市貌等封建迷信设施，再次掀起环境整治热潮。五是完善资料。进一步查漏补缺，补齐短板，完善创文迎检资料，严要求、高标准做好迎检各项工作，确保如期完成创文、创卫工作任务。

【社会环境】 2017年，赤石镇围绕县委、县政府关于社会治安重点整治的工作要求、目标任务，为推进全镇经济社会又好又快发展创造出良好的社会治安环境。一是持续深入开展禁毒整治行动。围绕“三个绝对不允许”工作目标，全面掌握情报信息，深挖毒品犯罪线索，加大禁毒设卡巡查、网格化管理和常态化打击力度，坚决遏制毒品在赤石镇蔓延。继续落实禁毒网格化管理制度，将全镇分为13个大网格、54个中网格、99个小网格，成立网格管理员、自然村禁毒义务信息员、保洁禁毒义务宣传员、“三老五老”禁毒义务教育员等队伍，制定党员禁毒包干制度，组建一支专职禁毒巡查队伍，配齐巡逻车辆和各种器械，全天候、不间断对全镇各个种养场所、偏僻角落进行覆盖巡查。坚持堵源截流、标本兼治的禁毒方针，在主要路口除制作各类宣传标语外，还设立治安联勤工作站，不定期进行设卡检查可疑车辆和人员。同时，对重点场所、重点人员、刑满释放人员、异常用电户等进行严密监控，严守死守拒毒品于镇门外。2017年，赤石镇共破获贩毒案件4宗查处4人，查处吸毒案件11宗15人、强制戒毒9人、行政拘留5人，有效震慑涉毒违法犯罪行为，取得良好社会效果。二是全力化解社会不稳定因素。坚持以创建“大调解体系”为抓手，大力构建党委领导、政府主导、社会协同、公众参与、法治保障的“大调解”格局，加强排查调处，依法化解社会矛盾纠纷，确保群众诉求渠道畅通，信访办事流程规范，信访工作环境优化的良好氛围。2017年，赤石镇综治信访维稳中心共受理各级信访案件18宗（其中上级转交办6宗、本级受理12宗），已办结14宗，信访案件办结率为77.7%。三是着力构建和谐劳动关系。坚持把预防和化解劳资纠纷工作作为维护社会稳定的重要工作来抓好抓落实，本着从讲政治、求稳定、促发展、创和谐的高度出发，紧紧结合“创先争优”活动，充分发挥职能部门作用，扎实做好预防和化解劳资纠纷工作。全年共解决劳资纠纷31宗，涉及人数369人，金额

392万元，按时结案率100%。

【民生工作】 一是精准扶贫工作扎实推进。2017年，赤石镇围绕脱贫攻坚目标任务，进一步压实责任，有效整合各类扶贫资源，开展多角度、多方位、多形式的社会扶贫济困活动。重点强化对全镇剩下的分散贫困户政策兜底扶贫，结合贫困户的具体情况，着眼市场需求和可持续发展，按照“宜工则工、宜农则农、宜商则商”的要求，帮助贫困户制定好扶贫规划，制定“一对一”的帮扶方案，并在理清发展思路、发展产业项目、支持农业生产等方面帮助贫困户办好事实事，有力推进贫困户教育、医疗和危房改造“三保障”政策落实，确保提前完成全镇贫困户的脱贫任务。二是教育事业蓬勃发展。坚持“科教兴镇”发展战略，始终把教育摆在优先发展的位置，采取一系列有力措施，努力改善山区办学条件，教育综合实力得到大幅提升，继续巩固教育创强成果，全面推进教育均衡发展，努力促进教育公平和社会和谐，教育事业呈现出蓬勃发展的大好局面，为创建教育现代化打下良好基础。三是医疗卫生事业协调发展。赤石镇高度重视卫生事业发展，不断建立健全政府主导、预防为主、防治结合的公共卫生安全体制，千方百计筹措资金，加强镇卫生院标准化建设力度，全力推进卫生强镇建设，投资500多万元建设1栋1000多平方米5层的公共卫生、行政后勤保障楼，并对门诊大楼进行维修改造，医疗卫生条件大大改善。四是民政工作成效显著。围绕“以民为本，为民解困”“为政府分忧，为群众解难”的宗旨，建立健全最低生活保障和五保户供养制度，做到应保尽保。坚持做好优抚工作，充分体现党和政府对优抚对象的关心，全镇优抚定补对象159人，全年发放金额127.42万元。同时，做好残疾人保障、医疗救助和临时困难救助等民政工作，切实做到急群众所急，想群众所想。

【文化事业】 2017年，赤石镇积极贯彻实施“文化强镇”措施，加快农村文体活动中心和图书室建设，不断完善农村文体活动设施，为广大群众提供学习、娱乐、健身等文化阵地。重视发展传统体育运动，农闲时间邀请剧团到各村表演戏曲57场次；春节期间举办足球比赛；端午节在赤石河举办龙舟赛；群众自发组织的健身广场舞队也经常活跃在各村的文化广场上，还成功举办以母亲节为主题的“感恩母亲节”广场舞联欢晚会，营造文明和谐、健康向上的文化体育娱乐氛围。同时，积极开展红色史料和革命遗址普查工作，充分挖掘赤石镇丰富的革命斗争史料资源，引导广大干部群众特别是对新一代继续继承和弘扬海陆丰革命先辈“敢为人先、无私奉献”的革命精神，为赤石建设和巩固社会主义思想文化阵地，打响红色旅游品牌，提升文化软实力，打下良好基础。

【基层组织建设】 一是圆满完成村级换届选举工作。2017年4月上旬，根据县委、县政府的统一部署，赤石镇村级换届选举工作全面启动，在县换届选举领导小组的指导下，以突出做好“五个提前”抓氛围、严把“六个关口”抓程序和坚守“八个严禁”抓纪律的办法，至6月中旬，全面完成13个村（社区）“两委”换届选举工作。全镇13个村（社区）共选出“两委”成员76名，其中支委38名，村（居）委69名，交叉任职的有31人，交叉率达81.58%。书记主任一肩挑的有10人，一肩挑比例达76.92%，为巩固党的执政基础，促进农村和谐稳定发展提供强有力的组织保障。二是持续加强基层党员干部教育工作。积极推进“两学一做”学习教育活动常态化制度化，除组织党员干部参加市、县、镇和村级组织的集体学习外，还组织党员干部参与网络考学等活动。另外，还组织村（社区）“两委”干部参加培训共230多人次，其中党组织书记培训60多人次，全面提升村（社区）“两委”干部履职能力和基层组织的战斗力。三是扎实推进软弱涣散党组织整顿工作。在县挂驻领导的指导下，整顿工作组紧密联合镇驻村（社区）工作组和“第一书记”等多方力量，在人员配置、项目支持、资金帮扶、产业发展、问题整改等各方面共同出谋划策。共投入整顿专项资金约44万元，助软弱涣散党组织加大治安监察防控、修建活动场所、加强环境卫生整治，为其解决问题28件，有效改善信访案件较为集中的落后面貌。

（余云景）

附：2017年赤石镇党委、政府、人大领导名录

党委书记：林永长（任至1月）
林春生（3月起任）
副书记：林春生（任至3月）
刘明杰　黎海滨
镇　长：林春生（任至3月）
刘明杰（4月起任）
副镇长：涂文辉　谢冬曦
人大主席：邱平钦

村（社区）选介

【赤石镇赤石村】 赤石村位于赤石镇中心，是赤石

镇人民政府驻地，区域面积11平方千米，其中：山地面积644.2公顷，耕地面积174.67公顷。辖福田、桥仔头、马头岭、赤一队、赤二队、赤三队、金石寨、三江楼、新厝林9个村民小组，村委会设在金石寨，截至2017年底，全村共693户，总人口3112人。村民以种植水稻、番薯、葛薯为主，兼以种植蔬菜、西番莲、柑橘等经济作物。

赤石村是革命老区，辖区内有海丰县第四区农会成立遗址、第四区苏维埃政府成立大会遗址、东江纵队六支队毙俘获日军和马匹战场遗址、东江第一支队第五团成立旧址等革命遗址，有革命烈士19名。该村有浓厚的文化底蕴，早在1925年金石寨村谭民等发动组建"赛阳春"正字剧团，还有西秦戏、白字剧、竹马戏等，近年来，随着广场舞的兴起，该村群众自发组建广场舞队，丰富文化业余生活。赤石村旅游资源丰富，有保存比较完整的新厝林古寨、风景优美的凤河晚渡和摄影圣地桃花源艺术村。

【赤石镇洛坑村】 洛坑村位于赤石镇南部，村旁是国道G324线，交通十分便利，区域面积9.8平方千米，其中：山地面积686.67公顷，耕地面积62公顷。该村辖洛坑、田坑、牛朗3个村民小组，截至2017年底，全村总户数291户，总人口1318人。该村是一个以农业和海水养殖业为主的山区村，农业以种植水稻、番薯、葛薯、花生和荔枝为主，海水养殖盛产虾和螃蟹等。

洛坑村自古人才辈出，明崇祯恩进士景烁公，进士起鹗公，贡生起鹏公，监生起宣公；清康熙年间，进士丽源公，文武二榜进士应熊公，岁进士殿嘉公等不胜枚举。该村还是红色村庄，是原广东省委委员、东江特委委员黄悦成烈士的故乡，早在1924年，黄悦成就在洛坑秘密组建农会，组织农民自卫军，并多次率领农军与反动武装和土匪进行斗争，洛坑村被评为烈士的有20名。近年来，洛坑村借助深汕特别合作区大开发、大建设的契机，加快基础设施建设，大力推动经济发展，深汕特别合作区首座220千伏变电站于2017年12月26日在洛坑建成投产，投产后，合作区内腾讯、华润等数据中心的高可靠性用电项目将得到更好保障，同时也补强汕尾西部地区的电网网架，为广汕高铁、中广核等重大项目提供施工电源。

鹅埠镇

综合概况

【简述】 鹅埠镇位于汕尾市西部，是汕尾市的西大门，毗邻惠东县吉隆、黄埠两镇，全镇区域总面积100.7平方千米，其中耕地面积880公顷，林地面积6666.67公顷。埠镇地势自西北向东南倾斜，四面环山，南北部多山，中部为冲积平原，境内最高山峰是髻顶，海拔738米。南门河是鹅埠唯一河流，全长10千米。鹅埠镇土地肥沃、气候温暖、环境优美、资源丰富。下辖10个村委会和1个社区（鹅埠村、蛟湖村、水美村、新园村、西湖村、西南村、上北村、下北村、田寮村、红罗村和鹅埠社区），其中红罗畲族村是汕尾市唯一的少数民族聚居村。总人口约2.9万人，其中户籍人口1.97万人。

【机构人员】 鹅埠镇下设5个综合性办公室：党政办公室（加挂人大办公室牌子）、维护稳定和社会治安综合治理办公室、经济发展办公室（加挂农业办公室牌子）、社会事务办公室（加挂城乡管理办公室牌子）人口和计划生育办公室。4个下属事业单位：人力资源和社会保障服务所、计划生育服务所、安全生产监督管理站、文化服务中心。共有编制数58个，其中公务员40个、事业干部12个、工勤6个；2017年有在编人员43个，其中公务员33个、事业干部7个。

【推进合作区建设】 2017年，鹅埠镇继续将征地工作和协调项目落地工作作为全镇工作重点工作来抓，加快推进征地拆迁工作，为合作区提供大量建设用地，配合合作区基础设施类和产业类项目落地建设工作。截至2017年底，鹅埠镇已签订征地协议8.93平方千米，已验桩4.61平方千米，主要涉及鹅埠、田寮、上北、下北、蛟湖、西湖、新园等7个村委，及时为合作区提供大量建设用地，切实保障合作区申报广东省2017年重点建设项目的顺利动工。一批科技含量高、技术先进的企业项目已建成投产或在建中，掀起鹅埠镇的开发建设热潮，促进鹅埠产业转型升级。

【农业发展】 2017年，鹅埠镇贯彻落实市、县农业农村工作会议和有关文件精神，继续深入调整农业产业结构，巩固农业基础性地位。一是强基础，持续优化农业生产条件。投入资金500多万元用于灌区改造、河道清淤、水库除险加固、涵闸陂头建设等，农业生产能力和防洪抗灾能力得到进一步提升。二是调结构，构筑现代化农业格局。着力加强农业供给改革，充分发挥龙头企业的带头作用，提高农业生产效率和农产品质量，形成结构合理、保障有力的农产品有效供给，实现农业增效与农民增收的双赢局面。三是增投入，切实维护农民根本利益。坚持不懈厚植重农氛围，将农业农村工作放到重中之重，优先保障对农业农村的财政投入，坚决贯彻落实种粮直补、农机补贴和农村危房改造等各项惠农政策。

【精准扶贫】 2017年，鹅埠镇严格按照精准识别、精准扶贫的各项部署要求，扎实推进精准识别、精准扶贫工作，紧扣精准扶贫、精准脱贫这条工作主线，以产业扶贫为抓手，落实责任分工，做到任务明、识别准、举措实。鹅埠镇根据贫困人口识别标准修改完善分散相对贫困农户共310户993人，其中：一般贫困户100户，低保贫困户140户，五保贫困户70户。将140户农村特困老人、失独老人、重度残疾、智障、精神病、重大疾病患者等无力脱贫特困群体，全面纳入最低生活保障范围；将全镇310户贫困户993人全面纳入医疗保险范围；为247名60岁以上老人办理城乡养老社会保险，并对教育部门核实的166名贫困户子女在校生子女逐步发放生活补贴。2016年鹅埠镇脱贫户168户，脱贫人数378人；2017年脱贫户69户，脱贫人数281人。

【创文创卫】 2017年，鹅埠镇坚持“统一部署、突出重点、分类实施、整体推进”的总体要求，出实招，重实效，整治工作收到良好效果。一是治理乱堆乱放，动员村民清理房前屋后的柴草、杂物、砖瓦等堆物堆料，清除村庄的粪堆、肥堆，搞好庭院内外的卫生。二是抓好道路整治，清除路面泥土、垃圾，确保道路常年清洁。三是对镇区进行集中整治，新增硬化路面和填埋杂草垃圾，在公路和河道沿线建成多个垃圾池，在镇区增设大垃圾桶，发放入户小垃圾桶。同时制定周一大扫除与每天轮流清扫相结合卫生管理制度，并进行评比，有效增强干部职工的爱卫意识。鹅埠镇辖区内设立垃圾中转站1个，垃圾收集点53个，购置5吨垃圾运输车2辆以及一批三轮垃圾清运车、移动式垃圾桶等。同时提高环卫工人待遇，根据各自然村实际情况，新建一批垃圾收集点；按照每300到500人配置1名保洁员的要求，充实环卫队伍。全年集中开展大型卫生整治行动40余次，清理垃圾9.2万吨，清理池塘、水域21处，清理整顿集贸市场15次，取缔无证废品回收站2处，新建或改造公厕6个。通过一系列措施，全镇“脏、乱、差”现象得到明显改变。

【城乡建设】 一是积极开展基础便民设施建设。2017年，鹅埠镇配合合作区对国道G324线进行改扩建，整改改造镇区主要干道，新建创文路、新园路、深汕大道等一批基础路道，维修更换街道路灯，对鹅埠农贸市场进行升级改造，制作文明创建宣传栏30余幅，建成社会主义核心价值观公益广告500多平方米，建设核心价值观主题公园4个，围蔽建筑工地50余处。二是强力推进查违控违工作。结合镇“两违”巡查专业队伍的日常巡查活动和“两违”清拆专项行动，镇党政领导经常召开查违控违工作会议，分析查违控违形势，强调查违控违工作重要性，明确分管领导、各村（社区）驻队领导和成员以及村“两委”干部的工作职责，不断加强查违控违力度，切实落实巡查工作网格化管理，加大巡查管控力度，确保管控工作落到实处，开展清拆行动，做到拆控并举。

【综治维稳】 一是狠抓综合治理，维护社会和谐稳定。2017年，鹅埠镇加大综治维稳工作人员设备投入，实行综治维稳网格化管理，全面掌握社会动态。坚持“打防结合、预防为主”方针，不断强化治安防范，紧密结合实际，开展矛盾纠纷排查调处活动，以创建平安鹅埠为目标，以维护社会稳定为己任，大力打击各种违法犯罪活动，为构建和谐鹅埠创造稳定的社会环境。二是高压严打违法犯罪，整治净化社会风气。为消除社会不安定因素，加强对治安薄弱环节的管理和监控，鹅埠镇对旅社、饭店、发廊、市场以及废弃房屋、工厂等复杂、隐蔽场所进行定期与不定期检查整治，经常性地开展打击“双抢一盗”、禁毒缉枪以及扫除“黄、赌”等专项行动，大力打击“黄”“赌”“毒”，整治净化社会风气，维护一方平安。全年抓获涉毒人员24人，其中行政拘留10人、强制戒毒9人、刑事拘留5人；查处赌博案件3宗35人，其中行政拘留27人、刑事拘留8人，无查处涉黄案件。同时，鹅埠镇全力以赴维护政治安全，深入排查研判不稳定因素，尤其关注网络舆情；加大信访积案化解力度，密切关注重点领域、重点群体、重点人物动态，做好稳控工作；持续发力推进社会治安重点整治，围绕县治安重点整治8项具体目标，对照查漏补缺，确保打击措施精准、成效突出；继续推进禁毒巡查常态化，开展全民禁毒工程，进一步围绕“6·27”“8·31”等工程目标任务开展工作；同时，抓好安全生产工作，对高危行业、道路交通安全、“三小”场所等进行全面细致隐患排查。

（周宇琼）

附：2017年鹅埠镇党委、政府、人大领导人名录

党委书记：吴海林
副书记：戴国钦　曾广浩　周达明
镇　长：戴国钦
副镇长：孙火祥　卢俊涛
人大主席：林坤生

公平镇

综合概况

【简述】 公平镇位于海丰县东北部，东邻平东镇，南与城东镇、海城镇接壤，西与海城镇莲花山森林公园相连，北邻惠东县高潭镇、海丰县黄羌镇和公平水库。公平区域面积127平方千米，耕地面积1636.8公顷，山地面积8791公顷。下辖23个行政村、119条自然村、7个社区。海丰县林业西坑管理处委托公平镇代管。2017年，全镇完成工业总产值90.1亿元，比增24.97%；完成国税3957万元，比增105.36%，完成地税1380万元，比增6.9%；完成固定资产投资21.55亿元，比增20.3%；完成社会零售总额15.7亿元，比增24.69%。

【机构人员】 公平镇人民政府是乡镇一级人民政府，下设8个办公室：党政办公室、维护稳定和社会治安综合治理办公室、社会事务办公室、城乡管理办公室、人口和计划生育办公室、农业办公室、经济发展办公室。下辖安全生产监督管理站、文化服务中心、计划生育服务所、人力资源与社会保障服务所及林业西坑管理处5个职能部门。总编制为行政编制54名（其中财政所4名），事业编制23名，工勤编制8名。

【园区建设】 2017年，公平镇按照海丰县扩容提质逐步构建“1+3大海城”的总体部署，高起点、高标准规划、建设公平产业园。依托城东生态科技城加快建设和公平镇服装传统特色产业基础，充分利用潮惠高速公路互通口距公平镇区仅3千米，沿途两侧土地资源充足、发展潜力巨大等优势，立足建设国内、国际一流创智园区，规划、开发集总部经济、孵化基地、创客空间、工业地产以及研发、设计、生产、销售于一体，信息化、智能化、生态化的公平产业园，与城东生态科技城实现联合互补，逐步建设、形成海丰县北部工业长廊。至2017年底，已完成公平产业园总面积9.17平方千米的规划、设计、测绘等工作，同时，已完成公平产业园中心启动区15.15万平方米用地征地协议书签订工作。

【服装产业】 2017年，公平镇积极引导、扶持企业应用电子商务，吸引电商人才，强化电商培训，加强对电子商务资源的整合，开拓产品销售渠道。大力实施质量强镇战略，聘请专家举办专业技术培训班，进一步提高服装企业管理水平和专业技术水平。稳步推进规模工业发展。2017年，再推动上规模工业1家，有24家规模工业产值达74.3亿元，比增30.59%。

【农村经济】 继续稳定粮食生产，调动农民种粮积极性。加大农业结构调整，引进推广农业新品种，大力发展特色农业，2017年上半年，在龙岗村引进海丰县阿旺农场特色蔬菜种植，占地面积约33.33公顷。加强水利基础设施建设，整修、加固、清理公青渠道、龙岗灌渠、上军田灌渠、高北楼下陂头以及西坑沙陂头等水利设施和河道。认真抓好农村危房改造工作，严格落实种粮直补、农机补贴等惠民政策。

【城乡建设】 一是人居环境得到优化。2017年，按照市、县创文创卫工作的部署和要求，公平镇整治城乡垃圾乱堆和镇区主要街道违搭违建、占道经营等脏乱差问题，取缔主干道6家废品收购站，升级改造永昌市场、联丰市场2家农贸市场，清理主干道7家石板厂、5家砂石厂。同时，加强市政设施建设，新配海紫路公平镇区至黄羌镇公路两边路灯；重修镇区妈祖路、吉林路路面，并配齐路灯；启动镇区日兴河清理整治工程；积极协调，加快推进海紫路公平杨梅岭桥至镇区乌涂沟变电站供电线路高空架设改地下埋设的改造，并整改规范重点区域供电、通信、有线电视线杆线塔，拓宽路面。二是重点项目建设有序推进。2017年，公平污水处理厂建设项目被列入县重点建设项目。至年底，公平污水处理厂2万平方米用地的用地手续已理顺完毕，在抓紧建设中，预计2018年5月可投产运行。三是公路建设再掀热潮。积极配合上级公路部门，完成国道G335线海丰公平镇区段改建工程。启动国道G236线海丰公平穿城段南段路基工程建设。

【维稳工作】 2017年，公平镇深入开展社会治安重点整治工作，严厉打击涉毒涉枪、涉盗抢、电信网络诈骗等违法犯罪。有效排查化解社会矛盾，成功化解潮惠高速公路新塘火龙果场补偿异议问题以及天主教、基督教教产遗留问题。做好全镇十九大期间信访维稳安保工作，确保“五个不发生”，积极维护十九大期间社会和谐稳定。

【科教文卫】 一是教育事业取得新成绩。认真落实“防流控辍”工作要求，进一步稳定九年义务教育入学率，继续巩固教育创强工作，全力做好教育创均工作。二是文化事业势头良好。按照县委、县政府工作部署，扎实开展全镇红色史料和革命遗址普查工作，全面完成全镇自然村落历史人文普查工作。整合文化站和广电站，成立文化服务中心，广泛开展全民健身运动，不断提高广大人民群众身体素质，在各个节日中积极举办广场舞赛、乒乓球赛、象棋赛、篮球赛等活动。挖掘弘扬民俗民间文化艺术，认真开展群众文化活动，多次组织“公平八音”等参加各种文艺汇演。

【组织建设】 ①抓学习促提升。突出政治功能，强化思想政治建设。一是狠抓支部书记牛鼻子示范引领作用，着力强化党支部书记在加强思想政治建设中的第一责任人意识，按规定每月召开不少2次支委会，每季度召开1次党员大会，每季度上2次党课，带头谈体会、写心得、讲党课，落实“三会一课”学习制度。二是实施党员全员培训工程。落实党政成员每月讲课制度，分批次对党员进行集中轮训，同时利用远程教育、微信平台等多渠道组织党员全员培训，掀起“两学一做”学习培训高潮，提升党员素质，建设高素质党员队伍。三是建立镇级党校，发挥“三个阵地、一个熔炉”重要作用，以党的十九大精神为纲，推动习近平新时代中国特色社会主义思想在公平镇基层落地生根。②抓制度促保障。全面落实党委主体责任和纪委监督责任，加大案件查处力度，使党风政风进一步好转；以习近平新时代中国特色社会主义思想为指导，切实增强“四个意识”，严明政治纪律和政治规矩；大力推进“三务”公开制度，实行“阳光党务”，保证基层支部各项工作有章可循；完善公平镇党委会议议事制度、公平镇党政联席会议事制度、公平镇财经管理制度、党员民主评议等12个管理制度，形成镇村上下联动、分工负责、密切配合、齐抓共管的基层党建工作格局，确保各项工作制度化、规范化、程序化。③抓班子强队伍。一是圆满完成村社区“两委”换届选举工作，选优配强村（社区）“两委”班子，增强村级“两委”班子治理能力，为公平镇全面建成小康社会提供坚实组织基础。二是坚持民主集中制原则，严格按照议事规则议事，增加班子团结，形成“一班人”心齐风正的良好氛围。④抓党建促治理。一是扎实推进消防安全隐患专项整治工作。公平镇“12·9”火灾事故发生后被列为市火灾高风险区域挂牌督办，公平镇根据省、市、县的部署和要求，由镇12位领导班子成员担任12个大排查、大整治行动小组组长，落实网格化管理责任制，开展安全生产隐患大排查、大整治工作。二是扎实推进驻点联系工作，全镇驻点团队和辅助团队以问题为导向，建立问题台账526条，坚持立行立改、不推不拖，解决群众热难点问题282宗；同时，压实村社区责任，依托驻点联系工作积极开展涉毒涉枪、环境卫生、土地确权、精准扶贫等工作。三是扎实推进信访积案化解，严格落实“九个一”办理，全镇共办结信访积案28宗，信访积案存量大幅减少，信访秩序明显好转。四是扎实推进整顿软弱涣散党支部。利用村（社区）换届选举选优配强班子，增强两委“干部”政治意识、大局意识、核心意识、看齐意识，切实转化笏雅村、庵前、青围3个软弱涣散党支部。五是扎实推进书记项目“进一步加强队伍建设，切实提高基层党组织整体战斗力”。六是扎实推进村级阵地建设。投入资金195万元建设平一、平新、赤坭等3个行政村公共服务中心综合楼，高标准创建平一村党建示范村，构建运转协调、公正透明、廉政高效的公共便民服务体系。七是严把党员入口关，着力改善党员队伍结构，提升党员队伍整体素质，组织积极分子入党前培训，2017年共发展预备党员35名。⑤抓党建促发展。坚持围绕发展抓党建，抓好党建促发展，“以责任人带一班人，以一班人活一盘棋”的党建工作理念，借助县城地区与公平镇同步规划、同步扩容、同步升级的战略优势，大力推进公平产业园、污水处理厂、国道G236线改扩建等项目建设，掀起公平新一轮发展。⑥抓党建促扶贫。一是抓领导促责任落实。落实党政一把手负总责机制，推行网格化管理，压实责任，明确镇、扶贫工作队、第一书记、村“两委”任务职责，形成齐抓共管的工作格局。二是全面落实“三保障”，以有劳力的贫困户为脱贫重点，通过“一片一项目、一村一策、一户一法”扶持模式实施产业、就业帮扶。2017年，公平镇实现脱贫528户2159人，超额完成县下达的脱贫任务11.2%。三是抓亮点促建示范样板村。通过深圳坪地街道帮扶单位、社会筹资400多万元先行启动新农村示范村建设，建设占地面积300平方米（建筑面积280平方米）平一村公共服务站、占地180平方米（建筑面积120平方米）卫生站、占地面积3000平方米的村前休闲广场；发动乡贤、村民回村建房，掀起新农村建设热潮，以点带面，为全镇创建新农村建设供先行经验，全面推进新农村建设。

（杨伟雄）

附：2017年公平镇党委、政府、人大领导名录

党委书记：卓凛波（兼，12月起任）
王少远（任至12月）
副书记：陈岳文（12月起任）
李伟锋　钟汉坚
彭瑾玉（6月起任）
谭梅唇（任至12月）
镇　长：陈岳文（12月起任候选人）
谭梅唇（任至12月）
副镇长：叶本健　曾晓陆（12月起任候选人）
陈小荣（任至12月）
朱伟军（任至12月）
人大主席：邓金明

平东镇

综合概况

【简述】 平东镇位于海丰县东北部，东北与陆河、陆丰两县交界，西南与公平水库接壤，西北与黄羌镇毗邻，南与城东、可塘两镇相连，属革命老根据地“九龙峒”所在地、公平水库移民地区和海丰大湖公平省级自然保护区重要组成部分。1974年从公平分出建制镇，镇委、镇政府驻日中圩，距县城22千米。全镇总面积133平方千米，辖日中社区和坑口、九龙、茅陂、平东、大塘、南门、谷兜、新平、双墩9个行政村，86个村民小组，2017年全镇总人口2.9万人。2017年，全镇工农业生产总值约完成4.8亿元，比增9%，其中农业总产值约3.9亿元，比增7%，工业总产值约8900万元，比增8%；社会商品零售总额1.62亿元，比增10%；全社会固定资产投资约4亿元，比增15%；农民人平均年收入约7834元，比增6%。

【机构人员】 平东镇党委、政府内设党政办、经济办、维稳办、计生办、社会事务办和人大办6个正股级机构。2017年，全镇干部职工64人，其中行政编制32人，党政成员11人，正科级干部5人，副科级干部8人，正股级干部5人，副股级以下干部14人。属下镇直机关单位15个，党支部20个，党员645名。

【农业经济】 2017年，平东镇坚持以“绿色生态”为发展主线，围绕生态发展区定位，加快现代农业和休闲观光旅游为主导的新型城镇进行转变。以兴建的潮惠高速公路、改造后的省道S335线为骨架，串联陆河、陆丰和海丰县城，以海亮、陆港、冠龙、台农庄、湖畔咖啡为引擎，积极促进产业转型升级，打造现代农业、观光农业，推动镇域经济和谐发展。2017年，“台农庄”格桑花观光基地及梦幻灯光节、双墩陆港格桑花及油菜花基地再次将平东观光农业发展推向新台阶；广东冠龙生物科技有限公司和湖畔咖啡专业种植合作社落户平东，并开始投产；陆港“广东省农业公园”项目顺利实施建设。截至2017年底，平东镇已有海亮、陆港、冠龙、台农庄、湖畔咖啡等大型农业基地，现代农业和观光农业发展势头良好，平东镇将成为汕尾市农业观光旅游的一张名片。

【基础设施建设】 2017年，兴汕高速公路征地拆迁工作扎实开展，平东改革发展迎来空前机遇；村村通工程顺利推进，进一步解决群众生活用水问题；镇区环境综合整治工程，镇区改造初见雏形，镇容镇貌得到质的提升；完成省道S335线海陆公路双墩村段和镇区至陆河段8千米路灯亮化工程；利用“一事一议”财政奖补资金、移民村改造资金以及群众自筹资金，投入850多万元完成大溪头、新塘围、连塘尾、新寮等一批移民村村道、村前小广场、村边公园、美化绿化亮化建设，日中、嶂下、华照楼、坪塘等多个村修建通村水泥公路，陈塘等村完成村文化室等文体公共服务设施建设；大塘、新平贫困村社会主义新农村建设顺利开展，平东乡村面貌得到改善。

【社会各项事业】 2017年，平东镇在教育、民政、卫生、扶贫、环卫等各项事业取得长足发展。教育“创均”扎实推进，平东镇中心校教学楼改建工程在建设中，教育软硬件设施建设实现跨越式发展，素质教育成效显著；民政工作公开透明，切实加强对全镇农村低保户的调整审核工作，做到应保尽保，把党和政府的温暖及时送到困难者手中；卫生强镇工作深化开展，卫生院成功申报扩建工程，卫生站建设顺利推进，不断完善科室设置和设备配套，增强为民服务理念，不定期开展下乡免费体检工作；进一步夯实基础，严格程序，加强扶贫干部业务学习，深入与贫困户对接，全力以赴做好第三轮精准扶贫工作，实现帮扶动态信息化管理；城乡环境卫生整治列入镇全年重要工作任务，改变垃圾收集方式，改变无序乱投乱放垃圾的恶习，群众环卫意识明显提升，城乡环境卫生整治实现常态化管理，镇容镇貌取得改善；殡葬管理严格执行火化“一刀切”政策，连续5年确保火化率100%完成任务；禁毒工作继续保持高压态势，治安案件、刑事案件发案率进一步降低；加强对违规用地和违规建设的查处和监管力度，有力遏制非法取土、违法采矿、违规用地、违章建设等违规违法案件的发生；安全生产和消防安全大排查专项行动扎实推进，村务公开民主管理进一步完善，征兵工作高标准完成任务，医社保、工会、共青团、妇联工作有序开展。

【基层组织建设】 2017年，平东镇深入学习宣传贯彻习近平新时代中国特色社会主义思想，顺利完成村“两委”换届选举，为推进乡村振兴发展打下坚实组织基础。深入推进“两学一做”常态化制度化，规范镇及党校和村级远程教育平台建设，引导党员干部狠抓学习，不断强化党员干部党性、党风、党纪教育和廉政从政教育。全面实施党务公开、政务公开、村务公开，优化政务环境，提升服务意识，群众满意度明显提高。

（杨柳趣）

附：2017年平东镇党委、政府、人大领导人名录

党委书记：王奕雄（任至4月）
　　　　　吴清瑜（4月起任）
副书记：吴德胜（任至4月）
　　　　张彭豪（4月起任）
　　　　陈春晖　欧斌权（任至7月）
　　　　黄荣政（8月起任）
镇　长：吴德胜（任至4月）
　　　　张彭豪（4月起任）
副镇长：刘连枝
　　　　叶军声
人大主席：缪惠文
人大副主席：周金华（11月起任）

黄羌镇

综合概况

【简述】 黄羌镇位于汕尾市海丰县北部，属红色革命老区。东毗邻陆丰市、陆河县，南临公平水库，西连紫金县，北与惠东县高潭镇接壤，是典型的亚热带季风性气候地区。全镇行政区域面积138.4平方千米，其中山地面积10764公顷，台地面积6505.33公顷，水田面积804.13公顷，旱田302.8公顷，林地面积7333.33公顷。下辖丰田、坑联、东升、东坑、东岭、东陇、黄羌、河东、合门、里坑、建林、松林、石山、虎噉、下寨、双河、双圳、双新18个村委，1个黄羌社区，163个自然村，2017年总人口4万人。2017年，黄羌镇完成工农业生产总值3.71亿元，其中工业总产值1.47亿元，农业总产值2.25亿元，比增分别为2.7%、5.2%；固定资产投入6.12亿元，比增11%；社会商品零售总额2.5亿元，比增12%；农村居民人均收入6558元，比增4.1%。从全镇各项经济指标来看，基本保持稳步增长的态势。

【机构人员】 黄羌镇内设7个综合性办公室：党政办公室（加挂统计工作站、关工委牌子）、维护稳定和社会治安综合治理办公室、经济发展办公室、社会事务办公室、城乡管理办公室、人口和计划生育办公室、农业办公室，垂直管理机构有：黄羌镇人力资源和社会保障服务所、黄羌镇文化中心、黄羌镇安全监督站、黄羌镇计生服务所。2017年，黄羌镇核定行政编制38名（含镇财政所行政编制3名），后勤服务人员数6名。有党委书记1名，副书记3名（1名兼任镇长），镇长1名（由副书记兼任），人大主席1名，纪委书记1名，人民武装部部长1名，副镇长2名，人大副主席1名，党委委员按有关规定配置。

【组织建设】 一是全面完成19个村（社区）“两委”换届选举工作。2017年，黄羌镇“两委”换届选举共产生“两委”干部100名，并选派2名优秀年轻干部到村担任第一书记，基本完成上级下达各项指标要求。新一届“两委”干部从年龄性别结构、政治面貌、文化程度等方面都有明显优化。二是完善机制建设。印发《黄羌镇村级组织规章制度》，明确职责，规范行为，健全完善议事决策制度、财务管理制度和上班、值班制度，提高纪律观念和党政服务效能。三是推进基础建设。深入开展建林、石山2个软弱涣散村组织整顿工作，强化核心作用；投资160万元新建丰田、松林、石山3个村办公楼，黄羌社区、黄羌、建林、下寨、双圳5个村办公楼改建计划已完成前期准备工作，打造双新村党建示范点，在全县率先完成镇村公共服务平台建设并正常化运转，进一步筑牢基层阵地，扎实推进驻点联系工作制度。

【项目建设】 2016~2017年，黄羌镇完成黄平公路重建工程、双圳至黄羌主干道绿化工程、丰田至陆河新田道路新建工程、罗峯路东坑段和坑联段重建工程、东坑王爷宫桥升级改造工程、高效节水农业灌溉工程、6个村666.67公顷高标准基本农田建设；完成镇区综合市场改造并投入使用；进一步加大辖区亮化工程建设，实现主干道路灯村村通；启动县重点项目县道S242线（双新）经黄羌至陆河（新田）海丰段公路改建工程、海丰县黄江（黄羌段）治理工程、村村通自来水工程、镇区环境综合整治工程、9个自然村生活污水处理工程、卫生院和卫生站标准化建设工程、敬老院改建工程。全镇各村相应对水利实施、硬化、亮化、绿化、美化等进行改善。

【农业经济】 2017年，黄羌镇继续立足资源和区位优势，发挥国家绿色食品A级产品“皇斋虎噉金针菜”品牌效应，积极推进200公顷金针菜种植基地建设，不断扩大生产规模，引进产品深加工设备，着力提高产品附加值，努力做大做强虎噉金针菜特色产业。与此同时，积极做好西瓜、黄瓜、马铃薯、花生等无公害蔬菜产业的发展，进一步调整农业产业结构。2015年，黄羌镇引进海丰县大中农业有限公司，作为农业发展支柱发展特色农业。截至2017年，已投入资金800万元完成6.67公顷金针菜种植示范基地、环厂水沟、机耕路、太阳能烤房建设，初步构建起现代观光农业雏形。至2017年底，厂房和配套设施建设在推进中，计划借助农村集体土地经营权确权登记颁证的契机，继续加大土地流转力度，打造集生产、加工、观光于一体的农业生态产业园基地，总投资逾2000万元。此外，对133.33多公顷金针菜种植基地进行土壤改良和品种更新，减少化肥、农药施用量，提高金针菜抗病能力，实现高产、优质、高效和环境生态。

【新农村建设】 2017年，黄羌镇继续塑造全国文明村品牌，投入800多万元修建坑联道德广场、设立文明基金、全面改善各项基础设施，全方位进行绿化、美化、亮化；借助移民后扶资金，在官田仔、麻塘、西仙坝、隆美、新金5个移民村投入资金1173万元用于基础设施建设，打造新农村建设示范点；争取资金96万元完成东坑王爷宫桥改建工程建设；完成坑联、双新2座老人幸福院建设，完成坑联黄坑、东坑太公坝、石山分水布、双河和顺田村头公园建设；实施亮化工程，实现全镇主干道路灯村村通。

【社会维稳】 2017年，黄羌镇狠抓综治信访维稳工作，完善司法救助和法律援助体系，扎实开展"一村（社区）一法律顾问"试点工作。全面强化社会治安综合治理各项措施，定期召开维稳专题研判会，认真开展矛盾纠纷大排查，落实领导包案责任，全年实现群众越级进京到省零上访，到市上访1批1人次，到县上访1批6人次。深入开展禁毒缉枪工作，组建由25名精干力量组成的常态化禁毒巡查队伍，专门划拨禁毒工作经费，日夜轮班开展清理巡查，保证不留死角。建立禁毒工作责任追究、奖励举报毒品犯罪有功人员等制度，实行属地管理责任制，结合"直联制"活动组织开展每月2次的常态化禁毒大清查专项行动，实现常态化、网格化管理。联合派出所、安监、供电、林业等相关部门，协力配合，依法从重对涉毒涉枪犯罪行为予以打击。开展禁毒禁枪专项宣传活动，通过充分利用广播、出动宣传车、在各主要路口、镇区显眼位置设立大型广告牌和张挂横幅，在各村委（社区）、中小学设立专题宣传栏，发放宣传单、海报，举办"拒绝毒品，珍爱生命"专题征文比赛等形式，在全镇辖区内全方位立体式开展涉毒涉枪专题宣传活动。2017年，受理各类治安行政案件22宗，查处21宗（包括抓获吸毒人员12名，送强制隔离戒毒8名、行政拘留4名）;派出所、司法部门共受理民事纠纷32宗，已调处28宗、书面回复3宗；排查处置聚众赌博2宗；没有发现邪教组织、非法传销活动。辖区内未发现制毒窝点及涉枪等违法犯罪活动；高度重视安全生产工作，严格落实安全生产"一岗双责"责任制，认真开展安全生产专项整治，2017年全镇没有发生安全生产责任事故。

（张志刚）

附：2017年黄羌镇党委、政府、人大领导人名录

党委书记：许泽武（3月起任）

镇委副书记：许泽武（任至3月）
张流超（3月起任）
唐本高（12月起任）
钟晓军　张业敌（任至8月）
张志刚（8月起任）

镇　长：许泽武（任至3月）
张流超（4月起任，任至12月）
唐本高（12月起任镇长候选人）

副镇长：林浩声　张志刚（任至8月）

人大主席：张流超（任至3月）
张业敌（9月起任）

人大副主席：叶凯锋（11月起任）

黄羌林场

综合概况

【简述】 黄羌林场地处海丰县东北部山区，毗邻紫金、陆河、惠东和海丰县黄羌镇、公平镇。总面积45.6平方千米，林业用地面积3585.6公顷，其中商品林2654.2公顷，生态公益林1300公顷。下设朝面山、江西坪、富足园三大林业工区，陆安、麻竹、十字岗、富足园4个村委会，24个自然村，4600多人民群众。辖区内有朝面山、朝阳两大中型水库，是海丰县直属单位，系海丰县公平水库源头之一。2017全场总产值1638万元，其中：农业产值553万元、林业产值854万元、牧业产值203万元、渔业产值8万元、农业牧渔服务业产值20万元，农村3925人均年收入，全场完成社会固定资产投资520万元。

【机构人员】 黄羌林场建于1958年2月，省属委托汕头行政公署管理，定名为国营广东省黄羌林场；1985年1月转由惠阳地区林业处直接管理，定名为广东省惠阳地区国营黄羌林场；1988年转由汕尾市管理，隶属于市林业局，定名为汕尾市国营黄羌林场，2004年改名为汕尾市国有黄羌林场。黄羌林场是全县有名的边、穷、远红色革命老区，也是全市唯一带农村的正科级国有林场。黄羌林场内设人秘股、农村办、林业办、计财股、森林派出所，与海丰县各乡镇相同的职能部门29个。同时具党委建制，党委设7人，下有7个党支部，党员217人，农村两委成员20人，由海丰县委、县政府管理。

【林业工作】 2017年，黄羌林场始终致力增加森林资源为重点，建立比较完备的生态体系和比较发达的林业体系为目标，以提高综合效益为中心的治场方针。抓住服务社会和生态，加大投入和加强护管促发展。加快推进国有林场改革进度，动员全场干部职工利用改革契机，推进运动小镇建设，为改革创出一条新路。2017年，完成333.33公顷森林抚育任务、300公顷中央防护林建设任务和638公顷省级森林碳汇林抚育项目任务。建设富足园生态林示范区工程。该项目投资68万元，建设富足园工区管护房800多平方米，解决护林员办公条件。森林防火是黄羌林场工作的重点。黄羌林场坚持“全场动员，以防为主”的森林防火工作方针，加强宣传力度，全年出动宣传车40多车次，刷新防火标牌35处，树立防火标牌36张，全年零山火。

【民生和教育】 民生工作方面。一是全力推进创文工作。2017年11月8日，黄羌林场获得“广东省精神文明单位”荣誉称号。二是圆满完成征兵工作任务。2017年向部队输送3名青年，完成年度征兵工作任务。三是做好农村土地确权工作。至年底，黄羌林场已全部完成全场农村土地确权任务。四是推进河长制工作。2017年，黄羌林场积极推进河长制工作，完成实施方案、成立领导小组，设立河长办公室，落实场村两级河长6人，制作公示牌3块。五是强力推进消防整治工作。采取宣传与清查相结合，严格执行“人店分离”，布局全场人员密集区的消防系统建设，配备消防物品。同时开展林业作业区清查，印发宣传小册子3000份，树立交通警示牌20块，投入19.5万元建设四十九团公路路沟工程。教育方面，2017年全场有22人考取大学本科、专科、重点高中，分别获得教育基金会奖励，共28500元，为全场形成崇文尚学氛围。

【基层组织建设】 2017年全场有党支部7个，217名正式党员。十九大会议后，黄羌林场先后通过召开党委扩大会议，党委学习中心组会，学校培训班等会议形式进行深入学习宣传贯彻。落实市、县布置，动员全场党员按读透、领悟、对标三个标准践行绿水青山就是金山银山理念，凝心聚力实施乡村振兴战略，全力推进黄羌林场运动小镇发展，切实做好生态守护者、宣传者和传导者。2017年5月，黄羌林场村支部和村委会换届全面完成，严格执行村党支部换届“两推一选”和村民委员会换届“海推海选”模式，通过提前筹划人事布局，依法民主、公开选举，把一批政治素质好、廉洁奉公、年富力强、能带领群众致富奔小康的优秀党员群众选进村支两委班子，配强村级班子，为各项工作的开展提供强有力的组织保证。

【其他活动】 ①2017年5月11日，黄羌林场朝面山大路下四十九团团部旧址正式揭牌，项目总投资368万元，总规划面积13.33公顷，此次揭牌为海丰县进一步弘扬爱国主义精神、加强革命传统教育提供新平台和载体。黄羌林场红色景点建设得到省市县的肯定。广东卫视、《南方日报》《羊城晚报》等主流媒体相继报道。②5月20日，中国旅游日广东会场（汕尾）自驾游活动在黄羌林场举行，活动共有省内外50多部自驾车参加。③11月20日，红二师小红旗手墓重建完成，该墓地总投资33万元。其中经热心人士捐款，筹得善款14.9万元，其余工程款由黄羌林场负责支出。④12月23日，倡导运动新生活，传承红色基因，迈步崭新征程的山地挑战徒步活动在黄羌林场举行。徒步总里程39千米，有2000多人参加。

（陈建东）

附：2017年黄羌林场党政领导名录

党委书记：罗坤照

副书记：曾锦坤

场　长：古日昌

副场长：池晓宇　宋华贵

梅陇农场

综合概况

【简述】 梅陇农场始建于1956年2月，地处汕尾市海丰县西南部沿海地区，东临长沙湾畔、西依广汕公路，深汕高速公路、厦深铁路东西横贯农场境内，是广东农垦属下一个以水稻种植生产和水产养殖生产为主、禽畜生产为辅，种、养、加、运、建、服综合经营的中央农业企业，全称“广东省梅陇农场”。全场下辖5个管区（社区），2017年有总人口9000余人，其中职工1900多人（退休职工800多人），土地总面积3133.33公顷，其中耕地57.33公顷，水产养殖面积800公顷（精养对虾面积约350公顷）。梅陇农场主要盛产大米、鱼、虾、蟹等产品，全场年产优质稻谷6800多吨、水产品2500多吨，享有海丰西南部“鱼米之乡”美誉。2014年，梅陇农场被列入汕尾新区建设总体规划范围。梅陇农场地处红海湾滨海旅游区和鲘门特色休闲区之间的重要位置，拥有长达22千米海岸线，生态资源和沿海水产资源丰富。梅陇农场依托得天独厚的资源优势，致力于打造自然、生态、优雅的生活居住环境与人工景观和谐共生的市民度假休闲、康体养生、生活工作为一体的现代滨海生活及旅游中心。2017年，全场实现农垦社会总产值35973万元，比增4.1%，实现农垦生产总值14912万元，比增5.7%，实现营业收入1058万元；垦区人均纯收入21247万元，比增6.4%；职工年均收入39710元，比增7%。

【水稻种植】 水稻生产是梅陇农场的主导产业之一。全场水稻种植面积573.33多公顷，其中机械化插植70%、田间直播30%，机收率100%。2017年，梅陇农场继续大力引进和推广水稻种植生产的良种、良法，全面种植优质水稻，试验培育常规稻当家品种“美香粘”。在抓好常规水稻种植的同时，继续推进有机水稻种植生产。2017年11月10日，梅陇农场和广垦粮油集团签订稻米产销战略合作协议，梅陇农场正式成为广垦粮油集团公司下属企业优质原粮直供基地。此外，梅陇农场在冬季农田休耕间隙，还联合广州市丰达莱农业发展有限公司种植玉米、西蓝花等冬季作物；与陆丰市新澳良种奶牛养殖有限公司签订切碎全株青贮玉米购销合同。由此打造上联基地生产、下联市场流通的产业化链条，促进农场三大产业融合发展，为建设国家水稻主题公园及现代水稻种植示范区打下基础。

【水产养殖】 水产养殖是梅陇农场另一主导产业，全场有水产养殖面积约800公顷，其中精养面积351.33公顷。2017年，梅陇农场继续加大水产养殖区水、电、路等配套基础设施投入力度，不断改善水产养殖生产条件。为推进梅陇农场水产养殖经济效益，按照市场化运作机制和现代化企业管理制度，梅陇农场积极引进人才建立水产养殖科研团队，加大科技投入。2017年初，与民营企业海丰县海鹏水产科技养殖有限公司合作成立海丰县正达宜水产科技养殖有限公司，主要经营对虾培苗、养殖、销售等。2017年，由于受第2号强台风“苗柏”影响，水稻生长颗粒不结实，产量受到一定影响。水产养殖受天气影响以及水质污染，部分虾池出现亏损。据生产和养殖部门统计，2017年全场粮食生产总量约7025吨，较2016年减少467吨；水产养殖总产量2985吨，较2016年减少78吨。

【重点项目建设】 2017年，为协调推进滨海田园旅游休闲综合项目，促进农场经济结构调整，打造“宜居、宜业、宜游”小城镇，梅陇农场继续贯彻实施基础设施先行策略，加大对基础设施建设的资金投入，逐步完善优化农场的经济建设环境。①推进水稻一二三产业融合发展项目建设。该项目总投资2624.08万元，主要建设内容和规模包括：建设高标准农田533.33公顷，特色农产品展销中心和农业科普教育中心530.50平方米，蔬菜冷冻库1027.10平方米和粮食加工厂2734.92平方米。②梅陇农场场部小城镇基础设施建设项目。拟新建混凝土主干道路993米、扩建主干道路6807米、配套建设护坡2245.5立方米、铺设给水管道11887米、道路绿化乔木902株、交通识标牌15块。计划总投资1199.62万元，该项目计划2018年初开工建设。③梅陇农场小型农田水利重点场建设。项目主要建设排涝沟清淤及边坡加固8条，长2787.9米，开挖及衬护灌排渠32条，长9358.7米，排水管涵1条154米。至2017年底，该项目已竣工验收。④梅陇农场防洪工程。该项目主要建设东关海堤加固1000米。计划总投资181万元。⑤梅陇农场直属垦区场内人畜饮水项目。该项目主要更换场内供水管线2608米，其中引水主管道2018米、社区内管道590米。该项目计划总投资80万元，已完成验收。⑥梅陇农场农技试验有机水稻种植示范与产品研发项目。该项目总投资13万元，至2017年底，仍在施工中。⑦一事一议基础设施建设项目。2017年度一事一议财政奖补项目总投资485.7万元，其中筹资筹劳145.7万元、财政奖补340万元，完成东关管区文化室、船路管区文化室、科技文化室建设以及场部小区绿化、公共环卫设施、居民区照明设施建设和改造，改善农场小城镇的面貌。

【社会事业】 2017年，梅陇农场在搞好企业经济发展的同时，切实做好维稳、教育、卫生、民政、社保等各项民生工作，大力促进社会事业发展。①积极推进农场办社会职能改革。根据中央《关于进一步推进农垦改革发展的意见》精神和中共广东省委、广东省人民政府《关于进一步推进广东农垦深化改革加快发展的实施意见》，梅陇农场通过组织开展专项调研，全面掌握义务教育学校和医疗卫生单位的资产、土地、债务、人员、编制、经费保障等情况，建立明细表，为推进改革做好基础性工作；成立领导小组对全场中小学校的资产、账务、人员等进行全面清查、造册；对全场教职工档案进行整理，查漏补缺，分类完善归档，至2017年底，所有教师（在职教师57名、退休教师36名）档案整理统计完毕，确保农场义务教育按上级要求顺利平稳过渡。②强力推进“三大环境”专项整治工作。一是打造平安稳定和谐的社会环境。深入开展社会治安综合治理专项行动，落实维稳第一责任和网格化管理制度，推进“无毒家庭”“无毒村（社区）”“无毒农场”创建工作。加强和完善公共安全体系，完善社会治安防控体系，加强法制宣传和普法教育，继续强势推进禁毒和打击非法枪支专项行动。二是打造干净整洁有序的城乡环境。以汕尾市全面开展市、县、镇、村四级文明联创为契机，推进辖区环境卫生综合整治，加大正面宣传力度，落实“门前三包”和卫生管理责任，逐步实现环境卫生常态化管理，力争给居民提供整洁、文明、规范、有序的居住环境。三是打造优质高效法治的政务环境。以深入开展“两学一做”学习教育为抓手，着力推进政务整治、正风肃纪集中行动，树立良好企业形象。③精准扶贫工作有序开展。2017年，梅陇农场按照市、县关于扶贫工作一系列工作部署和要求，结合农场实际，扎实做好精准扶贫工作。一是成立新时期精准扶贫工作领导机构，明确工作责任，全面摸清贫困户和扶贫重点对象，采用逐级落实责任的形式，将贫困户和扶贫重点对象的指标落实到各管区（社区）。二是切实抓好精准识别、录入建档、到村到户的关键环节，确实做到帮扶对象精准。三是加强专项督查，协调解决工作难点问题，推动帮扶措施落实到位。全场上报贫困对象75户（185人），根据国家扶贫政策做好相关工作，逐步按照扶贫新标准及要求进行规范落实。④全面落实城乡居民医疗养老保险和低保救济工作。2017年，全场参加城乡居民医疗保险人数共7688人，参保率100%。截至2017年12月底，参合职工群众中住院累计308人次，得到医疗补偿资金约186万元；全场办理城乡居民养老保险583人，未能享受职工社保的人员生活得到保障。⑤充分发挥工会组织作用，切实维护职工群众利益，解决实际困难。农场工会牵头对全场困难职工进行调查，重新确定困难家庭163户347人，其中纳入县精准扶贫帮扶75户185人。2017年，全场支付困难补助资金及春节慰问款14万多元，此外，还向地方民政部门争取低保救济金总额122万多元，352人得到低保救济。2017年，梅陇农场为20多个大病户积极向场及县民政部门争取医疗救助金15万多元，减轻其经济负担。同时，对纳入县2017年度农村低收入住房困难户住房改建工程5户，每户给予补贴2万元。⑥梅陇农场形象宣传力度不断加大。梅陇农场微信公众号（广东省梅陇农场）凭借及时发布农场要闻和农垦信息，获得关注，营造良好的企业形象。同时通过建设农场网站、制作视频等方式，全面及时宣传农场发展正能量。

（彭舒津）

附：2017年梅陇农场党政领导名录

党委书记、场长：李梅生

副书记：陈火新

庄秋红

副场长：邓建龙

庄秋红　曾　多（任至4月）

附录

社会经济统计资料

2017 年海丰国民经济和社会发展统计公报

2017年，在汕尾市委、市政府的指导下，在海丰县人大及其常委会和县政协的监督支持下，海丰县全面贯彻党的十八大和十八届历次全会精神，深入学习宣传贯彻党的十九大精神，坚持以习近平新时代中国特色社会主义思想为指引，以习近平总书记对广东工作重要批示精神为统领，按照省第十二次党代会、市第七次党代会和县第十一次党代会的部署要求，全面深化创新驱动，聚力振兴实体经济，切实增进民生福祉，全力维护社会稳定，推动全县经济社会持续快速发展。

一、综合

年末全县户籍人口85.5万人，全县常住人口82.9万人，城镇化率为62.7%。其中，全年户籍出生人口9688人，出生率11.3‰；死亡人口4118人，死亡率4.8‰；自然增长人口5570人，自然增长率6.5‰。

全年全县实现地区生产总值（GDP）267.1亿元，比上年增长8.5%。其中，第一产业增加值30.3亿元，增长7.8%，对GDP增长的贡献率为10.3%；第二产业增加值118.5亿元，增长10.8%，对GDP增长的贡献率为56.6%；第三产业增加值118.4亿元，增长6.4%，对GDP增长的贡献率为33.1%。三次产业结构为11.3：44.4：44.3。全县人均地区生产总值达到35483元，增长8.3%。

全年地方一般预算收入7.7亿元，比上年增长10.7%。其中，税收收入6.0亿元，同比增长18.5%。财政一般预算支出52.6亿元，同比下降7.5%。

二、农 业

全年累计完成农林牧渔业总产值51.8亿元，比上年增长7.7%。其中农业产值26.7亿元，增长7.3%；林业产值1.5亿元，下降3.9%；牧业产值4.4亿元，增长1.2%；渔业产值14.6亿元，增长12.4%；农林牧渔服务业产值4.5亿元，增长7.6%。

全年粮食作物种植面积30107.3公顷；油料种植面积2768.1公顷；蔬菜种植面积14404.8公顷。全年粮食产量149264吨，增长6.5%；水稻产量141921吨，增长5.9%；油料产量6435吨，增长23.8%；蔬菜产量405355吨，增长7.0%；水果产量61199吨，增长8.7%。

全年肉类总产量15671吨，下降1.7%。其中，猪肉产量7688吨，减少9.2%，禽肉产量6448吨，增长4%。全年肉猪出栏量累计10.4万头,下降7.7%；生猪年末存栏量5.2万头,减少10.2%。累计家禽出栏量487.8万只，增长14.2%。

全年水产品产量94760吨，比上年增长10.5%。其中，海水产品71532吨，增长19.3%；淡水产品23228吨，减少9.8%。

三、工业和建筑业

全年完成工业总产值416.3亿元。其中，规模以上工业总产值319.1亿元。全年完成工业增加值107.9亿元，增长11.2%。其中，规模以上工业增加值53.9亿元，增长13.8%。

规模以上工业实现利润总额5.2亿元。亏损企业亏损总额1197万元。资产贡献率11.6%，资产负债率58.6%，流动资产周转率6.23次/年，成本费用利润率1.65%，产品销售率99.5%。

全社会建筑业增加值10.6亿元，增长13.1%。全年资质等级以上建筑企业8个，全年完成建筑业总产值4.3亿元；实现利润总额1956.8万元。

四、固定资产投资

全年全社会固定资产投资289.6亿元，比上年增长20.1%。全年房地产开发投资22.2亿元，比上年下降10.4%，按工程用途分，商品住宅投资14.4亿元，下降22.6%，商业营业用房投资1.5亿元，下降48.3%；其它投资6.2亿元，增长87.9%。全年房屋施工面积227.9万平方米，比上年增长26.3%；全年房屋竣工面积13.9万平方米，下降6.1%；全年商品房销售面积69.9万平方米，增长5.7%。

五、国内贸易

全年累计完成社会商品零售总额203.1亿元，同比增长8.2%。其中，批发业销售额19.3亿元，同比增长10.3%；零售业销售额176.8亿元，同比增长12.3%；住宿业营业额1.4亿元，同比增长17.2%；餐饮业营业额26.0亿元，同比增长1.2%。按经营单位所在地分，城镇消费品零售额152.3亿元，同比增长9.7%；乡村消费品零售额50.8亿元，同比增长4.0%。

六、对外经济

全年进出口总额78986万美元，同比下降7.0%。其中，出口43200万美元，增长1.0%；进口24786万美元，下降20.0%。进出口差额（出口减进口）18414万美元，比上年增加5971万美元。

合同吸收外资金额8237万美元,比上年增长123.1%。实际使用外商直接投资金额1270万美元,增长129.7%。

七、金融

年末全县金融机构本外币各项存款余额232.3亿元，比上年末增长7.4%。其中，住户存款169.4亿元，同比增长7.9%；广义政府存款24.1亿元，同比下降5.5%。各项贷款余额107.4亿元，增长10.5%。其中，住户贷款83.8亿元，增长14.8%，非金融企业及机关团队贷款21.8亿元，下降5.5%。

八、交通、邮电和旅游

全年交通运输、仓储和邮政业实现增加值9.0亿元，比上年增长10.7%。

全年货物运输总量1311万吨，比上年增长19.5%；货物运输周转量188656万吨公里，增长19.5%；全年旅客运输总量1165万人，增长19.6%；全年旅客运输周转量225239万人公里，增长19.6%。年末全县公路通车里程1934.7公里，其中高速公路里程102.3公里。

全年完成邮电业务总量100572.9万元，比上年增长11.3%。其中，邮政业务总量（含快递）44824.4万元，同比增长58.3%；电信业务总量55748.6万元。

全年全县接待旅客总人数达321.7万人次，比上年增长19.1%；旅游收入18.6亿元，增长23.8%。全县共有星级饭店客房818间。

九、人民生活和社会保障

全年全县居民人均可支配收入22028.8元，比上年增长7.8%。其中，城镇居民可支配收入26470.0元，增长7.9%；农村居民人均可支配收入14510.5元，增长8.2%。

全年全县新增城镇就业16962人，比上年末增长0.3%，城镇登记失业人员3312人，城镇登记失业率为2.4%；农村转移劳动力7326人。

年末全县参加城镇职工基本养老保险163826人，比上年末增长0.7%。参加城镇职工基本医疗保险85600人，比上年末增长0.6%。参加城乡居民基本养老保险459848人。参加城乡居民基本医疗保险704000，比上年末增长5.0%。参加失业保险60000人，增长6.4%。参加工伤保险32300人，比上年末增长0.7%。全年社会保险基金征缴收入4564613万元，年末社会保险基金累计结余1575715万元。

全县共有社会福利收养性单位17个，各类收养性社会福利床位1230张，收养人员214人。城镇各种社区服务设施255个，其中综合性社区服务中心42个。年末享受低保救济的困难群众达41905人，其中城镇9401人，农村32504人。

十、教育和科学技术

全年全县各级各类教育招生32568人，在校学生138000人，毕业生34004人。其中，小学招生13490人，增长1.8%；小学在校生76623人，增长38.8%；小学毕业生11606人，增长11.14%。初中招生10312人，增长6.3%；初中在校生28793人，增长44.5%；初中毕业生8840人，增长15.9%。高中招生4928人，增长6.3%；高中在校生15623人，增长8.3%；高中毕业生5538人，增长11.2%。

年末全县共有市级企业研发中心16家，国家高新技术企业6家。全年专利申请量291件，授权量157件，分别增长41%和24%。其中，发明专利申请量20件，增长185%；发明专利申请授权量5件，与上年持平。全年申报各类科技计划项目7个。

十一、文化和卫生

年末全县共有各类专业艺术表演团体2个，文化馆1个，博物馆、纪念馆2个，体育场馆4个，镇级及以上公共图书馆6个，全县共有图书馆藏量15万册（件）。

年末全县共有医院、卫生院34个，其中乡镇卫生院18个；共有医院、卫生院床位3179张，其中乡镇卫生院床位856张；卫生技术人员3777人，其中执业医师和执业助理医师1507人，注册护士1380人，乡镇卫生院卫生技术人员1228人。

十二、资源和环境

全县水资源总量26.2亿立方米。平均降水量2284.9毫米，下降21.2%。年末全县大中型水库蓄水总量23624.6万立方米，下降14.9%。全县总用水量4.5亿立方米。

全年全市空气质量优良天数365天，其中优秀229天，良好136天。年末县城建成区绿化覆盖面积606.2公顷，县城绿地面积577.4公顷，其中公园绿地面积516.5公顷。森林面积99431.2公顷，自然保护区面积15842.5公顷。

全年单位GDP能耗比上年下降3.89%；单位工业增加值能耗下降16.33%。全年全社会用电量17.8亿千瓦时，增长9.4%。其中工业用电量6.0亿千瓦时，增长10.4%。

备注：2017年数据中GDP、农业、工业、投资和消费数据不含深汕特别合作区。

文献选编

县委、县委办文件

关于印发《〈海丰年鉴·2017〉编写大纲》和《〈海丰年鉴·2017〉基本篇目与编写分工》的通知

海委办〔2017〕2号

各镇（场、经济开发区）党委、人民政府，县直各单位：

《〈海丰年鉴·2017〉编写大纲》和《〈海丰年鉴·2017〉基本篇目与编写分工》已广泛征求各部门意见及多次修改，并经县委、县政府同意，现印发给你们，请各地、各单位根据编写大纲和基本篇目的组稿要求，按时保质完成《海丰年鉴·2017》的编纂工作任务。

中共海丰县委办公室
海丰县人民政府办公室
2017年1月17日

《海丰年鉴·2017》编写大纲

《海丰年鉴·2017》是中共海丰县委、海丰县人民政府主办的地方综合年鉴，是权威、全面、公开出版发行的年度县情资料性工具书。编纂《海丰年鉴·2017》是贯彻落实《中共广东省委办公厅 广东省人民政府办公厅关于加强地方志工作的通知》（粤委办〔2015〕19号）提出的“一年一鉴，公开出版，当年出版”任务要求的具体体现。在海丰年鉴编纂委员会的领导下，由海丰县人民政府地方志办公室组织编纂，海丰年鉴编辑部负责组稿、编辑、出版、发行。

一、指导思想

《海丰年鉴·2017》编纂工作的指导思想是：高举中国特色社会主义伟大旗帜，贯彻落实中共十八大和十八届三中、四中、五中、六中全会精神，实事求是、求真存实、继承创新、与时俱进，坚持对历史负责、对人民负责，全面、准确地记述海丰2016年自然、政治、经济、文化、社会等方面的基本情况和发展变化，反映各地、各行业的新情况、新成就与新特点，为社会大众提供全面、权威的年度县情资料，为海丰经济社会发展服务。

2016年，海丰人民在县委、县政府正确领导下，贯彻落实党的十八大和十八届三中、四中、五中、六中全会精神，深入开展“两学一做”教育活动，深入践行科学发展观，紧紧围绕“三个坚持，四个争当，五个发展”核心任务，全力打好“四大会战”，推进“六大工程”，着力推进转型升级，着力深化改革开放，着力保障和改善民生，促进经济平稳健康可持续增长，促进社会和谐稳定，推进经济建设、政治建设、文化建设、社会建设以及生态文明建设和党的建设，经济社会平稳较快发展，转型升级与民生改善互促共进，推动科学发展取得新的进展。

《海丰年鉴·2017》要在保持基本资料连续反映的同时，准确把握2016年海丰经济社会发展的特点，系统地反映各地区、各行业、各部门的新变化、新进展和新问题，使《海丰年鉴》成为各级领导、企事业单位及广大读者了解海丰的重要信息源，成为国内外实业界人士来海丰开展经贸科技文化合作的指南，为海丰改革开放和建设幸福海丰服务。

二、框架结构

《海丰年鉴·2017》采用分类编辑法，主体内容实行条目化设计，基本框架分为栏目、类目、分目、条目4个层次，主要由刊名、编辑说明、公益彩页、目录、特载、专记、大事记、综览、百科（各项事业）、人物、附录、索引等部类组成。栏目安排、内容设置着重反映全县社会经济发展的新情况，突出海丰特色，增加信息量，增强可读性。全书拟设“海丰风采”图片专辑、特载、海丰大事记、海丰概况、政治、经济、社会事业与社会生活、村镇建设、人物与光荣名录、文献选编、社会经济发展统计资料等10类（详见《〈海丰年鉴·2017〉基本篇目与编写分工》）。

三、组稿要求

《海丰年鉴》是重要的县情资料工具书。2017年的编纂要继续突出全面贯彻落实科学发展观，重点反映全县的大事要闻和重要资料、重要态势、重要人物，体现鲜明的时代特色和地方特点。县直及各镇编委、编写组组长要加强领导，做好统稿、审稿工作。

为确保《海丰年鉴·2017》的质量，各单位编写组与撰稿人要强化质量意识和时效意识，撰稿、编校等环节要严格按照《地方综合年鉴编纂出版规定（试行）》和《广东省地方综合年鉴编纂规范（试行）》以及《海丰年鉴·2017编写大纲》与《海丰年鉴·2017基本篇目与编写分工》的要求，切实做到真实、准确，系统、全面，规范、完整，力求思想性、科学性、资料性三者的高度统一。

（一）增强条目题材的新颖性

《海丰年鉴·2017》内容的基本表现形式为条目，条目的选定至关全书的质量。条目要从本地、本部门的实际出发，抓住事物发展的新情况、新特点、新问题选题立目，以“大事不漏，小事不收”为原则，做到为“大事”立目，为“新事”立目，为“特事”立目，为“热门话题”立目，为“经验教训”立目，突出年度特色、地域特色和部门（行业）特色，使年鉴信息真正具有实用价值、鉴戒价值和史料价值。杜绝空话、套话和废话。

（二）坚持全面、准确地反映情况

条目写作必须有扎实的材料基础。要以对历史高度负责的精神，努力搜集和详细占有材料，不轻易漏掉任何有价值的题材，既反映成绩和成效，又不回避存在的问题，务求全面、客观、准确。杜绝任何虚假、虚伪的成分，摈弃一切华而不实之词。

（三）增加信息量，增强实用性

海丰年鉴编纂工作要继续坚持以人为本，为大众提供准确、实用的信息。海丰县的基本情况、主要指标和其他重要信息资料应当齐备、准确。要体现统筹兼顾的原则，全面反映自然、政治、经济、文化、社会的发展，反映人与自然的和谐。要重视人物信息，体现人文关怀，更加关注民生，尽可能详细记述与人民生活密切相关的信息资料，收录环境质量、社会福利、社会保障、劳动就业、住宅、消费、教育、卫生保健、社会公共服务等方面的实用性资料，提高年鉴的实用价值。

在“区镇概况”栏目中，条目“简述”应包括该镇的地理位置、土地人口、历史沿革、建置时间、管辖范围、人文特点、自然资源、主要经济指标、重点基础设施、主要产业和旅游景点等综合内容，“简述”后的专题性条目，要立足一年的中心工作，着重反映各镇当年有特色的大事要闻，以及各行各业新发展、新成就、新经验。各镇应选择1–2个有特色的村与社区作介绍，以后逐年轮换介绍。

（四）规范写作体例

1.写作格式：年鉴文稿的基本表现形式为条目，分综合性条目和单一性条目两大类，条目标题应反映内容，文题相符，简洁明了。大条目的字数1000字左右，一般条目要求300~500字。

2.写作体裁：年鉴条目采用记叙体和说明体，开门见山，直陈事实，不用导语，述而不评，记而不论，用事实和数据说话。用词恰如其分，造句合乎规范，语义准确明白，力求鲜明生动，避免僵硬干涩。

3.内容层次：各行业、各部门的分目下均设有“概况”条目，用以记载本行业、本部门综合性、宏观性的基本资料。各单位要将机构人员编制列入概况内容。要在全面反映的基础上，抓住特点，突出重点，避免一般化。条目中有段落层次的，应标注层次标题（段题）,以提示内容主题。反映主题的内容要素须齐备，避免内容单薄和信息残缺。

4.文字、词语、单位名称、数量及统计数字的使用要规范。使用缩略语有可能造成误解或不解的不用，必须使用的要加具体说明。计量单位采用国家法定计量单位，不用不规范和已废弃的计量单位。采用的数据，凡属省统计局统计范围内的，一律以省统计局的为准。绝对数保留小数点后两位数字，增长百分比保留小数点后一位数字。

（五）改进版式设计，提高全书品位

正文版式要统一、规范，主题突出，层次分明，便于查检和阅读。“海丰风采”图片专辑设计要有精品意识，有创新，有亮点。内文插图和照片要图像清晰，构图新颖，采用彩色扩印片或高精度数码照片，不用印刷复制品，以保证良好的制作效果。图片说明要简明扼要、准确生动。整部年鉴拟设100p彩色版面，要求《海丰》报社、海丰县党政信息中心和海丰县广播电视台提供县委、县政府2016年度重大活动彩色照片各50张。请各镇、各单位提供2016年度彩色图片5~10张以便选录入编。

（六）提高年鉴的时效性

《海丰年鉴・2017》截稿时间为2017年4月10日。5至7月编纂；8-9月送出版社编审；《海丰年鉴・2017》按“一年一鉴、公开出版、当年出版”的规定应于2017年10月出版。各供稿单位要抓早、抓紧、抓落实，务必按时按质完成组稿任务。

1.人员落实。各有关单位和各镇场要尽快落实编写组组长及撰稿人，凡上年度编写组组长及撰稿人因工作需要发生变动的，要及时调整充实，把组稿工作任务落实到人，确保有人撰稿。

2.工作落实。海丰年鉴组稿工作开始后，各有关单位和各镇场要根据县委、县政府和编委会的要求，及时动员、布置组稿工作。各编写组、撰稿人要相对集中时间和精力，开展组稿工作。稿件经编辑加工和复审后排出校对稿，返回供稿单位校核。各供稿单位应于5月30日前将校对稿报送海丰年鉴编辑部。校对稿除有事实及数据差错外，校对人不应过多改动。逾期不交校对稿的，视为无修改意见。确保如期完成撰稿任务。

3.责任落实。要把编纂《海丰年鉴・2017》作为贯彻落实《广东省地方志工作规定》《中共广东省委办公厅 广东省人民政府办公厅关于加强地方志工作的通知》（粤委办〔2015〕19号）和《广东省地方志事业发展规划（2016—2020）》的具体行动，作为实施海丰文化强县工程的一件重要工作，列入议事日程、摆上重要位置，主要领导督促落实，分管领导要亲自抓负总责，确保领导责任到位。

编委会将对又好又快完成任务的撰稿单位和编辑人员予以通报表彰，对未按时完成任务的报请县政府予以通报批评。

（七）交稿要求

1.报送海丰年鉴编辑部的文稿，要准确清晰，加盖单位公章。同时，提交录入文稿及图片的光盘，或通过电子邮件发送电子文档。海丰年鉴编辑部电子邮箱：swhf999@163.com。

2.一般性表格应直接插入在Word文档中，大型表格可采用Excel格式，如：“海丰县2016年国民经济发展情况表”文件名即为“海丰县2016年国民经济发展情况表.xls”。

3.图片要求主题鲜明，构图新颖，图像清晰，具有新闻性、艺术性、史料性。数码图片的最长边必须为3000像素以上，每幅图片单独保存为JPEG格式，文件大小应在2MB以上。图片说明文字简洁准确，时间、地点、人物（主要人物在图片中所处的位置应标明）、事件等要素完备。各单位、各镇场年鉴稿图文末尾应用括号加署撰稿人姓名。凡不加署撰稿人姓名者一律按单位名称供稿。

各镇、场和县直各单位在组稿中如遇到业务问题和组稿困难应及时与海丰县人民政府地方志办公室联系。

地址：海丰县政府大院西栋四楼；

联系电话：6865117，6600170，6600171。

《海丰年鉴》邮箱地址：swhf999@163.com；QQ：139025386。

《海丰年鉴·2017》基本篇目与编写分工

海丰县政区图（县民政局）
编辑说明
海丰年鉴编纂委员会
海丰年鉴编辑部
海丰年鉴撰稿人名单
图片专辑（全县各镇场、县直各单位）
数字海丰（县统计局）

特 载

·刘延东副总理在接见全国地方志系统先进模范代表时的讲话
·许瑞生副省长对地方志工作作出重要批示
·《海丰县地方志事业发展规划（2016-2020）》
·沈木荣在中共海丰县委第十届委员会第五次全体会议上作工作报告
·林少文在中共海丰县第十一届委员会第一次全体会议上的重要讲话
·政府工作报告——在海丰县第十四届人民代表大会第六次会议上—陈德忠
·政府工作报告——在海丰县第十五届人民代表大会第一次会议上—郑俊雄

大事记

▲2016年大事记（年鉴编辑部）

县情概况

▲基本概况
建置区划
·建置沿革（县地方志办公室）
·行政区划（县民政局）
自然地理
·位置面积（县国土资源局）
·地形地貌（县国土资源局）
·气候特征（县气象局）
资源物产
·土地资源（县国土资源局）
·矿产资源（县国土资源局）
·水资源（县水利局）
·海洋资源（县海洋与渔业局）
·森林资源（县国土资源局）
·野生动物（林业局）
·水产资源（海洋与渔业局）
·物产（县农业局）
人文风俗
·人口（县统计局、县公安局）
·民族（县民族宗教局）
·宗教（县民族宗教局）
·语言（年鉴编辑部）
·民风民俗（年鉴编辑部）
·著名人物（年鉴编辑部）
环境保护（环保局）
·环境质量
·生态保护
·污染控制
·环境监测
·环境监察
·环保宣教
·环保科技

▲经济社会发展概况（县府办综合股）
·简述
·国民经济发展
·重点项目建设
·工业经济
·农业生产
·社会购买力
·对外经济贸易
·宜居城乡建设
·社会文化事业
·民生工作
·社会保障

政 治

▲中共海丰县委员会（县委办公室）
2016年换届前后中共海丰县委正、副书记及常委名单
县委机构设置
·2016年中共海丰县委员会工作机构一览表
重要会议
·县委全体（扩大）会议
·县委常委会议

·农资供应和监管
·专业合作社建设
·提升农业品牌经营水平
·推进农超对接建设平价商店
·申报项目扶持企业发展
·安全生产
烟草专卖（县烟草专卖局）
·概况
·机构人员
·卷烟经营
·专卖管理与依法打假
·行业内部建设
食盐专卖（县食盐专卖局）
·概况
·机构人员
·依法治盐
·市场管理
·盐政法律法规宣传
·干部队伍建设
商业企业选介
·海丰县商业企业（集团）公司
·海丰县食品企业集团公司

▲对外经贸与口岸监管
对外经济贸易（县经促局）
·概况
·贸易出口
·利用外资
·对外加工贸易
海关监管（汕头海关驻海城办事处）
·概况
·机构人员
·提高服务针对性
·推进反腐倡廉建设
·队伍建设
打击走私与海防监控（县打私办）
·概况
·机构人员
·打击成品油走私活动
·海防基础设施建设
出入境检验检疫（汕尾局海城办事处）
·概况
·机构人员
·抓好“双打”活动
·开展“质量月”活动
·服务外贸发展
·改革监管模式
·保障进出口食品安全
·加强内部建设

▲旅游服务业（县文体旅游局）
旅游业
·概况
·机构人员
·旅游宣传促销
·旅游设施建设
·旅游景点
·旅游市场监管
·旅游服务机构
服务业
·概况
·住宿业
·餐饮业
·美容美发业
·拍卖业

▲金 融（县人民银行及各家银行）
综 述（县人民银行）
银 行
·中国人民银行海丰县支行
·中国农业银行海丰县支行
·中国工商银行海丰支行
·中国建设银行海丰支行
·中国银行海丰支行
·中国农业发展银行海丰县支行
·中国邮政储蓄银行海丰县支行
·海丰县农村信用合作社联合社
（各家银行主要内容：机构网点设置、存贷款业务、中间业务、金融服务、外汇管理、内部管理以及本行业、本年度有特色的内容等。）
保 险
·中国人民财产保险股份有限公司海丰支公司
·中国人寿保险股份有限公司海丰县支公司

▲交通运输（县交通局）
综 述
·概况
·机构人员
交通设施建设
·厦深铁路建设
·高速公路建设
·县重点公路建设
·通村公路建设
·农村客运站亭建设

▲社会生活
劳动就业·社会保障（县人社局）
·概况
·机构人员
·城乡统筹就业
·下岗再就业
·职业技能培训
·劳动信访与劳动监察
·劳动仲裁与工伤认定
·社保扩面征缴
·社保基金管理
人口和计划生育（县卫计局）
·概况
·机构人员
·建立和落实计生层级动态管理责任制
·落实生育节育政策
·计划生育队伍建设
·流动人口计划生育管理
·计生宣教与综合治理
·开展计生活动
民 政（县民政局）
·概况
·机构人员
·最低保障与“五保供养”
·双拥、优抚工作
·村委会与居委会换届选举
·区划地名工作
·社团组织管理
·老龄工作
·婚姻登记管理
·殡葬管理
·福利彩票工作
老区建设和扶贫开发（县老建办）
·概况
·机构人员
·落实帮扶工作措施
·老区群众农科技能培训
·幸福安居工程示范村建设
·老区贫困村庄搬迁
·老区低收入住房困难户住房改造
·扶贫工作基本成效
·改善贫困群众生活环境

消费者权益保护（县工商局）
·概况
·机构人员
·企业诚信建设
·新闻消费导向
·受理消费投诉咨询
· “3·15”活动
·开展食品安全活动

区镇概况

▲经济开发区（县开发区管委会）
▲海城镇（海城镇政府）
▲城东镇（城东镇政府）
▲附城镇（附城镇政府）
▲联安镇（联安镇政府）
▲可塘镇（可塘镇政府）
▲陶河镇（陶河镇政府）
▲赤坑镇（赤坑镇政府）
▲大湖镇（大湖镇政府）
▲梅陇镇（梅陇镇政府）
▲鲘门镇（鲘门镇政府）
▲小漠镇（小漠镇政府）
▲赤石镇（赤石镇政府）
▲鹅埠镇（鹅埠镇政府）
▲公平镇（公平镇政府）
▲平东镇（平东镇政府）
▲黄羌镇（黄羌镇政府）
▲黄羌林场（黄羌林场）
▲梅陇农场（梅陇农场）

（各镇、区、场主要内容：简述、机构设置与人员编制、农业经济、基础设施建设、民生工作、基层组织建设、换届选举以及本地有特色的内容和其他工作等可自拟标题。记述镇领导班子换届工作情况。各镇应选1–2个村或社区写简介入录）

人物和先进单位

全国劳模（县总工会）
获省（部）级表彰的先进个人（各镇各单位）
全国与省人大代表名录（县人大办公室）
县各单位高级职称人员名录（各镇各单位）
市委、市政府和省直机关表彰的先进人物（各镇各单位）
获省（部）级以上表彰的先进单位（各镇各单位）
获市委、市政府和省厅级表彰单位（各镇各单位）

附 录

▲社会经济统计资料

·2016年海丰县国民经济和社会发展统计公报（统计局）

·2016年海丰县国民经济和社会发展统计表（统计局）

▲文献选编（县委办公室、县政府办公室）

▲报刊选摘（县委新闻秘书、海丰报社）

▲重要文件目录（县委办公室、县政府办公室）

▲其他资料（县地方志办公室）

索引（县地方志办公室）

编后记（县地方志办公室）

各地各单位要从本地、本部门的实际出发，抓住事物发展的新情况、新特点、新问题选题立目，以“大事不漏，小事不收”为原则，做到为“大事”立目，为“新事”立目，为“特事”立目，为“热门话题”立目，为“经验教训”立目，突出年度特色、地域特色和部门（行业）特色。大胆对《基本篇目》进行修改调整补充，并及时向海丰年鉴编辑部报告。

中共海丰县委办公室

2017年1月17日印发

关于印发海丰县2017年重点建设项目表及重点建设预备项目表的通知

海委〔2017〕6号

各镇（场、经济开发区）党委、人民政府，县直各单位：

经县委、县政府同意，现将《海丰县2017年重点建设项目表》《海丰县2017年重点建设预备项目表》印发给你们，请各地、各单位高度重视，按各自分工责任认真落实。

附件：1.海丰县2017年重点建设项目表
2.海丰县2017年重点建设预备项目表

中共海丰县委
海丰县人民政府
2017年2月15日

附件：1

海丰县2017年重点建设项目计划表

序号	项目类型、名称	建设内容及规模	建设起止年限	总投资	到2016年底预计完成投资	2017年投资计划		责任领导	协管领导	责任单位	责任人	建设单位	备注
						小计	主要建设内容						
	合计（57项）			4093663	233116	611524							
	一、能源保障项目（1项）			24000		24000							
1	协鑫海丰赤坑镇150MW渔光互补电站项目（一期30MW）	总装机容量150MWp，一期建设30MW渔光互补一体化光伏发电站	2017	24000		24000	一期建设30MW渔光互补一体化光伏发电站	吴光群	陈紫光	经促局 赤坑镇	曾诗贤 黄胜国 陈岳文	赤坑镇	新建
	二、交通通讯项目（10项）			346575		83774							
2	海丰县城莲花大道建设工程	建设路基宽为38米（征地按50米）的一级公路，总长10.718公里（其中：支线长0.372公里）。	2015-2018	44078	16156	18000	建设路基宽为38米（征地按50米）的一级公路，总长10.718公里（其中：支线长0.372公里）。	余振光	罗　恒	公路局 海城镇	黄春到 庄　政	公路局	续建
3	国道324线海丰县城至梅陇段改建工程	一级公路8.66公里	2017-2019	33500		8000	开展工可、初步设计、征地、招标等前期工作	罗　恒		公路局 梅陇镇 联安镇 附城镇	林建新 黄春到 李廉清 钟长道	公路局	新建
4	海丰县城海丽大道改造工程	海丰县城海丽大道至海银路升级改造全长8.25公里	2017-2018	28270		9600	开展工可、初步设计、征地、招标等前期工作	罗　恒		公用事业局 交通运输局	宋南荣 刘锦荣	公用事业局 交通运输局	新建
5	珠东快速海丰支线	建设一级公路18.67公里	2017-2019	179500		20000	征地、路面建设	罗　恒		公路局 城东镇 陶河镇 赤坑镇	黄春到 郑增城 吴菲菲 陈岳文	公路局	新建
6	城东镇至陶河镇公路汀洲村至黄江中闸路段改建工程	三级公路，全长8.8公里，路基宽度7.5米，路面宽度6.5米	2017	1471		1471	建设完成全线路基、路面、桥涵工程及全线标志、标线等配套工程	罗　恒		交通运输局 城东镇 陶河镇	刘锦荣 郑增城 吴菲菲	交通运输局 城东镇　陶河镇	新建
7	大湖镇北堤至南堤公路新建工程	三级公路，全长8.5公里，路基宽度8.5米，路面宽度7米	2017-2018	2085		1000	建设完成全线路基、桥涵等工程	郑永城		大湖镇	王一济	大湖镇	新建
8	联田至柴隔陂公路新建工程	三级公路，全长7.6公里，路基宽度8.5米，路面宽度7米	2017-2018	1541	400	1141	建设完成尚存5.6公里路基、路面、桥涵工程及全线标志、标线等配套工程	罗　恒		交通运输局 联安镇	刘锦荣	交通运输局 联安镇	新建

（续上表）

序号	项目类型、名称	建设内容及规模	建设起止年限	总投资	到2016年底预计完成投资	2017年投资计划		责任领导	协管领导	责任单位	责任人	建设单位	备注
						小计	主要建设内容						
9	S335线（双墩）至陆丰西南（海丰段）	二级公路，全长8公里，路基宽度8.5米，路面宽度7米	2017	3862		3862	建设完成全线路基、路面、桥涵工程及全线标志、标线等配套工程	罗　恒		交通运输局 平东镇	刘锦荣	交通运输局 平东镇	新建
10	国道324线海丰可塘至县城段改建工程	路线全长约13公里。全线按照一级公路标准设计。	2017–2019	49300		20000	完成工可编制和前期各项评估工作，组件立项、招投标建设，完成征地拆迁工作，完成路基、桥涵工程40%。	罗　恒		公路局 可塘镇 城东镇	黄春到 王铸波 林永长	公路局	新建
11	S242线（双新）经黄羌至陆河新田海丰段工程	三级公路（局部四级），全长21.4公里，路基宽度7.5米，路面宽度6.5米	2017–2019	2968	0	700	建设完成首期5公里路基、路面等工程	罗　恒		黄羌镇	许泽武	黄羌镇	新建
	三、重大发展平台（6项）			2707508		112000							
12	海丰县省级产业转移园区（生态科技城）基础设施项目	征地、基础设施建设	2014–2020	1600000	70000	15000	征地、基础设施建设	吴光群		开发区 海业公司	魏汉锡	开发区海业公司	续建
13	广东（海丰）黄金珠宝首饰产业环保聚集区	征地40万平方米，建设厂房、商贸市场、商业服务、电镀厂、污水处理等配套设施	2016–2020	100000	3000	20000	征地40万平方米，建设厂房、污水处理等配套设施	刘英剑	吴光群 陈凯婵	经促局 梅陇镇	曾诗贤 郭立坚	梅陇镇	续建
14	海丰海龙投资大厦	征地8000平方米，总建筑面积24938平方米，建设园区综合报务大厦，将融合创新创业服务孵化器，配套商业等多种功能，打造海丰园区服务建设，产业转型和创新发展多功能创新创业平台	2017–2018	7508		6000	完成招标、主体楼建设	吕海茵		开发区 海龙投资公司	魏汉锡 杨　毅	开发区	新建
15	华耀城建设项目	商住、贸易、休闲城市综合体项目	2017–2019	800000		50000	征地、商住、贸易、休闲城市综合体项目建设	林建新	许信咏 罗　恒	附城镇	林建新	附城镇	新建

（续上表）

序号	项目类型、名称	建设内容及规模	建设起止年限	总投资	到2016年底预计完成投资	2017年投资计划		责任领导	协管领导	责任单位	责任人	建设单位	备注
						小计	主要建设内容						
16	公平工业园	征地42.2万平方米、拆迁、厂房建设	2017–2020	100000		6000	征地42.2万平方米、拆迁、厂房建设	卓凛波		公平镇	王少远 谭梅唇	公平镇	新建
17	可塘珠宝特色小镇	建设珠宝研发、生产、展销综合体	2017–2020	100000		15000	建设珠宝研发、生产、展销综合体	卓江广		可塘镇	王铸波 吴清瑜	可塘镇	新建
	四、现代产业体系（15项）			449680		160650							
18	东维亚国际珠宝首饰工贸城	征地、建设上档次珠宝首饰工贸城，引进上百家国内外知名珠宝企业设计、生产、交易	2015–2017	50000	48850	1150	建设上档次珠宝首饰工贸城，引进上百家国内外知名珠宝企业设计、生产、交易	吴光群		开发区 经促局	魏汉锡 曾诗贤	开发区	续建
19	海丰和合天地锂电池隔膜项目	建设适用手机、笔记本、相机、电动工具、电动自行车、储蓄领域、新能源汽车的各类锂电池隔膜研发和生产基地	2016–2020	100000	1800	30000	建设厂房	吴光群		开发区 经促局	魏汉锡 曾诗贤	开发区	续建
20	星际动漫研发生产基地项目	征地21500平方米，主要从事电子产品和动漫玩具产品的技术开发和销售	2016–2018	48000	3800	20000	完成厂房建设及配套设施	吴光群		开发区 经促局	魏汉锡 曾诗贤	开发区	续建
21	海丰裸眼3D液晶显示模组项目	征地24000万平方米、建设集裸眼3D显示器及无缝贴合液晶显示模组的研发、生产、销售为一体的现代化电子产业聚集区	2016–2018	42000	3500	20000	建设厂房及配套	吴光群		开发区 经促局	魏汉锡 曾诗贤	开发区	续建
22	海丰高端直线电机	主要生产直线电机和直驱运动控制系统，项目建成后，可年产直线电机和直驱运动控制系统3万套	2016–2018	42000	2050	20000	建设厂房及配套	吴光群		开发区 经促局	魏汉锡 曾诗贤	开发区	续建
23	一开电器项目	征地3万平方米，建设高低压开关柜及变压器的研发、生产和销售基地。	2016–2018	25000	600	12000	建设厂房及配套	吴光群		开发区 经促局	魏汉锡 曾诗贤	开发区	续建

（续上表）

序号	项目类型、名称	建设内容及规模	建设起止年限	总投资	到2016年底预计完成投资	2017年投资计划		责任领导	协管领导	责任单位	责任人	建设单位	备注
						小计	主要建设内容						
24	汕尾市（赤坑）农副产品冷链物流储存批发市场	规划面积30万平方米，建设农产品批发区、链物流储存、电子商务综合区等	2015-2018	20000	10000	6000	完成征地，建设农产品批发区、链物流储存、电子商务综合区等	陈凯婵	施流德	赤坑镇	黄胜国 陈岳文	赤坑镇	续建
25	名仕度服装综合创新基地项目	主营西服、衬衣、针织T恤、制服及装备类服装的研发、设计和制造，拥有“名仕度”自主品牌商标	2017-2018	10000		4200	建设厂房及配套	吴光群		开发区　经促局	魏汉锡 曾诗贤	开发区	新建
26	源丰首饰自动化加工及设备制造项目	征地10000平方米，建设集金银首饰设计、研发、生产、销售基地	2017-2018	10000		4100	建设厂房及配套	吴光群		开发区 经促局	魏汉锡 曾诗贤	开发区	新建
27	朋腾金属项目	征地3万平方米，建设生产各种新型金属制品生产基地。	2017-2018	22000		10000	建设厂房及配套	吴光群		开发区 经促局	魏汉锡 曾诗贤	开发区	新建
28	龙兴自动化机械研发中心	开展珠宝首饰、电子、手机配件等行业动化机械研发、制造和销售	2017-2018	10000		7200	建设厂房及配套	吴光群		开发区 经促局	魏汉锡 曾诗贤	开发区	新建
29	海丰同翔纸品项目	生产药物型卫生巾、妇女卫生巾、婴儿纸尿裤、成人尿裤	2017-2018	18000		8000	建设厂房及配套	吴光群		开发区 经促局	魏汉锡 曾诗贤	开发区	新建
30	海丰采味轩食品加工项目	花生、坚果加工和销售	2017-2018	15000		5000	建设厂房及配套	吴光群		开发区 经促局	魏汉锡 曾诗贤	开发区	新建
31	冠龙生物科技研发生产	甜菊糖甙精生产项目，总投资3亿元	2017-2018	30000		10000	建设厂房及配套	吴光群		开发区 经促局 农业局	魏汉锡 曾诗贤 黄信乐	开发区经促局农业局	新建
32	广东中嘉实业有限公司纸品项目	生产有机纸尿裤、有机卫生巾、卫生纸系列产品	2017-2018	7680		3000	生产有机纸尿裤、有机卫生巾、卫生纸系列产品	吴光群		联安镇	钟长道	联安镇	新建
	五、农林水利项目（3项）			44600		29000							

（续上表）

序号	项目类型、名称	建设内容及规模	建设起止年限	总投资	到2016年底预计完成投资	2017年投资计划		责任领导	协管领导	责任单位	责任人	建设单位	备注
						小计	主要建设内容						
33	汕尾市润之泽农业循环经济产业建设项目	厂房、宿舍等配套设施建设、生产土壤改良剂、盐碱地改良剂、年生产12万吨：种植有机蔬菜、名优水果：发展观光农业等	2016–2018	17600	4000	7000	建设厂房，土壤改良、种养基地配套	郑永城		农业局 海城镇	黄信乐 余鸿垒	海城镇	续建
34	海丰县西溪水闸重建工程	在原址重建西溪水闸（设计闸室全长176米），加高联结堤挡潮排洪，管养综合楼，水情预报及闸门自动化控制系统等	2016–2018	12000		10000	重建西溪水闸（设计闸室全长176米），加高联结堤挡潮排洪，管养综合楼，水情预报及闸门自动化控制系统等	郑永城	黄小流	水务局	陈容生	水务局	新建
35	海丰县大液河水闸重建工程	在原址重建大液河水闸，加高联结堤挡潮排洪，管养综合楼，水情预报及闸门自动化控制系统等	2016–2018	15000		12000	重建大液河水闸，加高联结堤挡潮排洪，管养综合楼，水情预报及闸门自动化控制系统等	郑永城	黄小流	水务局	陈容生	水务局	新建
	六、市政建设项目（2项）			47090		15090							
36	海丰县城市民中心市政道路、全民健身广场及配套	建设全民健身广场，市政道路3983.5米及配套	2015–2018	42000	28100	10000	建设全民健身广场，市政道路及配套	卓凛波	林建新 许信咏	海业公司	陈　维	海业公司	续建
37	海城镇福临坑道路改造工程	整治工程全长1.7公里，采用城市次干路标准施工建设	2017	5090		5090	整治工程全长1.7公里，采用城市次干路标准施工建设	施流德		海城镇	庄　政	海城镇	新建
	七、社会事业项目（14项）			391210		128510							
38	华中师范大学海丰附属学校续建工程	建设规模在校生5000人，建设教学楼、综合楼、实验楼、功能楼、学生宿舍、教师宿舍、食堂、体育馆及校园配套。	2015–2017	50000	35000	15000	建设教学楼、综合楼、实验楼、功能楼、学生宿舍、教师宿舍、食堂、体育馆及校园配套。	卓凛波		教育局 海城镇	马学仲 余鸿垒	教育局	续建

（续上表）

序号	项目类型、名称	建设内容及规模	建设起止年限	总投资	到2016年底预计完成投资	2017年投资计划		责任领导	协管领导	责任单位	责任人	建设单位	备注
						小计	主要建设内容						
39	海丰县省级新农村连片示范建设工程	主体建设村总面积52.23平方公里。以“莲花名胜、生态游园、禅宗茶道、文脉传承”为建设主题，以“一河、一路、五园”为总体发展思路，大力打造“生态旅游型”省级新农村示范片	2016–2017	11010	2500	8510	以“莲花名胜、生态游园、禅宗茶道、文脉传承”为建设主题，以“一河、一路、五园”为总体发展思路，大力打造“生态旅游型”省级新农村示范片建设	林建隆	郑永城	海城镇 农业局	余鸿垒 黄信乐	海城镇	续建
40	海丰县妇幼保健院新院建设项目	综合楼1栋，建筑面积1.7万平方米，设置孕产保健、儿童保健、妇女保健、计划生育、医技科室、住院、行政管理、后勤保障等业务用房	2016–2018	8000	600	3000	综合楼主体建设	陈凯婵		卫计局	颜荣林	卫计局	续建
41	海丰县中医医院改扩建工程	建设综合住院楼及附属工程	2016–2018	6300	960	2000	建设综合住院楼及附属工程	陈凯婵		卫计局	颜荣林	卫计局	续建
42	县疾控中心建设工程	上马、建设一所疾控中心，提高疾病预防控制水平和突发卫生应急处置能力。	2016–2018	6500	200	1500	建设疾控中心6000平方米及配套。	陈凯婵		卫计局	颜荣林	卫计局	续建
43	民政五位一体建设项目	新建中心敬老院、儿童福利院、光荣院、救助站、救灾物资储备仓库，建筑面积23814平方米及供电、给排水、消防安全、围墙、大门等配套设施。	2016–2018	15000	1600	3500	综合楼主体建设	卓雄峰		民政局	李特清	民政局	续建
44	星际动漫大厦	建设动漫展厅、星级酒店及配套设施	2017–2018	48000		25000	征地、建设动漫展厅	吴光群		开发区	魏汉锡	开发区	新建
45	海丰县东泰医院	建设综合医院，规划病床位800张	2017–2020	50000		20000	建设综合医院。	陈凯婵		卫计局	颜荣林	卫计局	新建

（续上表）

序号	项目类型、名称	建设内容及规模	建设起止年限	总投资	到2016年底预计完成投资	2017年投资计划		责任领导	协管领导	责任单位	责任人	建设单位	备注
						小计	主要建设内容						
46	黄江医院新院建设工程	建设黄江医院二期主体工程及业务用房	2017-2018	15000		7000	建设黄江医院二期主体工程及业务用房	陈凯婵		卫计局	颜荣林	卫计局	新建
47	第二人民医院	征地、综合楼建设	2017-2019	14400		5000	征地、综合楼建设	陈凯婵		卫计局	颜荣林	卫计局	新建
48	泰林综合医院	建二级综合民营医院，用地面积约4万平方米	2017-2018	12000		8000	建二级综合民营医院，用地面积约4万平方米	陈凯婵		卫计局	颜荣林	卫计局	新建
49	中医医馆	征地、建设医馆综合楼	2017-2019	70000		10000	征地、建设医馆综合楼	陈凯婵		卫计局	颜荣林	卫计局	新建
50	海丰园立方（教育综合体）项目	按照国际教育生态园的幼教理念设计，计划设置大、中、小3个年级，共40个班，园所幼教专业本科以上学历教师将达到75%。	2017-2018	25000		15000	建设教育国际交流中心、文化、艺术、报告厅、图书馆、管理中心等。	卓凛波		教育局	马学仲	教育局	新建
51	海丰县第二人民医院（彭湃纪念医院新院区）	建设急诊部、门诊部、住院部、医技科室、保障系统行政后勤用房和科教用房，床位800张	2017-2020	60000		5000	征地、建设急诊部、门诊部、住院部、医技科室、保障系统行政后勤用房和科教用房，床位800张	陈凯婵		卫计局	颜荣林	卫计局	新建
	八、环保民生保障及其他项目（6项）			83000		58500							
52	南门湖环境整治工程	对南门湖进行清淤等综合治理，建设连接湖心亭的九曲桥，打造集休闲、观光于一体的标志性景点	2017	5500		5500	对南门湖进行清淤等综合治理，建设连接湖心亭的九曲桥，打造集休闲、观光于一体的标志性景点。	施流德		水务局 海城镇 公用事业局	陈容生 余鸿垒 宋南荣	公用事业局	新建

（续上表）

序号	项目类型、名称	建设内容及规模	建设起止年限	总投资	到2016年底预计完成投资	2017年投资计划		责任领导	协管领导	责任单位	责任人	建设单位	备注
						小计	主要建设内容						
53	海丰县龙津河水系生态环境整治工程	加固河堤防，整修横河堤顶路面7Km，河道清淤长度16.5Km，新建橡胶坝一座，新建灌溉渠道12.07Km，渠道清淤12.91Km，新（重）建穿堤小型涵（闸）77座，新建堤防18.6Km	2017	20000		20000	加固龙堤防，整修横河堤顶路面7Km，河道清淤长度16.5Km，新建橡胶坝一座，新建灌溉渠道12.07Km，渠道清淤12.91Km，新（重）建穿堤小型涵（闸）77座，新建堤防18.6Km	郑永城	黄小流 罗　恒 施流德	水务局 环保局 海城镇 附城镇 城东镇	林建新 陈容生 陈坤宝 余鸿垒 郑增城	水务局	新建
54	县城青年水厂三期续建工程	絮凝池、沉淀池、过滤池、清水池；修配车间、仓库、值班宿舍；配电设备和设施	2017	5000		5000	絮凝池、沉淀池、过滤池、清水池；修配车间、仓库、值班宿舍；配电设备和设施	施流德		县自来水公司	黎斯凯	县自来水公司	续建
55	梅陇安步溪环境改造升级工程	改造范围为安步溪两岸路段，全长约700米（两侧各350米），主要建设内容为:临溪两侧各设置3米宽的绿化带和人行道，近溪一侧设置大理石栏杆，并对沿溪的亲水平台进行整治；靠近商铺一侧设置3-7.5米宽的人行道，并进行绿化和架设路灯。	2017	6000		6000	临溪两侧各设置3米宽的绿化带和人行道，近溪一侧设置大理石栏杆，并对沿溪的亲水平台进行整治；靠近商铺一侧设置3-7.5米宽的人行道，并进行绿化和架设路灯。	罗　恒		梅陇镇	李廉清	梅陇镇	新建
56	中心镇污水处理厂	梅陇、可塘、公平三镇日污水处理各2万吨	2015-2017	26500		7000	中心镇污水处理厂管网建设及公平镇污水处理厂部分建设用地征地	罗　恒		梅陇镇 可塘镇 公平镇	李廉清 吴清瑜 谭梅唇	梅陇镇 可塘镇 公平镇	续建
57	海丰县省级产业转移工业园及县城东部污水处理厂	建设日处理5万吨，污水处理设施及5公里污水干管	2017-2019	20000		15000	建设日处理5万吨，污水处理设施及5公里污水干管	郑永城		水务局	陈容生	县水务局	新建

注：2017年全县重点项目57个，其中：新建项目37个，续建项目20个，计划总投资409亿元，年度计划投资61亿元，重点建设预备项目4个，计划总投资13.5亿元

附件2：

海丰县2017年重点建设预备项目表

投资单位:万元

序号	项目名称	建设内容及规模	估算总投资	2017年主要工作内容	备注
	合计（4项）		134950		
1	海雅酒店设备项目	生产销售各种酒店设备和用品。	8000	开展前期工作	
2	海丰县殡仪馆新建工程	该工程占地200000平方米。建筑面积21000平方米，其中：骨灰楼6000平方米，悼念堂5200平方米，临终关爱房20套约2000平方米，殡仪服务项目2000平方米，火化车间2000平方米，办公业务用房1200平方米，冷冻库1000平方米，车库1600平方米，丧属休息室400平方米，火化炉10套，水电、消防设备等。	21000	开展前期工作	
3	公平水库生态环境保护规划专项建设工程	以控源减排为重点，以饮用水源保护为核心，以生态恢复为目标，开展湖泊生态安全调查、饮用水源地规范化建设、污染源治理、生态修复与保护、环境监管能力建设及环公平水库绿道等六项湖泊生态环境保护工作	100000	湖泊生态安全调查、饮用水源地规范化建设、污染源治理、生态修复与保护、环境监管能力建设及环公平水库绿道等六项湖泊生态环境保护建设	
4	海丰县大湖镇生态滨海休闲小镇景观区建设项目	南北堤绿道配套，湿地生态区配套，海湾观光区配套区等	5950	开展前期工作	

中共海丰县委办公室
2017年2月15日印发

关于调整充实海丰县全面开展文明创建工作领导小组成员的通知

海委办〔2017〕10号

各镇（场、经济开发区）党委、人民政府，县直（含驻海）各单位：

为切实加强对我县全面开展文明创建工作的组织领导，经县委、县政府同意，海丰县全面开展文明创建工作领导小组成员进行相应调整。调整后名单如下：

组　长：邱晋雄（县委书记）

第一副组长：郑俊雄（县委副书记、县长）

副组长：林建隆（县委副书记、政法委书记）
陈紫光（县委常委、组织部部长）
卓凛波（县委常委、常务副县长）
余德聪（县委常委、宣传部部长）
李　绪（县委常委、纪委书记）
叶胜勇（县委常委、县委办主任）
林建新（县委常委、附城镇委书记）
黄岱芬（县委常委、统战部部长）
余振光（县委常委）
叶　森（县人大副主任、工会主席）
卓雄峰（副县长、公安局局长）
吴光群（副县长）
陈凯婵（副县长）
郑永城（副县长）
罗　恒（副县长）
张健雄（县政协副主席）
施流德（副处级干部）

成员包括：县纪委副书记、监察局局长林锡清，县委办副主任陈若龙，县委组织部副部长张文亮，县政府办副主任林友捷，县委政法委副书记吴奇双，县委宣传部副部长谢立群，县委宣传部副部长罗晓华，县委宣传部副部长赖新怀，以及各镇（场、经济开发区）党委书记、创建广东省文明县城工作责任清单中各责任单位主要负责人。

领导小组下设办公室和督查暗访组。办公室负责全县创建工作的统筹策划、综合协调、业务指导等工作，由县委常委、宣传部部长余德聪同志兼任办公室主任，办公室人员从全县各相关单位抽调；督查暗访组负责县、镇、村（社区）三级创建工作的督查督导，并组织定期暗访，由县委常委、纪委书记李绪同志兼任组长，县纪委副书记、监察局局长林锡清任副组长，成员从县人大、县政协、县委办、县政府办、县纪委、县广电台等单位抽调。

中共海丰县委办公室
海丰县人民政府办公室
2017年3月9日

关于印发《县领导挂驻镇（场、经济开发区）安排表》的通知

海委办〔2017〕14号

各镇（场、经济开发区）党委、人民政府，县直（含驻海）有关单位：

经县委、县政府同意，现将《县领导挂驻镇（场、经济开发区）安排表》印发给你们，请各挂驻领导认真履行职责，组织协调、指导督促挂驻镇（场）的经济社会发展及做好精准扶贫、计生、维稳、禁毒、创文、创卫等工作。

附：县领导挂驻镇（场、经济开发区）安排表

中共海丰县委办公室
海丰县人民政府办公室
2017年3月21日

县领导挂驻镇（场、经济开发区）安排表

2017年3月

分片	挂驻镇（场）	挂驻组长	挂驻领导
西片	梅陇镇	邱晋雄 刘英剑	卓雄峰
	小漠镇		郑永城
	鹅埠镇		余振光
	赤石镇		施流德
	鲘门镇		叶胜勇
	梅陇农场		刘英剑
东片	陶河镇	郑俊雄	陈凯婵
	可塘镇		余德聪
	大湖镇		倪少勇
	赤坑镇		陈紫光
中片	海城镇	林建隆	林建隆
	附城镇		林建新
	城东镇、经济开发区		吴光群
	联安镇		李 绪
北片	黄羌镇	刘剑平	罗 恒
	公平镇		卓凛波
	平东镇		黄岱芬
	黄羌林场		刘剑平

中共海丰县委关于印发《学习宣传贯彻习近平总书记重要批示精神总体工作方案》的通知

海委〔2017〕15号

各镇（场、经济开发区）党委，县直（含驻海）各单位党组（党委）：

经县委同意，现将《学习宣传贯彻习近平总书记重要批示精神总体工作方案》印发给你们，请结合实际认真贯彻执行。

中共海丰县委
2017年4月21日

学习宣传贯彻习近平总书记重要批示精神总体工作方案

今年4月4日，习近平总书记对广东工作作出重要批示：党的十八大以来，广东省委和省政府在贯彻落实党中央决策部署上做得是好的，团结带领广大干部群众锐意进取、扎实工作，统筹推进“五位一体”总体布局、协调推进“四个全面”战略布局都取得了重要进展。面对新形势新任务，广东要总结经验、明确方向、发挥优势、弥补不足，在新的起点上再创新局。希望你们坚持党的领导、坚持中国特色社会主义、坚持新的发展理念、坚持改革开放，为全国推进供给侧结构性改革、实施创新驱动发展战略、构建开放型经济新体制提供支撑，努力在全面建成小康社会、加快建设社会主义现代化新征程上走在前列。

为深入学习宣传贯彻习近平总书记重要批示精神，迅速把全县各级党政和广大干部群众的思想和行动统一到重要批示精神上来，推动我县各项工作向前发展，按照《中共广东省委关于认真学习宣传贯彻习近平总书记重要批示精神的通知》《中共广东省委办公厅关于印发〈学习宣传贯彻习近平总书记重要批示精神总体工作方案〉的通知》精神，以及《中共汕尾市委关于印发〈学习宣传贯彻习近平总书记重要批示精神总体工作方案〉的通知》精神，现提出如下方案。

一、总体要求

全面学习贯彻党的十八大和十八届三中、四中、五中、六中全会精神，深入学习贯彻习近平总书记系列重要讲话精神和治国理政新理念新思想新战略，紧紧围绕统筹推进“五位一体”总体布局和协调推进“四个全面”战略布局，全面准确领会习近平总书记对广东工作重要批示的重大意义和精神实质，切实把握好“四个坚持、三个支撑、两个走在前列”的要求，推动全县各级党组织和广大党员干部增强“四个意识”，强化维护习近平总书记核心地位的自觉性、坚定性，把习近平总书记的重要批示作为统领全县各项工作的总纲，作为推进海丰改革发展稳定各项事业必须长期坚持的重要指导方针和根本行动指南，贯彻到经济社会发展各方面，转化为一项一项具体措施，坚持不懈狠抓落实，全力推动海丰的新一轮大发展，当好全市经济社会发展排头兵，为广东继续走在全国前列，推进汕尾振兴发展、建成宜居宜业宜游现代化滨海城市展示新作为、贡献新力量。

突出学习宣传的重点内容。深入学习宣传习近平总书记重要批示的重大意义，全面准确领会重要批示的精神实质。“四个坚持”是广东改革发展的旗帜、方向和原则，“三个支撑”是广东必须担当好的使命任务和根本路径，“两个走在前列”是广东发展的总目标总要求。准确把握“四个坚持、三个支撑、两个走在前列”与“三个定位、两个率先”目标要求是一脉相承的，是广东工作的根本遵循，是未来广东发展的总纲。

要深刻把握“四个坚持”的要求，坚决维护以习近平同志为核心的党中央权威，始终在思想上政治上行动上同党中央保持高度一致。要深刻把握“三个支撑”的要求，把供给侧结构性改革作为经济工作的主线，把创新驱动发展战略作为经济社会发展的核心战略，加快构建开放型经济新体制，为经济发展注入新动力、增添新活力、拓展新空间。要深刻把握“两个走在前列”的要求，各方面工作都要力争与全市和全省同步，走在全国前列，不仅在时间节点上体现率先，更重要的是在发展质量和结构效益上引领示范。

突出不同阶段学习宣传贯彻的重点任务。省第十二次党代会前，重点组织开展好重要批示精神的学习宣传工作，确保习近平总书记重要批示特别是“四个坚持、三个支撑、两个走在前列”要求为广大干部所掌握、为全县人民所了解。同时，按照省委、市委、县委的部署，研究我县贯彻落实重要批示精神的具体举措。省第十二次党代会后，在深化学习宣传工作的同时，结合省第十二次党代会、市第七次党代会、县第十一次党代会的工作部署，抓好习近平总书记重要批示精神的贯彻落实，确保各项工作举措在我县落地见效。

二、分阶段持续深入开展重要批示精神学习贯彻工作

（一）传达学习阶段（4月底前完成）。县委及时召开常委（扩大）会议传达学习习近平总书记重要批示精神，研究我县贯彻落实意见。全县各级党委（党组）要通过召开党委常委会会议、党组会议、书记专题会议等形式迅速传达学习，研究贯彻落实意见。县党政班子成员采取深入各自挂驻的镇（场）出席党委（扩大）会议等方式，指导督导学习宣传贯彻工作，邱晋雄和卓雄峰同志参加梅陇镇的学习，郑俊雄和余德聪同志参加可塘镇的学习；刘英剑和刘剑平同志分别组织县政协、县人大的学习宣传贯彻工作，并分别参加所挂驻镇（场）的学习；其他县委常委和县政府副县长按照责任分工，到所挂驻的镇（场）和分管部门参加学习、指导督导。县委组织部要出台全县领导干部专题学习方案，明确学习目标和具体要求，对全县学习工作作出全面部署。各级党委（党组）要结合实际细化实施方案，制定具体工作安排。各地各部门要认真做好学习宣传贯彻重要批示精神的组织工作，各级领导干部要带头学习，发挥表率作用，迅速掀起学习宣传贯彻热潮。（县委办公室、县委组织部、县委宣传部和各地各部门分别负责）

（二）专题学习讨论阶段（4月中旬至省第十二次党代会前）。要把重要批示精神纳入县党校主体班次、领导干部专题学习班的重要内容，分期分批集中轮训全县各级领导干部，对广大基层党员进行专题教育培训。5月中旬前，县委组织部要对全县副科级以上和中层干部全部轮训一遍。各级党委（党组）中心组要集中1天以上时间进行学习研讨，并作为“两学一做”学习教育常态化制度化的重要内容。县委宣传部要组织宣讲队伍赴各地开展巡回宣讲辅导，深入基层开展专题培训。县电视台、海丰报、县政府门户网站要开展多种形式的专题宣传解读，广泛开展新闻报道；各级党委（党组）要同步抓好本地本单位其他党员、干部的学习工作，坚持集中学习与个人自学相结合，运用专题讨论会、专题组织生活等方式，组织党员干部认真学习研讨，不断深化对重要批示精神的理解和把握。（县委办公室、县委组织部、县委宣传部和各地各部门分别负责）

（三）全面贯彻落实阶段（省第十二次党代会结束后）。各级党委（党组）紧密围绕省党代会对未来五年广东发展的工作部署，深化对习近平总书记重要批示精神的学习，深刻领会省情、市情、县情阶段性变化新特征，全面把握今后五年全省、全市、全县工作的总体要求和一系列战略部署、重大举措。以重要批示为引领，全力推进深化供给侧结构性改革、实施创新驱动发展战略、构建开放型经济新体制、统筹推进区域城乡协调发展、推动绿色发展、共建共享美好小康生活、推进全面依法治县、推动全面从严治党等重点工作任务，在新的起点上再创新局面。（各地各部门按职责分别负责）

三、精心组织对重要批示精神的宣传

（一）认真做好新闻报道。县委宣传部要按照省、市宣传部门和县委的统一部署，制定宣传工作方案，围绕习近平总书记对广东工作提出的新的要求，组织县电视台、海丰报、县政府门户网站广泛开展宣传。在重要版面和时段开辟专版专栏，集中推出新闻报道、权威访谈和系列评论，深入阐释重要批示精神的深刻内涵，营造学习贯彻的浓厚氛围。（县委宣传部牵头，县文广新局、县有关媒体等单位参加）

（二）切实加强理论阐释和宣讲工作。组织党员干部撰写一批阐释解读和学习体会文章，在海丰报集中刊发；针对干部群众学习贯彻过程中提出的重点热点问题进行解读、辅导。邀请省、市有关专家学者和社科理论专家来我县开展宣讲活动，深入阐释习近平总书记对广东工作重要批示的重要意义和指导作用。组织宣传队伍赴全县机关、学校、企业、农村、社区开展面对面宣传。（县委宣传部牵头，县委党校、县有关媒体等单位参加）

（三）积极开展网络宣传和社会宣传。充分运用新媒体平台，在县政府门户网站、组工网和移动客户端首页首屏开设专题专栏，围绕学习贯彻落实重要批示精神开展具有网络特点的宣传报道。加大“两微一端”推送力度，积极运用新技术制作媒体产品，通过微博、微信、移动客户端等新媒体平台做好全方位立体化报道。面向基层编制生动活泼的宣传画、宣传栏和标语，编写相关宣传材料和通俗读物，制作相关宣传片，突出宣传一批各行各业基层一线贯彻落实重要批示精神取得突出成就的先进典型，切实增强宣传实效性和影响力。面向社会加强对学习贯彻重要批示精神的措施及我县各项工作新举措新进展新成效的宣传，全面反映社会各界的热烈反响。（县委宣传部牵头，县文广新局、县有关媒体等单位参加）

四、以习近平总书记重要批示精神为总纲扎实推进海丰各项工作

各级党政各部门要增强对重要批示精神与习近平总书记系列重要讲话精神和治国理政新理念新思想新战略，以及对广东历次重要指示的一体认识和把握，以“四个坚持、三个支撑、两个走在前列”统领工作全局，谋划和布局未来发展，进一步理清发展思路、完善发展战略、制定发展举措。要深入分析我县经济社会发展的优势和不足，在全面梳理改革开放中形成的发展优势基础上，坚持问题导向，深入研究分析影响制约未来发展的深层次矛盾问题，找准工作着力点，切实把问题解决好，推动各项事业不断取得新进步。

（一）理清思路、完善战略，以“四个坚持”引领海丰振兴发展。坚持党的领导，坚决维护以习近平同志为核心的党中央权威，始终在思想上政治上行动上同党中央保持高度一致，坚定不移推进全面从严治党，确保党始终成为我们事业的坚强领导核心。坚持中国特色社会主义，增强“四个自信”，确保海丰各项事业始终沿着正确方向前进。坚持新发展理念，主动适应把握引领新常态，崇尚创新、注重协调、倡导绿色、厚植开放、推进共享，努力破解影响和制约海丰发展的深层次问题，不断开拓发展新境界。坚持改革开放，始终高举改革开放旗帜，坚持以开放促改革、促发展，努力增创体制新优势，构建开放新格局。（县委办公室、县政府办公室和各地各部门分别负责）

（二）攻坚克难、弥补不足，共同担负起“三个支撑”的历史使命。要结合过去五年我省、我市、我县在推进供给侧结构性改革、实施创新驱动发展战略、促进粤东西北协调发展、构建对外开放新格局等方面探索的经验，转化为管用的政策、制度和工作举措。县党政领导同志要按照职责分工，分专题研究谋划，把总书记重要批示精神转化为推动我县振兴发展的具体工作举措。根据省编制的“三个支撑行动方案”，结合我县实际，制定贯彻落实行动方案的实施意见。要深化以社会主义市场经济为导向的改革，推进“三去一降一补”，振兴实体经济，营造良好营商环境，加大基础设施建设，培育农业农村发展新动能，促进未来更高水平发展。要高度重视创新驱动发展，营造鼓励创新、支持创新的良好氛围，充分利用好深汕产业共建新模式，加快引进、聚集一批创新型企业入驻“一城三园”产业园区，不断提升经济发展水平和质量。（县发改局、县科技局、县经促局牵头，各有关单位参加）

（三）压实责任、全力以赴，积极助推“两个走在前列”的奋斗目标。近年来，海丰经济持续快速健康发展，但目前仍属欠发达地区。落实习近平总书记重要批示精神，必须始终保持奋勇争先的精神状态，保持不甘落后、迎难而上、埋头苦干、力争上游的工作作风，坚持把供给侧结构性改革作为经济工作的主线，大力实施创新驱动发展战略和粤东西北地区振兴发展战略，抢抓深圳龙岗全面对口帮扶的历史机遇，用足用好海陆丰革命老区扶持政策，全力做好各项工作，继续当好全市排头兵，努力跟上全省发展步伐，在全省“两个走在前列”中做出应有的贡献。当前及下来一段时期要重点抓好以下几项工作：一要坚持扭住“三大抓手”。加快“一城三园”开发建设，加大招商引资力度，积极引进重大项目进园落户，推动园区扩能增效；加快推进兴汕高速公路、广汕铁路客专等海丰路段，以及珠东快速干线海丰支线等交通项目建设，进一步发挥海丰在珠三角与粤东地区的区位交通枢纽作用，促进汕尾加速融入深莞惠“3+2”经济圈；以海丰华耀城和碧桂园二期为核心，加快县城南部新城和北部新区的建设，推进梅陇、可塘、公平三个中心镇的规划建设，打造“1+3大海城” 现代中等城市发展格局。二要坚持做大做强实体经济。坚定不移地走“实业兴县”的道路，重点扶持、培育一批电子信息产业、一批新能源生物科技产业、一批高端装备制造业等“三个一批”，进一步增强产业核心竞争力；引导、扶持可塘珠宝、梅陇金银首饰、公平服装、城东毛织等传统特色产业加快技术革新、工艺改造、装备换代、优化升级，提升我县传统产业不断发展壮大。三要坚持打造优良发展环境。全力以赴打造干净整洁有序的城乡环境、平安和谐稳定的社会环境、廉洁高效优质的政务环境、天蓝地绿水清的生态环境，力争在全市先行一步、当好示范、树立样板。坚持以“创文”为总抓手，开展常态化“脏乱差”综合整治，完善卫生保洁长效性机制；针对当前社会治安突出问题和禁毒严峻形势，以铁的决心、铁的手腕、铁的纪律、铁的举措，坚决打好打赢社会治安重点整治及禁毒斗争攻坚战；深入持续开展政务整治、正风肃纪集中行动，着力治理“中梗阻”、执法不规范、“慵懒散奢”“为官不为、为官乱为”等党风政风问题；深入持续推进生态文明建设，坚决守住生态环保底线，守住绿水青山、碧海蓝天。四要坚持增进民生福祉。全力补齐教育、医疗卫生、扶贫脱贫和农村基础设施建设短板，特别要持续加大对教育的投入，实现教育“强镇”全覆盖，加快创建“教育现代化先进县”进程。进一步深化医疗卫生体制改革，切实抓好彭湃纪念医院新院区、县妇幼保健院、梅陇中心卫生院的新改扩建工程，大力鼓励和扶持民办医疗服务，全面完成乡镇卫生院标准化建设和提升社区医疗妇幼健康服务能力，提高乡镇卫生院医疗质量。同时，加快推进对42条贫困村由后队变前队、达到中等水平的相关工作，切实把扶贫工作与新农村示范村建设有机融合起来，加大财政投入，完善农村基础设施。五要坚持全面从严治党。坚决落实各级党组织的从严治党主体责任，牢固树立政治意识、大局意识、核心意识、看齐意识；坚决把政治纪律规矩挺在前面，不折不扣落实中央八项规定，从严查处违法违纪案件，坚持有贪必肃、有腐必反；坚决加强干部作风建设和基层组织建设，认真做好全县村（社区）“两委”换届选举工作，顺利圆满完成村（社区）“两委”换届选举各项工作任务，全力打造“钢的班子、铁的队伍”。（县纪委、县委办公室、县政府办公室、县委组织部、县委宣传部、县委政法委和各地各部门分别负责）

五、切实加强组织领导

（一）*层层落实责任*。各地各部门要把学习宣传贯彻习近平总书记重要批示精神作为当前和今后一个时期全县的首要政治任务，与学习贯彻习近平总书记系列重要讲话精神和治国理政新理念新思想新战略结合起来，与学习贯彻党的十九大、省第十二次党代会、市第七次党代会和县第十一次党代会精神结合起来，与推进我县经济社会发展各项工作结合起来，精心组织，周密部署，务求实效。全县各级党委（党组）要结合实际做出部署安排，加强具体指导。各镇（场）党委要落实主体责任，认真制定具体实施方案，保障工作力量，加强督促指导把关；要对所辖党支部进行全覆盖、全过程指导，帮助党支部制定学习计划，派员参加党支部各项活动。各级党委（党组）主要负责同志要承担起第一责任人责任，层层传导压力，抓好班子、带好队伍、管好干部，从严从实抓好宣传贯彻。（各地各部门按职责分别负责）

（二）*注重形成合力*。各地各部门要结合实际制定学习方案，落细落实，进一步加强工作指导，强化督促检查，防止形式主义，确保学习宣传贯彻取得实效。各地组织、宣传部门和其他有关部门要在党委统一领导下，分工协作，形成推动学习宣传贯彻的合力。工会、共青团、妇联等人民团体要发挥自身优势，开展各具特色的学习宣传贯彻活动。各镇（场）党委和企业、学校等基层单位要根据不同领域、不同行业、不同单位特点，对学习贯彻的内容安排、组织方式等提出具体要求。（各地各部门按职责分别负责）

（三）*强化监督指导*。要加大对各地各部门学习宣传贯彻工作的监督指导，列入重点督察事项，加强跟踪督办。对领导不重视、学习贯彻不力的地区和单位，要约谈其主要负责同志，责令限期整改，确保习近平总书记重要批示精神学深、学透、学出成效。各级党委（党组）要以年度工作报告、专题报告等形式，及时向县委报告学习宣传贯彻习近平总书记重要批示精神的情况。（县委办公室、县委组织部、县政府办公室负责）

中共海丰县委 海丰县人民政府印发《海丰县关于完善审计制度若干重大问题的实施意见》及相关配套文件的通知

海委〔2017〕17号

各镇（场、经济开发区）党委、人民政府，县直（含驻海）各单位：

现将《海丰县关于完善审计制度若干重大问题的实施意见》《海丰县关于实行审计全覆盖的实施方案》《海丰县审计机关人财物管理改革实施方案》印发给你们，请结合实际认真贯彻执行。

中共海丰县委
海丰县人民政府
2017年5月8日

海丰县关于完善审计制度若干重大问题的实施意见

根据中央出台的《关于完善审计制度若干重大问题的框架意见》及相关配套文件、省出台的《广东省关于完善审计制度若干重大问题的实施意见》及相关配套文件和市出台的《汕尾市关于完善审计制度若干重大问题的实施意见》及相关配套文件要求，为保障县审计机关依法独立行使审计监督权，更好发挥审计在党和国家监督体系中的重要作用，现就我县完善审计制度若干重大问题提出如下意见。

一、总体要求

（一）指导思想。以邓小平理论、“三个代表”重要思想、科学发展观为指导，深入贯彻习近平总书记系列重要讲话精神，全面贯彻党的十八大和十八届二中、三中、四中、五中、六中全会精神，紧紧围绕协调推进“四个全面”战略布局，按照党中央、国务院、省委、省政府、市委、市政府和县委、县政府决策部署，认真贯彻落实《宪法》、《审计法》等法律法规，紧密结合审计工作的职责任务和履职特点，着眼依法独立行使审计监督权，创新体制机制，加强和改进新形势下我县的审计工作，强化审计队伍建设，不断提升审计能力和水平，更好服务于我县经济社会持续健康发展。

（二）总体目标。加大改革创新力度，完善审计制度，健全有利于依法独立行使审计监督权的审计管理体制，建立具有审计职业特点的审计人员管理制度，对公共资金、国有资产、国有资源和领导干部履行经济责任情况实行审计全覆盖，做到应审尽审、凡审必严、严肃问责。到2020年，基本形成与治理体系和治理能力现代化相适应的审计监督机制，更好发挥审计在保障国家和县的重大决策部署贯彻落实、维护经济安全、推动深化改革、促进依法治县、推进廉政建设中的重要作用。

（三）基本原则。坚持党的领导。加强党对审计工作的领导，围绕县委和县政府的中心任务，研究提出审计工作的目标、任务和重点，严格执行重要审计情况报告制度，支持审计机关依法独立开展工作。坚持党管干部原则，加强审计机关领导班子和队伍建设，健全审计干部培养和管理机制，合理配置审计力量。

坚持依法有序。运用法治思维和法治方式推动审计工作制度创新，充分发挥法治的引领和规范作用，破解改革难题，依法有序推进。重大改革措施需要取得法律法规授权的，按法律法规程序实施。

坚持问题导向。针对制约审计监督作用发挥的体制机制障碍、影响审计事业长远发展的重点难点问题，积极探索创新，推进审计制度完善。

坚持统筹推进。充分考虑改革的复杂性和艰巨性，做到整体谋划、分类设计、分步实施，及时总结工作经验，确保各项措施相互衔接、协调推进。

坚持先行先试。按照全面深化改革要求，充分发挥我县的优势，进一步解放思想，大胆实践，努力探索符合县情的审计工作机制和办法。

二、主要任务

（一）实行审计全覆盖。依法全面履行审计监督职责，坚持党政同责、同责同审，对公共资金、国有资产、国有资源和领导干部履行经济责任情况实行审计全覆盖。摸清审计对象底数，充分考虑审计资源状况，明确审计重点，科学规划、统筹安排、分类实施，有重点、有步骤、有深度、有成效地推进。建立健全与审计全覆盖相适应的工作机制，统筹整合审计资源，创新审计组织方式和技术方法，提高审计能力和效率。

（二）强化上级审计机关对县审计机关的领导。围绕增强审计监督的整体合力和独立性，强化全县审计工作统筹。任免县审计局正职，须事先征得省审计厅党组同意；任免县审计局副职，须事先征求市审计局党组的意见。县审计局要加强审计项目计划的统筹和管理，合理配置审计资源，县审计局年度审计项目计划经县政府审核后，由市审计局进行初步审核，报省审计厅批准后执行。县审计局要根据本地区经济社会发展实际需要，统筹组织本地区审计机关力量，开展好涉及全局的重大项目审计。健全重大事项报告制度，审计机关的重大事项和审计结果必须向上级审计机关报告，同时抄报同级党委和政府。

（三）配合做好审计机关人财物管理改革。按照中央部署，开展省以下地方审计机关人财物管理改革试点精神，海丰县党委、政府按照党管干部、统一管理的要求，加强对本县审计改革工作的领导。

县审计局领导班子成员由市委委托市委组织部管理。省编办统一管理全省审计机关的机构编制，省审计厅协助开展相关工作。全省审计机关机构编制实行统一管理、分级负责的管理模式。县审计机关仍为同级政府工作部门，列入同级政府机构限额管理。根据实际需要，统筹考虑增加任务后充实工作力量等问题，建立健全内设机构，调整优化职能配置和编制配备，强化县审计机关干部管理、业务管理、财务管理等职能，充实业务力量，健全与全覆盖相适应的工作机制。县审计人员由省有关部门按规定统一招录，部分专业性强的职位可实行聘任制，对县审计机关从事审计业务工作的事业人员身份问题，进行统筹研究，以保证其履行审计监督职责的需要。

完善经费和资产管理制度，县审计局的经费预算和资产由市审计局统一管理，县审计机关的年度预算决算和资产的管理监督由省财政厅负责审核批复；县审计机关负责组织本局预算决算草案编制和资产的管理、使用。县审计机关的各项经费标准由省财政厅、省人力资源和社会保障厅在现有法律法规框架内结合实际确定，确保不低于现有水平。

建立健全审计业务管理制度，县审计项目计划由省审计厅统一管理，县审计机关在除上级统一组织审计项目外，应每年结合本县实际中心工作，提出县本级年度审计项目计划，经县政府审核后，由市审计局进行初步审核，报省审计厅批准后执行。年度审计项目计划需要调整的，原则上按原程序报批。县委、县政府交办的年度审计项目计划外的审计事项，须报省审计厅批准后执行。县审计机关要统筹安排好审计人员，配合开展好涉及全局的重大项目审计。

（四）推进审计职业化建设。积极探索，加快推进县审计职业化建设。落实审计人员分类管理制度和职业保障机制。完善审计人员选任机制，审计专业技术类公务员和综合管理类公务员分类招录，对专业性较强的职位可以实行聘任制，健全审计职业岗位责任追究机制。建立与审计工作特点相适应的审计人员分类工资薪酬管理制度，建立审计干部继续教育和培训机制。

（五）加强审计队伍思想和作风建设。要加强思想政治建设，强化理论武装，坚定理想信念，严守政治纪律和政治规矩，不断提高审计队伍的政治素质。切实践行社会主义核心价值观，加强审计职业道德建设，培育和弘扬“良知、责任、执著、专业、奉献”的广东审计人精神，恪守审计职业操守，做到依法审计、文明审计。加强党风廉政建设，从严管理审计队伍，严格执行廉政纪律和审计工作纪律，坚持原则、无私无畏、敢于碰硬，做到忠诚、干净、担当。

（六）建立健全履行法定审计职责保障机制。县委、县政府定期听取审计工作情况汇报，帮助解决实际困难和问题，支持县审计机关依法履行职责，保障县审计机关依法独立行使审计监督权，不受其他行政机关、社会团体和个人的干涉，把审计结果作为相关决策的重要依据。严格规范审计行为，县审计机关不得超越职责权限、超越自身能力、违反法定程序开展审计，不参与各类与审计法定职责无关的、可能影响依法独立进行审计监督的议事协调机构或工作。健全干预审计工作行为登记报告制度。凡是涉及管理、分配、使用公共资金、国有资产、国有资源的部门、单位和个人都要自觉接受审计、配合审计，及时、全面提供审计所需的财务会计、业务和管理等资料和电子数据，积极协助县审计机关开展联网审计，不得制定限制向县审计机关提供资料和开放计算机信息系统查询权限的规定，已经制定的应予修订或废止。县审计机关履行职责需要协助时，有关部门、单位要积极予以协助和支持，并对有关审计情况严格保密。对拒不接受审计监督，阻挠、干扰和不配合审计工作，或威胁恐吓、打击报复审计人员的，要依纪依法查处。县审计机关要进一步优化审计工作机制，充分听取有关主管部门和审计对象的意见，客观公正地作出审计结论，维护审计对象的合法权益。

（七）完善审计结果运用机制。建立健全审计与组织人事、纪检监察、公安、检察以及其他有关主管单位的工作协调机制，加大案件会商、情况沟通、资料查询、调查取证等工作的协调配合，把审计监督与党管干部、纪律检查、追责问责结合起来，把审计结果及整改情况作为考核、任免、奖惩领导干部的重要依据。对审计发现的违纪违法问题线索或其他事项，县审计机关要依法及时移送有关部门和单位，有关部门和单位要认真核实查处，并及时向县审计机关反馈查处结果，不得推诿塞责。县审计机关要跟踪审计移送事项的查处结果，适时向社会公告。对审计发现的典型性、普遍性、倾向性问题和提出的审计建议，有关部门和单位要认真研究，及时清理不合理的制度和规则，建立健全有关制度规定。领导干部经济责任审计结果和审计发现问题的整改情况，要纳入所在单位领导班子民主生活会及党风廉政建设责任制检查考核的内容，作为领导班子成员述职述廉、年度考核、任职考核的重要依据。有关部门和单位要加强督促和检查，推动抓好审计发现问题的整改。对整改不力、屡审屡犯的，要与被审计单位主要负责人进行约谈，严格追责问责。县人大常委会要把督促审计查出突出问题整改工作与审查监督政府、部门预算决算工作结合起来，定期听取和审议审计查出突出问题整改情况报告，依法开展审计查出突出问题整改情况报告的审查监督。健全人大常委会监督工作制度，推进审计查出突出问题整改工作制度化，通过健全整改情况向人大常委会报告机制，推动审计查出突出问题的整改落实，增强监督的针对性和实效性，促进建立健全全面规范、公开透明的预算制度，切实把财政资金管好、用好。被审计单位作为整改主体，应当按照人大常委会决议的要求，认真扎实做好整改工作。县审计机关要依法依规公告审计结果，被审计单位要将整改结果及时书面告知县审计机关并按规定向社会公告。

（八）加强对县审计机关的监督。县委、人大、县政府要加强对县审计机关的监督，定期组织开展审计法律法规执行情况检查，督促县审计机关切实加强党风廉政建设、严格依法审计、依法查处问题、依法向社会公告审计结果。探索建立对县审计机关的外部审计制度，加强对县审计机关主要领导干部的经济责任审计，外部审计由县委、县政府及上级审计机关负责组织。完善聘请民主党派和无党派人士担任特约审计员制度。县审计机关要坚持阳光法则，加大公开透明度，自觉接受人民监督。

三、加强组织领导

（一）加强组织实施。省审计制度改革试点工作领导小组负责全省审计制度改革试点工作的组织实施。县委、县政府从党和国家事业发展全局出发，充分认识完善审计制度的重大意义，加强工作统筹，形成合力，推动各项改革措施贯彻落实。

（二）有序部署推进。县委、县政府积极支持审计制度改革工作。县审计机关要严格按照省的要求做好相关工作。实施过程中遇到的重大问题，要及时报告。

（三）推动完善相关法规制度。县审计机关要会同县有关部门充分总结试点经验，健全配套规章制度，使各项工作于法有据，确保各项任务顺利实施，切实解决重点难点问题。

海丰县关于实行审计全覆盖的实施方案

为全面履行审计监督职责，对公共资金、国有资产、国有资源和领导干部履行经济责任情况实行审计全覆盖，根据《海丰县关于完善审计制度若干重大问题的实施意见》，制定本方案。

一、目标要求

县审计机关要建立健全与审计全覆盖相适应的工作机制，科学规划，统筹安排，分类实施，注重实效，坚持党政同责、同责同审。通过在一定周期内对依法属于审计监督范围的全县所有管理、分配、使用公共资金、国有资产、国有资源的部门和单位，以及党政主要领导干部和国有企事业领导人员履行经济责任情况进行全面审计，实现审计全覆盖，做到应审尽审、凡审必严、严肃问责。对重点部门、单位要每年审计，其他审计对象1个周期内至少审计1次，对重点地区、部门、单位以及关键岗位的领导干部任期内至少审计1次，对重大政策措施、重大投资项目、重点专项资金和重大突发事件开展跟踪审计，坚持问题导向，对问题多、反映大的单位及领导干部要加大审计频次，实现有重点、有步骤、有深度、有成效的全覆盖。充分发挥审计监督作用，通过审计全覆盖发现国家和省、市、县重大决策部署执行中存在的突出问题和重大违纪违法问题线索，维护财经法纪，促进廉政建设；反映经济运行中的突出矛盾和风险隐患，维护经济安全；总结经济运行中好的做法和经验，注重从体制机制层面分析原因和提出建议，促进深化改革和体制机制创新。

二、审计全覆盖范围

（一）对公共资金实行审计全覆盖。依法对全县政府的全部收入和支出、政府部门管理或其他单位受政府委托管理的资金，以及相关经济活动进行审计。主要检查公共资金筹集、管理、分配、使用过程中遵守国家法律法规情况，贯彻执行国家重大政策措施和宏观调控部署情况，公共资金管理使用的真实性、合法性、效益性以及公共资金沉淀等情况，公共资金投入与项目进展、事业发展等情况，公共资金管理、使用部门和单位的财政财务收支、预算执行和决算情况，以及职责履行情况，以促进公共资金安全高效使用。根据公共资金的重要性、规模和管理分配权等因素，确定重点审计对象。

（二）对国有资产实行审计全覆盖。依法对全县行政事业单位、国有和国有资本占控股或主导地位的企业（含金融企业，以下简称国有企业）等管理、使用和运营的境内外国有资产进行审计。主要检查国有资产管理、使用和运营过程中遵守国家法律法规情况，贯彻执行国家重大政策措施和宏观调控部署情况，国有资产真实完整和保值增值情况，国有资产重大投资决策及投资绩效情况，资产质量和经营风险管理情况，国有资产管理部门职责履行情况，以维护国有资产安全，促进提高国有资产运营绩效。根据国有资产的规模、管理状况以及管理主体的战略地位等因素，确定重点审计对象。对国有企业资产负债损益情况进行审计，将国有资产管理使用情况作为行政事业单位年度预算执行审计或其他专项审计的内容。

（三）对国有资源实行审计全覆盖。依法对全县土地、矿藏、水域、森林、海域等国有自然资源，特许经营权、排污权等国有无形资产，以及法律法规规定属于国家所有的其他资源进行审计。主要检查国有资源管理和开发利用过程中遵守国家法律法规情况，贯彻执行国家重大政策措施和宏观调控部署情况，国有资源开发利用和生态环境保护情况，相关资金的征收、管理、分配和使用情况，资源环境保护项目的建设情况和运营效果、国有资源管理部门的职责履行情况，以促进资源节约集约利用和生态文明建设。根据国有资源的稀缺性、战略性和分布情况等因素，确定重点审计对象。加大对资源富集和毁损严重地区的审计力度，对重点国有资源进行专项审计，将国有资源开发利用和生态环境保护等情况作为领导干部经济责任审计的重要内容，对领导干部实行自然资源资产离任审计。

（四）对领导干部履行经济责任情况实行审计全覆盖。依法对县以下各级党委、政府，县审判机关、检察机关，各级党政工作部门、事业单位、人民团体等单位的党委（党组、党工委）和行政正职领导干部（包括主持工作1年以上的副职领导干部），国有企业法定代表人，以及实际行使相应职权的企业领导人员履行经济责任情况进行审计。主要检查领导干部贯彻执行党和国家经济方针政策、决策部署情况，遵守有关法律法规和财经纪律情况，本地区本部门本单位发展规划和政策措施制定、执行情况及效果，重大决策和内部控制制度的执行情况及效果，本人遵守党风廉政建设有关规定情况等，以促进领导干部守法、守纪、守规、尽责。根据领导干部的岗位性质、履行经济责任的重要程度、管理资金资产资源规模等因素，确定重点审计对象和审计周期。推进和完善乡镇级党政主要领导干部和国有企业领导人员经济责任同步审计，指导开展村集体经济组织主要负责人经济责任审计，促进各级领导干部主动作为、奋发有为。

三、实现审计全覆盖的措施

（一）统筹整合审计资源。适应审计全覆盖的要求，加大审计资源统筹整合力度，避免重复审计，增强审计监督整体效能。加强审计项目计划统筹，建立全县统筹管理机制。在摸清审计对象底数的基础上，建立分行业、分领域审计对象数据库，分类确定审计重点和审计频次，编制中长期审计项目规划和年度计划时，既要突出年度审计重点，又要保证在一定周期内实现全覆盖。整合全县审计资源，开展涉及全局或行业性的重点资金和重大项目全面审计，发挥审计监督的整体性和宏观性作用。强化上级审计机关对下级审计机关的统筹，集中力量、重点突破，对热点难点问题进行专项审计，揭示普遍性、典型性问题，深入分析原因，提出对策建议，推动建立健全体制机制、堵塞制度漏洞，达到以点促面的效果。加强内部审计工作，充分发挥各单位内部审计机构的作用，筑牢基础防线。有效利用社会审计力量，除涉密项目外，根据审计项目实施需要，向社会购买审计服务，完善向社会购买审计服务的方式方法。建立审计成果和信息共享机制，加强市、县审计机关不同审计项目之间的沟通交流，实现审计成果和信息及时共享，提高审计监督成效。

（二）创新审计组织方式。根据审计项目特点、审计资源状况，选择符合实际、管用、高效的审计组织方式。坚持以公共资金运行和重大政策落实情况为主线，将预算执行审计与决算草案审计、专项资金审计、重大投资项目跟踪审计等相结合，对涉及的重点部门和单位进行重点监督，加大对资金管理分配使用关键环节的审计力度。坚持任中审计和离任审计相结合，经济责任审计与财政审计、金融审计、企业审计、资源环境审计、涉外审计等相结合，实现项目统筹安排、协同实施。积极推进跨层级、跨专业、跨地区审计资源的优化配置，实现由单点离散审计向多点联动审计转变、由局部审计向全覆盖审计转变、由静态审计向静态与动态审计相结合转变、由事后审计向事后与事中审计相结合转变、由现场审计向现场审计与非现场审计相结合转变、由微观审计向微观与宏观审计相结合转变，提高审计效能。

（三）创新审计技术方法。构建大数据审计工作模式，提高审计能力、质量和效率，扩大审计监督的广度和深度。有关部门、地方金融机构和国有企事业单位等应根据审计工作需要，依法向审计机关提供与本单位本系统履行职责相关的电子数据信息和必要的技术文档，不得制定限制向审计机关提供资料和开放计算机信息系统查询权限的规定，已经制定的应予修订或废止。县审计机关要建立健全数据定期报送制度，加大数据集中力度，对获取的数据资料严格保密。适应大数据审计需要，建设县审计数据系统和数字化审计平台，积极运用大数据技术，进一步总结推广数字化审计方式。加大业务数据与财务数据、单位数据与行业数据以及跨行业、跨领域数据的综合比对和关联分析力度，提高运用信息化技术查核问题、评价判断、宏观分析的能力。探索建立审计实时监督系统，加快推进实时在线联网审计，实现对部门预算单位、地方金融机构和企事业等跨部门、跨行业和跨年度电子数据的联网和动态监督。

海丰县审计机关人财物管理改革实施方案

为强化上级审计机关对下级审计机关的领导，保障依法独立行使审计监督权，根据中央出台的《关于完善审计制度若干重大问题的框架意见》及相关配套文件、省委省政府出台的《广东省关于完善审计制度若干重大问题的实施意见》及相关配套文件和市委市政府出台的《汕尾市关于完善审计制度若干重大问题的实施意见》及相关配套文件的要求，开展省以下地方审计机关人财物管理改革试点，现就我县改革工作提出如下方案。

一、完善领导干部管理制度

按照党管干部、统一管理的要求，改进地方审计机关领导干部管理制度。县审计局领导班子成员由市委委托市委组织部管理。任免县审计局正职，须事先征得省审计厅党组的同意，再按有关规定程序办理；任免县审计局副职，须事先征求市审计局党组的意见。市委组织部要强化对县审计局领导干部的任职资格管理，选拔政治坚定、坚持原则、忠诚干净、尽责担当、能力过硬的干部充实审计机关领导班子，审计机关负责人原则上应具备经济、法律、管理等工作经历。县审计局领导干部选拔任用工作有关办法按干部管理权限研究制定。

二、完善机构编制和人员管理制度

按照科学高效、因地制宜、合理调配、统筹管理的原则，优化县审计局机构设置，合理配置审计力量。省编办统一管理全省审计机关的机构编制，省审计厅协助开展相关工作。全省审计机关机构编制实行统一管理、分级负责的管理模式。县审计局仍为县政府工作部门，列入县政府机构限额管理。根据实际需要，统筹考虑增加任务后充实工作力量等问题，建立健全内设机构，调整优化职能配置和编制配备，强化县审计局干部管理、业务管理、财务管理等职能，充实县审计局业务力量，健全与全覆盖相适应的工作机制，要参照省审计厅、市审计局“三定”方案，按照审计计划、执行、审理和整改“四权”分离的要求，结合当地的经济规模和审计工作实际，及时调整完善县审计局“三定”方案。县审计局机构编制管理执行省相关规定。县审计局根据编制情况和人才需求，提出招录计划报市审计局审核汇总报省审计厅，由省有关部门按规定统一招录，部分专业性强的职位可实行聘任制。县党委和政府对县审计局中从事审计业务工作的事业人员身份问题，要进行统筹研究，以保证其履行审计监督职责的需要。

三、完善经费和资产管理制度

县审计局经费预算和资产由省有关部门统一管理，经费实行分类保障，确保不低于现有水平；资产管理由省财政厅、各级审计机关及所属行政事业单位各司其职、各负其责。县审计局的经费预决算由市审计局统筹管理。县审计局的年度预决算和资产的管理监督以省财政厅和省审计厅下达的文件为准。

四、建立审计项目计划统筹管理机制

县审计局的审计项目计划由省审计厅统一管理。除审计署、省审计厅、市审计局统一组织审计项目外，县审计局要根据全县经济社会发展实际，围绕县委、县政府中心工作，统筹组织审计力量，开展好涉及全局的重大审计项目。除上级统一组织审计项目外，县审计局每年结合本县中心工作，提出县本级年度审计项目计划，经县政府审核后，由市审计局进行初步审核，报省审计厅批准后执行。年度审计项目计划需要调整的，原则上要按原程序报批。县审计局接受县委、县政府交办的属年度审计项目计划以外的审计项目和事项，须报省审计厅批准后执行。

五、完善审计结果报告和公告制度

县审计局的审计结果和发现的重大违纪违法问题线索，以及重大突发事件和群体上访事件、审计干部违纪违法、重大负面新闻等重大事项要及时向上级审计机关和县委、县政府报告。县审计局对本级预算执行情况和其他财政收支情况的审计工作报告，在听取县政府行政首长意见并报经市审计局审定后，按规定程序向县人民代表大会常务委员会报告。县审计局完成的上级审计机关安排在本局的审计任务，审计结果经部署任务的审计机关同意后，可纳入向县人民代表大会常务委员会所作的审计工作报告。加大审计结果公告力度，除涉密内容外原则上都要公开，接受社会监督。

六、建立健全审计执法责任制

县审计局要加强对审计质量的监督检查，定期通报情况，研究提出加强审计质量控制的制度措施，严格做到依法审计、依法报告、依法公告。建立健全审计业务质量控制机制，明确岗位职责权限，对发现的重大审计质量问题，要按照权责一致的原则，严格实行审计执法过错责任追究制度。

七、统筹推进审计信息化建设

建设县审计数据系统，加快推动部门预算单位、金融机构和国有企事业单位等与审计机关实现信息共享。要把县审计局收集的审计相关电子数据信息，按审计署规定的标准、方式、要求，由省审计厅统一集中管理。加强审计数据的综合利用。创新计算机审计技术，推进大数据审计模式，推进实时在线联网审计。对限制向审计机关提供资料和开放计算机信息系统查询权限的各种规定进行纠正。县审计局要加强对全县审计信息化建设的统筹规划，加大基层审计机关信息化建设的力度，积极推进上下级审计机关之间、审计机关与审计现场之间的互联互通。

八、加强组织领导

省以下地方审计机关人财物管理改革，要坚持整体设计、同步推进。改革工作在县委、县政府和上级审计机关的统一领导下进行，县审计制度改革工作领导小组负责组织实施。县委组织部、县编办、县财政局、县人力资源社会保障局和县审计局等部门和单位，要按照改革任务要求和各自职能，明确分工，落实责任，密切配合，切实加强对改革的指导和推进，确保2016年年底前基本完成相关配套制度建设。要努力营造良好改革环境，确保审计队伍思想稳定、审计业务及其他各项工作有序进行。要及时报告实施过程中遇到的重大问题。

关于印发《海丰县加快推进农村土地承包经营权确权登记颁证工作实施方案》的通知

海委办〔2017〕19号

各镇（场）党委、人民政府，县有关单位：

经县委、县政府同意，现将《海丰县加快推进农村土地承包经营权确权登记颁证工作实施方案》印发给你们，请认真组织实施。

中共海丰县委办公室
海丰县人民政府办公室
2017年3月23日

海丰县加快推进农村土地承包经营权确权登记颁证工作实施方案

为贯彻落实中央、省、市有关开展农村土地承包经营权确权登记颁证工作的决策部署，加快推进农村土地承包经营权确权登记颁证工作进程，根据《农村土地承包法》、农业部等六部委《关于开展农村土地承包经营权登记试点工作的意见》、《农村土地承包经营权调查规程》等法律法规和政策要求，结合我县实际，制定本工作方案。

一、指导思想

以党的十八大、十八届三中、四中全会、五中、六中全会精神为指导，深入贯彻落实科学发展观，坚持和完善农村基本经营制度，保持现有农村土地承包关系稳定并长久不变；进一步明晰农村土地承包关系，规范农村土地承包管理工作，依法赋予农民更加充分而有保障的土地承包经营权，强化对土地承包经营权的物权保护，全面保障农民对承包土地的占有、使用和收益等权利，为推进我县农村产权制度改革，统筹城乡协调发展和农村和谐稳定提供有效保障。

二、目标任务

各镇（场）应迅速全面铺开农村土地承包经营权确权登记颁证工作，按先易后难的方法，在2017年底前基本完成所属80%以上的村（社区）的确权登记工作，2018年6月底基本完成全县农村土地承包经营权确权登记颁证工作。

三、工作原则

（一）保持稳定，兼顾发展。在保持现有土地承包关系稳定的前提下，以已经签订的二轮土地承包合同为基础，开展土地承包经营权确权登记颁证，进一步明晰土地承包经营权归属，确认农民对承包土地的占有、使用、收益以及依法处置等权利，强化物权登记管理。不得借机违法调整收回农户承包地，也不能打乱重分、另起炉灶。妥善解决农村土地承包经营的历史遗留问题，化解不利于农村健康发展、和谐稳定的纠纷和隐患。

（二）依法依规，规范操作。严格执行《中华人民共和国土地管理法》《中华人民共和国农村土地承包法》《中华人民共和国物权法》等法律法规，按照农业部《农村土地承包经营权证管理办法》（农业部令第33号）、《农村土地承包经营权登记试点工作规程（试行）》（农办经〔2012〕19号）的要求，规范开展农村土地承包经营权确权登记颁证工作。严格执行相关政策，结合各地实际，做到不违规、不漏项、不错项、不损害农民合法利益、不留后遗症。

（三）尊重历史，正视现实。在开展农村土地承包经营权确权登记颁证工作过程中，要充分尊重农民意愿，在保持家庭承包权长期稳定的前提下，根据本地农村土地承包的历史和现实，经本集体经济组织成员内部充分讨论，达成共识，切实做到农民的事农民自己做主。法律政策有明确规定的，严格执行，没有明确规定的，依照法律政策基本精神，结合当地实际，充分尊重基层和农民群众的首创精神，合情合理作出具体规定。在搞土地股份合作社、发展农业适度规模经营过程中，农户需要入社的，要先确权确地后再加入。在依法依规和尊重农民意愿的前提下，引导和鼓励农民自愿通过开展互换并地解决承包地细碎化问题，并指导和支持互换并地各方完成必要手续和程序后，再进行确权登记颁证。

（四）确地为主，分类实施。确权登记颁证必须坚持以“确地”为主。既要充分考虑不同地区、不同类型的土地承包经营现状，因地制宜，分类指导，不搞“一刀切”，避免简单化，又要突出问题导向、分清轻重缓急，按照先易后难、稳步推进的思路，对权属清晰的先确权，有争议的先调处后确权，对情况复杂、矛盾突出、政策方面一时把握不准、研究不透的，保持现状，留待后期处理。

四、工作任务

这次农村土地承包经营权确权登记颁证工作，以各镇（场）为主体负责实施，围绕妥善解决承包地块面积不准、四至不清、空间位置不明、登记簿不全等突出问题，因地制宜开展土地承包经营权确权登记颁证工作，实现承包面积、承包合同、经营权登记簿、经营权证书“四相符”，承包地分配、承包地四至边界测绘登记、承包合同签订、承包经营权证书发放“四到户”。主要工作任务有五个方面：

一要开展土地承包档案清理。按照《农业部、国家档案局关于加强农村土地承包档案管理工作的意见》，全面组织清理土地承包档案，着重解决土地承包方案、承包合同、承包台账种类不齐全、管理不规范等问题。严格执行土地承包档案管理规定，坚持分级管理、集中保管，建立健全整理立卷、分类归档、安全保管、公开查阅等制度。不具备保管条件的，要移交到具备条件的农村土地承包管理部门或者档案管理部门集中保管。

二要查清承包地块面积和空间位置。准确把握土地承包经营权登记试点的关键环节，着重查清承包地块的面积和空间位置。在对土地承包情况进行摸底调查的基础上，以1：2000数字正射影像数据、基础测绘成果为基础，以已签订的土地承包合同、发放的土地承包经营权证书和集体土地所有权确权登记成果为依据，因地制宜开展土地承包经营权权属调查，进一步查清承包地块面积、四至和空间位置。实测结果经公示确认后，作为确认、变更、解除土地承包合同以及确认、变更、注销土地承包经营权的依据。

三要建立健全土地承包经营权登记制度。县农业局依据《农村土地承包经营权证管理办法》建立土地承包经营权登记簿。已建立登记簿的，要结合试点工作进一步健全，充实完善承包地块的面积、四至、地类和空间位置。未建立的，要在现有土地承包合同、证书的基础上，结合经依法确认的承包地块、面积和空间位置等登记信息，抓紧建立。开展土地承包经营权变更、注销登记。

四要做好土地承包经营权登记资料归档。加强和规范档案管理，做好各方面材料的归档利用和验收移交，确保土地承包经营权纠纷调处与确权登记颁证工作完整记录，有据可查。

五要推进土地承包管理信息化。建立健全土地承包经营权确权登记颁证数据库，搭建土地承包经营权确权登记颁证管理信息平台，实现土地承包管理信息化。探索土地承包经营权登记信息与有关部门互联共享。

五、组织机构

调整充实县农村土地承包经营权确权登记颁证工作领导小组，由县委书记任组长，县长任第一副组长，县委、县政府分管农业农村工作领导为副组长，县农业局、县委宣传部、县检察院、县公安局、县司法局、县综治办、县财政局、县林业局、县国土资源局、县水务局、县法制局、县海洋与渔业局、县信访局、县妇联、县档案局等单位以及各镇（场）主要负责同志为领导小组成员。

领导小组下设办公室，由县政府郑永城副县长任办公室主任，县政府办林友捷同志、县农业局黄信乐同志任办公室副主任，办公地点设在县农业局，负责组织协调日常工作。办公室分设四个工作组：

（一）综合秘书组

组长：吴忠生（县农业局）

成员：从县农业局、县国土资源局、县水务局、县财政局、县林业局等单位抽调。

工作职责：负责综合协调内外相关部门，形成工作合力。

（二）政策宣传组

组长：谢立群（县委宣传部）

成员：从县委办、县政府办、县委宣传部、县法制局、县农业局、县妇联、县广播电视台等单位抽调。

工作职责：负责促进确权登记工作依法推进和政策法律、法规把关。研究制定确权登记工作中有关部门的解决措施和解决方法，指导乡镇严格按照确权登记工作的程序执行；负责联系媒体，通过网络、电视、宣传车等方式组织做好确权登记工作宣传、新闻报道和舆论引导工作，创造良好的舆论氛围。督促乡镇和县级相关部门做好确权登记工作的宣传引导。

（三）工作督导组

组长：曾俊锋（县纪委）

副组长：黄信乐（县农业局）

成员：从县纪委、县委办、县政府办、县农业局、县国土资源局、县林业局、县档案局、县委宣传部、县司法局、县海洋与渔业局等单位抽调。

督导组下设四个小组，负责对全县开展土地确权工作进行指导；了解掌握各镇（场）工作进展情况、主要经验和存在问题，及时对有关情况进行研判分析、提出建议；对全县开展确权工作进行督查通报。

第一小组。组长：吴忠生（县农业局），成员从县纪委、农业局、林业局、国土资源局等单位抽调，负责督查指导海城、附城、城东、联安、陶河等镇的土地确权工作。

第二小组。组长：曾钰淮（县农业局），成员从县纪委、县委宣传部、农业局、海洋与渔业局等单位抽调，负责督查指导梅陇、赤石、后门、鹅埠、小漠等镇的土地确权工作。

第三小组。组长：赵丽娟（县农业局），成员从县农业局、司法局、公安局、水务局等单位抽调，负责督查指导可塘、赤坑、大湖等镇的土地确权工作。

第四小组。组长：周奋羽（县农业局），成员从县农业局、妇联、水务局等单位抽调，负责督查指导公平、平东、黄羌、黄羌林场等镇（场）的土地确权工作。

（四）维稳协调组

组长：吴奇双（县委政法委）

成员：从县委政法委、县公安局、县信访局、县国土资源局、县农业局等单位抽调。

工作职责：负责矛盾纠纷排查和化解，及时收集掌握确权登记工作过程中出现的各种问题及受理和处理群众来信来访，按照分级负责的原则，落实化解责任，确保确权登记工作顺利进行。

六、职责分工

（一）县直成员单位职责

1、县农业局要履行牵头单位职责，认真研究有关政策，积极主动做好指导、督促、检查、验收等工作。

2、县国土资源局负责提供第二次土地调查成果和经验收合格的农村集体土地所有权确权成果，负责统筹组织实施全县1：2000正射影像图制作并免费提供使用，同时提供其他有关土地确权需要的图纸和资料，指导处理有关土地权属的矛盾纠纷。

3、县财政局负责落实专项经费，并指导农村财务管理相关工作。

4、县林业局负责提供森林林权确权登记成果图。

5、县公安局负责提供户籍资料，并参与维稳工作。

6、县水务局负责提供有关河流、水库等方面的资料。

7、县法制局负责做好相关规范性文件的合法性审查工作。

8、县档案局负责指导做好确权登记颁证归档工作。

9、县委宣传部负责确权登记颁证工作的宣传发动。

10、县委政法委负责做好农村涉地经营纠纷的调处工作，全力把矛盾纠纷化解在萌芽状态，化解在基层。

11、其他有关部门也要在各自职责范围内协助做好相关工作。

（二）技术服务单位职责

中科雅图信息技术有限公司负责海城、附城、城东、陶河、梅陇、联安、赤石、后门、小漠、鹅埠等10个镇的技术服务工作。

深圳勘察研究院有限公司负责可塘、赤坑、大湖、黄羌林场、公平、平东、黄羌等镇（场）的技术服务工作。

主要职责：按照各自标段，负责承担海丰县农村土地承包经营权确权登记颁证摸底调查、技术培训、收集资料、制作工作底图、信息录入、外业地块的堪界、影像调绘及公示修改、内业处理、数据归档及整理、经营权证农户信息录入证书打印等工作，并配合海丰县按省农业厅验收标准进行验收。

七、工作步骤

我县农村土地承包经营权确权登记颁证工作分为五个阶段推进，具体时间安排：

（一）制订方案，动员培训阶段（2017年3月初至3月25日前止）

主要工作任务：

1、调整充实县级领导机构，细化工作方案，召开县级动员会、培训会。

2、各镇（场）要按照中央、省、市和县的要求，结合当地实际，制定本地区确权登记颁证工作方案。村一级也要制定具体实施方案，并经本村集体经济组织成员会议表决通过后，在村务公开栏进行公示，公示期为7天，无异议后再具体实施。

3、县推进会后，镇、村两级要分别召开动员推进会、培训会，重点培训镇（场）有关工作人员和村组干部，使之掌握相关政策法规、业务知识以及工作程序和操作规程。

4、县、镇、村三级，要采用广播、电视、网络、报纸、漫画、公开信、宣传单、横幅等多种形式，加强土地承包经营法律法规及确权登记颁证工作的宣传，让各级干部、农民群众充分认识开展确权登记颁证的目的、意义，营造浓烈的工作氛围，充分调动广大农户参与的积极性和主动性。

（二）收集资料、摸底调查阶段（2017年3月26日至4月30日）

主要任务：

1、收集资料。由技术服务单位、县农业局负责，相关单位配合。主要收集二轮承包台账、户籍、行政区代码以及行政界线、1:2000数字正射影像数据、基础测绘成果、基本农田范围线、地力登记划分成果、国有用地红线、林权界线、土地调查成果、集体土地确权成果等资料。

2、调查摸底。由技术服务单位主导调查摸底工作，镇、村工作人员配合。组织人员进村入户开展调查摸底，发放并填写发包方调查表、承包方调查表等，收集核实二轮承包农户户籍、二轮承包台账等信息,并逐户签字认可。

3、制作底图。由技术服务单位负责，以集体经济组织为单位，以1：2000数字正射影像图作为调查地块、获取电子图斑的基础数据，并添加标注。以图形纹理的形式勾绘农户承包地的权属边界，制作打印工作底图。

（三）勘查指界、张榜公示阶段（2017年5月1日至8月31日）

主要任务：

1、外业调查。由技术服务单位负责派出作业人员，镇、村工作人员共同组成农户承包地指界小组，与承包户主或代理人（代理人进行指界时,应出示代理人的身份证和委托书及户主身份证复印件）现场共同指界确认承包户所属地块。现场指界后，由技术服务单位调绘人员标注上图，填写承包地块调查表。按照编码规则编码，形成有地类、地块编号、地块面积等信息的草图。

2、内业处理。对外业调查数据及图件进行检查后，按照相关规范要求，制作地块分布图（确认图）、农户承包地块空间方位示意图等图件资料及公示结果归户表、登记簿、合同等资料。

3、张榜公示。集体经济组织在地块分布图（公示图）、公示表上加盖公章，并在村务公开栏进行首次公示，公示期限不少于7天,并对公示现场进行拍照存档。在公示期间，发包方和承包方提出异议的,镇（场）、村工作人员与调查人员应及时核实、修正,并再次进行公示,公示期限不少于7天。

（四）签印确认、审核颁证阶段（2017年9月1至2017年12月30日）

主要任务：

1、签印确认。经组织公示无异议的,由发包方、承包方（代表） 在农村土地承包经营权公示结果归户表和地块分布图（确认图）上签字盖章或按手印确认。

2、审核颁证。村集体经济组织将本组织的确权成果资料连同《土地承包合同》，上报镇政府初审，初审通过后提交县级农村土地承包管理部门审核，审核通过后，向农户颁发加盖县级人民政府印章的农村土地承包经营权证书，并造册登记。

（五）巩固完善、总结验收阶段（2018年1月1日至2018年5月30日）

1、扫尾完成余下20%的农村土地承包经营权确权登记颁证工作任务。

2、乡镇开展自查，对辖区范围内的农村土地承包经营权确权登记工作进行查漏补缺，并形成书面自查报告报县农业局，迎接县级检查验收。

3、县农业局根据各地自查情况，统筹安排，负责牵头县有关部门对各镇（场）的登记工作进行验收，并将形成验收报告和工作总结逐级上报。

4、县农业局要将确权登记颁证相关资料进行归档，集中保管，并依法按期移交县档案局。同时，要按照统一的标准建立农村土地承包管理信息系统。

关于成立中共海丰县委巡察工作领导小组的通知

海委办〔2017〕21号

各镇（场、经济开发区）党委、人民政府，县直各单位：

为加强对我县巡察工作的组织领导，经县委、县政府同意，决定成立中共海丰县委巡察工作领导小组，领导小组成员名单如下：

组　长：李　绪（县委常委、纪委书记）

副组长：陈紫光（县委常委、组织部部长）

成　员：林锡清（县纪委副书记、监察局局长）

张文亮（县委组织部副部长）

陈振宁（县纪委常委）

领导小组下设办公室（加挂县委巡视工作联络小组办公室牌子），设在县纪委监察局，主任由陈振宁同志兼任，成员由专职巡察员及其他相关人员组成，具体负责组织实施、综合协调、督促指导巡察工作。

中共海丰县委办公室

2017年3月23日

中共海丰县委关于印发《学习宣传贯彻省第十二次党代会精神工作方案》的通知

海委〔2017〕24号

各镇（场、经济开发区）党委，县直（含驻海）各单位党组（党委）：

经县委同意，现将《学习宣传贯彻省第十二次党代会精神工作方案》印发给你们，请结合实际认真贯彻执行。

中共海丰县委
2017年6月23日

学习宣传贯彻省第十二次党代会精神工作方案

为认真学习宣传贯彻中国共产党广东省第十二次代表大会精神，推动我县各项工作扎实有效开展，根据《中共广东省委关于认真学习宣传贯彻省第十二次党代会精神的通知》《中共汕尾市委关于印发〈学习宣传贯彻省第十二次党代会精神工作方案〉的通知》精神，现提出如下方案。

一、深刻认识省第十二次党代会的重大意义

省第十二次党代会深入贯彻习近平总书记系列重要讲话精神和治国理政新理念新思想新战略，把习近平总书记重要批示作为广东工作的总纲，对今后五年工作作出全面部署，是全面贯彻落实习近平总书记重要批示精神的大会，是高举旗帜、继往开来、团结奋进的大会。大会的胜利召开，必将全面动员全省各级党组织、广大党员和人民群众更加紧密地团结在以习近平同志为核心的党中央周围，以“四个坚持、三个支撑、两个走在前列”为统领，不断开创广东改革发展新局面，为实现“两个一百年”的宏伟目标和中华民族伟大复兴的中国梦而努力奋斗。

胡春华同志代表十一届省委向大会所作的报告，以“深入贯彻习近平总书记治国理政新理念新思想新战略，努力在全面建成小康社会、加快建设社会主义现代化新征程上走在前列”为主题，全面总结了省第十一次党代会以来我省经济社会发展各项事业取得的重要进展，深入分析了广东发展面临的形势，明确提出了今后五年我省发展的指导思想、主要目标和战略部署，符合中央要求和我省实际，体现了全省人民的共同期盼，是指导今后五年我省各项事业发展的纲领性文件。

大会选举产生了中国共产党广东省第十二届委员会、第十二届纪律检查委员会和广东省出席党的十九大代表。省委十二届一次全会选举产生了新一届省委领导班子。选举结果体现了全省各级党组织和广大党员的意志，反映了全省广大人民群众的心愿。在以习近平同志为核心的党中央坚强领导下，新一届省委领导集体一定能够团结带领全省各级党组织、广大党员和人民群众，锐意进取、扎实工作，推动广东发展在新的起点上再创新局。

学习宣传贯彻省第十二次党代会精神，是全面贯彻落实习近平总书记重要批示精神的重要任务和具体举措。全县各级党组织和广大党员干部要牢固树立“四个意识”，坚决维护以习近平同志为核心的党中央权威，把学习贯彻省党代会精神同学习贯彻习近平总书记系列重要讲话精神和治国理政新理念新思想新战略结合起来，同学习贯彻重要批示精神结合起来，切实把思想和行动统一到省党代会作出的决策部署上来，更加奋发有为做好广东工作，决不辜负党中央和习近平总书记的殷切期望。

二、深刻把握领会省第十二次党代会的精神实质

学习贯彻省第十二次党代会精神，重点是学习贯彻胡春华同志所作的报告，深刻领会报告的丰富内涵和精神实质。

（一）深刻认识十一届省委工作取得的成绩和当前我省发展面临的问题。过去五年，省委深入贯彻党的十八大和十八届三中、四中、五中、六中全会精神，坚持把学习贯彻习近平总书记系列重要讲话精神摆在首位，坚决贯彻落实以习近平同志为核心的党中央决策部署，以“三个定位、两个率先”统揽工作全局，团结带领全省人民真抓实干、攻坚克难、开拓进取，全面完成了省第十一次党代会确定的目标任务，各项事业取得新的重要进展。省党代会在肯定成绩、总结经验的同时，从产业结构、区域协调、农村发展、民生事业、社会稳定、营商环境、基层治理、党的建设等8个方面，深刻分析了制约我省发展的深层次、结构性问题。我们要充分看到过去五年取得的显著成绩，增强发展信心；倍加珍惜五年发展取得的宝贵经验，将其作为今后必须秉持的重要原则；高度重视当前发展面临的问题，采取有力措施加以解决。

（二）深刻认识习近平总书记重要批示的指导意义和我省今后五年工作的指导思想。党的十八大以来，习近平总书记发表了一系列重要讲话，形成了治国理政新理念新思想新战略，为在新的历史条件下深化改革开放、加快推进社会主义现代化提供了科学理论指导和行动指南。习近平总书记对广东工作的重要批示，是习近平总书记系列重要讲话精神和治国理政新理念新思想新战略在广东的具体化，为我们指明了前进方向，对广东发展具有里程碑意义。省党代会全面贯彻习近平总书记对广东工作的新要求，提出今后五年全省工作的指导思想：在以习近平同志为核心的党中央坚强领导下，高举中国特色社会主义伟大旗帜，以邓小平理论、“三个代表”重要思想、科学发展观为指导，深入贯彻习近平总书记系列重要讲话精神和治国理政新理念新思想新战略，统筹推进“五位一体”总体布局和协调推进“四个全面”战略布局，牢牢把握稳中求进工作总基调，坚持党的领导、坚持中国特色社会主义、坚持新发展理念、坚持改革开放，为全国推进供给侧结构性改革、实施创新驱动发展战略、构建开放型经济新体制提供支撑，努力在全面建成小康社会、加快建设社会主义现代化新征程上走在前列。“四个坚持、三个支撑、两个走在前列”要求是指导思想的核心要义，“四个坚持”是旗帜和方向，“三个支撑”是使命担当和发展路径，“两个走在前列”是总的奋斗目标。把握好习近平总书记对我省工作的要求，就抓住了广东工作的总纲。

（三）深刻认识未来五年关系广东经济社会发展的一系列战略部署。省党代会从8个方面明确了未来工作的“施工蓝图”，指出必须把供给侧结构性改革作为经济工作的主线，努力实现社会生产力水平整体跃升。必须转换发展动力，把创新驱动发展战略作为经济社会发展的核心战略和经济结构调整的总抓手。必须加快构建具有更强竞争力和自主性的开放型经济新体制，始终坚持并不断巩固改革开放这个最大优势。必须按照全省一盘棋的思路，统筹全省生产力和人口布局，提升珠三角带动东西北，促进城乡融合发展，加快形成全省一体化发展新格局。必须把生态文明建设放在更加突出的战略位置，推动全省经济社会迈进绿色发展新轨道。必须坚持以人民为中心的发展思想，确保如期高质量全面建成小康社会，让人民群众过上更加富裕、更加健康、更有保障、更有发展的美好生活。必须坚持依法治国基本方略，更好发挥法治的引领和规范作用，全面提升法治政府、法治社会、法治广东建设水平。必须推动全面从严治党向纵深发展，用习近平总书记治国理政新理念新思想新战略统一全省干部思想，打造高素质干部队伍，把党建设得更加坚强有力。落实好这些重大战略部署，必将推动我省在全面建成小康社会、加快建设社会主义现代化的历史接力中取得优异成绩。

三、紧密联系实际推动新一轮大发展

学习宣传贯彻省第十二次党代会精神，要紧密联系全面建成小康社会、加快建设社会主义现代化的实际，联系我县工作实际，联系广大干部群众思想实际，坚持学以致用，深入调查研究，完善发展思路，细化工作举措，明确时间表、路线图，把省党代会精神落实到全县经济社会发展各方面。

（一）狠抓“三大抓手”等各项建设，进一步夯实振兴发展基础。要围绕省党代会《报告》关于“统筹推进区域城乡协调发展”的部署，深入贯彻落实粤东西北振兴发展战略，继续扭住“三大抓手”，大力推进产业园区扩能增效、中心城区扩容提质、交通基础设施等各项建设，全面融入我省一体化发展新格局。

1.要加快产业园区扩能增效。以经济开发区及梅陇、公平、可塘等镇为主体，加大资金投入力度，拉开“一城三园”大开发、大建设、大发展场面，全速推进县生态科技城一、二期基础设施建设和三、四期的征地、清表工作，加快15个已投建项目的建设进度，促使这些项目在下半年陆续建成、投产；要同步推进梅陇金银首饰环保产业园、公平产业园、可塘珠宝产业聚集园的规划、征地和动工建设，全力打造珠宝、首饰、服装等产业环保聚集标准化、示范性园区，引导组织传统特色产业企业进园入区、集聚发展。对引进、落户园区的产业项目，要全面推行“一条龙、保姆式”服务，提高项目引进的成功率、投建率，确保8月底前县生态科技城有9个新动工项目建设。[经济开发区、城东镇、梅陇镇、公平镇、可塘镇，县发改局、县经促局、县财政局、县住建局、县国土局、县环保局、县海业基础设施建设投资有限公司等部门负责落实]

2.要加快中心城区扩容提质。以海丰华耀城和碧桂园二期的征地建设为核心，推动县城南部新城和北部新区形成规模、迅速崛起；全力加快市民中心、莲花大道建设，全面启动、推进南门湖整治、海丽大道改造、海紫公路县城段改造、四环路规划建设、彭湃医院新院区等县城重大市政、民生工程，不断完善城市功能，提升城市档次和品位。[县有关乡镇，县发改局、县财政局、县水务局、县交通局、县公路局、县住建局、县公用事业局、县卫计局等部门负责落实]

3.要加快交通基础设施建设。要抓紧上马县城至梅陇、至可塘段改建工程，加快推进珠东快速海丰支线和兴汕高速海丰段、广汕铁路客运专线的征地、建设，进一步完善振兴发展区域性交通网络，促进县城与汕尾城区的同城化进程。[县有关乡镇，县发改局、县交通局、县公路局、县国土局等部门负责落实]

（二）积极培育壮大主导产业，坚定不移推进实体经济发展。要按照省党代会“大力振兴实体经济”的要求，立足做大做强主导产业，全力发展壮大县域实体经济。

1.要进一步扶持、发展传统特色产业。要加快研究出台加快传统产业转型升级政策措施，建立产业帮扶补偿基金，实施中小微企业贷款风险补偿机制，支持公平服装、可塘珠宝、梅陇金银首饰和城东毛织等传统产业及企业加快技术革新、工艺改造、装备换代，使其增强创新动力、加快提质增效；要继续深入开展“暖企行动”，安排专项资金，支持我县服装、珠宝、金银首饰等行业协会加强跟先进地区的学习、交流和合作等，扶持促进特色支柱产业企业提高核心竞争力。要加大对特色产业的技改扶持和投入，突出转型升级主体培育，重点扶持、壮大一批龙头企业，引导走品牌化、高端化、规模化可持续发展道路，支持“专精特新”型中小微企业发展，推动中小企业“个转企”“小升规”，确保全年新增“四上企业”27家以上。[城东镇、梅陇镇、公平镇、可塘镇，县发改局、县财政局、县经促局、县统计局、县市场和质量监督局、县科技局等部门负责落实]

2.要坚定不移、千方百计引大项目、上大项目。进一步加快“一城三园”建设、完善园区配套设施，研究制定适应新形势的招商引资政策，联合深圳市龙岗区，积极主动迎接珠三角新一波产业共建、梯度转移浪潮，努力引进一批新的优质企业、大型项目落户海丰，确保完成年初既定的“今年内引进10个以上优质大型企业落户建设”的任务目标。[经济开发区、城东镇、梅陇镇、公平镇、可塘镇，县发改局、县经促局、县海业基础设施建设投资有限公司等部门负责落实]

3.要加快发展现代农业、商贸、旅游等产业。要围绕发展具有海丰特色的现代生态农业的目标，扶持、加快海亮、海纳、协兴、合利等现代农业基地扩大规模、提升水平，并示范带动广大农户，促进全县农业增效、农民增收、农村经济可持续发展。要全力以赴加快华耀城项目征地、供地、立项、报批等各项工作，确保下半年首期项目上马建设、完成二期30万平方米土地的征用供地，同步推进赤坑（全球）生态食品交易中心征地建设，继续培育、引进物流龙头企业，加快在全县形成大贸易、大市场、大流通的商贸发展格局。要进一步按照“红蓝绿古金”旅游发展格局，尽快规划、设计、推出红色经典、山海休闲、绿色生态、产业购物等独具海丰特色的旅游线路；全力推进莲花山省级新农村示范片建设，开辟乡村旅游新线路，积极发展农家乐、乡村游；加快重大旅游配套设施建设，抓好红宫红场及彭湃故居4A级旅游景区申报工作；要力促广州好迪集团计划投资12亿元的国际五星级标准酒店尽快落地投建，促进旅游产业提档升级，使其成为支撑经济发展的朝阳产业。[各镇（场），县农业局、县经促局、县国土局、县住建局、县文广新局等部门负责落实]

（三）以“创文”、“创卫”为抓手、治安整治为重点，营造良好发展环境。要按照省党代会《报告》中关于“建设人民安居乐业、社会安定有序的平安广东”和“重塑营商环境新优势”等工作部署，春华书记对汕尾提出的“以文明创建为抓手，塑造良好社会环境和对外形象”的指示要求，以及市党代会提出的打造“四大环境”部署，着力营造海丰治安、营商和城乡良好发展环境。

1.要坚决守住维稳底线，大力整治社会环境。持续推进“平安海丰”、“法治海丰”建设，加快构建社会治安立体化防控体系，以社会治安重点整治和禁毒斗争攻坚战为抓手，深入开展禁毒缉枪、涉赌涉黄、“两抢一盗”等“六大专项”整治行动，进一步大造整治浓烈声势、掀起打击整治热潮，力促治安整治、禁毒斗争持续取得实效，确保实现“至今年底前，摘掉全市社会治安重点整治地区‘帽子’，毒品犯罪蔓延势头得到根本遏制，社会大局平安稳定，人民满意度明显提高”的工作目标。要严格落实“属地管理、分级负责”和“谁主管、谁负责”工作责任，加大矛盾纠纷排查调处和信访问题、不稳定因素化解力度，确保在今年党的十九大特别防护期期间“四个不发生”。[各镇（场），县委政法委、县检察院、县法院、县公安局、县司法局、县信访局等部门负责落实]

2.要加大政务整治力度，塑造良好营商环境。深入持续开展政务整治、正风肃纪集中行动，大力整顿行政执法、经济管理部门的“为官不为”和违纪违规行为；充分发挥海丰县政务服务管理中心作用，完善“一门式、一网式”政务服务模式，提升行政服务效能；推进“暖企”行动常态化，全面落实减轻企业负担的各项政策规定，切实规范、监督、维护好市场营商秩序。[县纪委监察部门、县政府办、县经促局、县政务服务管理中心、县市场和质量监督局等部门负责落实]

3.要全面推进“创文”、“创卫”工作，营造城乡文明环境。要进一步提高对“双创”工作重要性、紧迫性的认识，对照省、市测评标准，全面开展查漏补缺、自纠自查，找准问题、攻克短板，持续发力冲刺，加快推进各项创建工作进度，确保我县圆满顺利通过7月份和8月份省“创卫”“创文”考核评估，决不影响明年全市创建省文明城市工作大局。[各镇（场），县委宣传部、县创文办、县创卫办、县公用事业局及县直各相关单位负责落实]

（四）致力推进民生攻坚，补齐全面小康民生“短板”。要按照省党代会《报告》关于“高质量全面建成小康社会，共建共享美好生活”的部署，落实好发展好维护好各项民生保障，进一步补齐民生事业发展短板，为确保如期全面建成小康社会打牢民生基础。

1.要全力推进民生攻坚。要持续加大对教育的投入，确保今年实现教育强镇全覆盖，巩固“创强”、“创均”成果，全力推进创建“教育现代化先进县”工作。要加快乡镇卫生院标准化建设和提升社区医疗妇幼健康服务能力，推进彭湃医院新院区和县疾控中心、县妇幼保健院、中医院新建改建扩建工程，鼓励、扶持、发展民办医疗服务，为在2018年基本建成卫生强县打牢基础。要推进农村生态环境综合治理，加大农村生产、生活基础设施和村容村貌建设，加快实现村庄规划科学化、环境卫生整洁化、基础设施城镇化、公共服务一体化、乡村管理规范化“五化”目标。要着力做好产业扶贫和就业脱贫，确保完成今年1.3万名贫困人口的脱贫任务；要加快全县1.488亿元扶贫资金的下拨使用进度，严格按照省、市相关政策规定，抓紧制定下达使用方案，确保扶贫资金安全使用、规范运作、尽快发挥效益；要全面推进贫困村新农村示范村建设，着力加快10条先行试点村的建设，以点带面、示范带动其他贫困村的创建工作及自然村的综合整治，确保42条贫困村分期分步建成新农村示范村，实现“后队”变“前队”。[各镇（场），县教育局、县卫计局、县农业局、县财政局、县住建局、县水务局、县环保局、县扶贫办等部门负责落实]

2.要全力推进农村综合改革。突出抓好农村集体土地承包经营权确权登记颁证工作，把土地确权工作情况纳入镇（场）党委书记抓基层党建工作述职的内容，紧紧围绕县《确权登记颁证推进方案》的时间任务节点，倒排推进计划，制定倒逼机制，加大宣传发动力度，充分激发广大干部群众的积极性、主动性，加快推进全县面上确权工作，坚决完成今年80%确权工作任务。[各镇（场），县农业局等部门负责落实]

3.要积极向上争取政策资金。要紧紧抓住中央和省加大海陆丰革命老区扶持力度的重大机遇，深入研究解读中央《指导意见》和省《实施意见》，列出可以争取的政策、项目清单，逐一落实专人跟进。要积极加强与省直部门的联系、沟通、对接，争取省直各部门对老区实际困难的理解，对我县基础建设、民生事业的支持，力促更多的政策、项目、资金落户海丰。[县政府办、县扶贫办、县直各相关单位负责落实]

（五）坚持全面从严治党，打造风清气正、干事创业的良好政治生态。要坚决落实省党代会报告提出的“切实负担起管党治党政治责任，把思想、政治建设摆在首要位置，着力解决好干部队伍、基层组织和党风廉政建设存在的突出问题，把党建设得更加坚强有力”的要求，深入学习贯彻习近平总书记系列重要讲话精神和治国理政新理念新思想新战略，结合推进“两学一做”学习教育制度化常态化，不断增强“四个意识”，坚决维护以习近平同志为核心的党中央权威。

1.要紧紧抓住各级领导干部这个关键少数，从县四套班子领导成员自身做起，落实一线工作法，带头深入基层一线，现时现地现场解决问题，用心倾情做好各项工作，做到一级做给一级看，一级带着一级干，切实发挥示范带动作用。[县委组织部等部门负责落实]

2.要严格按照市委“打造钢的班子、铁的队伍”的要求，一手坚持正确的用人导向，让愿干事、能干事、干成事的党员干部有用武之地，让不务实、不干事、不作为的懒官、庸官、太平官没有市场，一手加大吏治整肃力度，着力治理“中梗阻”“慵懒散奢”“为官不为、为官乱为”等问题。[县委组织部、县纪委等部门负责落实]

3.要持续整顿软弱涣散村（社区）党组织，组织开展村（社区）“两委”干部的法纪培训，切实提升村级“两委”干部依法办事、干净干事、推进发展、维护稳定的能力和水平。[县委组织部、县委党校等部门负责落实]

4.要始终把党的纪律和规矩挺在前面，全面落实党风廉政建设“两个责任”和“一案双查”，坚持无禁区、全覆盖、零容忍，严肃查处腐败分子，着力营造风清气正、干事创业的良好政治氛围。[县纪委监察部门、县检察院等部门负责落实]

四、加强对学习宣传贯彻工作的组织领导

（一）精心组织抓好部署。各级党组织要切实加强组织领导，把学习宣传贯彻省第十二次党代会精神与贯彻落实习近平总书记对广东工作的重要批示精神结合起来，与全县推进“两学一做”学习教育常态化制度化结合起来，与推进我县经济社会发展各项工作结合起来，认真研究部署，迅速掀起学习宣传贯彻省党代会精神热潮。要认真制定学习计划，依托“七一”纪念活动、开展“三会一课”等活动载体，集中一段时间，深入学习贯彻省党代会精神，推动省党代会精神落实到每个支部、每名党员，把省党代会精神传达到全体党员和干部群众中。要组织好学习研讨活动，坚持集中学习与个人自学、通读文件与专题研讨相结合，采取领导干部会、党委（党组）理论学习中心组学习会、党内民主生活会、举办报告会等多种形式开展学习。[县委组织部牵头，各镇（场、开发区）、县直各单位参加]

（二）以上率下落实责任。各级党组织和领导干部特别是“一把手”要以上率下，将学习重要批示精神列为当前和今后一个阶段理论学习中心组学习的一项重要内容，带头认真研读、原原本本学习省党代会报告，带头撰写体会文章，做到先学一步、学深一层，切实发挥示范引领作用。县委党校要把学习省第十二次党代会精神列为党校主体班次的重要内容，办好党员干部专题学习班，分期分批开展集中轮训。抓好基层党员干部学习培训，将省党代会精神列为村级“两委”干部轮训的重要内容，切实保证学习效果。［县委组织部牵头，各镇（场、开发区）、县直各单位参加］

（三）抓好中心组专题学习。各级党委（党组）理论学习中心组要把学习宣传贯彻省第十二次党代会精神作为当前和今后一个时期的重点学习内容，从6月底开始，集中2个月的时间，开展“学习贯彻省党代会精神，喜迎党的十九大胜利召开”专题学习活动。各镇（场、开发区）党委理论学习中心组要以中心组（扩大）学习会的形式组织好专题学习，结合本地区实际制定学习计划，通过个人自学、集中学习、专题研讨（讲座）、专题调研等多种形式开展学习，不断把学习活动引向深入。各级党委（党组）中心组要组织传达学习《中共广东省委关于认真学习宣传贯彻省第十二次党代会精神的通知》，组织党员干部围绕“全面对标贯彻省党代会精神，用结果说话，以成败论英雄，当好推动汕尾加快振兴发展的排头兵”认真开展学习讨论，用省党代会精神统一思想认识，大力激发广大党员群众的创业热情，增强全县党员干部推动海丰加快振兴发展的责任感和使命担当。[县委宣传部牵头，各镇（场、开发区）、县直各单位参加]

（四）广泛动员抓好宣传。宣传部门要牵头组织学习宣传工作，全方位、多角度开展好学习宣传活动。要组织县电视台、海丰报、政府网站开辟学习贯彻省第十二次党代会精神专栏，组织党员干部撰写一批阐释解读和学习体会文章，图文并茂开展宣传，形成规模、形成声势。邀请省、市有关专家学者和社科理论专家来我县开展宣讲活动，深入阐释省第十二次党代会精神的深刻内涵。要多渠道、多形式加强理论阐释，组织宣讲队伍赴机关、学校、企业、农村、社区开展面对面宣讲解读，针对干部群众学习贯彻过程中提出的重点热点问题进行解读、辅导。县总工会、共青团、妇联等人民团体要发挥自身优势，开展各具特色的学习宣传贯彻活动，在全社会形成学习、宣传、贯彻的浓厚氛围，使省第十二次党代会精神家喻户晓、深入人心。[县委宣传部牵头，县文广新局、县总工会、团县委、县妇联、县有关媒体单位参加］

（五）加大督导督查力度。要加大对各地各部门学习宣传贯彻省党代会精神工作的监督指导，列入重点督查事项，加强跟踪督办。对领导不重视、学习贯彻落实不力的地区和单位，要约谈其主要负责同志，责令限期整改，确保省党代会精神和县委各项工作部署得到不折不扣的贯彻落实。各地各部门要及时向县委报告学习宣传贯彻落实情况。[县纪委、县委办、县政府办等部门负责落实]

中共海丰县委关于县委常委分工调整的通知

海委〔2017〕37号

各镇（场、经济开发区）党委，县直（含驻海）各单位：

鉴于个别县委领导同志工作变动，现就县委常委分工调整通知如下：

邱晋雄同志主持县委全面工作。

郑俊雄同志主持县政府全面工作。

林建隆同志协助邱晋雄同志负责县委日常工作，兼任县委政法委书记，联系县人大、县政协工作，分管党群、维稳、政法、打私、信访、社会建设。

卓凛波同志协助郑俊雄同志负责县政府日常工作，负责县政府分工工作。

余德聪同志兼任县委宣传部部长，分管宣传、文化、意识形态、创文、精神文明、工会、共青团、妇联工作。

李绪同志兼任县纪委书记，分管纪检监察、巡察、党风廉政建设和反腐败工作。

叶胜勇同志兼任县委办公室主任，分管机要、保密、党史工作。

林建新同志兼任中共附城镇委书记，负责附城镇全面工作。

黄岱芬同志兼任县委统战部部长，分管统战、对台、民族宗教、侨联、工商联工作。

吴城池同志兼任县委组织部部长、县委党校校长，分管党建、组织、农村、农办、计划生育、老干部局和县直工委工作。

余振光同志参与政府分工。

王少平同志分管对口全面帮扶工作。

县委常委按分工，分别负责相应机构和领导小组的有关工作。

中共海丰县委

2017年11月1日

中共海丰县委关于认真学习宣传贯彻党的十九大精神的通知

海委〔2017〕38号

各镇（场、经济开发区）党委，县委各部委办，县直（含驻海）各单位党组（党委），县各人民团体党组：

为深入学习宣传贯彻党的十九大精神，根据中央和省委、市委关于认真学习宣传贯彻党的十九大精神的部署要求，结合我县实际，现就学习宣传贯彻有关事项通知如下。

一、充分认识学习宣传贯彻党的十九大精神的重大意义

党的十九大是在我国全面建成小康社会决胜阶段、中国特色社会主义进入新时代的关键时期召开的一次十分重要的大会，是一次不忘初心、牢记使命、高举旗帜、团结奋进的大会，对凝聚党心军心民心、推动党和国家事业发展具有十分重大的意义。大会高举中国特色社会主义伟大旗帜，以马克思列宁主义、毛泽东思想、邓小平理论、“三个代表”重要思想、科学发展观、习近平新时代中国特色社会主义思想为指导，分析了国际国内形势发展变化，回顾和总结了过去五年的工作和历史性变革，作出了中国特色社会主义进入新时代、我国社会主要矛盾已经转化为人民日益增长的美好生活需要和不平衡不充分的发展之间的矛盾等重大政治论断，深刻阐述了新时代中国共产党的历史使命，确立了习近平新时代中国特色社会主义思想的历史地位，提出了新时代坚持和发展中国特色社会主义的基本方略，确定了决胜全面建成小康社会、开启全面建设社会主义现代化国家新征程的目标，对新时代推进中国特色社会主义伟大事业和党的建设新的伟大工程作出了全面部署。习近平同志代表十八届中央委员会作的报告，描绘了决胜全面建成小康社会、夺取新时代中国特色社会主义伟大胜利的宏伟蓝图，进一步指明了党和国家事业的前进方向，是全党全国各族人民智慧的结晶，是我们党团结带领全国各族人民在新时代坚持和发展中国特色社会主义的政治宣言和行动纲领，是马克思主义的纲领性文献。大会通过关于十八届中央纪律检查委员会工作报告的决议，充分肯定了十八届中央纪律检查委员会的工作。大会通过的《中国共产党章程（修正案）》，体现了党的十八大以来党的理论创新、实践创新、制度创新取得的成果，体现了党的十九大报告确立的重大理论观点和重大战略思想，反映了这些年来党的建设的成功经验，对加强党的全面领导、推进全面从严治党提出了明确要求。

党的十九届一中全会选举产生了以习近平同志为核心的新一届中央领导集体，实现了党的中央领导集体又一次新老交替。选举结果体现了全党的意志，反映了全国各族人民的心愿。新一届中央领导集体一定能够团结带领全党全国各族人民，决胜全面建成小康社会，夺取新时代中国特色社会主义伟大胜利。

党的十九大精神为海丰未来发展指明了方向。我们要坚持以习近平新时代中国特色社会主义思想为指导，在以习近平同志为核心的党中央坚强领导下，全面贯彻落实党的十九大精神，按照“四个坚持、三个支撑、两个走在前列”要求，以及市第七次党代会提出的“三三四四”、县第十一次党代会提出的“三三五”发展战略部署，扎实做好新时代我县改革发展稳定各项工作，为决胜全面建成小康社会、夺取新时代中国特色社会主义伟大胜利、实现中华民族伟大复兴的中国梦、实现人民对美好生活的向往继续奋斗。

二、全面准确学习领会党的十九大精神

学习宣传贯彻党的十九大精神，首先要认真研读党的十九大文件，原原本本学习党的十九大报告和党章，学习习近平同志在党的十九届一中全会上的重要讲话精神。要着重把握以下几个方面。

（一）深刻学习领会党的十九大的主题。党的十九大的主题是：不忘初心，牢记使命，高举中国特色社会主义伟大旗帜，决胜全面建成小康社会，夺取新时代中国特色社会主义伟大胜利，为实现中华民族伟大复兴的中国梦不懈奋斗。中国共产党人的初心和使命，就是为中国人民谋幸福，为中华民族谋复兴。这个初心和使命是激励中国共产党人不断前进的根本动力。实现中华民族伟大复兴是近代以来中华民族最伟大的梦想，是我们党向人民、向历史作出的庄严承诺。这一主题鲜明回答了我们党举什么旗、走什么路、以什么样的精神状态、担负什么样的历史使命、实现什么样的奋斗目标的重大问题。这一主题实现了党的奋斗目标与国家民族前途命运的高度统一，党的事业与人民福祉的紧密相连，充分体现了我们党带领全国人民进行伟大斗争、建设伟大工程、推进伟大事业、实现伟大梦想的使命担当和坚强决心，必将激励全体中华儿女不断奋

进，凝聚起同心共筑中国梦的磅礴力量。

（二）深刻学习领会党的十八大以来党和国家事业取得的历史性成就发生的历史性变革。党的十八大以来的五年，是党和国家发展进程中极不平凡的五年，改革开放和社会主义现代化建设取得了历史性成就。五年来，以习近平同志为核心的党中央以巨大的政治勇气和强烈的责任担当，提出一系列新理念新思想新战略，出台一系列重大方针政策，推出一系列重大举措，推进一系列重大工作，解决了许多长期想解决而没有解决的难题，办成了许多过去想办而没有办成的大事，推动党和国家事业发生历史性变革。五年来的成就是全方位的、开创性的，五年来的变革是深层次的、根本性的。这些成就的取得，最根本在于有习近平同志为核心的党中央的坚强领导，在于习近平新时代中国特色社会主义思想的正确指导，充分彰显了中国共产党领导和中国特色社会主义的独特优势和强大生命力。

（三）深刻学习领会中国特色社会主义进入新时代的新论断。中国特色社会主义进入新时代，这是我国发展新的历史方位。作出这个重大政治论断，是一项关系全局的战略考量，为我们决胜全面建成小康社会，进而全面建设社会主义现代化强国，实现中华民族伟大复兴的中国梦提供了时代基点，具有划时代的重大意义。要按照新时代的要求，调整完善发展观念、目标任务、战略举措，推进和落实各项工作，把新时代中国特色社会主义推向前进。

（四）深刻学习领会我国社会主要矛盾发生变化的新特点。我国社会主义主要矛盾已经转化为人民日益增长的美好生活需要和不平衡不充分的发展之间的矛盾。从“物质文化需要”到“美好生活需要”，从解决“落后的社会生产”问题到解决“不平衡不充分的发展”问题，这是关系全局的历史性变化，反映了我国发展的阶段性特征，反映了我们党在新的历史条件下治国理政的重点，对党和国家工作提出了许多新要求。要深入贯彻新发展理念，在继续推动发展的基础上，着力解决好发展不平衡不充分问题，大力提升发展质量和效益，更好满足人民在经济、政治、文化、社会、生态等方面日益增长的需要，更好推动人的全面发展、社会全面进步、全体人民共同富裕。

（五）深刻学习领会习近平新时代中国特色社会主义思想的精神实质和丰富内涵。在党章中把习近平新时代中国特色社会主义思想同马克思列宁主义、毛泽东思想、邓小平理论、“三个代表”重要思想、科学发展观一道确立为党的行动指南，是党的十九大最大的理论贡献。十九大报告用“八个明确”对习近平新时代中国特色社会主义思想进行系统阐释，用“十四个坚持”对新时代坚持和发展中国特色社会主义的基本方略进行系统概括。习近平新时代中国特色社会主义思想，从理论和实践结合上，系统回答了新时代坚持和发展什么样的中国特色社会主义、怎样坚持和发展中国特色社会主义这个重大时代课题，是对马克思列宁主义、毛泽东思想、邓小平理论、“三个代表”重要思想、科学发展观的继承和发展，是马克思主义中国化最新成果，是党和人民实践经验和集体智慧的结晶，是中国特色社会主义理论体系的重要组成部分，是全党全国人民为实现中华民族伟大复兴而奋斗的行动指南，必须长期坚持并不断发展。

（六）深刻学习领会分两步走全面建设社会主义现代化国家的新目标。从党的十九大到二十大，是“两个一百年”奋斗目标历史交汇期。从现在到2020年，是全面建成小康社会决胜期。2020年全面建成小康社会后，我们将进入全面建设社会主义现代化国家、实现第二个百年奋斗目标的时期。十九大报告把全面建设社会主义现代化国家的进程分两个阶段来安排，即到2035年基本实现社会主义现代化，到21世纪中叶把我国建成富强民主文明和谐美丽的社会主义现代化强国。“两个十五年”的战略安排，是习近平总书记对全面建设社会主义现代化国家的总体设计。我们要紧密结合这个战略安排推动各项工作，保持连续性和前瞻性，一步接一步，连续不断朝着确定的目标前进。

（七）深刻学习领会新时代党的建设总要求。大会吸收习近平总书记全面从严治党思想和党的建设实践创新成果，提出了新时代党的建设总要求：坚持和加强党的全面领导，坚持党要管党、全面从严治党，以加强党的长期执政能力建设、先进性和纯洁性建设为主线，以党的政治建设为统领，以坚定理想信念宗旨为根基，以调动全党积极性、主动性、创造性为着力点，全面推进党的政治建设、思想建设、组织建设、作风建设、纪律建设，把制度建设贯穿其中，深入推进反腐败斗争，不断提高党的建设质量，把党建设成为始终走在时代前列、人民衷心拥护、勇于自我革命、经得起各种风浪考验、朝气蓬勃的马克思主义执政党。全面从严治党永远在路上。要持之以恒、善作善成，把管党治党的螺丝钉拧得更紧，把全面从严治党的思路举措搞得更加科学、更加严密、更加有效，推动全面从严治党不断向纵深发展。要坚持用习近平新时代中国特色社会主义思想武装头脑，坚决维护以习近平同志为核心的党中央权威，坚决服从党中央集中统一领导，把“四个意识”落实到岗位上、落实到行动上，不折不扣执行党中央决策部署，始终在思想上政治上行动上同以习近平同志为核心的党中央保持高度一致。

三、切实抓好党的十九大精神的学习宣传

各地各部门要把学习宣传党的十九大精神作为当前和今后一个时期的首要政治任务，与学习贯彻习近平总书记对广东工作的重要批示精神结合起来，认真做好学习培训和宣传教育各项工作，迅速掀起学习宣传党的十九大精神的热潮。

（一）认真抓好学习培训。推进“两学一做”学习教育常态化制度化，开展“不忘初心、牢记使命”主题教育，用习近平新时代中国特色社会主义思想武装头脑。各地各部门领导班子和领导干部要带好头，采取党委（党组）学习会、专题组织生活等方式认真学习，列出专题进行研讨，切实发挥示范引领作用。要组织镇（场、开发区）党政正职参加全市科级以上领导干部专题学习班。要以专题研讨和集中培训为主要形式，分期分批对全县股级以上党员干部和基层党组织书记进行轮训。基层党组织要采取多种形式，组织好偏远地区农村党员、离退休人员、失业人员和流动人口中党员的学习，使学习教育实现全覆盖。工会、共青团、妇联等人民团体要针对不同群众的特点，举办各具特色的学习教育活动。

（二）集中开展宣讲教育。要配合做好省委、市委宣讲团到我县的宣讲活动，使广大党员干部准确领会党的十九大精神，准确领会党的十九大确立的重大理论观点、重大方针政策、重大工作部署。要组织宣讲队伍深入各地各部门和基层单位广泛宣讲，采取群众喜闻乐见的形式，推动党的十九大精神进企业、进农村、进机关、进校园、进社区、进军营。要坚持贴近实际、贴近生活、贴近群众，注重用群众语言解读党的十九大精神，做到既全面准确又深入浅出，既严肃认真又生动鲜活，让干部群众听得懂、能领会、可落实。

（三）精心组织新闻宣传。要充分发挥海丰报、县广播电视台等新闻媒体的作用，精心策划、集中报道，围绕党的十九大精神开展多角度、全方位、立体化、多频次的深度宣传。要深入解读党的十九大提出的新判断、新目标、新要求、新部署，推出一批有分量有深度的理论文章，帮助干部群众加深对党的十九大精神的理解。要注重宣传各地各部门学习贯彻的具体举措和实际行动，注重反映基层干部群众学习贯彻的典型事迹和良好风貌。

（四）积极开展网络宣传。要充分运用微博、微信、移动客户端等新媒体平台和重点新闻网站，集纳转载、推送主流新闻媒体的重点稿件，进行具有网络特点的宣传报道，努力增强学习宣传贯彻党的十九大精神的影响力和实效性。要认真组织开展网上交流，积极引导网上舆论，有效回应网民关切，调动网民参与积极性，牢牢把握网上舆论主导权和话语权。

四、围绕贯彻党的十九大精神深入开展调查研究

要把学习贯彻党的十九大精神与落实习近平总书记对广东工作的重要批示精神和省第十二次党代会、市第七次党代会、县第十一次党代会提出的各项任务有机结合起来，紧密联系海丰改革发展稳定大局，紧密联系本地本部门工作实际，紧密联系群众普遍关心的热点、难点问题，认真组织开展调查研究活动，深入分析本地本部门面临的新形势新任务，积极探索实现振兴发展的新思路、新举措，下大力气研究解决事关海丰长远发展的前瞻性、战略性问题，下大力气研究解决制约我县改革发展的体制机制障碍，全力推动海丰新一轮大发展。

（一）坚持以上率下。要加强对全县学习宣传贯彻工作的统筹协调，县党政领导成员及县人大主任、政协主席要结合分管联系工作，选择1个以上课题开展调查研究，指导联系挂驻镇（场、开发区）和县直机关单位党委（党组）的学习宣传贯彻工作。各地各部门主要负责同志要结合本地本部门的中心工作，选择1个以上课题开展调查研究，指导所辖有关单位的学习宣传贯彻工作。充分发挥县党校、电大、工商联等组织和智库作用，重点围绕新时代海丰发展的重大问题开展调查研究，提出意见建议，提供决策参考。各级领导干部要以身作则，形成层层立标杆、一级带一级的示范作用，在全县范围内形成学习贯彻十九大精神，深入调查研究的浓厚氛围。

（二）坚持问题导向。人民日益增长的美好生活需要和不平衡不充分的发展之间的矛盾，对各地各部门的工作提出了许多新的要求。各地各部门要深入调查研究分析各项工作与新要求之间的差距和不足，尤其要围绕党的十九大报告和省第十二次党代会报告、市第七次党代会报告、县第十一次党代会报告中指出的存在问题和不足开展调查研究，存在什么问题就调研什么问题，什么问题紧迫就调研什么问题，什么问题突出就调研什么问题。

（三）坚持以人民为中心。要坚持实事求是、认真负责的态度，发扬一丝不苟、艰苦细致的作风，恪守从群众中来到群众中去的工作路线，深入基层、深入群众、深入现场，倾听群众呼声，体察群众生活，感受群众疾苦，汇聚群众智慧，尤其对群众最盼、最急、最忧的问题要主动调研。广泛发动社会各界建言献策，以适当方式听取和吸收党代表、人大代表、政协委员、各民主党派、工商联、无党派人士、专家学者及其他社会各界的意见建议，确保调研决策更加民主、更加科学。

五、以学习宣传贯彻党的十九大精神为新的动力，加快发展、补齐短板，确保如期全面建成小康社会、开启建设社会主义现代化新征程

各级党组织和广大党员干部要以习近平新时代中国特色社会主义思想统一思想和行动，增强学习贯彻的自觉性和坚定性，准确把握新时代经济建设、政治建设、文化建设、社会建设、生态文明建设和党的建设等方面的重大部署，把习近平新时代中国特色社会主义思想贯彻到社会主义现代化建设全过程、体现到党的建设各方面，努力补齐发展短板、加快发展步伐。当前，要突出抓好以下重点工作。

（一）推动经济振兴发展。贯彻落实新发展理念，坚定不移把供给侧结构性改革作为经济工作的主线，着力发展实体经济，做大经济总量。大力实施产业共建核心战略，与珠三角地区建立更加紧密的产业分工协助联系，着力加强与深圳市龙岗区的联合招商、产业共建，主动融入全省一体化发展新格局。扭住“三大抓手”，加快“一城三园”开发建设，加大重大项目引进落户力度，推动园区扩能增效；加快推进兴汕高速公路、广汕铁路客专等海丰路段，以及珠东快速干线海丰支线等交通项目建设，进一步发挥海丰在珠三角与粤东地区的区位交通枢纽作用，加速融入深莞惠“3+2”经济圈；以海丰华耀城和碧桂园二期为核心，加快县城南部新城和北部新区的建设，推进梅陇、可塘、公平三个中心镇的规划建设，打造“1+3大海城”现代中等城市发展格局。

（二）发展社会主义民主政治。健全人民当家做主制度体系，构建决策科学、执行坚决、监督有力的权力运行机制。支持和保证人大及其常委会依法行使职权，增设县人大法制专门委员会及财政经济专门委员会，加强县乡人大工作和建设，充分发挥其在立法工作中的主导作用。推动协商民主广泛、多层、制度化发展，推进政治协商、民主监督、参政议政制度化、规范化、程序化。坚持党对全面依法治县的领导，深化司法体制综合配套改革，支持司法机关依法独立公正行使职权，推动全民尊法学法守法用法。深化机构和行政体制改革，转变政府职能，推进简政放权，深化事业单位改革。完善大统战工作格局，全面落实党的民族和宗教政策，促进非公有制经济健康发展和非公有制经济人士健康成长。推进工会、共青团、妇联等群团改革，增强政治性、先进性、群众性。

（三）推动社会主义文化繁荣兴盛。加强宣传思想和意识形态工作，强化意识形态阵地管理，依法加强网络空间治理，用新媒体思路办好新型主流媒体。以“创文”为总抓手，培育和践行社会主义核心价值观，广泛开展群众性精神文明创建活动。大力弘扬优秀传统文化、本地特色文化、革命红色文化，加强文化遗产保护及合理利用。加快基层公共文化设施建设，开展“互联网+公共文化服务”行动，构建现代公共文化服务体系。实施文化精品创作工程，促进对外文化交流合作，推动优秀文化走出去，宣传好海丰，推介好海丰，擦亮海丰城市文化名片。

（四）提高保障和改善民生水平。持续提高城乡居民收入，完善就业创业服务体系。进一步深化医疗卫生体制改革，加快推进彭湃纪念医院新院区、县妇幼保健院、县中医院、梅陇中心卫生院的新改扩建工程，大力鼓励和扶持民办医疗服务，全面完成乡镇卫生院标准化建设和提升社区医疗健康服务能力。持续加大教育投入，实现教育“强镇”全覆盖，加快创建“教育现代化先进县”进程。坚持“房子是用来住的，不是用来炒的”，促进房地产市场平稳健康发展。提高社会保障水平，全面建成覆盖全民、城乡统筹、权责清晰、保障适度、可持续多层次社会保障体系。实施乡村振兴战略，构建现代农业产业体系、生产体系、经营体系，促进农村一二三产业融合发展。加快新农村建设，力争2018年底前42个省定贫困村“后队”变“前队”，创建成为新农村示范村；全力推进脱贫攻坚，确保32526贫困人口不漏一人，全部如期脱贫。加强和创新社会治理，持续深入排查化解社会矛盾，推进社会治安防控体系建设，保持打击暴恐和违法犯罪高压态势，突出整治涉毒涉枪、涉黑恶、涉“两抢一盗”问题，打造共建共治共享的社会治理格局，建设平安海丰，使人民获得感、幸福感、安全感更加充实、更有保障、更可持续。

（五）加快生态文明体制改革。充分利用省规划建设美丽海湾和贯通东西两翼的滨海旅游公路契机，构建海丰绿色发展空间格局。坚决打好水、大气、土壤污染防治“三大战役”，突出抓好水污染治理，重点整治严重污染河流，消除城乡黑臭水体，推进公平水库水资源保护工程、龙津河综合整治工程、南门湖环境整治工程，加强城市空气质量监测管理，实行土壤环境分级分类管控。加快建成覆盖城乡的环保基础设施，推动工业绿色化发展，倡导绿色生活方式。

（六）坚定不移全面从严治党。落实新时代党的建设总要求，不断提高党的建设质量。把政治建设摆在首位，旗帜鲜明讲政治，用习近平新时代中国特色社会主义思想武装头脑，牢固树立“四个意识”，坚定“四个自信”，坚决维护党中央权威和集中统一领导，始终在思想上政治上行动上同以习近平同志为核心的党中央保持高度一致。打造忠诚干净担当的高素质干部队伍，增强学习本领、政治领导本领、改革创新本领、科学发展本领、依法行政本领、群众工作本领、狠抓落实本领、驾驭风险本领。加强基层组织建设，把基层党建与基层治理结合起来，着力解决一些基层党组织弱化、虚化、边缘化问题。坚定不移正风反腐，深入贯彻中央八项规定精神，运用“四种形态”强化监督执纪问责，推进县巡察全覆盖，始终保持反腐败高压态势，努力夺取反腐败斗争压倒性胜利。按照中央和省、市委统一部署，扎实开展监察体制改革，组建县监察委员会。

六、加强对学习宣传贯彻工作的组织领导

（一）切实负起领导责任。各级党组织要按照中央和省委、市委、县委的部署要求，把学习宣传贯彻工作摆在首要位置，切实加强组织领导，作出专题安排，加大指导、督促、检查力度，确保学习宣传贯彻工作落到实处、取得实效。各级组织、宣传部门和其他有关部门，要在党委统一领导下，密切配合。组织部门要把学习宣传贯彻党的十九大精神与干部教育培训工作、加强领导班子建设和基层党组织建设结合起来。宣传部门要扎实做好党的十九大精神宣传工作。纪检机关要把党的十九大报告对正风肃纪的要求作为党风党纪教育的重要内容。

（二）牢牢把握正确导向。坚持唱响主旋律、汇聚正能量，着力用党的十九大精神统一思想、凝聚力量。积极引导社会舆论，加强对敏感问题和热点问题的解疑释惑，营造出整体推进、密集报道的宣传声势，最大限度凝聚社会共识。落实意识形态工作责任制，加强阵地建设和管理，注意区分政治原则问题、思想认识问题、学术观点问题，旗帜鲜明反对和抵制各种错误观点，绝不给错误思想言论提供传播渠道。

（三）不断创新方式方法。要创新宣传方式，探索学习方法，在拓展广度深度上下功夫，通过编发学习材料、面对面宣讲、集中研讨等形式广泛开展理论学习，组织征文比赛、知识竞赛、文艺演出等干部群众乐于参与、便于参与的活动深化理解认同，使学习宣传贯彻工作更接地气、富有成效。

各地各部门要及时将学习宣传贯彻党的十九大精神的情况报告县委。

中共海丰县委

2017年11月8日

关于调整海丰县地方志编纂委员会成员的通知

海委办〔2017〕46号

各镇（场、经济开发区）党委、人民政府，县直各单位：

鉴于我县地方志编纂委员会部分成员工作变动，为切实加强对全县修志工作的领导，县委、县政府决定调整充实我县地方志编纂委员会成员。调整后名单如下：

主　任：郑俊雄（县政府）

副主任：卓凛波（县政府）

叶胜勇（县委）

林其波（县政府办公室）

蔡　忠（县政府地方志办公室）

委　员：罗展峰（县人大办公室）

吴远峰（县政协办公室）

庄伟业（县委办公室）

罗家杰（县政府办公室）

周彩娟（县纪委办公室）

张文亮（县委组织部）

谢立群（县委宣传部）

戴庚林（县委政法委）

林国义（县财政局）

李特清（县民政局）

马学仲（县教育局）

黄信乐（县农业局）

曾诗贤（县经促局）

陈腾渊（县文广新局）

林建军（县国土资源局）

颜荣林（县卫计局）

吴筱聪（县人社局）

陈锦锋（县住建局）

李建生（县统计局）

黄大毅（县档案局）

刘永贺（县总工会）

庄　政（海城镇委）

编委会下设海丰县志编辑部，由蔡忠任主编，负责海丰县志编修工作。办公地点设在县人民政府地方志办公室。

联系电话：6865117；6600170；6600171。

E-mail:SWhf999@163.com　QQ：139025386

中共海丰县委办公室

海丰县人民政府办公室

2017年5月15日

关于调整《海丰年鉴》编纂委员会成员的通知

海委办〔2017〕47 号

各镇（场、经济开发区）党委、人民政府，县直各单位：

鉴于《海丰年鉴》编纂委员会部分成员工作变动，为切实加强对我县综合年鉴编纂工作的领导，县委、县政府决定调整充实《海丰年鉴》编纂委员会成员。调整后名单如下：

主　任：郑俊雄（县政府）
副主任：卓凛波（县政府）
　　　　叶胜勇（县委）
　　　　林其波（县政府办公室）
　　　　蔡　忠（县政府地方志办公室）
委　员：罗展峰（县人大办公室）
　　　　吴远峰（县政协办公室）
　　　　庄伟业（县委办公室）
　　　　罗家杰（县政府办公室）
　　　　周彩娟（县纪委办公室）
　　　　张文亮（县委组织部）
　　　　谢立群（县委宣传部）
　　　　戴庚林（县委政法委）
　　　　林国义（县财政局）
　　　　李特清（县民政局）
　　　　马学仲（县教育局）
　　　　黄信乐（县农业局）
　　　　曾诗贤（县经促局）
　　　　陈腾渊（县文广新局）
　　　　林建军（县国土资源局）
　　　　颜荣林（县卫计局）
　　　　吴筱聪（县人社局）
　　　　陈锦锋（县住建局）
　　　　李建生（县统计局）
　　　　黄大毅（县档案局）
　　　　刘永贺（县总工会）
　　　　庄　政（海城镇委）

编委会下设《海丰年鉴》编辑部，由卓凛波兼任主编，蔡忠任执行主编，负责海丰年鉴编纂工作。办公地点设在县人民政府地方志办公室。

联系电话：6865117；6600170；6600171。

E-mail:SWhf999@163.comQQ：139025386

中共海丰县委办公室
海丰县人民政府办公室
2017年5月15日

关于印发《海丰县2017年全面依法治县工作要点》的通知

海委办〔2017〕68号

各镇（场、经济开发区）党委、人民政府，县直有关单位：

经县委同意，现将《海丰县2017年全面依法治县工作要点》印发给你们，请认真贯彻执行。

中共海丰县委办公室
2017年7月27日

海丰县2017年全面依法治县工作要点

为深入贯彻落实党的十八大和十八届三中、四中、五中、六中全会精神，全面推进依法治县，加快建设法治海丰，确保法治海丰建设各项任务落实，现提出我县2017年工作要点（列在分工项目首位的为牵头单位，其他为主要参加单位）。

一、加强党对法治建设的领导

1. 强化党政主要负责人履行法治建设第一责任人职责。认真执行《广东省党政主要负责人履行推进法治建设第一责任人职责实施细则》，推动党政主要负责人在推进法治建设中各项职责的落实。健全各级党委定期听取法治建设工作汇报、研究法治建设重大事项制度，将法治建设纳入地区发展总体规划和年度工作计划，与经济社会发展同部署、同推进、同督促、同考核、同奖惩。建立履行法治建设第一责任人述职报告制度，把履行第一责任人职责情况纳入政绩考核指标体系，作为考察使用干部、推进干部能上能下的重要依据。（县委政法委、县委办公室、县委组织部）

2. 加强党内法规制度建设。及时制定贯彻省委、市委法规制度的配套文件，统筹做好立改废工作，开展新一轮党内法规和规范性文件集中清理，建立健全党内法规解释机制和程序。构建党委统一领导、办公室统筹协调、部门分工负责、各方面共同参与的党内法规制度工作格局。（县委办公室、县委宣传部、县委政法委）

3. 健全各级党委依法决策机制。完善党委议事决策程序，建立健全决策前合法合规性审查制度。贯彻落实省委办公厅、省政府办公厅印发《关于推行法律顾问制度和公职律师公司律师制度的实施意见》精神，年底前县一级党政机关普遍设立法律顾问、公职律师，镇党委和政府根据需要设立法律顾问、公职律师。（县委办公室、县委政法委、县司法局、县法制局）

4. 落实《法治广东建设第二个五年规划（2016-2020年）》、《法治汕尾建设实施意见（2016—2020年）》年度任务。推动各地各单位抓紧制定法治建设年度工作要点、明确提出时间进度安排和可检验成果的形式。以法治惠民主题实践活动为载体，组织各地各单位实施一批法治惠民实事工程，促进法治建设有效服务人民群众。（县委政法委、县委办公室）

二、加快建设法治政府

5. 完善和落实重大行政决策程序。研究制定重大行政决策程序规定，健全和落实重大行政决策的公众参与、专家论证、风险评估、合法性审查、集体讨论决定等程序。重点落实重大行政决策合法性审查制度，未经合法性审查或经审查不合法的，不得提交讨论或作出决策。健全和落实重大决策终身责任追究、责任倒查制度及支持改革创新的容错机制。（县政府办公室、县监察局、县法制局）

6. 深化行政审批制度改革。推进行政审批标准化，全面规范行政审批事项设立、实施和监督管理。在妨碍创业创新的重点领域和关键环节以及供给不足的公共服务领域，进一步精简行政许可事项。全面清理规范并公布行政审批中介服务项目清单。继续抓好行政审批制度改革工作，巩固深化政府部门权责清单制度。（县编办）

7. 深入推进行政执法体制改革。出台和实施全县深化综合执法改革方案，重点在食品药品安全、工商质监、公共卫生、城市管理领域实行综合执法。按省要求，年底前实现县政府城市管理和综合执法机构的综合设置。完善执法程序，建立健全重大执法决定法制审核、执法公示、执法全过程记录制度。加快行政执法办案系统建设，年底前基本建立全县统一的行政执法信息平台。（县编办、县法制局）

8. 加强对行政权力的制约和监督。完善政府内部层级监督，强化对重点部门和岗位的权力制约。大力推进对公共资金、国有资产、国有资源、领导干部履行经济责任情况的审计全覆盖。建立健全“12345”政务服务平台与投诉举报平台。落实《广东省行政应诉工作规定》，深入推进行政机关负责人出庭应诉工作，并加大对行政应诉工作监督力度。落实行政执法与刑事司法“两法衔接”工作，实现无缝对接、全面覆盖、三级联网，加强对有案不移、有案难移、以罚代刑的监督。完善落实纠错问责机制，加大行政问责力度，坚决纠正行政不作为、乱作为。（县监察局、县委政法委、县检察院、县审计局、县法制局）

9. 加大政务公开力度。深化重点领域信息公开，组织实施阳光政务建设、基层政务公开标准化规范化试点工作。严格落实行政机关规范性文件统一公布制度。深入推进“一门式、一网式”政务服务模式改革，推动政府信息公开和数据开放、社会信息资源开放共享。（县政府办公室、县编办、县经促局）

三、进一步提升司法公信力

10. 落实确保依法独立公正行使审判权和检察权的制度。落实领导干部干预司法活动、插手具体案件处理的记录、通报和责任追究制度。制定健全司法机关分工负责、互相配合、互相制约体制机制的实施方案。加强司法人员履职保障，支持法官、检察官公正司法，依法惩治伤害法官、检察官的违法犯罪行为。完善执行联动机制，强化对失信被执行人跨部门协商监管和联合惩戒，加大执行力度，推动尽快基本解决执行难问题。（县委政法委、县法院、县检察院、县公安局、县司法局）

11. 深入推进司法体制改革。深化司法责任制等4项改革试点工作，进一步健全员额制改革政策，完善员额动态调整机制，落实三类司法人员职务序列改革制度，积极推进司法机关内设机构改革，完善法院检察院系统绩效考核制度，确保在党的十九大召开之前全部完成以上改革任务。推进以审判为中心的刑事诉讼制度改革，努力实现惩治犯罪和人权司法保障相统一。率先启动从律师、法学专家中公开选拔法官、检察官工作。推进检察机关提起公益诉讼改革试点，消除起诉案件空白。（县委政法委、县委组织部、县法院、县检察院）

12. 强化司法服务保障。坚持依法打击违法犯罪和保护各类市场主体合法权益相统一，贯彻宽严相济刑事政策，为经济社会发展营造公平正义的法治环境、优质高效的司法服务环境。全面推进审判公开、检务公开、警务公开、监所务公开。进一步规范查封、扣押、冻结、处理涉案财物的司法程序，开展专项清查活动。加大司法救助和法律援助力度，扩大司法救助适用范围和法律援助覆盖面，简化审批程序，切实维护老年人、妇女、未成年人、残疾人等弱势群体合法权益。（县委政法委、县法院、县检察院、县公安局、县司法局）

13. 加强对司法活动监督。加强人民检察院对诉讼活动的法律监督工作，强化对刑事、民事、行政诉讼的法律监督。制定出台法官检察官惩戒制度，加快组建县法官检察官惩戒委员会。建立健全符合司法规律的案件管理和质量评估机制，完善违法办案责任认定和追究机制。严格落实司法机关内部人员过问案件的记录和责任追究制度，规范司法人员与当事人、律师、特殊关系人、中介组织的接触、交往行为。进一步规范未成年人检察监督工作，形成检察机关诉讼环节全程全面司法保护格局。落实人民监督员制度，重点开展监督职务犯罪的立案、羁押、扣押冻结财物、起诉等环节的执法活动。（县委政法委、县法院、县检察院、县公安局、县司法局）

四、大力提升法治化环境新优势

14. 加大法治化国际化营商环境建设力度。通过改革创新和制度建设，推动建立在国内外更具优势的发展竞争环境和有序开放市场环境。全面实施企业“七证合一、一照一码”登记制度改革和个体工商户“两证合一”改革，全面推进“证照分离”改革，着力完善后续服务监管相关法规规章。加快社会信用体系建设，完善落实守法诚信褒奖激励机制和违法失信行为惩戒机制。（县发展与改革局、县经促局、县市监局、县外

事侨务局、县法院、县检察院、县公安局）

15．强化创新驱动发展法治保障。制定出台我县强化创新驱动发展法治保障的方案，营造创新保护、知识产权保护、培育新兴产业、促进科技成果转化的法治环境。进一步落实《中共中央国务院关于完善产权保护制度依法保护产权的意见》，完善平等保护产权的法规制度，妥善处理历史形成的产权案件，严格依法规范涉案财产处置，推进产权保护法治化。完善知识产权代理、运营、鉴定、维权援助等服务体系，加快建设知识产权快速维权中心，抢占知识产权保护制高点。推进知识产权民事、刑事、行政案件的“三审合一”改革，完善知识产权综合管理体制。研究制定新业态新领域创新成果保护机制。实施更加积极的创新创业人才激励和吸引政策，强化创新人才法律服务。（县科技局、县法院、县检察院、县文广新局、县法制局）

五、全面提升社会治理法治化水平

16．全面提升防范化解管控风险能力。加强社会风险矛盾排查研判，健全矛盾纠纷三级台账，严格落实逐月全面滚动排查，建立完善社会稳定风险具体实施意见和配套措施。加大对涉农涉土、涉劳资纠纷、涉环境保护、涉金融、涉房地产等领域不稳定问题的专项治理力度，做好重点利益群体工作。完善应急指挥机制和工作预案，落实依法处理、舆论引导、社会面管控“三同步”机制，依法妥善处置群体性、突发性事件。加快构建矛盾纠纷多元化解法治框架，健全落实调解、仲裁、行政裁决、行政复议和诉讼有机衔接、相互协调的多元化纠纷解决机制。严格实行诉访分离，稳妥推进信访事项依法终结制度。（县委政法委、县信访局、县法院、县司法局、县人社局、县国土局、县环保局、县住建局、县法制局）

17．大力整治社会治安和公共安全突出问题。落实社会治安综合治理领导责任制，加强社会治安防控体系建设，全面铺开“中心+网格化+信息化”建设。制定社会安全指数年度行动计划，进一步提高社会安全指数。深入开展严打暴恐专项行动，把暴恐威胁消除在萌芽状态。深入开展严打突出刑事犯罪“飓风2017”专项行动，切实解决社会治安突出问题。深入排查整治公共安全隐患，加强对危险化学品、交通运输、寄递物流等重点行业的防范管控，构筑对严重精神障碍患者常态化救助救治体系，切实做好刑满释放人员安置帮教工作。（县委政法委、县公安局、县司法局、县安监局）

18．全面推进多层次多形式法治创建活动。制定法治创建活动工作方案，全面推开法治县、法治镇、民主法治村（社区）、依法治校创建活动。发挥全国全省首批法治县创建活动先进单位的作用，培育一批法治创建活动示范点。按省、市要求，年底前我县法治创建实现以下目标：

——60%以上的镇达到省级法治创建标准；（县委政法委、县司法局、县法制局、县民政局）

——40%以上的村（社区）达到省级法治创建标准；（县司法局、县民政局）

——30%学校达到省级依法治校创建标准；（县教育局、县司法局）

以上创建工作2020年100%达到省级法治创建标准。

19．依法开展村（社区）换届选举。严格执行《村民委员会组织法》《城市居民委员会组织法》和《广东省村民委员会选举办法》等法律法规，贯彻落实选举前的经济责任审计和民主评议工作，规范选举委员会产生、村（居）委会成员候选人提名、选举竞争和选举投票等程序和条件。全面落实选举观察员制度，健全选举监督体系。着力推动非户籍常住人口参加居住地村（社区）选举，切实提高基层民主参选率。严厉依法打击采取贿赂或者暴力、威胁等手段操纵换届选举违法犯罪行为，加大对“村霸”和宗族恶势力的整治。（县委组织部、县民政局、县纪委、县法院、县检察院、县公安局）

20．完善公共法律服务体系。深入推进一村（社区）一法律顾问工作，完善组织协调和监督保障制度，充分发挥律师在开展基层法治宣传、化解基层矛盾纠纷、促进基层治理中的专业骨干作用。实现县镇村公共法律服务实体平台全覆盖，整合充实各类公共法律服务，加强对其服务质量、效率和水平的评估。注重运用新媒体和新技术，着力提升“12348”公共法律服务热线服务功能和水平，为公众和企业提供便捷的法律服务。（县司法局、县委政法委）

21．深入开展法治宣传教育。全面实施“七五”普法规划和“七五”普法决议，落实“谁执法谁普法”的普法责任制，完善法治宣传教育工作格局。制定法治公益媒体宣传工作方案，完善媒体公益普法制度。健全党委（党组）中心组学法制度，完善领导干部任前法律知识考试制度，实行公务员晋升依法行政考核制度。推行外来务工人员岗前普法教育制度，着重培育民主法治意识和依法维权意识。培育第三批“广东省法治文化建设示范点”。组织开展第九个法治广东宣传教育周活动。（县司法局、县委组织部、县委宣传部、县委政法委、县直机关工委、县人大常委会法工委、县总工会）

22．突出抓好青少年法治宣传教育。全面落实《青少年法治教育大纲》，把法治教育纳入国民教育体系，在中小学设立法治知识课程。充分发挥课堂主渠道的作用，以宪法教育为核心开展青少年法治教育，覆盖各教育阶段。组织对法治教育老师、法治副校长、法治辅导员培训，落实责任提高能力。组织好“12.4”国家宪法日、“4.15”国家安全教育日、“6.26”国际禁毒日等集中宣传活动，在开学第一课、学期结束会、毕业典礼等活动中有机融入法治教育内容。推进青少年法治教育实践基地建设。（县司法局、县委政法委、县教育局、团县委）

六、强化法治建设的组织保障

23. 组织年度法治广东建设工作考评工作。配合省、市开展法治广东考评，将考评结果作为衡量党政主要领导、领导班子法治建设实绩的重要内容。（县委政法委、县委组织部）

24. 强化依法治县工作督查督办。参照省委、市委做法，县将依法治县年度工作要点列为党委督查重点事项，纳入绩效考核。强化县委政法委（依法治县工作机构）牵头抓总、组织协调、检查督促等职能，建立依法治县工作台账，定期开展检查与对账，尤其要加强对重要事项的跟踪督办，切实把法治建设各项任务落到实处。（县委政法委、县委办公室）

25. 加强依法治县工作机构和队伍建设。落实中央关于加强党对依法治国相关工作要求，进一步完善县委全面依法治县工作领导小组及其办公室的工作机制。加快推进全面依法治县工作机构调整，全面完成机构整合任务，并完善相关工作机制。加大依法治县工作队伍建设力度，优化队伍知识结构、年龄结构，加强培训工作，提高队伍的业务能力和工作水平，为全面推进依法治县工作提供组织保障和人才保障。（县委政法委、县委办公室、县委组织部、县编办）

关于印发海丰县全面推行河（库）长制实施方案的通知

海委办〔2017〕74号

各镇（场、经济开发区）党委、人民政府，县直有关单位：

经县委、县政府同意，现将《海丰县全面推行河（库）长制实施方案》印发给你们，请认真组织实施。

中共海丰县委办公室
海丰县人民政府办公室
2017年8月30日

海丰县全面推行河（库）长制实施方案

为进一步落实绿色发展理念，推进生态文明建设，维护河（库）健康生命，完善水治理体系，根据中央《关于全面推行河长制的意见》和中共广东省委办公厅、广东省人民政府办公厅印发《广东省全面推行河长制工作方案》，以及中共汕尾市委办公室、汕尾市人民政府办公室印发《汕尾市全面推行河（库）长制实施方案》的要求，结合我县实际，制定本方案。

一、总体要求

（一）指导思想

全面贯彻党的十八大和十八届三中、四中、五中、六中全会精神，深入学习贯彻习近平总书记系列重要讲话精神和治国理政新理念新思想新战略，以“四个坚持、三个支撑、两个走在前列”为统领，坚持节水优先、空间均衡、系统治理、两手发力，以保护水资源、保障水安全、防治水污染、改善水环境、修复水生态为主要任务，在我县河流、水库〔下称河（库）〕全面推行河（库）长制，建立健全责任明确、协调有序、监管严格、保护有力的河（库）管理保护机制，全面构建具有海丰特色的平安生态水网，为维护河（库）健康生命、实现河（库）功能永续利用提供制度保障。

（二）基本原则

坚持生态优先、绿色发展。把尊重自然、顺应自然、保护自然的理念贯穿到河（库）管理保护与开发利用全过程，强化规划约束，确保经济社会发展与水资源、水生态、水环境承载能力相协调，促进河（库）休养生息，发挥河（库）生态效益。

坚持流域统筹、系统治理。牢牢把握山水林田湖（库）是一个生命共同体的理念，统筹经济社会发展和生态环境保护要求，统筹流域和行政区域，统筹上下游、左右岸、干支流，统筹城市和乡村、水域和陆地，系统推进河（库）治理与保护，构建安全生态、蓄泄兼筹、循环通畅、多源互补的河（库）水系。

坚持党政领导、部门联动。全面构建以党政领导负责制为核心的责任体系，打破部门、区域、层级的壁垒，明确管理职责，实行联防联控，形成“党政齐抓、上下共管”和“横向到边、纵向到底”的工作格局。

坚持属地管理、分级负责。各镇政府（场）对辖区内所有河（库）管理、保护、防治负主体责任，县政府负责跨区域协调河（库）保护工作，并做好河（库）长制监督、检查、考核工作。

坚持问题导向、因地制宜。结合我县水系特点、发展定位及市委、市政府的要求，按照“打造平安生态水系”推进河（库）长制。实行“一河一策”、“一库一策”，解决好我县水灾害频发、水资源短缺、水生态损害、水环境污染等复杂水问题。

坚持强化监督、严格考核。依法治水、科学管水，建立健全河（库）管理、保护、监督考核和责任追究制度，加强监督检查，严格考核评价，狠抓责任落实，强化激励问责。以“互联网+河（库）长制”为重要抓手，利用信息化手段提升治水管水能力，拓宽社会监督渠道，营造全社会关注和保护河（库）的良好氛围。

（三）目标要求

到2017年底，全县境内河（库）全面建立河（库）长制，构建县、镇、村三级河（库）长制组织体系。经过3至5年的努力，全县入河（库）主要水污染物排放总量明显下降，河（库）环境明显改善，饮用水水源地水质全部达标，河（库）面积不萎缩，功能不退化，人民群众满意度明显提高。建立河（库）长效管护机制，有管护机构、有管护职责、有管护标准、有经费渠道、有考核制度。

到2020年底，水资源利用更加充分，水环境改善更加明显，水安全保障更加有力，基本实现“河畅、水清、堤固、岸绿、景美”的总目标。力争全县年用水总量控制在4.76亿立方米以内，重要水功能区水质达标率提高到90%以上，饮用水水源地水质优良（达到或优于Ⅲ类）比例达到100%；对于划定地表水环境功能区划的水体断面，基本消除劣V类水体；全面完成规划内的中小河流治理任务；有效遏制乱占乱建、乱围乱堵、乱采乱挖、乱倒乱排等现象，维护河（库）生态安全，基本建成河（库）健康保障体系和管理机制。

二、组织体系

（一）建立组织协调机构

县成立河（库）长制工作领导小组，由县委主要负责同志担任组长，县政府主要负责同志担任常务副组长，相关县级负责同志担任副组长，成员由县委组织部、县委宣传部、县发展与改革局、县经济促进局、县教育局、县科学技术局、县公安局、县监察局、县财政局、县人力资源与社会保障局、县国土资源局、县住房和城乡规划建设局、县环境保护局、县交通运输局、县水务局、县农业局、县林业局、县海洋与渔业局、县卫生和计划生育局、县审计局、县法制局、县气象局、县畜牧兽医局、县公用事业局等部门主要负责人担任。

领导小组下设县河（库）长制办公室，作为县委、县政府关于河（库）长制议事协调的办事机构，挂靠县水务局。县河（库）长制办公室主任由县水务局主要负责同志担任，增加1名副科级领导职数担任常务副主任，县环境保护局、县国土资源局、县住房和城乡规划建设局、县农业局、县林业局等单位负责同志担任办公室副主任。办公室设专职工作人员，落实岗位责任、编制和经费，满足日常工作需要。

（二）构建三级河（库）长体系

建立区域与流域相结合的县、镇、村三级河（库）长体系。县设立第一总河（库）长、总河（库）长，分别由县委书记、县长担任；设立副总河（库）长，由县委专职副书记、县政府常务副县长、分管副县长担任。各镇设立本级总河（库）长、副总河（库）长，由镇党委或政府主要负责同志担任，或实行双总河（库）长制。流经各区域内主要河流及各辖区内的水库，分别由县、镇党委或政府负责同志和村（居）委负责同志担任本级河（库）长。

我县境内的螺河、黄江、东溪、赤石河四大河流（流域）和11座县管大中型水库分别由县委或县政府负责同志担任县级河（库）长；四大河流（流域）所经镇、村（居），由所在地镇党委或政府的主要负责同志担任本级河（库）长。其他河（库）根据其自然属性，跨镇、村（居）情况，以及对经济社会发展、社会环境影响重要性等，由各镇、村（居）分级分段设立河（库）长。

县级总河（库）长以及县级负责的主要河流、水库河（库）长名单及主要工作时间进度表见附件。

（三）明确工作职责

1.县河（库）长制工作领导小组职责

负责全县河（库）长制工作的组织领导和统筹协调，研究解决推行河（库）长制过程中有关重大问题。

县直各成员单位职责如下：

县委组织部负责指导对县河（库）长和县直职能部门责任人的考核。

县委宣传部负责组织河（库）管理保护的宣传教育和舆论引导。

县发展与改革局负责协调相关规划，推进河（库）管理保护、治理和开发利用有关重点项目建设，研究制订河（库）保护产业布局和重大政策，统筹推进水资源消耗总量和强度双控行动。

县经济促进局负责推进工业企业清洁生产，协调新型工业化与河（库）管理保护有关问题，指导“互联网+河（库）长制”等信息化工作。

县教育局负责指导和组织开展学生河（库）管理保护教育活动。

县科学技术局负责组织开展节约用水、水资源保护、河（库）环境治理、水生态修复等科学研究和技术示范。

县公安局负责依法打击破坏河（库）环境、危害社会公共安全和社会公共秩序的违法犯罪行为。

县财政局负责落实县级河（库）长制专项经费，建立河（库）管理保护长效稳定投入机制，协调落实河（库）管理保护、治理所需资金，并监督资金使用，及时组织有关成员单位开展绩效评价工作。

县人力资源和社会保障局负责拟订河（库）管理保护有关人力资源和社会保障政策、规划，指导实施人事制度改革、人才管理和开发、继续教育等工作，按照国家和省、市有关规定做好相关激励工作。

县国土资源局负责协调河（库）治理项目用地保障，协助划定河（库）管理保护范围。

县住房和城乡规划建设局负责将城乡河流、水库水域发展利用规划纳入城乡规划，并加强规划管理工作。

县环境保护局负责水污染防治的统一监督指导，组织实施水污染防治行动计划和南粤水更清行动计划，严格控制工业污染、城镇生活污染，实施饮用水水源保护，实行水污染物总量控制，严格环境执法监管，实施全县地表水水质监测和质量发布。

县交通运输局负责监管和推进航道整治及疏浚、港口码头污染防治。

县水务局负责开展水资源管理保护、河(库)水质水量监测，推进节水型社会和水生态文明建设，组织涉河涉库建设项目管理、水域岸线登记及保护、河（库）划界确权、河道采砂管理、水土流失治理、堤防工程管理与养护、河(库)水工程建设等。

县农业局负责农业面源污染防治工作。牵头畜牧兽医局做好畜禽养殖废弃物综合利用指导和服务，推进农业废弃物综合利用，监督养殖企业废水达标排放。

县林业局负责推进水源涵养林建设，推进河(库)沿岸绿化、湿地保护体系建设和湿地生态修复工作。

县海洋与渔业局负责渔业水域生态环境保护、水生生物资源保护和水产养殖污染防治。

县卫生和计划生育局负责指导生活饮用水卫生监测，推动农村卫生改厕。

县审计局负责水域、岸线、滩涂等自然资源、资产纳入领导干部自然资源、资产离任审计。

县法制局负责审查河（库）管理保护和开发利用的地方性法规。

县气象局负责提供河（库）管理保护相关气象服务。

县公用事业局负责市区河道周边违反城乡规划和市容卫生管理规定综合执法，负责河道管理范围内倾倒垃圾、渣土等违法行为行政执法。

县直有关部门各司其职，各负其责，协同配合，保障河（库）长制顺利实施。各镇应当进一步明确当地组织协调机构和有关部门的具体职责。

2.河（库）长职责

各级总河（库）长是本行政区域推行河（库）长制的第一责任人，负责辖区内河（库）长制的组织领导、决策部署、考核监督，协调解决河（库）长制推行中的重大问题。各级河（库）长是所辖河（库）管理保护的直接责任人，负责组织领导相应河（库）的管理和保护工作，包括水资源保护、水安全保障、水污染防治、水环境治理、水生态修复、水域岸线管理等，牵头组织对侵占河道、围垦水库、滩涂、超标排污、非法采砂、破坏航道等突出问题依法进行清理整治；对跨行政区域的河（库）明晰管理责任，协调上下游、左右岸、干支流、江河交汇处等水情复杂河段实行联防联控；监督协调本级相关部门和下级河（库）长履职，对目标任务完成情况进行考核，强化激励问责，确保河（库）防洪安全和水质改善。

县级河（库）长职责。承担责任范围内河（库）及水环境管理和保护工作落实的主体责任。组织实施责任范围内河（库）水污染防治、水资源保护、水环境治理、水域岸线管理、水生态修复和行政监管与执法工作，制定“一河一策”、“一库一策”治理方案；落实河（库）管护机构和管理人员，协调落实河（库）管护经费；组织、指导、监督镇级河（库）长开展河（库）管理和保护相关具体工作；负责对镇级河（库）长进行考核和评价。

镇级河（库）长职责。负责落实辖区内河（库）的日常管理和保护工作，负责辖区内河（库）生活垃圾和生活污水整治，工程维护、岸线管理、保洁管理，指导村（居）委开展村（居）级河（库）管理和保护工作。完成县级河（库）长交办的工作任务，协助和配合相关部门对辖区内河（库）做好水污染防治、水资源保护、水环境治理、水域岸线管理、水生态修复和行政监管与执法工作；负责对村（居）级河（库）长进行考核和评价。

村（居）级河（库）长职责。完成好县、镇交办的工作任务，负责责任范围内河（库）的日常管理与保护工作。开展区域内河（库）日常巡查和保洁工作，教育引导村（居）民保护爱惜河流、杜绝向河道乱扔垃圾、杂物行为，及时发现、制止并报告破坏河（库）相关行为。

3.河（库）长制办公室职责

承担河（库）长制组织实施具体工作，负责拟订河（库）长制管理制度和考核办法，组织、协调、监督、指导河（库）长制各项工作任务的落实，并组织实施考核、督察、验收、信息共享等工作。按照“一河一策”、“一库一策”原则，负责制定本行政区域内主要河流、水库河（库）长制实施方案。

河（库）长制办公室不代替同级各有关职能部门的工作。

三、主要任务

（一）强化“三条红线”管理，保护水资源

全面落实最严格水资源管理制度。以水资源配置、节约和保护为重点，强化用水需求和用水过程管理，进一步建立健全用水总量控制、用水效率控制、水功能区限制纳污、水资源管理责任和考核四项基本制度，严守水资源开发利用控制、用水效率控制和水功能区限制纳污“三条红线”，强化地方各级政府责任，严格考核评估和监督。〔牵头单位：县水务局，责任单位：县发改局、县环保局、县住建局、县农业局、县林业局、各镇人民政府（场）〕

实行水资源消耗总量和强度双控行动。以取用水户为重点，落实单元用水总量控制，严格建设项目水资源论证和取水许可审批管理，完善水资源调度方案和应急调度方案。全面推进节水型社会建设，制定主要行业用水定额准入标准，落实建设项目节水设施“三同时”制度。加强取用水计划管理，落实超计划或者超定额累进加价收费和阶梯式水价制度，推行工业企业用水审计，提高用水效率。加快开发利用雨水、再生水等非常规水源，不断提高水资源利用率。〔牵头单位：县水务局，责任单位：县发改局、县环保局、县住建局、县农业局、县林业局、各镇人民政府（场）〕

严格水功能区管理监督。以水功能区为重点，实施纳污总量控制，对排污量超出水功能区限制纳污总量的地区，限制审批除生活污水处理厂以外的入河排污口，制定消减污染物总量、增加环境容量方案，限期治理。做好取用水检测计量工作，逐步扩大排污口在线水质水量检测比例，完善水质监测体系，不断提高水资源监控能力。〔牵头单位：县水务局、县环保局，责任单位：县住建局、县农业局、县林业局、各镇人民政府（场）〕

（二）完善防灾减灾体系，保障水安全

进一步完善黄江、螺河、赤石河防洪体系，积极推进黄江、螺河险工险段的治理，完善黄江—公平水库等河、库联合调度方案，提高水安全综合保障能力。〔牵头单位：县水务局，责任单位：各镇人民政府（场）〕

加快“山边、水边、海边”防洪薄弱环节建设，大力推进黄江、赤石河、东溪和其他独立入海河流的治理工程，加快羊古岭防洪整治工程、可塘湖埔排洪沟、黄羌罗斜河排洪沟、梅陇浅沙排洪沟、联安大液排洪沟、平东南门排洪沟、公平西坑排洪沟等山洪灾害防治，全面加快完成大湖南北堤、小漠海堤、鲘门海堤、深汕合作区联围等重要江海堤围、平安洞水库、红花地水库、嘉田水库、凤地水库、渔仔潭水库、茫婆坑水库、十三坑水库等病险水库除险加固工作。〔牵头单位：县水务局、县发改局，责任单位：县财政局、县国土资源局、县住建局、各镇人民政府（场）〕

结合海绵城市建设，完善大中型泵站、水闸、截洪渠等排水防涝设施，推进公平镇城市防洪工程、梅陇镇城市防洪工程、可塘镇城市防洪工程和鹅埠镇城市防洪工程工作；建立洪水风险响应和管理机制，提高洪水预报预警水平，实施洪水风险管理。〔牵头单位：县住建局、县水务局，责任单位：县国土资源局、各镇人民政府（场）〕

（三）控制污染物排放，防治水污染

全面贯彻水污染防治行动计划，深入实施《南粤水更清行动计划》、《汕尾市水污染防治工作方案》，落实《海丰县水污染防治行动计划实施方案》，做好水陆统筹，强化源头控制，突出上下游、支流连片区域水污染联防联治，分流域、分区域、分阶段系统推进流域水污染防治。

狠抓工业污染防治，清理取缔“十小”企业；专项整治十大重点行业，严格水污染排放标准；实施造纸、焦化、氮肥、有色金属、印染、农副食品加工、原料药制造、制革、农药、电镀等行业清洁化改造；

强化工业集聚区水污染治理。〔牵头单位：县环保局，责任单位：县经促局、县发改局、各镇人民政府（场）〕

控制面源污染。加强畜禽养殖、水产养殖管理，科学划定禁养区和限养区，制定清理整治方案；控制农业面源污染，强化源头污染控制、传输过程污染防治、汇集区的污染管理等，推广生态农业、立体农业和节水农业。〔牵头单位：县农业局、县畜牧局，责任单位：县发改局、县国土资源局、县环保局、县水务局、各镇人民政府（场）〕

加强船舶港口污染控制，编制港口、码头、装卸站污染防治方案，提高污染事故应急能力。〔牵头单位：县交通运输局；责任单位：县环保局、县经促局、县海洋与渔业局、各镇人民政府（场）〕

对重点流域实行严格的水污染排放标准，完善入河（库）排污管控机制，加强河（库）跨界断面、主要交汇处、重点水域的水量水质监测，提高突发性水污染事件的应急监测和处置能力。〔牵头单位：县环保局；责任单位：县水务局、各镇人民政府（场）〕

（四）强化分类治理，改善水环境

强化城镇生活污水治理，优先完善污水处理厂配套管网，加快推进现有污水处理设施配套管网建设，加快实施雨污分流改造，加快城镇污水处理设施建设与改造。〔牵头单位：县水务局，责任单位：县住建局、县水务局、各镇人民政府（场）〕

加快农村人居环境综合整治力度。深入实施《海丰县关于加快农村人居环境综合整治建设美丽乡村三年行动计划（2016–2018）》、《海丰县新农村建设三年行动计划（2016–2018）》，以生活污水处理、生活垃圾处理、农村河道治理为重点，综合整治农村水环境，推进美丽乡村建设。〔牵头单位：县住建局，责任单位：县爱卫办、县农业局、县畜牧兽医局、各镇人民政府（场）〕

切实保障饮用水水源安全，开展公平水库、青年水库、红花地水库、赤沙水库等饮用水水源保护区规范化建设；加强可塘、梅陇、公平等重点工业镇的点源污染防治。〔牵头单位：县水务局，责任单位：县环保局、县住建局、各镇人民政府（场）〕

强化水环境质量目标管理，按照水功能区及各级政府签订的水污染防治目标责任书确定各类水体的水质保护目标。以深入开展“创文创卫”专项行动为契机，加强河（库）水环境综合整治，重点推进公平水库、黄江、龙津河等流域污染整治、污染连片治理。基于全省统一建设的河长制信息管理平台，整合相关行业信息资源，加强水环境治理网格化和信息化建设，建立健全水环境风险评估排查、预警预报与响应机制。〔牵头单位：县水务局，责任单位：县环保局、县住建局、各镇人民政府（场）〕

结合城市总体规划，因地制宜建设亲水生态岸线，持续推进建成区黑臭水体整治工作。〔牵头单位：县水务局、县住建局，责任单位：县公用事业局、县环保局、各镇人民政府（场）〕

（五）维护河（库）生命健康，修复水生态

强化河库生态修复和保护，禁止非法侵占自然河流、湿地等水源涵养空间。重点推进龙津河水系生态环境整治工程、梅陇河（库）连通工程、黄江河水系连通工程和赤石河水系连通工程。〔牵头单位：县水务局、县林业局，责任单位：县国土资源局、县环保局、各镇人民政府（场）〕

严格执行《海丰县重要生态功能保护区区域规划》，严守生态红线，重点加大对公平、大湖、联安等湿地的保护，落实湿地保护红线管理，强化河（库）生态保护红线刚性约束及周边区域污染联防联治。〔牵头单位：县林业局、广东海丰省级鸟类自然保护区，责任单位：县环保局、县水务局、各镇人民政府（场）〕

稳步实施退田还河还湿，推进河（库）水系连通工程，加强河（库）联合调度，保障河道生态基流。探索建立与生态文明建设相适应的河（库）健康评价指标体系，开展河（库）健康监测与评估。〔牵头单位：县水务局，责任单位：县林业局、县环保局、各镇人民政府（场）〕

（六）严格河（库）空间管控，管理保护水域岸线

严格水域岸线等水生态空间管控，加快推进河（库）管理范围和水利工程管理与保护范围划界确权工作，设置河（库）长制公示牌，以“互联网+河（库）长制”行动计划为抓手，实现全县河（库）水域岸线等信息化动态管控。〔牵头单位：县水务局、县国土资源局，责任单位：县发改局、县财政局、县住建局、各镇人民政府（场）〕

科学编制河道水域岸线管理利用保护规划。科学划分岸线功能区，严格分区管理和用途管制，强化岸线保护和节约集约利用。严禁以各种名义侵占库区、河道和围垦滩涂，对岸线乱占滥用、多占少用、占而不用等突出问题开展清理整治，恢复河（库）水域岸线生态功能。〔牵头单位：住建局，责任单位：县发改局、

县水务局、县国土资源局、县海洋与渔业局、各镇人民政府（场）〕

开展主要江河河道地形测量和险工险段监测。以保障河（库）健康、河势稳定、防洪安全为重点，依法严格划定年度河砂禁采区和可采区，规定禁采期，强化河道采砂管理。〔牵头单位：县水务局，责任单位：县发改局、县财政局、县国土资源局、各镇人民政府（场）〕

（七）建立健全法规制度，强化执法监管

完善法律体系。加强河（库）监管法规制度体系建设，适时修订河道管理、采砂管理等地方性法规。加强行政执法与刑事司法衔接，完善案件移送、受理、立案、通报等工作机制，严厉打击涉水违法犯罪行为。〔牵头单位：县法制局，责任单位：县水务局、县环保局、县国土资源局、县农业局、县林业局、县海洋与渔业局、各镇人民政府（场）〕

加大执法力度。建立政府牵头，多部门参与的协作机制，加强部门协调，定期会商，实施联合监测、联合执法、应急联动、信息共享。加强河（库）执法基础设施建设，下沉执法力量，实现执法重心前移。严厉打击涉河（库）违法行为，清理整治非法排污、设障、捕捞、养殖、采砂、采矿、围垦、侵占水域岸线等活动。〔牵头单位：县法制局，责任单位：县公安局、县农业局、县林业局、县海洋与渔业局、县国土资源局、县住建局、县交通运输局、各镇人民政府（场）〕

四、保障措施

（一）加强组织领导。各级党委、政府要把全面推行河（库）长制作为推进生态文明建设的重要举措，切实加强组织领导；县发改、财政、国土、环保、住建、交通、水务、农业、林业、海洋渔业、爱卫办等部门要各司其职、协调联动，形成河（库）长制工作合力，坚持主要领导亲自抓、层层落实责任。各镇（场）抓紧制定出台本地区工作方案，细化工作任务，明确进度安排，按照工作方案到位、组织体系和责任落实到位、制度和政策措施到位、监督检查和考核评估到位的要求，扎实推进各项工作，确保在2017年年底前全面建立河（库）长制。

（二）健全工作机制。建立党政领导下的部门联动、流域统筹协调机制，实现上下游、左右岸、干支流、江河交汇处等水情复杂河段的系统治理、联防联控；建立河（库）长会议、信息共享、信息报送、工作督察及工作验收等制度，协调解决河（库）管理保护的重点难点问题，定期通报河（库）管理保护情况，对河（库）长制实施情况和河（库）长履职情况进行督察；建立入河（库）排污口管控机制，加强各镇、村（居）级河（库）管护、保洁工作，并结合实际设立河（库）专管员、保洁员；建立部门联合执法长效机制，充分发挥水务、环保、住建、国土、农业、海洋与渔业、林业、交通运输、公安等部门职能，明确部门联合执法的范围、主要内容、牵头部门、责任主体、执行方式、执法结果通报和处置；建立信息化技术保障机制，利用全省统一建设的河（库）长制信息管理平台，整合相关行业信息资源，实施“互联网+河（库）长制”行动计划，全方位提升治河（库）、管河（库）能力。

（三）落实专项资金。积极落实河（库）管理保护经费，引导社会资本参与，建立长效、稳定的河库管理保护投入机制。各级财政部门要落实河（库）长制相应经费，并将河（库）管护经费纳入各级财政预算。

（四）强化考核问责。建立河（库）长制考核体系和激励问责机制，结合不同河（库）管理保护要求，实行差异化绩效评价考核。将河（库）长制落实情况纳入最严格水资源管理制度、水污染防治行动计划实施情况等考核内容，结合领导干部自然资源、资产离任审计和整改等情况进行评价考核，考核结果作为各级党政领导干部综合考核评价的重要依据。实行生态环境损害责任终身追究制，对造成生态环境损害的，严格按照有关规定追究责任。县每年组织一次镇级河（库）长履职情况述职，不定期组织督查督办。具体考核办法另行制订。

（五）加强社会监督。各级要通过主流媒体和新媒体向社会公告河（库）长名单，及时发布河（库）管理保护相关信息。在河（库）显著位置竖立河（库）长公示牌，运用微信公众号等方式，公示河（库）长职责、河（库）概况、管护目标、监督电话等内容，接受社会监督。聘请社会监督员对河（库）管理保护效果进行监督和评价，拓宽社会监督渠道。

（六）加强宣传引导。各级各部门要加大宣传工作力度，广泛开展生态文明和河（库）健康教育，树立河（库）管理保护先进典型，曝光涉水违法行为，增强社会各界保护河（库）生态环境的忧患意识、责任意识，着力引导企业履行社会责任，自觉防污治污，大力发展绿色循环经济。做好在校学生爱河惜河护河专题教育活动，组织志愿者工作，引导全社会形成关心、支持、参与和监督河（库）管理保护的良好氛围。

附件：

1.县级总河（库）长及县级负责河流（流域）河（库）长名单
2.海丰县100平方公里以上及重要河流河长名单
3.海丰县水库库长名单

附件1

县级总河（库）长及县级负责河流（流域）河（库）长名单

一、县级总河（库）长名单

第一总河（库）长：邱晋雄（市政协副主席、县委书记）
总河（库）长：郑俊雄（县长）
副总河（库）长：林建隆（县委副书记、政法委书记）
卓凛波（常务副县长）
郑永城（副县长）

二、县级河（库）长名单

县级负责河流（流域）河长名单

流域	县级河长		镇级河长		
	姓名	职务	镇（场）	姓名	职务
螺河	邱晋雄	市政协副主席、县委书记	大湖镇	王一济	大湖镇党委书记
黄江	郑俊雄	县长	黄羌林场	古日昌	黄羌林场场长
			黄羌镇	张流超	黄羌镇镇长
			公平镇	谭梅唇	公平镇镇长
			陶河镇	涂 木	陶河镇镇长
			城东镇	郑增城	城东镇镇长
			附城镇	刘加惠	附城镇镇长
赤石河	余振光	县委常委	赤石镇	刘明杰	赤石镇镇长
			鹅埠镇	戴国钦	鹅埠镇镇长
			小漠镇	胡家驹	小漠镇镇长
东溪河	卓凛波	常务副县长	城东镇	郑增城	城东镇镇长
			陶河镇	涂 木	陶河镇镇长
			可塘镇	陈若龙	可塘镇镇长
			赤坑镇	陈岳文	赤坑镇镇长
			大湖镇	林日盛	大湖镇镇长

注：1. 螺河是指出海口右岸；2. 黄江是指罗斜河及公平水库以下主河道，包括出海口；3. 东溪是指干流，包括螺河出海口；4. 赤石河指干流至出海

附件2

海丰县100平方公里以上及重要河流河长名单

地区	河流名称	河流级别	流域面积（平方千米）	主河长度（千米）	河长姓名	河长职务	备注
海丰县	螺河	干流			邱晋雄	市政协副主席、县委书记	途经：大湖镇,大湖段流域面积2.8平方千米，主河长度1.01 千米
	黄江	干流	1357	67	郑俊雄	县长	途经：黄羌镇、公平镇、城东镇、陶河镇、附城镇
	东溪	黄江河一级支流	454	49.16	卓凛波	常务副县长	途经：城东镇、陶河镇、可塘镇、赤坑镇、大湖镇
	大液河	黄江河一级支流	161	34	郑永城	副县长	途经：梅陇镇、联安镇、附城镇
	赤石河	干流	382	36	余振光	县委常委	途经：赤石镇
	吊贡水	黄江河一级支流	105	25	吴光群	副县长	途经：海城镇
	西坑水	黄江河一级支流	100	21	陈凯婵	副县长	途经：公平镇
	龙津河	黄江河一级支流	54.3	24.27	罗　恒	副县长	途经：海城镇、城东镇、附城镇
	明热河	赤石河一级支流	108	22	施流德	县政府副处级干部	途经：赤石镇

附件3

海丰县水库库长名单

水库	县级库长	
	库长姓名	
公平水库	卓凛波	公平水库
红花地水库	吴光群	红花地水库
朝阳水库	余振光	朝阳水库
黄山洞水库	林建隆	黄山洞水库
青年水库	郑永城	青年水库
赤沙水库	陈凯婵	赤沙水库
平安洞水库	叶胜勇	平安洞水库
南门水库	余德聪	南门水库
平龙水库	黄岱芬	平龙水库
朝面山水库	罗　恒	朝面山水库
红阳水库	卓雄峰	红阳水库

关于调整中共海丰县委巡察工作领导小组成员的通知

海委办〔2017〕80号

各镇（场、经济开发区）党委、人民政府，县直各单位：

鉴于中共海丰县委巡察工作领导小组部分成员工作变动，为进一步加强巡察工作的领导，经县委同意，决定调整中共海丰县委巡察工作领导小组成员，调整后成员名单如下：

组　长：李 绪（县委常委、县纪委书记）

副组长：吴城池（县委常委、组织部部长）

成　员：黎素贞（县纪委副书记）

张文亮（县委组织部副部长）

陈振宁（县纪委常委、县委巡察办主任）

中共海丰县委办公室

2017年10月23日

中共海丰县委办公室关于印发《学习宣传贯彻党的十九大精神总体工作方案》的通知

海委办〔2017〕91号

各镇（场、经济开发区）党委，县委各部委办，县直（含驻海）各单位党组（党委），县各人民团体党组：

《学习宣传贯彻党的十九大精神总体工作方案》已经县委同意，现印发给你们，请结合实际认真贯彻执行。

中共海丰县委办公室
2017年11月8日

学习宣传贯彻党的十九大精神总体工作方案

为深入学习宣传贯彻党的十九大精神，按照《中共海丰县委关于认真学习宣传贯彻党的十九大精神的通知》要求，现提出如下方案。

一、总体要求

高举中国特色社会主义伟大旗帜，以马克思列宁主义、毛泽东思想、邓小平理论、“三个代表”重要思想、科学发展观、习近平新时代中国特色社会主义思想为指导，以“四个坚持、三个支撑、两个走在前列”为统领，以全力推进海丰新一轮大发展、确保如期全面建成小康社会为目标，深刻学习领会党的十九大的主题，深刻学习领会党的十八大以来党和国家事业取得的历史性成就发生的历史性变革，深刻学习领会中国特色社会主义进入新时代的新论断，深刻学习领会我国社会主要矛盾发生变化的新特点，深刻学习领会习近平新时代中国特色社会主义思想的精神实质和丰富内涵，深刻学习领会分两步走全面建设社会主义现代化国家的新目标，深刻学习领会党的建设的新要求，注重宣传各地各部门学习贯彻的具体举措和实际行动，注重反映基层干部群众学习贯彻的典型事迹和良好风貌，充分利用各种宣传形式和手段，采取人民群众喜闻乐见的形式，做好党的十九大精神宣传教育工作和学习培训工作，推动党的十九大精神进企业、进农村、进机关、进校园、进社区、进军营，营造浓厚的学习宣传氛围，激励全县人民更加紧密地团结在以习近平同志为核心的党中央周围，万众一心，开拓进取，为决胜全面建成小康社会、夺取新时代中国特色社会主义伟大胜利、实现中华民族伟大复兴的中国梦、实现人民对美好生活的向往不懈奋斗。

二、分阶段持续深入开展党的十九大精神学习贯彻工作

（一）传达学习阶段（11月上旬前完成）。县委及时召开常委会会议传达学习党的十九大精神，研究我县贯彻落实意见；召开全县传达贯彻党的十九大精神大会，发出学习宣传贯彻通知和学习宣传贯彻工作方案，提出明确要求；根据省、市委统一安排，召开省委、市委宣讲团党的十九大精神宣讲报告会。各级党组织要按照中央和省委、市委、县委有关要求，第一时间通过召开党委会议、党组会议、专题民主生活会等形式，认真组织学习宣传贯彻党的十九大精神，研究贯彻落实意见，并结合实际制定具体工作安排。各地各部门要认真做好学习宣传贯彻党的十九大精神的组织工作，各级领导干部要带头学、认真学、扎实学，发挥表率作用，迅速掀起学习宣传贯彻热潮。（县委办公室、县委组织部、县委宣传部和各地各部门分别负责）

（二）专题学习讨论阶段（11月上旬至明年3月）。组织县处级以上领导干部参加全省县处级以上领导干部专题学习班，组织镇（场、开发区）党政正职参加全市科级以上领导干部专题学习班。以专题研讨和集中培训为主要形式，分期分批对全县股级以上党员干部进行轮训。县委组织部负责各镇（场、开发区）党政领导成员、村（社区）支部书记、县直机关单位中层以上干部的集中轮训工作，各地各单位负责本级管理的其他党员干部的专题教育培训。各级党委（党组）要集中进行学习研讨，并作为“两学一做”学习教育常态化制度化的重要内容。县委宣传部要组织宣讲队伍赴各地开展巡回宣讲辅导，引导全县广大干部深入学习领会和准确把握党的十九大精神实质。县电视台、海丰报、县政府门户网站要开展多种形式的专题宣传解读，广泛开展新闻报道。推动党的十九大精神作为县委党校的干部教育培训必修课，所有主体班次突出学习贯彻党的十九大精神这一主题，设置党的十九大精神专门教学单元。通过网络开展“学报告、学党章”系列考学活动，对股级以上干部的学习情况进行测试。各级党委（党组）要把党的十九大精神作为重要课程，纳入基层党支部书记集中轮训内容，并同步抓好本地本部门其他党员、干部的学习工作，采取集中学习与个人自学相结合、运用干部培训网络平台以及组织专题讨论会、开展专题组织生活等方式，组织党员干部认真学习研讨，实现全员覆盖，不断深化对党的十九大精神的理解和把握。（县委办公室、县委组织部、县委宣传部和各地各部门分别负责）

（三）抓落实促发展阶段（11月以后）。各级党组织紧密围绕党的十九大决策部署，不断深化对习近平新时代中国特色社会主义思想的理解和认识，不断深化对全面建成小康社会决胜期、“两个一百年”奋斗目标历史交汇期两大重要时期的理解和认识，不断深化对从全面建成小康社会到基本实现现代化、再到全面建成社会主义现代化强国两个阶段的理解和认识。以党的十九大精神为引领，把习近平新时代中国特色社会主义思想贯彻到社会主义现代化建设全过程、体现到党的建设各方面，全力加快“三圈一区”建设、推进“三个融入”发展、力促“五个强县”崛起、全面加强党的建设等重点工作任务，在新起点上再创佳绩。（各地各部门按职责分别负责）

三、精心组织对党的十九大精神的宣传

（一）认真做好新闻报道。县委宣传部制定宣传工作方案，充分利用各种宣传形式和手段，组织海丰报、县广播电视台和门户网站、客户端广泛开展宣传，在重要版面、重要时段、首页首屏开辟“学习宣传贯彻党的十九大精神”等专题专栏，及时准确、深入浅出地解读十九大文件，引导全县广大干部群众深刻领会报告的精髓要义和精神实质。充分宣传全县各地各部门组织传达学习贯彻党的十九大精神的具体举措和实际行动，宣传基层干部群众学习贯彻的典型事迹和良好风貌。组织做好我县举办专题学习班系统学习党的十九大精神相关情况的宣传报道，反映各级党员干部认真学习、积极讨论，用党的十九大精神武装头脑的情况。采取人民群众喜闻乐见的形式，推动党的十九大精神进企业、进农村、进机关、进校园、进社区、进军营。（县委宣传部牵头，县网信中心、县文广新局、县有关媒体等单位参加）

（二）切实加强理论阐释和宣讲。要着眼促进改革发展稳定，加强对热点问题的舆论引导，坚持主动引导、精准引导、有效引导，积极回应群众关切，合理引导社会预期。邀请省、市有关专家学者和社科理论专家来我县开展宣讲活动，为广大党员干部深入阐释习近平新时代中国特色社会主义思想和党的十九大报告提出的一系列新思想新观点新论断的精神实质和丰富内涵。海丰报推出学习党的十九大报告特刊，刊发专家学者理论文章，全面准确深入系统解读党的十九大精神。要组织好集中宣讲活动，组织宣讲队伍赴各镇（场、开发区）以及县直单位、国有企业、学校等开展巡回宣讲，开展“党的十九大精神进基层”宣讲活动，做到把党的十九大精神讲清楚、讲明白，让老百姓听得懂、能领会、可落实。（县委宣传部牵头、县直机关工委、县委党校、县教育局、县国资委、县有关媒体等单位参加）

（三）积极开展网络宣传和社会宣传。充分运用新媒体平台，围绕学习贯彻落实党的十九大精神开展具有网络特点的宣传报道。在政府门户网站和移动客户端首页首屏开设专题专栏，及时转发省、市、县主要媒体重点稿件和重要评论。加大“两微一端”推送力度，通过微博、微信、移动客户端等新媒体平台做好全方位立体化报道。积极引导网上舆论，组织撰写刊发系列网评文章，有效回应网民关切，形成网上舆论强势。组织开展学习党的十九大精神大型理论征文活动和网上知识竞赛活动。面向基层编制生动活泼的宣传画和标语，编写相关宣讲材料和通俗读物，制作相关宣传片，突出宣传一批基层一线贯彻落实党的十九大精神的先进典型，切实增强宣传实效性和影响力。面向社会加强对学习贯彻党的十九大精神的措施及我县各项工作新举措新进展新成效的宣传，全面反映社会各界的热烈反响。（县委宣传部牵头、县网信中心、县教育局、县文广新局、县有关媒体等单位参加）

四、深入开展贯彻党的十九大精神调查研究

（一）加强统筹协调。县党政领导成员、县人大主任、政协主席围绕事关海丰发展的全局性、战略性和前瞻性问题，以及影响海丰改革发展稳定的热点难点问题，结合分管联系工作，选择1个以上课题开展调查研究，指导各镇（场、开发区）和县直机关单位党委（党组）的学习宣传贯彻工作。各地各部门主要负责同志结合本地本部门中心工作，选择1个以上课题开展调查研究，指导所辖有关单位的学习宣传贯彻工作。充分发挥县党校、电大、工商联和企业等组织和智库作用，重点围绕新时代海丰发展的重大问题开展调查研究，提出意见建议，提供决策参考。各地各部门要按照县的部署，组织好本地本部门的专题调查研究工作。

（二）聚焦突出问题。各地各部门要聚焦各项工作与社会主要矛盾变化要求之间的差距和不足，尤其要围绕党的十九大报告、省第十二次党代会报告、市第七次党代会报告和县第十一次党代会报告中指出的存在问题开展调研。比如，发展不平衡不充分的一些突出问题尚未解决，经济基础薄弱、创新驱动发展乏力、社会治安问题突出、城市建设管理滞后、民生事业落后、全面从严治党任务艰巨等问题亟需解决，一些改革部署和重大政策措施需要进一步落实，等等。

（三）深入基层一线。深入基层、深入群众、深入现场，对群众最盼、最急、最忧的问题要主动调研，广泛发动社会各界建言献策。以适当方式听取和吸收党代表、人大代表、政协委员、各民主党派、工商联、无党派人士、专家学者、乡贤及其他社会各界的意见建议，确保调研决策更加民主、更加科学。

五、联系我县实际谋划推动各项工作

学习宣传贯彻党的十九大精神，要紧密结合党的十九大对我国未来发展作出的战略安排，联系全面建成小康社会、开启全面建设社会主义现代化国家新征程的实际，联系本地本部门工作实际，联系广大干部群众思想实际，坚持学以致用，深入调查研究，完善发展思路，细化工作举措，明确时间表、路线图，把党的十九大精神落实到我县经济社会发展各方面。

（一）对标党的十九大精神，进一步完善未来五年的工作思路。各地各部门要按照习近平新时代中国特色社会主义思想和基本方略的要求，按照新时代新征程新使命和新目标要求，把学习贯彻党的十九大精神与推动我县经济社会发展各项工作结合起来，全力推进经济振兴发展，发展社会主义民主政治，推动社会主义文化繁荣兴盛，提高保障和改善民生水平，加快生态文明体制改革，坚定不移全面从严治党。要突出抓重点、补短板、强弱项，紧紧围绕“三三五”发展战略，加快全面深化改革，激发全县新常态化发展活力；加快新型工业化崛起，壮大县域经济发展实力；加快绿色生态农业发展，增强产业化集聚带动力；加快新兴产业发展，培植产业融合发展动力；加快新型城镇化建设，提升区域中心城市综合竞争力；加快社会各项事业建设，强化社会管理服务能力。落实新时代党的建设总要求，将党的政治建设放在统领地位，突出政治建设对思想建设、组织建设、作风建设和纪律建设的引领作用。层层压实各级党组织主体责任和党组织书记第一责任人责任，把抓思想从严、抓管党从严、抓执纪从严、抓吏治从严、抓作风从严、抓反腐从严落到实处。持之以恒正风肃纪，综合运用暗访、查处、曝光、问责手段，重拳整治为官不为、为官乱作为和“慵懒散拖”，强化领导干部责任担当。推动党建工作重心下移，推进基层党建创新，不断提高党的建设质量和党的工作水平、夯实基层基础。（各地各部门按职责分别负责）

（二）贯彻党的十九大部署，细化目标任务。各地各部门要按照新时代坚持和发展中国特色社会主义基本方略的“十四个坚持”，按照决胜全面建成小康社会、全面建设社会主义现代化国家的战略部署，梳理本地本部门任务要求，及时完善政策举措，明确具体工作要求，对重点工作、重点项目，关键领域、关键环节，细化工作举措，明确年度工作进度，做到每一项目标任务都有具体的责任主体、时间表、路线图，抓好园区建设项目落地投产、“创文”、脱贫攻坚、重点项目建设以及社会主义新农村建设等工作。（各地各部门按职责分别负责）

（三）全力做好今年底明年初各项工作，确保贯彻党的十九大精神的良好开局。各地各部门要把学习宣传贯彻党的十九大精神作为一项重要政治任务，按照中央和省委、市委、县委的部署，作出专门安排，提出具体要求，着力抓好落实。要把贯彻落实党的十九大战略部署，与省第十二次党代会、市第七次党代会和县第十一次党代会提出的各项任务结合起来，研究制定具体工作计划，抓紧抓实正在推进的具体任务，倒排工期，全力推动重大经济工作措施尽快实施、重大改革举措尽快落地、重大民生工程尽快见效。要着力抓好全年经济增长目标落实，切实维护社会和谐稳定，强化社会矛盾排查化解和源头防范，突出抓好公共安全、食品安全和生产安全工作。要以十九大精神及其新思想、新理念、新战略为指导，抓紧谋划好明年各项工作，为贯彻落实十九大各项战略部署谋好篇开好局。要按照省委、市委、县委部署，在领导干部中开展“不忘初心、牢记使命”主题教育，用习近平新时代中国特色社会主义思想武装头脑。（各地各部门按职责分别

负责）

六、切实加强组织领导

各级党组织要把学习宣传贯彻党的十九大精神作为当前和今后一个时期的首要政治任务，与学习贯彻习近平总书记对广东工作重要批示及省第十二次党代会、市第七次党代会、县第十一次党代会精神结合起来，与推动我县经济社会发展各项工作结合起来，精心组织，周密部署，务求实效。各镇（场、开发区）党委要落实主体责任，认真制定实施方案，明确责任分工，加强组织领导，强化督促检查指导；要对所辖党支部进行全覆盖、全过程的指导，帮助制定学习计划。各级党组织主要负责同志要切实承担起第一责任人责任，层层传导压力，从严从实抓好学习宣传贯彻工作。各地组织、宣传部门和其他有关部门要在党委统一领导下，分工协作，形成推动学习宣传贯彻的合力。工会、共青团、妇联等人民团体要发挥自身优势，结合实际开展各具特色的学习宣传贯彻活动。县委办公室要加大对各地各部门学习宣传贯彻工作的督促指导，列入重点督察事项，加强跟踪督办。各级党组织要以年度工作报告、专题报告等形式，及时向上一级党组织报告学习宣传贯彻党的十九大精神的情况。（各地各部门按职责分别负责）

中共海丰县委办公室关于印发《县领导同志赴各地调研督导学习贯彻党的十九大精神工作方案》的通知

海委办〔2017〕93号

各镇（场、经济开发区）党委，县委各部委办，县直（含驻海）各单位党组（党委），县各人民团体党组：

《县领导同志赴各地调研督导学习贯彻党的十九大精神工作方案》已经县委同意，现印发给你们，请结合实际认真贯彻执行。

中共海丰县委办公室
2017年11月23日

县领导同志赴各地调研督导学习贯彻党的十九大精神工作方案

为深入学习贯彻党的十九大精神，更好地用习近平新时代中国特色社会主义思想指导海丰实践，根据中央、省委、市委、县委关于学习贯彻党的十九大精神部署要求，现就县领导同志分赴各地调研督导学习贯彻党的十九大精神工作提出以下方案。

一、目标要求

检查督导各地学习贯彻党的十九大精神总体情况，切实督促各地将学习贯彻党的十九大精神作为一项长期的政治任务抓好抓实，真正在学懂、弄通、做实上下功夫。指导各地将党的十九大精神与习近平总书记对广东工作的重要批示精神一体贯彻，对标党的十九大精神，坚持学以致用、知行合一，紧密结合分管联系工作，深入基层一线，扎实开展调查研究，形成一批高质量的调研成果，转化为具体的发展思路和政策措施，切实把党的十九大精神落实到工作中，确保习近平新时代中国特色社会主义思想在海丰落地生根、开花结果，推动海丰振兴发展。

二、县领导同志定点联系督导镇（场）学习贯彻党的十九大精神工作

建立县领导同志定点联系镇（场）机制，通过参加镇（场）党委（扩大）会议、到镇（场）作专题辅导报告、到基层挂点联系指导等方式，督促指导各地抓紧抓实党的十九大精神学习贯彻工作，确保取得实效。县委常委、县政府党员领导同志和县人大常委会、县政协党组书记定点联系镇（场），11月下旬开始开展督导工作。其中：

邱晋雄、卓雄峰同志定点联系梅陇镇；

郑俊雄、陈凯婵同志定点联系陶河镇；

刘剑平同志定点联系黄羌林场；

刘英剑同志定点联系梅陇农场；

林建隆同志定点联系海城镇；

卓濂波同志定点联系公平镇；

余德聪同志定点联系可塘镇；

李 绪同志定点联系联安镇；

叶胜勇同志定点联系鲘门镇；

林建新同志定点联系附城镇；

黄岱芬同志定点联系平东镇；
吴城池同志定点联系赤坑镇；
余振光同志定点联系鹅埠镇；
吴光群同志定点联系城东镇、经济开发区；
郑永城同志定点联系小漠镇；
罗　恒同志定点联系黄羌镇；
施流德同志定点联系赤石镇。

三、县领导同志围绕党的十九大重大部署开展专题调研

按照党的十九大决策部署和习近平总书记对广东工作的重要批示精神，结合县领导分工和我县工作实际，确定若干个专题进行调研，各调研组由县委常委、县人大常委会党组书记、县政协党组书记、县政府领导同志带队，2至3名县直相关单位主要负责同志参加。具体安排如下：

"全面从严治党"专题，由邱晋雄同志牵头；
"提高保障和改善民生水平"专题，由郑俊雄同志牵头；
"坚持和完善人民代表大会制度"专题，由刘剑平同志牵头；
"进一步发挥社会主义协商民主重要作用"专题，由刘英剑同志牵头；
"建设法治海丰"专题，由林建隆同志牵头；
"深化供给侧结构性改革，加快实体经济发展"专题，由卓凛波同志牵头；
"牢牢把握意识形态领导权"专题，由余德聪同志牵头；
"健全党的监督体系"专题，由李绪同志牵头；
"全面推进各领域各方面改革"专题，由叶胜勇同志牵头；
"加强基层组织建设工作"专题，由林建新同志牵头；
"巩固和发展爱国统一战线"专题，由黄岱芬同志牵头；
"建设高素质专业化干部队伍"专题，由吴城池同志牵头；
"提高就业质量和收入水平"专题，由余振光同志牵头；
"实施区域协调发展战略"专题，由王少平同志牵头；
"打造共建共治共享的社会治理格局"专题，由卓雄峰同志牵头；
"实施创新驱动发展战略"专题，由吴光群同志牵头；
"建立优质高效的医疗卫生服务体系"专题，由陈凯婵同志牵头；
"实施乡村振兴战略"专题，由郑永城同志牵头；
"推进绿色发展，建设美丽海丰"专题，由罗恒同志牵头；
"打赢脱贫攻坚战"专题，由施流德同志牵头。

调研活动安排在11月下旬至12月下旬进行，具体时间由县领导同志根据工作安排自行确定。

四、调研成果运用

调研工作结束后，县领导同志和各调研组根据调研情况整理形成相关工作意见或举措上报县委，县委将推动专题研究成果的运用，将研究成果转化为明年工作意见，转化为推动海丰振兴发展的战略部署和政策措施，把海丰各项工作做得更好。

关于印发《县领导挂驻镇（场、经济开发区）安排表》的通知

海委办〔2017〕105号

各镇（场、经济开发区）党委、人民政府，县直（含驻海）有关单位：

经县委、县政府同意，现将《县领导挂驻镇（场、经济开发区）安排表》印发给你们，请各挂驻领导认真履行职责，组织协调、指导督促挂驻镇（场）的经济社会发展及做好精准扶贫、计生、维稳、禁毒、创文、创卫等工作。

附：县领导挂驻镇（场、经济开发区）安排表

中共海丰县委办公室
海丰县人民政府办公室
2017年12月22日

县领导挂驻镇（场、经济开发区）安排表

2017年12月

分片	挂驻镇（场）	挂驻组长	挂驻领导
西片	梅陇镇	邱晋雄 刘英剑	卓雄峰
	小漠镇		郑永城
	鹅埠镇		余振光
	赤石镇		施流德
	鲘门镇		叶胜勇
	梅陇农场		刘英剑
东片	陶河镇	郑俊雄	陈凯婵
	可塘镇		余德聪
	大湖镇		陈继国
	赤坑镇		吴城池
中片	海城镇	林建隆	林建隆
	附城镇		林建新
	城东镇、经济开发区		吴光群
	联安镇		李 绪
北片	黄羌镇	刘剑平	罗 恒
	公平镇		卓凛波
	平东镇		黄岱芬
	黄羌林场		刘剑平

海府、海府办文件

关于印发《深刻吸取公平“12.9”火灾事故惨痛教训 坚决打赢消防安全隐患大排查大整治攻坚战实施方案》的通知

海府〔2017〕44号

各镇人民政府（场、经济开发区），县直各有关单位：

经县人民政府同意，现将《深刻吸取公平“12·9”火灾事故惨痛教训 坚决打赢消防安全隐患大排查大整治攻坚战实施方案》印发给你们。请结合本地、本单位实际，认真组织实施。实施中遇到的问题，请径向县消防安全委员会办公室反映。

（联络员：刘勇，联系电话：13902687119）

海丰县人民政府

2017年12月9日

深刻吸取公平“12·9”火灾事故惨痛教训坚决打赢消防安全隐患大排查大整治攻坚战实施方案

为深刻吸取公平镇“12·9”火灾事故惨痛教训，认真落实中央、省、市领导的重要批示指示精神及全省消防安全工作紧急视频会议精神，根据《海丰县深刻吸取公平“12·9”火灾事故惨痛教育坚决打赢消防安全隐患大排查大整治攻坚战总体方案》要求，结合实际，特制定本实施方案。

一、总体目标

坚决按照国家安监总局和省委书记李希、省长马兴瑞及市委书记石奇珠、市长杨绪松关于我县公平镇“12·9”火灾事故的重要批示精神，在全县范围内开展地毯式、拉网式消防安全隐患大排查、大整治，紧盯六类靶心场所，围绕十个主要环节，坚持逐村、逐街、逐间、逐处过关，该清的清、该封的封、该关的关、该拆的拆，用铁的手腕、铁的措施、铁的纪律、彻底消除一批火灾隐患，坚决预防和遏制亡人火灾，尤其是群死群伤火灾事故的发生。

二、时间安排

2017年12月9日至2018年1月9日。

三、组织领导

为加强消防安全隐患大排查大整治攻坚工作的组织领导，县消防安全委员会成立大排查大整治工作领导小组。

组 长：副县长、县消安委主任、县公安局局长卓雄峰

副组长：县政府办副主任、县消安委副主任王荣贞

县安监局局长、县消安委副主任郭庆寿

县公安局副局长、县消安委副主任林晓丹

县公安消防大队大队长、县消安委副主任许治桂

成 员：各成员单位分管消防工作领导。

领导小组下设办公室，办公室设在县公安消防大队，负责小组日常工作。由县公安消防大队大队长许治桂任办公室主任。各成员单位联络员为领导小组办公室成员。

四、整治对象

（一）“三小”场所、“二合一”“三合一”场所

（二）人员密集型场所（宾馆饭歌舞娱乐等）

（三）中小学校、幼儿园

（四）高层建筑

（五）建设工程施工工地

（六）群租房

（七）养老服务机构

（八）寄宿制学校

（九）易燃易爆危险化学品场所

五、行动标准及方法

（一）开展“三小”场所、“二合一” “三合一”场所专项治理。“三小”场所即小档口、小作坊、小娱乐场所。小档口是指建筑面积在300平方米以下具有销售、服务性质的商店、营业性的饮食店、汽车摩托车修理店、洗衣店、电器维修店、美容美发店（院）等场所；小作坊是指建筑高度不超过24米，且每层建筑面积在250平方米以下，具有加工、生产、制造性质,火灾危险性为丙、丁、戊类的场所（含配套的仓库、办公、值班住宿等场所；小娱乐场所是指建筑面积在200平方米以下的具有休闲、娱乐功能的酒吧、茶艺馆、沐足屋、棋牌室（含麻将房）、桌球室等场所。“三合一”场所是指住宿与生产、仓储、经营一种或一种使用功能违章混合设置在同一空间内的建设。检查重点：严格按照广东省《小档口、小作坊、小娱乐场所消防安全整治技术要求》（DB44/T 1591–2015）和《住宿与生产储存经营合用场所消防安全技术要求》（GA703–2007），按照消防安全“网格化”管理要求落实监管责任，发挥基层消防安全“网格化”管理的优势，组织各级网格员对辖区内的“三小”场所、“三合一”场所实施动态清查、动态管控，逐一登记造册，重点检查“三小”场所是否按规定配置灭火器、应急照明灯，是否安装独立烟感，是否存在违规住人现象，供用电线路是否安装漏电保护开关、是否采取穿金属管、封闭式金属线槽或者绝缘阻燃PVC电工套管保护等问题。“三合一”场所是否设置逃生敞口和辅助疏散设施，是否存在防火分隔不到位，违规用火用电、电动自行车违规停放、充电，消防设施器材不全等问题。（由各镇人民政府牵头组织，村（社区）网格员依职责分工负责，县消防大队提供技术指导）

（二）开展人员密集型场所专项治理工作。检查范围：重点检查辖区公共娱乐场所、宾馆饭店、商场市场、劳动密集型企业、群租房和文物古建筑、易燃易爆场所及大型综合体等火灾高危单位。工作方法：文广新部门要结合日常工作检查，组织对歌舞娱乐场所、文物古建筑、公共文化服务、公共文化设施、文物保护单位、文化娱乐、文艺演出活动等开展一次消防安全检查，督促其做好消防安全管理工作；旅游部门要将消防安全纳入全县旅游饭店的星级评定和旅游经营单位的定点工作，结合日常工作检查，对旅游住宿场所开展一次消防安全检查，督促其做好消防安全管理工作；安监部门要对辖区加油站、易燃易爆等场所开展一次消防安全检查，督促社会单位落实电气火灾防范工作责任。公安部门要加大对人员密集场所和群租房的检查力度，督促无主管行业部门的人员密集场所做好消防安全管理工作，结合群租房排查登记，将消防安全工作纳入签订治安责任保证书内容，强化群租房火灾防范措施。及时督促整改火灾隐患。公安消防部门要督促属于消防安全重点单位的人员密集场所强化消防安全主体责任，设有控制室的单位100%建立微型消防站，并实现实体运作，提高自防自救水平。（由县公安局牵头，县安监局、县文广新局、县消防大队依职责分工分别牵头组织，县有关单位依职责分工配合）

（三）开展学校安全专项治理工作。对全县中小学校、学前教育机构尤其是寄宿制学校、幼儿园开展一次全面治理，对存在火灾隐患和消防安全违法行为等消防安全不合格的，一律责令限期改正直至消防安全达标；对存在重大火灾隐患的幼儿园，一律予以挂牌督办，停业整顿，直至消防安全符合要求；对于建筑结构受限，无法整改的，一律予以取缔；明确和落实学校幼儿园消防安全管理责任；对经整改后符合消防安全标准以及办园资质，予以指导办理相关办园许可手续，实现一园一证规范化办园目标，建立长效管理机制，提

高幼儿园火灾防控能力。（由县教育局牵头，联合公安、消防、综治等部门开展专项行动。县直有关单位依职责分工配合）

（四）开展高层建筑消防安全综合治理工作。对全县已建成投入使用的高层建筑开展一次全面治理，重点检查建设合法性、总平面布局、平面布置是否合理合规，安全疏散是否符合要求，建筑消防设施是否配置和完整好用，管道井、电气、燃气管理和日常消防安全管理是否履职到位，是否开展消防设施检测，是否建立微型消防站等问题。要严格按照公安消防部门、乡镇、公安派出所、基层网格组织职责分工，严格排查标准，逐栋排查隐患，建立隐患清单和责任清单，发放告知书，签订承诺书，明确整改责任、措施和时限，建立“一楼一策”档案台账。公安消防部门对属于消防安全重点单位的高层建筑开展排查，推动各级政府、行业主管部门对管辖范围内的高层建筑开展排查，发动指导镇街、公安派出所、基层网格组织对辖区范围内的高层建筑开展排查。县市监部门要结合电气火灾综合治理工作，推动各级电力部门组织对高层建筑开展电气安全检查，规范安装电气设施和线路，降低火灾风险。（由县消防大队、县市监局牵头，各镇各派出所依职责分工落实）

（五）开展建设工程施工工地消防安全专项治理工作。对全县范围内在建施工工地开展一次消防安全专项治理，全面排查建筑工地消防安全隐患和落实整治，严格按照《建设工程施工现场消防技术规范》（GB50720-2011）要求，建立健全消防安全管理制度，明确专人实施现场看护，配置临时消防设施和足够灭火器材，保障临时用水，依法依规实施动火作业，确保施工用电安全。县住建部门要严格按照《建设工程施工现场消防技术规范》（GB50720-2011）要求，建立健全消防安全管理制度，明确专人实施现场看护，配置临时消防设施和足够灭火器材，保障临时消防用水，依法依规实施动火作业，确保施工用电安全。（由县住建局牵头，联合公安、综治、安监等部门开展专项行动，县有关单位依职责分工落实）

（六）开展养老服务机构、寄宿制学校消防安全专项治理。重点内容包括：1、安装漏电保护开关。各类建筑（场所）供用电线路均应安装漏电保护开关。开关应选用合格电气产品。2、电线套管。各类建筑（场所）供用电线路均应根据国家电气技术标准，采取穿金属管、封闭式金属线槽或者绝缘阻燃PVC电工套管保护措施。3、紧急逃生通道畅通。各类建筑（场所）均应保持楼梯间、疏散通道、安全出口等紧急逃生通道畅通。外墙设置防盗铁栅栏一律拆除，居住类场所确需安装的，应设置长宽净尺寸不小于1米、0.8米且向外开启的紧急逃生口，并设置缓降器、逃生软梯等辅助疏散设施。4、清理电动自行车。各类建筑（场所）内部均严禁电动自行车违规停放或充电，一经发现必须立即清理。5、拆除易燃材料。各类建筑（场所）内部均严禁使用彩钢板、聚氨酯泡沫等易燃材料，一经发现必须强制拆除。（养老服务机构由县民政局牵头、寄宿制学校由县教育局牵头，联合消防、安监、派出所等部门开展专项行动，县有关单位依职责分工落实）

（七）开展群租房消防安全专项治理。重点整治内容为：1.防火分隔不到位问题。2.违规用火用电问题。3.电动自行车违规停放、充电问题。4.安全出口、疏散通道数量不足或违章占用、堵塞、封闭问题。5.外墙门窗上设置铁栅栏等影响逃生和灭火救援障碍物问题。6.使用彩钢板、聚氨酯泡沫等易燃可燃材料问题。7.消防设施器材不全问题。整治措施：1.群租房应严格按照《建筑设计防火规范》（GB50016—2014）等现行消防技术规范实施专项整治。对于专项整治行动期间内确难依照现行消防技术标准实施改造的，实际使用单位、物业管理服务企业、业主房东、出租人或实际使用人应在明确整改计划和整改时间进度，作出整改承诺后，执行以下加强性措施降低火灾风险。（1）群租房所在建筑应按照《降低群租房火灾风险十项措施》实施整改。（2）群租房所在建筑设置“三小场所”的，除满足上述要求外，相关部位应按照广东省地方技术标准《小档口、小作坊、小娱乐场所消防安全整治技术要求》（DB44/T1591-2015）实施整改。（3）群租房所在建筑设置“三合一”场所的，除满足上述要求外，应按照《住宿与生产储存经营合用场所消防安全技术要求》（GA703-2007）和《加强“三合一”场所火灾防范四项措施》要求实施整改。（4）群租房所在建筑属于高层建筑的，除满足上述要求外，应按照《降低高层建筑火灾风险若干防范措施》要求实施整改。2.“三合一”场所应严格按照《住宿与生产储存经营合用场所消防安全技术要求》（GA703-2007）和《加强“三合一”场所火灾防范四项措施》实施整改。属于“三小”场所的还应按照广东省地方技术标准《小档口、小作坊、小娱乐场所消防安全整治技术要求》（DB44/T1591-2015）实施整改。3.不同整治措施内容规定存在竞合的，以更严要求为整改依据。（由各镇人民政府牵头，组织综治、派出所、社区、居委会联合开展执法，集中开展火灾隐患“清零”行动，督促社会单位落实隐患整改主体责任。）

（八）开展易燃易爆危险化学品、燃气消防安全专项治理。重点检查消防行政许可、消防设施、消防水源、消防车道、消防安全管理和易燃易爆重点部位、重点工艺流程、重要储罐区和重点场所。对不符合城市消防安全布局要求，影响公共安全的，应限期改正。燃气的气源厂、储配站、调压站和管道、设备等燃气输配管网不符合国家标准要求的，应当限期改正。相互发生化学反应或者灭火方法不同的物品混存、混放的，应当立即改正。场所安全布局、消防水源、灭火设施和防雷、防爆、防静电设施不符合要求，影响防火灭火功能的，应当限期改正，并依法予以惩处。（由县安监局牵头，组织公安局、发改局、住建局、经促局等联合开展执法，县有关单位依职责分工落实）

六、具体要求

（一）加强组织领导。县消防安全隐患大排查大整治攻坚工作领导小组负责组织统筹全县专项行动，定期组织相关行业部门实施联合督导检查。领导小组办公室负责日常工作具体事宜。各地各职能部门要分级牵头制定具体行动方案，召开会议、专题会议研究部署行动具体事宜，成立行动办公室并指定专人负责，明确相关职能部门工作责任和任务分工。

（二）强化信息报送。各地在实施专项行动期间，要建立健全各项信息报送机制，具体内容包括单位排查信息、隐患发现整改信息、执法信息等。各镇（场、经济开发区）和相关职能单位应每天汇总行动开展情况上报专项行动办公室。其中，“三小”场所、“三合一”场所由各镇（场、经济开发区）填报，学校由教育部门填报，宾馆酒店、出租屋由县公安局收集各派出所上报资料填报，歌舞娱乐、网吧、酒吧、影剧院、游艺室等由文广新部门填报，高层建筑和在建工地由县住建局填报，其他场所数据由消安委成员单位按照各自职能范围填报。各地各单位应及时掌握本地本行业专项行动信息，经常性组织分析评估，研判工作中存在的短板与不足并加以改进，不定期开展督导核查和指挥调度，确保专项行动稳步推进。

（三）固化长效机制。各地要认真总结专项行动工作经验，结合夏季消防检查、三小场所、出租屋、电动自行车和高层建筑专项治理、冬春火灾防控工作等，分析问题，巩固成果，建立健全长效机制。对逾期不改或经整治仍达不到基本消防安全要求、危及人民生命安全的，必须坚决依法予以关闭取缔。住建部门、出租屋行政主管部门和公安机关要分别针对违法建筑、群租房、“三合一”场所消防安全管理实施立法，切实加强源头性管控力度，用法制保障手段坚决遏制违章建设的势头，规范群租房、“三合一”场所日常消防安全管理。消防大队、公安派出所要强化对乡镇政府专职消防队、社区（村）微型消防站的业务指导，推动落实人员装备配置，建立健全联勤联训联防工作机制，加强对六类场所的熟悉演练力度，切实提升基层灭火组织“打早灭小”实战能力。

（四）做好宣传培训。各地各部门要创新宣传方式手段，通过媒体宣传、上门入户等方式，采取群众喜闻乐见的形式，集中开展消防安全培训，普及消防安全知识。消防大队要切实加大对典型事故的宣传力度，强化警示教育，联合主流媒体开展隐患暗访曝光活动，对整改措施落实不力的单位、场所实时进行曝光，倒逼社会单位落实消防安全主体责任，推动隐患整改落实。

（五）强化责任追究。要严格执行责任倒查工作机制，对于因工作措施落实不力，专项行动工作走过场、开展不彻底，导致规定期限内隐患无法及时消除的，县政府将对各地各单位主要负责人实施约谈，并实施通报批评，同时将整治情况转送县纪委进行问责查处。对于隐患整改不力，导致规定期限内隐患无法及时消除，危害公共安全的社会单位（场所），公安机关依法对相关责任单位（场所）实施顶格处罚，并对消防安全责任人、管理人依法实施拘留。发生火灾事故的，以“谁受益、谁负责，谁监管、谁负责，谁跟踪、谁负责”为原则，实施“一案双查”，既要追查社会单位（场所）主体责任，也要追查政府、行业主管部门监管责任；符合法定情形的，严格依法作为消防责任事故罪和失火罪立案调查。

（六）鼓励举报投诉。为保障公民对火灾危险的监督、投诉、举报权利，鼓励群众举报火灾隐患，落实有奖举报制度，充分发挥“96119”火灾隐患举报投诉热线作用。欢迎广大市民积极排查、举报投诉身边的火灾隐患，举报电话：96119、6869966，一经查证属实，每宗给予500元至1000元的奖励。

各地各单位实施方案、联络员信息及开展情况请于12月13日前报送县时前报县消防隐患大排查大整治领导小组办公室（办公室设在县接待办2107室，联系电话：6600116）。专项行动期间，各地各单位要将火灾隐患排查、整治、处罚的情况（详见附件1）于当天下午5时前报县消防隐患大排查大整治领导小组办公室。排查明细情况（详见附件2、3）于2017年12月15日、20日、25日、30日，2018年1月5日、10日下午4点前报县消防隐患大排查大整治领导小组办公室统计汇总，对迟报、漏报、虚报、不报的将报请县纪委严肃追究责任。同时，对各类建筑、场所和单位进行排查检查过程中，各地要认真填写“三小”场所防火安全抽查检查记录表（见附件4）、单位监督检查记录表（见附件5），当场下发各类建筑检查告知书（详见附件6），切实做到底数清、情况明，排查、告知、整治到位。

关于调整海丰县人民政府领导班子部分工作分工的通知

海府〔2017〕54号

各镇人民政府（场、经济开发区），县直（含垂直）各单位：

根据工作需要，经县政府同意，现将县政府领导班子部分工作分工调整通知如下：

陈凯婵副县长分管医疗、医药、医保工作；

郑永城副县长分管民政、殡改工作；

余振光常委不再分管医保工作；

卓雄峰副县长不再分管民政、殡改工作；

其他工作分工不变。

海丰县人民政府

2017年12月14日

关于印发《海丰县行政决策程序暂行规定》的通知

海府〔2017〕56号

各镇（场、经济开发区）人民政府，县直各有关单位：

《海丰县行政决策暂行规定》业经县政府同意，现印发给你们，请认真贯彻执行。

海丰县人民政府
2017年12月30日

海丰县行政决策程序暂行规定

第一章　总　则

第一条　为规范行政决策行为，促进依法行政，提高行政决策质量和效率，根据《中华人民共和国地方各级人民代表大会和地方各级人民政府组织法》、《中华人民共和国行政许可法》、国务院《全面推进依法行政实施纲要》、《汕尾市行政决策程序暂行规定》和其他有关法律、法规规定，结合我县实际，制定本规定。

第二条　本县各级行政机关和法律、法规授权的具有管理公共事务职能的组织以及受行政机关依法委托履行行政管理职责的组织的工作人员进行行政决策时，适用本规定。

应对有关突发事件的决策程序，适用《中华人民共和国突发事件应对法》等有关法律、法规、规章的规定。

制定规范性文件程序，按照《广东省行政机关规范性文件管理规定》、《汕尾市行政机关规范性文件管理办法》执行。

第三条　行政决策分为一般行政决策和重大行政决策。一般行政决策实行行政领导者个人决定的决策方式；重大行政决策实行集体决定的决策方式。

第四条　本规定所称政府重大行政决策包括以下事项：（一）制定或调整全县经济和社会发展重大政策措施，编制本县国民经济和社会发展规划、年度计划；（二）编制本县各类总体规划、重要的区域规划和专项规划；（三）编制本县财政预决算、重大财政资金安排；（四）研究县重大政府投资项目和重大国有资产处置；（五）土地、矿产等资源的开发利用、生态环境保护、劳动就业、社会保障、社会福利、科教文卫、商贸流通、城市建设等方面政策的制定或调整；（六）关系群众切身利益的重要的公用事业价格、公益性服务价格的确定和调整；（七）全县行政管理体制改革的重大措施和重大人事任免；（八）其他需由政府决策的重大事项。

第五条　行政决策应当坚持依法、科学、民主、责任的原则，实行公众参与、专家论证和政府决定相结合的决策机制。

第二章　决策主体与程序

第六条　政府行政首长代表本级政府对重大行政事项行使决策权。

政府分管负责人、主任、副主任协助政府行政首长行使决策权。

政府办公室负责重大行政决策活动的组织实施。

决策咨询机构、政府法制机构等应当为政府重大行政决策提供专业咨询、法律等有关服务。

第七条 重大行政决策一般应当经过以下步骤：（一）决策启动；（二）决策调研；（三）咨询论证；（四）征求意见；（五）合法性审查；（六）集体讨论；（七）结果公布。

第八条 政府提出的重大行政决策事项，由政府行政首长直接确定进入决策程序。

第九条 政府分管负责人、政府工作部门、下一级人民政府建议列入政府重大行政决策事项的，由政府行政首长确定是否进入决策程序。

第十条 决策事项承办单位依照法定职权确定，或者由政府行政首长直接指定。

第十一条 重大行政决策启动后，决策事项承办单位应当牵头开展调查研究，全面、准确掌握决策事项有关情况。

专业性较强的决策事项，可以委托专家、专业服务机构或者其他组织进行调研。

第十二条 决策调研的主要内容：（一）决策事项的目标；（二）决策事项的现状；（三）决策事项的必要性；（四）决策事项的可行性；（五）决策事项的利弊分析；（六）决策风险评估或应急预案；（七）其他需要调研的内容。

第十三条 决策调研后，决策事项承办单位应当结合实际拟定决策备选方案。对需要进行多方案比较研究或者争议较大的事项，应当拟定两个以上可供选择的决策备选方案。

第十四条 决策事项承办单位应当对重大行政决策备选方案进行合法性论证。

第十五条 对重大行政决策备选方案，承办单位应当咨询专家意见或者组织专业人员进行必要性、可行性和科学性论证。

第十六条 咨询、论证可以采用召开咨询会、论证会或者书面咨询等方式。

第十七条 专家或专业人员进行论证后，应当出具书面论证意见，并对论证意见的科学性负责。专家咨询意见书或专业人员的论证结论应当作为政府行政决策的参考。

第十八条 决策事项承办单位应当对专家或专业人员的论证意见进行归类整理，对合理意见应当予以采纳；未予采纳的，应当说明理由。

第十九条 重大行政决策涉及相关行政机关职能的，决策事项承办单位应当征求相关行政机关的意见。

被征求意见的行政机关应当组织相关人员认真研究，并在规定的时间内回复意见。行政机关之间有原则性分歧意见的，决策事项承办单位应当进行协调处理。

第二十条 重大行政决策事项涉及面广或者与公民、法人和其他组织利益密切相关的，应当公开征求意见。征求意见主要包括以下内容：（一）决策事项；（二）决策方案的依据、理由和说明；（三）反馈意见的方式及时限；（四）应当公示的其他内容。

第二十一条 公示的时间一般不少于7天。

第二十二条 重大决策事项可以通过报刊、广播电视、政府门户网站、政务公开专栏等形式进行公示，也可以采用展示模型、图片等形式予以公示。

第二十三条 重大行政决策事项有下列情况之一的，应当举行听证会：（一）涉及重大公共利益和公民、法人或其他组织切身利益的；（二）公众对决策方案有重大分歧的；（三）可能影响社会稳定的；（四）法律、法规、规章规定应当听证的。

重大决策事项听证会的听证机关为决策事项承办单位，听证程序按国家和省有关规定执行，听证笔录应当作为决策的参考依据。

第二十四条 重大行政决策事项提交会议集体决策前，应当进行合法性审查。对涉及法律、法规、规章的重大行政决策，在决策作出前交由政府法制机构或者组织有关专家对决策方案进行合法性审查，并及时出具重大行政决策事项合法性审查意见书。未经合法性审查或者经审查不合法的，不得作出决策。

第二十五条 重大行政决策承办单位应当按照《海丰县人民政府工作规则》的有关规定，将重大行政决策事项提请政府常务会议或政府全体会议讨论决定。

第二十六条 提请政府常务会议或政府全体会议讨论决定的重大行政决策事项，应当提交以下材料：（一）决策方案草案及说明；（二）有关的法律、法规、规章和政策规定；（三）专家咨询或专业人员论证意见；（四）征求意见及处理情况；（五）合法性审查意见；（六）其他有关材料。

第二十七条　政府讨论行政决策方案时，由行政首长或者其委托的会议主持人主持进行，会议组成人员应当充分发表意见。

会议主持人应当根据会议讨论情况，作出同意、不同意、修改、搁置及再次审议的决定。

作出搁置决定的，超过1年期限，审议方案自动废止；作出再次审议的，应当确定下次审议的时间。

会议主持人的决定与会议组成人员多数人的意见不一致的，应当说明理由。

第二十八条　重大行政决策事项依法需要报上一级人民政府批准或者依法应当提请本级人民代表大会及其常务委员会审议决定的，政府提出决策意见后，按程序报上一级人民政府批准或者由政府行政首长依法提请本级人民代表大会及其常务委员会审议决定。

第二十九条　对涉及面较广、试验性较强的决策措施，应当在局部范围内先行试点，取得经验后逐步推广。

对具有较强前瞻性的重大改革措施，一般应当先试行，经实践检验并进一步修正后，再正式决策实施。

第三十条　政府召开重大行政决策会议，应当制作会议记录。

政府全体会议或者常务会议应当根据会议记录制作会议纪要。

第三十一条　重大行政决策结果，除依法保密的以外，政府应当在作出决定之日起20日内，通过政府门户网站或新闻媒体向社会公布。

第三章　决策执行与监督

第三十二条　加强行政决策的执行监督，按照“谁主管、谁负责”的原则，政府办公室负责对行政决策进行分解、细化、量化，提出明确要求，将责任落实到有关决策执行单位。

决策执行单位应当根据各自职责，全面、及时、正确地贯彻执行重大行政决策。

第三十三条　政府办公室负责重大行政决策执行情况的检查监督，采取跟踪检查、督办、考核等措施，对执行情况进行监督，确保决策的正确、及时实施。

第三十四条　决策承办单位负责对政府重大行政决策实施情况进行评价，通过抽样检查、跟踪调查、评估等方式，分析决策是否真正解决了所要解决的问题，决策目标的选择是否真正最优，及时发现决策存在的问题，并将情况及建议报告县政府，由县政府决定是否调整和完善决策。

第四章　责任追究

第三十五条　决策事项承办单位违反本规定，导致重大行政决策失误的，依照有关法律、法规追究相关领导和直接责任人的责任。

第三十六条　决策执行机构违反本规定，导致重大行政决策不能全面、及时、正确实施的，依照有关法律、法规追究相关领导和直接责任人的责任。

第三十七条　参与重大行政决策会议审议的人员，违反保密规定，泄露会议未定和决定不对外公开的事项以及会议讨论情况的，依照《中华人民共和国保守国家秘密法》的有关规定追究责任。

第五章　附　则

第三十八条　本规定内容，法律、法规、规章另有规定的，从其规定。

第三十九条　本规定自发布之日起施行。

关于印发《海丰县人民政府重大行政决策合法性审查规定》的通知

海府〔2017〕57号

各镇（场、经济开发区）人民政府，县直各有关单位：

《海丰县人民政府重大行政决策合法性审查规定》业经县政府同意，现印发给你们，请认真贯彻执行。

海丰县人民政府

2017年12月30日

海丰县人民政府重大行政决策合法性审查规定

第一条 为规范政府重大行政决策行为，促进依法行政，保障经济社会发展，保护公民、法人和其他组织的合法权益，维护公共利益和社会秩序。根据《汕尾市人民政府重大行政决策合法性审查规定》和《汕尾市行政决策程序暂行规定》有关规定，结合我县实际，制定本规定。

第二条 县政府重大行政决策合法性审查适用本规定。

第三条 县政府 规范性文件制定的合法性审查按规范性文件管理有关规定办理。

第四条 县政府作出重大行政决策之前，应当对该决策进行合法性审查。

第五条 重大行政决策合法性审查应当遵循合法、高效、权责统一的原则。

第六条 县政府法制机构负责对重大行政决策进行合法性审查，并出具书面审查意见。

第七条 县政府在重大行政决策过程中，应当充分考虑法制机构的审查意见。

第八条 对重大行政决策应当从下列方面进行合法性审查：

（一）是否超越决策机关的法定职权范围；

（二）是否存在决策程序不合法；

（三）是否存在决策内容不合法；

（四）是否存在其他的法律问题。

第九条 重大行政决策由决策拟定单位拟定决策草案，决策拟定单位对拟决策事项应当深入调查研究，全面、准确掌握决策所需信息，结合实际拟定决策方案，按照决策事项涉及的范围广泛征求相关方面意见，充分协商协调，形成决策方案草案后提交县政府法制机构进行合法性审查。

第十条 重大行政决策拟定单位在决策事项的前期调研、论证阶段应当通知本单位的法制机构或负责法制工作的机构参加；为提高工作质量和效率，重大行政决策拟定单位在拟定决策草案的过程中可以邀请本单位法律顾问和县政府法制机构派员参加前期的有关调研、论证等工作。

第十一条 重大行政决策作出之前，重大行政决策拟定单位可在下列时段提请县政府法制机构进行合法性审查：

（一）重大行政决策拟定后正式上报县政府之前；

（二）重大行政决策上报县政府并经政府办公室进行充分协调之前；

（三）重大行政决策在提交县政府全体会议或者常务会议审议之前。

第十二条 县政府法制机构可邀请与重大行政决策相关专业背景知识的专家参与审查，参与决策的专家应与该决策没有直接利害关系或其他可能影响其科学客观判断的因素。

第十三条 县政府法制机构应当对专家意见进行归类整理，对合理意见应当予以采纳；未予采纳的，应当说明理由。

县政府法制机构应当就专家意见及采纳情况向重大行政决策拟定单位予以说明。

第十四条 县政府法制机构对重大行政决策进行合法性审查时，一般采取书面审查方式，对情况复杂或法制机构认为必要的，可以采取下列方式：

（一）到有关部门和单位进行调查研究；

（二）通过召开座谈会、论证会、听证会、协调会、公开征求意见等形式广泛听取社会各界的意见和建议；

（三）根据需要组织有关单位和专家学者以研讨会形式进行法律论证。

开展前款第（一）、（二）、（三）项规定工作的时间，不计算在第十八条规定的审查时限内。

采取上述方式进行合法性审查所涉及的单位和个人应当支持配合县政府法制机构的工作。

第十五条 县政府法制机构对重大行政决策进行合法性审查后应出具书面合法性审查意见，合法性审查意见应当主要包括以下内容：

（一）法律、法规、规章和政策依据；

（二）重大行政决策在合法性方面的分析及结论；

（三）重大行政决策在适当性方面存在的问题；

（四）对重大行政决策合法性及适当性存在问题的修改建议；

（五）法制机构认为有必要向县政府提出的其他问题。

法制机构的合法性审查意见与决策承办单位意见不一致的，应当在合法性审查意见中予以说明。

第十六条 对法律审查意见涉及行政决策行为合法性的内容，决策拟定单位有异议的，以审查意见为准；对法律审查意见涉及行政决策行为适当性的内容，决策拟定单位有异议的，应当充分说明理由和依据，并提请县政府根据实际情况权衡决定。

第十七条 县政府法制机构对重大行政决策进行合法性审查期间，决策拟定单位应当积极协助法制机构工作，同时按规定时间和要求提供下列材料，并对其真实性、可靠性、完整性负责：

（一）决策备选方案说明（包括基本情况介绍和必要性、可行性说明，以及决策的成本效益风险分析）；

（二）有关的法律、法规、规章、规范性文件和政策依据；

（三）有关的征求意见的综合材料；

（四）有关的统计数据、调查分析和评估报告等；

（五）应当进行专家咨询论证的提供咨询论证材料，应当举行听证的提供听证材料；

（六）决策拟定单位法制机构或负责法制工作的机构出具的法律意见书；

（七）县政府法制机构要求提供的其他材料。

第十八条 县政府法制机构对重大行政决策进行合法性审查，应当自受理之日起三十个工作日内提出书面审查意见。因特殊情况需要延长的，经县政府分管领导批准，可延长十五个工作日。

县政府法制机构要求补充材料的，审查期限暂时中止，待行政决策拟定单位补齐材料后继续计算审查期限。

第十九条 县政府法制机构认为需要补充材料的，重大行政决策拟定单位应当于十个工作日内补齐；情况紧急的，应当在县政府法制机构指定的时间内提交。

第二十条 重大行政决策拟定单位按本规定第十七条要求向县政府法制机构提供材料之日为受理日。

第二十一条 县政府常务会议或者全体会议研究决定重大行政决策时，县政府法制机构负责人应当出席会议，并就该重大行政决策进行合法性审查的情况作说明。

相关法律专家或与重大行政决策相关专业背景知识的专家可受邀列席会议。

第二十二条 重大行政决策未经合法性审查或者未通过合法性审查的，不予提交县政府常务会议或者全体会议审议，县政府对该重大行政决策不予作出决定。

第二十三条 重大行政决策合法性审查工作所需费用，由县财政予以保障。

第二十四条 参与重大行政决策合法性审查工作的县政府法制机构工作人员及其他有关人员，应当严格遵守保密纪律，相关资料、信息等不得对外泄露。

第二十五条 县政府法制机构及其工作人员在重大行政决策合法性审查过程中违反有关法律法规和本规

定的，按照《行政机关公务员处分条例》等有关法律法规规定追究责任。

第二十六条 法律、法规、规章对重大行政决策的合法性审查另有规定的，从其规定。

第二十七条 本规定自印发之日起实施，有效期为五年。

关于调整县政府保密领导小组成员的通知

海府办〔2017〕19号

各镇人民政府（场、经济开发区），县直有关单位：

鉴于县政府保密领导成员工作变动，为加强对保密工作的领导，进一步做好我县的保密工作，确保党和国家秘密的安全，经县政府同意，决定对县政府保密领导小组成员作出调整，调整后的成员名单如下：

组　长：郑俊雄（县政府）

副组长：卓凛波（县政府）　余振光（县政府）
卓雄峰（县政府）　吴光群（县政府）
陈凯婵（县政府）　郑永城（县政府）
罗　恒（县政府）　施流德（县政府）

成　员：林其波（县政府办）　曾诗贤（县经促局）
郑惠暖（县发改局）　马学仲（县教育局）
钟伟雄（县公安局）　姚火坤（县审计局）
吴华生（县外事侨务局）　林国义（县财政局）
庄泽民（县电信局）　吴筱聪（县人社局）
林锡清（县监察局）　颜荣林（县卫计局）
李建生（县统计局）　刘锦荣（县交通运输局）
陈锦锋（县住建局）　陈坤宝（县环保局）
黄信乐（县农业局）　陈容生（县水务局）
林建军（县国土资源局）　李特清（县民政局）
林辉迎（县司法局）　陈腾渊（县文广新局）
唐宗平（县科技局）

海丰县人民政府办公室
2017年3月18日

海丰县人民政府办公室关于印发《海丰县创建广东省质量强县示范县工作实施方案》的通知

海府办〔2017〕21号

各镇人民政府（场、经济开发区），县强县办各成员单位：

经县政府同意，现将《海丰县创建广东省质量强县示范县工作实施方案》印发给你们，请认真组织实施。实施过程中遇到的问题，请径向创建广东省质量强县示范县工作领导小组办公室（设在县市监局）反映。

（县创建办联系人：蔡春燕、黄琪，电话：6898626，邮箱：hfxqxb@163.com, 地址：海丰县市场和质量监督管理局504室。）

海丰县人民政府办公室

2017年8月1日

海丰县创建广东省质量强县示范县工作实施方案

为认真贯彻落实《国务院关于印发质量发展纲要（2011—2020年）的通知》（国发〔2012〕9号）和《中共广东省委 广东省人民政府关于实施质量强省战略的决定》（粤发〔2017〕9号）精神，根据市强市办的有关要求和工作安排，我县决定开展广东省质量强县示范县创建活动，现结合实际，制定本方案。

一、指导思想

以党的十八大和十八届三中、四中、五中、六中全会精神为指导,深入贯彻落实科学发展观，坚持以质取胜,全面推进实施《质量发展纲要》；以成功创建广东省质量强县示范县为目标,从强化法制、落实责任、加强教育、增强全社会质量意识入手，立足当前、着眼长远，整体推进、突出重点，综合施策、标本兼治，进一步完善质量公共服务体系和质量监管体系,全面提高质量管理水平，推动建设质量强县；大力培育一批质量卓越、管理先进、品牌优秀的企业，促进经济社会又好又快发展。

二、工作原则

（一）把以人为本作为质量发展的价值导向，不断满足人民群众日益增长的物质文化生活需要，更好地保障和改善民生。

（二）把以质取胜作为质量发展的核心理念，坚持好字优先，好中求快，全面提高各行各业的质量管理水平，发挥质量的战略性、基础性和支撑性作用，依靠质量创造市场竞争优势，增强我县产品、企业、产业的核心竞争力。

（三）把诚信守法作为质量发展的重要基石，倡导诚实守信、合法经营，增强质量诚信意识，完善质量诚信体系，严厉打击质量违法行为，营造公平竞争、优胜劣汰的市场环境，发展先进的质量文化。

（四）把安全作为质量发展的基本要求，强化质量安全意识，落实质量安全责任，严格质量安全监管，加强质量安全风险管理，提高质量安全保障能力，科学处置质量安全事件，切实保障广大人民群众的身体健康和生命财产安全。

（五）把创新驱动作为质量发展的强大动力，加快技术进步，实现管理创新，提高劳动者素质，优化资源配置，增强创新能力，增强发展活力，推动质量事业全面、协调、可持续发展。

（六）把夯实基础作为质量发展的保障条件，加强理论研究和质量法制建设，夯实质量管理基础，加强质量人才培养，推进标准化、计量、认证认可以及检验检测能力建设，不断完善有利于质量发展的体制机制。

三、工作内容

（一）质量发展战略更加明晰

将质量发展列为区域发展战略的核心内容,把质量发展目标纳入本地区国民经济和社会发展规划,并制定区域质量发展规划。出台支持质量发展的各项政策措施,加大对质量综合管理和质量安全保障能力的投入,全面提升区域的综合质量水平。

（二）质量文化特色更加鲜明

建设先进的质量文化,建立健全质量诚信体系,积极落实质量责任,重视质量舆论宣传,大力弘扬质量先进典型,建立质量发展激励机制。广泛深入开展群众性质量活动,形成良好的质量发展环境。

（三）质量基础保障更加有力

推进水平领先和专业性强的质量公共服务平台建设,构建以预防为主的质量安全风险管理体系和高效的质量安全监管体系。加大打击质量违法力度,坚决查处制假售假大案要案。定期评估分析区域质量状况。

（四）质量工作组织更加有力

不断完善质量工作体制机制,加强对质量工作的统筹规划和组织领导,全面提高产品、工程和服务的质量水平。

（五）质量宏观管理成效更加显著

构建和完善政府监管、市场调节、企业主体、行业自律、社会参与的质量工作格局。企业主体作用得到有效落实,推广先进的质量管理方法,广泛开展群众性质量活动,形成一批拥有国际知名品牌和核心竞争力的优势企业和品牌形象突出、服务平台完备、质量水平一流的产业集群。

（六）产品质量不断提高

产品质量保障体系更加完善,产品质量安全指标全面达到国家强制性标准要求,进出口产品、农产品和食品等重点产品质量安全得到有效保障。标准

技术创新能力、自主品牌市场竞争力明显增强,重点培育一批质量水平高、品牌影响力大的企业。

（七）工程质量不断提高

工程质量通病治理取得显著成效。工程质量技术创新能力较强,建筑工程节能效率和工业化建造比重不断提高,不断提高保障房工程建设质量水平。

（八）服务质量不断提高

加快服务质量标准化、规范化和品牌化建设,骨干服务企业和重点服务项目的服务质量达到或接近国际先进水平。在重点生产性服务领域,培育形成一批品牌影响力大、质量竞争力强的大型服务企业。在生活性服务领域,培育形成一批凝聚民族文化特色的服务品牌和精品服务项目。

（九）质量发展成果全民共享

畅通质量投诉渠道,有效调节和处理质量纠纷,切实维护消费者合法权益。加大对食品生产加工企业、小作坊的管理和整治,切实保障食品质量安全。重点解决人民群众关心的各类质量安全问题,维护人民群众的权益,市民对城市综合质量水平的满意度不断提高。

四、目标任务

通过开展创建质量强县示范县，倒逼质量提升工作有效落实，建设质量强县工作取得明显成效，质量基础进一步夯实，质量整体水平显著提升，质量发展成果惠及全市人民，人民群众成为质量强县的创建者和受益者；形成一批拥有省内、国内甚至国际知名品牌和核心竞争力的优势企业，形成一批品牌形象突出、服务平台完善、质量水平一流的现代企业和产业集群；基本建成食品质量安全和重点产品质量检测体系，建立完善的质量公共服务体系和健全的质量监管体系，为全面建成小康社会奠定坚实的质量基础。

（一）产品质量（牵头单位：县市监局，责任单位：各相关部门）

1.完善产品质量保障体系。产品质量安全指标全面达到国家强制性标准要求，产品质量合格率达95%以上，企业生产的相关产品生产许可证、3C认证证书覆盖率达100%。

2.农产品、食品等重点产品质量安全得到有效保障。主要农产品抽检合格率达96%以上；重点食品监督抽查合格率达95%以上；完善食品安全事故应急预案，健全日常防控、舆情监测、隐患排查、紧急处置、事故调查、信息发布等制度；严厉惩处食品安全违法犯罪分子；完善食品安全综合协调机制；认真开展打击非法添加和滥用食品添加剂违法行为。

3.进出口商品质量安全水平稳步提升。进出口商品法定检验合格率持续提高，出口商品遭境外通报比率低于省平均水平，进出口大宗商品质量及敏感商品及时有效监管，突发性进出口商品质量事件及时有效处置。

4.特种设备质量安全得到有效保障。建立特种设备安全保障长效机制和应急预案且运行良好，建立特种设备安全状况分析报告制度和地方政府及相关部门特种设备“一岗双责”制度，无特种设备重大安全事故。

（二）工程质量（牵头单位：县住建局，责任单位：各相关部门）

1.重大建设工程的耐久性、安全性较强，工程质量通病治理取得显著成效。大中型工程一次验收合格率达到100%，其他工程一次验收合格率达98%以上，小区民用“四表”检定合格率达到100%，电梯检验合格率达到100%。

2. 建筑工程节能效率和工业化建造比重不断提高。工程项目严格执行工程建设强制性标准规范要求，严格执行节能标准规定，新开工建筑节能标准执行率达到100%。

3.有效保证保障性住房工程建设质量水平。新开工受监工程覆盖率达到100%，工程质量备案率达到100%，城市保障房工程建设质量一次验收合格率达到100%。

4.执行国家《住宅性能评定技术标准》，进一步提升房屋住宅居住性能，满足人民群众需求。

5.在大型工程、重点工程建设中引入设备监理机制，有效保证设备工程质量和安全。

（三）服务质量（牵头单位：县经促局，责任单位：各相关部门）

1.发挥旅游景区标准化服务试点作用。加快推进红宫红场红色旅游景区、莲花山旅游景区服务标准化建设，全面提升旅游业管理水平，提升海丰服务业的辐射竞争能力。

2.培育一批影响力大、竞争力强的生产服务企业。积极开展“生产性服务示范区”和“生产服务功能企业”认定工作，并加大扶持力度。依托有竞争力的企业，通过兼并、联合、重组的方式，促进规模化、品牌化、网络化经营，形成一批拥有自主知识产权和知名品牌，具有较强竞争力的大型服务企业或企业集团。

3.拓展一批凝聚海丰地方特色的老字号企业。加强老字号品牌的保护和扶持力度，促进老字号的振兴，充分发挥“老字号”企业的集聚效应、规模效应、管理效应和品牌效应，切实提升服务业的竞争力和管理水平，促进服务业升级换代。

4.提升城市服务业满意度。积极建立和完善商贸、餐饮、旅游、物流、行政服务窗口、医疗等服务系统标准体系，加强医院医疗器械检定工作，医疗器械检定合格率达到100%，切实提升群众的满意度。

5.服务产品种类不断丰富，顾客满意指数不断提高。

（四）环境质量（牵头单位：县环保局，责任单位：各相关部门）

1、建立环境监测体系，城市空气、地表水、饮用水、声环境质量不断提高，环境质量明显改善，环境保护和治理力度进一步增强，生态文明建设取得显著成效。

2、建立完善环境突发事件应急预案，落实有力措施防控重大、特大环境污染和生态破坏事故发生。

3、加强环境质量监测，确保环境空气质量各监测指标年均浓度达标，水环境质量各项指标达到目标要求，区域环境噪声等效声级低于或等于全省平均水平。

4、深入实施水、大气、土壤污染防治行动计划，推动环境质量持续改善。

五、创建步骤

（一）组织动员阶段（2017年7月）

制定创建方案,明确工作任务和职责;广泛发动,加强宣传,组织部署创建活动;各责任单位按照职责分工，制定本部门创建广东省质量强县示范县工作方案。各责任单位工作方案及宣传工作开展情况于7月30日前报创建质量强县示范县领导小组办公室。

（二）组织实施阶段（2017年8月）

各责任单位按照本部门工作方案,全面开展质量强县、质量强业、质量强企活动，力促产品质量、工程质量、服务质量、环境质量全面提升。期间，由创建工作领导小组办公室从各责任单位抽调人员组成督导组，对各单位创建示范县工作开展情况进行督促检查，对创建工作中存在的不足和问题,认真分析，提出整改意见，督促各责任单位自查自纠,针对问题进行认真整改,巩固提升创建成果。

（三）迎接验收阶段（2017年9月上旬）

根据创建目标任务，进行查漏补缺、完整建档，做好迎接市创建办考核和省创建办验收的各项准备工作。

六、工作要求

（一）加强领导,精心组织

在质量强县领导小组成员单位的基础上，成立创建广东省质量强县示范县工作领导小组，全面负责创建工作，重点解决创建工作中存在的问题,确保各项工作顺利推进。领导小组下设办公室（简称创建办）在县市监局，负责创建工作的日常工作。相关部门要成立相应的工作机构，确保创建工作有序推进。

（二）落实责任,强化督查

创建工作实施量化考核评价,定期督查工作开展情况。各责任单位依据各阶段目标及工作职责,制定工作推进方案,签订目标责任书,切实抓好落实。领导小组办公室要加强指导,及时了解掌握工作进展情况,加大监督检查力度,确保顺利实施。县政府将对创建工作不力、未按时完成目标责任的单位、责任人予以通报批评,并给予相应处分。

（三）加强宣传,营造氛围

充分发挥新闻媒体、群团组织和行业协会的作用,通过政府网站、电子显示屏、宣传窗,广泛开展质量宣传教育活动,全面推广质量管理经验,提升全民质量意识,努力营造企业追求卓越质量、社会崇尚质量、人人关心质量的良好氛围。

（四）认真总结，迎接考核

根据市创建办工作安排，质量强县示范县创建工作与2016年—2017年质量强县年度考核工作同步进行。为确保验收达标，请各单位在按照职责要求认真推进创建工作的同时，对照《广东省质量强市（县、区）示范市（县、区）考核验收细则》、《广东省2016-2017年度地级以上市人民政府质量工作考核评分细则（讨论稿）》、《广东省2016-2017年度地级以上市人民政府质量工作实地核查要点及评分要求（讨论稿）》和2017质量强县行动计划进行查漏补缺，收集、汇总、整理2016年-2017年以来质量工作有关资料，相关证明材料应包括部署、落实和成效三个层面进行全面梳理，完整建立迎考档案，于8月15日报送一份到县创建办汇总。“四大质量”牵头部门要切实负起牵头责任，注重本领域亮点工作的挖掘、梳理、推介，并各选定2个企业为备查点，迎接考核验收。创建过程中实行周报制度，请各单位于每周一报送上周创建活动开展情况、相关辅证资料，以便充实、完善质量强县示范县自查报告。

关于印发《海丰县大中型水库农村移民后期扶持人口核定登记实施细则》的通知

海府办〔2017〕29号

各镇人民政府（场），县直有关单位：

经县政府同意，现将《海丰县大中型水库农村移民后期扶持人口核定登记实施细则》印发给你们，请认真贯彻执行。

海丰县人民政府办公室
2017年10月9日

海丰县大中型水库农村移民后期扶持人口核定登记实施细则

第一条 为了做好我县大中型水库农村移民后期扶持人口核定登记工作，确保水库移民后期扶持政策顺利实施，切实维护移民合法权益，根据国务院《关于完善大中型水库移民后期扶持政策的意见》（国发〔2006〕17号）及省水利厅印发《广东省大中型水库农村移民后期扶持人口核定登记办法》（粤水规范字〔2017〕1号）的精神，结合我县大中型水库农村移民后期扶持工作的实际，制定本实施细则。

第二条 人口核定登记工作的原则

（一）坚持公开、公平、公正的原则；

（二）坚持实事求是、尊重历史、化解矛盾、解决问题和有利于维护社会稳定大局的原则；

（三）坚持与时俱进，结合我县大中型水库移民工作实际情况，确保政策衔接原则；

（四）坚持动态管理的原则，在扶持期内，县依据省、市核定我县的大中型水库移民后期扶持人口指标，对各镇（场）的大中型水库移民后期扶持人口实行总量控制，各镇（场）要对纳入后期扶持的水库移民个人实行年度动态核减管理的政策。

第三条 人口核定登记工作的目的

将中央核定的我县大中型水库移民后期扶持人数，能够核实到户到人的尽量核实到人，建立我县大中型水库移民后期扶持人口信息数据库，通过扎实有效的工作，保障后期扶持政策的顺利实施。

第四条 人口核定登记的范围对象

（一）核定范围对象：人口核定登记的范围对象为搬迁安置在我县内的大中型水库农村移民。核定对象按属地管理原则，在镇（场）人民政府和移民自然村当地派出所核定登记。

（二）人口核定登记的时限划分：2006年6月30日前搬迁的水库移民，以2006年6月30日在册的户籍人口核定为水库移民现状人口；2006年7月1日以后搬迁的水库移民，以实际动迁的人口核定为原迁人口。

（三）2006年6月30日前已搬迁水库移民现状人口，其后期扶持人口身份核定登记按以下规定执行：

1. 具有下列情形之一的，核定登记为水库移民后期扶持人口：具有安置地农村户籍的原迁移民和移民的后代（含依法收养的，下同）；具有安置地农村户籍的原迁移民和移民的后代娶进或入赘的农业人口；户籍临时转出的现役士兵、在校大中专学生、劳改服刑人员；自行搬迁到安置地以外（省内投亲靠友）具有农村户籍的原迁移民和移民后代。

2. 具有下列情形之一的，不能核定登记为水库移民后期扶持人口：包括2006年6月30日前已经转为非农业户籍的原迁移民和移民的后代；原迁移民和移民的后代出嫁或入赘到非移民户的；为安置水库移民调出土地的原住居民人口；水库淹没影响的城市、集镇、工矿企业、专项设施迁改建新址占地涉及的征地拆迁人口；淹地不淹房、没有动迁而仅作生产安置的人口；2006年7月1日起新出生的水库移民后代。

第五条 在后期扶持期内，不对已核定登记人口作全面重新核定登记，但对确属后期扶持范围对象而漏登的水库移民人口，由移民户提出补办登记申请，所在村民委员会出具核实证明，经镇（场）人民政府审核签章确认后，上报县水务局移民办汇总。具体程序如下：

（一）由移民户和移民自然村村民小组提出补办登记申请，填写《水库农村移民后期扶持人口漏登补办登记申请表》（附件1），并提供补办成员户口簿、结婚证等证件原件和复印件，由所在村民委员会核实并加盖公章签署意见；

（二）村民委员会核实移民户身份后，对确属后期扶持范围对象而漏登的水库移民人口，出具《移民户漏登补办登记申请的核实证明》（附件2），连同补办成员户口簿、结婚证等证件复印件（由村委核实并加盖公章）上报镇（场）人民政府审核；

（三）村民委员会填写本村委的《水库农村移民后期扶持人口漏登补办登记申请汇总表》（附件3），报经当地派出所、镇（场）人民政府签署意见后，上报县水务局移民办汇总；

（四）相关的表格和材料一式肆份，由村委会、镇（场）人民政府、当地派出所及县水务局移民办存档备查。

第六条 水库移民后期扶持人口核减对象及管理方式

（一）水库移民后期扶持人口核减对象：本细则所指水库移民后期扶持人口核减对象是已去世的和户口迁离广东省的水库移民后期扶持人口（包括户口曾经临时转出的现役士兵、在校大中专学生、劳改服刑人员，其户口永久迁离本省的）。

（二）水库移民后期扶持人口核减工作的组织管理：实行以县镇村三级的分级管理方式。镇级人民政府负责组织移民村所属村委会每年进行一次水库移民后期扶持人口核减工作；县水务局移民办对全县水库移民后期扶持人口核减工作进行指导和检查监督。

第七条 水库移民后期扶持人口核减工作程序和要求

（一）首次核减：在2017年，对2006年7月1日至2016年12月31日期间的水库移民后期扶持人口核减对象，进行一次性核减，核减的人口从2018年1月1日起不再纳入扶持对象。

（二）实行年度核减：从2018年起，每年开展核减水库移民后期扶持人口工作。在每年1月31日前，由镇（场）人民政府组织移民村所属村委会对上一年内（1月1日至12月31日）的水库移民后期扶持人口核减对象进行一次核减，并于2月15日前由镇（场）人民政府上报县水务局移民办汇总，核减的人口从当年起，不再纳入扶持对象。

（三）水库移民后期扶持人口核减工作程序

1. 以移民自然村为基本单元。由村民小组向村民委员会上报本村后期扶持人口核减对象情况信息，并填写《水库农村移民后期扶持人口核减登记表》（附件4）；

2. 村民委员会对各移民村上报的人口核减对象情况信息进行复核，并提供核减人员的《死亡证明》或《户籍迁离本省证明》；

3.村民委员会向被核减人口的移民户发出《水库农村移民后期扶持人口核减告知书》（附件5），同时将《告知书》在村民委员会的公示栏和涉及的移民自然村进行张贴公示并照公示相片存档，公示期为7天；

4.公示期满无异议后，村民委员会在每年1月31日前将《核减登记表》、《告知书》以及相关公示相片和证明材料上报镇（场）人民政府审核；

5.镇（场）人民政府审核村委上报的水库移民后期扶持人口核减资料，填写本镇各村委《水库农村移民后期扶持人口核减汇总表》（附件6），送当地派出所签署意见，并出具《水库移民后期扶持人口核减的函》（附件7），于每年2月15日前上报县水务局移民办汇总。

6. 相关的表格和材料一式肆份，由村委会、镇（场）人民政府、当地派出所及县水务局移民办存档备查。

第八条 水库移民后期扶持人口核减核定工作的监督检查

镇（场）人民政府及当地派出所要加强对水库移民后期扶持人口核定登记工作的监督检查，对发现有错登、漏登水库移民后期扶持人口问题应及时纠正，对群众举报反映的虚假、错登水库移民后期扶持人口问题应及时调查处置，防止徇私舞弊行为。对违反国家有关政策规定，弄虚作假、以权谋私的，要严肃依法依纪追究责任。

第九条 小型水库农村移民扶持人口核定登记工作参照本细则执行。

第十条 本细则由县水务局移民办负责解释。

第十一条 本细则自印发之日起实施，有效期5年。

关于印发海丰县环境保护与生态建设“十三五”规划的通知

海府办〔2017〕14号

各镇人民政府（场、经济开发区），县直各单位：

《海丰县环境保护与生态建设“十三五”规划》已经县政府同意，现印发给你们，请认真贯彻实施。如在实施过程中遇到问题，请径与县环保局联系。

海丰县人民政府办公室

2017年3月24日

关于印发《海丰县42个省定贫困村创建社会主义新农村示范村的实施方案》的通知

海府办〔2017〕39号

各镇人民政府（场），县直有关单位：

经县政府同意，现将《海丰县42个省定贫困村创建社会主义新农村示范村的实施方案》印发给你们，请认真贯彻执行。

海丰县人民政府办公室
2017年12月22日

海丰县42个省定贫困村创建社会主义新农村示范村的实施方案

为认真贯彻落实省委、省政府和市委、市政府关于贫困村创建新农村示范村的工作部署，根据中共广东省委办公厅、广东省人民政府办公厅《关于2277个省定贫困村创建社会主义新农村示范村的实施方案》，切实改善农村生产、生活、生态条件，促进农民脱贫奔康致富，结合我县实际，制定本实施方案。

一、指导思想、目标任务和基本原则

（一）指导思想

深入贯彻习近平总书记系列重要讲话精神和治国理政新理念、新思想、新战略，以“四个坚持、三个支撑、两个走在前列”为统领，以省委、省政府《关于2277个省定贫困村创建社会主义新农村示范村的实施方案》(粤委办〔2017〕55号) 为依据，示范引领、以点带面，按照社会主义新农村建设总体要求，以海丰革命老区红色乡村为特色，加大改革创新和投入力度，突出生产、生活、生态，全面整治村庄环境脏乱差，补齐基础设施建设短板，提高基本公共服务和乡风文明水平，把我县42个省定贫困村打造成为党组织领导有力、基础设施配套、基本公共服务完善、生态环境良好、农民持续增收、社会和谐稳定、岭南特色鲜明的社会主义新农村示范村，为实现高水平稳定脱贫奠定坚实基础。

（二）目标任务

围绕“三年攻坚、两年巩固，到2020年如期完成脱贫攻坚”的总目标，以行政村为基础，以20户以上自然村为基本单元，先整治、后提升，按照基础整治期、巩固提升期两个阶段分步推进，3年见成效，5年大提升，把42个省定贫困村建设成为中等以上水平的社会主义新农村示范村，实现贫困村由后队变前队。再用5年时间，进一步提升示范村创建水平，彻底解决贫困村发展滞后问题。

基础整治期（2018年年底前）。2017年，42个省定贫困村全面开展“三清三拆三整治”，重点整治脏乱差及垃圾、污水、畜禽污染等，到2017年年底，环境卫生得到明显改善，基本完成环境整治任务，达到整治标准。到2018年，基本完成村道硬化、集中供水、雨污分流、垃圾处理等基础设施建设，消除脏乱差现象，健全长效保洁管护机制，基本实现村庄干净整洁有序。

巩固提升期（2019—2025年）。到2019年，基础设施进一步完善，村民环保意识、村容村貌进一步提升，所有自然村达到整治标准，鼓励有条件的自然村同步巩固提升示范村，到2020年，确保80%以上自然村达到示范标准。到2025年，42个省定贫困村全部达到示范标准，鼓励有条件的示范村全面提升创建水平。

（三）基本原则

因地制宜、规划引领。从实际出发编制示范村整治创建规划，纳入村规民约。注重保持自然生态环境、乡土气息、田园风光、优秀传统文化，保护名人旧居，古建筑，古村落，不搞“面子工程”，不搞一刀切，防止千村一面。

突出重点、分步推进。集中力量先行开展“三清三拆三整治”，全面整治农村人居环境，优先解决群众反映最普遍、最迫切的道路、饮水、垃圾和污水处理等问题，依据村庄资源条件，区分轻重缓急、量力而行，分阶段分步骤创建提升。

分类指导、突出特色。立足村庄实际，分类施策，打造各具特色的宜居、宜业、宜游典型示范，以点带面，整体提高。

农民主体、共建共享。尊重农民意愿，保护农民权益，发挥农民主体作用，充分调动广大农民的积极性和主动性，实现共谋共建共管共享。

整合资源、多方投入。明确县、镇政府、村委会、帮扶单位、社会和村民的投入建设责任，拓宽投融资渠道，鼓励农民、企业和其他社会力量筹资投劳。

长效管护、持续发展。着眼长远，建立多元化管护投入机制，明确属地管护责任，构建长效维护管理制度，确保新农村建设可持续发展。

二、创建内容

（一）整治提升村容村貌。按照县统筹、镇村实施的原则,以20户以上自然村为基本单元，广泛组织发动群众投工投劳，全面开展“三清三拆三整治”。“三清理”，即清理村巷道及生产工具、建筑材料乱堆乱放，清理房前屋后和村巷道杂草杂物、积存垃圾，清理沟渠池塘溪河淤泥、漂浮物和障碍物；“三拆除”，即拆除危旧房、废弃猪牛栏及露天厕所茅房，拆除乱搭乱建、违章建筑，拆除非法违规商业广告、招牌等；“三整治”，即整治生活垃圾、生活污水、水体污染。鼓励村民开展村道、庭院及房前屋后绿化美化，实行清旧补绿、拆旧建绿，改善村容村貌，打造美丽田园。2017年底前完成“三清三拆三整治”，制定工作方案、编制示范村整治创建规划，同步广泛发动群众，所有自然村开展“三清理”、“三拆除”、“三整治”，环境卫生明显改善。2018年年底前，所有自然村基本完成环境整治任务，扭转脏乱差局面,消除村庄黑臭水体，基本完成村庄绿化美化，村容整洁，环境优美的新农村亮点不断涌现，建立稳定的保洁队伍和长效管护机制，实现干净整洁有序。

（二）推进村道硬化。围绕改善群众出行条件，全面推进自然村村内道路硬化。加快道路基础设施改造，推进村委会通自然村村道路面硬化，加强农村交通安全建设，改造不符合安全通车条件的乡镇通行政村公路和公路危桥，支持具备条件、满足农产品运输和乡村旅游发展需要的村道拓宽、优化提级。建立健全农村公路管理养护体制机制，落实以县为主的农村公路养护主体责任。2018年年底前，20户以上自然村基本完成村内道路硬化，通200人以上自然村完成村道路面硬化，镇通行政村公路达到安全通客车条件。

（三）推进生活垃圾处理全覆盖。健全村级环卫管理体系，所有自然村每50户配置1个以上垃圾收集点、1个以上保洁员。2018年年底前，基本完成村庄标准垃圾屋、收集点、保洁员配置。鼓励农村垃圾分类处理，配套垃圾分类投放收集设施。完善农村垃圾处理各级投入机制，农村积存垃圾清理率达100%，农村生活垃圾无害化处理率达到100%，农村垃圾处理治理水平显著提升，建立健全农村卫生保洁长效运营机制。确保在2020年年底前，农村村庄保洁覆盖面达到100%。

（四）推进生活污水处理全覆盖。全面整治村庄生活污水，推进厕所污水和粪便全面有效处理或资源化利用，实行雨污分流、污水排放管道收集或暗渠化。按照高效耐用、稳定达标、简便适用原则，对城镇周边村庄污水纳入城镇污水处理系统统一处理，对边远村庄污水采用化粪池加生物厌氧装置、人工湿地等小型分散式污水处理方式。完善农村污水处理各级投入机制，建立健全农村污水处理长效运营机制。加强畜禽养殖废弃物污染治理及资源化利用，实现人畜分离、家禽集中圈养。2018年年底前，自然村基本建有生活污水处理设施。按实际需求各村自然村配套建设1个以上标准化公厕。2020年，实现畜禽禁养区零养殖、限养区零增长目标，村庄生活污水、畜禽养殖废弃物有效处理或资源化利用全覆盖。

（五）推进集中供水全覆盖。为保障农民群众喝上放心水，改善生活饮用水条件，提高集中供水覆盖率。要加快推进村村通自来水工程，有条件的自然村采取升级改造、管网延伸等方式，实行集中连片供水。2018年年底前，完成村村通自来水工程建设任务。对不具备扩网条件的自然村，因地制宜实施小型集中供水工程建设，改造供水管网，提升供水保障能力。2020年年底前，20户以上自然村实现集中供水全覆盖。

（六）提升农民住房水平。加快贫困村危房改造，优先解决贫困村中贫困户的安全住房需求。依托创建示范村，打造中心村，改造“空心村”、撤并部分边远小型村，吸引农村分散人口相对集中居住。强化农村住房规划管理，规范农民建房程序，对新建住房实行风貌管控、合理布局、规范建设。引导有条件的村庄和农民依据村庄规划，对现有农房进行除险加固、外立面整治，对整村推进的适当予以奖补。2018年年底前，全面完成贫困村危房改造任务。2020年年底前，完成农村旧房整治，农村住房基本实现外观整洁、建设有序、管理规范。2025年年底前，完成住房风貌整治，建成安全、舒适、各具特色的示范村。

（七）提升基本公共服务水平。强化企业社会责任，加快实施农村电网改造升级工程、光纤网络覆盖自然村、“快递下乡”工程覆盖所有行政村。按农民需求配套建设村内公共服务中心（站）、卫生站、幼儿园、养老设施，统筹建设综合性文化服务设施、路灯、公厕等公益设施。2018年年底前，所有贫困村完成卫生站、综合性文化服务设施建设，完善公共服务中心（站）。2020年年底前，基本完成农村电网改造升级，依托村公共服务中心（站），提升行政服务、金融保险、卫生、供销、农技推广、电商网点服务水平，物流快递、光纤信息网络向自然村延伸。

（八）提升乡风文明水平。全面推进村小组成立村民理事会，建立健全理事会章程和村规民约，培育与社会主义核心价值观相契合、文明公约与村规民约相融合的乡风民风，抵制陈规陋习。加强农村民主法制建设和普法教育，增强农民法治观念，引导农民群众依法理性表达利益诉求、维护合法权益。深入开展文明村、文明户创建活动，积极推进基层文明创建“十百千”示范工程，广泛开展发现道德模范、身边好人、五好家庭等活动，培育优良家风、文明乡风和新乡贤文化。2018年年底前，50%以上行政村基本达到文明村创建标准，80%以上行政村基本达到民主法治村创建标准。2020年年底前，所有行政村基本达到文明村、民主法治村创建标准，历史文化名村、传统村落得到有效修复。

三、强化政策保障

（一）推进村庄规划编制。县为主体，镇组织实施，村创建。在县域乡村建设规划引领下，按照整治型、行动式、群众参与及简便管用、宜居宜业生态原则，2017年年底前编制覆盖42个省定贫困村内所有自然村的示范村整治创建规划，明确整治项目名称、整治内容、整治主体、资金筹措、整治时序，同步开展整治项目工程设计施工。自然村按照城郊型、生态型、纯农业型、历史文化名村及小型偏远空心村不同村庄类型，突出创建重点，加强风貌管控，体现红色革命老区文化特色，组织村成立理事会参与制定和实施村庄规划纳入村规民约，鼓励和支持贫困村连片创建示范村。2017年年底前，出台宅基地管理规定，强化农村住房规划管理，规范农民建房程序，2018年年底前出台农房建设管理指导意见，结合农村危房（人居泥砖房）改造、空心村整治、旧建筑翻新，加强村容村貌修复。严格落实“一户一宅”制度，新建房必须纳入规划管理，实行申报审批、风貌管控、合理布局、规范建设。2017年年底前，制定公布贫困村可开发文物建筑资源目录及旅游开发资源目录，加强历史文化名村、传统村落和历史建筑、南粤古驿道、革命遗址的修复保护和活化利用。

（二）构建多元投入机制。加大资金筹措力度，实行省补一点、市县出一点、帮扶市、帮扶单位支持一点，社会、村集体及群众筹措一点的办法，健全多元化投入机制。政府重点投入村庄道路、集中供水、垃圾、污水处理等村内公益性设施建设。及前期村庄环境综合整治包括“三清理”、“三拆除”、“三整治”的部分项目。村内小型公益性项目，及村庄绿化、美化、环境卫生等，鼓励由群众投工投劳和社会帮助解决。加大各级财政和帮扶单位资金投入力度，确保创建工作顺利开展。环境保护、住房城乡建设、交通运输、水利等部门专项资金优先投向新农村示范村建设。加大涉农资金整合力度，在完成工作任务前提下，按照渠道不乱、用途不变原则，优化整合用于农村基础设施建设和农村“一事一议"等的财政资金。鼓励工商企业、先富群体、外出乡贤支持参与新农村建设。社会捐赠资金除捐赠者有特定意愿外，主要优先统筹用于省定贫困村新农村建设。

（三）建立健全新农村建设用地保障机制。结合土地利用总体规划调整，优先保障贫困村新农村建设用地指标。在空心村、边远小型村探索宅基地自愿退出机制。开展农村土地整理，用好“三旧”改造政策和城乡建设用地增减挂钩试点政策，推进村庄空闲地、闲置地和废弃土地盘活利用。在农村土地集体所有的基础上，坚持农民自愿和一户一宅的原则，引导农户拆旧建新，拆旧的土地可以适当方式保留原住户的土地使用权，用于生产种植、绿化休闲等。鼓励贫困村参与土地整治垦造水田，按照有关规定共享利益。允许村庄整治、宅基地整理等节约的建设用地，在保护农户权益的前提下，通过入股、联营等方式，支持新农村建设、乡村休闲旅游养老等产业和农村三产融合发展。严格集约节约用地，严禁违法违规开发房地产或建设私人庄园会所。2017年年底前，出台保障贫困村新农村建设用地改革创新有关政策。

（四）建立健全农村基础设施长效管护制度。按照分级负责、以镇为主和谁受益、谁所有、谁管理原则，将农村基础设施养护纳入常态管护，采取政府补一点、社会筹一点、村集体出一点，建立健全基础设施管护资金筹集管理机制。整县推进垃圾、污水处理设施建设，实行统一规划、统一建设、统一运行、统一管理，推动农村垃圾分类和资源化利用。加快建立农村饮水、垃圾、污水处理市场化、产业化运行机制，鼓励通过财政拨款、特许或委托经营等渠道筹措资金，设立不向社会征收、鼓励社会捐资、政府财政适度支持的政府性农村基础设施维护基金。探索建立财政补贴与农户缴费合理分担机制，引导村民承担一定日常保洁和维护义务。支持群众发挥管护主体作用，通过村规民约建立村民参与的村庄基础公共设施管护制度。鼓励村级组织和农民工匠带头人依法承接陂头、村内环境整治、小型农田水利、巷道建设、民居农房建设等小型涉农工程项目。对集中供水的设施及管网，以及电网、电信、信息网络等市场化运营设施管护，由产权所有者建立管护制度，落实管护责任。2017年年底前，制定支持村级组织、农民工匠承接农村小型涉农工程项目的有关办法。2018年年底前，以镇为主体，建立健全农村基础设施长效管护制度。

（五）加强建设项目管理和资金监管。依法依规简化乡村建设工程审批管理程序、建设项目招投标程序。凡涉及县级以下收费项目，参照省、市的做法，按权限尽量减免。严格项目管理，依法完善招投标制度，确保项目建设质量。严格资金监管，按照有关规定管好用好新农村建设资金，严禁挤占挪用、层层截留、虚报冒领、挥霍浪费。2017年年底前，出台农村项目建设管理办法。

（六）构建促进农民持续增收的长效机制。根据各村资源优势，积极引导发展“一村一品”特色产业，培育壮大贫困村集体经济，增加贫困村集体经济收入，推进土地经营权确权入股，村民、贫困户依法自愿流转土地经营权，以土地等资产作价入股企业或项目，按股分享经营收益。积极推进农村资源变资产、资金变股金、农民变股东改革，在不改变用途情况下，财政专项扶贫资金和其他涉农资金投入设施农业、林业、养殖、光伏、水电、乡村旅游等项目形成的资产，具备条件的可折股量化给贫困村和贫困户。探索农村集体组织以出租、合作等方式盘活利用空闲农房及宅基地，增加农民财产性收入。引导农民依托新农村建设、发展新产业新业态，实现就地就近就业创业。鼓励扶持发展农村电商，运用互联网拓展农产品销售渠道，有条件的镇、村结合推进全域旅游，打造美丽田园综合体、精品乡村旅游线路，发展休闲农业、乡村旅游。推进实施普惠金融村村通工程，开展信用村、信用户评定，发展扶贫小额贷款，助推贫困户脱贫增收。2017年年底前，制定促进贫困村农民脱贫增收的具体措施。

四、强化组织保障

（一）强化组织领导。建立县级统筹、镇实施、村级创建、帮扶单位指导的分级负责机制。县成立社会主义新农村建设领导小组，由县委书记领导任组长，县长任常务副组长，县委、县政府有关领导同志任副组长，相关职能部门组成领导小组。领导小组下设办公室，负责统筹协调督导全县新农村建设各项日常工作。并从县民政、教育、水务、住建、财政、人社等部门抽调专业人员充实到县委农办，加强对社会主义新农村示范村建设工作的协调指导。县政府与贫困村所在镇人民政府签订新农村示范村创建责任书，明确目标任务和责任要求。各镇参照县做法，成立领导小组，由党委书记担任组长，层层签订责任书，把新农村建设的职责压实到基层，确保每个贫困村有县、镇领导挂钩负责。县履行主体责任，制定具体工作方案，负责示范村整治创建规划的制定实施、资金筹措和统筹使用、项目实施、进度安排等。镇负责组织实施，具体组织实施新农村示范村建设各项工作，激发各村参与新农村建设的积极性。村党组织、村民委员会、村民小组、村集体经济组织和村民理事会等农村基层组织负责具体创建，组织发动村民参与整治创建工作。县直有关单位按照职责分工，出台推进新农村示范建设相关配套政策措施，加强督查指导，推进工作落实。各帮扶单位及驻村工作队负指导推进责任，将贫困村示范村工作纳入帮扶规划，加大人力财力投入。驻村工作队指导村“两委”做好调查摸底、宣传发动、推动规划编制、组织申报、落实项目和具体实施。对于社会、企业捐赠资金，县、镇、村负属地管理责任，做好对接协调服务工作，按捐赠者意愿安排落实到具体项目。

（二）强化基层组织建设。促进农村基层党组织引领新农村建设，提升村党组织领导发动村民开展新农村建设的能力和水平，充分发挥党组织在新农村建设中的领导核心作用，切实加强示范村党风廉政建设。开展示范村党组织规范化建设，以选优配强党组织书记为重点加强村党员干部队伍建设，以落实村党组织“四项权利”为重点完善村级组织运作，以完善村公共服务平台为重点巩固党在农村的执政阵地，发挥党组织战斗堡垒和党员先锋模范作用。完善党务、政务、村务、财务公开、民主议事决策制度等自治制度，推动村民自治与制定实施村庄规划有机结合。支持农民自主筹资投劳开展村内各项建设，引导村民全程参与项目规划、建设、管理。村内各项公共设施建设必须经村民代表会议或村民会议讨论通过，接受群众和社会监督。

（三）强化农民主体作用。坚持群众路线，相信群众，发挥村民主人翁作用，引导农民积极投身新农村建设。在村“两委”领导下，充分发挥村民理事会、外出乡贤及其他社会力量作用，开展村庄环境整治、公益事业建设和日常维护管理。鼓励群众民主协商，倡导村内环境整治和村庄公益建设，凡是农民能自己做的事，要放手让村民去做，政府不要包办代替，避免村民养成“等、靠、要”思想的依赖心理，该由农民自行负担的拆旧、青苗、误工等费用由农民自行筹资解决。实行新农村建设申报制度，规定由政府补助的项目，由村委会或村民理事会（村民小组、村集体经济组织）通过村委会依规向镇、县申报，做到先申报后补助、不申报不补助。村委会应负责政府补助资金依规使用。

（四）强化督促检查工作。坚持用结果检验工作成效，镇、村每年按照目标要求向上一级申报计划，层层签订责任书，统一考核验收。考核结果纳入扶贫开发及干部考核，作为干部选拔任用的重要衡量标准，作为下级党委主要负责人向上级党委汇报基层党建工作的重要内容，作为拨付该项工作以奖代补资金的主要依据。加大督查问责力度，县委农办牵头组织开展专项检查，按照“季度通报、半年督查、年度考核”定期评估督查各地各部门创建进度和资金落实等情况。加大新农村建设资金使用监管力度。审计部门将相关事项纳入精准扶贫精准脱贫跟踪审计工作内容。对工作不力、导致项目建设进度缓慢的，要进行通报并约谈主要负责人，对违纪违法的，依法依规严肃处理。

（五）营造良好创建氛围。充分利用广播电视、宣传栏等各种媒体，开展形式多样的宣传创建新农村现场观摩活动，全方位、多角度大力宣传各地成功经验。引导社会各界关心、支持和参与新农村建设。建立争先创优评比机制，推广先进经验典型，曝光落后现象，定期开展观摩交流，推动形成镇、村、户争先创优的良好氛围。

关于印发《海丰县42个省定贫困村创建社会主义新农村示范村项目管理和资金监管办法》的通知

海府办〔2017〕40号

各镇人民政府（场），县直有关单位：

经县政府同意，现将《海丰县42个省定贫困村创建社会主义新农村示范村项目管理和资金监管办法》印发给你们，请认真贯彻执行。

海丰县人民政府办公室
2017年12月22日

海丰县42个省定贫困村创建社会主义新农村示范村项目管理和资金监管办法

第一章 总 则

第一条 为规范和加强海丰县42个省定贫困村创建新农村示范村专项资金的管理，提高资金使用效益，根据《中共广东省委农村工作办公室 广东省财政厅关于加强2277个省定贫困村创建新农村示范村启动资金使用管理的通知》（粤委农工办〔2017〕59号）、《中共广东省委办公厅 广东省人民政府办公厅印发〈关于2277个省定贫困村创建社会主义新农村示范村的实施方案〉的通知》（粤委办〔2017〕55号）和广东省财政厅、中共广东省委农村工作办公室关于印发《省定贫困村创建社会主义新农村示范村省级财政资金奖补和使用监管办法》的通知（粤财农〔2017〕303号）等有关规定，结合我县实际，制定本办法。

第二条 本办法所指的海丰县42个省定贫困村创建社会主义新农村示范村项目和专项资金（以下简称“项目”“专项资金”），适用于全县42个贫困村创建社会主义新农村示范村的农村基础设施建设项目，以及各级财政预算安排专项用于我县42个省定贫困村开展社会主义新农村建设的资金。

第二章 总体要求

第三条 根据创建新农村示范村建设内容和项目标准，充分尊重农民意愿，结合自然村的实际、按照“缺什么、补什么”列出本村建设项目清单。坚持建设过程公开、关键环节公示，接受社会和群众监督,确保农村建设项目在阳光下实施。发挥村民主体作用，引导村民全程参与建设和监督各个环节，实现共谋共建共管共享，使全县42个省定贫困村创建社会主义新农村示范村所有建设项目组织有序、建设规范、管理到位，确保有效健康发展。

第三章 项目申请管理

第四条 项目申请。在村“两委”领导下，自然村村民理事会（村民小组、村集体经济组织）按照新农村建设规划，围绕村道硬化、集中供水、雨污分流、垃圾处理、基本公共服务设施等基础设施建设要求，对照新农村示范村创建标准，按照缺什么补什么，民主协商列出本自然村的建设项目进行规划设计，并在本村向全体村民进行公告的基础上，召开本村户代表会议进行表决确定。建设项目由村民理事会（村民小组、村集体经济组织）签名、盖章，向村委会申报本自然村的建设项目，村委会在5天内对各自然村上报的建设项目进行初步审核，重点审核建设内容、建设规模、资金概算合理性等。村委会完成初步审核后，汇总向镇政府申报，镇政府审核后向县政府提交审批申请。

第五条 项目审批。县政府分管领导牵头，召集县委农办、镇政府和有关职能部门对各村委会上报建设项目的真实性、合规性、建设内容、建设规模、资金概算等及时进行审批。经批准后，由镇、县建立项目库。项目按“先紧、后缓”“先急需、后一般”的顺序，对项目进行建设。项目的启动以行政村为单位申报，经镇政府审核后报县委农办核准备案。各镇、各村分别对核准的建设项目在镇、村公共服务平台进行公开相关信息，经公示3天后无异议即可启动实施。

第四章 项目招投标

第六条 针对新农村建设项目特点，可适当简化招投标程序和手续。复杂项目可由县通过PPP方式招投标建设。

第七条 工程造价预算由有资质的工程造价审核机构编制。对造价预算为10–50万元内的项目，可委托有资质的第三方机构审核；造价预算超过50万元（含50万元）的项目，由县财政部门工程审核所审核。

第八条 造价预算小于10万元的项目，可由村聘请有资质的单位制定项目预算报镇政府审核同意后，可采取“村民民主商议”的方式由村自行确定施工单位，进行项目建设。

第九条 10–100万元的建设项目，实行农村集体资产资源交易平台交易。

第十条 3–50万元的（勘察设计、规划、监理、公共服务等），按政府采购和招投标管理相关规定执行。

第十一条 50万元以上（勘察设计、规划、监理、公共服务等）按规定实行公开招投标。

第十二条 100万元以上工程项目按规定实行公开招投标。

第十三条 为便于统一管理，推进整村新农村建设，各村可根据实际情况可以将经县委农办核准的建设项目捆绑打包进行公开招投标。

第十四条 对全额使用帮扶单位筹集的非财政资金如有指定按其指定用于扶贫及新农村建设项目，政府有关职能部门应主动做好有关服务工作。

第十五条 对社会各界人士捐款建设的新农村建设项目，按捐赠协议确定条款进行建设；捐赠协议无明确约定的，可由村制定简单的项目预算报镇政府审核同意后，可采取“村民民主商议”的方式由村自行确定施工单位，进行项目建设。

第十六条 对已落实资金（市、县级资金）、确定实施主体的“三清理”“三拆除”的前期项目，因特殊原因无法及时完备手续的，可实行暂时容缺机制，先开工实施，在项目验收结算前补齐相关手续。

第五章 项目施工

第十七条 施工单位报送施工方案。施工中标单位依照规定，向村、镇政府和县有关行业主管部门报送施工方案，严格依照批复的施工方案组织施工。

第十八条 镇政府和县有关职能部门履行技术指导和监督责任。对一般小型农村建设项目，如村内道路硬化（不含桥梁）、拆旧后创建美丽庭院小工程、小型绿化工程、住房外观整治、照明设施、普通公共服务设施、垃圾收集点和垃圾屋建设等工程建设项目，乡镇政府负责组织技术指导和监督。对技术、安全要求较高的农村建设项目，县有关职能部门提供技术指导和监督，确保项目施工的安全和质量。

第十九条 施工现场签单管理。所有施工现场签单，必须有村民理事会成员和项目技术负责人共同签名，并进行公示，才能作为有效结算报账凭证。

第六章 项目的验收

第二十条 初步验收。项目完工后，施工方向村委（村民小组、村集体经济组织）提出项目竣工验收申请，由村两委组织村民理事会、村民代表等，对项目建设情况进行初步验收。

第二十一条 竣工验收。初步验收合格后，由村委会负责向镇政府申请项目竣工验收。镇政府、县政府有关职能部门依照有关规定，负责组织建设项目竣工验收，签署验收报告。

第七章 项目的结算

第二十二条 根据建设项目竣工验收报告，施工方负责提交建设项目施工结算报告，项目的结算审核，可由镇或村委会委托县财政部门工程审核所审核。项目审核结算结果必须在村委会公开公告栏公示7天后，无异议由业主单位在工程结算签字确认。

第八章 项目的长效管理

第二十三条 明晰农村建设项目产权。由产权所有者建立管护制度，落实管护责任。

1、以政府投入为主兴建、规模较大的农村集中供水、乡村公路、污水处理等基础设施，由县政府或其授权部门根据国家有关规定确定产权归属；

2、以政府投入为主兴建、规模较小的农村供水、村内道路、照明设施、公共服务设施、污水处理、垃圾处理、雨污分流等基础设施，属于非经营性的，资产确权到村委会，并由村委会负责管理，兴建在村民小组内的基础设施，资产确权到村民小组，由村民小组负责管理；属于经营性的，资产确权到农村集体经济组织或农民相关合作组织并由其经营管理；

3、单户或联户农村供水基础设施，国家补助资金所形成的资产归受益农户所有；

4、社会资本投资兴建的农村供水、污水处理等基础设施，所形成的资产归投资者所有，或依据投资者意愿确定产权归属。

第二十四条 建立农户缴费制度，完善养护机制。各地要建立污水、垃圾处理农户缴费制度，保障运营单位获得合理收益，综合考虑污染防治形势、经济社会承受能力、农村居民意愿等因素，合理确定缴费水平和标准，建立财政补贴与农户缴费合理分摊机制。将农村公路养护、管理机构运行经费及人员基本支出纳入一般公共财政预算。推广“建养一体化”模式，通过政府购买服务等方式，引入专业企业、社会资本建设和养护农村公路。

第九章 建立农村建设项目库和工作台账

第二十五条 各镇政府要建立贫困村建设项目库，以自然村为单元，为示范村建设项目建档立卡，实现对在建项目一目了然、建后项目可跟踪、待建项目了然于胸。各镇村要及时收集建设前后相关照片、视频、会议文件记录以及成果展示等资料,系统做好图片、文字和数据等资料建档工作,直接反映村庄建设前后变化情况。

第十章 专项资金使用管理

第二十六条 实行新农村建设申报制度，坚持先申报后补助，不申报不补助。

第二十七条 按照有利于加快建设进度、有利于提高项目实施质量、有利于调动村民群众积极性、统筹兼顾等原则，分别确定由县、镇、村负责实施的具体内容，适宜由县级组织实施的在县级报账；项目适宜由镇、村组织实施的，资金拨付到镇、村，由镇、村按规定将专项资金支付到相关施工单位或供应商。

第二十八条 资金用途。

（一）省级专项资金按要求专项用于村内公益性基础设施建设及合理管护支出。主要包括:

1.村道建设。包括行政村通自然村的村道建设以及20户以上自然村之间的村道建设等。

2.垃圾处理设施建设。包括村内垃圾收集点建设、垃圾收集器具购置、村内垃圾收运以及运维等。

3.集中供水。包括水源、净水、消毒设施和入户管网建设等。

4.污水处理及雨污分流设施建设。包括终端及管网建设以及基础运营费用等。

5.卫生站等部分公共卫生设施建设。主要用于村卫生站建设及按需求建设的其他公共卫生设施。

6.部分公共文化设施建设。主要由各村按需求建设集宣传文化、党员教育、科学普及、普法教育、体育健身于一体的综合性文化设施和场所。

（二）市、县级专项资金，除可用于省级专项资金用途外，还可用于规划设计、“三清理”、“三拆除”、“三整治”等基础性工作。帮扶单位筹措资金、社会捐助以及其他统筹资金，按指定用途使用。

（三）村委申请工程项目资金须提供：（1）资金拨付申请表（加盖村委、镇政府公章、村书记或主任、村民理事会或村监委、驻村工作队长分别签名）。（2）工程合同（包括设计预算、决算、招投标项目的须提供工程招标、中标文书）。（3）村委的项目申请。（4）公示情况（相片）（5）工程发票（预付款的需提供合同）。（6）有监理作业的须提供监理签证。（7）村委初级验收情况（表）。（8）县、镇组织验收报告（表）。（9）该项目的村委会工作纪要。（10）项目建设前后照片。（11）施工单位营业执照（证书）。（12）资金拨付的收款单位名称及账号。经县委农办审核后送县财政局核准拨付，其他资金使用按财政有关规定和会计管理办法办理。

（四）专项资金不得用于：

1.工作经费和项目管理费（不含基建财务规则中明确的建设成本）。

2.行政事业单位基本支出。

3.各项奖金、津贴和福利补助。

4.弥补企业亏损。

5.修缮楼、堂、馆、所以及建造职工住宅。

6.弥补预算支出缺口和偿还债务。

7.交通工具及通信设备（不含垃圾运输工具）。

8.广场、小公园等应由村内自行解决的场地或设施。

9.城市基础设施建设。

10.企业担保金。

11.投资（入股）、分红、发放借款及平衡预算等。

12.贷款贴息。

13. 形成地方政府债务的支出。

14. 其他与省定贫困村新农村建设无关的任何支出。

第二十九条 加大涉农资金整合力度，在完成既定工作任务的前提下，整合相关用于农村基础设施建设方面的涉农资金，用于贫困村新农村示范创建。

第三十条 专项资金实行奖补原则，奖补比例为30%-100%，由各镇结合实际，在发挥基层创造性，提高资金使用效率，确保资金安全的原则下，自行确定并加强监管。

第三十一条 严格执行财务规章制度和会计核算规定，对专项资金进行专账核算、专人管理，保证资金管理安全、规范、高效。建立资金拨付台账，及时分类存档，妥善保管备查。各项支出必须严格控制在批准的范围及开支标准内，严禁用“白头单”入账或套取现金。项目建设涉及政府采购和招投标的，应有采购和招投标证书。

第三十二条 项目完成后，由镇政府按规定组织竣工验收、工程结算定案、入账核算。

第三十三条 专项资金使用必须从“重材料轻实效”方式转变，更加注重资金使用效率、效益和项目实施成效、群众满意程度等。

第三十四条 专项资金投入形成的资产，根据项目所属级次，分别由县、镇、村有关单位负责使用和管护。要充分发挥村民群众对村内公益性设施的使用管护主体作用，并探索市场化运营机制，结合实际，建立适当补贴、农户合理缴费、企业积极参与的合理分担机制和长效管理制度。

第十一章 职责分工

第三十五条 专项资金使用实行县级统筹安排、镇村具体实施的分级责任制。

第三十六条 县级部门职责。县委农办（扶贫办）负责牵头组织对各镇示范创建工作进行综合考核，根据考核结果和新农村创建计划，编制年度资金安排计划，及时向县财政局提出资金安排或清算申请，并负责资金使用安全、监督检查、绩效考核、信息公开等工作。县财政局负责专项资金预算管理，审核资金安排计划的合规性，拨付资金并组织实施监督检查和绩效评价等。县纪检监察及审计部门要对专项资金使用进行全程监督检查。

第三十七条 镇村职责。省定贫困村所在镇村按规定具体使用和管理上级下拨的资金，具体组织实施项目。配合上级部门开展资金使用、项目实施的监督检查和绩效评价等。

第三十八条 帮扶市和帮扶单位要指导各项工作开展，驻村帮扶工作队要全程参与项目实施和专项资金的监管。

第十二章　监督检查和绩效考核

第三十九条 建立健全日常监管和专项检查相结合的监督检查制度。

（一）省定贫困村所在镇村要实行专项资金使用管理和项目实施情况公告公示制度。公告公示内容应包括资金来源、资金规模、资金项目及其实施地点、建设内容、实施期限、预期目标、项目实施结果、实施单位及责任人、举报投诉情况等。镇、村通过基层公共服务平台和张榜公告公示等各种方便村民监督的方式公开相关信息。

（二）实行专项资金使用情况统计监测制度。省定贫困村所在镇村要建立专项资金使用台账，统一通过新时期精准扶贫信息平台录入，并于每季度最后一个月25日前，将专项资金使用情况汇总表报送县委农办（县扶贫办）、县财政局。

（三）实行专项资金使用管理专项检查制度。县纪检监察和审计部门牵头会同县委农办（扶贫办）、财政局对我县当年度专项资金使用情况进行专项检查。

（四）实行专项资金使用跟踪审计制度。将省定贫困村创建社会主义新农村示范村相关事项纳入精准扶贫精准脱贫跟踪审计工作内容，由县审计局从2017至2020年每年进行跟踪审计。

第四十条 建立健全专项资金使用全过程绩效管理机制。相关部门要加强资金使用绩效目标的事前审核、事中督查、事后评价等工作。各镇年度最后一个季度内完成上一年度本镇专项资金绩效自评工作，绩效自评报告上报县委农办（县扶贫办）、县财政局。县委农办（县扶贫办）、县财政局适时组织重点评价或引入第三方评价，对专项资金绩效进行考核评价。

第十三章　责任追究

第四十一条 对专项资金分配、使用中违反有关规定的，依法依规从严惩处。有违反以下列情形之一的，由行政机关、纪检监察机关、检察机关对相关部门和单位按职能分工责令改正，并按《财政违法行为处罚处分条例（国务院令427号）》的有关规定追回资金，给予相应的处罚处理;需追究党纪政纪责任的，按干部管理权限移交相应纪检监察机关处理；涉嫌犯罪的，移送司法机关依法追究刑事责任。党纪政纪处分条例等相关法律法规规定从重追究的情形，依法从重追究责任。

（一）违反财政国库管理规定及有关财政资金管理规定，未履行相关审批手续、或手续不健全拨付资金，或无故滞拨资金的。

（二）私下许诺，在分配和发放资金中优亲厚友的。

（三）利用职务之便，打招呼要求或干涉资金分配、发放的。

（四）专款不专用，擅自变更、扩大资金使用范围和用途的。

（五）虚报冒领，弄虚作假，骗取、套取资金的。

（六）挤占、滞留、截留资金的。

（七）在分配、发放资金中，收取下级或服务对象现金、贵重礼品和有价证券的。

（八）利用职务之便谋取个人私利，贪污、挪用、克扣资金的。

（九）抵扣或变相抵扣应下拨专项资金的。

（十）有其他违法、违纪、违规行为的。

第四十二条 在监督检查中，被检查的单位和个人提供虚假情况，拒绝、阻挠、搪塞、推脱检查等行为，影响新农村示范村建设工作的，根据情况轻重，由有关部门依照职责权限给予批评教育、责令作出书面检查、诫勉谈话、通报批评或调整岗位、责令辞职、免职、降职等处理。构成违纪的，依照《中国共产党纪律处分条例》、《行政机关公务员处分条例》等有关规定给予相应的党纪政纪处分。

第十四章 附　则

第四十三条 本办法由县委农办（县扶贫办）、县财政局会同有关部门负责解释。

第四十四条 凡涉及县级审批事项的，县委农办实行“代办制”。

第四十五条 市、县统筹的财政资金、帮扶单位筹措资金、社会捐赠以及其他渠道筹集用于新农村创建工作的资金，如无指定要求或另行指定专门办法，可参照本办法管理监督。

第四十六条 本办法自印发之日起施行。

关于推进我县依法修志有关工作的通知

海府办函〔2017〕121号

各镇（场、经济开发区）人民政府，县直各单位：

为大力推进我县依法修志工作，确保志书质量，根据国家和省有关地方志工作的法律法规，经县政府同意，现将依法修志有关工作通知如下：

一、全县修志单位必须认真贯彻执行《地方志工作条例》（国务院令第467号）和《广东省地方志工作规定》（广东省人民政府令第120号）的有关规定，以县级以上行政区域名称冠名、列入规划的地方志书必须经县审查验收，方可以公开出版。地方志书的审查验收分初审、复审和终审。未经县审查验收的地方志书不得出版发行，违者，依法问责。

二、编修志书必须严格执行《地方志书质量规定》（中指组字〔2008〕3号）以及《广东省地方志书行文规范（试行）》的规定执行，达到“观点正确，体例严谨，内容全面，特色鲜明，记述准确，资料翔实，表达通顺，文风端正，印制规范”的质量要求。

三、依照《广东省地方志书审查验收办法（试行）》（粤府办〔2008〕31号）的有关规定，各修志单位志稿形成后，由编修单位进行初审，写出初审会议纪要和送复审报告，连同志稿报送县人民政府地方志办公室复审，修改完善后报终审，经验收批准后方可以公开出版。对拒不执行县级以上人民政府及其地方志工作机构的督促检查意见和拒不接受地方志书审查机构提出的关系志书质量的重大问题的意见的，以及地方志书未经审查验收擅自出版发行的，一经发现，依法追究单位负责人和直接责任人的责任。

各地、各部门在执行中遇到的问题请向县志办（联系电话：0660-6865117 、6600170；电子邮箱：swhf999@163.com）联系。

海丰县人民政府办公室

2017年5月8日

关于要求严把普查资料质量关的紧急通知

海府办函〔2017〕299号

各镇（场）人民政府：

切实做好自然村落历史人文普查工作是贯彻落实省委省政府和市委市政府工作部署的政治要求，是全面摸清县情服务地方发展的重要途径，是抢救和保护历史人文印记的具体措施。各镇（场）要充分认识开展自然村落历史人文普查的重大意义，增强做好自然村落历史人文普查工作的责任感和使命感。

2017年10月25日，汕尾市人民政府深入我县督查自然村落历史人文普查工作，对我县各镇场履行普查主体责任，认真开展普查工作，加快普查进度给予充分肯定，对于普查资料质量参差不齐的问题，提出宝贵意见和具体要求。

为确保按时按质圆满完成我县自然村落历史人文普查工作任务，根据市政府对我县自然村落普查工作督查的指示精神，县政府强调：各地各单位要加强对普查工作的领导，主动作为，精心组织，要安排熟悉本地情况、有较强责任心、有较高文字水平的同志专职从事《普查表》和《全粤村情·海丰卷·调查文稿》的撰写和初审。要认真参照《广东省自然村落历史人文普查表填报说明》《〈全粤村情——广东省自然村落历史人文调查〉编纂规范》《〈全粤村情——广东省自然村落历史人文调查〉审查验收办法》以及《广东省自然村落历史人文普查工作手册·普查示例》和《关于海丰县自然村落历史人文普查文稿撰写问题的意见》，严把质量关。严格审核，规范流程，不走过场，存真求实，严把政治关、史实关、文字关、保密关，保证普查资料的真实性、准确性，编纂出版经得起历史检验、具有鲜明时代特征和地域特色的成果。要求全县各镇场于今年11月底之前全面完成自然村落历史人文普查工作任务。

已完成普查任务的单位要进行查漏补缺，对全稿进行审核，特别注意以下几个方面：（1）数据、史实是否正确；（2）表述是否得当；（3）解决存疑问题；（4）补充缺少的内容，如确实没有或无法补充相关内容，则把括注删去；（5）检查全稿的行文、错字、漏字、多字、标点等。比如：（1）自然村资料缺少严重，请认真补充。（2）基础设施缺少开通时间，须逐一补充；未开通自来水、电话、网络、道路硬底化等情况要特别指出。（3）各自然村对同一内容的表述要一致，如跨几个村的山岭、河流、学校等的名称要一致，山岭的海拔高度也要相同。如不同，要说明清楚。（4）个别村内容一模一样的，要核对处理。（5）多个村合并写的，尽量分开，逐个自然村列写。（6）华人华侨数和港澳台同胞数要分开。

当前，我县普查工作已进入攻坚阶段，我们面临的任务将更加繁重，工作难度将更大，工作要求也将更高。为确保按时按质圆满完成省、市下达我县的普查任务，要求各地各单位高度重视，强化责任，强化措施，务求实效。县政府将加强督查督办力度，对普查不力、马虎应付、进度缓慢、质量不规范、严重拖全县后腿的单位要给予问责。县普查办公室和县政府地方志办公室将深入镇村调研督导，发现问题及时指导解决，重大问题及时报告县政府。

各镇场普查工作中遇到的业务问题请与县政府地方志办公室联系（联系人：蔡忠；联系电话：13929383999，6865117；邮箱：swhf999@163.COM；QQ：139025386）。

海丰县人民政府办公室

2017年10月30日

重要文件目录

序号	发布文号	文件名称
1	海委办〔2017〕2号	关于印发《〈海丰年鉴·2017〉编写大纲》和《〈海丰年鉴·2017〉基本篇目与编写分工》的通知
2	海委〔2017〕6号	关于印发海丰县2017年重点建设项目表及重点建设预备项目表的通知
3	海委办〔2017〕10号	关于调整充实海丰县全面开展文明创建工作领导小组成员的通知
4	海委办〔2017〕14号	关于印发《县领导挂驻镇（场、经济开发区）安排表》的通知
5	海委〔2017〕15号	中共海丰县委关于印发《学习宣传贯彻习近平总书记重要批示精神总体工作方案》的通知
6	海委〔2017〕17号	中共海丰县委 海丰县人民政府印发《海丰县关于完善审计制度若干重大问题的实施意见》及相关配套文件的通知
7	海委办〔2017〕19号	关于印发《海丰县加快推进农村土地承包经营权确权登记办证工作实施方案》的通知
8	海委办〔2017〕21号	关于成立中共海丰县委巡察工作领导小组的通知
9	海委〔2017〕24号	中共海丰县委关于印发《学习宣传贯彻省第十二次党代会精神工作方案》的通知
10	海委〔2017〕37号	中共海丰县委关于县委常委分工调整的通知
11	海委〔2017〕38号	中共海丰县委关于认真学习宣传贯彻党的十九大精神的通知
12	海委办〔2017〕46号	关于调整海丰县地方志编纂委员会成员的通知
13	海委办〔2017〕47号	关于调整《海丰年鉴》编纂委员会成员的通知
14	海委办〔2017〕68号	关于印发《海丰县2017年全面依法治县工作要点》的通知
15	海委办〔2017〕74号	关于印发海丰县全面推行河（库）长制实施方案的通知
16	海委办〔2017〕80号	关于调整中共海丰县委巡察工作领导小组成员的通知
17	海委办〔2017〕91号	中共海丰县委办公室关于印发《学习宣传贯彻党的十九大精神总体工作方案》的通知
18	海委办〔2017〕93号	中共海丰县委办公室关于印发《县领导同志赴各地调研督导学习贯彻党的十九大精神工作方案》的通知
19	海委办〔2017〕105号	关于印发《县领导挂驻镇（场、经济开发区）安排表》的通知
20	海府〔2017〕44号	关于印发《深刻吸取公平“12·9”火灾事故惨痛教训 坚决打赢消防安全隐患大排查大整治攻坚战实施方案》的通知
21	海府〔2017〕54号	关于调整海丰县人民政府领导班子部分工作分工的通知
22	海府〔2017〕56号	关于印发《海丰县行政决策程序暂行规定》的通知
23	海府〔2017〕57号	关于印发《海丰县人民政府重大行政决策合法性审查规定》的通知
24	海府办〔2017〕14号	关于印发海丰县环境保护与生态建设“十三五”规划的通知
25	海府办〔2017〕19号	关于调整县政府保密领导小组成员的通知
26	海府办〔2017〕21号	海丰县人民政府办公室关于印发《海丰县创建广东省质量强县示范县工作实施方案》的通知
27	海府办〔2017〕29号	关于印发《海丰县大中型水库农村移民后期扶持人口核定登记实施细则》的通知
28	海府办〔2017〕39号	关于印发《海丰县42个省定贫困村创建社会主义新农村示范村的实施方案》的通知
29	海府办〔2017〕40号	关于印发《海丰县42个省定贫困村创建社会主义新农村示范村项目管理和资金监管办法》的通知
30	海府办函〔2017〕121号	关于推进我县依法修志有关工作的通知
31	海府办函〔2017〕299号	关于要求严把普查资料质量关的紧急通知

海丰荣誉

2017年海丰县受省、部级以上表彰的劳动模范、先进工作者名录

姓名	所在单位或镇村	荣誉称号	授奖单位	授奖年月
陈芙蓉（女）	海丰县妇幼保健院	广东省五一劳动奖章	广东省总工会	2017年4月

（由海丰县总工会提供资料）

索 引

说明：

一、本索引把年鉴所刊登的条目按标引词第一字汉语拼音（同音字按声调）顺序排列；第一字相同，按第二字音序排列。依次类推。

二、标引词后的阿拉伯数字表示内容所在页码。数字后的拉丁字母a、b，分别表示从左到右第一、二栏。

三、年鉴的特载、卷首彩页、大事记、图片照片、附录等未做主题索引。年鉴中未设专条的人名与机构名称未予标引。

四、标点符号、数字、拼音等均做前置处理。

条目索引

F

G

H

J

W

X

Z

版权声明

主　办：中共海丰县委　　海丰县人民政府

编　纂：海丰县人民政府地方志办公室

地　址：广东省汕尾市海丰县红城大道西988号海丰县政府大院西栋四楼

电　话：0660—6600171；　　**传　真：**0660—6865117

电子邮箱：swhf999@163.com；　　**QQ：**139025386